MOEWIG
SACHBUCH

Erich Kuby

Die Russen in Berlin 1945

MOEWIG

Lizenzausgabe mit Genehmigung des Scherz Verlags
Umschlagfoto: Süddeutscher Verlag
Umschlagentwurf und -gestaltung: Franz Wöllzenmüller, München
Verkaufspreis inkl. gesetzl. Mehrwertsteuer
Auslieferung in Österreich:
Pressegroßvertrieb Salzburg, Niederalm 300, A-5081 Anif
Printed in Germany 1980
Druck und Bindung: Mohndruck Graphische Betriebe GmbH, Gütersloh
ISBN 3-8118-3105-4

Inhalt

Die Deutschen . . .
ein Volk, das den gesunden
Menschenverstand verachtet.
George Bernard Shaw

Vorwort und Dank

Diese Darstellung der Ereignisse vor, während und nach der Kapitulation der ehemaligen Reichshauptstadt im Jahre 1945 ist in einer ersten Fassung zwischen dem 5. Mai und dem 9. Juni 1965 in dem deutschen Nachrichtenmagazin „Der Spiegel" erschienen (Heft 19 bis 24). Sie umfaßt dort den Zeitraum vom Februar 1945 bis zum 2. Mai 1945 und ist 50 000 Wörter lang. Diese Buchfassung hingegen reicht bis Ende Juni, geht also auch auf die Zeit ein, in der die Sowjets nach Beendigung der Kampfhandlungen noch fast zwei Monate lang allein in Berlin waren, und ist 180 000 Wörter lang.

Der hier vorliegende Text ist auch in jenen Teilen dokumentarisch erweitert worden, die bereits im „Spiegel" erschienen sind. Das ist ein dem Leser zweifellos willkommener, aber nicht der wesentliche Unterschied zwischen den beiden Fassungen.

Ein periodisch erscheinendes Organ zeitschriftartigen Charakters muß Rücksicht auf seine innere Struktur nehmen, von der die Länge einzelner Beiträge wie auch die Zahl der Folgen eines mehrteiligen Beitrages – einer Serie, wie man das nennt – beeinflußt werden. Ein Nachrichtenmagazin – auch der „Spiegel", ungeachtet der Tatsache, daß er manchmal die Meinung seiner Leserschaft direkt zu formen sucht – hat sich zudem in einem zeitgeschichtlichen Beitrag strikt an das Informatorische zu halten. Dies war auch im gegebenen Falle geschehen, wobei eine doppelte Wirkung festgestellt werden konnte: Zum einen war der Leser es zufrieden, sozusagen mit den Tatsachen alleingelassen zu werden; zum anderen aber fürchtete er zuweilen, sich in einem Irrgarten des Faktischen zu verlieren. Manchmal wäre er sicher ganz gern an die Hand genommen und mit ein paar wertenden und richtunggebenden Sätzen durch das Chaos geführt worden. Das geschieht nunmehr in diesem Buch, darin die geschlossene, zwischen zwei Buchdeckel gebundene Form überdies weiträumiger geknüpfte Verbindungen und die Verfolgung längerer Entwicklungslinien erlaubt, als die stückweise Mitteilung in den Heften einer Zeitschrift es zuließ.

Die dem „Spiegel“ zur Verfügung stehenden Mittel und Möglichkeiten gestatteten Recherchen solchen Umfangs, daß dieser Bericht gewissermaßen auf Milimeterpapier geschrieben werden konnte. Eine derartige Genauigkeit in dem, was man weiß und beweisen kann, macht eine sorgfältige Abgrenzung und Kennzeichnung der in dem erforschten Gebiet liegenden weißen Flecken notwendig. Der Leser wird auf sie stoßen; dabei sollte er sich der Tatsache bewußt sein, daß zwanzig Jahre zwar ein Zeitraum sind, in dem öffentliche Ereignisse im Bewußtsein der Über- und Nachlebenden zu historisieren beginnen (und genau das ist in diesem Frühjahr 1965 durch die Flutwelle einschlägiger Jubiläums-Publikationen geschehen), daß aber keine Rede davon sein kann, wir oder überhaupt irgend jemand seien bereits in der Lage, die Geschichte dieses Jahres 1945 zu schreiben. Dafür sind einerseits wir den Ereignissen noch zu nahe, sind noch zu sehr daran beteiligt, sind aber anderseits auch die Quellen noch zu wenig erschlossen. Solange die Archive der beteiligten Mächte ihre Akten nicht publiziert haben, wird niemand die weißen Stellen beseitigen können. Selbst der tote Führer Adolf Hitler ist in ganz buchstäblichem Sinn auf unbekanntem Gelände verschwunden, anders, als er es sich gewünscht hatte, aber vorerst eben doch.

Der Verfasser hat Anlaß zu danken:
zunächst dem Verlag des „Spiegel“, der die Veröffentlichung des für ihn erarbeiteten Materials in Form dieses Buches erlaubte; über die vorbereitende Arbeit informiert ein Bericht auf Seite 509;
dann allen Mitarbeitern, die durch ihre Bereitwilligkeit, an der Parforce-Tour der Recherchen-Arbeit teilzunehmen, ein paar mühevolle Monate erlebten;
und nicht zuletzt den sowjetischen Historikern, Journalisten und Militärs, ohne deren Hilfe diesem Text eine entscheidende Dimension fehlen würde.

Erich Kuby

Pläne, Pläne . . .

Der Zustand, in dem sich das ehemalige Deutsche Reich und seine frühere Hauptstadt Berlin heute befinden, beruht immer noch auf den Abmachungen, die während des Zweiten Weltkriegs und auf der Potsdamer Konferenz im August 1945 zwischen den Alliierten getroffen wurden, obwohl in den seither vergangenen Jahrzehnten neue, die Weltgeschichte weitertreibende Impulse wirksam wurden, die nicht mehr als unmittelbare Folgen des Krieges und der ersten Nachkriegszeit anzusehen sind. Nicht nur hat sich Roosevelts optimistisch-idealistisches Weltbild, das ihm in seinen letzten Lebensjahren vorschwebte, nicht verwirklicht – jeder der Sieger von damals kann beim Anblick des heutigen Europa sagen: So haben wir uns das nicht gedacht!

Was Deutschland angeht, stellt sich die Frage: Was haben sie sich eigentlich gedacht? Wenn man darauf eine Antwort sucht, wird offenbar, daß die sowjetischen – oder richtiger: daß Marschall Stalins Pläne bereits zu einem erstaunlich frühen Zeitpunkt der späteren Wirklichkeit am nächsten kamen, und zwar ganz einfach deshalb, weil er als einziger präzise Vorstellungen hatte und danach handelte, während die beiden westlichen Mächte, die Vereinigten Staaten und Großbritannien, erst Jahre später überhaupt eigene Gedanken zur Neuordnung Mitteleuropas entwickelten, die entweder nicht realistisch oder nur noch Korrekturversuche am Stalinschen Konzept waren.

Mitte Dezember 1941, als der Krieg für die Alliierten ausgesprochen schlecht stand, reiste der damalige britische Außenminister Anthony Eden nach Moskau, um mit Stalin die künftige gemeinsame Kriegführung abzusprechen. Zum damaligen Zeitpunkt konnten die deutschen Soldaten von einer Stelle in der Umgebung von Moskau aus, bis zu der sich das Stadtgebiet heute ausgedehnt hat, beinahe mit bloßem Auge den Kreml sehen, in dem die beiden Politiker ihre Verhandlungen führten. Rommel siegte in Afrika, die deutschen Unterseeboote erreichten Rekord-Versenkungsziffern, und im Pazifik hatten die Japaner kaum zwei Wochen zuvor Pearl Harbour überfallen und bedrohten bereits Guam und Singapur.

Trotz dieser Lage interessierte sich Stalin weniger für die nächstliegenden Probleme der Kriegführung, über die Eden sprechen wollte, als für die sowjetische Westgrenze, wie sie nach einem gewonnenen Krieg gezogen werden sollte. In den Ausführungen des Marschalls kam nicht nur bereits das nach Westen verschobene Polen vor, sondern sogar ein vergleichsweise zweitrangiges Detail wie die Forderung, daß der nördliche Teil Ostpreußens unter Einschluß von Königsberg unmittelbar sowjetischer Besitz werden sollte.

Auf Edens verblüffenden Bericht aus Moskau reagierte Churchill brummig etwa in dem Sinne: Sprechen wir jetzt nicht davon. Wörtlich äußerte er: „We have now to win the war by a hard and prolonged remote. To raise such issues publicly now would only be to rally all Germans round Hitler*."

Der Krieg ging weiter, und Stalin hatte keine Ursache, seine Nachkriegspläne mit den Alliierten zu diskutieren, denn sie taten in dieser Hinsicht nichts, was ihn hätte beunruhigen können. Die Westmächte wiederum sprachen nicht darüber, weil sie überhaupt keine Pläne hatten, über die zu reden gewesen wäre. Auf der Kriegskonferenz zu Casablanca formulierte Roosevelt als Kriegsziel die „bedingungslose Kapitulation", die hinfort in der innerdeutschen Propaganda keine geringe Rolle spielte, aber kein handliches Instrument für sachliche Pläne der Sieger darstellte. Immerhin konnte Eden im Frühjahr 1943 in Washington in Erfahrung bringen, daß die Amerikaner entschlossen waren, sich nach dem Krieg mit eigenen Truppen an der Besetzung Deutschlands zu beteiligen. Aber offenbar hatte man diesen Entschluß gefaßt, ohne – wie es eigentlich nahegelegen hätte – konkrete Vorstellungen zu entwickeln, wo diese Truppen in Deutschland stehen sollten. Erst damit wäre die Frage einer Aufteilung des Reiches in Besatzungszonen akut geworden.

Die Moskauer Konferenz der Außenminister der USA, Großbritanniens und der Sowjetunion, die am 17. Oktober 1943 begann und als Vorbereitung zum ersten Treffen der Großen Drei in Teheran anzusehen ist, machte es dann allerdings doch notwendig, sich genauer

* Zitiert nach *The Defense of Berlin* von Jean Edward Smith, Baltimore, Md., 1963, S. 12. Dort auch weitere Quellenhinweise, u. a. auf *Facts about Germany*, 3. Auflage, Wiesbaden 1960.

mit Deutschlands Zukunft zu befassen. Staatssekretär Hull legte einen Entwurf vor mit dem Titel: „Basic Principles Regarding Germany's Surrender." Aber auch damit war praktisch nichts anzufangen, denn dieser Entwurf war ganz allgemein gehalten und enthielt weder innere noch äußere Grenzen eines Nachkriegs-Deutschlands. Damit überhaupt etwas geschah, schlug Eden vor, in London eine in Permanenz tagende Kommission für die Neuordnung Europas nach dem Krieg zu schaffen. Sie konstituierte sich als „European Advisory Commission" (EAC); dort wurde in der Folgezeit in harten Auseinandersetzungen, die an Stalins Grundforderungen nichts mehr zu ändern vermochten, die Einteilung Deutschlands in Besatzungszonen ausgearbeitet, wie sie dann später von den Großen Drei im wesentlichen beschlossen wurde.

Wie dilettantisch die amerikanischen Pläne für Europa waren, zeigt eine Episode, die sich auf der „Iowa" zutrug, auf jenem Kreuzer, der am 13. November 1943 aus Hampton Roads (Virginia) auslief, um Roosevelt und seinen Stab zur Teheraner Konferenz zu bringen. Von den Amerikanern, die an der vorbereitenden Moskauer Konferenz teilgenommen hatten, war kein einziger an Bord; Roosevelt hatte nur Militärs um sich, Generale, Admirale, seine Stabschefs, die die ihnen nun reichlich zur Verfügung stehende Zeit und Gelegenheit nutzten, um dem Präsidenten ihre eigenen Vorstellungen zu unterbreiten. Man diskutierte lebhaft über die Truppenstationierung im Nachkriegseuropa. Am sechsten Tag der Seefahrt stand Roosevelt an einem Tisch, auf dem Landkarten lagen. Er ergriff eine von ihnen, die von Venedig bis Flensburg, von Paris bis Warschau reichte, und zeichnete die Zonengrenzen ein, wie sie ihm und vermutlich auch seinen militärischen Beratern am vernünftigsten schienen. Er zog eine Linie, der wir im Gegensinn des Uhrzeigers folgen wollen: sie beginnt bei Sylt, umfaßt im Bogen die deutschen, aber auch die holländischen Nordseeinseln und die Niederlande selbst, kreuzt auf der Höhe von Rotterdam die Küste landeinwärts, verläuft längs der holländischen Südgrenze bis zum Rhein bei Düsseldorf, folgt dem Rhein bis Wiesbaden, geht von da aus mitten durch Frankfurt hindurch schnurgrade nach Osten bis zur bayerisch-tschechischen Grenze, biegt scharf nach Norden ab, passiert Leipzig so, daß es noch innerhalb des umgrenzten Bereichs liegt, durchquert Berlin und endet bei Stettin. Ab hier muß man die Linie in Gedanken verlängern, und zwar längs der Ostseeküste und der dänischen Südgrenze bis nach Sylt, wo sich der Kreis wieder schließt. Was innerhalb dieser Linie lag, sollte amerikanische Besatzungszone sein. Die auf der Höhe von Wiesbaden verlaufende Südgrenze der US-Zone sollte die Nordgrenze der britischen Zone bilden, die der Präsident folgendermaßen umriß: von Wiesbaden längs des Rheins bis Basel, von dort bis zum Bodensee (einschließlich des Schweizer Ufers), nach Brannenburg und Salzburg (dazu noch ein gutes Stück von Tirol) und dann in gerader Linie am Böhmerwald entlang bis hinauf zur Grenze der US-Zone.

Dem Präsidenten schwebte damals auf der „Iowa" vor, er werde „ein oder zwei Jahre lang" eine Million Mann in Deutschland stehen haben, zu deren Versorgung er unbedingt die Nordseehäfen brauche, da man nicht wisse, was mit Frankreich geschähe, und es deshalb zu riskant sei, die amerikanischen Truppen von Nachschublinien abhängig zu machen, die durch französisches Gebiet liefen. Berlin lag nach dieser Grenzziehung halb auf amerikanischem und halb auf russischem Besatzungsgebiet; außerdem sollten die Sowjets von Deutschland nur bekommen, was östlich der Linie Leipzig – Berlin – Stettin lag, soweit dieses Gebiet nicht ohnehin zu Polen geschlagen wurde. Von dieser Phantasmagorie blieb später schließlich nur noch die Enklave Bremerhaven übrig. In diesem einzigen Punkt hielt das amerikanische Militär an seiner Meinung fest: die amerikanischen Truppen durften nicht ausschließlich von den französischen Häfen abhängig sein.

Den Konferenztisch im orientalisch pompösen Palast der sowjetischen Botschaft in Teheran erblickte die von Roosevelt markierte Karte nie. In der Sowjetbotschaft wurde übrigens auch Roosevelt untergebracht. Zunächst sträubte er sich gegen diese Zumutung, aber man erklärte ihm, es seien so viele Naziagenten in Teheran, daß man für seine Sicherheit nur innerhalb der weitläufigen Mauern garantieren könne, die den Park mit seinen zahlreichen Gebäuden umschließen. Der Präsident der Vereinigten Staaten bewohnte den ehemaligen Harem. Für Churchill, der in der nahe gelegenen englischen Botschaft zu Gast war, wurde von Parktor zu Parktor ein doppelter, übermannshoher Bretterzaun errichtet, eine Art von Viehtrieb, der außerdem durch in Abständen von zehn Metern aufgestellte sowjetische Posten abgesichert war.

Stalins offizieller Dolmetscher in Teheran und bei anderen Konferenzen, mit dem ich mich in Moskau unterhalten konnte, war der Meinung, daß in Teheran das Klima zwischen den Alliierten noch einigermaßen freundlich gewesen sei. In politischen Nachkriegsfragen sei man sich weitgehend einig gewesen – und das bedeutet natürlich, daß über Zonengrenzen à la „Iowa“ überhaupt nicht verhandelt wurde. Heftige Auseinandersetzungen habe es nur wegen Churchills Plan gegeben, die zweite Front vom Mittelmeer aus auf dem Balkan zu errichten, eine Absicht, der Stalin unter keinen Umständen zustimmen konnte, wenn er an den Grenzziehungen festhalten wollte, wie er sie 1941 mit Eden besprochen hatte.

Daß die in Jalta später endgültig vereinbarten deutschen Zonengrenzen sowie die Sektorgrenzen in Berlin dann tatsächlich eingehalten wurden, obwohl zu diesem Zweck die am 8. Mai von den alliierten Streitkräften erreichten Positionen nachträglich verändert werden mußten – östlich der Elbe zugunsten der Sowjets, in Berlin zugunsten der Amerikaner, Engländer und Franzosen –, hat den Eindruck erweckt, als sei das Deutschlandgeschäft ohne Rücksicht auf die militärischen Erfolge nach rein politischen Gesichtspunkten ausgehandelt worden. Davon war man in Teheran weit entfernt. Stalin und Churchill wußten ganz genau, daß die militärischen Erfolge die Nachkriegsregelungen präjudizieren konnten und würden, und eben deshalb kämpfte Churchill so verbissen um die Errichtung einer Balkanfront, Stalin nicht weniger verbissen dagegen. Dabei mußte Churchill freilich Rücksicht darauf nehmen, den Marschall bei guter Laune zu halten, und konnte deshalb seine Karten nie ganz offen auf den Tisch legen, so daß Roosevelt am Ende der dritten oder vierten Sitzung Stalin ganz verwundert fragte: „Verstehen Sie eigentlich, was er will?“ (Aussage von Stalins Dolmetscher.)

Stalin verstand es nur allzu gut. Er ging mit seinen Pressionen so weit, daß er zu seinen beiden Gesprächspartnern sagte, er fürchte, seiner Armee nicht mehr sicher zu sein, wenn nicht bald in Frankreich eine zweite Front errichtet werde. Das sagte er, als Stalingrad schon fast ein Jahr hinter der sowjetischen Armee lag. Nie war der Marschall seiner Truppen sicherer gewesen als in Teheran.

Im Anschluß an ein Abendessen bekundete Stalin in Teheran auch seine Entschlossenheit, nicht nur Nazideutschland, sondern die Nazis selbst zu liquidieren, indem er die Frage der Bestrafung der Kriegsverbrecher aufwarf. Churchill meinte, daß nur die Preußen an allem die Schuld trügen. Dem hielt Stalin entgegen, daß das nicht stimme: die Deutschen seien vielmehr heute so durcheinandergerührt, „daß alle gleich sind“. Er nannte die Zahl der Menschen, die er liquidiert wissen wollte – sie lag zwischen 20 000 und 30 000. Churchill erwiderte, daß die Westmächte so etwas nicht zulassen könnten, aber Stalin verwies auf die Greueltaten, die von deutschen Truppen in der Sowjetunion begangen worden waren. Auch dieses Problem wurde vertagt. Aber die scharfe Unterscheidung zwischen Deutschland und Nazis, mit der Stalin später in Berlin hoffte, große sowjetische Deutschlandpolitik betreiben zu können, hatte er sich bereits in Teheran zu eigen gemacht.

Im Mittelpunkt dieser Konferenz standen militärische Fragen, deren Behandlung zwischen Churchill und Stalin (Roosevelt begnügte sich damit, die Rolle des guten vermittelnden Onkels zu spielen) deutlich macht, welches Gewicht man bei der Schaffung der Einfluß- und Machtsphären der Nachkriegszeit den Waffen einräumte. In seinem Buch *Triumph and Tragedy* erklärt Churchill die Vernachlässigung der deutschen Frage in Teheran ausdrücklich damit, daß man seinerzeit von einer militärischen Entscheidung noch weit entfernt gewesen sei – zu weit, als daß man hätte sagen können, wie dieses Deutschland verteilt werden sollte.

Hier ist auf den Unterschied zwischen einer vorübergehenden Teilung in Besatzungszonen und einer auf Dauer gedachten Teilung des Reiches in verschiedene Staaten hinzuweisen. Zu diesem zweiten Problem hatte sich Stalin in zwei Punkten geäußert: Polen sollte nach Westen, nach Deutschland hinein, verschoben und der nördliche Teil von Ostpreußen an die Sowjetunion abgetreten werden. Im übrigen waren auch Stalins Teilungsideen noch unbestimmt, seine späteren „gesamtdeutschen" Vorschläge noch ungeboren.

Churchill verfolgte einen Deutschland-Plan, der auf seiner Abneigung gegen Preußen beruhte: Preußen müßte aufgeteilt und aus einem Deutschen Reich herausgetrennt werden. Er hatte eine Anti-Bismarck-Konzeption mit einem vom Rhein bis nach Budapest reichenden Donaustaat, der stark genug sein sollte, um allen künftigen Ansprüchen eines Restpreußens widerstehen zu können. Roosevelt hingegen hatte einige Mühe, sich darüber klarzuwerden, wo Deutschland überhaupt lag.

Infolgedessen war für Stalin, der die politischen Aufteilungspläne Churchills nicht ernst nahm, die Frage, wer in Berlin präsent sein sollte, 1943 noch zweitrangig. Er würde jedenfalls dort sein, das war sicher und ergab sich aus der geographischen Lage.

Jener Stalin jedoch, der 1944 eine politische Teilung nicht mehr beabsichtigte noch voraussah, hatte keinen Grund, einem Plan zu widersprechen, der mit dem Namen Attlee verknüpft ist und Anfang 1944 von der „European Advisory Commission“ behandelt wurde. Danach sollte das Reich in Besatzungszonen eingeteilt werden; die Vorschläge entsprachen im großen und ganzen den später getroffenen Regelungen. Eine Beteiligung Frankreichs stand noch nicht zur Debatte. (Durch die Schaffung einer französischen Besatzungszone wurde de Gaulles Anteil am Krieg und an der Besetzung Deutschlands honoriert, was ein weiterer Beweis dafür ist, daß die Aufteilung Deutschlands zumindest bis Jalta von den militärischen Erfolgen der sich vorkämpfenden Sieger mitbestimmt wurde.)

Am 18. Februar 1944 nahmen die Sowjets durch die Unterschrift ihres Botschaftes Gusew den Attlee-Plan en bloc als Grundlage für die Zoneneinteilung an. Von Berlin war darin nicht im besonderen die Rede, aber es lag mitten in der sowjetischen Zone!

Für die Amerikaner kam diese plötzliche Einigkeit zwischen Briten und Sowjets völlig überraschend. Nachdem der Attlee-Plan der EAC vorgelegt worden war, hatte man in Washington ein dem Außenministerium angeschlossenes, ziemlich bedeutungsloses und personell unterbesetztes „Working Security Committee“ (WSC) gebildet, um endlich doch noch eigene Nachkriegspläne auszubrüten. Tonangebend in diesem Ausschuß waren die Militärs, die mit aller Entschiedenheit feststellten, die Einteilung des Reichs in Besatzungszonen sei Sache der militärischen Führung, beruhe also auf den militärischen Erfolgen und ginge somit die Politiker überhaupt nichts an. Der Ausschuß war im Grunde genommen nichts anderes als das Armengrab der amerikanischen Deutschlandpolitik, und der Londoner US-Botschafter Winant, der im EAC die USA zu vertreten hatte, erhielt aus Washington keinerlei Weisungen. Erst am 3. April erfuhr Roosevelt aus dem Mund von George Kennan, worauf Sowjets und Briten sich inzwischen geeinigt hatten. Kennan empfahl dem Präsidenten, den Attlee-Plan ebenfalls zu billigen. Das tat Roosevelt, was die Grenzen der Sowjetzone anging; er nahm also auch hin, daß Berlin inmitten dieser Zone lag, obwohl bis dahin noch kein Wort über eine Teilung der Reichshauptstadt verloren worden war. Mit der Aufteilung des übrigen Deutschlands jedoch erklärte sich Roosevelt – wohl in Erinnerung an die Argumente seiner Stabschefs auf der „Iowa“ – nicht einverstanden. Nach wie vor bestand er darauf, daß die Engländer Süddeutschland erhalten sollten.

Den Sowjets war es ziemlich gleichgültig, wie sich ihre westlichen Verbündeten schließlich arrangieren würden. Um die Verhandlungen durch diese Frage nicht aufzuhalten, sprach man in den von da ab ausgearbeiteten Dokumenten – wie später wieder ab 1946 – nur von den „westlichen Zonen", so daß offenblieb, wer letzten Endes was bekommen würde. Schon im ersten Dokument, dem „Protocol on Zones of Occupation", das am 12. September 1944 in London von Winant für die USA, von Gusew für die UdSSR und von Strang für Großbritannien unterzeichnet wurde und in dem die Zonnenaufteilung fixiert und erstmals von einer Teilung Berlins die Rede ist, wird nicht gesagt, wie die westlichen Zonen bzw. Sektoren unter die beiden Westmächte aufgeteilt werden sollten. Über Berlin heißt es dort:

„. . . Pankow, Prenzlauerberg, Mitte, Weißensee, Friedrichshain, Lichtenberg, Treptow, Köpenick will be occupied by the forces of the U.S.S.R.

Reinickendorf, Wedding, Tiergarten, Charlottenburg, Spandau, Wilmersdorf will be occupied by the forces of – – –

Zehlendorf, Steglitz, Schöneberg, Kreuzberg, Tempelhof, Neukölln will be occupied by the forces of – – –*"

Die Striche stehen im Original. Vertraute politische Topographien klingen hier erstmals an. Nachdem Briten und Amerikaner aus Scheu, die Sowjets zu verärgern, mehrere Monate lang – von April bis August 1944 – vorsichtig um den heißen Berlin-Brei herumgeschlichen waren, willigten die Sowjets ohne jeden Versuch, sich in dieser Frage stark zu machen, in die gemeinsame Besetzung Berlins ein, obgleich dieses Berlin in den Vorverhandlungen von Engländern und Amerikanern als Teil der sowjetischen Besatzungszone anerkannt worden war. Dies beweist eindeutig, wie wenig Stalin damals an eine Teilung Deutschlands gedacht hat. Dennoch vermengte er militärische und politische Überlegungen: er sah in dem alliiert besetzten Berlin einen Zentralschalter, an dem er auch die Hand hatte.

Mit dem Dokument vom 12. September 1944 flog Winant zu Roosevelt, der eben mit Churchill in Quebec konferierte. Die treibende Kraft bei dieser Konferenz war der britische Premier, dem allmählich um die Machtverhältnisse im Nachkriegseuropa angst wurde. Und nicht nur Europa, sondern auch die künftige Position

* US-Congress, Senate. *Documents on Germany 1944–1959,* Gouvernment Printing Office 1959, S. 1 ff.

Englands im Stillen Ozean nach einem Sieg über Japan machte Churchill Sorge. In Quebec führte Roosevelt seinen Finanzminister Henry Morgenthau jr. in die Weltgeschichte ein, indem er ihm Gelegenheit gab, seinen von Harry Dexter White, einem Mitarbeiter im Schatzamt, ausgearbeiteten Plan Churchill vorzulegen. Zunächst opponierte der Premier, aber dann erklärte er sich ziemlich rasch mit der Entindustrialisierung Deutschlands einverstanden, um mit den übrigen Problemen weiterzukommen.

Gleichsam um Churchill für seine Zustimmung zu belohnen, fand sich Roosevelt nun doch bereit, den Engländern den Norden der heutigen Bundesrepublik – das Ruhrgebiet eingeschlossen! – zu überlassen und die amerikanischen Besatzungstruppen in Bayern und Hessen zu stationieren. Ehe diese Regelung unterzeichnet wurde, verlangten die amerikanischen Stabschefs getreu ihrer bereits auf der „Iowa“ eingenommenen Haltung jede nur mögliche Garantie für ihre durch die zukünftige britische Zone führenden Nachschubwege von der Enklave Bremen und Bremerhaven aus. (Ebenso scharf reagierten sie später, als es um die Nordgrenze der französischen Besatzungszone ging: sie erreichten, daß die Autobahn Frankfurt – Stuttgart amerikanisches Reservat blieb.)

Angesichts der Tatsache, daß man sich den nicht nur verbündeten, sondern sogar befreundeten Mächten gegenüber so vorsichtig verhielt, wäre zu erwarten gewesen, daß die westlichen Militärs auch an die Sicherheit ihrer Truppen in dem ihnen zugesprochenen Teil von Berlin gedacht und von den Sowjets nicht minder sorgfältig formulierte Zusicherungen hinsichtlich freier Verbindungswege durch die sowjetische Besatzungszone verlangt hätten. Doch nichts dergleichen geschah. Man sprach in Quebec weder hierüber noch über andere Fragen, die mit den von den Sowjets zu besetzenden Teilen von Deutschland oder Berlin in Zusammenhang standen. Sowohl Roosevelt als auch Churchill glaubten, daß in dieser Hinsicht die Londoner Abmachungen befriedigend und endgültig seien.

Allerdings scheint Roosevelt unter dem Einfluß seiner Stabschefs die Tätigkeit der EAC schon seit der überraschenden Einigung zwischen den Sowjets und den Engländern mit Mißtrauen beobachtet zu haben; der „Tausch“ der dort ausgehandelten Besatzungszonen, bei dem der Widerstand des Militärs gegen voreilige Planungen der Politiker besonders deutlich geworden war, verleidete ihm diese Londoner Planungsstelle nun vollends. Durch die Einwände des

Pentagons muß er den Eindruck gewonnen haben, daß er sich möglicherweise zu Zugeständnissen verführen ließ, die er am Ende des Krieges auf Grund der Erfolge seiner Truppen als zu weitgehend ansehen würde. Also machte er der Tätigkeit der EAC kurzerhand ein Ende, indem er der amerikanischen Delegation unter Botschafter Winant verbot, weiterhin im Rahmen dieses Gremiums über Nachkriegsplanungen zu beraten. Dies geschah durch drei in der Schärfe des Tones sich steigernde Anweisungen vom 29. September, 20. Oktober und 25. Oktober 1944. Hiermit war, was die Amerikaner anging, der Kriegsschauplatz Europa wieder in die Verantwortung der Militärs zurückgegeben. Es sollte sich allerdings herausstellen, daß diese es auch nicht viel besser machten als die Politiker.

Amerikanische und britische Militärs waren es denn auch, die sich am 1. Februar 1945 auf Malta zusammensetzten, um die letzte Kriegskonferenz der Großen Drei vorzubereiten – die Konferenz von Jalta. Der Stalin, auf den Roosevelt und Churchill dort trafen, hielt eine Trumpfkarte in der Hand, mit der er das Spiel um Deutschland noch vor dem endgültigen Sieg auf eine Weise hätte gewinnen können, mit der verglichen die tatsächliche spätere Machtposition der Sowjets in Mitteleuropa von Moskau aus betrachtet als ein verlorener Sieg erscheinen muß. Die Trumpfkarte hieß: Besetzung Berlins durch Sowjettruppen im Februar 1945. Doch Stalin spielte diese Karte nicht aus.

Plötzlich vor Berlin

Als die Konferenz von Jalta begann, hatten Stalins Armeen durch ihre zwischen Weichsel und Oder vorgetragene Offensive binnen weniger Wochen eine Lage geschaffen, die den Zusammenbruch des Großdeutschen Reiches in kürzester Zeit möglich erscheinen ließ. Es sah so aus, als seien die Sowjets allein imstande, den letzten Widerstand im Reichsgebiet zu brechen.

Ob es sich bei dieser Offensive im Januar 1945 um eine enorme Leistung der Roten Armee oder um einen motorisierten Winterspaziergang gehandelt hat, ist Ansichtssache der Kriegsschreiber geworden. In westdeutschen Darstellungen wird behauptet, die Sowjets hätten leichtes Spiel gehabt, weil die deutsche Hauptmacht um die Jahreswende 1944/45 an der Westfront konzentriert gewesen sei. Tatsächlich war die Ostfront während der zweiten Hälfte des Jahres 1944 schlecht versorgt worden, war doch Hitler der Überzeugung, durch einen massierten Kräfteeinsatz die Amerikaner und Engländer zum Stehen bringen zu können. Diese trügerische Hoffnung verführte ihn zur Planung der Ardennenoffensive.

Die Rückzüge im Westen nach der Invasion und im Osten, wo der ungeheure Raum zwischen Dnjepr und Weichsel verlorengegangen war, sowie der jähe Zusammenbruch im Frühjahr 1945 täuschten darüber hinweg, welche Kräfte der deutschen Wehrmachtsführung im Jahre 1944 noch zur Verfügung standen. Es war ein Jahr stärkster Rüstung. Zwischen Frühjahr und November 1944 wurden mehr als 50 Infanteriedivisionen, 10 Panzerbrigaden, 12 Artilleriekorps und 10 Werferbrigaden neu aufgestellt. Die Produktion an Jagdflugzeugen erreichte im Spätsommer 1944 ihren Höhepunkt. Außerdem war die deutsche Führung auf Grund der Erfahrungen im Osten im Sommer 1944 zur Einsicht gelangt, daß wenn nicht die ganze Front, so doch einzelne befestigte Plätze gehalten werden konnten, und so wurden über 100 Festungs-Infanterie-Bataillone aufgestellt, die aus älteren Männern bestanden und vorwiegend mit Beutewaffen ausgerüstet wurden.

Von diesen neuen Kräften bekam die Ostfront alles in allem etwa ein Viertel. Das reichte zwar nicht aus, um die im Sommer und Herbst 1944 erlittenen Verluste des Ostheeres auszugleichen (25 Divisionen angeschlagen oder zerschlagen, 40 Divisionen durch Gefangennahme ganz ausgefallen), bedeutete aber doch eine relative Verstärkung. An der riesigen Front zwischen Riga und dem Plattensee standen Ende 1944 etwa 100 deutsche Divisionen, von denen allerdings kaum eine einzige ihre volle Soll-Kriegsstärke besaß. Eine Division hatte in der Regel einen Abschnitt von 25 bis 50 Kilometer Breite zu halten. Zwischen der Heeresgruppe Nord, die später in Heeresgruppe Kurland umbenannt wurde, und der Heeresgruppe Mitte bestand keine Landverbindung mehr, weil die Russen nördlich von Memel die Ostsee erreicht hatten. Südlich der Heeresgruppe Mitte standen drei weitere Heeresgruppen: Nordukraine, A und Süd. Diesen deutschen Kräften lagen 400 sowjetische Infanteriedivisionen und 100 selbständige Panzerverbände gegenüber, wobei allerdings zu berücksichtigen ist, daß viele von ihnen ebenfalls nicht ihre Sollstärke erreichten.

Dergestalt war das Kräfteverhältnis im Osten, als Hitler sich der Hoffnung hingab, durch eine Offensive im Westen das Gesetz des militärischen Handelns noch einmal an sich reißen zu können. Obwohl das Reichsgebiet fortwährend bombardiert wurde, rollten zur Vorbereitung der sogenannten Ardennen-Offensive allein im November und Dezember 3000 Sonderzüge mit Soldaten, Waffen, Munition und Verpflegung über den Rhein nach Westen. Hitler selbst nistete sich am 10. Dezember mit einem kleinen Stab im Ziegenberger „Adlerhorst" bei Bad Nauheim ein, einem seiner zahlreichen Hauptquartiere, das bereits im Winter 1939/40 luxuriös ausgebaut, aber nie benutzt worden war. (Im Verlauf des Krieges war Hitler seinem Volk mehr oder weniger, seit Stalingrad völlig aus den Augen gekommen. Es wußte nie, wo er sich aufhielt. Er führte den Krieg von folgenden Führerhauptquartieren aus: Reichskanzlei, Berghof, Sonderzug, Felsennest/Eifel, Wolfsschlucht/Belgien, Tannenberg/Schwarzwald, Wolfsschanze/Ostpreußen, Werwolf/bei Winiza in der Ukraine und Adlerhorst.)

Dort versammelte er am 11. und 12. Dezember in zwei Schüben seine Armeeführer und Divisionskommandeure, um sie in stundenlangen Monologen davon zu überzeugen, daß noch nichts verloren, durch den bevorstehenden Angriff jedoch alles zu gewinnen sei.

Um die gleiche Zeit besprach Marschall Schukow mit seinen

Armeeführern unter sehr viel weniger komfortablen Umständen und bei 30 Grad Kälte in Siedlce hinter der Weichsel einen anderen Angriffsplan. Sein Operationsziel war Berlin. „Der Chef des Stabes der Front, General Malinin, erläuterte in kurzen Zügen die Idee der bevorstehenden Operation, besser gesagt, ihrer ersten Etappe, deren Ziel es war, die bei Warschau und Radom gruppierten deutschen Verbände zu zerschlagen und die polnische Hauptstadt einzunehmen. Am zehnten bis zwölften Tag sollten unsere Truppen den Abschnitt Kutno-Lodz erreichen. Die Hauptrolle in dieser Operation war den Truppen der 1. Belorussischen und der 1. Ukrainischen Front (d. i. Heeresgruppe, Anm. d. Verf.) zugedacht; sie verfügten über die stärksten Kräfte, vor allem an Panzern. Nach der Vorstellung des Hauptquartiers sollten diese beiden Fronten die vor ihnen stehenden Truppen des Gegners zerschlagen und als doppelter Rammbock möglichst tief in das von den Deutschen besetzte Gebiet eindringen. Für die Erfüllung der nächsten Aufgabe waren zehn bis zwölf Tage vorgesehen, das bedeutete ein durchschnittliches tägliches Angriffstempo von zehn bis zwölf Kilometern.

Das war viel zu langsam. Hier hatte man die Lehren der Kriegsgeschichte nicht berücksichtigt.

Napoleon schlug zu Beginn seines Rußlandfeldzuges ein sehr hohes Tempo an.

Seine Truppen legten den Weg von der Beresina bis nach Moskau kämpfend in acht Wochen zurück. Beim Rückzug brauchte er für die gleiche Strecke unter dem Druck der Russen nur fünf Wochen. Hitlers Divisionen benötigten für die Überwindung des Raumes zwischen Dnjestr und Wolga zwei Sommerfeldzüge und legten, als sie geschlagen wurden, die gleiche Strecke in der halben Zeit zurück. Das Angriffstempo unserer Truppen betrug im Sommer 1944 durchschnittlich fünfzehn bis zwanzig und erreichte an einigen Abschnitten dreißig Kilometer am Tag.

Wir, die Truppenkommandeure, sahen und spürten, wie seit Anfang 1943 die Kraft der deutschen Truppen nachließ, wie ihr Kampfgeist und ihre Widerstandskraft schwächer wurden. Zur gleichen Zeit erhöhte sich unser Angriffsschwung mit jedem Tag, wuchs unser Kampfgeist, wie es heißt, nicht von Tag zu Tag, sondern von Stunde zu Stunde. Deshalb verstanden wir nicht, weshalb das Hauptquartier und das Oberkommando der Front Anfang 1945 ein so niedriges Angriffstempo planten. In Gedanken verdoppelten wir dieses Tempo und waren überzeugt, daß die Truppen fünfundzwanzig bis dreißig Kilometer am Tag vorrücken würden*."

Es sollte sich zeigen, daß selbst die optimistische Schätzung der Truppenkommandeure weit unter den Leistungen lag, die beim Vormarsch zur Oder erreicht wurden. Es war kein Vormarsch – es war ein Sturmlauf. Sein Beginn stand mit den Ereignissen im Westen in Zusammenhang. In der vielbändigen Ausgabe des Kriegstagebuches des Oberkommandos der Wehrmacht ist über den Angriffstermin der Sowjets an der Weichsel zu lesen:

„Nach dem Beginn der Ardennen-Offensive drängten die Alliierten die Sowjets, ihre Abwehr im Westen durch einen Angriff im Osten zu unterstützen. Doch zögerten diese die von ihnen vorbereitete Großoffensive hinaus. . . .**"

Für diese Behauptung gibt es keinen Beweis; vielmehr dürfen wir in ihr ein Anzeichen dafür sehen, daß der Kalte Krieg auch in die deutsche Kriegsgeschichte eingezogen ist. Stalin beabsichtigte, etwa am 20. Januar aus dem Weichselbrückenkopf Baranow heraus anzugreifen. Den Amerikanern und Engländern war jedoch – was nicht recht verständlich ist – dieser Termin zu spät angesetzt, obwohl die Ardennen-Offensive sich bereits am 22. Dezember totgelaufen hatte und die Positionen der Alliierten westlich des Rheins wieder stabilisiert waren. Offensichtlich hatte sie die überraschende, wenn auch sinnlose Kraftentfaltung eines Gegners, dem sie dergleichen nicht mehr zugetraut hatten, tief beeindruckt; auf diese Erfahrung im Dezember 1944 geht wohl ihre in den letzten Phasen des Krieges sich immer wieder verhängnisvoll auswirkende Überschätzung der deutschen Kräfte zurück.

Eisenhower und Montgomery machten sich auf weitere deutsche Vorstöße gefaßt, und tatsächlich hegte Hitler derartige Pläne: Er wollte in Richtung Maas, Saar und Elsaß angreifen. Am 28. Dezember hielt er seinen Divisionskommandeuren wieder einen sich über Stunden hinziehenden Vortrag, um sie moralisch auf die neuen Angriffe vorzubereiten. Darin kam nach den Aufzeichnungen über Hitlers Lagebesprechungen auch der Satz vor:

* W. J. Tschuikow, *Das Ende des Dritten Reiches*, hier wie im folgenden zitiert nach der deutschen Veröffentlichung in „Volksarmee, Wochenzeitung der Nationalen Volksarmee", 1964/8

** *Kriegstagebuch des OKW*, hrsg. von Percy E. Schramm, Frankfurt/Main 1961, Bd. IV, 2. Halbband, S. 1431.

„Ich könnte noch so von Sorgen gequält sein und meinetwegen auch von Sorgen gesundheitlich erschüttert werden: es würde das nicht im geringsten etwas an meinem Entschluß ändern zu kämpfen, bis am Ende eben doch die Waage sich auf unsere Seite neigt." (S. 750.)

Churchill aber telegraphierte am 6. Januar an Stalin und bat um Mitteilung, „ob wir im Januar mit einer größeren russischen Offensive an der Weichselfront oder anderswo rechnen können . . . Ich betrachte die Angelegenheit als dringend".

Dieses Telegramm zitierte auch Tschuikow in seinen Memoiren, die zu den offenherzigsten bislang erschienenen sowjetischen Kriegsdarstellungen gehören. Zwischen der allzu offiziellen *Geschichte des Vaterländischen Krieges* und vielen persönlichen Erinnerungen, die mehr Eindrücke als Fakten enthalten, klafft in der sowjetischen Kriegsliteratur eine Lücke, in der ziemlich einsam Tschuikows Erinnerungen stehen. Hier spricht ein Mann, der einerseits einen umfassenden Überblick hatte, der es sich aber andererseits leistet, unverhohlen seine subjektiven Meinungen vorzutragen.

1945 war Tschuikow Armeegeneral in der von Schukow geführten 1. Weißrussischen Heeresgruppe. Er bestätigt, daß durch Churchills Telegramm die Angriffsvorbereitungen an der Weichsel beschleunigt wurden: „In den Divisionen der 8. Gardearmee liefen daraufhin die Vorbereitungsarbeiten Tag und Nacht fast ohne jede Pause."

Statt am 20. Januar traten die Sowjets bereits am 18. Januar mit 5 Heeresgruppen zum Angriff an. Viktor B., ein damals blutjunger Panzeroffizier, erinnerte sich in einem Gespräch, das ich im April des Jahres 1965 in Moskau mit ihm führte: „Wir legten mit unseren Panzern an manchen Tagen 60 bis 70 Kilometer zurück und schliefen doch nachts ganz gemütlich in Betten. Unser Nachschub schaffte den Sprit nicht. Wir ließen manchmal einen Teil unserer Panzer stehen, saugten mit Gummischläuchen ihre Tanks leer und füllten das Zeug in die ein, mit denen wir noch ein Stück weiter vorstießen."

Sechzehn Stunden nach Beginn des Sowjet-Angriffs hatte die 4. deutsche Panzerarmee aufgehört, als zusammenhängender Verband zu existieren. Innerhalb von drei Wochen waren der Rest von Polen, große Teile deutschen Gebiets östlich der Oder und nahezu ganz Ostpreußen von der Roten Armee erobert. Ihre Panzer fuhren in die Flüchtlingstrecks hinein. Der vorletzte Chef des deutschen Generalstabs, Guderian, mußte eingestehen: „Am 20. Januar betrat der Feind deutschen Boden. Nun ging es ums Letzte."

Wo die Vormarschstraßen die ehemalige Reichsgrenze schnitten, stellten die politischen Abteilungen der sowjetischen Divisionsstäbe Schilder auf, die an Ort und Stelle aus Brettern zusammengenagelt und mit verbrauchtem schwarzen Motorenöl beschrieben wurden: „Hier beginnt das verfluchte Deutschland.“

In den vom 26. Januar bis 29. Januar tobenden Schneestürmen schoben sich Schukows vorderste Verbände zur Oder vor. Am 30. Januar wölbte sich ein strahlend blauer Himmel über der im Schnee ertrunkenen Landschaft. Der ehrgeizige Draufgänger Tschuikow drückte noch mehr auf das Tempo. Am 1. Februar sahen die Vorausabteilungen den Strom vor sich. Er war zugefroren. An einigen Stellen hatten die zurückgehenden Deutschen versucht, das Eis, das eine natürliche Brücke bildete, aufzubrechen: mit Bomben, mit Dynamit, mit Motorsägen. Man hatte sich auch mit dem Plan befaßt, das Eis durch die Erzeugung einer künstlichen Flutwelle zu zerstören. Doch dies war nur eine von vielen unausführbaren Ideen.

Am 2. Februar gingen Tschuikows erste Einheiten über die Oder. Abgesehen davon, daß ein vereister Strom kein natürliches Hindernis bildete, schien er dort, wo er bei Frankfurt und Küstrin Berlin am nächsten ist, überhaupt nicht mehr verteidigt zu werden.

Um 10 Uhr vormittags blickte der General über das Tal der Oder: „Die Truppen entwickelten sich schon auf dem Deich zwischen Küstrin und Göritz und machten sich zum Übersetzen bereit. Ich sah durch das Scherenfernrohr die Oder. Ein breiter, von Deichen gesäumter Fluß. Unsere Gardisten sammelten sich auf dem Ostufer. Ein verantwortungsvoller, schwieriger Augenblick! Das Eis war so dünn, daß sogar die Infanteristen es nicht ohne Gefahr betreten konnten, doch ließen sie sich dadurch nicht aufhalten. Sie trugen Stangen, Bretter und Reisigbündel mit sich, bauten Stege und kleine Brücken. An einigen Stellen gelang es sogar, Panzerabwehrgeschütze über den Fluß zu bringen.“

Aber, so fährt der Memoirenschreiber Tschuikow fort, die Freude dauerte nicht lange, denn alsbald kamen deutsche Flieger. Es kamen sogar die allerbesten deutschen Flieger – Rudels Schlachtgeschwader.

In seinem Tagebuch notierte Rudel unter diesem 2. Februar: „Panzer bei Kunersdorf, Sowjetpanzer bei Trettin, Sowjetpanzer bei Frankfurt, Sowjetpanzer bei Küstrin, Sowjetpanzer bei Göritz-Reitwein. Wir könnten das Zwanzigfache an Menschen und Maschinen gebrauchen.“

Aber es war nicht da. Die Sowjets kamen an mehreren Stellen über die Oder, hielten sich, bauten Brückenköpfe aus, die schließlich eine Breite von 20 Kilometern hatten, und waren damit der Reichshauptstadt auf 60 Kilometer nahe gekommen. Der Wehrmachtsbericht meldete am 3. Februar 1945: „Im Raum von Reppen führten unsere Kampfgruppen mehrfach Angriffe gegen sowjetische Verbände und fügten ihnen hohe Verluste zu.“

Reppen war ein den Berlinern durchaus vertrauter Name. Nicht weit davon war Friedrich der Große in der Schlacht bei Kunersdorf von den Russen fast vernichtend geschlagen worden. Dort breitete sich eine höchst reizvolle, stille Landschaft von Seen und Wäldern aus, die wissenden Berlinern mit Fontane im Rucksack als Ausflugsziel diente. Durch Freunde und per Telefon verbreitete sich in Berlin die Nachricht, daß um Frankfurt gekämpft wurde. Also lag die Oder, das letzte natürliche Hindernis auf dem 2000-Kilometer-Feldzug der Sowjets nach Berlin, nicht mehr zwischen der Stadt und dem Iwan? Die Berliner erwarteten den letzten Schlag: Einnahme und Besetzung. „Wer kann, verläßt die Stadt“, notierte AA-Angestellter H.-G. von Studnitz lakonisch in seinem Tagebuch.

In diesen Tagen drohte in der Stadt eine Panik auszubrechen. In der Nacht zum 1. Februar war der Volkssturm alarmiert worden. Bahnhöfe, Brücken und öffentliche Gebäude wurden besetzt; Gerüchte, die Sowjets seien bereits mit Fallschirmjägern im Stadtgebiet gelandet, gingen von Mund zu Mund.

Die gehobenen Schichten der Bevölkerung wurden nach den Dringlichkeitsstufen ihrer Funktionen, ihrer Arbeit eingeteilt. Wer erst im allerletzten Augenblick zu den Waffen eilen sollte, bekam eine rote Alarmkarte; wer schon im vorletzten Augenblick das Vaterland zu verteidigen hatte, sah sich im Besitz einer weißen Karte. Mit der Einberufung zum Volkssturm hatte die Klassifizierung der Partei- und Verwaltungselite nichts zu tun; Volkssturm war für das Volk.

Die wildesten Gerüchte von der unmittelbar bevorstehenden Besetzung der Stadt entstanden, als der – dann doch nicht ausgeführte – Plan bekannt wurde, die Reichsregierung und -verwaltung aus Berlin zu evakuieren. Davon wäre eine nicht genau bekannte, aber weit über 100 000 liegende Zahl von Beamten und Funktionären betroffen worden. Sie alle überlegten, wie sie möglichst viel aus Berlin herausschleppen könnten.

Über Nacht entstand ein bis dahin unbekannter schwarzer Markt für Autos und Benzin, die mit Gold und Brillanten, aber auch mit feineren Genußmitteln bezahlt wurden. Kaffee und Schnaps wurden zentner- und kistenweise gehandelt. Das äußere Bild Berlins und seiner Bevölkerung, ein Bild der Armut, trog: Je näher das Ende rückte, desto sichtbarer wurde, was der Bauch dieser Stadt noch an Luxuswaren barg. Nicht umsonst war ganz Europa vier Kriegsjahre lang von deutschen Kommandos aufs gründlichste ausgeplündert worden.

Wer über ein Auto und Benzin verfügte und sich davonmachen konnte, ohne befürchten zu müssen, als Defätist am nächsten Baum aufgehängt zu werden, verließ Berlin. Auch Züge verkehrten noch. Allerdings schien es sich nur noch zu lohnen, sich in Richtung Süden abzusetzen. Vielerlei Schliche wurden ausgeknobelt, um zu Reisepapieren oder militärischen Marschbefehlen zu kommen.

Aber die Regierung wurde nicht evakuiert, und die nur noch zwei Panzerstunden entfernten Russen kamen nicht. Warum – das wußte niemand. Die Lage stabilisierte sich wieder, eine absurd klingende Feststellung, wenn man sich diese Lage vergegenwärtigt:

Jede Nacht und oft auch am Tage gingen Bombenregen auf die Stadt nieder. Bald in diesem, bald in jenem Stadtteil fiel schon jetzt zuerst für Stunden und dann für Tage die Gasversorgung aus, ebenso die Wasserversorgung. Ein neues Tier wurde in Berlin gesichtet: die Wasserschlange. Vor Hydranten und Pumpbrunnen standen in Schnee und Regen, in Kälte und Matsch die Berlinerinnen mit Eimern und Töpfen um Wasser an. Immer unregelmäßiger wurden die kartengeschützten Lebensmittel verteilt, und Ersatz für Ersatz wurde die Regel: Sauerkohl statt Graupen, Mehl statt Puddingpulver und umgekehrt. Wenn es überhaupt Gas gab, war der Druck so niedrig, daß die Graupen in 5 Stunden nicht gar wurden; während man im Keller saß, brodelten sie in der Wohnung vor sich hin. Aus der Hausgemeinschaft war eine Kellergemeinschaft geworden, und diese Gemeinschaft entwickelte bestimmte Riten.

Im Frühjahr 1945 schrieb eine Berlinerin drei Schulhefte voll, vornehmlich im Luftschutzkeller; sie zeichnete auf, was sie erlebte. Der Schriftsteller K. W. Marek, bekannt unter dem Namen Ceram als Verfasser von *Götter, Gräber und Gelehrte*, begegnete später der Verfasserin, las ihre Aufzeichnungen und veranlaßte sie, deren Druck zu erlauben. Er verpflichtete sich mit seinem Ehrenwort, ihren Namen nicht preiszugeben, und hat sein Versprechen bis heute gehalten.

So erschien die amerikanische, englische, deutsche (1959) und andere Ausgaben ohne Verfasserangabe. Der Bericht ist die eindrucksvollste, unsentimentalste Schilderung dessen, was die Frauen in Berlin erlebten – die Frauen, die sich als weit mutiger und standhafter erweisen sollten als die Männer. Dieses Buch, auf das wir uns im Verlauf dieser Darstellung noch einige Male beziehen werden, fand in Westdeutschland seitens der Presse eine vorwiegend negativ-kritische, seitens des Publikums eine laue Aufnahme. Der Bericht dieser Frau ist jedoch durch und durch wahr.

Der Sender RIAS sagte am 2. 5. 1960 darüber:

„Das Buch ist in Deutschland, soweit man überhaupt von ihm Notiz nahm, zumeist mit Vorbehalten besprochen worden, die sich in dem Satz zusammenfassen lassen: Laßt uns in Ruhe, wir wollen davon nichts mehr wissen! Was ist schon gewonnen, wenn man das Vergessenwollen, das Vergessenkönnen unnötigerweise bremst! Es wurde sogar die moralische Redlichkeit oder die Echtheit der Aufzeichnungen angezweifelt, obgleich jeder, der das Kriegsende unter russischen Truppen und dazu vielleicht noch hier in Berlin erlebte, tausend Einzelheiten und damit das Ganze nach eigenen Erlebnissen bestätigen kann. Soll man davon schweigen? Wir glauben nicht . . ."

Der „Tagesspiegel" jedoch schrieb am 6. 12. 1959 unter der Überschrift „Schlechter Dienst an Berlin – ein verfälschter Sonderfall":

„‚Eine Frau in Berlin' heißt das Buch. 294 000 Exemplare davon wurden allein in den Vereinigten Staaten seit dem ersten Erscheinen im Jahre 1954 verkauft, 210 000 in England, 3 000 in Schweden, 7 000 in Norwegen, 5 000 in Dänemark, 12 000 allein in Holland und 4 500 in Italien. Von der japanischen und von der argentinischen Ausgabe sind solche Erfolgszahlen noch nicht bekannt, eine französische Ausgabe wird gerade vorbereitet . . . Es ist sehr quälend, die fast 300 Seiten mit den Augen ‚einer Frau in Berlin' zu sehen. Und zwar nicht nur, weil das Thema so grausig ist – das viel, viel Quälendere ist der Ton, in dem dieses Thema behandelt wird. In endloser Ausführlichkeit, deutlich bis ins winzigste Detail schildert uns die Verfasserin im einprägsamen Ich-Ton ihre unzähligen ‚Erlebnisse'. Es ist schrecklich, aber dieses Wort drängt sich auf. Man gewinnt die Überzeugung, daß das wirklich für sie ‚Erlebnisse' sind. Die Gespräche mit Freundinnen über dieses Thema, die sie selbst berichtet, die widerwärtige Art, in der da etwa Vergleiche angestellt werden, das hornhäutige Erstaunen, wenn jemand anders davon nicht gern reden mag, die abfälligen Bemerkungen über deutsche Männer . . ."

„Es ist mir leider nicht möglich, mein negatives Urteil über dieses Buch durch wörtliche Zitate zu erhärten. Nicht, daß es nicht solche Zitate die Fülle gäbe. Aber in einer Tageszeitung sind sie ihrer Formulierung wegen nicht druckbar . . . Es ist nämlich so, daß, wie der Verlag meint, ‚noch Millionen Frauen leben, die ähnliches erzählen könnten' wie in diesem Buch. Nein, so ist es nicht. Die meisten – ja, eigentlich fast alle Frauen sind nicht in der Lage, über die schrecklichsten Erlebnisse ihres Lebens ein lüsternes Buch zu schreiben. Und so zu tun, als ob diese Haltung einer – vorausgesetzt, daß das Buch echt ist – Empfindung aller sei, ist eine Verleumdung . . ."

Diese Kritik bringt zum Ausdruck, wie eine gewisse deutsche Meinungsmache das Thema „Die Russen in Berlin" gern behandelt sähe: die harte, aber differenzierte Wirklichkeit soll durch pauschale Emotionen ersetzt werden.

In diesem anoymen Bericht heißt es: „Das Kellervolk hier im Haus ist jedenfalls überzeugt, daß seine Höhle eine der sichersten ist. Nichts Fremderes als ein fremder Keller. Ich gehöre nun fast seit drei Monaten dazu und fühle mich trotzdem noch fremd. Jeder Keller hat andere Tabus, andere Ticks. In meinem alten Keller hatten sie den Löschwassertick: allerorten stieß man sich an Kannen, Eimern, Töpfen, Fässern, in denen eine trübe Brühe stand. Trotzdem wäre das Haus wie eine Fackel heruntergebrannt. Die ganze Löschbrühe wäre soviel gewesen wie einmal hineingespuckt. Frau W. hat mir erzählt, daß in ihrem Keller der Lungentick grassiert. Sobald die erste Bombe fällt, beugen sich alle vornüber und atmen ganz flach, wobei sie die Hände gegen den Leib pressen. Irgend jemand hat ihnen gesagt, das verhindere Lungenrisse. Hier in diesem Keller haben sie den Mauertick. Alle sitzen sie mit dem Rücken gegen die Außenmauer, bloß unter der Luftklappe ist eine Lücke in der Reihe. Bumst es, so kommt der Tüchertick hinzu: alle winden sich ein bereitgehaltenes Tuch um Mund und Nase und verknoten es am Hinterkopf."

Aber man lebte doch noch in Gemeinschaft miteinander, einander näher sogar als früher; man bezahlte noch, was man beim Kaufmann bekam, man benutzte in Gesprächen noch die gewohnten Worte, man respektierte noch private Sphären, man schimpfte, aber man schwieg noch, wenn man einen gußeisernen Durchhalte-Nazi in Hörweite wußte; und wen ein Bedürfnis anwandelte, der ging auf den dafür vorgesehenen Ort und machte noch die Tür hinter sich zu.

Das alles sollte sich ändern. Gemessen an Vergangenheit und Frieden war nichts normal; aber die Erfahrung, wie binnen Stunden eine in Jahrhunderten entwickelte Sitte und Zivilisation von Menschen abfallen und der nackten Barbarei Platz machen kann (die dann fast ebenso rasch wieder überwunden wird), fehlte im Februar den Bewohnern der Reichshauptstadt noch, und nur an dieser Erfahrung gemessen, im Rückblick, läßt sich sagen: Die Lage normalisierte sich wieder, zuweilen auf eine geradezu gespenstische Art.

In seinem Buch *Frühling 45* beschreibt K. F. Borée den Betrieb einer mehrfach bombardierten Bank: „Man rannte in den Keller hinunter, um seine Akten und Schreib- und Rechenmaschinen heraufzuholen, man rannte mit ihnen wieder hinunter, wenn eine Vorwarnung ertönte . . . Selbstverständlich gab es noch sehr gewissenhafte Leute. Jenen Abteilungsdirektor, der im Luftschutzkeller zu arbeiten pflegte, traf ich dabei, wie er ein Geschäft mit dem estnischen Staat abwickelte, der gar nicht mehr existierte. Die Orientabteilung korrespondierte mit Geschäftsfreunden in Persien, die längst hinter die Front geraten waren."

Der Mann der Stunde war der Propagandist Joseph Goebbels. Er zeigte mehr Mut als die anderen hohen Nationalsozialisten, er war der einzige, der den Mut dessen bewies, der nichts mehr zu verlieren hat. Zwar waren viele in der gleichen Lage wie er, aber im Gegensatz zu Goebbels gaben sie es sich selbst gegenüber nicht zu. Er hatte bereits im Winter den Schlußstrich gezogen, unter dem „Selbstmord" stand. Das gab ihm eine gewisse innere Freiheit.

Er traute sich noch aus dem Bunker hinaus und trug als einziger Zivilist für Fahrten an die Front das Ärmelband der Division „Großdeutschland", obschon sein Eingreifen in die Vorbereitungen zur Verteidigung Berlins stümperhaft und schädlich war. Als man ihm das Band überreicht hatte, war es auf einem Samtkissen festgenäht gewesen – eben um zu verhindern, daß er es trug: aber er hatte es vom Kissen abtrennen lassen.

Millionen Deutsche waren in diesem Kriegswinter auf der Flucht, um sich vor einem Feind in Sicherheit zu bringen, der mit unglaublicher Schnelligkeit ins Reichsgebiet eindrang. „Das Reich" verherrlichte die Trecks der Flüchtenden: „Wer hätte je so schöne Pferde gesehen? Da reiten sie vorweg, ein alter graubärtiger Herr mit etwas müden Augen, aber straff, aufrecht, mit kurzem Pelz und Nerzmütze bekleidet, die Beine in gut gearbeiteten Reitstiefeln, neben ihm die Frau, eine weißhaarige, aber wohl gar nicht so alte Dame im Reitsitz der Frauen; schließlich der Junge, der Enkel wohl, munter vor sich hin plaudernd . . ." An der Stadtgrenze der Reichshauptstadt aber wurden Schilder errichtet: „Flüchtlingen ist der Aufenthalt in Berlin verboten." Frauen, die aus Ostpreußen geflüchtet waren, berichteten im Radio und auf Pressekonferenzen von selbst erlebten und miterlebten Vergewaltigungen. Eine pedantische Frau behauptete sogar, sie sei 24mal vergewaltigt worden.

Als Frankfurt an der Oder so überraschend Kriegsgebiet geworden war und man die Russen im Geist schon in die Stadt eindringen sah, ohne auf dieses Ereignis psychologisch so vorbereitet zu sein, wie man es dann im April war, hatte es den Berlinern zunächst die Sprache verschlagen. Aber schon bald fanden sie sie wieder. Während Goebbels Haß predigte, formulierte der Berliner Witz aus den allgegenwärtigen Bomben und den noch nicht gegenwärtigen Russen einen Satz, der später allerdings nicht mehr sehr witzig klang: „Lieber einen Russen auf dem Bauch als die Amis auf dem Kopf."

So also sah es in Berlin aus, als die Sowjets die Oder erreicht hatten und man jeden Tag mit dem Erscheinen ihrer Panzerspitzen am Stadtrand rechnen mußte. Aber sie kamen nicht. Die Rote Armee rührte sich nicht vom Fleck. Zwischen dem 7. Februar und dem 16. April veränderte sich die geographische Entfernung zwischen dem östlichsten Berliner und dem westlichsten Sowjetsoldaten objektiv nicht um einen einzigen Kilometer, aber im Bewußtsein der Berliner verlängerte sie sich. Mit jedem Tag, an dem die Russen nicht kamen, wurden diese für die Berliner weniger wirklich. Die in hektischer Eile begonnenen improvisierten Straßensperren und Panzergräben wurden liegengelassen; die zu den Schanzarbeiten befohlenen Zivilisten verliefen sich wieder.

In diesem Februar wußten die Berliner noch nicht, was ihnen erspart geblieben wäre, wenn die Sowjets nicht an der Oder haltgemacht hätten, sondern gleich nach Berlin durchmarschiert wären:

Von den 1,35 Millionen Tonnen Bomben, die während des ganzen Krieges auf Deutschland fielen, wurde ein Drittel erst zwischen Februar und Mai 1945 eingeflogen und abgeworfen.

Von den 329 000 durch Bomben getöteten Nichtkämpfern starben zwischen dem 1. Februar und Kriegsende mehr als ein Drittel.

Zwischen dem 1. Februar und dem 21. April 1945 erlebte Berlin 83 schwere Bombenangriffe; nur die Nacht auf Ostern blieb ruhig.

Weder die Zerstörung Dresdens in der Nacht vom 13. zum 14. Februar noch die größten Angriffe im württembergischen Raum hätten stattgefunden, und auch Potsdam stünde noch.

Die Verteidigungsanlagen, die im April eine zügige Besetzung des Stadtgebiets verhinderten, waren im Februar noch nicht vorhanden. Das bedeutet, daß die vom Artilleriebeschuß herrührenden Brände, die Teile der Stadt vernichteten, nicht entstanden wären.

Warum kamen sie nicht?

Aber hätten die Sowjets im Februar in Berlin sein können, und warum kamen sie nicht?

Als Berlin zum Greifen nahe vor der 1. Weißrussischen Heeresgruppe lag, bereitete sich Schukow auf eine sofortige Eroberung der Stadt vor. Der Bedeutung und der Folgen des Angriffs auf Berlin waren sich der Marschall und seine Armeeführer voll bewußt. Tschuikow schreibt:

„Die Einnahme Berlins im Februar 1945 hätte das Ende des Krieges bedeutet. Obendrein hätten wir damals weit weniger Opfer bringen müssen als später im April . . . In achtzehn Tagen waren wir kämpfend und ohne Aufenthalt mehr als fünfhundert Kilometer vorgerückt, hatten also einen weiten und schnellen Sprung gemacht. Wenn das Hauptquartier und die Frontstäbe die Versorgung besser organisiert und rechtzeitig die erforderliche Menge Munition, Treibstoff und Verpflegung an die Oder geschafft hätten, wenn die Flieger rechtzeitig auf Flugplätze in Odernähe verlegt und uns Brückenkolonnen für die Forcierung der Oder zugeführt worden wären, dann hätten unsere vier Armeen – die 5. Stoßarmee, die 8. Gardearmee sowie die 1. und 2. Panzerarmee – Anfang Februar die Offensive weiter entwickeln und die gigantische Operation nach Überwindung der letzten achtzig bis hundert Kilometer mit der Einnahme Berlins krönen können.

Die Situation war dazu außerordentlich günstig. Hitlers Divisionen, durch unsere Offensive in Kurland, in Ostpreußen und im Budapester Raum gebunden, waren nicht in der Lage, ihrer Hauptstadt rasche Hilfe zu leisten. Und die Divisionen, die Hitler von der Westfront nach dem Osten geworfen hatte, waren noch nicht einsatzbereit. Ich bin überzeugt, daß die 1. Belorussische Front und die 1. Ukrainische Front jeweils weitere drei bis vier Armeen hätten zur Verfügung stellen können, um mit uns entschlossen in das politische und militärische Zentrum des Faschismus vorzustoßen. Und das hätte das Ende des Krieges bedeutet. Freilich wäre das ein großes Risiko gewesen. Doch welche militärische Operation geschieht ohne Risiko? Unter den gegebenen Umständen hing der Erfolg hauptsächlich von der rechtzeitigen und ausreichenden Versorgung mit Munition und Treibstoff ab . . .

Selbstverständlich war es nicht nur schwer, sondern meines Erachtens einfach unmöglich, bei der Organisierung der Operation an der Weichsel die Entwicklung der Ereignisse an der Front vorauszusehen. Doch Heerführer und Stäbe müssen es verstehen, die Lage in jedem Augenblick richtig einzuschätzen, die politische und militärische Situation zu berücksichtigen, um im Laufe der Operation die richtigen Entschlüssc zu fassen . . .

Ich sehe ein, daß es bei einer so breiten und tiefen Operation wie der Weichsel-Oder-Operation sehr kompliziert gewesen wäre, während ihres Verlaufes bereits die nächste Operation, die Offensive auf Berlin, vorzubereiten, das heißt, starke Kräfte bereitzustellen, sie an die Oder vorzuführen und mit allem Erforderlichen zu versorgen. Und doch meine ich, daß es möglich gewesen wäre, eine solche neue Operation auf Berlin zu organisieren, hatte es doch die 1. Belorussische Front verstanden, im Februar zwei Panzerarmeen und drei allgemeine Armeen mit umfangreichen Verstärkungsmitteln für die Ostpommern-Operation einzusetzen. War das nicht eine übertriebene Vorsichtsmaßnahme unseres Oberkommandos, geboren aus der Angst, Hitlers Heeresgruppe Weichsel könnte aus Pommern heraus nach Süden stoßen? Ich meine, es wäre richtiger gewesen, die fünf Armeen der 1. Belorussischen Front nicht nach dem Norden, sondern nach Berlin zu einzusetzen. Dabei wäre es nicht schwerer gewesen, ihnen noch drei bis vier Armeen aus der 1. Ukrainischen Front beizugeben. Dann wäre das Schicksal von Berlin und damit auch des gesamten faschistischen Deutschlands bereits im Februar besiegelt gewesen. Auf Grund dieser Überlegungen wage ich zu behaupten:

a) unsere Kräfte reichten zur Fortsetzung der Weichsel-Oder-Operation bis zum Sturm auf Berlin aus;
b) die Angst um die rechte Flanke der 1. Belorussischen Front war unbegründet, weil der Gegner nicht über ausreichende Kräfte verfügte, dort ernsthaft aktiv zu werden (Guderian gibt das, nebenbei gesagt, selber in seinen Erinnerungen zu);
c) den Vorstoß, den der Gegner aus dem Raum Stettin zu führen vorhatte, konnte er frühestens am 15. Februar und dann auch nur mit unbedeutenden Kräften beginnen;

d) wenn wir in der ersten Februarhälfte mit sieben bis acht Armeen, einschließlich drei bis vier Panzerarmeen, entschlossen auf Berlin marschiert wären, hätten wir den Stoß des Gegners aus dem Stettiner Raum vereiteln und den Vormarsch nach Westen fortsetzen können.“

Marschall Schukow, der in Tschuikows Erinnerungen alles andere als gut wegkommt, war in diesem Falle mit ihm und seinen übrigen Armeeführern einer Meinung: man mußte Berlin nehmen, und zwar so rasch wie möglich*. Er versuchte, das Hauptquartier in Moskau in diesem Sinn zu beeinflussen, aber Stalin konnte sich nicht zu dem Entschluß aufraffen, die Überwindung der letzten 60 Kilometer vor Berlin zu erlauben. Versagten seine Nerven? Überschätzte auch er den Gegner, wie die Amerikaner es taten?

Einerseits war er der Front allzu nah: dank der stets, auch im Vorwärtsstürmen funktionierenden (damals nicht abzuhörenden) Dezimeter-Telefonverbindungen hatte er seine Marschälle immer an der Strippe. Aber anderseits saß er eben doch im fernen Moskau und vermochte nicht nachzuempfinden, was bei der Truppe nach dem Sturmlauf von der Weichsel zur Oder Erlebnis und innerste Überzeugung geworden war: daß der Feind schwach sei und seine Kraft nur noch dazu ausreiche, im Rahmen von Hitlers Wahnsinnsstrategie des Haltens um jeden Preis an einzelnen Punkten fanatischen Widerstand zu leisten.

Das Risiko, Schukow mit ungedeckter Nordflanke die letzten Kilometer nach Berlin zurücklegen zu lassen, erschien Stalin zu groß. Er zögerte.

Stalins Unentschiedenheit fand in zwei sich einander ausschließenden Befehlen des Hauptquartiers Schukow drastischen Ausdruck. Der erste, vom 2. Februar, wies die Heeresgruppe an, sich einzugraben. Der zweite, zwei Tage später von Schukow eigenhändig abgezeichnet, lautete: „Die Truppen der Heeresgruppe haben die Aufgabe, in den nächsten Tagen durch aktive Unternehmen den erzielten Erfolg zu festigen, alles heranzuziehen, was zurückgeblieben ist, die Treibstoffvorräte auf zwei Verbrauchssätze und die Munitionsvorräte auf zwei

* 1965 distanzierte sich Schukow öffentlich von Tschuikows Darstellung der nachfolgend geschilderten Ereignisse. Es ist zu verstehen, daß er sich zur Wehr setzt, denn Tschuikow schenkt seinem ehemaligen Vorgesetzten nichts. Wir hingegen haben Ursache, Tschuikow im ganzen zu glauben, mag er sich auch einmal in einem Datum oder einem anderen Detail geirrt haben – wie Schukow behauptet.

Kampfsätze zu ergänzen und am 15. und 16. Februar durch einen raschen Vorstoß Berlin zu nehmen."

Kriegsgeschichts-Akteur und -Schreiber Tschuikow meint zwar, es sei unmöglich gewesen, in der befohlenen Frist den notwendigen Sprit und die Munition heranzubringen; es hätte ein paar Tage länger gedauert. Aber selbst dann wäre Berlin statt im Mai vielleicht am 17. oder 18. Februar gefallen – zu einer Zeit, da die Westmächte noch jenseits des Rheins standen. (Erst am 7. März überquerten General Bradleys Verbände bei Remagen den Rhein.)

Am Sonntag, dem 4. Februar, fuhr Schukow im Laufe des Vormittags von seinem Gefechtsstand zum Stab der 69. Armee und traf sich dort mit seinen Oberbefehlshabern Bersarin (dem späteren ersten Stadtkommandanten von Berlin), Tschuikow, Katukow, Bogdanow und Kolpaktschi, der der Gastgeber war. Den am gleichen Tag erlassenen Angriffsbefehl im Kopf, beugten sich die Herren über die Karten und besprachen die Operation in großen Zügen.

Zwischen Schukow und Tschuikow stand ein halbes Dutzend Telefonapparate. Einer davon klingelte. Am anderen Ende der Leitung war Stalin. Er sprach via Moskau von der Krim aus. Dort erfreute er sich der strahlenden Frühlingssonne – während seine Generale tiefen Winter vor dem Befehlsbunker hatten – und bereitete sich auf die erste Begegnung mit Roosevelt und Churchill vor. *Denn an diesem 4. Februar begann die Konferenz von Jalta, auf der die Teilung der Welt besiegelt wurde – wobei die Grenze quer durch Deutschland gezogen wurde. Die Großen Drei wähnten allerdings, sie steckten nur militärische Besetzungszonen „für ein oder zwei Jahre" ab.*

Ohne zu erklären, wo er sich aufhielt, sagte Stalin zu Schukow: „Wo befinden Sie sich? Was machen Sie?"

Schukow: „Wir planen den Angriff auf Berlin."

Stalin: „Das ist unnütze Arbeit. Sie müssen sich jetzt an der Oder eingraben und möglichst viele Kräfte nach dem Norden werfen, nach Pommern, um zusammen mit Rokossowski die Heeresgruppe Weichsel zu zerschlagen. Machen Sie einen Plan."

Die Entscheidung war gefallen.

Schukow fand keine Erwiderung. Wortlos legte der riesige Mann den Hörer auf, wortlos erhob er sich, wortlos verließ er den Raum. Die Sitzung war zu Ende. Die Generale ahnten nur, was geschehen war. Am Nachmittag dieses ersten Konferenztages in Jalta scherzte Stalin mit Roosevelt darüber, ob wohl er zuerst in Berlin oder die

Amerikaner zuerst in Manila wären (dort zogen die Amerikaner am 23. Februar ein). Stalin selbst gab den Amerikanern die bessere Chance, denn, so vertraute der Marschall dem Präsidenten an, seine Truppen seien an der Oder auf heftigen Widerstand gestoßen. Zwar war Roosevelt es gewohnt, daß Stalin seine Anstrengungen und Schwierigkeiten zu übertreiben pflegte, um neue Materiallieferungen oder Entlastungsoperationen seitens der Verbündeten zu erreichen. Daß aber an dieser Auskunft kein Körnchen Wahrheit war, konnte er nicht ahnen.

Die Feindlage, die Schukow Anfang Februar bei Frankfurt an der Oder antraf, ist nicht zu vergleichen mit der, die von der deutschen Führung bis Mitte April geschaffen wurde. Gewiß war die relative Überlegenheit der Sowjets Mitte April größer, als sie bei einer Fortsetzung des Angriffs im Februar gewesen wäre. Daraus darf jedoch nicht geschlossen werden, daß die deutschen Kräfte damals auch nur die geringste Chance gehabt hätten, ihre Stellungen zwischen der Oder und Berlin zu halten. Sie waren derart desorganisiert und der Schock des einer panischen Flucht gleichenden Rückzugs auf die Oder steckte der höheren Führung so tief in den Gliedern, daß auch gegen eine sowjetische Kriegsmacht, die nicht, wie im April, ausgeruht und aufgefrischt gewesen wäre, eine entschlossene Verteidigung gar nicht erst versucht worden wäre – so wenig, wie man sie zwei Monate später versucht hat.

Ferner ist den sowjetischen Berichten, soweit sie nicht purer Selbstverherrlichung dienen, deutlich zu entnehmen, daß die Sowjetsoldaten in der Januar-Offensive besser kämpften als auf den letzten 60 Kilometern nach Berlin. Wir werden noch sehen, wie langsam und vorsichtig sie sich vor und in der Reichshauptstadt bewegten – in dem verständlichen Bestreben, nicht noch im letzten Augenblick für eine bereits entschiedene Sache unnötig zu sterben. Sie war im Frühjahr noch klarer entschieden nach dem Zusammenbruch vor der amerikanisch-englischen Front, als im Februar zu erkennen gewesen war. Wenn man also die Erfolgsaussichten eines Angriffs im Februar oder im April gegeneinander abwägt, wird man Schukow und seinen Generalen recht geben müssen: es wäre durchaus möglich gewesen, Berlin bereits im Februar zu nehmen. Daß es nicht geschah, war allein Stalins Fehler. Hinsichtlich seiner politischen Dimension steht dieser Fehler in einer Reihe mit Hitlers 1940 gefällter Entscheidung, die Panzerdivisionen vor der Kanalküste anzuhalten und damit den englischen Kontinentalstreitkräften die Flucht nach England zu ermöglichen. Er ist gleichrangig mit Eisenhowers im März 1945 getroffener Entscheidung, nicht nach Berlin vorzustoßen, wodurch er Stalin Gelegenheit gab, seine Fehlentscheidung vom 4. Februar in gewissem Grad zu korrigieren. Freilich nur in einem gewissen Grad, denn Ende April, als die westlichen Alliierten das Reich bis zur Elbe besetzt hatten, war die Tatsache, allein in Berlin zu sein, für die Sowjets politisch lange nicht mehr so viel wert, wie sie im Februar gewesen wäre, als die Westmächte eben erst die Westgrenze Deutschlands überschritten hatten.

Gewiß ist es müßig, Zeitgeschichte unter der Prämisse zu betrachten: Was wäre, wenn . . . Die Tatsachen sind nun einmal so, wie sie sind. Wenn aber diese Tatsachen nichts Geringeres bedeuten als die Teilung Deutschlands mitsamt den Folgen, die diese Teilung für Europa und die Weltpolitik gezeitigt hat, dann fordert eine Situation, wie sie am 4. Februar bestand, und ihre Wandlung durch das Telefongespräch zwischen Krim und Oder eben doch zu spekulativen Erwägungen heraus. Immer wieder muß man in Berichten über die Jalta-Konferenz lesen, dort habe sich der bereits todkranke und in europäischen Dingen bedauerlich unerfahrene Roosevelt von Stalin düpieren lassen und ihm über jede Notwendigkeit hinausgehende Zugeständnisse gemacht. Eher könnte man behaupten, Stalin habe in Jalta Deutschland verschenkt, indem er vorerst auf die Besetzung von Berlin aus freiem Entschluß verzichtete.

Wie wir gesehen haben, war die Aufteilung Deutschlands in Besatzungszonen auf Grund des Attlee-Planes bereits vor Jalta eine beschlossene Sache, jedoch lediglich als vorübergehende kriegsbedingte Maßnahme ohne politische Bedeutung gedacht. Dennoch führte diese willkürliche militärische Abgrenzung später zur politischen Teilung des Reiches. Vor der Jalta-Konferenz standen die Sowjets auf dem Papier an der Elbe, vor Jalta lag Berlin weitab von den Grenzen der „westlichen“ Besatzungszonen, und fast wäre die Anwesenheit westlicher Truppen in Berlin mit jener bornierten Gleichgültigkeit politischen Belangen gegenüber, die Eisenhower noch im März bewies, vor Kriegsende überhaupt nicht besprochen worden. Und was die von den Westmächten gewünschten Garantien für die Zufahrtswege nach Berlin anging, so genügte in Jalta die Bekundung des sowjetischen Desinteresses, um das Problem vom Verhandlungstisch zu fegen. Daraus zu schließen, Amerikaner und

Engländer hätten sich düpieren lassen, heißt nichts anderes, als das Gewicht der damaligen Lage auf dem europäischen Kriegsschauplatz leugnen. In jenem Augenblick sah man es als eine rein militärische Frage an, wie die Zufahrtswege zu einem Standort der eigenen Truppen zu sichern waren. Gerade die Tatsache, daß die amerikanischen Militärs mit den Engländern in der Frage der Nordseehäfen und mit den Franzosen hinsichtlich der Autobahn Frankfurt-München so zäh verhandelten und sogar Pressionen ausübten, in Jalta aber den Sowjets gegenüber nicht auf einer endgültigen Regelung der freien Zufahrt nach Berlin bestanden, zeigt mit aller Deutlichkeit, welche Wichtigkeit sie (mit Recht) dem Umstand beimaßen, daß Stalins Truppen an der Oder standen, knappe 60 Kilometer von Berlin entfernt, während ihre eigenen Armeen noch hinter dem Rhein geschont wurden. Nach ihrer Auffassung war das gemeinsame Ziel, die Niederwerfung Deutschlands, um so weniger erreicht, als sie maßlos übertriebene Vorstellungen von den deutschen Kraftreserven hatten. Die Offiziere des American Joint Staff waren der Überzeugung, daß der Endsieg in Europa nur mit Hilfe der Sowjets herbeigeführt werden könne.

(Auf das eigentliche Neue in Jalta, die Regelung der polnischen Frage – so neu war dies nun freilich auch wieder nicht, entsprach doch die getroffene Abmachung genau dem, was Stalin bereits im Jahre 1941 Eden gegenüber als eines seiner Kriegsziele genannt hatte –, brauchen wir hier nicht weiter einzugehen; mit Stalins Entscheidung, Berlin vorläufig noch nicht zu besetzen, hat es nichts zu tun.)

Bei unseren spekulativen Erwägungen haben wir also in Rechnung zu stellen, daß das in Jalta herrschende Klima ganz wesentlich von Stalins militärischen Erfolgen im Januar 1945 mitbestimmt wurde. Wie aber wäre diese Konferenz verlaufen, wenn Stalin, ehe er Roosevelt begrüßte, mit Schukow folgendes Telefongespräch geführt hätte: Was macht ihr? Ihr bereitet den Angriff auf Berlin vor? Gut! Wann geht es los? In fünf Tagen? Ausgezeichnet . . .

Dürfen wir annehmen, nur Stalins Generale seien zur Einsicht gelangt, der Fall Berlins bedeute den Sieg? Müssen wir nicht vielmehr nach allem, was Stalin bis dahin an politischem Geschick gezeigt hatte, für sicher halten, daß er sich der Bedeutung des Falls von Berlin durchaus bewußt war? Warum ließ er sich zwei Monate Zeit? Wir wissen es nicht, und niemand weiß es bis jetzt genau.

Wenn die Sowjettruppen bereits im Februar in Berlin gewesen

wären – von wo, anders als im April, die NS-Führung und Hitler sich nach Süden abgesetzt hätten –, dann wäre ganz Deutschland offen vor ihnen gelegen. Um die „Alpenfestung“, die es sowieso nicht gab, hätten sie sich nicht zu kümmern brauchen; statt dessen wären sie zweifellos ins industrielle Zentrum des Reiches vorgestoßen. Hätte sich Stalin, wenn er erst einmal das ganze Pfand oder doch seine wertvollsten Teile in der Hand gehabt hätte, wohl noch an die Abmachungen des Attlee-Planes gehalten? Hat er sich jemals mit weniger begnügt, als er bekommen konnte?

Militärisch hätte er sich, was die deutschen Kräfte angeht, Ende Februar westlich von Berlin in einem nahezu leeren Raum bewegt. Im politischen Sinn jedoch war dieser kein Niemandsland.

Nicht erst in Jalta, schon vor der Konferenz in Teheran hatte der Gedanke, daß die Sowjettruppen westlich der Weichsel stehen könnten, Churchill nicht schlafen lassen. Sicherlich hätte er nicht tatenlos zugesehen, wenn sie nun westlich der Elbe aufgetaucht wären. Welch drastische Gegenmaßnahmen er ergriffen hätte, wäre davon abhängig gewesen, inwieweit sich die Amerikaner von ihm hätten mitreißen lassen. Wozu er notfalls entschlossen war, wissen wir, seit er 1954 in einer öffentlichen Rede bekannte, er habe vor Kriegsende Montgomery den Befehl erteilt, die Waffen der kapitulierenden deutschen Streitkräfte so zu lagern, daß sie im Falle eines weiteren sowjetischen Vorstoßes wieder an die deutschen Soldaten ausgegeben werden könnten. Verständlich, daß dieser Befehl derzeit in den englischen Archiven nicht zu finden ist, aber Montgomery hat kurz nach Churchills Rede bestätigt, er habe den Befehl nicht nur erhalten, sondern auch befolgt.

Natürlich ist es fraglich, ob es Churchill selbst bei einem Vordringen der Russen ins Ruhrgebiet gelungen wäre, die Amerikaner zu gemeinsamem Vorgehen zu veranlassen. Man darf nicht vergessen, welch legendäres Ansehen die Rote Armee damals beim amerikanischen Volk genoß: die Stimmung in den Vereinigten Staaten hätte es wohl kaum zugelassen, daß man „Onkel Joe“ mit Bomben traktierte, nur weil er allzu gut gekämpft hatte.

Man kann es nicht als unmöglich bezeichnen, daß heute ganz Deutschland sich im sowjetischen Machtbereich befände, wenn Stalin im Februar den Angriff auf Berlin befohlen hätte. Aber auch das Gegenteil wäre, wenn nicht wahrscheinlich, so doch möglich gewesen: daß die westlichen Alliierten getan hätten, was viele Deutsche im

Frühjahr 1945 von ihnen erwarteten und wodurch sie nicht nur Deutschland, sondern ganz Mitteleuropa den Sowjets wieder entrissen hätten: mit neuer Front den Krieg um Europa fortzusetzen. (Wobei der Umstand nicht außer acht gelassen werden darf, daß die Amerikaner im August 1945 ihre ersten Atombomben zur Verfügung hatten.)

Aber es kam eben durch Stalins Entscheidung anders.

„Bald war nicht mehr zu verheimlichen", schreibt Tschuikow, „daß der Sprung nach Berlin . . . um anderthalb bis zwei Monate hinausgeschoben war. Dadurch würde der Gegner die Möglichkeit haben, seine Verteidigung erheblich zu verstärken." Eben dies tat die deutsche Führung, soweit überhaupt noch Kräfte zur Verfügung standen.

Gruppierung der Kräfte

Gleich einer Mehrheit des Volkes klammerte sich die Führung an die Hoffnung auf irgendein Wunder, das noch in letzter Minute den Sieg bringen sollte. Daß sie den Krieg bis Anfang Mai hinzuziehen vermochte, beruhte nicht nur auf der Überzeugung der höchsten Führer, daß sie vielleicht nichts mehr zu verlieren hatten, nicht nur auf unsinnigen Vorstellungen von den Möglichkeiten der V-Waffen, nicht nur auf der Goebbelsschen Propagandathese: „Die Zarin stirbt*" und nicht nur auf der alliierten Forderung nach bedingungsloser Kapitulation, sondern auch auf dem aberwitzigen Glauben, gewissermaßen die NATO vorwegnehmen und mit dem Westen gegen den Osten kämpfen zu dürfen.

Weder die Reichsregierung noch die Bevölkerung Berlins war sich damals im klaren, daß sie es einem persönlichen Eingreifen Stalins zu verdanken hatten, wenn dem Dritten Reich noch eine Frist von einem Vierteljahr gegönnt war. Die Berliner wußten nicht einmal, daß ihr Führer in ihrer Mitte weilte. In und unter der Reichskanzlei beendete er seine Rundreisen als Feldherr.

Am 30. Januar 1945, dem zwölften Jahrestag der Machtergreifung, hörte das deutsche Volk über den Äther noch einmal die Stimme des Mannes, dem seine Verehrung, Bewunderung und Liebe gegolten hatte. Noch immer hörte es ihm wie gebannt zu, obwohl er schon seit Jahren unsichtbar geworden war. Nur noch die Folgen seines Tuns bekam es zu spüren. – Sie zu ertragen, war es nach wie vor bereit.

Was der Bevölkerung Berlins zugedacht war, ist ihr wahrscheinlich bis 1965 unbekannt geblieben. Es findet sich in einem Verteidigungsplan für die Reichshauptstadt, datiert vom 9. März 1945, und wurde als „Grundsätzlicher Befehl für die Vorbereitungen zur Verteidigung der Reichshauptstadt" von dem ersten Befehlshaber des „Verteidi-

* Im Siebenjährigen Krieg zwischen Preußen und einer russisch-österreichischen Allianz starb 1762 die Zarin Elisabeth. Ihr Nachfolger, Peter III., schloß Frieden mit Friedrich d. Gr.

gungsbereiches Berlin", Generalleutnant H. Reymann, im Einvernehmen mit dem Führerhauptquartier (FHQ) erlassen. Reymann hatte seinen Posten drei Tage vorher übernommen*.

Der 33 Seiten lange Befehl ist eingeteilt in:

A Allgemeines
B Kampfführung
C Waffengattungen
D Sonstiges
E Anlagen

Sein Geist ist der gleiche, in dem zehn Tage später der Führerbefehl „Verbrannte Erde" vom 19. März 1945 abgefaßt wurde. An beiden ist abzulesen, in welcher inneren Verfassung Hitler sich damals befand, als er das Ende vor Augen sah, aber noch nicht zusammengebrochen war. Nun war seine ganze Kraft ausschließlich auf Zerstörung gerichtet.

Während jedoch der Befehl vom 19. März, der die Selbstzerstörung des noch in deutscher Hand befindlichen Reichsgebiets vorsah, auf Betreiben Speers vom Oberkommando der Wehrmacht durch nachfolgend erlassene „Ausführungsbestimmungen" abgemildert und teilweise aufgehoben wurde, hat der Befehl vom 9. März, der auf die Zerstörung Berlins hinauslief, erst mit der bedingungslosen Kapitulation seine Geltung verloren.

Er umfaßte 24 Punkte und beginnt mit den Sätzen: „Die Grundsätze dieses Befehls müssen geistiges Eigentum jedes eingeteilten Führers (einschließlich Volkssturm-Führer) sein. Alle Vorbereitungen müssen sich – der Einheitlichkeit halber – im Rahmen dieser Grundsätze halten." Punkt zwei ist nur eine Zeile lang und enthält den Kampfauftrag: „Die Reichshauptstadt wird bis zum letzten Mann und bis zur letzten Patrone verteidigt." Der wesentlich längere Punkt drei beschäftigt sich mit der Kampfführung:

„Mit den zur unmittelbaren Verteidigung der Reichshauptstadt zur

* Nach Erscheinen des „Spiegels" Nr. 19 (5. Mai 1965) ließ General a. D. H. Reymann dem Verlag durch einen Anwalt mitteilen, er habe diesen Befehl weder unterschrieben noch überhaupt gekannt. Der Verfasser hatte als Quelle die im Deutschen Militärverlag Potsdam erscheinende „Zeitschrift für Militärgeschichte", Heft 2, 1965, benutzt. Dort ist auf S. 174 bis 194 das ganze Dokument im Wortlaut abgedruckt; die Unterschrift lautet: „i. V. Reymann". Das Original befindet sich im Archiv VM SSSSR, Fonds 6598, Liste 801 585, Akte 187, Blatt 12ff. Für dieses Buch wurde auch die Photokopie des Originals beschafft. Sie beweist: es trägt die Unterschrift von General Reymann. Sein Einspruch entbehrte jeder Grundlage und war objektiv falsch.

Verfügung stehenden Kräften wird der Kampf um Berlin nicht in offener Feldschlacht ausgetragen, sondern im wesentlichen als *Straßen- und Häuserkampf*. Er muß mit

Fanatismus
Fantasie
mit allen Mitteln der *Täuschung*, der *List*
und *Hinterlist,*
mit vorbereiteten und aus der Not des Augenblicks geborenen
Aushilfen aller Art
auf
über und
unter der Erde

geführt werden.
Hierbei kommt es darauf an, die Vorteile des eigenen Landes und die voraussichtliche Scheu der meisten Russen vor dem ihnen fremden Häusermeer restlos auszunutzen.

Die genauen Ortskenntnisse, die Nutzbarmachung der U-Bahn und des unterirdischen Kanalisationsnetzes, die vorhandenen Nachrichtenverbindungen, die vorzüglichen Kampf- und Tarnmöglichkeiten in den Häusern, der festungsmäßige Ausbau von Häuserblocks – insbesondere von Eisenbetonhäusern – zu Stützpunkten, machen den Verteidiger auch bei zahlenmäßiger und materieller Unterlegenheit *gegenüber jedem Feinde unüberwindlich!*

Der Feind, dem keine Minute Ruhe zu gönnen ist, muß sich in dem engmaschigen Netz der Widerstandsnester, Stützpunkte und Verteidigungsblocks verzehren und verbluten. Jedes verlorene Haus oder jeder verlorengegangene Stützpunkt sind *sofort im Gegenstoß wiederzunehmen.* Hierbei sind die Stoßtrupps unter Ausnutzung der unterirdischen Gänge unbemerkt auch in den Rücken des Feindes zu führen, um ihn überraschend von rückwärts zu vernichten.

Voraussetzung für eine erfolgreiche Verteidigung Berlins ist jedoch, daß

jeder Häuserblock,
jedes Haus,
jedes Stockwerk,
jede Hecke,
jeder Granattrichter
bis zum Äußersten verteidigt wird!

Es kommt gar nicht darauf an, daß jeder Verteidiger der Reichshauptstadt die Technik des Waffenhandwerks bis ins einzelne gut beherrscht, sondern *vielmehr darauf,* daß

jeder Kämpfer vom fanatischen Willen
zum KÄMPFEN-WOLLEN

beseelt und durchdrungen ist, *daß er weiß, daß die Welt mit angehaltenem Atem diesem Kampf zusieht und daß der Kampf um Berlin die Kriegsentscheidung bringen kann*.*"

Die Alarmierung der Truppen erfolgte nach diesem Befehl durch das Stichwort „Clausewitz"; die volle Abwehrbereitschaft sollte durch „Kolberg" ausgelöst werden. Großberlin und Umgebung wurden in eine „äußere Sperrzone", eine „äußere Verteidigungszone", eine „innere Verteidigungszone" und in einen Abschnitt Z (Zitadelle) eingeteilt, der mit dem Regierungsviertel identisch war.

In der äußeren Verteidigungszone, die sich ungefähr mit dem Stadtgebiet deckte, sollte die „Masse der eigenen Kräfte" eingesetzt werden. Hier gab es eine „grüne HKL" (Hauptkampflinie), hinter der die Kräfte „durch starke Tiefengliederung . . . ein unüberwindliches Hauptkampffeld" schaffen sollten. Der Einsatz „schwerer Waffen und Artillerie" in diesem „Hauptkampffeld" hätte es notwendig gemacht, Schußfeld zu schaffen, das heißt, nach dem Vorbild Breslaus ganze Stadtviertel wegzusprengen.

Die Grenze der „inneren Verteidigungszone" folgte dem S-Bahn-Ring. Hier verzichtet der Befehl auf alle Detailausführungen; es wird kurz verfügt: „Die S-Bahn-HKL ist zu halten!"

Das ganze Verteidigungsgebiet glich einer Torte mit 40 bis 60 Kilometer Durchmesser; die einzelnen Befehlsabschnitte hatten die Form von Tortenstücken. Es gab deren acht, bezeichnet mit den Buchstaben A bis H. Ein neunter Abschnitt war die Mitte, Z (Zitadelle).

In Punkt 24 werden die Gefechtsstände der Abschnittskommandeure aufgeführt: Gefechtsstand A befand sich im Finanzamt Lichtenberg, Normannenstraße, Telefon 71 15 92; Gefechtsstand E im Hotel Nestler, Argentinische Allee, Telefon 84 21 86. Es gab auch vorgeschobene Gefechtsstände, so für Abschnitt E in Potsdam, Kindl-Brauerei, Luckenwalder Straße. Über Potsdam, das nicht in die „äußere Verteidigungszone" einbezogen war, heißt es lapidar: „Die Insel Potsdam ist als Fester Platz zu halten!"

* Satzanordnung und Hervorhebungen entsprechen der Vorlage.

Die zentrale Befehlsstelle der Gesamtverteidigung der Reichshauptstadt befand sich zunächst im Generalkommando am Hohenzollerndamm. Im Alarmfall, bei Stichwortausgabe „Clausewitz" plus sechs Stunden, sollte sie in den L-Turm des Zoo-Bunkers umziehen, das stärkste überirdische Befestigungswerk auf Berliner Boden.

Der Befehl verfügt ferner, daß der Werkschutz Provokateure oder aufsässige Ausländer „unter rücksichtslosem Gebrauch aller Machtmittel festsetzt oder unschädlich macht".

Er stellt den Grundsatz auf: „Die Panzerfaust gehört in erster Linie in die Hände von Freiwilligen!" Laut Befehl gibt es drei Arten von Standgerichten, die dritte für Zivilpersonen. Die „Fliegenden Standgerichte" dürfen nur auf Todesstrafe oder Freispruch erkennen. Geregelt wird weiter der Einsatz von Meldehunden, Brieftauben und Flakhelferinnen, Maiden genannt; es wird darauf hingewiesen, daß Ferngespräche von mehr als drei Minuten Dauer nur in dringlichen Ausnahmefällen geführt werden sollen. Unter Punkt 5, Abschnitt C nennt der Befehl unter den Verteidigungstruppen „sämtliche durch die Abschnittskommandeure aufgenommenen und eingerafften Truppenteile und Einheiten".

Im Nordosten und Osten ging das Verteidigungsgebiet Berlin in die Oderfront über. Sie lehnte sich an das linke Ufer von Oder und Neiße an, war allerdings an mehreren Stellen durch sowjetische Brückenköpfe eingebuchtet. Das Verteidigungssystem bestand dort aus drei Linien, von denen die erste mit Schützengräben, Beton- und Erdbunkern ausgebaut war; Drahtsperren und Minenfelder lagen davor. Diese Befestigungen hatten eine Tiefe von drei bis zehn Kilometern. 200 Kilometer hinter der HKL schlängelte sich eine zweite Verteidigungslinie durch das waldige und hügelige Gelände: hier gab es keine durchgehenden Gräben und fast keine Betonbunker mehr. Im Abstand von weiteren zehn bis zwanzig Kilometern arbeiteten Zivilisten, Frauen und alte Männer, die nicht einmal für den Volkssturm zu brauchen waren, an einer dritten Linie, die aus weit auseinandergezogenen Stützpunkten, Straßensperren und Panzergräben bestand. In Winterstarre und Frühlingsmatsch waren sie mit diesen Vorbereitungen, für die fast keinerlei maschinelle Hilfsmittel zur Verfügung standen, noch nicht sehr weit gekommen, als die Russen zum Angriff antraten.

Unbegreiflicherweise hatte Hitler zehn Tage vorher die Hälfte der Panzerkräfte von der Oderfront abgezogen und nach Süden verlegt.

Entgegen allen Feindmeldungen erwartete er den Hauptstoß nicht in Richtung Berlin, sondern in Richtung Prag. So bekam Feldmarschall Schörner Panzer, die er weniger dringend brauchte.

Das sechsbändige sowjetische Werk über den Großen Vaterländischen Krieg gibt an, Hitler habe im April 1945 an der Oderfront noch eine Million Soldaten, 10 400 Geschütze und Granatwerfer, 1500 Panzer und Selbstfahrlafetten, über drei Millionen Panzerfäuste und 3300 Kampfflugzeuge ins Feld stellen können – eine phantastische Rechnung, geht sie doch von den Soll-Stärken der deutschen Einheiten aus. Die aber waren nirgends mehr vorhanden. Darüber hinaus kann man die deutsche Kampfkraft nach 2000 Kilometer Rückzug kaum gering genug einschätzen. Die Absicht der sowjetischen Geschichtsschreiber ist klar: sie wollen den eigenen Ruhm mehren.

Eine kritische Durchleuchtung dieser Zahlen ergibt: Der 1. Ukrainischen Heeresgruppe lag die Vierte Panzerarmee der Heeresgruppe Mitte gegenüber, deren Hauptkräfte schon nicht mehr zur Oderfront gehörten. Der 1. und 2. Weißrussischen Heeresgruppe lag die Heeresgruppe Weichsel gegenüber; dazu gehörten die Neunte und Dritte Panzerarmee. Beide zusammen bestanden aus einer Panzerdivision, vier Panzergrenadierdivisionen, 14 Infanteriedivisionen, vier Jäger-Divisionen (oder verwandte Verbände), drei Divisionen, die erst aufgestellt beziehungsweise aufgefrischt wurden, und drei Ersatz- und Ausbildungsdivisionen. Nennenswerte Reserven, die von der Obersten Führung hätten in den Kampf geworfen werden können, besaß die Heeresgruppe Weichsel nicht.

Die Vierte Panzerarmee im Süden bestand aus dem LVII. Panzerkorps, dem Panzerkorps „Großdeutschland", dem V. Korps und der Korpsgruppe des Generals der Artillerie Moser mit zusammen neun Divisionen. Dazu kamen zwei SS-Verbände und einige Sondereinheiten, die nur auf dem Papier als Divisionen geführt wurden.

Demnach standen auf deutscher Seite zur Verteidigung von Berlin und des Raums bis hinauf nach Stettin ungefähr 35 Divisionen zur Verfügung, die selbst bei voller Soll-Stärke nur eine halbe Million Soldaten umfaßt hätten. Über die effektiven Stärken gibt es keine verbindlichen Unterlagen. Auf keinen Fall jedoch standen an der deutschen Oderfront (ohne die Besatzung von Berlin) mehr als 250 000 Mann – also höchstens ein Viertel dessen, was die sowjetische Geschichtsschreibung in Anschlag bringt.

Die Moral der Truppe war schlecht, die körperliche Verfassung miserabel, die Ausrüstung durchweg erbärmlich. Die 3300 Kampfflugzeuge, von denen das sowjetische Geschichtswerk spricht, existierten ebensowenig. Höchstens 20 Prozent davon waren einsatzfähig.

Dieser Truppe stand eine zehnfache Übermacht gegenüber: Mit der 1. Weißrussischen Heeresgruppe sollte auf dem linken Flügel, also südlich, die 1. Ukrainische Heeresgruppe angreifen und an Berlin vorbei zwischen Wittenberg und Torgau die Elbe erreichen. Ihr war die Besetzung von Sachsen zugedacht. Auf Schukows rechtem Flügel hatte die 2. Weißrussische Heeresgruppe den Auftrag, Mecklenburg einzunehmen und etwa bis zur heutigen Westgrenze der DDR vorzustoßen. Für diese aufeinander abgestimmten Operationen konnte die sowjetische Führung 2 500 000 Mann, 41 600 Geschütze und Granatwerfer, 6250 Panzer und Artillerie-Selbstfahrlafetten sowie 7500 Kampfflugzeuge einsetzen.

Dieses Artillerie-Aufgebot, das größte beider Weltkriege, zeigt eine Eigentümlichkeit der sowjetischen Angriffstechnik. Am ersten Angriffstag wurden 1 236 000 Schuß abgefeuert; jede Kanone verschoß also nur 30 Granaten. Auf je einem Kilometer Front drängten sich buchstäblich Rad an Rad 610 Geschütze, sonst hätten sie keinen Platz gehabt. Mit diesem System, das die Sowjets im Prinzip bei allen ihren großen Durchbruchs-Offensiven anwandten, erreichten sie in der entscheidenden halben Stunde, in der für Infanterie und Panzer der Weg gebahnt werden mußte, eine Feuerstärke pro Zeiteinheit, die mit konventionellen Waffen auf keine andere Weise herzustellen gewesen wäre. Keine andere Armee hat je ähnliches praktiziert. Es ist militärischer Ausdruck dessen, was man Volkscharakter nennt: Vertrauen auf die Wirkung des Massenhaften und des zugleich eindrucksvoll Primitiven.

Das sowjetische Heer befand sich moralisch und körperlich in glänzender Verfassung. Das Pathos der sowjetischen Bezeichnung für den Zweiten Weltkrieg – Der Große Vaterländische Krieg – mag in westlichen Ohren hohl klingen; in sowjetischen klingt es echt. Die Bezeichnung ist nicht eine propagandistische Erfindung von Politruks, sondern war für die sowjetischen Soldaten eine Wahrheit von dem Augenblick an, da sie mit der Rückeroberung ihrer Heimat begannen und auf die Spuren der „Faschisten“ stießen.

Es gehört zu den fast genialen Schachzügen des deutschen

Antisemitismus, daß er an die Stelle breit fundierter, antideutscher Strömungen die Namen zweier auf ihren Gebieten hervorragender Juden, Morgenthau und Ehrenburg, zu setzen vermochte, so, als habe es der Einflüsterungen eines einzelnen jüdischen Wirtschaftsfachmanns bedurft, um Hitlerdeutschland in den Vereinigten Staaten verhaßt zu machen, oder als sei ein Ehrenburg notwendig gewesen, um die Sowjets die Zerstörer und Verwüster ihres Landes, die Mörder ihrer Frauen und Kinder hassen zu lehren. Was die Sowjets in den zurückeroberten Gebieten vorfanden, waren nicht Übergriffe einzelner, sondern die Folgen eines systematischen Vorgehens der deutschen militärischen Führung. Dazu nur zwei Dokumente – zwei von vielen:

Bericht des Ministerialrats Dorsch an
Reichsleiter Rosenberg

Berlin, den 10. Juli 1941

Das Gefangenenlager Minsk beherbergt auf einem Raum von etwa der Größe des Wilhelmplatzes ca. 100 000 Kriegsgefangene und 40 000 Zivilgefangene. Die Gefangenen, die auf diesem engen Raum zusammengepfercht sind, können sich kaum rühren und sind dazu gezwungen, ihre Notdurft an dem Platz zu verrichten, wo sie gerade stehen. Bewacht wird das Lager von einem Kommando aktiver Soldaten in Kompaniestärke. Die Bewachung des Lagers ist bei der geringen Stärke des Wachkommandos nur möglich unter Anwendung brutalster Gewalt.
Die Kriegsgefangenen, bei denen das Verpflegungsproblem kaum zu lösen ist, sind teilweise sechs bis acht Tage ohne Nahrung . . .

Anweisung des Chefs des Stabes der Seekriegsleitung
über die Vernichtung von Leningrad

GEHEIM Berlin, 29. September 1941

I. Um über die Maßnahmen der Kriegsmarine für den Fall einer Besetzung oder Übergabe Petersburgs Klarheit zu gewinnen, wurde durch den Chef des Stabes der Seekriegsleitung beim OKW die Frage nach dem weiteren militärischen Vorgehen gegen diese Stadt geklärt.
Das Ergebnis wird in folgendem mitgeteilt:

II. Der Führer ist entschlossen, die Stadt Petersburg vom Erdboden verschwinden zu lassen. Es besteht nach der Niederwerfung Sowjetrußlands keinerlei Interesse an dem Fortbestand dieser Großsiedlung. Auch Finnland hat gleicherweise kein Interesse an dem Weiterbestehen der Stadt unmittelbar an seiner neuen Grenze bekundet.

III. Die ursprünglichen Forderungen der Marine auf Schonung der Werft-, Hafen- und sonstigen marinewichtigen Anlagen sind dem OKW bekannt, ihre Erfüllung jedoch angesichts der Grundlinie des Vorgehens gegen Petersburg unmöglich.

IV. Es ist beabsichtigt, die Stadt eng einzuschließen und durch Beschuß mit Artillerie aller Kaliber und laufenden Lufteinsatz dem Erdboden gleichzumachen.

Sich aus der Lage in der Stadt ergebende Bitten um Übergabe werden abgeschlagen werden, da das Problem des Verbleibens und der Ernährung der Bevölkerung von uns nicht gelöst werden kann und soll. Ein Interesse an der Erhaltung auch nur eines Teiles dieser großstädtischen Bevölkerung besteht in diesem Existenzkrieg unsererseits nicht.

(Punkt V bezieht sich auf organisatorische Maßnahmen. Durch die Ausführung von Punkt IV starben während der Einschließung Leningrads 720 000 *zivile* Bewohner der Stadt an Verwundungen und Hunger – die meisten, mehr als 600 000 an Hunger.)

Als die Sowjets an der Oder standen, kannten sie die Greuel von Warschau, Maidanek und Treblinka. Das Gefühl, einen Krieg für die Befreiung des eigenen Volkes zu führen, erfüllte nicht nur die einfachen Soldaten, sondern auch die Intellektuellen, die die Armee begleiteten. Eine vergleichbare „moralische Aufrüstung“ der Soldaten gab es im NS-Staat nicht, obwohl er auf Propaganda aufgebaut war; von den Reden Hitlers und Goebbels’ abgesehen, existierte keinerlei „geistige Führung“. Dafür betrieb man mit Zirkus-, Musik- und Theatergruppen sowie mit Frontkinos „Wehrmachtsbetreuung“. Die Sowjets kannten – außer dem Kino – dergleichen nicht. Hingegen waren ihre Stäbe bis zu den Divisionen hinunter mit Intellektuellen durchsetzt, die den von Anfang an als gerecht empfundenen Krieg mit aller Kraft unterstützten. Die Partei, die ihrerseits die Armee mit einem bis in die Kompanien reichenden eigenen Organisationsnetz durchzogen hatte, wußte genau, was diese Unterstützung durch die Intelligenz wert war.

Intellektuelle im Offiziersrang konnten die Front vom Eismeer bis zur Krim bereisen. Schriftsteller wie Konstantin Simonow, Dramatiker wie Wischnewski, Liederdichter wie Dolmatowski machten die Feldzüge mit. Man hielt sie keineswegs dazu an, Parteipropaganda zu treiben. Sie zeichneten auf, was sie sahen und erlebten, und viele von ihnen veröffentlichten später ihre Tagebücher. 1943 waren bereits mehr als 200 dieser Schriftsteller gefallen.

Zu dem militärischen Training für den Straßenkampf in einer Großstadt kam für die an der Oder stehenden Sowjettruppen das politische Training für den Endsieg. Tschuikow erinnert sich: „Eine bevorstehende Offensive macht es nötig, die politische Arbeit, das heißt, die Arbeit der Partei- und Komsomolorganisationen mit den Menschen zu verstärken. Sobald wir die Kampfaufgabe erhalten hatten, wurde das Parteiaktiv des Stabes und der Politabteilung der Armee einberufen, zu dem wir auch die Kommandeure und Chefs der Politabteilungen der Korps und Divisionen einluden. Das Parteiaktiv beschloß einstimmig eine Resolution, in der es unter anderem hieß: ‚In der Nacht vor dem Angriff bringen alle Truppen ihre Kampffahnen in die vordersten Stellungen . . .'"

Tatsächlich griffen die Sowjets mit wehenden roten Fahnen an; jede Kompanie hatte den Befehl, die Fahne wehend bis nach Berlin zu tragen. Es wurden Einzelaufgaben politischen Charakters vergeben, und zwar derselbe Auftrag an verschiedene Gruppen verschiedener Truppenteile, um sicherzustellen, daß er unter allen Umständen ausgeführt wurde. So erhielten vier Gruppen von je vier Mann den Befehl, die Rote Fahne auf dem Reichstag zu hissen; andere Gruppen sollten ein gleiches auf dem Brandenburger Tor tun. Weiteren Gruppen wurde befohlen, Hitler lebendig zu fangen oder Hitlers Leiche zu finden und zu identifizieren. Alle diese Befehle gab der Oberbefehlshaber der Heeresgruppe, Marschall Schukow.

In der Nacht zum 16. April, ehe der Angriff auf Berlin begann, beantragten 2000 Soldaten und Offiziere bei den Parteiorganisationen ihrer Truppenteile die Aufnahme in die KPdSU. Im Laufe der über zwei Monate dauernden Wartezeit an der Oder wurden insgesamt 17 000 Soldaten der drei Heeresgruppen in die Partei aufgenommen. Nur die Sowjets führten von allen am Krieg beteiligten Mächten wirklich einen totalen Krieg. Die kommunistische Führung war in der Lage, das Volk dieser Belastung auszusetzen, ohne daß es sich ihr zu entziehen versuchte. Die Rote Armee kannte auch keinen Urlaub – eine Tatsache, die bei ihrem Verhalten auf deutschem Gebiet zu berücksichtigen sein wird.

War sich die Führung in Berlin des ungeheuren Mißverhältnisses der Kräfte bewußt? Wohl bezeichnete Himmler, vorübergehend Chef der Heeresgruppe Weichsel, die Nachrichten über die Stärke des an der Oder stehenden Gegners als Humbug, aber jedenfalls lagen diese Nachrichten vor und wurden von der militärischen Führung geglaubt. Warum ließ sie dann zu, daß der Kampf noch einmal aufgenommen wurde? Zwar konnte der Führer im Bunker unter der Reichskanzlei noch seinen Schwager Fegelein erschießen lassen, als dieser sich in Zivilkleidung aus Berlin absetzen wollte; zwar fand er noch junge SS-Offiziere, die Standgerichte bildeten und Menschen aufhängen ließen, weil sie nicht mehr an den Endsieg glaubten – aber gegen eine nach ihrem Gewissen handelnde Generalität hätte er nichts mehr ausrichten können. Alle jene Erklärungen, die sich auf Hitlers Psyche und auf das Argument stützen, die verbrecherische Führung hätte den sicheren Tod vor Augen gehabt und deshalb versucht, das Ende noch etwas hinauszuschieben, reichen nicht aus. Offenbar war sowohl unter den Soldaten wie unter der Berliner Bevölkerung immer noch die Hoffnung lebendig, es könne im letzten Augenblick eine Wende herbeigeführt werden. Nur diese Hoffnung erklärt den folgenden Satz aus einer Generaldirektive für die Truppe:

„Das Halten der Oderfront ist die Voraussetzung für den Umschwung des Krieges."

Heute wird diese Zuversicht gemeinhin als eine am Schicksal Friedrichs des Großen orientierte Marotte Hitlers und Goebbels' abgetan, aber in Wirklichkeit ging die Sache viel tiefer.

Im nazistischen Dürer-Verlag in Buenos Aires erschien 1950 ein Buch mit dem Titel *Brennpunkt FHQ. Menschen und Maßstäbe im Führerhauptquartier.* Der Verfasser, der sich Hanns Schwarz nennt, hat zweifellos das Ende in der Umgebung Hitlers erlebt. Er schreibt, daß er kurz vor der letzten russischen Offensive, also im April, mit dem Staatssekretär Naumann vom Propagandaministerium eine Unterhaltung gehabt habe. Er habe darauf hingewiesen, „daß Truppen und Bevölkerung zu den ewigen Vergleichen unserer Lage mit friderizianischen Episoden nur noch müde lächelten". Der gegen die tausendmal wiederholten Propagandaphrasen offenbar immune Mann schreibt jedoch weiter: „Ich weiß noch, daß uns die Tränen unsäglicher Verbitterung, Tränen der Verzweifelung in die Augen traten, als wir nicht weit mehr von Berlin standen und noch immer die Bomber aus dem Westen uns überflogen und einen unserer letzten Knotenpunkte hinter unserer Front gegen die Sowjets zusammenschlugen. Wir waren verzweifelt, nicht, daß wir den Krieg verloren, sondern weil wir einfach nicht mehr begreifen konnten, daß die Völker, Politiker und Heerführer des Westens nun in der allerletzten Minute noch immer nicht zu begreifen schienen, daß hier nichts anderes mehr als das Harakiri Europas zur Debatte stand."

Den Satz, „Europa" habe gegen „Asien" zusammenzustehen, hatte

Hitler verkündet. Er war zum Inhalt eines deutschen Sendungsbewußtseins geworden, das bis an die Wolga geführt hatte und von dem man sich auch dann nicht mehr loszusagen vermochte, als dieses „Asien“ in Frankfurt an der Oder begann.

Welches war nun der Fehler in dieser Rechnung, nach der die Hoffnung auf einen Umschwung im letzten Augenblick nicht unbegründet erschien? Die Rechnung der deutschen Führung konnte deshalb nicht aufgehen, weil allenfalls ein Machtpolitiker wie Churchill bereit gewesen wäre, die Nazis von gestern als Deutsche von heute gegen die Sowjets einzusetzen; die Völker jedoch, die seit sechs Jahren im Kampf gegen Hitlerdeutschland standen, waren dazu nicht bereit. Für die Engländer, Amerikaner, Franzosen, Belgier, Holländer, Dänen, Norweger und alle anderen, die den Nazi-Terror erlebt hatten, war dieses Deutschland kein Teil des „Europas“ mehr, das es wert war, gegen „Asien“ verteidigt zu werden. Wenn aber sogar ein Himmler allen Ernstes glaubte, er könne sich noch im letzten Augenblick auf die andere Seite schmuggeln, indem er antisowjetische Parolen ausgab – ist es da nicht verständlich, daß Generale, die keine KZ errichtet hatten, der gleichen Überzeugung waren? Beruhte nicht ihre sittliche Selbstrechtfertigung – im besten Falle – gerade auf der Selbsttäuschung, daß sie, obwohl sie Verbrechern dienten, dann an Verbrechen nicht teilhatten, wenn sie persönlich keine Verbrechen begingen? Wie hätten sie nicht annehmen sollen, daß die Alliierten diese Hexenrechnung anerkannten – was ja nur wenige Jahre später geschah? Die Spekulationen waren nicht im Prinzip falsch, nur das „timing“ war es, wie man heute bei uns sagen würde. So rasch war die westliche Welt eben doch nicht umzuschalten. Die im Spiel befindlichen Quantitäten waren zu groß für rasche Reaktionen.

Moralisch offenbar unempfindlich – wie 1914 in Belgien – hielt die deutsche Generalität einen Frontwechsel für möglich. So gehorchte sie weiter. Und so kam es zu dem, was in der Geschichte des 20. Jahrhunderts die große Schlacht um und in Berlin genannt wird. Sie ist ein Mythos. Diese Schlacht hat nie stattgefunden.

Sie kommen!

Das, was man als Schlacht um Berlin bezeichnet, begann im Morgendunkel des 16. April. In den davorliegenden Wochen hatten die Sowjets alle Schliche und Finten angewandt, um den Gegner über den Termin des Angriffs zu täuschen, ihm sogar vorzugaukeln, daß zunächst überhaupt kein Angriff zu erwarten sei – nicht ohne Erfolg, wie Hitlers Überzeugung beweist, der Hauptstoß werde sich gegen Prag richten. Als die Zeit der Frühjahrsbestellung kam, wurden als Zivilisten verkleidete Sowjetsoldaten mit Pferden und Pflügen losgeschickt, um, dem Feind am anderen Ufer deutlich sichtbar, die Äcker im Odertal umzupflügen. Noch einen Tag vor dem Angriff konnte dieses Bild des Friedens beobachtet werden.

Der 16. April wurde ein schöner Frühlingstag. In Dahlem betrug die höchste Temperatur 18,2 Grad, die niedrigste minus 0,6. Es fiel kein Regen. In den Vorgärten der Villenviertel blühten die Blumen auch dort, wo sich die Häuser in Ruinen verwandelt hatten.

An diesem Tag hatte die Verdunkelung um 19.19 Uhr zu beginnen und konnte am nächsten Morgen um 5.29 Uhr beendet werden. Ein Mann, der für ein nicht existierendes Ehepaar Lebensmittel erschwindelt hatte, wurde mit drei Jahren Zuchthaus bestraft. Das Ernährungsamt verkündete, daß künftig auch nicht-perforierte Lebensmittelmarken ausgegeben würden. Eine Frau schleppte ihren beim Bombenangriff getöteten Verlobten vor das Standesamt und wurde mit ihm getraut.

Wiederholt wird an diesem Tag die Bevölkerung darauf hingewiesen, daß zwischen Kleinalarm und Vollalarm zu unterscheiden sei, jener aber nicht mit Voralarm verwechselt werden dürfe. Kleinalarm werde gegeben, wenn weniger als 15 Kampfflugzeuge einflögen. Die militärische Führung werde sich bemühen, den Alarm nicht weniger als zehn Minuten vor Beginn des Angriffs zu geben, besonders nachts.

Berlin hat noch 2 850 000 Einwohner. Dazu müssen 800 000 Fremdarbeiter gerechnet werden, die in Barackenlagern hausen. Bei Kriegsausbruch hatte die Bevölkerung 4 339 000 betragen.

Am 16. April werden die Filme „Kameraden", „Kolberg", „Spähtrupp Hallgarten" und „Schwarzer Jäger Johanna" in den Kinos gezeigt, aber auch „Ein fröhliches Haus", „Kollege kommt gleich", „Es fing so harmlos an" und „Der Mustergatte". Man sucht immer noch die Eltern eines eineinhalbjährigen Jungen, der nach einem „Terrorangriff" am 3. Februar Ecke Simon-/Alexandrinenstraße auf den Trümmern sitzend gefunden wurde, bekleidet mit einem dunkelblauen Pullover und einer roten Polobluse.

Am 16. April wiederholen die Berliner Philharmoniker im Beethovensaal um 17.00 Uhr ein Konzert unter Robert Heger. Gespielt werden die Egmont-Ouvertüre, von Brahms das Doppelkonzert für Violine und Violoncello und von Strauss „Tod und Verklärung". Am 16. April sucht die Getreidekreditbank AG, Taubenstraße 25, eine Reinemachefrau „für Tage oder auch dauernd". Am 16. April gibt die Reichspost in Berlin bekannt, daß sie sich nicht mehr in der Lage sähe, Pakete in das „noch zugängliche Reichsgebiet" zu befördern. Und unter der Überschrift „Wie die Saat, so die Ernte" geben die Zeitungen wichtige Ratschläge für „die neuen Gemüsegärtner unter uns".

Vor diesem 16. April hatten die sowjetischen Soldaten eine kurze Nacht. Ihre Uhren zeigten Moskauer Zeit, gingen also gegenüber dem Sonnenstand und der deutschen Zeit um zwei Stunden vor.

Während der Nacht trugen die sowjetischen Truppenführer rote Fahnen in die vorderste Linie und händigten sie hervorragenden Soldaten aus. In allen Stellungen der 1. Weißrussischen Front des Marschalls Schukow, auf einer Frontbreite von 70 Kilometern, wurde ein Tagesbefehl des Marschalls verlesen: „Der Gegner ist auf dem kürzesten Zugangsweg nach Berlin zu zerschlagen. Die Hauptstadt des faschistischen Deutschlands ist einzunehmen und über ihr das Banner des Sieges zu hissen!"

Die Nacht war mondlos, wolkenlos. Die Sterne funkelten. Nach der Verlesung des Befehls hatten die Soldaten zu schwören, ihre Aufgabe in Ehren zu erfüllen. Eine Front von insgesamt 400 Kilometer Breite rüstete sich zum Sturm. Drei Heeresgruppen traten an.

Um 5 Uhr Moskauer Zeit begann die sowjetische Artillerie mit der Beschießung der deutschen Stellungen. Tschuikow berichtet: „40 000 Geschütze eröffneten das Feuer." Es dauerte 25 Minuten. Nach 22 Minuten schoß der Strahl eines einzelnen Flakscheinwerfers senkrecht empor. Auf dieses Zeichen hin entflammten in den Angriffsstreifen der 3. und 5. Stoßarmee, der 8. Gardearmee und der 69. Armee 143 Scheinwerfer, die auf die deutschen Linien gerichtet waren. Alle 200 Meter stand ein Scheinwerfer. Ihr Licht vermochte die Wand von Staub nicht zu durchdringen, die sich durch den Beschuß über den deutschen Stellungen gebildet hatte.

Drei Minuten, nachdem sich die Nachtfront im Licht der Scheinwerfer in ein gigantisches Filmatelier verwandelt hatte, stieg die erste Welle der Kampfgruppen aus den Gräben und griff an. Die Kommandeure sahen ihre Männer in der Staubwand verschwinden, liefen ihnen nach und führten während der nächsten zwei Stunden von der vordersten Linie aus, damit der Zusammenhang der Verbände nicht verlorenging.

Die Scheinwerfer hatten nicht die Wirkung, die Schukow ihnen zugedacht hatte. Zwar dramatisierten sie den Angriff, aber den Angreifern halfen sie nicht. Im Gegenteil – da sie in regelmäßigen Abständen ein- und ausgeschaltet wurden, wurden die Soldaten geblendet, und viele zogen es vor, erst einmal in Deckung zu gehen und den Sonnenaufgang abzuwarten. Als die Sowjets die Staubwand hinter sich hatten, zeigte es sich, daß sie fast tausend Meter hoch war. Sie behinderte sogar den Einsatz der Luftwaffe. Mit Nachtbombern vom Typ Pe 2 sollte sie in die Erdkämpfe eingreifen.

Während der ersten halben Stunde nach Ende des Artilleriefeuers kam von deutscher Seite keinerlei Reaktion. Nach dem wahnsinnigen Getöse der explodierenden Granaten herrschte fast Ruhe auf dem Schlachtfeld. Unterführer brüllten Befehle, Handfeuerwaffen, Maschinenpistolen und Maschinengewehre knallten durch die Gegend. Nach dem künstlichen Gewitter der Kanonen klangen sie wie Spielzeugpistolen.

Allgemein heißt es, die letzte sowjetische Offensive habe am 16. April 1945 begonnen. Das ist insofern richtig, als am Morgen dieses Tages die Masse der Sowjetarmeen zum Angriff antrat, andererseits aber doch wieder ungenau, weil bereits am 14. April eine gewaltsame Aufklärung durchgeführt wurde, die den Charakter eines Angriffs hatte und von Tschuikow als ungemein törichte Maßnahme bezeichnet wird. Bei früheren Operationen sei die gewaltsame Aufklärung meist erst zwei Stunden vor dem eigentlichen Angriff erfolgt; mit der Vorverlegung dieses Termins um 48 Stunden habe man nur die faschistischen Pferde scheu gemacht. Tschuikow schreibt: „Unsere Gardisten stürmten die erste Stellung des Gegners, nahmen sie und

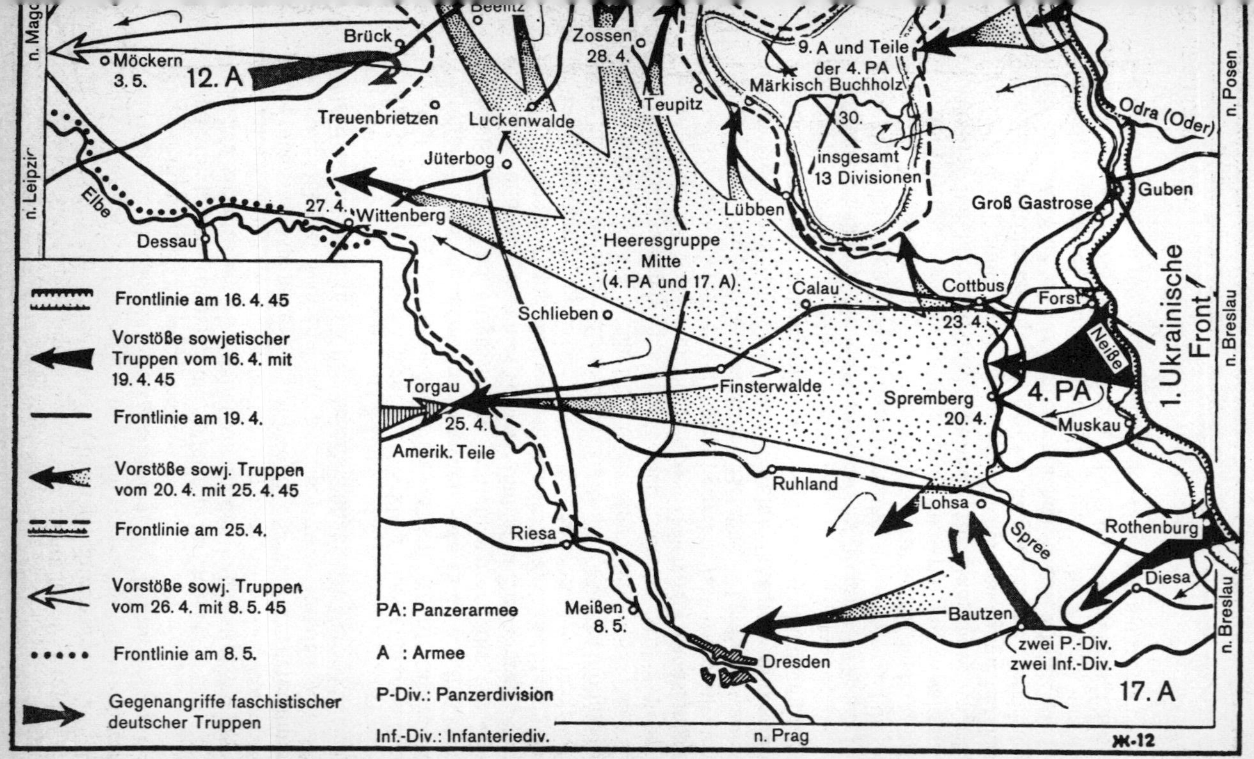

Aus: Große Sowjet-Enzyklopädie 2. Auflage, Moskau 1950 Bd. 5, S. 34/35

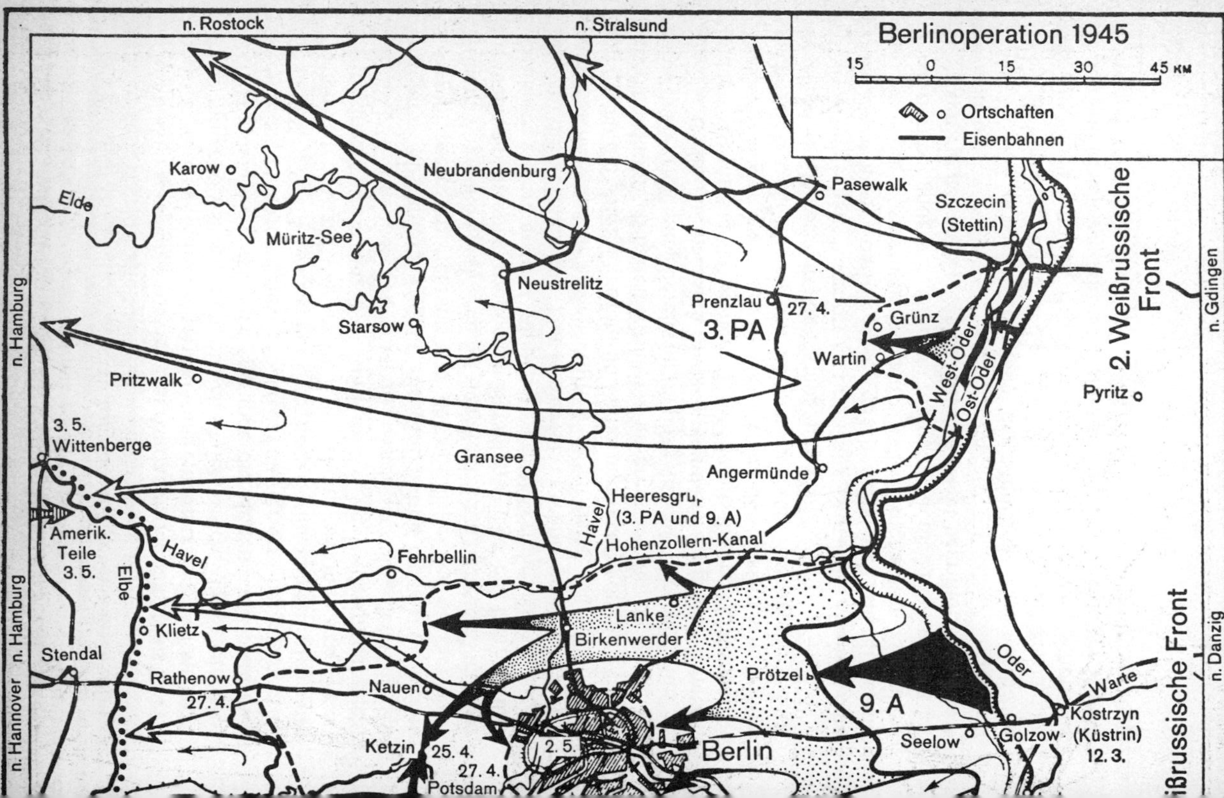
Berlinoperation 1945
15 0 15 30 45 KM
Ortschaften
Eisenbahnen
n. Rostock
n. Stralsund
n. Hamburg
n. Hamburg
n. Hannover
n. Gdingen
n. Danzig
Karow
Neubrandenburg
Pasewalk
Szczecin
(Stettin)
Elde
Müritz-See
Neustrelitz
Prenzlau
27. 4.
Grünz
Starsow
3. PA
Wartin
2. Weißrussische
Front
Pritzwalk
West-Oder
Ost-Oder
Pyritz
3. 5.
Wittenberge
Gransee
Angermünde
Heeresgru
(3. PA und 9. A)
Havel
Hohenzollern-Kanal
Amerik.
Teile
3. 5.
Havel
Fehrbellin
Elbe
Lanke
Klietz
Birkenwerder
Stendal
Oder
Rathenow
Prötzel
Warte
Nauen
27. 4.
9. A
Kostrzyn
(Küstrin)
12. 3.
Ketzin
25. 4.
27. 4.
Potsdam
2. 5.
Berlin
Seelow
Golzow
ißrussische Front

stießen noch etwa zwei Kilometer vor. Ich bin überzeugt, daß wir noch am gleichen Tag, am 14.4., auf den Seelower Höhen gewesen wären, wenn wir, den früheren Beispielen folgend, die gewaltsame Aufklärung in den Angriff hätten hinüberwachsen lassen."

In Moskau sprach ich mit General Antonow, der damals als Oberst eine der bei der gewaltsamen Aufklärung eingesetzten Divisionen (die 301. Schützendivision) befehligte. Er ist der Ansicht, daß er seinerzeit noch vor dem Gros der Heeresgruppe die Höhen hätte erstürmen können, die mit ihren Befestigungen das einzige ernsthafte Hindernis auf dem Weg Schukows von der Oder nach Berlin bildeten. „Ich hatte meinen ersten Angriffstag am 16. April schon hinter mir", erzählte er. „Wir gingen schon am 15. April los." (Dies widerspricht nicht Tschuikows Angabe, der vom 14. April schreibt, denn in den einzelnen Abschnitten begann die Aufklärung nicht zur gleichen Zeit.) „Unsere Stoßrichtung war der nördliche Teil der Seelower Höhen. Wir sollten aufklären für den Angriff am nächsten Tag, aber nicht mit Spähtrupps, sondern in Bataillonsstärke, mit Panzern und Artillerie. Unsere ersten Gruppen waren sehr erfolgreich, sie durchbrachen die Verteidigung. Der Panzerführer schoß eine Leuchtkugel zum Zeichen, daß er seinen Auftrag erfüllt hatte. Daraufhin alarmierte ich die ganze Division, und links und rechts von mir geschah dasselbe. Praktisch hatten wir also in unserem Streifen die vorderste Linie der Verteidigung bereits hinter uns gebracht. Wir gruben uns für die Nacht ein. Am nächsten Morgen ging dann die große Sache los, und am Nachmittag hatten meine Leute bereits die erste Linie auf den Seelower Höhen gestürmt. Wir erreichten die Straßen von Seelow nach Werbig, da blieben wir hängen, und der Korpskommandeur beschloß, die Reserve in den Kampf zu werfen."

Noch heute hält Antonow es für richtig (wörtlich: „Es war eine kluge Maßnahme"), daß die Reserven schon bald nach Angriffsbeginn am 16. April vorgezogen wurden. Doch Armeeführer Tschuikow denkt darüber anders. Nach seiner Meinung war die Mobilisierung der Reserven ein gewaltiger Fehler. Diese Ansicht begründet er folgendermaßen:

Am Kanal, der sich unterhalb der Steilhänge des westlichen Odertals hinzieht, hatte sich die Offensive zunächst festgefahren. Die wenigen noch intakten Brücken wurden von den Deutschen aus Stellungen beschossen, die sich teilweise hinter den Seelower Höhen befanden, teilweise aber auch im Berghang gut getarnt eingegraben waren und so ihr Ziel unter direkten Beschuß nehmen konnten. Die Straßen waren verstopft. Die Unmengen an Menschen und Material, die die Sowjets aufgeboten hatten, waren in diesem Augenblick kein Vorteil für den Angreifer, zumal sie nicht in das Gelände neben den Straßen ausweichen konnten, solange sie sich im Tal befanden: Es war versumpft und vermint. „Man brauchte nur mit einem Spaten in die Erde zu stoßen, und das Wasser kam." Ein Glück nur für die Angreifer, daß es keine deutsche Luftaufklärung mehr gab.

Doch nun griff die sowjetische Luftwaffe ein. Sie hielt die deutschen Schlachtflugzeuge von der Front fern und schaltete die deutsche Artillerie in der Tiefe des Kampffeldes aus. Daraufhin holte Tschuikow seine Artillerie so nahe wie möglich an die „Alte Oder" heran, die sich als schmaler Wasserlauf durch das weite Tal schlängelt, und befahl für 12 Uhr mittags ein 20 Minuten dauerndes Trommelfeuer auf Seelow, Friedersdorf und Dolgelin. Durch diese Orte wollte er auf die Höhen hinaufkommen, weil die Hänge dort nicht so steil waren. „Niemand zweifelte an dem Erfolg dieses Angriffes", meint er rückblickend mit Bitterkeit, denn noch ehe er angreifen konnte, intervenierte Schukow, der gerade wieder einmal mit Stalin telefoniert und dessen höchstes Mißfallen erregt hatte, weil er ihm hatte melden müssen, daß sich seine Truppen immer noch im Tal befanden.

Stalin, die imposanten Zahlen seiner Streitmacht im Kopf, verstand im fernen Moskau nicht, warum der Angriff nicht besser lief. „Ich weiß nicht", berichtet Tschuikow, „was Stalin zu Marschall Schukow gesagt hat; ich weiß nur, was dann geschah: Der Oberbefehlshaber zog Katukows 1. Garde-Panzerarmee in den Kampf."

Nun marschierte also eine weitere Armee, eine Panzerarmee zudem, über die Straßen, auf denen sich schon die erste Welle zwischen Sumpf und Minenfeldern staute – nicht aber eine kleine Korpsreserve, wie Divisionskommandeur Antonow angenommen hatte. Kaum hörte Tschuikow von diesem Plan, als er Schukow beschwor, die ursprünglichen Absichten nicht zu ändern und Katukows Panzer erst einzusetzen, wenn die Infanterie die Höhen genommen hätte. Aber, so bemerkt der Armeeführer ziemlich süffisant: „Marschall Schukow liebt es nicht, einmal erteilte Befehle zurückzunehmen." Die Wirkung dieses „einmal erteilten Befehls" war katastrophal. Ab zehn Uhr vormittags erschienen in dem schmalen Angriffsstreifen der 8. Gardearmee die Panzerkolonnen dreier Korps und wollten durch die Infanteriedivisionen hindurch nach vorne. Nun hatten nur noch die vordersten Spitzen der kämpfenden Truppen wenigstens ein wenig Bewegungsfreiheit. In ihrem Rücken entstand ein vollkommenes Chaos. Wenn die Deutschen in diesem Augenblick genügend Artillerie und Flugzeuge besessen hätten, wenn sie überhaupt gewußt hätten, was sich am Fuß der Seelower Höhen abspielte, dann wären den Sowjets an diesem Vormittag schwere Verluste entstanden. So aber blieben sie mit ihrem Chaos sich selbst überlassen.

Schließlich kamen die Russen trotz aller Führungsfehler allmählich doch aus dem Tal heraus, und zwar gerade dort, wo Schukows „Reservepanzer“ – wie Tschuikow witzelte – nicht waren: nämlich nördlich der Straße Küstrin-Berlin. Dort erklomm die 47. und 57. Infanteriedivision die Hänge, besetzte einige beherrschende Höhen, durchschnitt die Eisenbahnlinie Seelow-Wriezen und die Straßen, die von Seelow nach Buschdorf und Gusow führen. Seelow selbst wurde am Abend genommen. Mit der Einnahme der Seelower Höhen war der Erfolg des Angriffs in diesem Abschnitt entschieden.

Andere Armeeführer hatten jedoch weit weniger Erfolg. Die 69. sowjetische Armee, links von der 8. Gardearmee eingesetzt, war den ganzen Tag über keinen Schritt vorangekommen, und General Bersarin, der rechts von der 8. seine 5. Stoßarmee führte, konnte sich mit Mühe und Not bis an die „Alte Oder“ durchschlagen. Als es dunkel wurde, schlief die Kampftätigkeit allgemein ein.

Das Ergebnis des ersten Angriffstages stand in einem krassen Mißverhältnis zu dem grundsätzlichen Operationsbefehl, der besagte, die 8. Gardearmee habe am ersten Angriffstag die Linie Alt-Rosenthal-Neuentempel-Lietzen zu erreichen. Nach diesem Befehl sollten die Sowjets am fünften Tag in Berlin und bereits am sechsten Tag auf dem Ostufer der Havel stehen. Nichts davon wurde in der Praxis erreicht. Angesichts der ungeheuren Übermacht der Sowjets ist dieser geringe Anfangserfolg erstaunlich. Wie bescheiden das Ergebnis des ersten Angriffstages war, kann man nur richtig beurteilen, wenn man sich den gesamten Ablauf der Operation zwischen Oder und Berlin vergegenwärtigt:

Am 16. April brach die Offensive los, aber erst eine volle Woche später, am 23. April, besetzten die Sowjets die östlichen Vororte von Berlin – darunter Köpenick, Frohnau und Pankow – und erreichten ihr letztes Ziel am 2. Mai. Was haben die Sowjets eigentlich unterwegs gemacht – auf einer Strecke, die ein Panzer, Mittagessen, Tanken und

Ölwechsel eingeschlossen, in einem halben Tag bequem hätte bewältigen können?

Die Antwort lautet: Die Sowjets bewegten sich vorsichtig, ganz ungeheuer vorsichtig. Während dieser letzten Kriegshandlung unterschieden sie sich in nichts von den Soldaten Eisenhowers und Montgomerys, die im Rest-Reich ebensowenig daran dachten, sich noch in größerer Zahl und unnötigerweise umbringen zu lassen. Die Truppen der Alliierten, das auf deutschem Boden stehende Aufgebot der ganzen Welt von Sibirien bis Kalifornien, waren sich einig in der Überzeugung: Nichts mehr wagen, wenn doch bereits sicher ist, daß der Feind am Boden liegt und man nur noch seinen letzten Atemzug abzuwarten braucht! Die wehenden Fahnen, die pathetischen Befehle, der Zauberglanz des Wortes „Berlin" – alles konnte nicht darüber hinwegtäuschen, daß der geheime Befehl, unter dem diese Armeen standen, lautete: Vorsicht, Vorsicht, Vorsicht!

Es hat seine eigene Ironie, die von Schlachtenlärm und Kriegsgeschrei, von Kampfgetümmel und Fanatismus geradezu berstenden Kriegsberichte und Kriegserinnerungen einmal kritisch auf ihren tatsächlichen Gehalt an Kampfhandlungen, an Sterben und Tod hin zu untersuchen. Dann bleiben nur die Hitlerjungen übrig, die mit Panzerfäusten durch die Gegend radelten, und die sowjetischen Offiziere, die aus den obersten Etagen der Berliner Mietshäuser von SS-Scharfschützen mit Kopfschuß umgelegt wurden – worauf diese Häuser im direkten Panzerbeschuß zusammenstürzten und die Scharfschützen unter sich begruben. Und, natürlich, die Bombardierungen und der Artilleriebeschuß – Zerstörungen auf Distanz, fast risikolos.

Der Genosse Marschanow, Kriegsberichter der „Prawda", schreibt am 22. April 1945: „Nachdem wir viele Hügel, Seen und unzählige kleine Flüsse und Kanäle bei Seelow passiert hatten, malte man auf die Kanonenrohre: ‚Wir feuern als erste auf Berlin.'" Oder: „Es wurde noch beim Städtchen Hirschfeld gekämpft, da verkündete die Stimme des Divisionskommandeurs, Gardemajor Demidow, bei allen Batterien: ‚Feuer auf Berlin!' Das war am 21. April um 13.10 Uhr." Oder: „Plötzlich sprangen etliche sonderbare Gestalten in Ziviljacken, aber in graugrünen Hosen und Militärstiefeln heraus. ‚Seid ihr Soldaten?' – ‚Nein!' Aus den frechen, besoffenen Visagen kommt einem die saure Fuselfahne entgegen. Das sind die Rotzbuben von der Hitler-Jugend. Einer schluckt und weint. Sie schossen auf unsere Einheiten aus dem Hinterhalt. Nachdem man sie stellte, versuchten sie sich schnell umzukleiden und zu fliehen. Aus anderen Kellern kommen Polizisten in tadellosen Mänteln gekrochen. Sie grüßen zackig und verraten sofort die Namen der ganzen Polizeiführung."

In der „Iswestija" vom 17. April findet sich ein Aufsatz unter dem Titel „Die Hitlermeute" von den Sonderberichterstattern Gebrüder Tur:

„Ihre Übersetzungen lassen sich zusammenklappen wie ein Taschenmesser, sagte treffend einer unserer Leutnants über die vielen Hitleranhänger in den von uns besetzten Gebieten. Jedoch: Auch ein zusammengeklapptes Messer bleibt ein Messer. Seine vergiftete Klinge bleibt im harmlos aussehenden Griff versteckt. Wir sind durch viele deutsche Städte gefahren, und wir haben uns mit vielen Hitleranhängern unterhalten. Was uns dabei am meisten verblüffte, war das gänzliche Fehlen jeglicher Menschenwürde bei ihnen. Sie gaukeln heute Reue vor, sie setzen die Aschermittwochmienen auf, sie kehren die Demut eines Mönches hervor. Aber das alles ist nur ein Spiel. Wir können uns an die gefangenen Offiziere erinnern, die uns mit ihrer einmaligen Unbildung erschüttern, so zum Beispiel an den deutschen Flieger Quad, der in München die Fachschule für Malerei besucht haben will, jedoch außer Albrecht Dürer keinen einzigen deutschen Maler zu nennen vermochte."

In einem Bericht der „Times" vom 27. April 1945 über den Kampfgeist der sowjetischen Armee steht: „Die Russen singen jetzt so vor sich hin, während sie im allgemeinen lautlos kämpfen oder im Chor singend in den Angriff gehen."

Die vor sich hin singenden Sowjets zwischen Frankfurt an der Oder und dem Berliner Reichstag erklären bis zu einem gewissen Grade, warum die Sowjetarmeen für diesen Weg statt ein paar Stunden eine Woche brauchten.

Hinsichtlich des Mißverhältnisses zwischen den angeblich ungeheuren Anstrengungen, unter denen habe gekämpft werden müssen, und den vergleichsweise harmlosen Tatbeständen, die zur Sprache kommen, sind unter den zahlreichen sowjetischen Einzeldarstellungen, die diesem Bericht zugrunde liegen, die umfangreichen und minuziösen Erinnerungen des Kommandeurs des XI. Panzerkorps, J. J. Juschtschuk, besonders aufschlußreich. Juschtschuk schmückt jeden Absatz mit Sätzen aus wie: „Alle Versuche der Faschisten, das Vordringen der . . . Panzerbrigade aufzuhalten, blieben erfolglos." Oder: „Für den bei der Abwehr des Gegenangriffs der Feindpanzer gezeigten Mut wurden der Oberleutnant NN und der Zugführer XX durch Verleihung des Titels ‚Held der Sowjetunion' ausgezeichnet." Oder: „Im weiteren mußten die Verbände und Einheiten des Korps angreifen und den erbitterten Widerstand der Hitleristen überwinden, die jede Zwischenstellung, jede natürliche Linie, jede Ortschaft hartnäckig verteidigten."

Aber man kann das Heldenlied des Generals Juschtschuk auch anders lesen; dann ergibt sich folgender Sachverhalt:

Das Korps hatte am zweiten Angriffstag im Raum Werbig die zweite deutsche Verteidigungsstellung durchbrochen. Um 10 Uhr war es zusammen mit der ihm unterstellten 35. Garde-Schützendivision nach einem starken Feuerschlag zum Angriff angetreten. Schon um 10.30 Uhr besetzte eine Panzerbrigade Neu-Werbig. Damit war es geschafft. Von da an bis Berlin gab es keine „Linien" mehr, sondern nur noch Stützpunkte, einzelne Stellungen, von schwachen Einheiten verteidigte Dörfer, Gehöfte, Waldstücke, Hügel, Flüßchen und Geländefalten.

Mit einem gewissen Bedauern registriert Juschtschuk, es sei seinen Panzern tagelang nicht gelungen, sich von den Schützenverbänden Tschuikows zu lösen und das bei Panzern übliche Tempo anzuschlagen. Seen, Flüsse und Kanäle hätten die Bewegungsfreiheit eingeengt, die Panzer seien mit der Infanterie, die teilweise aufsaß, nur langsam vorgerückt.

So kam die Rote Armee nach Überquerung des Flüßchens Fließ nach Wulkow hinein; der Versuch, das südlich von Wulkow gelegene Dörfchen Görlsdorf aus der Bewegung heraus zu nehmen, scheiterte. „Die Brigade", schreibt Juschtschuk, ohne sich wohl darüber im klaren zu sein, was er damit über die Kampfweise der Sowjets aussagt, „erlitt unbedeutende Verluste und zog sich in den Wald zurück, einen halben Kilometer östlich von Görlsdorf." Und wenig später heißt es: „Die erfolgreiche Kampftätigkeit des Korps am Lauf der Fließ und das schnelle Erreichen des Raumes von Wulkow und Trebnitz sind dadurch zu erklären, daß das Korps an seinem rechten Flügel eine sehr schwache Stelle in der Abwehr des Gegners gefunden hatte."

Was der Kommandeur eines Panzerkorps als „erfolgreiche Kampftätigkeit" bezeichnet, enthüllt zugleich einen Erfolgsmaßstab, der auf ein Minimum herabgesunken war. Bei ihren früheren Offensiven seit Stalingrad hatten die sowjetischen Heerführer ganz andere Maßstäbe angelegt.

Die bei Seelow – und zuvor gegenüber hundertmal größeren Objekten – erfolgreiche Methode, einen verteidigten Ort auf beiden Seiten zu umgehen und die dadurch eingeschlossenen Kräfte zunächst sich selbst zu überlassen, wurde auch gegenüber den an Buckow angelehnten deutschen Kräften angewendet. Dazu teilte sich das Panzerkorps in zwei operative Gruppen: in die von Buckow aus vorgehende Gruppe Nord, die aus zwei Brigaden, zwei Regimentern, zwei Batterien Flakartillerie und zwei Werferabteilungen bestand und vom Korpskommandeur persönlich geführt wurde, und in die im Süden vorgehende Gruppe, zusammengesetzt aus zwei Panzerbrigaden unter dem Befehl des Korps-Stabschefs Gritschenko. Bei dieser Zangenoperation im Dorfmaßstab, die mit enormen Kräften ausgeführt wurde, fiel die kleine Siedlung Eggersdorf an die Sowjets. Die Eroberung der Siedlung durch Leutnant Kraslijnikow wird folgendermaßen beschrieben:

„Auf gedeckten Wegen und getarnt näherte sich der Aufklärungstrupp von Nordwesten den vordersten Häusern der Ortschaft. Durch Befragen der Ortsbevölkerung und persönliche Beobachtung stellte der Leutnant fest, daß in Eggersdorf viel Hitler-Infanterie, aber keine Panzer standen. Er entschloß sich, die Stärke des Gegners angriffsweise aufzuklären. Mit Höchstgeschwindigkeit drang er mit seinem Panzer in die Ortschaft ein. Dadurch angespornt und seinem Beispiel folgend, handelten auch die übrigen Besatzungen. Die Vernichtung der Hitler-Infanterie begann. Die Faschisten gingen zurück, aber überall wurden sie von unseren Panzern und Sturmgeschützen gefaßt. Einige Geschütze der Faschisten eröffneten noch ein regelloses Feuer. Bald waren die Geschütze der Faschisten von unseren Panzern vernichtet.“

Aus dem Bericht geht auch hervor, wie stark die deutschen Kräfte in dieser Dorfschlacht waren: drei Panzerabwehrkanonen vom Kaliber 7,5 cm und 70 Soldaten. Angesichts dieser Tatsache fällt es schwer, nicht zu glauben, daß die dramatische Schilderung des Generals bewußt parodistische Züge aufweist.

Auch Oberst Antonow rückte mit seiner 301. Schützendivision recht gemächlich vor. Am Spätnachmittag seines zweiten Angriffstags, also am 16. April, stand er bei Wulkow vor der schwach besetzten und noch schwächer ausgebauten zweiten deutschen Linie, „und dort, zwischen Gusow und Wulkow, machten wir Bekanntschaft mit der HJ“. Das war eine Gelegenheit, zu erfahren, ob die Hitlerjungen wirklich betrunken waren, wie in der „Prawda“ behauptet worden war.

„Es ist wahr, sie standen unter Alkohol“, entgegenete Antonow, seine Worte vorsichtig wägend. „Ich sage nicht, sie seien betrunken gewesen, aber sie waren angetrunken. Sie gingen ohne jede Artillerievorbereitung in den Kampf, und an einigen Stellen kam es zu Nahkämpfen. Die HJ besaß Ausweise, deren vorderer Umschlag auf der Innenseite ein Hitlerbild zeigte. Wir nahmen die Burschen gefangen, und als sie am nächsten Tag wieder einigermaßen zu sich gekommen waren, verlangte einer ihrer Offiziere . . .“

„SS-Offiziere?“

„Gewiß . . ., mit mir zu sprechen. Er wollte wissen, wie sich die jungen Soldaten benehmen sollten, um zum Ausdruck zu bringen, daß sie keine Feinde mehr seien. Sie hätten eingesehen, daß der Zusammenbruch unmittelbar bevorstände, und sie seien so jung und wollten das Ihre zu der Organisation neuen Lebens beitragen. Ich war zu sehr damit beschäftigt, meine Truppe zu führen, als daß ich mich um die Probleme der HJ hätte kümmern können. Ich schickte die Gefangenen mit ihren Offizieren ins Hinterland, schrieb jedoch eine ziemlich ausführliche Meldung über diese Begegnung mit den SS-Offizieren an meinen Korpskommandeur. Es war auch in dieser Gegend, daß ich auf das erste Lager mit Fremdarbeitern traf – so nannten Sie diese Leute doch?“

„Wir nennen sie noch, oder vielmehr wieder so.“

Aber für Ironie hat der General kein Ohr.

„Es war bei Wulkow. Meine Leute hatten dort, wo sich ein Arbeitslager befand, gerade die Deutschen vertrieben. Nun sah ich, wie die Arbeiter an vielen Stellen mit bloßen Händen den Stacheldraht auseinanderrissen, mit allmählich blutenden Händen, und durch die Löcher ins Freie strömten. Sie waren entsetzlich mager und erschöpft. Sie kamen schreiend und Arme schwenkend auf mich zu, als sie in mir einen Kommandeur erkannten. Ich wollte ihnen entgegengehen, aber mein Arzt verbot es mir.“

„Ihr Arzt?“

„Der Divisionsarzt, der meinem Stab angehörte. ‚Hören Sie, Genosse Oberst‘, sagte er, ‚das ist lebensgefährlich für Sie. Man muß dieses Lager und seine Insassen erst desinfizieren, man weiß nicht, an welchen Krankheiten diese Menschen leiden.‘ So sah ich aus der Ferne zu, wie sie aus dem Lager heraus zu einem kleinen Teich gingen und sich dort am Ufer ein wenig zu reinigen suchten. Viele aber kamen doch näher an uns heran und riefen: ‚Klib, klib!‘ Sie wußten wohl, daß Chleb das russische Wort für Brot ist. Ich ließ eine Feldküche meiner Division beim Lager abstellen. Meine Division übernahm auch die Versorgung der Zivilbevölkerung von Wulkow. Aber wir mußten an zwei verschiedenen Punkten Feldküchen aufstellen, der Haß war zu groß.“

Tatsächlich quollen den Sowjets auf allen Vormarschstraßen Menschenmassen entgegen, die – unbewaffnet – nach Osten drängten: die Vorhuten der 800 000 Fremdarbeiter, die in der Industrie in und um Berlin konzentriert gewesen waren und das Ende der Kampfhandlungen nicht abwarten wollten, sondern zwischen den kämpfenden Truppen hindurch ihren Heimatländern entgegenwanderten.

Daß sich derartige Menschenmassen über das sogenannte Schlachtfeld bewegen konnten, ist recht aufschlußreich dafür, in welchem Stil hier noch Krieg geführt wurde.

Der vortrefflich deutsch sprechende, in seinem Äußeren an einen baltischen Baron erinnernde Sowjetschriftsteller Guss, der beobachtend und beschreibend auf dem Kriegsschauplatz umherwanderte, notierte sich: „Auf der Chaussee ein dichter Autostrom nach Westen; unsere Truppen. Ihnen entgegen ein dichter Strom von Fußgängern, die Hand- und Schubkarren, Wägelchen und sogar bespannte Fuhrwerke mit sich führen. Der große Auszug der Völker aus Berlin. In der reinen Morgenluft wehen Fahnen aller Nationen über der viele Tausende zählenden Menge: die französische Trikolore, die holländische und die jugoslawische längsgestreifte, die belgische dreifach gestreifte Fahne, dann eine italienische, eine polnische, wieder eine französische und so fort. Es kommen junge Männer und Greise, es kommen Frauen und Kinder. Eine Gruppe von Holländern zieht einen bis oben vollgepackten Karren. Die Männer tragen Arbeitskleidung, einer nur einen Pyjama, und alle haben auf den Köpfen glänzende schwarze Zylinder. Sie singen und tanzen, während sie sich vorwärtsbewegen. Ein Huhn, angebunden, thront auf dem Wagen, den eine französische Familie zieht. Ein kleines Mädchen, das auf einem von drei Männern gezogenen Karren sitzt, hält eine riesige Puppe auf dem Schoß. Ein Hündchen ist sorgfältig in eine Plaidhülle eingewickelt, es wird von einem italienischen Mütterchen getragen. Und da ist auch eine Katze in einem Papageienkäfig.“

Zerlegte man den Vormarsch der 1. Weißrussischen Heeresgruppe in seine Phasen, so ergäbe sich allenthalben ein ähnliches Bild. Nur unkritische Leser könnten den Berichten entnehmen, hier sei noch einmal ein Kampf auf Leben und Tod entbrannt. In Wahrheit war es ein Kampf auf Leben, und man findet in der Geschichte moderner Kriege kaum so viele vernünftige Soldaten vereint wie hier unter Schukow in der sogannten Schlacht um Berlin, es seien denn die Soldaten Eisenhowers und Montgomerys östlich des Rheins. Keiner hatte es eilig. Hinzu kam freilich, daß der Befehl für die Einnahme Berlins – wie Tschuikow vermerkt – „leider etwas hastig ausgearbeitet worden“ war.

Die sowjetische Heeresführung hatte eine doppelte Zangenbewegung geplant. Die eine wurde von den Armeen der 1. Weißrussischen Heeresgruppe allein ausgeführt. Ergebnis: Berlin wurde im Osten und Norden, von Karlshorst bis Siemensstadt, von zwei Panzerarmeen und mehreren Schützenarmeen umschlossen. Als sich am 24. April das auf dem linken Flügel kämpfende XXVIII. Korps der 8. Gardearmee mit Voraustruppen der 3. Garde-Panzerarmee von Konjews 1. Ukrainischer Heeresgruppe beim Flugplatz Schönefeld vereinigte, umfaßte dieser innere Ring die Reichshauptstadt auch im Süden und wies nur noch im Westen ein Loch auf.

Dieses Loch wurde durch eine viel weiter ausgreifende Zangenbewegung geschlossen, und zwar von den Truppen Schukows, die von Norden, und den Truppen Konjews, die von Süden heranmarschierten und sich im Raum Potsdam begegneten. Am 25. April reichten sie sich bei Ketzin die Hand: die Falle war zugeschnappt.

Im ursprünglichen Plan war allerdings die Teilnahme der Heeresgruppe Konjew an der Einschließung Berlins gar nicht vorgesehen gewesen, ja, man hatte Schukow gerade mit der Versprechung, er werde Berlin allein besetzen, aus dem Moskauer Hauptquartier zur Übernahme des Frontkommandos weggelockt. Konjew sollte südlich an Berlin vorbei zur Elbe vorstoßen – was er dann auch tat und was zu der berühmten ersten Begegnung zwischen amerikanischen und sowjetischen Truppen bei Torgau am 25. April führte. Aber Stalin war nach wie vor mit den Fortschritten der Schukow-Armee seit dem 16. April höchst unzufrieden, und so befahl er, ohne Schukow davon in Kenntnis zu setzen, der 1. Ukrainischen Heeresgruppe, mit einem Teil ihrer Einheiten nach Norden einzuschwenken und sich in die Operation gegen Berlin einzuschalten. Die erste Nachricht davon erreichte Schukow auf dem Dienstwege: Tschuikows Armeestab meldete der Heeresgruppe die Berührung mit Konjews Truppen bei Schönefeld, dem heutigen Ost-Berliner Verkehrsflughafen.

Am Abend des 24. April klingelte in Tschuikows Gefechtsstand der Apparat, der ihn über eine Direktleitung mit dem Oberbefehlshaber verband. Noch ehe Tschuikow den Mund öffnen konnte, hörte er die herrische und in diesem Augenblick bitterböse Stimme Schukows: „Woher haben Sie die Nachricht, daß die Truppen des Marschalls Konjew von Süden her auf Berlin vorrücken?“

Tschuikow entgegnete: „Genosse Marschall, die auf dem linken Flügel des XXVIII. Schützenkorps kämpfenden Truppenteile haben heute morgen um sechs Uhr in der Gegend des Flugplatzes Schönefeld mit den Panzern der 3. Panzerarmee des Genossen Rybalko Verbindung aufgenommen.“

„Wer hat das gesehen? Wer hat das gemeldet?“

„Der Korpskommandeur, General Ryschow.“

Schukow wollte es nicht glauben. Ihm war, als bräche vor ihm sein eigenes Denkmal zusammen, war er doch nun nicht mehr der alleinige Herr auf dem Schlachtfeld Berlin. Und weil er es nicht glauben wollte, befahl er, Tschuikow müsse zuverlässige Stabsoffiziere „in einige Ortschaften südlich Berlins“ schicken, um festzustellen, welche Truppen Konjews sich dort in Richtung Berlin bewegten. Mit anderen Worten: der große Marschall betrieb eine Art Feindaufklärung im Bereich der Sowjetarmee. Jetzt erst dämmerte Tschuikow, was eigentlich vorgegangen war: daß Stalin den Marschall Schukow überhaupt nicht gefragt hatte, als er Konjew aus Ärger über die geringen Fortschritte der Schukow-Armeen befahl, auf Berlin einzuschwenken. Tschuikow kommentierte: „Daher also das schlechte Wetter! Zum Teufel mit dieser verfluchten Ruhmsucht!“

Doch eine Genugtuung blieb dem Marschall Schukow: Gerade im Bereich von Konjews Heeresgruppe gelang den Deutschen der einzige größere Erfolg der ganzen Berlin-Operation – der Durchbruch der 9. Armee unter General Busse. Konjew hatte das unübersichtliche, wald- und wasserreiche Spreewaldgebiet beiderseits umgangen und damit die 9. Armee eingekesselt, die dort, wie üblich, durch Hitlers unmittelbare Befehle an Ort und Stelle festgenagelt war. Erst als General Busse entgegen dem Hitlerbefehl auf eigene Faust den Durchbruch nach Westen versuchte, erzielte er einen gewissen Erfolg. Etwa 30 000 Mann fanden hinter Potsdam den Anschluß an Einheiten der berühmten Ersatzarmee Wencks, von der im Laufe dieses

Berichts noch mehrmals zu sprechen sein wird. Mit Teilen von Wencks 12. Armee gelangten die Reste der 9. Armee über die Elbe und damit in die ersehnte amerikanische Gefangenschaft. Diese Absetzbewegungen spielten sich vornehmlich im Befehlsbereich Konjews ab, der sie nicht zu verhindern vermochte.

Langsam, langsam rückten die Sowjets vor. Am 20. April, zu Ehren von Hitlers Geburtstag – in diesem Zusammenhang kam es ihnen auf das Datum an –, lag zum erstenmal das eigentliche Stadtgebiet unter sowjetischem Artilleriebeschuß. Tschuikows Artilleriekommandeure hatten eigens zu diesem Zweck ein paar Feldgeschütze möglichst nahe an die Stadt heranfahren lassen. Sie setzten einige Salven ins Zentrum, darunter auch auf den Postdamer Platz. Das Kaliber ist heute nicht mehr festzustellen, aber zweifellos handelte es sich um Geschütze, die auf der Straße transportiert wurden und zur üblichen artilleristischen Ausstattung einer Armee gehörten. Dieser Tatsache kommt eine gewisse Bedeutung zu, da uns ein Telefongespräch Hitlers überliefert ist, das darauf Bezug nimmt.

Die Bevölkerung war von dem ersten Artilleriebeschuß, soweit sie ihn überhaupt wahrnahm, wenig beeindruckt. Da die Bombenangriffe seit Tagen schon ohne Vorwarnung auf die Stadt niedergingen, war es den Berlinern ziemlich gleichgültig, ob nun Bomben oder Granaten auf sie niederrauschten. Desto stärker war die Wirkung des Beschusses auf die deutsche Führung und auf Hitler selbst.

An seinem Geburtstag scheint er in der Tiefe des Bunkers das Artilleriefeuer noch nicht wahrgenommen zu haben, aber in der Frühe des 21. April zeigte er sich alarmiert. Er telefonierte vom Bunker aus mit General Koller, dem Generalstabschef der Luftwaffe, der mit seinem Stab in Wildpark-Werder westlich der Hauptstadt lag.

Hitler: „Wissen Sie, daß Berlin unter Artilleriefeuer liegt? Das Stadtzentrum."

Koller: „Nein."

Hitler: „Hören Sie denn nicht?"

Koller: „Nein! Ich bin in Wildpark-Werder."

Hitler: „Starke Aufregung in der Stadt über Artilleriefernfeuer. Es soll eine Eisenbahnbatterie schweren Kalibers sein. Die Russen sollen eine Eisenbahnbrücke über die Oder haben. Die Luftwaffe hat die Batterie sofort auszumachen und zu bekämpfen."

Koller: „Der Feind hat keine Eisenbahnbrücke über die Oder. Vielleicht hat er eine schwere deutsche Batterie nehmen und herumschwenken können. Wahrscheinlich aber handelt es sich um mittlere Kanonen des russischen Feldheeres, mit denen der Feind bereits in die Stadt reichen muß."

Eisenbahngeschütze vor Berlin wären dem Führer sicher lieber gewesen. Beschuß durch Feldartillerie zeigte ihm, wie die Sache wirklich stand. Alles ging dem Ende entgegen. Die Panzer des sowjetischen XI. Korps drangen in die Vorstädte ein. Wieder sahen die sowjetischen Soldaten Schilder am Straßenrand stehen. Darauf war zu lesen: „Stadt Berlin – Teufelsstadt."

Die Sowjets hatten das Bedürfnis, den Krieg als große Oper zu spielen. Selbst die Memoiren ihrer Militärs lesen sich zuweilen wie Textbücher zu Wagner-Musik. Hingegen ist ihnen das Selbstlob fremd, das man in den Erinnerungen deutscher Generale findet – vielleicht zum Ausgleich für zwei verlorene Kriege.

Der Chef eines sowjetischen Panzerkorps berichtet: „Das ist sie, die Höhle des faschistischen Ungeheuers! Die Stadt, in der die hirnverbrannten Pläne zur Niederwerfung der Völker Europas geboren wurden. Der Panzer von Plechanow war der erste. Die Panzermänner vernichteten an der Ecke Frankfurter Straße ein faschistisches Panzerabwehrgeschütz und hielten an. Der Fahrer, Sergeant F. N. Samotes, öffnete die Luke, und Plechanow Stieg aus dem Panzer. Leute umringten die furchterregende sowjetische Maschine. ‚Seid gegrüßt, ihr Teuren!', ‚Unsere Panzer sind gekommen!', ‚Es lebe Rußland!' erklangen Rufe. Diese russischen Mädchen und Burschen, die in die hitlersche Unfreiheit verschleppt worden waren und jetzt von der Sowjetarmee befreit wurden, kamen unseren Panzerschützen entgegen. Sie boten ihnen all das an, womit die lieben Soldaten-Befreier beschenkt und bewirtet werden konnten: Blumen, Süßigkeiten, Früchte, Bier. ‚Entschuldigt, Genossen, aber wir haben keine Zeit!' rief Plechanow den sich Versammelnden zu. Die Panzer rollten erneut vorwärts."

In der Frontstadt

Mit dem 24. April, mit der Einschließung Berlins, begann der letzte Akt, wiederum nicht ohne Pomp und Pathos. In Moskau schossen die dortigen Garnisonen für die Soldaten der beiden auf Berlin vorrükkenden Heeresgruppen Ehrensalute von 20 Artilleriesalven. Als sich amerikanische und sowjetische Soldaten am 25. April bei Torgau die Hände reichten, schoß Moskau zu Ehren der 1. Ukrainischen Heeresgruppe sogar einen Salut von 24 Artilleriesalven.

„Salut" war auch das Kennwort für zwei Großangriffe der sowjetischen 16. Luftarmee, die am 25. April mit 1486 Flugzeugen geflogen wurden. Von da an beherrschten die Sowjets den Himmel über Berlin, von dem die Amerikaner und Engländer verschwanden.

Vom 16. bis 24. April hatte es gedauert, bis der sowjetische Ring um Berlin geschlossen war – ein Ring, der allerdings nicht überall gleich dicht war. Seine schwächsten Stellen waren dort, wo die beiden breit aufgefächert vorrückenden Stoßkeile sich begegnet waren, nämlich im Westen der Reichshauptstadt. Von Nordosten bis Südosten standen die massierten Verbände Schukows, und durch Stalins Befehl, daß Teile von Konjews Heeresgruppe zur Einkesselung nach Norden einschwenken sollten, war die Stadt bald auch im Süden hermetisch abgeschlossen. Im Norden und Nordwesten jedoch, hinter der Havelbrücke, war die Lage zumindest ein paar Tage lang noch ziemlich unübersichtlich, war der Einschließungsring sozusagen porös. Wer der Falle entkommen wollte, oder besser gesagt, wer die Erlaubnis hatte auszubrechen oder das Risiko auf sich nahm, als Deserteur hingerichtet zu werden, versuchte dort sein Glück.

Aber wenn auch die Position der Einschließungstruppen nach dem 24. April an ein paar Stellen unübersichtlich sein mochte – bedrohlich war sie nirgendwo mehr. Die Sowjets waren so sehr Herr der Lage, daß man sich wiederum fragen muß, was sie zwischen dem 24. 4. und dem 2. 5., als endlich Schluß war, überhaupt getan haben. Wir besitzen einige Hinweise darauf, daß selbst vollmotorisierte Verbände und Panzereinheiten in den von ihnen besetzten Vororten ein ziemlich geruhsames Dasein führten. So hat der Verfasser das Vergnügen, seit Jahr und Tag in einem freundschaftlich-kollegialen Verhältnis zu einem ausgezeichnet deutsch sprechenden Moskauer Journalisten namens Viktor Bojew zu stehen, der in der Agentur Novosti als Redakteur tätig ist. Als er erfuhr, daß dieser Bericht recherchiert werden sollte, bekannte Bojew, er habe als junger Leutnant im Verband des XXII. Panzerkorps zu den Eroberern Berlins gehört. Und da sei eine Geschichte passiert . . .

Ja, es sei am 26. April gewesen, das wisse er genau, denn dazu gebe es ein Dokument. Er habe mit seiner Truppe in Siemensstadt gelegen, wohin sie über Tegel und Jungfernheide gelangt seien.

„Die Straßen waren wie ausgestorben. Wir saßen in Bunkern, denn der ganze Bezirk lag unter Beschuß. Es sah nach einer Überraschung aus, und ich hatte den Eindruck, daß unsere Führung äußerst vorsichtig operierte. Wir rührten uns eine ganze Weile nicht aus Siemensstadt heraus. Wir gingen durch die Häuser. Alle Wohnungen standen offen. Keine Menschen waren zu sehen. In einem Schlafzimmer sah ich ein Bild, das ich nicht vergessen werde. In ihren Ehebetten lagen zwei ältere Leute, die sich vergiftet hatten. Auf einem Nachttisch standen die Gläser, die sie ausgetrunken hatten; daneben lagen, sich berührend, ihre Eheringe. Hinter den Gläsern stand das gerahmte Bild eines gefallenen Sohnes.

Da besuchten uns zwei Kriegsberichterstatter, der eine von der ‚Prawda‘, der andere von der ‚Iswestija‘. Sie stifteten mich, weil ich deutsch sprach, zu einer Sache an, die sich nachher als keine sehr gute Idee erweisen sollte. Wir kamen nämlich auf den Gedanken, über das noch funktionierende Telefon Goebbels anzurufen. Es lag an mir, dieses Gespräch zu führen. Der Apparat stand im ersten Stock des Hauses, in dessen Keller wir kampierten. Ich wählte zunächst die Nummer der Auskunft und erkundigte mich nach dem Anschluß des Propagandaministeriums. Dann bekam ich die Vermittlung des Ministeriums und verlangte Dr. Goebbels. Nacheinander kamen verschiedene Personen an den Apparat und sagten: ‚In welcher Angelegenheit?‘ Ich erklärte, ich spräche aus Siemensstadt, und es handle sich um eine dringende persönliche Sache.

Zuletzt erreichte ich eine Frau, die wahrscheinlich eine Sekretärin war und mich wiederum nach dem Zweck meines Anrufs fragte. Ich machte die Sache so dringend, daß sie sagte, der Herr Reichsminister befände sich zwar in einer Sitzung, aber sie werde ihn ans Telefon bitten lassen. Tatsächlich hatte ich wenige Minuten später Goebbels am Telefon, und ihm gegenüber erklärte ich nun, ich sei ein russischer Offizier, der aus Siemensstadt telefoniere.

Diese Mitteilung schien Goebbels nicht weiter in Verwunderung zu versetzen, und er führte das Gespräch in einem ruhigen und selbstverständlichen Ton.

Wenn wir von vornherein gewußt hätten, daß unser Plan gelänge, hätten wir uns natürlich darauf vorbereitet. So aber wurde es von meiner Seite aus ein ausgesprochen dummes Gespräch, zumal mir die beiden Korrespondenten fortwährend neue Fragen ins Ohr flüsterten und mich aufforderten, undruckbare Beschimpfungen ins Telefon zu sprechen. Das tat ich jedoch nicht. Was ich Goebbels fragte, sehen Sie hier."

Mit diesen Worten holte Viktor Bojew aus seiner Brieftasche ein etwas vergilbtes, doppelt gefaltetes Blatt Papier hervor, das mit Blaustift beschrieben war.

„Ist das eine Notiz, die Sie damals machten?"

„Nein, das ist die Meldung selbst. Sie müssen wissen, daß die beiden Korrespondenten sofort nach dem Gespräch weggelaufen sind, um ihrerseits die Sache aufzuschreiben und zu berichten. Durch sie verbreitete sich die Nachricht, daß ein Gespräch mit Goebbels stattgefunden habe, und die Kunde davon erreichte auch den Generalobersten Bogdanow, den späteren Marschall der Panzertruppe. Schon nach einer halben Stunde war ein Melder bei mir und befahl mir sehr aufgeregt, ich solle sofort eine Raspiska schreiben. Raspiska heißt auf russisch eigentlich Quittung und nicht Meldung. Das Wort hat in diesem Zusammenhang wenig Sinn. Der Melder war ein Provinzler und hatte seinen Auftrag wohl nicht ganz richtig verstanden. Die handschriftliche Fixierung meiner Meldung, eben jene, die vor Ihnen liegt, überschrieb ich jedoch mit dem Wort „Raspiska", weil der Melder es gebraucht hatte. Ein Soldat tut, was man ihm befiehlt. Diese Niederschrift wurde für den Generalobersten mit der Maschine abgeschrieben, und ich bekam meine Urschrift zurück. Sie verstehen, daß ich sie aufgehoben habe. Der Generaloberst tobte über meine Meldung, weil in diesem Augenblick für uns durchaus noch nicht feststand, ob die Deutschen tatsächlich nichts mehr hatten; außerdem waren er und unser ganzes Armeekommando der Ansicht, daß man ein solches Gespräch auf ganz andere Weise für eine Kapitulationsverhandlung hätte benutzen müssen. Ich bin überzeugt, daß die Sache für mich schlecht ausgegangen wäre, wenn der deutsche Widerstand wirklich noch länger angehalten hätte. Mich rettete nur der rasche Erfolg unserer Truppen."

Hier ist der Wortlaut dieser Meldung:

Raspiska

Ich bin vom Chef des Operationsstabes aufgefordert worden, über mein Telefongespräch mit Dr. Goebbels zu berichten. Die Verbindung gelang, und ich führte über das Berliner Telefonnetz ein Gespräch mit dem Reichspropagandaminister Dr. Goebbels. Das Gespräch verlief wie folgt:

G.: Dr. Goebbels.

V.B.: Hier spricht ein russischer Offizier. Ich möchte ein paar Fragen an Sie stellen.

G.: Bitte.

V.B.: Wie lange sind Sie imstande und willens, um Berlin zu kämpfen?

G.: Mehrere . . .(das weitere war für mich unverständlich).

V.B.: Was mehrere? Wochen?

G.: O nein, Monate. Warum nicht Monate? Ihr habt Sewastopol neun Monate verteidigen können. Warum wir nicht unsere Hauptstadt?

V.B.: Noch eine Frage: Wann und in welcher Richtung wollen Sie aus Berlin fliehen?

G.: Diese Frage ist viel zu unverschämt, um beantwortet zu werden.

V.B.: Sie müssen im Auge haben, wir werden Sie ausfindig machen, und sei es auch am Ende der Welt. Und einen Galgen für Sie halten wir schon bereit.

(Hier wurden einige unverständliche Stimmen im Hörer laut.)

V.B.: Möchten Sie mich auch etwas fragen?

G.: Nein.

Aufgelegt.

Für solche Geschichten zeigten die sowjetischen Armeeführer freilich wenig Verständnis. Sie fühlten Stalins Mißvergnügen über das langsame Tempo. Der Oberbefehlshaber der Heeresgruppe drückte auf die Armeeführer, diese auf die Korpskommandeure und diese wiederum auf die Divisionskommandeure. Auch Oberst Antonow und seine 301. Division standen unter Druck. Es war am 26. oder 27. April, genau erinnert sich Antonow des Datums nicht mehr, als sein Korpskommandeur bei ihm anrief und fragte: „Was ist eigentlich bei dir los? Warum kommst du nicht schneller vorwärts?" Antonow reagierte auf diese Frage ärgerlich und erklärte: „Genosse General, vielleicht kommen Sie einmal auf meinen Gefechtsstand in der Neuen Jakobstraße." Der General konnte sich davon überzeugen, daß es in jenen letzten Tagen in Berlin schwierig war, Krieg zu führen.

„Wir rückten vor", berichtete Antonow, „und plötzlich . . ."

„Eine Zwischenfrage, Herr General, war Ihre Division motorisiert oder bespannt?“

„Wir hatten auch motorisierte Teile in der Division“, entgegnete Antonow ausweichend. Er wollte offenbar nicht zugeben, daß er eine jener Divisionen befehligt hatte, deren Pferde nachher das Gras der Berliner Parks fraßen und am Kurfürstendamm auf die Weide gingen. Das Erscheinen weidender Militärpferde mitten in Berlin machte einen so nachhaltigen Eindruck, daß sich bis heute im deutschen Urteil über die Sowjetarmee der Satz gehalten hat: „Die hatten ja nichts.“ Die 40000 Geschütze an der Oder, die Abertausende von Werferbatterien, die unübersehbaren Panzerherden konnten es in der Optik mit den dienstverpflichteten Russenpferden nicht aufnehmen.

Ob aber Pferd oder Panzer – jedenfalls kamen die Russen in Berlin nur mühsam voran. Antonow erzählt weiter:

„Da hatten wir uns wieder um einen Häuserblock vorgekämpft. Die Geschütze wurden nachgezogen, und währenddessen lag die Straße wie ausgestorben da. Allerdings konnten wir in der Stadt ohne Schußfeld mit den Geschützen nicht viel ausrichten. Wir schossen vor allem mit den Katjuschas (Werferbatterien). Die montierten wir von ihren Fahrlafetten ab und trugen sie zerlegt in die obersten Stockwerke erhaltener Häuser, bauten sie auf den Speichern auf und schossen durch das abgedeckte Dachgerüst hindurch.

Was ich aber eigentlich erzählen wollte und wovon sich auch der Korpschef überzeugte, als er mich auf meinem Gefechtsstand besuchte, war folgendes: Die Straße lag wie ausgestorben vor uns. Aber sie war nicht ganz ausgestorben. Auf den Dächern und hinter den obersten Fenstern lagen Scharfschützen, und wer sich zeigte, dem pfiffen die Kugeln um die Ohren. Am Ende der Straße sah ich plötzlich ein paar Leute auftauchen. Soldaten? Nein. Alte Leute, Frauen und Kinder brandeten wie eine Menschenlawine auf uns zu; über ihren Köpfen schwenkten sie weiße Tücher.

Sofort befahl ich der Artillerie wie auch der Infanterie, das Feuer einzustellen. Zunächst überraschte der Anblick dieser Menschen auch die noch kämpfende SS, aber zehn Minuten später, als der Menschenzug nur noch hundert Meter von uns entfernt war, eröffneten die Deutschen wieder mit MG und Maschinenpistolen das Feuer, und zwar nicht nur auf uns, sondern auf ihre eigenen Landsleute, die sich zwischen ihnen und uns befanden. Es spielten sich entsetzliche Szenen ab. Die Menschen stoben auseinander, aber in der Mehrzahl setzten sie den Marsch auf unsere Linien fort. Einem Kommandeur der Panzerbrigade befahl ich, er solle seine Panzer auf die Fenster schießen lassen, hinter denen die Scharfschützen der SS versteckt waren. Einer meiner Offiziere versuchte, zusammen mit einigen Soldaten niedergeschossene Frauen und Kinder von der Straße zu bergen. Bei solchen Aktionen hatte ich noch unnötige Verluste.

Von allen Seiten wurde mir gemeldet, daß in unserem Abschnitt die Zivilbevölkerung die Keller verließe und uns entgegenströme. Ich kann Ihnen sagen, nicht nur Steine von Berlin, sondern auch die Menschen wissen, was sich damals zugetragen hat. In Köpenick, in Treptow, in Karlshorst – überall war es dasselbe. Als der Korpskommandeur von meinem Gefechtsstand aus sah, was sich vor uns abspielte, billigte er meine Entscheidung, das Feuer einzustellen, sobald Zivilisten auf der Straße erschienen. Bald wurde ein dementsprechender allgemeiner Befehl erlassen.

In Köpenick und am übrigen Stadtrand gingen die Leute, die sich in den noch erhaltenen Kellern zusammengedrängt hatten, einfach nach Hause. In der Stadt selbst war es jedoch weit schwieriger, denn viele hatten ihre Wohnviertel verlassen und befanden sich sozusagen in der Fremde. Mein letzter Gefechtsstand lag am 29. April im Hauptquartier der Gestapo beim Anhalter Bahnhof . . ."

„War die Einrichtung bei der Gestapo noch in Ordnung – waren noch Akten vorhanden?"

Antonow: „Nichts, alles war eine Trümmerstätte. Papier lag in Massen herum, vielleicht waren es wichtige Akten. Wir waren daran nicht interessiert. Unser Auftrag lautete, die Reichskanzlei zu stürmen. Darauf bereiteten wir uns vor."

Aus einem anderen sowjetischen Bericht, dem „Berliner Notizheft" von Mednikow, geht hervor, daß SS-Kommandos im Innern des Gestapo-Hauptquartiers an der Prinz-Albrecht-Straße noch mit der Verbrennung von Akten beschäftigt waren, als das Gebäude bereits von Truppen der 5. Armee des Generalobersten Bersarin umzingelt war. Aus Behelfsschornsteinen, die durch vermauerte Fenster nach außen geführt waren, sei, so berichtet Mednikow, Rauch gequollen. Die berüchtigten Keller hatten zuletzt der SS selbst als Quartier gedient. Mednikow gibt an, es sei eine zwar durcheinandergeworfene aber ansonsten vollständig erhaltene Kartei „aller verdächtiger Berliner" gefunden worden, die eine ganze Wand bedeckt habe. Er habe die planlose Zerstörung von Akten beobachtet, „von denen ich es lieber gesehen hätte, wenn sie bereits in Archive abtransportiert worden wären."

Von dort also wollte Oberst Antonow zum letzten Sturm auf die Reichskanzlei antreten. Aber die Reichskanzlei wurde nicht gestürmt, sondern besetzt, ohne daß ein einziger Schuß gefallen wäre. Gestürmt werden mußte der Reichstag. Er, nicht aber Hitlers Amtssitz, wurde tatsächlich verteidigt, hier entbrannte der Kampf noch einmal, wenn auch keine Schlacht.

Es berührt eigenartig, daß den Sowjets gerade der Reichstag, von den Abgeordneten nach dem Brand im Jahre 1933 verlassen und nur noch ein leeres Gemäuer mit zugemauerten Fensteröffnungen und Türen, als Sinnbild Deutschlands galt. Aber für die Sowjetkommunisten war und ist mit dem Brand des Reichstags im Februar 1933, den sie selbstverständlich einzig und allein den Naziführern anlasten, die Vorstellung verbunden, damit habe das Dritte Reich begonnen und die Weimarer Republik geendet. Auch die mit dem Namen Bismarck und also mit seinem „Reichstag" verbundenen Beziehungen zwischen Rußland und Deutschland spielen hier herein: eine weit zurückreichende Tradition, die auch für die Kommunisten lebendig war. Das „Glück" der Reichstagseroberung fiel drei Schützenbataillonen zu; von Mednikow wird die historische Aktion in allen Einzelheiten beschrieben. Er berichtet:

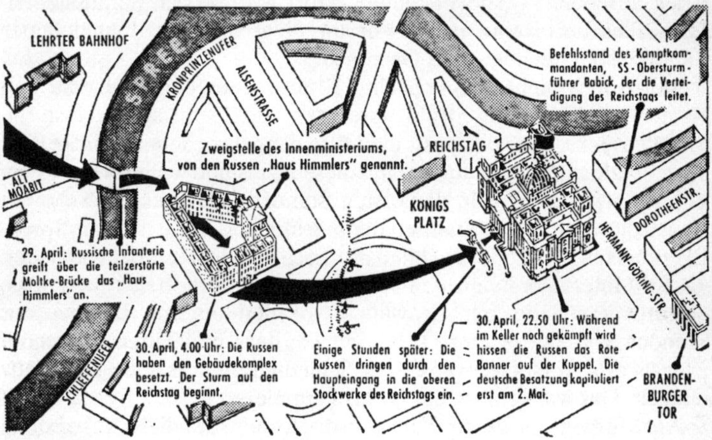

Der Kampf um das Reichstagsgebäude

„Gegen Mittag des 28. April rückte ein Bataillon in Richtung Spree vor. Zur gleichen Zeit erhielt der Kommandeur des Regiments, Oberst F. M. Sintschenko, das Rote Banner, eines von jenen ... Bannern des Armee-Kriegssowjets, die eigens für das Aufpflanzen auf der Kuppel des Reichstags bereitgestellt worden waren. (Es war das Rote Banner Nr. 5 des Kriegssowjets der 3. Kampfarmee.)

Nachdem er das Banner erhalten hatte, benachrichtigte Sintschenko davon die Kommandeure aller seiner Bataillone, darunter auch den 23jährigen Hauptmann Stepan Andrejewitsch Neustrojew, geboren in der Stadt Beresowsk. (Dessen Sturmbataillon hatte von den in Frage kommenden Einheiten der 150. Schützendivision die meisten Partei- und Komsomolangehörigen in seinen Reihen.) Neustrojew betrachtete den Ort, an dem er sich befand. Er sah vor sich mindestens drei Stützpunkte des Gegners, die ihn am Vordringen zum Reichstag hinderten. Es waren die Spree, das Haus Himmlers (ein Amt des Reichsinnenministeriums) und der Königsplatz.

‚Das sind also drei Nüsse‘, sagte er zu dem Vertreter der Politabteilung, Leutnant Berest. ‚Ich meine, sie sind ganz schön hart.‘ Berest, ein junger Offizier von heiterem und ruhigem Wesen, legte den Feldstecher an die Augen. ‚Wir werden sie knacken, Stepan Andrejewitsch! Wir müssen uns als erste zum Reichstag durchkämpfen. Ich würde es als Auszeichnung für den Dienst in diesem ganzen Krieg ansehen.‘ – ‚Einverstanden. Dort wird es sich herausstellen. Jetzt alles der Reihe nach. Vor uns liegt die Spree!‘ schloß der Bataillonskommandeur das Gespräch.

Neustrojew sieht vor sich eine Brücke über den Fluß, die den Namen Moltkes trug. Bald sprengten die Deutschen selbst die Moltkebrücke, aber umsonst: die Mitte der gebrochenen Brücke hing noch über dem Wasser durch. Und diesen Umstand wollte Neustrojew sich zunutze machen. In den ersten Stunden gelangten die Soldaten Neustrojews an einem Stahlseil der mächtigen Brücke über die Spree. Bis zum Reichstag blieben ihnen nur noch 500 Meter, aber was waren das für Meter! Vor ihnen, den Weg versperrend, erhob sich ein großes, düsteres Gebäude mit Erdwällen vor den unteren Etagen, mit Wänden von zwei Meter Dicke, mit Fenstern und Türen, die durch Ziegelsteine versperrt waren, mit Schießscharten in den Fensteröffnungen. Das war es also, das ‚Haus Himmlers.‘

Am Morgen des 29. April begann die Attacke auf diese Nebenstelle des Innenministeriums mit einem Artillerieangriff. Danach schlichen sich Sturmtrupps des Bataillons Neustrojew an das Gebäude heran. Gegen Mittag besetzten sie den Eckteil des Hauses, der in Richtung Schlieffenufer liegt, und drangen in den Hof ein. Es begann ein Kampf um jedes einzelne Zimmer, ein langer, zäher und erbitterter Kampf. Das zur Festung gewordene Gebäude brannte. Der dichte Rauch nahm den Atem, machte blind und störte beim Vorankommen. Den ganzen Tag des 29. April und in der Nacht zum 30. führten die Bataillone von Neustrojew und Dawydow den Kampf von verschiedenen Seiten um dieses eine Gebäude. Erst gegen vier Uhr am 30. April war das Haus Himmlers erobert.

Neustrojew richtete sich in einer unteren Etage ein, in einem Zimmer, dessen Fenster zum Königsplatz zeigten. Dieser Platz war durch kreuz und quer angelegte Schützengräben völlig aufgewühlt. Soviel der Bataillonskommandeur sehen konnte, erhoben sich unmittelbar neben dem Gebäude Verteidigungsnester des Gegners aus dem Boden. Die einzelnen Stellungen waren untereinander verbunden. Neustrojew rief den Chef einer Kompanie, den Sergeanten Sjanow, zu sich. Er sagte: ‚Ilja Jakowlewitsch, kannst du dieses Haus da gut sehen?' – ‚Die Hütte Hitlers', lachte Sjanow. – ‚Man kann es auch so bezeichnen, obwohl Hitler jetzt in einem anderen Haus sitzt.' – ‚Es geht also um den Reichstag?' – ‚Ich stelle dir die Aufgabe, dich bis zu diesem Gebäude durchzukämpfen. Deine Kompanie wird vorangehen. Spürst du, was das für eine Aufgabe ist?' – ‚Wird erfüllt, Genosse Hauptmann', antwortete Sjanow ruhig. – ‚Laß dir Zeit, Ilja Jakowlewitsch, hör dir erst mal die Lage an. Dort ist eine Garnison – viele sind mit Panzerfäusten ausgerüstet. Du kannst selbst sehen, wie sie feuern. Der Reichstag eignet sich gut für eine Rundumverteidigung. Also, nicht umsonst Menschenleben aufs Spiel setzen!'

Zur selben Zeit kam bei Neustrojew im ‚Hause Himmlers' eine Gruppe von Kundschaftern des Bataillons an. Sie wurden von Oberst Sintschenko geschickt. Die zwei jungen, kräftigen und gut trainierten Kundschafter trugen das Banner des Kriegssowjets. Es waren die Sergeanten Jegorow und Kantarija. Neustrojew betrachtete sie mit Zufriedenheit. ‚Ihr werdet euch zur Kompanie Sjanow durchschlagen. Überbringt meine Anordnung, daß sie euch mit Feuer unterstützen, wenn ihr mit dem Banner losstürmt. Ihr selbst rückt nicht weiter vor als die Kompanie, sonst werdet ihr umkommen.'

Bald überwand dann das Bataillon den vor ihm liegenden Graben und drang zu der breiten Treppe vor, die in den Reichstag führt. Als erste kamen dort Pjatnizki, Jakomowitsch, Prygunow und Schtscherbina an. Pjotr Pjatnizki fiel. Die Kompanie Sjanow kämpfte sich ins Gebäude vor, wo ein Kampf um jedes Zimmer und jeden Korridor begann. Im Inneren des Reichstages bildete sich eine ‚Zimmerfront'. Sie zog sich bis in die oberen Etagen hinauf und reichte bis in die Kellerräume, wohin sich ein großer Teil der Verteidiger zurückgezogen hatte. Später, als er sich erinnerte, wie er über den Königsplatz geschlichen war, sagte Neustrojew: ‚Irgendeiner erzählte uns, daß am 30. April in Berlin ein Sonnentag gewesen sei. Das ist durchaus möglich. Aber uns schien, als ob wir in der Abenddämmerung kämpften. Ein solcher Rauch war über dem Platz, daß wir die Sonne nicht gesehen haben.'

Zu dem Staub des Mauerwerks, das unter den Granaten zusammenstürzte, und zu dem Qualm aus benachbarten Häusern kam noch der Rauch aus dem Reichstag. Die Hitlersoldaten hatten ihn angesteckt. Es loderte in Dutzenden von Zimmern. Dennoch hielten sich unsere Soldaten in der ersten Etage. Neustrojew nahm telefonische Verbindung mit dem Kommandeur des Regiments auf, jetzt schon aus dem Reichstag: ‚Ich habe kein Wasser mehr und nur noch wenig Munition', sagte er. Der Kommandeur: ‚Halte dich mit allen Kräften, ich schicke dir Leute mit Verpflegung und Munition.'

Die von Sintschenko entsandten Soldaten konnten jedoch nicht bis zum Reichstag vordringen. Um 12.25 Uhr hängten Jegorow und Kantarija das Banner in der zweiten Etage auf und begaben sich zu Neustrojew, um ihm dies zu melden. Daraufhin stellte der Bataillonschef einen Sturmtrupp zur Begleitung der Bannerträger ab. An dessen Spitze stand Leutnant Berest. In den oberen Etagen war weniger Rauch, es war auch nicht so heiß. Dennoch benötigte der Sturmtrupp Berest fast einen halben Tag, ehe er mit dem Banner bis zur Kuppel des Reichstages gelangte. Um 22.50 Uhr am 30. April wehte über dem Reichstag das Banner des Sieges."

Aus dieser wichtigen Zeitangabe folgt, daß die berühmte Aufnahme, die die beiden Soldaten Jegorow und Kantarija zeigt, wie sie die Rote Fahne auf dem Dach des Reichstags befestigten, nicht im historischen Augenblick gemacht worden sein kann. Um 22.50 Uhr war es Nacht. Auf dem Bild ist jedoch heller Tag, und die auf der Straße sichtbaren Soldaten bewegen sich frei und aufrecht; ihr Verhalten beweist, daß in diesem Augenblick nicht mehr gekämpft wurde. Auch erkennt man bei näherer Betrachtung, daß der von dem

Architekten Wallot entworfenen Kitschsäule jegliche Vorrichtung fehlt, an der die Fahne befestigt werden könnte: der Soldat hält sie nur in dramatischer Pose schräg in die Luft. Mit anderen Worten: Die Bannerträger wurden ein oder zwei Tage nach Beendigung des Kampfes in Begleitung der Fotografen noch einmal auf das Dach des Reichstags geschickt. Das weltberühmte Bild ist gestellt.

Es war Nacht, als die Fahne zum erstenmal wehte, aber damit war der Reichstag noch nicht vollständig in sowjetischer Hand. Die Verteidiger saßen im Keller. Als die Kellerbesatzung zur Kapitulation aufgefordert wurde, war es schon wieder hell. Aber die Deutschen kamen nicht heraus. Es fand eine Art Kapitulationsverhandlung zwischen einem deutschen Oberstleutnant und dem Polit-Offizier Berest statt. Der Oberstleutnant verlangte, die Sowjets sollten sich aus dem Reichstag wieder zurückziehen; dann erst würden sie freiwillig den Keller verlassen: „Aber wir werden nicht durch Ihre Gefechtsordnung gehen."

Berest nahm den Vorschlag nicht an. Er sah, daß die Deutschen Zeit gewinnen wollten; sie hofften auf Entsatz von außen. Sie wußten nicht, wie die Dinge sich inzwischen entwickelt hatten. Mit Handgranaten gingen die Sowjets noch einmal im Keller vor. Daraufhin kam ein anderer deutscher Offizier heraus und kapitulierte.

Aber nicht nur sowjetische Chroniken, sondern auch deutsche Zeugen erzählen vom Stum auf den Reichstag. Gerhard Zilch, ehemaliger Unteroffizier zbV der 3. Schweren Flakbatterie der Abteilung 211, heute Postoberinspektor, bestätigt, daß Mednikows Tatzeugen nicht übertreiben: der Reichstag war tatsächlich einer der ganz wenigen Punkte, an denen in Berlin wirklich gekämpft wurde.

Die Schilderung Gerhard Zilchs ist kennzeichnend für die Stimmung in einigen Truppenteilen während der allerletzten Tage: „Der erste sowjetische Stoßtrupp, der in der Nacht zum 29. April in den Reichstag eindrang, wurde von SS-Pionieren mit Flammenwerfern erledigt."

Am Morgen wurde das eine von den zwei noch brauchbaren Flakgeschützen seiner Batterie so weit vorgezogen, daß es die gesprengte, aber nicht gänzlich zerstörte Moltkebrücke unter Feuer halten konnte, über die Neustrojews Soldaten kletterten. Auch Panzer waren dort, und einige schoß der 45jährige Oldenburger Groter mit seiner Kanone kampfunfähig, doch dann bekam sie einen Volltreffer,

Groter starb durch Kopfschuß. Gleich darauf fiel auch das dritte und letzte Geschütz der Batterie aus. Der Krieg ist zu Ende, dachten die Flaksoldaten von Zilchs Batterie, und das dachte auch er selbst.

Zilch erinnert sich: „Aber nein, wir hatten wieder eine falsche Rechnung gemacht. Jetzt traten die Nahkampfspezialisten in Aktion. Ihr Führer war der SS-Obersturmführer Babick, Kampfkommandant des Reichstags. Ich diente als Verbindungsmann zwischen den verbliebenen Flaksoldaten und dieser SS-Kampfgruppe. Sie gehörte zur SS-Division Nordland, die ihr Hauptquartier im Europa-Haus am Anhalter Bahnhof hatte. Babick machte jetzt Krieg, wie er ihn sich vorstellte. Unsere beiden Batteriechefs, Radloff und Richter, hatten keine Befehlsgewalt mehr. Sie waren nur noch Befehlsempfänger. Der Gefechtsstand von Babick befand sich nicht im Reichstag, sondern im Keller des Hauses Dorotheen-, Ecke Hermann-Göring-Straße, und zwar auf der Seite, die der Spree zugewandt ist. Dort war er in einem zivilen Luftschutzkeller, einem etwa 25 Quadratmeter großen Raum.

An der Wand stand ein altes Sofa, davor ein Wohnzimmertisch, auf dem ausgebreitet eine Karte vom Stadtzentrum Berlins lag. Auf dem Sofa saß ein älterer Kapitänleutnant, ihm zur Seite zwei Marine-Unteroffiziere. Außerdem befanden sich in diesem Keller ein paar SS-Angehörige und im Zentrum von allen, über die Karte gebeugt, SS-Obersturmführer Babick. Er spielte den Feldherrn und ließ alle in diesem von Kerzen notdürftig erhellten Raum anwesenden Männer an seiner Kampfschulweisheit teilnehmen. Er sprach vom Endsieg, er verdammte die Feiglinge und Volksverräter und ließ niemanden darüber im Zweifel, daß er alle, die den Führer jetzt verlassen würden, standrechtlich erschießen werde.

Dieser Gefechtsstand war für mich leicht durch einen Kellergang zu erreichen, der vom Reichstag unter der Hermann-Göring-Straße hindurch in den Keller des Eckhauses der Dorotheenstraße führte. Durch diesen Gang lief auch ein dickes Heizungsrohr, das vermutlich im ehemaligen Herrenhaus des Preußischen Landtags endete. So ist es mir in Erinnerung. Ich hatte die Aufgabe, von Babick Befehle über den Einsatz unserer Leute entgegenzunehmen. Das Trommelfeuer auf den Reichstag hielt unvermindert an. Bei meinen kurzen Aufenthalten im Stabe Babick erfuhr ich immer das letzte über die Lage und vernahm, es sei wieder ein russischer Stoßtrupp in die oberen Geschosse des Reichstages eingedrungen, aber vernichtet worden. Babick war ungeheuer stolz auf diese Erfolge seiner Männer.

Er hoffte auch auf Verstärkung. Von irgendwoher waren in der Nacht zum 29. April noch Marine-Infanteristen nach Berlin gekommen, an ihrer Spitze jener Kapitänleutnant, der im Keller saß und nichts zu sagen hatte. Babick stand vor der Karte und zeichnete ein, von wo er Truppenverstärkungen, ja sogar ‚Königstiger' erwartete.

Babick fühlte sich in dieser Stunde noch sehr zuversichtlich. Ihm konnte im Keller nichts passieren. Vor der Kellertür standen SS-Posten, vor dem Gang zum Reichstag standen wieder Posten, und nun sollten sogar noch Königstiger kommen, unsere feinste Waffe. Er hatte seine Leute in Gruppen von fünf bis zehn Mann rings um den Reichstag verteilt. Eine Gruppe wurde von dem SS-Untersturmführer Undermann (oder so ähnlich, genau habe ich den Namen damals nicht verstanden) geführt; er saß südlich der Moltkebrücke im Innenministerium (in dem Gebäude, das die Sowjets ‚das Haus Himmlers' nannten), und zwar in einem Keller mit Schußfeld zur Brücke.

Von dort kam ein etwa 19jähriger SS-Junker und meldete Babick, Undermann und seine Männer hätten im Keller Alkohol vorgefunden und sich besoffen; den Undermann habe er vorsichtshalber gleich mitgebracht, er stünde draußen. Babick tobte, und sein Urteil stand fest: Erschießen! Der Junker knallte die Hacken zusammen und lief hinaus. Sekunden später hörten wir den Feuerstoß aus der MP; der Knabe erschien wieder und meldete: Befehl ausgeführt! Babick befahl ihm, den Trupp Undermann zu übernehmen.

Unsere Reihen im Reichstag lichteten sich mehr und mehr. Nicht nur ein Teil unserer Batterie setzte sich nach und nach ab; auch sonst konnte ich in der Nacht zum 1. Mai im Keller des Südwestflügels des Reichstags insgesamt höchstens 40 bis 50 Personen feststellen, Soldaten und Zivilisten. Dieser Rest ging dazu über, sich in den Verliesen des Kellers das sicherste Versteck zu suchen. Dort wollten wir das Eintreffen der Russen abwarten. Doch es sollte noch weitere 24 Stunden dauern. Im Morgengrauen des 1. Mai erfuhren wir aus einem Kofferempfänger, der Führer sei ‚im Kampf um die Reichshauptstadt gefallen', an seiner Seite seine Frau sowie Goebbels mit Familie. Nun waren wir niemandem mehr untertan.

Ich hatte mich mit einigen Kameraden in den Waschraum des Heizungskellers zurückgezogen. Hindenburglichter flackerten. Es schien, als ob der Beschuß nachgelassen hätte. In den Mittagsstunden des 1. Mai beauftragte mich ein Oberleutnant, zu Babick hinüberzugehen, um zu erkunden, was geplant war. Aber Babicks Gefechtsstand war leer. Auf dem Tisch lag eine große rote Fahne, in der Ecke einige deutsche Uniformstücke. Babick war augenscheinlich mit seinen Leuten getürmt.

Während ich noch überlegte, was ich tun sollte, tauchte plötzlich im Eingang hinter mir ein Soldat in einer mir unbekannten Uniform auf, die Pistole im Anschlag. Es war jedoch kein Russe. ‚Was machen Sie hier? Wo ist der Kommandant?' fragte er mich. Wir sahen uns kurz mißtrauisch an, dann schlug ich ihm die Pistole aus der Hand und rannte zum Tunneleingang. Er war völlig überrascht und ging über die Kellertreppe nach oben.

In den Waschraum zurückgekehrt, berichtete ich meinen Kameraden von meinem Erlebnis. Wir waren uns einig: Uniform ausziehen, Waffen wegwerfen und warten! Zwei belgische Arbeiter hatten ebenfalls im Reichstag Schutz gesucht. Einer von ihnen führte uns in einen Kellerraum, in dem Garderobenschränke standen. Dort fanden wir Zivilkleidung, die wir anzogen. Dann verbrannten wir unsere Soldbücher und warfen unsere Uniformen und Waffen in den 5 Meter tiefer gelegenen Heizungskeller.

Inzwischen war der Abend des 1. Mai angebrochen. Wir harrten der Dinge, die da kommen mußten. Zunächst einmal tauchte eine Wehrmachtsstreife auf, die die Kellerräume nach Deserteuren durchkämmte. Die Belgier versteckten uns in einem Lüftungsschacht, vor dessen Eingang sie ein Bett stellten. Nach Stunden öffneten wir vorsichtig die Tür des Waschraums. Draußen war alles ruhig; es fiel kein Schuß mehr. Plötzlich erschollen Schritte, kamen rasch näher. Man klopfte an unsere Tür, und als wir nicht antworteten, wurde die Tür aufgestoßen, und drei Uniformierte marschierten herein: vorweg ein russischer Soldat mit einer weißen Fahne, dahinter ein älterer Offizier in einer mir unbekannten Uniform und zuletzt wieder ein Russe. Der mittlere sagte, sie seien russische Parlamentäre und suchten den Kommandanten des Reichstags. Einer der Belgier antwortete für uns in deutsch mit starkem französischen Akzent, daß hier nur belgische Fremdarbeiter seien. Daraufhin zogen die Parlamentäre wieder ab. Später erfuhr ich, daß es sich bei dem Offizier in der mir unbekannten Uniform um einen deutschen Oberstabsarzt gehandelt hat, der in Gefangenschaft geraten und gezwungen worden war, als Dolmetscher zu fungieren.

Draußen wurde es ein wenig hell; der 2. Mai war angebrochen. Zwischen vier und fünf Uhr morgens hörten wir russische Stimmen,

Schüsse fielen nicht mehr. Zwei junge russische Soldaten kamen in unseren Kellerraum und riefen: ‚Krieg kaputt! Gitler kaputt!' (Sie sprachen das H wie G.) Die nächste Frage lautete: ‚Du Uri?' Keine Durchsuchung, nur diese Frage. Dann wurden wir in den Plenarsaal getrieben, wo wir nach fünf Tagen endlich wieder das Tageslicht erblickten. Über die große Freitreppe führte man uns auf den Königsplatz. Dort zeigten die Russen auf die Schweizer Botschaft und sagten: ‚Du dorthin!' Auf dem Platz standen unsere zerstörten Geschütze, daneben lagen unsere toten Kameraden. Kein russischer Soldat begleitete uns auf dem Weg zur Botschaft. Nach hundert Meter wußten wir, warum: plötzlich pfiffen uns Kugeln um die Ohren. Kriechend erreichten wir das befohlene Ziel. Aus den Ruinen am Schiffbauerdamm schossen Scharfschützen der SS immer noch auf alles, was sich um den Reichstag bewegte. Das konnte wohl nur Babick mit seinen Männern sein.

In der Schweizer Botschaft wurden wir von einem Sowjetoffizier verhört, der fließend deutsch sprach. Ich gab mich als Postbeamter aus, der auf dem Weg zur Arbeit von deutschen Soldaten kassiert worden sei. Ob er mir das glaubte, weiß ich nicht. Jedenfalls wurde ich abgeführt. Als ich aus dem Haus trat, sah ich, daß sich auf dem Königsplatz zahlreiche Russen versammelt hatten. Geschossen wurde jetzt nicht mehr. Wir marschierten zur Lüneburger Straße, Ecke Alt-Moabit. Dort wurde ich in einem Eckhauskeller zum zweitenmal verhört. Ich weiß sogar den Namen dieses perfekt deutsch sprechenden Sowjetoffiziers, zumindest den Vornamen: Walter. Denn während er mich vernahm, hatte er eine betrunkene deutsche Dame auf dem Schoß, die ihn abküßte und auch sonst in keiner Weise in Ruhe ließ. Sie nannte ihn Walter.

Auch Walter glaubte mir offenbar nicht, daß ich kein Soldat sei. Es ging zur Strafanstalt Plötzensee. Dort strömten Tausende von Gefangenen zusammen." Zilch kam in ein Gefangenenlager, wurde abermals verhört und dann einem Gefangenentransport eingegliedert, der für die Sowjetunion bestimmt war. Doch Zilch gelang die Flucht. Während einer Marschpause außerhalb Berlins konnte er sich beiseite schlagen und als Eisenbahner getarnt unerkannt nach Berlin zurückkehren.

Während Babicks Mannen noch aus dem Keller des Reichstagsgebäudes schossen, fingen die Sowjets bereits an, mit Farbe und spitzen Gegenständen ihre Namen auf die Wände zu schreiben. Binnen einer

Woche waren die Reichstagsmauern bis zu einer Höhe vollgeschrieben, die ein Mann mit ausgestrecktem Arm gerade noch erreichen kann, wenn er auf den Schultern eines anderen steht.

Inmitten der vielen Namen war einer mit großen schwarzen Buchstaben besonders auffällig in diesem „Gästebuch" vermerkt: der Name Miroschnikow. Er war kürzlich auf einem Reichstagsfoto zu sehen, das die „Prawda" veröffentlichte. Einige Tage später, Ende März 1965, schrieb ein unbekannter Sowjetsoldat des Zweiten Weltkriegs in einer sowjetischen Provinzstadt an einen Freund in Moskau folgenden Brief:

„Lieber Jewgenij Aronowitsch! Sowas muß es geben: Treffe ich da gestern ein paar Freunde. Sie lächelten anzüglich und fragten: Warst du in Berlin? Was hast du da gemacht? Oh, sagte ich, ich war da, und wir haben nicht eben wenig getan. Wir stürmten Berlin, wir nahmen den Reichstag, und wir machten dann Garnisonsdienst. Soso, sagten die Freunde, und was hast du sonst noch in Berlin getan? . . . Dann schlugen sie die ‚Prawda' vom 21. März auf. Ich traute meinen Augen nicht: Unter einer Menge Unterschriften prangte mein Name in der Mitte mit großen Buchstaben, mein Schriftzug Miroschnikow. Ich geriet in Erregung. Ich erinnerte mich jenes Tages, des 30. April 1945, als wir mit unseren Geschützen den Reichstag unter Feuer nahmen und als sich unser Regimentskommandeur, Oberstleutnant Semljanski, heiser schrie: Mit dem Regiment . . . auf den Reichstag . . . tausend Schuß . . . Im Laufschritt . . . Feuer!!! Ich drücke heftig Ihre Hand. Mit aufrichtiger Verehrung, I. Miroschnikow."

Wir haben versucht, Stimmung, Kampfweise und Aktionen der Sowjets im Zusammenhang darzustellen. Auf diese Weise sind wir im chronologischen Fortgang dieses Berichtes schon bis Anfang Mai gekommen. Wenn wir nunmehr die deutsche militärische Seite betrachten wollen, müssen wir zum Beginn der Oder-Offensive zurückkehren. Dem Tun und Lassen der Sowjets in diesen letzten Kriegswochen ist bislang nur wenig Aufmerksamkeit geschenkt worden; aber auch die Verteidigung der Reichshauptstadt außerhalb des Führerbunkers ist noch nicht zusammenhängend geschildert worden. Und sogar was die Ereignisse im Bunker betrifft, so enthalten die verschiedenen Publikationen in entscheidenden Punkten Widersprüche. Übereinstimmung findet sich nur in dem Bestreben, uns an einem Schauerdrama teilnehmen zu lassen.

94094 Mann

Als am 16. April 1945 die sowjetische Offensive an der Oder begann, arbeitete die deutsche Führung – zumindest am grünen Tisch – noch immer nahezu normal. Noch hatte Adolf Hitler sich nicht endgültig entschieden, ob er in der Reichshauptstadt bleiben oder nach Süden in die legendäre „Alpenfestung" ausweichen wollte. Von Woche zu Woche schloß er sich hermetischer im Führerbunker ein.

Die Räumlichkeit des Führerbunkers unter der Alten Reichskanzlei kann man sich nicht klein genug vorstellen. Aus Gründen der Sicherheit durften die Decken nur geringe Spannweiten haben. Der Privatraum, in dem sich das Ehepaar Hitler schließlich umbrachte, maß zweieinhalb auf drei Meter. Des Großdeutschen Reiches letzte – oder, rechnet man die Regierung Dönitz hinzu, vorletzte – Führungsspitze hauste in Kammern, die eine Betondecke von 3,50 Meter Dicke hatten. Darüber lag eine Erdschicht von zwei Metern. Als die Ventilation und die Beleuchtung von einem Notaggregat mit Strom versorgt wurde, hörten die Bunkerbewohner außer dem saugenden Geräusch der Lüftung Tag und Nacht auch das Tuckern eines Dieselmotors.

Hinter den Türen der Verbindungsgänge und Treppen lungerten SS-Männer vom Führerbegleitkommando herum, das nicht im Führerbunker sondern in den großen Kellerräumen unter der Neuen Reichskanzlei stationiert war. Dort troff noch das Wasser vom Zement, auf dem die Abdrucke der Schalbretter zu sehen waren. Diese erst halbfertigen Anlagen wurden von 600 oder 700 Menschen bewohnt. Hier hauste die zweite und dritte Garnitur des Führerstabes und die beiden Nachkommandos: Das SS-Begleitkommando unter Kommando von Sturmbannführer Schädle und das vom Reichssicherheitshauptamt gestellte Kriminalkommando, das unter dem Befehl von SS-Führer Rattenhuber stand. Außerdem befand sich dort der Gefechtsstand der „Kampfgruppe Mohnke", so nannte sich des Führers letztes „Leibregiment".

Sie alle sahen Hitler kaum oder nie. Zum Führerbunker hatten sie keinen Zutritt. Der ständige Stab war klein. Zu ihm gehörten: die Fotolaborantin Eva Braun und Hitlers Hunde,

Dr. Goebbels mit Familie, der ab 22. April im Führerbunker die Räume des geflohenen Leibarztes Dr. Morell bewohnte,

Martin Bormann,

General Krebs, letzter Generalstabschef des Heeres und einziger bedeutender Offizier in Hitlers Umgebung, den das Heer noch anerkannte,

General Burgdorf, Chefadjutant Hitlers und Chef des Heerespersonalamtes, der bei den Soldaten nur geringes Ansehen genoß,

Botschafter Hewel vom Auswärtigen Amt und

Kammerdiener Linge, der, seit fast elf Jahren in Hitlers persönlichem Dienst, wohl auch zum „innersten Kreis" gerechnet werden muß, obwohl er übergangen wurde, als ein Arzt später im Auftrag Hitlers die Giftkapseln verteilte – die letzten Auszeichnungen, die Hitler verlieh.

Alle übrigen Männer und Frauen im letzten Führerhauptquartier waren keine wichtigen Mitspieler, sondern nur Statisten oder Gehilfen: Reichsjugendführer Axmann, SS-Verbindungsoffizier Fegelein, die drei Adjutanten der Wehrmachtsstelle, Gestapo-Müller, die Adjutanten der Generale Krebs und Burgdorf, Hitlers persönlicher Adjutant Schaub und Günsche, Bormanns kleiner Stab, der Arzt Dr. Stumpfegger, Führerpilot Baur, Fuhrparkchef Kempka, Sekretärinnen und anderes Personal.

War das alles? Das war alles. Wo aber waren die Großen des Reiches, wo war die glänzende Suite von Generalen des Heeres und der SS? Sie alle hatten sich von ihrem Führer abgesetzt. Teilweise führten sie von anderen Befehlsstellen aus, wie Jodl und Keitel, teilweise zogen sie umher und versuchten ihre Haut zu retten, so Himmler und Göring. Zufällig sind uns einige ebenso zufällig entstandene Augenblicksbilder mancher dieser Herren in ihrem Endstadium erhalten geblieben.

Als der Artilleriekommandeur des LVI. Panzerkorps, Oberst Wöhlermann, in der Umgebung von Berlin den Chef seines Korps, General Weidling, aufsuchte, sah er sich plötzlich dem Reichsaußenminister von Ribbentrop gegenüber, der sich bei Weidling über die Lage orientieren wollte. Wöhlermann berichtete:

„Als ich den Keller des Hauses betrat, hatte der Kommandierende General gerade den Besuch des Reichsaußenministers Ribbentrop.

Dieser saß ihm bleich und niedergeschlagen gegenüber. Da ich unangemeldet eingetreten war, wollte ich mich beim Anblick des unerwarteten Besuches zurückziehen, aber Weidling befahl mir zu bleiben und sagte, zu Ribbentrop gewandt: ‚Da kommt gerade mein Artilleriekommandeur von vorne, der kann Ihnen, Herr Reichsminister, gleich über die Lage berichten.‘ Kurze Vorstellung, Ribbentrop erhebt sich schwer aus seinem Sessel, gibt mir seine kraftlos wirkende Hand und sieht mich, nachdem sich Weidling und er sich wieder gesetzt haben, mit ängstlichen, traurigen und müden Augen, das sonst vor Stolz so hochgetragene Kinn auf die Krawatte gepreßt, erwartungsvoll an. Indessen gibt mir Weidling in seiner impulsiven Art den Befehl, ungeschminkt die Lage zu schildern. Mein Bericht wirkt auf den Reichsaußenminister vernichtend. Mit leiser, heiserer Stimme stellt er zögernd einige Fragen und verabschiedet sich bald darauf von uns. Irgendeine Bemerkung, daß von seiner Seite aus etwa Verhandlungen mit den Engländern oder Amerikanern eingeleitet seien und somit eine Hoffnung auf eine Wendung in zwölfter Stunde bestehe, machte er nicht. Nachdem wir jetzt wissen, daß zu jener Zeit bereits Himmler mit dem Grafen Bernadotte wegen eines Separatabkommens mit Amerika und England in Verbindung stand, ist diese Tatsache besonders interessant. Sie zeigt, daß der verantwortliche Außenminister des Dritten Reiches völlig ahnungs- und einflußlos war. Denn nichts hätte nähergelegen als eine derartige, uns und die Truppen aufmunternde Bemerkung. Leider weiß ich nicht, ob Weidling mit ihm vor meinem Eintritt über den mysteriösen Funkspruch gesprochen hatte, den das Korps von der Armee erhielt mit dem Wortlaut: ‚Haltet noch zwei Tage aus, dann ist alles geschafft. Busse.‘ Es kann allerdings auch sein, daß dieser Funkspruch erst nach Ribbentrops Besuch ankam. Damals glaubten wir angesichts der Tatsache, daß ausgerechnet von zwei Tagen die Rede war, daß am 20. April, dem Geburtstag Hitlers, irgendein angenehmes Ereignis – und das konnte nur ein Übereinkommen mit den Angelsachsen sein – eintreten werde.“

Reichsmarschall Göring saß in seinem Schloß Karinhall in der Schorfheide, ohne sich noch irgendwie um die Führung zu kümmern; zu seinem persönlichen Schutz hielt er sich eine Leibwache in Divisionsstärke. Der erste Kampfkommandant von Berlin, General Reymann, erinnerte sich an einen der letzten Besuche Görings in Berlin:

„Am Sonntag, dem 11. März 1945, fand in Berlin die letzte Heldengedenkfeier statt. Als Kampfkommandant von Berlin mußte ich daran teilnehmen. Vor dem Ehrenmal Unter den Linden waren Abordnungen von Truppenteilen, die an der Front standen, angetreten. Ihre Stärke betrug etwa 120 Mann, die sich aus allen Dienstgraden zusammensetzten. Man sah fast durchweg Ritterkreuzträger. Abgesehen von diesen Abordnungen waren Vertreter der Partei und der Stadtverwaltung erschienen. Zuschauer fehlten völlig. Es schien ja auch nicht angebracht, größere Menschenmassen aufzubieten und sie der Gefahr eines Bombenangriffes auszusetzen. Die Umgebung bot einen eigentümlichen Rahmen für diese Feier. Dort stand das völlig ausgebrannte und von Bomben stark beschädigte Stadtschloß, und da lag der Berliner Dom in Trümmern. Gegenüber dem Ehrenmal ragte die Ruine der Berliner Oper auf; sie war erst in der vergangenen Nacht erneut von Bomben schwer getroffen worden. Kurz vor Beginn der Feier erschien Göring in seinem großen Wagen, stieg aus und betrachtete sich kopfschüttelnd das Bild der Verwüstung. Dann begab er sich mit mehreren Offizieren, unter denen auch ich mich befand, in das Ehrenmal, das merkwürdigerweise fast völlig unbeschädigt war. Göring legte einen großen Kranz nieder, grüßte und verließ dann, ohne ein Wort gesprochen zu haben, das Ehrenmal. Allen Teilnehmern an dieser Heldengedenkfeier war wohl das Eigenartige dieser Stunde klargeworden. Wir hatten der vielen, vielen Toten gedacht, die ihr Leben in den hinter uns liegenden Jahren für eine Sache geopfert hatten, die unmittelbar vor dem Zusammenbruch stand. Erschüttert fuhr ich auf meinen Gefechtsstand zurück. Im übrigen trug Göring bei dieser Gelegenheit keine Orden. Es war allgemein bekannt, daß er alle Abzeichen ablegte, als ihm Adolf Hitler schwerste Vorwürfe wegen des Versagens der Luftwaffe gemacht hatte. Göring wollte die Orden erst wieder anlegen, wenn die Luftwaffe wieder die Anerkennung Hitlers gefunden hatte, wozu es aber nicht mehr kam."

Ein Generalstäbler des Heeres, der ein Jahr vor Kriegsende zum SS-Brigadeführer ernannte Generalmajor Dr. Krukenberg, dem bei der Verteidigung von Berlin eine ihm unerwünschte Rolle zufallen sollte, war am 24. April eben im Begriff, sich mit einem Stab von neunzig Mann von Strelitz aus befehlsgemäß zum Endkampf nach Berlin zu begeben, als er zufällig Himmler begegnete:

„Während sich das Kommando beiderseits der Chaussee versammelte, fuhr von Norden kommend in einem von ihm selbst gesteuerten

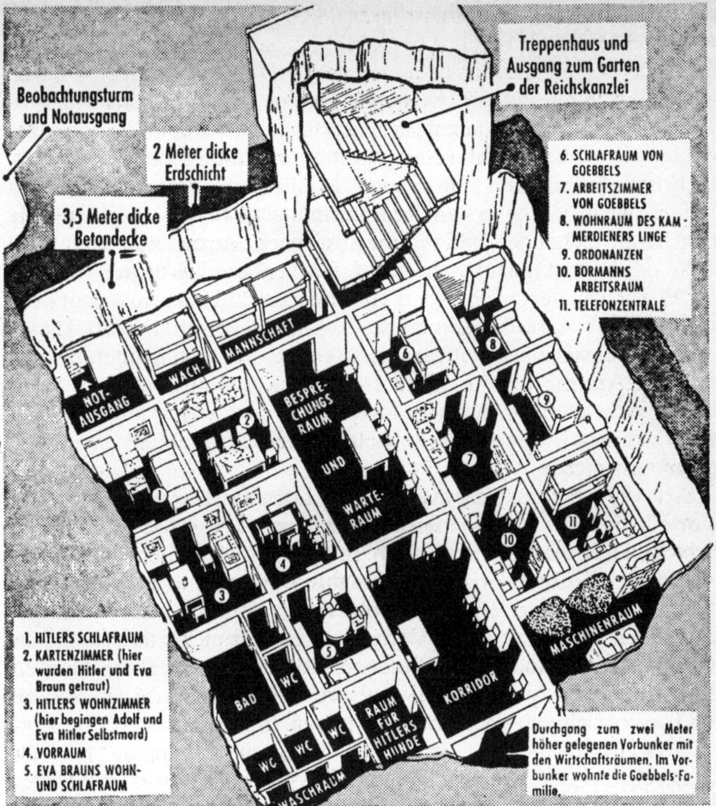

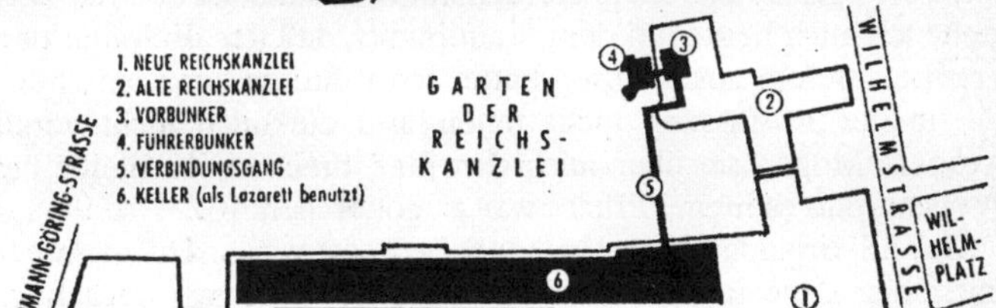

oben: Der Führerbunker
unten: Die Bunker unter der Reichskanzlei

offenen Mercedes der Reichsführer SS Himmler in Richtung Hohenlychen mitten zwischen uns hindurch. Zu meinem Erstaunen hielt er nicht an, obgleich es das erstemal war, daß er Angehörigen der vor einem Jahr aufgestellten Division ‚Charlemagne' begegnete."

Den Männern, an denen Himmler grußlos vorbeifuhr, hatte bis dahin sein lebhaftes Interesse gegolten: es waren Franzosen in SS-Uniform. Sie stellten eines jener Kontingente dar, in denen der Reichsführer SS die ersten Repräsentanten eines vom Atlantik bis zum Ural reichenden nationalsozialistischen Europa sah. Jetzt aber hatte er andere Gedanken im Kopf. Krukenberg fährt fort:

„Wie ich später erfuhr, kam Himmler aus Lübeck, wo er mit dem schwedischen Grafen Bernadotte zusammengetroffen war. Da er unseren mit seinen (Kapitulations-)Bestrebungen kaum übereinstimmenden Auftrag kannte, hätte es nahegelegen, uns die Fahrt nach Berlin nicht mehr antreten zu lassen oder mich wenigstens über die Lage zu unterrichten. Himmler wollte, indem er durchfuhr, zweifellos allem ausweichen."

Seit 1933 hatten diese Männer die höchsten Ehren, die größten Vorteile ihrer Stellung genossen – jetzt überließen sie das Volk seinem Schicksal und machten sich davon. Indes ist ihr Verhalten, das fast der gesamten NS-Elite Vorbild war, aus ihrem Wesen und ihrer Laufbahn leichter zu erklären, ergibt sich folgerichtig daraus als das Verhalten der hohen Offiziere, die als Verteidiger Berlins nichts unternommen haben, um die Leiden einer Millionenstadt auch nur um einen einzigen Tag abzukürzen. Von einigen wissen wir, mit welchen Argumenten sie ihr Tun vor sich selbst gerechtfertigt haben. In seinem unveröffentlichten Manuskript mit dem Titel „Ich sollte Berlin verteidigen" schreibt General Reymann: „Obwohl mir von vornherein klar war, daß Berlin nicht erfolgreich verteidigt werden konnte, stand ich doch damals und stehe ich auch heute auf dem Standpunkt, daß ich als Soldat den mir erteilten Befehl auszuführen hatte. Ich weiß, daß es Menschen gibt, die meine Auffassung nicht teilen und die mich nicht verstehen werden. Mögen sie über mich den Stab brechen, ich bleibe bei der Ansicht, daß es meine Pflicht war zu gehorchen."

Bei SS-Brigadeführer Krukenberg lesen wir: „Auf meine Frage nach der Lage in der Reichshauptstadt wurde mir gesagt, starke russische Kräfte hätten die Oderfront durchbrochen und gingen in zwei Kolonnen gegen Berlin vor. Zweifellos würden sie dessen Einschließung anstreben. Ein die Stadt nach Osten deckendes

Panzerkorps sei in deren Vororte zurückgeworfen und stehe dort seit dem 23. 4. im Abwehrkampf. Trotzdem werde der Roten Armee ihr Plan – wenn überhaupt – nur auf kurze Zeit gelingen. Das deutsche Oberkommando der Wehrmacht habe Verbindung mit den Armeestäben der westlichen Gegener aufgenommen. US-Truppen seien bereits an der Elbe angelangt. Jeder Widerstand gegen sie sei eingestellt. Man könne damit rechnen, daß sie in den nächsten Tagen weiter vorstoßen und Berlin vor – oder spätestens zugleich mit – den Sowjets besetzen würden. Das sei für das Los der Berliner Bevölkerung, aber auch für die ganze Weiterentwicklung der Dinge von entscheidender Bedeutung. Eine deutsche Panzerarmee unter dem General der Panzertruppen Wenck stehe diesseits der Elbe in der Gegend Rathenow-Genthin. Sie habe Befehl, nach Potsdam vorzurücken, um den Amerikanern den Weg nach Westberlin offenzuhalten, damit diese von da aus weitere Teile der Stadt besetzen könnten. Bis dahin komme alles darauf an, die anderen Fronten gegen ein Eindringen der Roten Armee zu verteidigen. Diese Aufgabenstellung leuchtete mir ein. War es doch inmitten des allgemeinen Zusammenbruchs vielleicht noch eine Möglichkeit, sich wenigstens mit einem Teil unserer Gegner über die Art der Kriegsbeendigung ins Einvernehmen zu setzen. Zweifel hatte ich nur, wieweit überhaupt die Verteidigung einer Millionenstadt durchführbar sei."

Artilleriekommandeur Oberst a. D. Wöhlermann hat nach seiner Rückkehr aus der Kriegsgefangenschaft sogleich ebenfalls unveröffentlichte „Notizen über den letzten Einsatz" niedergeschrieben. Dort finden wir:

„Am 16. April gegen 19.15 Uhr traf ich in Waldsieversdorf ein und stand kurze Zeit später vor dem wie immer lebhaften und seine Freude über mein Kommen ausdrückenden General Weidling. Er bewohnte im ersten Stock des Landhauses eines reichen Berliners zwei Zimmer, deren Fensterscheiben allerdings schon durch Bomben zerstört waren. Es brannte nur eine Kerze, da das elektrische Licht bereits gestört war. Während ich das angebotene Abendessen nicht verschmähte, tauschten wir zunächst Erinnerungen und neuere Erlebnisse aus, bis wir dann zur allgemeinen Lage und zu unserer besonderen Situation kamen. Vorsichtig versuchte Weidling meine Ansicht zu sondieren, während ich versuchte, seine Auffassung herauszubekommen. Ich war tief betroffen, feststellen zu müssen, daß auch dieser ‚Nursoldat' und Draufgänger, unser alter ‚Knochenkarl', wie er im Regiment und in der ganzen 3. Panzerdivision früher ob seiner rauhen Schale und seines guten Herzens genannt worden war, daß auch dieser als Schwerterträger auf besonderen Befehl des Führers aus Ostpreußen ausgeflogene und mit der Führung dieses für Berlin so wichtigen Panzerkorps betraute Mann das Vertrauen in die höchste Führung verloren hatte und nur noch instinktiv auf Grund der alten Soldatenschule und des geleisteten Eides seine scharfen Befehle zum Widerstand gab.“

Weidling selbst, für die Sowjets als ihr deutscher Partner bei der Berliner Kapitulation eine wichtige Figur, erhielt in der Gefangenschaft, in der er nach zehn Jahren starb, die Gelegenheit, über seine Tätigkeit und Erfahrungen als letzter Berliner Kampfkommandant zu schreiben. Der vollständige Bericht, von dem Sachkenner versichern, daß er von den Sowjets nicht nachträglich abgeändert worden ist, wurde erstmals in der sowjetischen „Militärwissenschaftlichen Zeitschrift“ in russischer Sprache veröffentlicht. Die hier zitierte deutsche Wiedergabe, eine Rückübersetzung, findet sich in der „Wehrwissenschaftlichen Rundschau“ (Heft 1–3/1962). Weidling schildert seinen ersten Besuch im Führerbunker am 23.April 1945 folgendermaßen: „Mit immer größer werdendem Erstaunen hörte ich die Großsprechereien des Führers. Was konnte ich über die Lage im großen wissen, ich mit meinem begrenzten Horizont eines Korpsbefehlshabers, der seit dem 15. April schwere Kämpfe führte und in den letzten Tagen sich selbst überlassen war! Nur eines war klar: die Tage bis zur endgültigen Niederlage waren gezählt, wenn sich nicht irgendein Wunder ereignete. Wird dieses Wunder in letzter Minute geschehen? Was wußte ich über die Anzahl der Divisionen, über die General Wenck in der 12. Armee verfügte? Was konnte der General der Waffen-SS Steiner in den Kampf werfen? War die Armee Wenck jene Reichsreserve, von der unlängst Dr. Goebbels gesprochen hatte? War dies alles Wirklichkeit, oder war es ein Traum? Ehe ich recht zu mir kam, gab mir General Krebs den Befehl, die Verteidigung des Ost- und Südost-Abschnitts von Berlin mit den Kräften des LVI. Panzerkorps zu übernehmen.“

Obwohl Weidling zunächst zum Bunker befohlen worden war, um wegen einer eigenmächtigen Handlung erschossen zu werden, wurde er zum Kommandanten des ganzen Verteidigungsbereichs ernannt. Zwei Tage später stand er wieder vor Hitler: „Nach mir sprach der Führer. In langen, sich wiederholenden Sätzen legte er die Gründe dar, die ihn dazu zwängen, in Berlin zu bleiben und entweder hier zu siegen oder unterzugehen. Alle seine Worte drückten so oder anders nur den einen Gedanken aus: Mit dem Fall von Berlin ist die Niederlage Deutschlands unzweifelhaft. Während der Rede des Führers warf Dr. Goebbels immerzu einzelne Wörter und Sätze ein. Wiederholt nahm der Führer den von Goebbels gesagten Satz auf und entwickelte ihn weiter. Bormann und Dr. Naumann fühlten sich ebenfalls verpflichtet, dann irgend etwas zu sagen, wenn der Führer eine längere Pause machte. Ich, ein einfacher Soldat, stand hier an dem Ort, von dem aus früher das Schicksal des deutschen Volkes gelenkt und an dem es bestimmt worden war. Ich begann einiges zu begreifen. Mir wurde immer klarer, weshalb wir das Ende Deutschlands erleben mußten. Niemand in diesem Raum wagte seine eigene Meinung zu äußern. Alles, was aus dem Munde des Führers kam, wurde mit voller Zustimmung aufgenommen. Dieses war eine Kamarilla, wie sie ihresgleichen nicht hatte. Oder befürchteten sie, aus diesem gesicherten und noch immer üppigen Leben herausgerissen zu werden, wenn sie ihre eigene Meinung vertreten würden? Sollte ich, ein Unbekannter hier, in diesem Kreis ausrufen: ‚Mein Führer, das ist doch Wahnsinn! Eine so große Stadt wie Berlin kann man nicht mit unseren Kräften und mit den noch vorhandenen geringen Mengen an Munition verteidigen. Bedenken Sie, mein Führer, das unendliche Leid, das die Bevölkerung von Berlin in diesen Kämpfen wird ertragen müssen!‘? Ich war so erregt, daß ich mich nur mit Mühe beherrschte, diese Worte nicht herauszuschreien. Man mußte aber einen anderen Weg finden.“

Dieser „andere Weg“ führte Weidling dazu, keinen Augenblick in den mit rastloser Energie betriebenen Anstrengungen zur Verteidigung Berlins nachzulassen, bis die Sowjets vor dem Bunkereingang standen. Der Bericht des Generals schließt mit einer Charakteristik Hitlers, dem zu gehorchen er gleichwohl für seine Pflicht hielt: „Der beim Führer grenzenlos entwickelte Ehrgeiz war der Beweggrund seiner Vergehen und zugleich die Quelle seines trügerischen Glaubens an die Möglichkeit, die Gesetze der Menschheit nach eigenem Gutdünken auslegen zu können. Meine persönlichen Wahrnehmungen in den letzten Tagen des Bestehens des Dritten Reiches haben die häufig geäußerte Meinung bestätigt, daß der Führer kein psychisch normaler Mensch war. Anders kann man es nicht erklären, wie ein Mann, selbst ein irgendeiner Idee fanatisch ergebener Mann, versuchen konnte, ein brennendes Haus mit einem einzigen Eimer Wasser zu löschen. Durch seinen Wahnsinn stürzte er ein Volk von 80 Millionen in ein derartiges Chaos, wie es die Menschheit noch nicht gesehen hatte. Millionen und aber Millionen Menschen, von dem Führer und seinen Helfershelfern betrogen, mußten jetzt die Strafe dafür auf sich nehmen, daß sie, anfänglich mit vollem Vertrauen, später jedoch von der Zwangsherrschaft gezwungen, seinen verrückten Ideen gefolgt waren."

General Weidling hatte zwei Chefs des Stabes. Den einen, Oberst i. G. von Dufving, brachte er mit, als er mit seinem LVI. Panzerkorps nach Berlin verlegt wurde; den anderen, Oberst i. G. Hans Refior, fand er bereits vor; Refior hatte schon unter General Reymann diese Stellung im Verteidigungsstab bekleidet. Warum er seine Tätigkeit an diesem Platz für sinnvoll erachtete, erklärt Refior in seinem unveröffentlichten „Berliner Tagebuch" folgendermaßen:

„Am 20. 3. meldete ich mich beim Kommandanten des Verteidigungsbereichs Berlin, Generalleutnant Reymann, zum Antritt meines Dienstes. Mit der Frage, in die er gleich die zutreffende Antwort hineinlegte: ‚Na, Refior, Sie sind doch bestimmt nicht gern gekommen?!' begrüßte mich der General, ein an der Front bewährter Offizier von strammer soldatischer Erscheinung. Nur wenige Wochen vorher hatten wir gemeinsam beim Lehrgang für höhere Truppenführung in Hirschberg unter Leitung des Generals d. I. Brennecke im selben Hörsaal nebeneinander gesessen und bei einem operativen Planspiel Befehlshaber und Chef des Stabes ‚gespielt'. Jetzt war daraus rauhe Wirklichkeit geworden. Der General gab ganz offen zu, daß er bei der Suche nach einem Chef auf mich gestoßen sei und mich namentlich angefordert habe. Aus den Hirschberger Tagen war ihm noch die dienstlich und außerdienstlich bestehende Harmonie zwischen uns in Erinnerung, die sich auch in den kommenden schweren Tagen auf das vortrefflichste bewähren sollte. Bis dahin war uns aber noch eine kurze Galgenfrist gegeben . . .

Als richtig ausgebildeter Soldat fragte man sich, wenn man vor eine neue Aufgabe gestellt wird, als erstes: ‚Welchen Auftrag habe ich?' So rechnete ich auch damit, daß dem ‚Verteidigungsbereich' eine fest umrissene Aufgabe zugewiesen sei. Aber davon war keine Rede! Reymann erklärte auf meine diesbezügliche Frage: ‚Einen eigentlichen Auftrag haben wir überhaupt nicht, denn Hitler, dem wir ja unmittelbar unterstehen, hat sich bei meiner Meldung Anfang März bei ihm nur in ganz allgemeinen Redensarten über die Verteidigung der Reichshauptstadt ausgelassen. Seitdem bin ich noch nicht wieder bis zu Hitler vorgedrungen.' Nun, wenn man keinen Auftrag hat und weder OKW noch OKH sich für uns zuständig erklären, dann gibt man sich selbst einen. In unserem Fall war das ganz klar. Mit den vorhandenen Kräften, die dem Verteidigungsbereich unterstanden, war Berlin nicht zu verteidigen. Es konnte und mußte also unsere Aufgabe sein, alle personellen und materiellen Kräfte, die in Berlin greifbar waren, zu erfassen und mit diesen die Verteidigung der Reichshauptstadt soweit *vorzubereiten*, daß sich im Ernstfall eine von außen kommende Armee nur noch in das gemachte Nest zu setzen brauchte. Wenn uns das nicht in vollem Umfang gelungen ist, dann lag es an so viel unvorhergesehenen Schwierigkeiten, die uns bei der Durchführung unserer Aufgabe immer wieder von staatlichen und Parteidienststellen absichtlich und unabsichtlich aus Kurzsichtigkeit, Bürokratismus und Bösartigkeit gemacht wurden, daß man graue Haare bekommen konnte!"

Der Oberst übersah dabei freilich, daß Berlins Lage deshalb unhaltbar war, weil die Russen mit zwei Heeresgruppen angriffen und keine deutsche Armee bereitstand, die sich mit den geringsten Aussichten auf Erfolg in das „gemachte Nest" hätte setzen können. Auch waren Einheiten, die zuletzt in die Stadt hineingezogen wurden, in den Ruinen gefangen, sie konnten sich nicht mehr zum Kampf entwickeln. Die führenden Offiziere waren sich also darüber im klaren, daß es sinnlos war, Berlin zu verteidigen. Warum haben sie es doch getan? Schon der „richtig ausgebildete Soldat" Refior hatte sich die Frage gestellt, wie denn eigentlich der Auftrag der Berlin-Verteidiger lautete. Da es keinen formulierten Auftrag gab außer jenem, die Sowjets vor Berlin zurückzuschlagen, die Offiziere aber keinen Augenblick lang an die Ausführbarkeit dieses Auftrages geglaubt haben, so muß sich aus dem Ablauf der Ereignisse selbst, aus dem schließlich erreichten Ergebnis der Verteidigung, nachträglich ein erfüllbarer Kampfauftrag konstruieren lassen.

Dieser Auftrag lautete: Die Stunde X, in der Adolf Hitler in Gefangenschaft gerät oder in der er Selbstmord begeht, ist so lange als nur irgend möglich hinauszuzögern. Eine andere Rechtfertigung für die Verteidigung Berlins nach dem Beginn der sowjetischen Oder-Offensive gibt es nicht. Ob darin allerdings wirklich eine Rechtfertigung gesehen werden darf, ist eine andere Frage.

Die Verteidigung Berlins ohne Evakuierung der Zivilbevölkerung wäre unter allen Umständen ein Verbrechen gegen die Menschlichkeit gewesen. Darüber hinaus war sie militärischer Wahnsinn, denn für eine solche Aufgabe standen keine Kräfte zur Verfügung, die auch nur ein Minimum an Erfolg erwarten ließen*.

Nach einem Dokument der Operations-Abteilung vom 19. April 1945 bestand die Streitmacht im „Verteidigungsbereich Berlin" damals im „Notfall" (linke Spalte) aus 41 253 Mann, von denen nicht einmal 15 000 als ausgebildete Soldaten anzusehen sind. Im „Alarmfall" (rechte Spalte) erhöhte sie sich um weitere 52 841 Mann.

Besatzung von Berlin

	Eingesetzt:	Clausewitz-Aufgebot (Aufruf mit 6stündiger Frist):
Heer	7 160	19 289
Luftwaffe	6 707	10 049
Marine	421	1 004
Polizei	1 713	1 688
Volkssturm	24 000	18 531
Reichsarbeitsd., HJ und OT	1 252	2 280
gesamt	41 253	52 841
zusammen	94 094	

* Man kann freilich sagen, daß durch die gewaltige Unterlegenheit der deutschen Kräfte das Verbrechen der Verteidigung Berlins insofern verkleinert wurde, als diese Verteidigung „nur" vierzehn Tage dauerte. Wenn jedoch die militärische Führung genügend Soldaten Waffen, Munition und Verpflegung zur Verfügung gehabt hätte, um den Krieg in Berlin noch über Monate hinzuziehen, dann hätte sie sich vermutlich ebenso verhalten wie die sowjetische Führung in Leningrad und die Zivilbevölkerung dem Hungertod überantwortet. Allerdings mit einem entscheidenden Unterschied: die deutschen Offiziere verzögerten die Kapitulation der Hauptstadt eines schon fast völlig besetzten Staates, der mit Sicherheit verloren war. Die Sowjets verteidigten Leningrad mit der Sicherheit, den Krieg zu gewinnen. Zudem handelte es sich bei Berlin nicht um eine Großstadt, deren vollständige Zerstörung einschließlich der Vernichtung der Bevölkerung eine von der Regierung des Siegerstaates befohlene Sache war. Wenn die Sowjets in Leningrad kapituliert hätten, wären nicht 720 000 Zivilisten verhungert, sondern über 2 Millionen ermordet worden.

Gegliedert war sie folgendermaßen:

9 Festungsabschnitts-Stäbe (Divisionsstäbe ohne Nachrichtenmittel)

30 Unterabschnitts-Stäbe (Regimentsstäbe)

a)	12 Btl. Wehrmacht eingesetzt;	22 Btl. Clausewitz
	7 selbst. Kompanien	14 Kp. Clausewitz
b)	69 Btl. Volkssturm eingesetzt;	47 Btl. Clausewitz
c)	2 Fest. Pak. Kp.	
	9 Batterien Heer	
	41 Batterien Flak, größtenteils unbeweglich	
	86 Flak-Kampf-Trupps, 80% beweglich	

Folgende Waffen standen zur Verfügung:

Karabiner	42 095
Maschinenpistolen 1	773
leichte Maschinengewehre	1 953
schwere Maschinengewehre	263
Leichte Granatwerfer	25
mittlere Granatwerfer	58
schwere Granatwerfer	10
leichte Feldhaubitzen	30
schwere Feldhaubitzen	16
Pak 7,5	11
Pak 8,8	30
Flak 8,8	230
Flak 10,5	43

Schwere Waffen meist unbeweglich.

Je näher die Sowjets zum Stadtrand vorrückten, desto mehr bekamen die Verteidiger Zuzug von Truppen, die von draußen hereinströmten. Darunter befanden sich aber nur zwei größere Verbände mit Artillerie und Panzern, denen ein gewisser militärischer Wert beizumessen war: das LVI. Panzerkorps des Generals Weidling und die Division „Müncheberg" unter General Mummert. Nicht enthalten sind in dieser Aufstellung ferner die dem Führerhauptquartier direkt unterstellten SS-Verbände sowie zweckentfremdete Marinetruppen und Görings Leibwache aus Karinhall, die ebenfalls nach Berlin hereingeholt wurde, nachdem der Reichsmarschall sich nach Bayern abgesetzt hatte. Genaue Angaben lassen sich weder über die zahlenmäßige

Stärke noch über die Kampfkraft dieser Einheiten machen. Insgesamt waren es wohl etwa 20 000 Mann, deren Zustand großenteils gut und deren Bewaffnung – zumindest mit Handfeuerwaffen und Panzerfäusten – ausreichend war.

Organisiertes Chaos

Der oberste Führer der Berliner Streitmacht wirkte in diesen letzten Tagen auf seine Umgebung wie ein zitternder Greis.

„Die Tür öffnete sich jetzt, und Hitler erscheint, gefolgt von dem hinkenden Goebbels und von Bormann. Er drückt Krebs die Hand, begrüßt auch uns durch Handschlag und geht dann die wenigen Schritte bis zum Konferenzzimmer, auch Lagebunker genannt. Seine Körperhaltung ist noch gebeugter und sein Gang noch schleppender geworden. Seine Gesichtszüge sind gänzlich schlaff, er macht wirklich den Eindruck eines kranken Greises ... Ich muß also Hitler selber berichten. Dabei stört mich das starke Wackeln seines Kopfes. Ich muß mich beim Vortrag und Kartenstudium zusammenreißen, um nicht ganz aus dem Konzept zu kommen, wenn er mit seiner zuckenden Hand nach der Karte greift und darauf herumfährt ..." So berichtet Rittmeister Gerhard Boldt, einer der wenigen glaubwürdigen Augenzeugen aus dem Führerbunker, in seinem Buch *Die letzten Tage der Reichskanzlei.*

Aber Hitler führte. Er führte bis zum letzten Augenblick. Er war so gut wie allein, aber er war und blieb der Oberste Befehlshaber der Wehrmacht. Das von ihm kunstvoll organisierte Chaos der Zuständigkeiten bewährte sich noch in letzter Stunde. Nicht anders als im Juli 1944 oder in jedem anderen Augenblick des Krieges hätte man Hitler zuerst ausschalten, also töten müssen, um von der Befehlsspitze her eine neue Möglichkeit für vernünftige Entschlüsse und Anordnungen zu schaffen. Aber anders als 1944 verfügte Hitler im April 1945 nicht mehr über genügend ihm blind ergebene Schergen, um beispielsweise die Ausführung eines Kapitulationsbefehls zu verhindern, den Weidling am 25. April dem von ihm geführten Panzerkorps hätte erteilen können. Doch auf den Gedanken, einen solchen Befehl zu geben oder auch nur durch passives Verhalten die Kampfhandlungen in Berlin so rasch wie möglich zu beenden, kamen die verantwortlichen Offiziere nicht. Obgleich fast jeder von ihnen irgendwann einmal Hitler die Befähigung zum Feldherrn abgesprochen und ihn als Irrsinnigen oder Verbrecher bezeichnet hatte und obgleich die gesamte memoirenschreibende deutsche Generalität Hitler für den Verlust des Krieges in jeder einzelnen kritischen Phase verantwortlich zu machen pflegt, handelten sie auch dann nicht gegen ihn, als seine Befehle bewiesen, daß er sich außerhalb jener militärischen Ordnung und Ethik gestellt hatte, von denen das Offizierskorps seinen Gehorsam bis zum letzten Augenblick gedeckt wissen will.

Hitler war zunächst Oberbefehlshaber der Wehrmacht gewesen, hatte sich aber im Dezember 1941 außerdem zum Oberbefehlshaber des Heeres ernannt und die Führung der Ostfront dem Oberkommando der Wehrmacht entzogen. Damit wollte er als Chef des Oberkommandos des Heeres die Ostfront am kurzen Zügel führen. Der Generalstabschef wurde zum bloßen Erfüllungsgehilfen Hitlers abgewertet.

Der Generalstab, der Hitler ins Führerhauptquartier nach Ostpreußen gefolgt war, hatte sich beim Herannahen der Russen in sein altes Quartier nach Zossen abgesetzt, 30 Kilometer südlich von Berlin. Zossen beherbergte in unzähligen Baracken, Bunkern und als Landhäuser getarnten Betonbauten die leistungsfähigste Befehlsapparatur und die größte Nachrichtenzentrale der deutschen Wehrmacht. Das Lager Maybach II nahm die Büros des Generalstabs auf. Im Lager Maybach I war Mitte Januar 1945 die wichtigste Abteilung des Oberkommandos der Wehrmacht eingezogen, der Wehrmachtsführungsstab, dessen Chef , Generaloberst Jodl, wie Keitel allerdings in Dahlem residierte.

Die Führungsspitze war also auf drei Zentralen verteilt: Führerbunker, Dahlem und Zossen. Hitler nahm eine weitere Zellteilung vor: Als sich abzuzeichnen begann, daß die Truppen der Alliierten das Reichsgebiet in mehrere Kampfzonen zerreißen würden, bestimmte ein Führerbefehl vom 15. April die Aufteilung des Wehrmachtführungsstabes in zwei Gruppen; Gruppe A sollte im Norden, Gruppe B im Süden führen.

Allerdings wurde die Ausführung dieses Planes durch den Sowjetmarschall Konjew gestört, dessen Panzerspitzen gerade an Führers Geburtstag 18 Kilometer südlich von Zossen in der Gegend von Baruth auftauchten. Die obersten Führungsstäbe der großdeutschen Wehrmacht, eine nach Tausenden zählende Menge von Offizieren, Unteroffizieren, Dolmetschern, Kartenzeichnern, Kraftfahrern, Wachmannschaften und Nachrichtenstäben, verließen Zossen fluchtartig. Die vornehme Kavalkade, eine Elite mit generals- und karmesinroten Streifen an den Hosen, besetzte zunächst die Luftschutzschule in Wannsee samt den umliegenden Villen. Dort teilte sich dann der Wehrmachtführungsstab. Das Gros ging nach Süden, kam eben noch durch und eröffnete am 23. und 24. April bei Berchtesgaden einen neuen Befehlsbetrieb ohne Truppen, genannt „Führungsstab Süd". Zum Führungsstab Nord schlugen sich auf Hitlers Befehl der Chef des OKW, Generalfeldmarschall Keitel, und der Chef des Wehrmachtführungsstabes, Jodl, durch und setzten sich in Etappen nach Norden ab, bis sie schließlich in Flensburg Quartier machten. Im Führungsstab Nord wurde der Papierkrieg in tadellosen Formen am längsten gespielt, noch über die Kapitulation hinaus.

Die Verteidigung Berlins aber wurde einem Kampfkommandanten anvertraut, der zunächst dem Führer direkt unterstellt und daher, wie die Stabsoffiziere sagten, „reichsunmittelbar" war.

Der erste Kampfkommandant hieß General Reymann. Er erließ den „Grundsätzlichen Befehl für die Verteidigung Berlins", unterhielt einen Gefechtsstand im Stellvertretenden Generalkommando des III. Armeekorps am Hohenzollerndamm und besaß so gut wie keine Möglichkeit, jemals bis zum Führer in den Bunker vorzudringen. Damit blieb er auch ohne Befehle. Als er am 7. März seinen Posten übernahm, schätzte er seine Truppen auf 125 000 Mann. In Wahrheit waren es im Alarmfall etwa 94 000, davon 60 000 Angehörige des Volkssturms. Diesem Volkssturm aber hatte der Kampfkommandant nur taktische Befehle zu erteilen, im übrigen unterstand das „letzte Aufgebot" den zivilen Behörden.

Dieser Zuständigkeitswirrwarr erklärt sich aus der Tatsache, daß Hitler es vermieden hatte, das Reich zum Operationsgebiet zu erklären, als der Feind die Grenzen überschritt. Er wollte verhindern, daß die Wehrmacht die gesamte Verfügungsgewalt in die Hand bekam. Die staatlichen Hoheitsrechte und die Verwaltung blieben bei den Gauleitern und Reichsverteidigungskommissaren, also bei der Partei.

Reichsverteidigungskommissar und Gauleiter von Berlin war Joseph Goebbels: er fühlte sich als der eigentliche Verteidiger der Reichshauptstadt. Anders als General Reymann konnte er sich jederzeit durch einen Führerbefehl absichern oder zumindest behaupten, es gäbe einen solchen. Jeden Montag veranstaltete Goebbels in einem Haus neben dem Brandenburger Tor eine Kriegsratsitzung, zu der auch der Kampfkommandant wie ein Untergebener zu erscheinen hatte. Dort instruierte und beschwor Goebbels die Vertreter der Luftwaffe, des Arbeitsdienstes, der Stadtbehörden einschließlich des Oberbürgermeisters, den Polizeipräsidenten, den Stadtkommandanten (den es neben dem Kampfkommandanten gab), den Höheren SS- und Polizeiführer, den Regierungspräsidenten, den SA-Führer und die Vertreter der Industrie. In diesem Gremium wurden Fragen der Verteidigung und der zivilen Versorgung besprochen. Einmal fragte Reymann den Minister, was mit den über drei Millionen Zivilisten geschehen solle. Goebbels: An eine Evakuierung sei nicht zu denken.

Als Reymann vorschlug, man solle wenigstens die 120 000 Kinder unter zehn Jahren aus Berlin schaffen, entgegnete Goebbels, daß auch das nicht möglich sei. Auf Reymanns Frage, wie es mit der Milchversorgung für Kleinstkinder stehe, wenn die Stadt von ihrer Umgebung abgeschlossen würde, erklärte Goebbels, es sei Büchsenmilch für drei Monate verhanden (was nicht stimmte).

Der Kampfkommandant kümmerte sich um die Kleinstkinder, der Gauleiter um militärische Fragen. Die Bewaffnung und Munitionierung der Berlin-Verteidiger lag in den Händen von Goebbels. Als Reymann feststellte, daß der Volkssturm großenteils ohne Waffen war, fragte er Goebbels, woher er die Waffen nehmen wolle. Antwort: Jetzt lieferten die Berliner Fabriken noch an die Ostfront, aber wenn Berlin erst einmal eingeschlossen sei, würden Waffen und Munition in genügender Menge in der Stadt bleiben. (Aber als es soweit war, lieferten die Fabriken nichts mehr.)

Der Kampfkommandant war zwar für den Ausbau der Verteidigungsanlagen zuständig, aber die Arbeitskräfte zum Bau der Anlagen stellte der Reichsverteidigungskommissar. Reymann meldete einen täglichen Mindestbedarf von 100 000 Arbeitern an. An guten Tagen brachten die Hauptamtsleiter von Goebbels 30 000 Menschen auf die Beine – aber damit noch nicht an den Arbeitsplatz. Schon vor dem Angriff der Sowjets hatte das Organisationschaos einen derartigen Grad erreicht, daß Spandauer und Pichelsdorfer den Befehl erhielten, in Karlshorst zu schippen, Bewohner von Tempelhof aber nach Spandau dirigiert wurden. Den ganzen Tag über waren die Arbeiter damit beschäftigt, an ihre Arbeitsstellen zu kommen, denn die öffentlichen Verkehrsmittel waren teilweise schon ausgefallen, und wenn sie noch fahren konnten, blieben sie wegen der Luftangriffe stehen.

Zwei Volkssturmbataillone, die dem Kampfkommandanten von Berlin unterstanden, waren im Gau Brandenburg zu Hause und gehörten daher zum Befehlsbereich des in Potsdam residierenden Gauleiters Stürtz, der mit Goebbels in Fehde lebte. Stürtz zog die Bataillone kurzerhand aus dem Abschnitt heraus, wo sie bereits eingesetzt waren, und stellte sie der im Spreewald operierenden 9. Armee zur Verfügung. Damit wollte er lediglich Goebbels ärgern; tatsächlich war dieser nicht in der Lage, dieses Bataillon wiederzubekommen. Von Goebbels bedrängt, ohne Zugang zum Führerhauptquartier, suchte der Kampfkommandant Anschluß an eine höhere Kommandobehörde, doch weder das OKW noch das OKH wollte von ihm etwas wissen. Immerhin erreichte Reymann, daß der Verteidigungsbereich Berlin der Heeresgruppe Weichsel des Generalobersten Heinrici unterstellt wurde. Mit prächtigen Karten und Tabellen ausgestattet, meldete sich Reymann bei seinem neuen Oberbefehlshaber. Heinricis Stabschef überzeugte sich mit einem Blick auf Reymanns Papiere, daß der General weder Waffen noch Soldaten zu bieten hatte, und tobte: „Diese Wahnsinnigen dort in Berlin sollen von mir aus im eigenen Saft schmoren!" Unmißverständlich meinte er damit die Insassen des Führerbunkers.

Reymann suchte erneut Anschluß und errang schließlich einen kleinen Erfolg: er wurde dem im Führerbunker sitzenden Heeres-Generalstabschef Krebs unterstellt und gewann damit ein gewisses Gegengewicht zu Goebbels. Das hieß indes noch lange nicht, daß ihm eine eigene, zentral gesteuerte Befehlsgebung in Berlin ermöglicht worden wäre; nicht einmal die Berliner Brücken fielen in seine Zuständigkeit. Nach einem von Hitler schriftlich erlassenen Befehl mußte der Kampfkommandant sämtliche Brücken in und um Berlin zur Sprengung vorbereiten. Selbst aus Lübeck und München wurde in mühseligen Transporten Sprengmunition herangeschafft, mit der Reymanns Pionierführer, ein Oberst Lohbeck, die neugebauten Sprengkammern füllen sollte. Aber da intervenierte Rüstungsminister Speer, ein Gegner aller auf Zerstörung ausgehenden „Nero-Befehle". Er behauptete, die Brücken fielen in seine Zuständigkeit, und konnte erreichen, daß Hitler einen neuen Führerbefehl erließ, durch den Oberst Lohbeck und dessen Männer gezwungen wurden, die Sprengkammern wieder zu entladen.

Kaum hatte Reymann mit Hilfe des Generals Krebs diese Mängel abgestellt, da überwarf er sich endgültig mit Goebbels und wurde prompt als Kampfkommandant abgelöst. Sein Nachfolger wurde der höchste NS-Führungsoffizier, Oberst Kaether, der sich jedoch nur zwei Tage halten konnte.

Auf Kaether folgte am 24. April der Kommandierende General des LVI. Panzerkorps, Helmuth Weidling, der mit seinen Verbänden im Süden der Stadt operiert hatte und den Berlin-Verteidigern endlich ausgebildete Truppen mit ausreichend Waffen und Munition zuführte. Damit hörte die Verteidigung von Berlin auf, nur eine Farce zu sein, und man konnte eine erheblich bessere Bilanz ziehen.

Wenn wir aus dem Wirrwarr der zehn Tage zwischen dem ersten Auftauchen sowjetischer Vorausabteilungen in den östlichen Vororten (am 20. 4.) und Hitlers Ende (am 30. 4.) ein Bild entstehen lassen wollen, das mehr (und zugleich weniger) ist als ein Beitrag zu einer militärwissenschaftlichen Arbeit über „Kriegführung in einer Großstadt"; wenn wir zudem zeigen wollen, was die Menschen erlebten und empfanden, die weder kämpften noch kämpfen sollten – viele von denen, die kämpfen sollten, gelangten nicht einmal an den Ort, an dem sie hätten kämpfen können –, dann dürfte es wohl die beste Methode sein, aus Bruchstücken des ganzen Schränke füllenden gedruckten, sowie aus den noch größeren Mengen ungedruckten Materials ein chronologisch geordnetes Mosaik zusammenzusetzen. Dabei wollen wir versuchen, eine willkürliche Akzentuierung ebenso zu vermeiden wie eine Hervorhebung des Schauerlich-Sensationellen. An vielen Laternenpfählen und Brücken hingen junge Menschen mit einem Pappschild auf dem toten Leib, das verkündete, warum sie aufgehängt wurden. Es hat Frauen in Uniform gegeben, die mit Panzerfäusten Sowjetpanzer abschossen. Es ließe sich also durchaus eine Darstellung in folgendem Ton geben, die sogar im Detail zutreffend wäre:

„Überall liegen Leichen, zum Teil von Lastwagen überfahren und gräßlich verstümmelt. Allmählich fängt es an, aus allen Mauerresten zu schießen. Niemand weiß, woher und von wem*."

Oder:

„In der Kantstraße brennen bereits viele Fahrzeuge. Das naheliegende Savoyhotel ist fast bis zur ersten Etage ausgebrannt . . . In der Nähe des Belle-Alliance-Platzes ist es vor Leichengeruch nicht mehr

* Aus ungedruckten Aufzeichnungen über das Schicksal der Division „Müncheberg" in Berlin nach einer im Besitz von Oberst a. D. von Dufving befindlichen Abschrift.

auszuhalten ... Um den Bahnhof Zoo werden fieberhaft Stellungen ausgehoben ...*"

Oder:

„Im Norden und Süden hatten sich die Truppen mit Strömen von Flüchtlingen vermischt, die durch die dortigen Außenbezirke der Stadt nach Westen zu entkommen suchten – ein Gewirr von Lastkraftwagen, Lafetten, Feldküchen, Sanitätswagen, Tankwagen, Leiterwagen, Schubkarren, Kinderwagen, Fahrrädern, eine graue, stumpfe, erschöpfte Masse, ausgepumpt, zweifelnd und verzweifelnd, Soldaten in allen erdenklichen Uniformen oder halbem Zivil, erschöpfte, ratlose Frauen, wimmernde Kinder ...**"

All das mag es gegeben haben. Und doch: so sah Berlin nicht aus, so hat es den Krieg in seinen Mauern nicht erlebt. Zwischen dem 20. und dem 30. April war Berlin eine leere Stadt in den Teilen, die von den Sowjets noch nicht besetzt waren, und ein Heerlager in jenen Stadtteilen, die sie eingenommen hatten – ein Heerlager, in dem Frauen, Kinder und alte Männer auf Nahrungssuche gingen, sich in Schwärmen um die sowjetischen Feldküchen drängten und um sowjetische Lastwagen, von denen herab Brote verteilt wurden. Dort wurde nicht mehr geschossen. In den noch verteidigten Stadtteilen hingegen knallte es fast ohne Unterbrechung. In die Detonationen der von in Wellen angreifenden Sowjetflugzeugen abgeworfenen Bomben mischte sich mehr und mehr das Feuer aus Geschützen aller Kaliber. Was die Berliner aber unaufhörlich anhören mußten und was vielen von ihnen bis zum heutigen Tag nicht mehr aus den Ohren gekommen ist, war das heulende Zischen der von uns „Stalinorgel", von den Sowjets zärtlich „Katjuscha" genannten Werferbatterien, deren feurige Geschoßbahnen deutlich zu sehen waren.

Leben gab es an den Brunnen, die nach der Zerstörung der Wasserleitungen in den Feuerpausen zu Treffpunkten der eimertragenden Berlinerinnen wurden. Und als die Brunnen nicht mehr ausreichten, filterte man Wasser aus der Spree, in der Leichen schwammen. Deutsche Soldaten und die Kellerbewohner plünderten Geschäfte und Warenhäuser und setzten damit ihren Lebenswillen gegen die organisierte Vernichtung. Dieses Berlin steht aus den Berichten auf, die wir nach zwanzig Jahren zusammengetragen haben.

* a. a. O., unter dem 29. 4. 1945.

** Jürgen Thorwald, *Die große Flucht,* Stuttgart o. J., S. 399 f.

Eine Chronik der letzten Tage

vom 20. bis 30. April 1945

Das Chaos dieser Tage läßt sich nicht anders als chronologisch ordnen. Die Datierung der einzelnen Ereignisse ist möglich; hingegen läßt sich die übliche Methode der Beschreibung kriegerischer Ereignisse (a: Dies war der Plan der Führung, b: Daraus entwickelte sich aus folgenden Gründen folgender Ablauf) nicht anwenden, setzt diese Methode doch voraus, es habe einen in sich sinnvollen Plan gegeben. Das aber war nicht der Fall. Zwar täuscht der auf S. 44–46 wiedergegebene Verteidigungsbefehl für Groß-Berlin durch die Akribie seines Aufbaus einen solchen Sinn vor, doch ist er nicht mehr in der Sprache der Vernunft abgefaßt, die, was auch immer im Laufe der Jahrhunderte an Leiden, Grauen und Irrtümern dahinter verborgen gewesen sein mag, zu den formalen Vorzügen jener militärischen Disziplin gehörte, die wir als „preußisch" zu bezeichnen pflegen. Angesichts der Tatsache, daß die zur Durchführung des Befehls erforderlichen Kräfte überhaupt nicht vorhanden waren, wird er vollends zu einem Dokument des Wahns.

Wenn einer der Stabschefs des Verteidigungsbereiches Berlin, der damalige Oberst i. G. Hans Refior, bei Übernahme seines Postens darüber meditierte, wie denn der Kampfauftrag lautete, und, weil es seitens der Führung keinen solchen Auftrag gab, ihn selbst formulierte; und wenn er dabei scheinbar vernünftig argumentierte, daß, nachdem mit den vorhandenen Kräften eine Verteidigung Berlins nicht möglich sei, der Auftrag darin bestehen müsse, in der Reichshauptstadt einen militärischen Apparat aufzubauen, dessen sich von außen hereinkommende Kräfte mit Aussicht auf Erfolg bedienen könnten – dann hat er damit die Grenze, hinter der die Methodik allein noch zur Kaschierung des Wahnsinns dient, lediglich etwas weiter hinausgeschoben, nämlich von sich weg, sie aber gleichwohl sehenden Auges angesteuert. Schließlich wußten ja sogar die in den Kellern hockenden Millionen ohne militärische Schulung, daß die

Russen kamen und das Ende unmittelbar bevorstand. Sie wußten es, auch wenn sie anders redeten. Weder die Kräfte noch der Raum waren mehr vorhanden, um sinnvolle Operationen durchführen zu können.

Was an „Planung" sichtbar wurde, stützte sich auf Illusionen, auf denen nicht nur Hitler und Bormann – am wenigsten Goebbels – quasi-vernünftige Überlegungen aufbauten, sondern auch beispielsweise der letzte Chef des Generalstabs des Heeres, General Krebs, der an manchen dieser letzten Tage den Eindruck erweckte, als wolle er die Märchentante spielen. Er hing unermüdlich am Telefon und versorgte seine nächsten Untergebenen mit beruhigenden und hoffnungsvollen Nachrichten, an die er selbst nicht mehr glauben konnte. Damit entfernte er sich vom Ethos seines Berufes so weit, daß man sein Verhalten als unehrenhaft und sein Tun als stümperhaft bezeichnen muß. Er mag es selbst zuletzt begriffen haben, als er sich erschoß.

Dieser Untergang einer Machtorganisation, durch die Deutschland seine quantitativ größte Ausdehnung im Laufe seiner Geschichte erfahren hat, war einfach erbärmlich. Er hatte keinerlei Würde, und nichts an ihm war „heroisch".

Das Pathos in den sowjetischen Beschreibungen des „Sturmes auf Berlin" ist nicht frei von Komik, weil es naiv und ziemlich leicht zu durchschauen ist. Die Texte fallen polternd in sich zusammen, wenn erst einmal die große Opernszene aufgebaut ist und dann das Stück gespielt wird: eineinhalb Heeresgruppen besiegen mit Panzerfäusten ausgerüstete radfahrende Hitlerjungen. (Die von den Sowjets im Rahmen der 1. Weißrussischen Heeresgruppe gebildete „Stoßgruppe" bestand aus der 47. Armee, der 3. und 5. Stoßarmee, der 8. Gardearmee, der 3. Armee und der 1. und 2. Garde-Panzerarmee.) Immerhin hatte die Rote Armee auf ihrem Weg von der Wolga nach Deutschland so viel geleistet, daß man das Bemühen ihrer Chronisten versteht, den Berliner Schlußstein des Sieges als grandioses Denkmal auszugestalten, wie es schließlich in all seiner platten Scheußlichkeit realiter im Treptower Park errichtet wurde.

In dem durch die Tatsachen ebensowenig gerechtfertigten Weltun tergangs-Pathos der deutschen Darstellungen hingegen findet man den keineswegs komischen Stolz auf den „herrlichsten Untergang aller Zeiten". Der von Goebbels in einer Pressekonferenz im März 1945 geäußerte Satz: „Aber wenn wir untergehen sollten, dann wird mit uns das ganze deutsche Volk untergehen, und zwar so ruhmreich, daß selbst noch nach tausend Jahren der heroische Untergang der Deutschen in der Weltgeschichte an erster Stelle steht" erhielt für die ganze Zeitgeschichtsschreibung über das Ende in Berlin programmatische Bedeutung. Schließlich war ja auch die ganze Szenerie von einer Theatralik, wie sie selbst ein Richard Wagner für diese Gelegenheit sich kaum bühnenwirksamer hätte ausdenken können: die Wüste einer Zivilisationslandschaft, ein Meer von brennenden und ausgebrannten Ruinen, Trampelpfade durch Trümmer, wo zuvor breite Großstadtstraßen mit schönen Geschäften gewesen waren, und darüber bombenwerfende Flugzeugschwärme, pfeifende Artilleriegeschosse und die feurigen Geschoßbahnen der heulenden Werferbatterien. In einer solchen Umgebung *mußten* doch Kampf und Leid heroische Ausmaße annehmen, und wenn dem nicht so war, sondern Mord, Hinterlist, Terror, Gleichgültigkeit, Sturheit, Furcht und Selbstmord die Szene beherrschten, dann konnte diese immer noch als Schauplatz für Geschehnisse dienen, die man sich im Goebbelsschen Stil in der Phantasie ausmalte. In der Tat: Wer von der Wirklichkeit auch nur ein wenig zurücktritt, dem kommt sofort das grandiosschauerliche Gesamtbild vor Augen und bestimmt seine Vorstellungen derart, daß viele der Berlin-Schilderungen, die sich in der Darstellung des Grauens nicht genug tun können, vermutlich keineswegs bewußte Fälschungen sind. Verfälschungen der Wirklichkeit bleiben sie trotzdem.

Nicht nachgestaltet wurde hingegen bislang das andere Grauen, das passive: die Nächte, Tage, Wochen, ja sogar Monate in schlecht eingerichteten Kellern, in denen die Menschen in sogenannten Hausgemeinschaften zusammengepfercht waren, die man eher als Hausfeindschaften bezeichnen könnte. Offenbar geht dieses Grauen mit der deutschen Auffassung von nationalem Unglück nicht zusammen. Eine Spur davon findet sich in einigen ganz wenigen Tagebüchern, wobei an erster Stelle wieder die anonymen Aufzeichnungen einer „Frau in Berlin" zu nennen sind. Hier hat jemand geschrieben, der zugleich Objekt der Umstände und beobachtendes Subjekt war, während die Verfasser fast aller inzwischen veröffentlichten Berlin-Tagebücher (so etwa Ursula von Kardorff, Hans-Georg von Studnitz und Ruth Andreas-Friedrich) in keinem Augenblick Objekt, sondern stets nur Beobachter im Ausnahmezustand waren – Beobachter ihrer Umgebung wie ihrer selbst.

Erbärmlich und schmutzig – das war das Ende von Berlin. Zum

herrlichsten Endsieg der Geschichte hatte es nicht gereicht; ebensowenig reichte es zu einem herrlichen germanischen Ende. Nur zwei der im Untergang hervortretenden Gestalten vermögen eine besondere menschliche Anteilnahme zu wecken: Goebbels und Weidling. Goebbels hatte im Bösen überdurchschnittliches Format, und zweifellos hat er auch den sechsfachen Kindermord fürs Geschichtsbuch vollbracht, getreu seiner Maxime, daß man sogar durch Negatives berühmt werden könne, wenn es nur gewaltig genug sei. Weidling ist eine tragische Gestalt; mit seiner Geierphysiognomie, seinem Monokel, seiner Kniehose mit den hellen Strümpfen war er, alles in allem, sicherlich ein Mann – ein Mann, der schließlich sein Schicksal auf sich nahm und sich einer ungewissen Zukunft auslieferte, obwohl er wußte, daß ihm Schlimmeres bevorstehen konnte als die Gefangenschaft, denn ihm war klar, daß die Sowjets sich an ihn halten würden, nachdem seine Vorgesetzten tot oder verschwunden waren. Aber wahrscheinlich konnte ihm nach seiner Auffassung nichts Schlimmeres mehr zustoßen als das, was ihm die Umstände bereits aufgezwungen hatten: die Erklärung der bedingungslosen Kapitulation für des Reiches Hauptstadt.

Was wir im folgenden wenigstens in einer zeitlichen Abfolge ordnen wollen, könnte man das militärische Skelett der Ereignisse nennen, wenn man nicht unter dem Begriff Skelett die sinnvolle Zusammenfügung der Knochen verstünde.

Hier handelt es sich jedoch, um bei diesem Bild zu bleiben, eher um einen Haufen von Knochen, aus dem kein Historiker-Anatom je ein zusammenhängendes Ganzes wird bilden können.

20. April 1945

„Um 13.50 Uhr gaben die Ferngeschütze der Artillerie des LXXIX. Armeekorps der 3. Armee die ersten zwei Salven auf die faschistische Hauptstadt ab – ‚Salut‘ zum Führergeburtstag, Die Straßen Berlins verödeten, es verschwanden die langen Schlangen vor den Lebensmittelläden. Am Vorabend, gleich nach einer Rede Goebbels', Sirenen: Panzeralarm ... Weiteres Geburtstagsgeschenk: die Jugend des Jahrgangs 1929. ‚Diese 15- und 16jährigen Jugendlichen begehren in die Reihe der SS aufgenommen zu werden, um für ihren Führer zu sterben‘, sagte Axmann. Diesmal bewegten sich die Gratulanten nicht über ausgelegte Teppiche, sondern über eine schmutzige, mit Wasser überschüttete Betontreppe. Durch die Reihen SS-Leute gelangten die faschistischen Führer ins Empfangszimmer Hitlers, nicht größer als ein Güterwagen . . . Hitler sah einem lebendigen Menschen kaum ähnlich. Sein gewöhnlich zuckendes Gesicht verwandelte sich in eine düstere Wachsmaske, der . . . Blick des Fanatikers war erloschen, sein Kopf hing herunter. Er reagierte mit kaum merklichem Nicken auf die Gratulationen. Goebbels am Vortage: ‚Unser Führer erfreut sich blühender Gesundheit.‘

Die anschließend stattfindende tägliche Lagebesprechung war die letzte, an der Göring, Himmler, Ribbentrop und andere Rädelsführer der Nazipartei teilnahmen. Einzige Frage: Was soll weiter geschehen? Die Mehrheit der Anwesenden war für eine Verlegung der Regierung und der Truppenführung nach Süden. Obwohl man nicht offen darüber sprach, ließ sich doch klar voraussehen, daß das Schicksal Berlins entschieden war. Im Süden bestand bereits ein direkter Kontakt mit der angloamerikanischen Führung. Goebbels war aus persönlichen Motiven für ein Verbleiben in Berlin. Er rechnete darauf, durch seine Funktion als ‚Reichskommissar für Verteidigung‘ die zweite Position in der faschistischen Hierarchie einnehmen zu können*.“

Goebbels gab zu, es bestünde keine Hoffnung mehr, die Oderfront zu halten. „Also Kampf um Berlin“, sagte er fast stolz.

Kurz bevor die Russen in der Nähe des Hauptquartiers des OKW, des Wehrmachtführungsstabes und des Heeres-Generalstabs in Zossen auftauchten, gedachte der stellvertretende Chef des Wehrmachtführungsstabs, Generalleutnant Winter, in einer Ansprache vor den versammelten Offizieren Hitlers Geburtstags und äußerte zum erstenmal in diesem Kreis den Gedanken, daß der Krieg unglücklich ausgehen könne. Anschließend wurde gepackt und geflohen. Erst die unmittelbare persönliche Erfahrung der Feindnähe brachte diesen hohen Generalstaboffizier dazu, die Lage realistisch zu beurteilen und seine Erkenntnisse auszusprechen.

Nach unvollständigen Meldungen sollen an diesem Tag 226 sowjetische Panzer abgeschossen worden sein. Tatsächlich war die Panzerfaust und ihre Wirkung für die Sowjets eine unangenehme Überraschung.

Goebbels hält die Rede zu Führers Geburtstag. Zu diesem Zweck begibt er sich in den ersten Stock einer Villa neben dem Brandenbur-

* E. Rosanow: *Die Vernichtung des faschistischen Deutschland,* Moskau o. J. (1963?)

ger Tor, wo in einem im übrigen leeren Raum Pult und Mikrophon aufgebaut sind. Aber kaum hat Goebbels zwei oder drei Sätze gesprochen, als dicht neben dem Haus eine schwere Granate einschlägt. Goebbels unterbricht seine Rede, während nebenan die Scheiben zu Boden klirren, und hält die Hand vor das Mikrophon, damit die Berliner in den Kellern den Lärm nicht hören. Ein Rundfunktechniker fragt den anwesenden Kampfkommandanten: „Herr General, war das eine Granate oder eine Bombe?“ Der General entgegnet, es sei eine Granate gewesen, meint aber, die nächsten Einschläge lägen sicher weiter weg.

Im Stadtbild Berlins gemahnt nichts an des Führers Geburtstag. Nur an einer Ruinenfront am Lützowplatz prangt in der Höhe des ersten Stockwerks ein großes neues Plakat: „Dafür danken wir dem Führer. Dr. Goebbels.“ Im Arbeiterviertel Moabit hängt am Morgen dieses Tages in der Nähe des Gefängnisses ein neues Transparent mit der Zeile: „Wir ziehen alle an einem Strang – hoch d. Führer.“ Die Deutung des „d.“ bleibt den Berlinern überlassen: Wir ziehen alle an einem Strang hoch den Führer.

In Wandlitz und Umgebung, wohin Dienststellen der Wehrmacht und der Partei verlagert worden sind, ist alles noch wie im Frieden: Wenige Kilometer von den russischen Panzerspitzen entfernt, auf dem Bahnhofsplatz, hält der Ortsgruppenleiter eine Feier zu Hitlers Geburtstag ab. Während die beiden deutschen Nationalhymnen gesungen werden, stoßen zwei sowjetische Kampfflugzeuge im Sturzflug auf die Versammlung herab und bestreichen den Platz mit MG-Feuer. Zahlreiche Tote und Verwundete werden weggetragen.

Graf Bernadotte kommt nach Berlin, um Himmler zu geheimen Kapitulationsverhandlungen zu treffen. Durch SS-Brigadeführer Schellenberg erfährt er, Himmler sei im Augenblick in Berlin nicht zu erreichen. Bernadotte verlangt eine Zusammenkunft in der folgenden Nacht. Über Berlin notiert er sich, es sei „eine stille Stadt“ geworden. „Die Barrikaden standen bereit. Die Leute trieben sich herum und warteten auf die kommenden Ereignisse.“ Später sollte es nicht mehr so ruhig sein. Der Graf muß mehrere Stunden im Luftschutzkeller der schwedischen Botschaft verbringen.

Hitler verlangt von Luftwaffen-Generalstabschef Koller den Einsatz der neuen Düsenmaschinen gegen die über Lübben vorstoßenden Panzerverbände der Sowjets. Aber Koller muß ihm sagen, die Verbindung mit der Tschechoslowakei, wo die Flugzeuge liegen, sei unterbrochen, und so könne er den Einsatz nicht garantieren. Hitler beharrt: „Sie garantieren mir, daß meine Befehle ausgeführt werden!" Diese Unterhaltung findet während des Geburtstagsempfangs statt. Die Sowjets bedrohen die letzte nach Süden führende Straße. Koller sagt zu Keitel, Jodl und Göring, daß sie sich beeilen müßten, wenn sie noch herauskommen wollten. Göring zieht die Konsequenzen. Aus Karinhall hat er einige voll beladene Kraftfahrzeuge zur Reichskanzlei mitgebracht. Er setzt sich tags darauf ab. Später schließen sich die beiden anderen Generale der nach Norden abziehenden Gruppe des Wehrmachtführungsstabes an.

Die Aussagen darüber, ob Hitler sich bereits am Abend seines Geburtstages entschlossen hat, in Berlin zu bleiben, gehen auseinander. Sicher ist jedenfalls (wie auch Rosanow schreibt), daß er gedrängt wird, nach Bayern zu gehen. Aber dafür kann er sich nicht entscheiden.

Das Hauptquartier in Zossen ist im Aufbruch. Ohne erkennbaren Grund bleiben die Sowjets einen Tag lang bei Baruth stehen und geben damit dem OKW und dem Generalstab noch eine kurze Frist zum Einpacken der Akten. Am späten Abend scheint Hitler zum erstenmal ausgesprochen zu haben, er werde nun doch in Berlin bleiben. Zugleich hat er die Hoffnung nicht aufgegeben, daß die Sowjets noch vor der Stadt zum Stehen gebracht werden könnten. Er befiehlt dem SS-General Steiner, bei Oranienburg die tiefe Flanke des aus Nordosten vorstoßenden, für die Hauptstadt gefährlichsten russischen Panzerkeils anzugreifen. Steiner verfügt über drei stark angeschlagene und schlecht ausgerüstete Divisionen, die zusammen noch nicht einmal eine kriegsstarke Division ausmachen.

Dieser Befehl an Steiner spielt in Hitlers letzten Tagen eine wichtige Rolle. Der Führer klammert sich nacheinander an drei nur in seiner Einbildung vorhandene Entsatzmöglichkeiten für Berlin: durch

General Steiner aus dem Norden,
die 12. Armee unter Wenck von Westen her und
die 9. Armee unter General Busse aus dem Süden.

Von Steiners Divisionen und der Armee Wencks erreicht nicht eine Einheit die Stadt. Von der 9. Armee zieht sich nur das LVI. Panzerkorps unter General Weidling auf ausdrücklichen Befehl Hitlers in die Reichshauptstadt zurück.

An den Mauern der Ruinen erscheint eine Bekanntmachung des Kampfkommandanten: „Alle Wehrmachtsangehörigen, die sich in

Berlin außerhalb ihrer Truppenteile befinden, alle Beurlaubten, Abkommandierten, durch Berlin Reisenden, Genesenden und Verwundeten sind verpflichtet, unverzüglich mit Proviant für 24 Stunden in Potsdam in der Von-Seeckt-Kaserne zu erscheinen."

Martin Bormann schreibt in sein Tagebuch: „Heute ist der Geburtstag des Führers. Leider ist die Lage nicht feierlich. Der Vortrupp hat den Befehl, nach Salzburg abzufliegen."

Die Sowjets dringen in die Vororte von Berlin ein. An diesem Tag entstehen die letzten Bilder Hitlers. Sie werden aufgenommen, während er die Front von ein paar Hitlerjungen abschreitet, die zur Feier seines Geburtstags im Hof der Reichskanzlei aufgestellt sind.

Mit diesem Tag, mit der Flucht des Führungsstabes aus Zossen, hört eine geordnete, einheitliche Kriegführung auf deutscher Seite auch formal auf. Aber jede einzelne Führungsstaffel auf oberer, mittlerer und unterer Ebene spielt das Kriegsspiel mit allen Details des traditionellen Ritus bis zum Ende weiter.

21. April 1945

In der Nacht vom 20. auf den 21. April befindet sich des Reiches Führung im Aufbruch: alles strebt weg von Berlin. Die Marschabteilungen der Reichsführer, Reichsminister und Feldmarschälle mit ihren spiegelnden schweren Kraftwagen setzen sich nach Süden und Norden in Bewegung. Den obersten Instanzen folgt das Gros der Verwaltung von Partei und Staat.

Inzwischen sind die Fahrzeugkarawanen aus dem Zossener Hauptquartier in Wannsee eingetroffen und warten auf Hitlers Entscheidung. Der künftige Führungsstab Süd weiß, daß es nur noch Stunden dauern wird, bis die Sowjets die letzten Straßen nach Bayern abriegeln.

Es wird deutlich, daß die 9. Armee eingekesselt ist.

Nachdem Göring sein Waldschloß Karinhall verlassen hat, ist seine in der Schorfheide stationierte Leibwache in Divisionsstärke ohne Auftrag. Es handelt sich um eine Fallschirmjägerdivision, die aus Görings „privaten" Beständen mit dem doppelten Soll an Waffen, z. B. Maschinengewehren, ausgerüstet wurde, während die Divisionen an der Oder kaum die Hälfte des Solls besitzen. (Dr. P. Gosztony, „Die Eroberung Berlins durch die Rote Armee im Frühjahr 1945" in *Allgemeine Schweizerische Militärzeitschrift*, Heft 4/5 1965, S. 198. Dort weitere Angaben zu den Stärkeverhältnissen.) Sie wird auf ausdrücklichen Befehl Hitlers dem SS-General Steiner ebenso unterstellt wie das überflüssig gewordene Bodenpersonal der Luftwaffe (12 000 bis 15 000 Mann). Viele dieser Soldaten haben nicht einmal Gewehre oder Pistolen.

Hitlers ganze Erwartungen sind in diesem Augenblick auf Steiners Angriff konzentriert. Der Angriffsbefehl an Steiner entsprach der Lage am 20. April, als die nördlichen Angriffskeile der Sowjets noch die stärkste und unmittelbarste Bedrohung der Stadt darstellten. Durch die Ereignisse bis zum Mittag des 21. und die Einkesselung der 9. Armee, also durch die Operationen der Heeresgruppe Konjew, hat sich die Gesamtlage allerdings inzwischen völlig verändert. Jetzt droht die unmittelbarste Gefahr für Berlin aus Südosten.

Die ersten Geschäfte beginnen, ohne Karten Lebensmittel an die Bevölkerung zu verkaufen. Überall in der Stadt bilden sich lange Menschenschlangen. (In diesem Punkt hat Rosanow also unrecht. Die Berliner fragten sich: Wovon werden wir in der nächsten Zeit leben?) Goebbels hält im halbzerstörten Propagandaministerium seine letzte Pressekonferenz ab. Dabei ergeht er sich in gehässigen Beschimpfungen des Offizierskorps: es sei durch Unfähigkeit und Verrat dem Führer in den Rücken gefallen. Außerdem erklärt er, wenn die Nationalsozialisten zum Abtreten gezwungen würden, werde die Welt wie unter einem Donnerschlag erbeben.

Die Sowjets dringen bereits über Hoppegarten in die Stadt ein.

Das Oberkommando der Luftwaffe in Wildpark-Werder wird aufgelöst. Hitler ringt sich im Laufe des Tages zu der gegenüber dem Generalstabschef der Luftwaffe geäußerten Ansicht durch: „Man müßte die ganze Luftwaffenführung sofort aufhängen."

Es mehren sich die Fälle, in denen Soldaten und Zivilisten mit oder ohne Standgericht an Straßenkreuzungen im Stadtgebiet aufgehängt werden. Nicht immer wird ihnen ein Schild umgebunden, aus dem hervorgeht, warum sie hingerichtet wurden. Die Zivilbevölkerung zeigt Abscheu weder gegenüber den Tätern noch gegenüber den Opfern. Sie verrät überhaupt keine Reaktion. Hingegen begrüßt sie Göring bei seiner letzten Fahrt durch Berlin, die vom Führerbunker nach Wildpark-Werder führt, lebhaft und nimmt ihn freundlich auf, als er wegen Luftangriffen verschiedentlich öffentliche Luftschutzbunker aufsuchen muß. Er selber macht selbstkritische Witze darüber, daß er nun wohl Meier heißen müsse, was von den Berlinern mit herzlichem Gelächter honoriert wird.

Abends erkundigt Hitler sich noch einmal bei dem in Wildpark zurückgebliebenen Stabschef der Luftwaffe, ob Görings Privatarmee in der Schorfheide Steiner zugeführt worden sei. Man spürt, wie er sich manisch an der Vorstellung festklammert, daß durch Steiners Angriff die Lage in Berlin eine Wendung erfahren werde.

Zwei Stunden später mischt sich Hitler plötzlich erneut in ein Telefongespräch ein, das über Steiners Erfolgsaussichten geführt wird. Er brüllt in den Apparat, jeder Luftwaffensoldat im gesamten Nordraum sei unverzüglich Steiner zuzuführen: „Jeder Kommandeur, der Kräfte zurückhält, hat binnen fünf Stunden sein Leben verwirkt."

Wieder eine Stunde später ist Hitlers Drängen, Steiner möge angreifen, bereits der Gewißheit gewichen, er werde angreifen – und siegen: „Sie werden sehen, der Russe erleidet die größte Niederlage, die blutigste Niederlage seiner Geschichte vor den Toren Berlins."

Stuka-Oberst Rudel fliegt mit den letzten Maschinen gegen Panzeransammlungen. „Wir kämpfen", schreibt Rudel in sein Tagebuch, „hier wortwörtlich um Stunden, und die übrige Welt scheint angesichts dieses schaurigen Wettlaufs um die Zeit und damit um die Erhaltung des Abendlandes ihren wilden Freudentanz der bestialischen Dummheit und Verbortheit ununterbrochen fortzusetzen. Wenn je die Welt eine Sintflut verdient hat, dann jetzt! Aber was die rote Sintflut bedeutet, ahnt diese Welt noch immer nicht."

SS-Chef Himmler begnügt sich nicht damit, auf irgendein Wunder zu hoffen, auf einen Bruch zwischen den Alliierten. Er will etwas dafür tun, daß sich diese Hoffnungen erfüllen. Zweihundert Kilometer nördlich des Bunkers, in dem sein Führer auf die blutigste Niederlage der Roten Armee wartet, sitzt er mit dem jüngsten SS-General, Walter Schellenberg, und dem schwedischen Grafen Bernadotte im Sanatorium Hohenlychen zusammen. Die treibende Kraft bei dieser Begegnung ist Schellenberg. Er möchte über Bernadotte Eisenhower erreichen, um mit ihm eine einseitige Kapitulation auszuhandeln. Himmler zögert und spricht von seinem Eid. Bernadotte fragt sich, wozu dieses zweite Treffen eigentlich arrangiert worden ist*.

* Schon am 12. Februar und am 2. April hat Himmler mit Wissen Ribbentrops aber ohne Wissen Hitlers mit Bernadotte gesprochen - beide Male ohne Ergebnis. Auch diesmal kommt es zu keiner Einigung. Himmler hat sich nur unter dem Einfluß seines Masseurs und Astrologen Kersten zu diesem Gespräch bereitgefunden. Kersten hatte vorausgesagt, Hitler werde „mit Sicherheit" den 7. Mai nicht überleben; damit sollte Himmlers Bereitschaft geweckt werden, sich vom Führer loszusagen.

Der Brief an Eisenhower wird nicht geschrieben. Als Schellenberg den Grafen zum Auto bringt, sagt er zu ihm: „Nichts ist verloren. Der Reichsführer ist auf dem Punkt, sich zu entscheiden.“ Bernadotte willigt ein, daß ein weiteres Treffen vereinbart werden soll.

Den ganzen Tag über regnet es in Strömen. Schon seit Wochen weiß Hitler nicht mehr aus eigener Erfahrung, ob die Sonne scheint oder ob es regnet; er kommt aus dem Bunker nicht mehr heraus. Nur bei den Lageberichten hört er Wettermeldungen, die für die Operationen der Luftwaffe wichtig sind.

Der 21. April ist ein Sonnabend. Die Abendzeitungen bleiben aus. Trotz des Verbots, das Stadtgebiet zu betreten, beginnen die Elendszüge der Flüchtlinge das Straßenbild in den östlichen Teilen der Stadt bis zum Zentrum zu bestimmen. Nicht sowjetische Soldaten, sondern Bauern aus Ostpreußen und aus den Gebieten östlich der Oder treiben die ersten Pferde und Kühe durch die Reichshauptstadt. Im Zentrum werden die Flüchtlinge durch Polizei in südliche Richtung abgedrängt. Fast sieht es so aus, als wolle man den eleganten Westen Berlins von ihnen freihalten.

Zugleich aber setzt im Stadtgebiet eine Binnenwanderung der Berliner ein; die westlichen Vororte füllen sich mit „Zuzüglern“ aus Rummelsburg und Karlshorst.

Meldungen der DAZ vom 21. und 22. April 1945:

Erhebliche Einschränkungen des Gas- und Energieverbrauchs angeordnet. Verbot der Entnahme von Strom und Gas für die Bevölkerung.

Benutzung aller öffentlichen Verkehrsmittel in Berlin nur noch mit Sonderausweis gestattet.

Sofortige Rückzahlung von Postsparbucheinlagen bis 1000 RM ohne vorherige Kündigung zulässig.

75. und 76. Lebensmittelzuteilung für die Berliner Bevölkerung im Vorgriff aufgerufen.

17.30 Uhr Opernkonzert im Schauspielhaus am Gendarmenmarkt. Margarethe Klose, Tiana Lemnitz, Willi Domgraf-Fassbaender, Josef Greindl, Jaro Prohaska und Helge Roswaenge singen Szenen aus „Zauberflöte“ und „Aida“.

„Nach den Anstrengungen der vergangenen Tage schliefen wir alle, d. h. also meine rund 20 Mann, aus denen mein Stab ja nur bestand, in dem Wagen sitzend bald ein, anscheinend einschließlich des aufge-

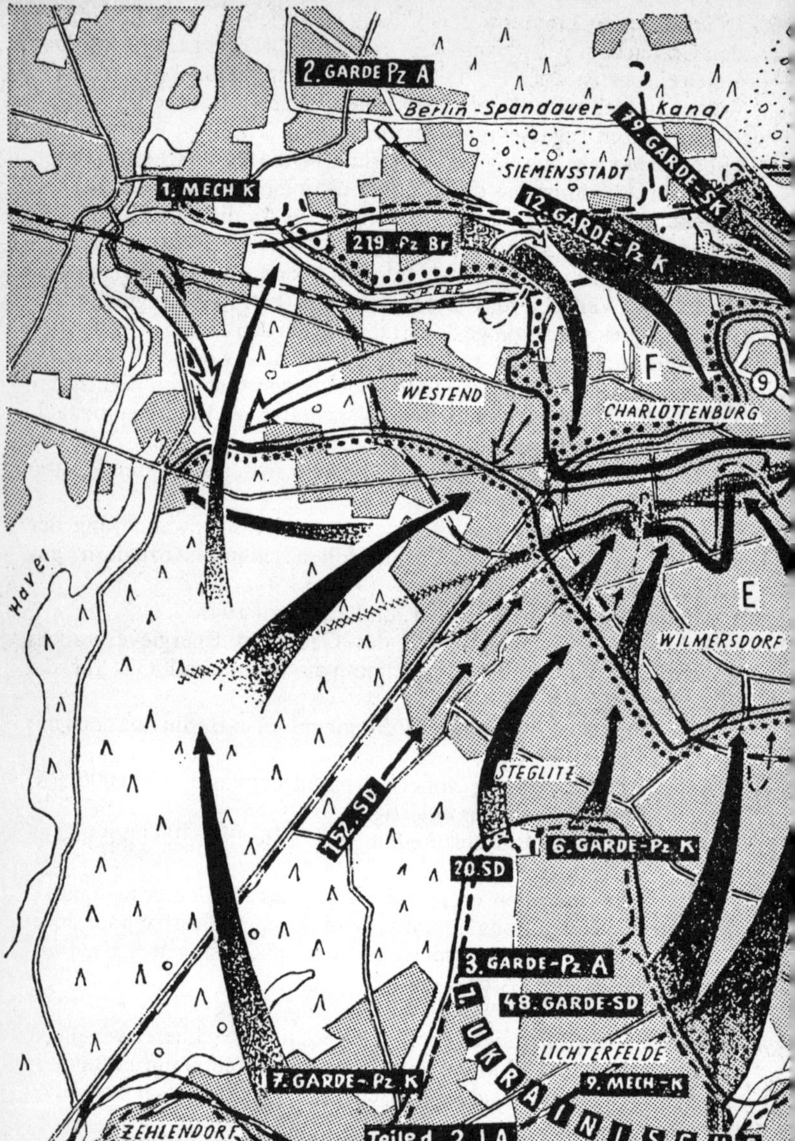

Die Eroberung Berlins

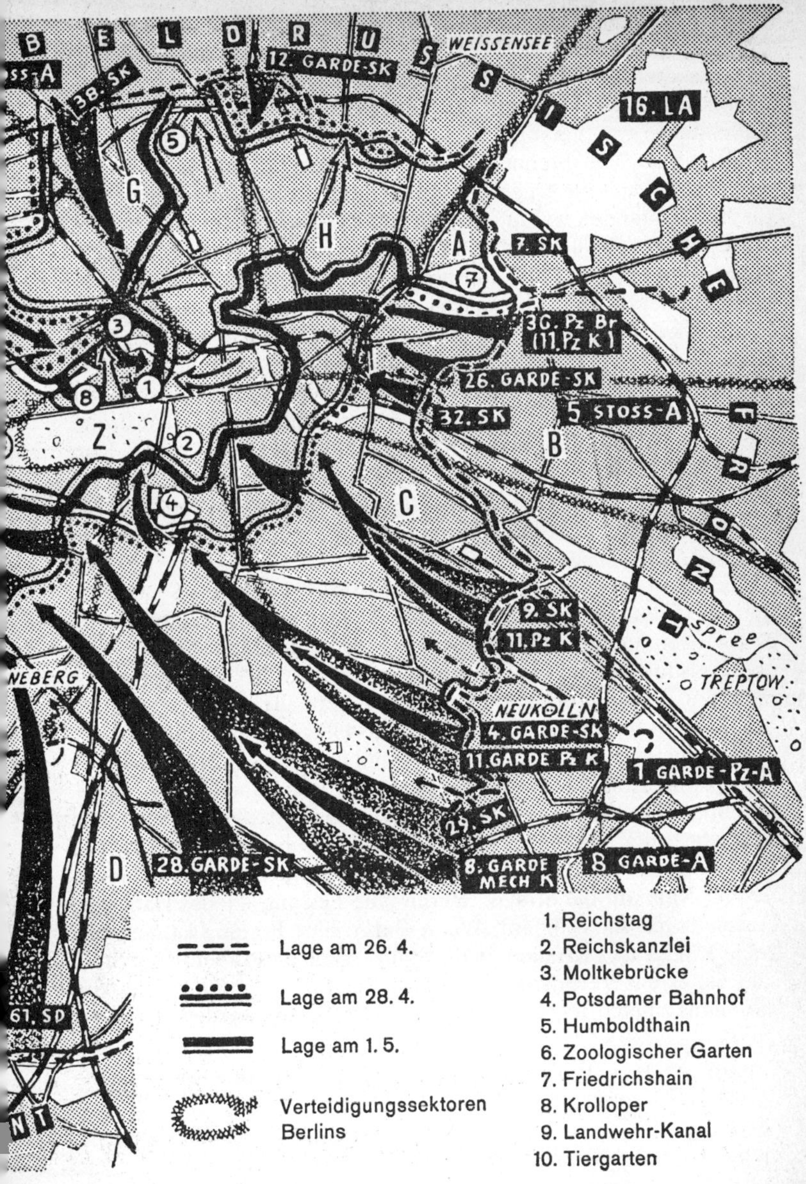
B E L O R U S S I S C H E
F R O N T
WEISSENSEE
SS-A
38. SK
12. GARDE-SK
16. LA
7. SK
36. Pz Br
(11. Pz K)
26. GARDE-SK
32. SK
5 STOSS-A
9. SK
11. Pz K
Spree
TREPTOW
NEUKÖLLN
4. GARDE-SK
11. GARDE Pz K
1. GARDE-Pz-A
29. SK
28. GARDE-SK
8. GARDE MECH K
8 GARDE-A
NEBERG
61. SD
NT
G
H
A
Z
B
C
D
Lage am 26. 4.
Lage am 28. 4.
Lage am 1. 5.
Verteidigungssektoren Berlins
1. Reichstag
2. Reichskanzlei
3. Moltkebrücke
4. Potsdamer Bahnhof
5. Humboldthain
6. Zoologischer Garten
7. Friedrichshain
8. Krolloper
9. Landwehr-Kanal
10. Tiergarten

stellten Postens. Denn wir waren sehr erstaunt und unangenehm überrascht, als etwa gegen 4 Uhr morgens unser Melder atemlos angeprescht kam und berichtete, daß der ganze Korpsstab auf und davon sei. Ziel unbekannt ... Die plötzliche ‚Flucht‘ des ganzen Korpsstabes war hervorgerufen durch sowjetische Panzer, die, aus Richtung des hell brennenden Alt-Landsberg kommend, mit recht lebhaftem Feuer die Gegend von Elisenhof unsicher machten. Unter diesen Umständen waren auch wir nunmehr schnell auf den Beinen. Da es aber mehr als zweifelhaft war, ob wir den Weg vom Abend zuvor, der auf die Alt-Landsberger Straße führte, noch passieren konnten, begab ich mich zunächst mit Hauptmann Gerhardt persönlich auf Erkundung ... Das ganze Korps wurde sofort in die Linie Köpenick-Biesdorf zurückgenommen, da der Gegner nördlich von uns über Hoppegarten bereits in das Weichbild der Reichshauptstadt eingedrungen sei und südlich von uns eine Umfassungsgefahr drohe, da jegliche Verbindung zum A.O.K. 9 verlorengegangen sei ... Kurz bevor wir nach Biesdorf-Süd kamen, schoß der Russe noch mit weitragender Artillerie auf den Weg. Wir fanden für den Rest der Nacht inmitten zerstörter Häuser ein glänzendes Unterkommen in dem pompös ausgestatteten kleinen Behelfsheim eines im Feld befindlichen SS-Führers, angeblich Ritterkreuzträgers. Seine Frau und ihre Freundin forderten uns zum Bleiben auf, während sie selbst es vorzogen, in einen nahegelegenen Bunker zu gehen*.“

„Kaulsdorf war inzwischen zur Frontstadt geworden. Es lagen dort nicht nur Polizeiinformationen, die gewissermaßen die ‚Korsettstangen‘ waren für die sogenannten ‚Hilfswilligen‘, das heißt für die Freiwilligen aus besetzten Gebieten, und für die SS-Formationen aus Dänen und Holländern, die man als ‚Beutegermanen‘ bezeichnete. Vor allen Dingen die Offiziere der Polizeiinformationen benahmen sich sehr brutal, da sie immer noch glaubten, die sagenhafte Armee Wenck würde rechtzeitig Berlin befreien. Unentwegte Nazis schmierten mit Kalk auf die Straße: ‚Berlin eine Festung – jedes Haus eine Festung!‘ Ich sagte ihnen: ‚Wenn Berlin eine Festung ist, gehören keine Kinder und Kranken in die Stadt. Wenn diese aber in der Stadt sind, ist es ein Verbrechen, um diese Stadt zu kämpfen.‘ Einer von diesen bis zuletzt Begeisterten meinte, das Nähere werde sich finden.

* Oberst a. D. Hans-Oscar Wöhlermann, „Notizen über den letzten Einsatz“, Manuskript, 1952.

Ich hatte mir im Gemeindehaus schon früher eine primitive Schlafstelle eingerichtet für den Fall, daß ich nach Gemeindeveranstaltungen abends nicht mehr zu meiner Familie fahren konnte. In der Nacht kam eine ältere Frau zu mir, die mir zitternd erzählte, der Werwolf habe in ihrem Haus getagt, und sie habe die Gespräche mitanhören können. Man wolle mich noch in dieser Nacht aufhängen und das Kaulsdorfer Wasserwerk durch eine Bombe zerstören. Über den ersten Punkt beruhigte ich sie, indem ich ihr sagte, daß diese jungen Leute, die ich zum Teil noch selbst konfirmiert hatte, wohl wüßten, wo ich schliefe, aber sie wüßten auch, daß mit mir nicht zu spaßen sei. Einige Gewerkschaftler, die ich ins Bild setzte, bewaffneten sich mit Knüppeln, und als die Jünglinge mit der Sprengbombe ankamen, sind sie mit Gebrüll aus dem Gebüsch hervorgekommen. So wurde das Wasserwerk gerettet, und der Bezirk Lichtenberg war nach der Befreiung der einzige, der nie unter Wassermangel gelitten hat*."

„Trotzdem gab man sich offenbar in der Reichskanzlei noch trügerischen Hoffnungen hin und hatte mehr oder weniger den Blick für die tatsächliche Situation verloren. Nur so war eine Reihe fernmündlicher Befehle von General Krebs zu verstehen, deren erster, den wir am 19. 4 abends erhielten, etwa folgendermaßen lautete: ‚Mit sofortiger Wirkung wird dem Verteidigungsbereich Berlin die Division ‚Friedrich Ludwig Jahn' (Divisionsführer Oberst Klein) unterstellt. Mit dieser Division ist das weitere Vordringen russischer Kräfte auf Berlin aufzuhalten.' Einzelheiten über Stärke der Division, Lage des Gefechtsstandes usw. waren nicht zu erfahren. Auf meine diesbezügliche Frage antwortete Krebs nur lakonisch: ‚Das müssen Sie selbst feststellen.' Nun war das gar nicht so einfach, denn unsere Fernsprechverbindungen waren auf das bestehende postalische und Wehrmachtsnetz beschränkt. Noch in der Nacht wurden Kradmelder zur Suche des Gefechtsstandes losgejagt. Am Morgen meldete sich der Ia der Division fernmündlich und orientierte uns über die Lage des Gefechtsstandes in einem kleinen Dorf nördlich Trebbin. General Reymann begab sich sofort selbst zur Division und kehrte am Abend des 20. 4. mit wenig erfreulichen Nachrichten zurück. Die Division war gerade in der Aufstellung auf und um den Truppenübungsplatz Jüterbog gewesen, als sie überraschend von russischen Panzerspitzen angegriffen wurde. Nur unter größten Schwierigkeiten

* D. Dr. Heinrich Grüber, *Probst zu Berlin,* Ms. o. J.

war es gelungen, nördlich Jüterbog die zunächst völlig zerplatzte Division einigermaßen wieder zusammenzufassen. Die Masse der Artillerie, die noch keine Bespannung hatte, war verlorengegangen. Mit einem der drei Regimenter war noch keine Verbindung vorhanden. Um diese herzustellen, war der Divisionsführer, Oberst Klein, am 20. 4. nach vorn gefahren, dabei in einem Dorf in ein russisches Panzerrudel und so in Gefangenschaft geraten. Mit der Division in solcher Verfassung war kein Staat zu machen. Am späten Abend des 20. 4. rief General Krebs erneut bei uns an und übermittelte uns folgenden Befehl: ‚Mit der Division ‚Friedrich Ludwig Jahn‘ und dem neu zugeführten Panzerverband Wünsdorf (der sich als eine Gruppe von 6 bis 8 Panzern der Panzerschule Wünsdorf herausstellte, die sehr bald durch Feindeinwirkung bzw. Maschinenschaden ausfielen) ist zum frühest möglichen Zeitpunkt gegen vorgeprellte feindliche Panzerspitzen (!!) anzutreten und diese nach Süden zurückzuwerfen.‘ Unsere Meldung über den Zustand der Division, mit der unter den derzeitigen Umständen eine aktive Kampfführung gar nicht möglich war, wurde als nicht stichhaltig abgewiesen und jeder weitere Einwand von Krebs scharf abgelehnt. Bei den ‚vorgeprellten Panzerspitzen‘ handelte es sich – wie unsere Funkaufklärung mittlerweile festgestellt hatte – um ‚nur‘ zwei russische Panzerarmeen, von denen die eine auf dem nächsten Wege über Baruth-Zossen Berlin zustrebte, während die andere über Luckenwalde-Beelitz auf Brandenburg/Havel abdrehte. Die sich rasch fortentwickelnde Lage enthob uns allerdings allein schon des Versuches einer Durchführung des gegebenen Auftrages*.“

„Bei Frankfurt (Frankfurt/Oder, Anm. d. Verf.) schlugen unsere Verbände alle Angriffe zurück. Im Raum östlich Berlin wird in der Linie Fürstenwalde-Strausberg-Bernau erbittert gekämpft. Angriffe gegen diese Orte brachen verlustreich für den Feind zusammen.“ (Aus dem Wehrmachtsbericht vom 21. 4. 1945.)

22. April 1945

„Am Sonntag fielen die ersten Granaten schon in Kaulsdorf. Ich setzte mich auf mein Fahrrad, um Menschen in den Bunkern und Kellern zu besuchen. Ich hielt, soweit mir die Möglichkeit gegeben war, überall

* Oberst i. G. a. D. Hans Refior, „Mein Berliner Tagebuch“, Ms. o. J.

eine kurze Andacht, die aus Verlesung der Losung, einem Kirchenlied und dem Vaterunser bestand. Ich glaubte, daß dieser Dienst der Gemeinde wichtiger gewesen ist als vielleicht eine jahrelange seelsorgerische Arbeit. Als dann am Nachmittag die ersten russischen Batterien im Dorf in Stellung gingen und die Schreie der in den Kellern verwundeten Zivilisten nicht zu überhören waren, ging ich mit einer Diakonisse zu einem Offizier, den ich für den Verantwortlichen hielt, und sagte ihm, ich sei der Pfarrer des Ortes und das sei die Gemeindeschwester, und wir bäten um die Erlaubnis, die verwundeten Zivilisten verbinden zu dürfen. Er antwortete, daß wir erschossen würden, wenn wir Spionage trieben. Wir besuchten die in der Nähe gelegenen Stellungen und Unterstände, bis das Verbandsmaterial verbraucht war, und kehrten in den Keller des Gemeindehauses zurück.

Die russischen Soldaten, die in unseren Keller eindrangen, forderten unsere Uhren, die wir ihnen willig überlassen mußten. Sie rührten keine der Frauen an. Trotzdem wurde es eine lange, bang durchwachte Nacht. Erst am nächsten Morgen konnten wir den Grad der Zerstörung und die Zahl der Verwundeten und Toten überblicken, als die Front über Kaulsdorf hinweggegangen war. Durch einige Gewerkschaftler ließ ich die Nazis, die überlebt hatten, zusammenholen und zur Arbeit einteilen: sie sollten die Verwundeten versorgen, die Leichen auf dem Friedhof begraben, dann könnte ich mich später für sie einsetzen. Wie fast überall in diesen letzten Stunden des Naziregimes hatten auch in Kaulsdorf einige der leitenden Funktionäre Selbstmord begangen, so unter anderem auch ein ‚Funktionär' der ‚Deutschen Christen', der mich wiederholt bei der Gestapo angezeigt hatte. Er gehörte zu jenen biederen, von Hause aus frommen Menschen, die sich in einen fanatischen Nationalsozialismus hineingesteigert hatten. Ich gab den zusammengerufenen ‚Parteigenossen' sofort zu verstehen, daß ich gegen keinen von ihnen Haß- oder gar Rachegefühle hegte, sondern daß wir jetzt alle gemeinsam versuchen müßten, die Wunden zu heilen und die Schäden zu beseitigen*."

In der offiziellen „Berliner Chronik" heißt es lapidar: „Der größte Teil der Berliner Feuerwehr verläßt mit 1400 Löschfahrzeugen befehlsgemäß die Stadt."

Tatsächlich kehrte der Chef der Berliner Feuerwehr, Generalmajor

* Grüber, a.a.O.

der Polizei Walter Goldbach, am Morgen des 22. 4. mit einem derartigen Befehl in der Tasche aus dem Polizeipräsidium zurück. Goldbach hatte vorgeschlagen, die Feuerwehr zu evakuieren, da sie während der Kämpfe in Berlin doch nutzlos sei und ihre Fahrzeuge durch Beschuß zerstört würden. Der Befehl wurde um 9 Uhr erlassen, aber bereits gegen Mittag wieder zurückgezogen. Er hatte sowieso nicht alle Wachen – damals Bereitschaften genannt – erreicht; die Wachen aus dem Osten der Stadt, die schon auf der Flucht waren, erfuhren nichts von dem Widerruf oder kümmerten sich nicht mehr darum und zogen gemäß der ersten Weisung auf der noch offenen Straße nach Hamburg weiter. Sie gelangten u. a. bis nach Hamburg, Braunschweig und sogar nach Pinneberg i. H.

Es waren jedoch keineswegs 1400 Löschfahrzeuge, denn in ganz Berlin waren zum damaligen Zeitpunkt höchstens noch halb soviel einsatzfähig. Die in der Stadtmitte und im Westen stationierten Wachen blieben mit Fahrzeug und Gerät in Berlin, konnten aber wegen des ständigen Beschusses kaum noch Brände löschen, sondern konzentrierten ihre Tätigkeit auf die Rettung von Menschen aus brennenden Häusern und eingestürzten Kellern. Unter Wassermangel hatte die Berliner Feuerwehr bis zuletzt nicht zu leiden; für die wenigen Spritzen, die noch funktionierten, gab es genügend Löschteiche und Notlöschteiche (auf dem Straßendamm hochgemauerte Becken, die mit einer Dichtungsmasse ausgekleidet waren). Einsatzbefehle kamen in den letzten Tagen nicht mehr.

Das letzte Feuer legte die Feuerwehr selbst. Auf dem Innenhof ihrer seit 1850 bestehenden Zentrale wurden die gesamten Akten und Unterlagen verbrannt. Der Grund für diese Vorsichtsmaßnahme: Unter Hitler hatten auch die Feuerwehrleute den sogenannten Kombattanten-Status. Sie trugen grüne Uniformen und nannten sich Feuerschutzpolizei. (Daher war ihr Chef auch Generalmajor der Polizei.) Seit 1938 war die Feuerwehr die 4. Sparte der Ordnungspolizei. Tatsächlich nahmen die Russen jeden grün gekleideten Feuerwehrmann gefangen. Sie requirierten auch die noch intakten Feuerwehrautos. Ein Berliner Feuerwehrmann, der vier Jahre als Kriegsgefangener in Rußland zubrachte, hat Berliner Löschfahrzeuge in Reval und Moskau gesehen*.

* Nach Gesprächen mit Brandrat Höhne, Berlin, Branddirektor i. R. Dr. Nolte, Berlin, und Oberbranddirektor Böttcher, Köln.

„Ich erkundete Stellungen in der Wuhlheide und nahm mit der dort stehenden Flak Verbindung auf. Da die ‚Damen' aus ihrem Bunker zurückgekommen waren, ließ ich das Behelfsheim vom Stabe räumen und zog in die im Kellergeschoß liegende Waschküche eines Hauses in unmittelbarer Nähe des Altersheims. Inzwischen beschossen die Sowjets unsere Gefechtsstandgegend mit Granatwerferfeuer. Da die Kinder der Arbeiterfamilien des Hauses noch immer unbekümmert auf der Straße spielten, machte ich eine der Mütter im ersten Stock auf die Gefahr aufmerksam. Die gute Frau, eine waschechte Berlinerin, stemmte die feisten Arme in die Hüften und meinte: ‚Wat denn, die kleenen Dinger kieken wir ja man gar nich erst an. Da habense ne Ahnung, wat wir hier in Ballin for Bomben jewohnt sind!'

Im Keller des Altersheimes hielt Weidling, gänzlich gegen seine sonstige Gewohnheit, einen ‚Kriegsrat' ab. Hierzu waren alle erreichbaren Kommandeure des Korps vom Regimentskommandeur aufwärts befohlen. Weidling gab uns bekannt, daß er auf der einen Seite vom Oberbefehlshaber der 9. Armee mit Erschießen bedroht sei, falls er nicht unverzüglich Anschluß an die Armee nähme, auf der anderen Seite sei ihm soeben der gleiche Tod vom Führer angedroht worden, falls er nicht unverzüglich mit seinem Korps nach Berlin hineinkäme. Wir waren uns ausnahmslos klar darüber, daß das Hineinnehmen des Panzerkorps in den Millionentrümmerhaufen Berlin mit seinen größtenteils schon geschlossenen Panzersperren den sicheren und sinnlosen Untergang des Korps bedeuten würde*.

(Nichtsdestoweniger wurde das LVI. Korps in den „Millionentrümmerhaufen" hineingeführt. Anm. d. Verf.)

„In dieser Situation traf den Stab des Verteidigungsbereiches völlig überraschend der Befehl zur Ablösung General Reymanns . . . Er sollte sofort einen Abschnitt im Raum Potsdam übernehmen und war damit kaltgestellt. Die Ablösung war zweifelsohne auf Betreiben Goebbels' erfolgt, der in Reymann einen unbequemen Mahner und einen mit ihm in Fragen der Verteidigung Berlins nicht konform gehenden Mann sah . . . Als Nachfolger traf noch am 22. 4. abends Oberst Kaether beim Stab ein. Kaether, der sich an der Ostfront als Regimentskommandeur bewährt hatte, war in den letzten Monaten Chef des Stabes des obersten NSFO** des Heeres gewesen. Offenbar

* Wöhlermann, a.a.O.
** NSFO = Nat.-Soz.-Führungs-Offizier.

glaubte man wohl in ihm als begeistertem Nationalsozialisten den richtigen Mann gefunden zu haben, der die Verteidigung Berlins aktivieren würde. Burgdorf ernannte Kaether für die Dauer seiner Dienststellung unter Überspringung des Generalmajors zum Generalleutnant. Einen entscheidenden Einfluß auf die Lage konnte allerdings Kaether mit seiner ‚nationalsozialistischen Frische' auch nicht ausüben. Er beschränkte sich darauf, allen Parteigrößen baldmöglichst seine Ernennung mitzuteilen und Optimismus auszustrahlen. Die Arbeit überließ er dem Stab. Eine regelrechte Führung im Abwehrkampf war im übrigen auch nahezu unmöglich, denn wir standen ja unseren Abschnittskommandeuren gegenüber mit leeren Händen da. Vom ersten Tage des Kampfes um Berlin an hatten wir nicht einen einzigen Verband, den wir als Reserve in entscheidenden Augenblicken an besonders gefährdeten Stellen einsetzen konnten*."

Eisenhower benachrichtigte das sowjetische Oberkommando, daß er seine Armeen an der Elbe und an der Westgrenze der Tschechoslowakei „aus Gründen des Nachschubs" anhalten werde. Ohne diese Nachricht zu kennen, gewinnt man im Stab der Armee Wenck den Eindruck, daß die Amerikaner an der Elbe im Raum Havelberg einen „Demarkationslinien-Aufmarsch" vollziehen.

Im Bunker wird die letzte „Führerlage" in größerer Besetzung abgehalten. Hitler scheint teilnahmslos dem Vortrag Jodls zu lauschen, bis der General auf die Lage im Norden Berlins zu sprechen kommt. Da stellt Hitler die Frage, ob der Angriff Steiners, den er am 20. April befohlen und nach dem er sich noch in der vergangenen Nacht leidenschaftlich erkundigt hat, inzwischen ins Rollen gekommen sei. Der Umstand, daß Hitler die Besprechung in Gang kommen ließ, ohne sich sofort nach dem für ihn wichtigsten Punkt, den Aktionen Steiners, zu erkundigen, deutet darauf hin, daß er insgeheim bereits mit einer negativen Auskunft gerechnet hat. Es war seine Gewohnheit, unangenehme Dinge entweder überhaupt nicht oder erst dann zur Kenntnis zu nehmen, wenn es sich nicht mehr umgehen ließ.

Dies ist nunmehr der Fall. Hitler erfährt, daß Steiner nicht angetreten ist und überhaupt nicht antreten kann, weil ihm keine Truppen zur Verfügung stehen, daß aber andererseits die Sowjets bereits von Norden her in die Stadt einrücken. Hitler hält sich noch soweit unter Kontrolle, daß er befiehlt, alle Anwesenden außer Keitel,

* Refior, a.a.O.

Krebs, Jodl, Burgdorf und Bormann hätten den Raum zu verlassen (Goebbels ist nicht anwesend). Vor diesem zurückbleibenden engsten Kreis erfolgt Hitlers erster vollständiger Zusammenbruch, seit er sich 1919 entschlossen hat, Politiker zu werden. Sein Tobsuchtsanfall ist ebensowenig gespielt wie der darauf folgende Weinkrampf.

Und dann sagt er – auch dies zum erstenmal: Der Krieg sei verloren, und er werde sich umbringen. Das Zeugnis für diesen Ausbruch stammt aus zweiter Hand. Rittmeister Boldt, Adjutant des Generals Krebs, gibt wieder, was Krebs und der im Raum anwesende zweite Adjutant, Freytag-Loringhoven, ihm unmittelbar nach ihrer Rückkehr aus dem Bunker berichtet haben. Danach hat Hitler gesagt: „Ich erschieße mich.“ Mit der vor Zeugen eingestandenen Erkenntnis, daß das Ende nahe sei, ist auch die Entscheidung gefallen: Er wird bis zum Ende in Berlin bleiben. Auf anderslautende Ratschläge antwortet er nicht mehr.

Mit diesem Tag scheint Hitler das Interesse für alle Vorgänge in den noch nicht vom Feind besetzten Reichsteilen und in den noch von der Wehrmacht gehaltenen ausländischen Gebieten zu verlieren. Ihn interessiert nur noch Berlin, interessiert nur noch sein eigenes Schicksal. Er macht eine gewisse Ordnung in den Reichsgeschäften, die einem Rückzug von der totalen Machtausübung gleichtkommt. Dönitz soll mit allen militärischen und zivilen Vollmachten im Norden führen. Keitel und Jodl sollen nach Berchtesgaden gehen. Allerdings kann Hitler sich nicht dazu entschließen, Göring im Süden mit den gleichen Vollmachten auszustatten, wie er sie Dönitz gegeben hat. Er hält nichts mehr vom Reichsmarschall. Die Frage, wer im Süden führen soll, bleibt ungeklärt. Bormann weigert sich, Berlin zu verlassen, und darf im Bunker bleiben. Die Familie Goebbels zieht mit allen sechs Kindern auf Hitlers Weisung in den Führerbunker.

Aber anstatt Hitler auf seiner Erkenntnis, daß alles verloren ist, festzunageln und damit das Ende zu beschleunigen, ist seine Umgebung bemüht, ihn wieder aufzurichten. In dieser Stunde wird in Hitlers Phantasie die „Geisterarmee Wenck“ geboren: die Generale gaukeln ihm die Möglichkeit des Entsatzes von Berlin durch General Wenck vor, um ihren zusammengebrochenen Führer mit neuer Hoffnung zu erfüllen. Der Chef des Wehrmachtführungsstabes, der bestinformierte Offizier der deutschen Wehrmacht, ergeht sich in Plänen, die auf nichts weniger hinauslaufen als auf eine kombinierte Operation der (im Spreewald eingekesselten) 9. und der von Wenck befehligten 12.

Armee, die größtenteils aus nur halb aufgestellten, schlecht bewaffneten Divisionen besteht*. Sogar das Phantom Steiner wird neu belebt.

Der einzige reale Entschluß, den dieser dramatische 22. April hervorbringt, betrifft das Verhalten der gegen die westlichen Alliierten kämpfenden Verbände. Nach Jodls Vorschlag sollen sie umgedreht und einzig zur Entlastung Berlins eingesetzt werden.

Resümee dieses Tages: Aus seinem Zusammenbruch in die Wirklichkeit zurückkehrend, hat Hitler grundsätzliche Anordnungen getroffen, die geeignet sind, die Kapitulation im Nord- und Südraum unter mit Generalvollmacht ausgestatteten neuen Befehlshabern beschleunigt herbeizuführen und auch in Berlin in zwei oder drei Tagen ein Ende zu machen. Doch unter dem Einfluß von Keitel, Jodl, Bormann, Krebs und Goebbels wird daraus das genaue Gegenteil: der Plan einer Mobilisierung aller noch irgendwie erreichbaren Kräfte zum Kampf um Berlin. Der Reichsverteidigungskommissar Goebbels beschließt mit einer an die früheste Kampfzeit der zwanziger Jahre gemahnenden Aktivität, die Berliner zum Entscheidungskampf auf die Barrikaden zu treiben.

Die Berliner erleben den Tag anders. Einerseits wird im Rundfunk bekanntgegeben, daß jeder Stromverbrauch für Kochzwecke mit dem Tod bestraft werde, anderseits werden Sonderzuteilungen ausgegeben, um sie bei Laune zu halten: ein Pfund Fleisch, ein halbes Pfund Reis, ein halbes Pfund Hülsenfrüchte, ein Pfund Zucker, 100 Gramm Malzkaffee, eine Dose Konserven und 30 Gramm Bohnenkaffee.

Es ist Sonntag. Die Stadt ist fast vollständig von sowjetischen Truppen eingeschlossen. Die oberirdischen Teile der Reichskanzlei gehen in Trümmer.

23. April 1945

„Die Artillerie war längst nicht so schlimm wie die Bomben. Als wir feststellten, daß gewisse Teile der Stadt besetzt, dazwischenliegende Streifen aber noch ‚frei' waren, dachten wir: ‚Die Russen scheinen keinen Stadtplan zu haben.' Ich sprach mit einem Soldaten, der

* General a. D. Wenck ist in seinen verschiedenen Veröffentlichungen hinsichtlich der tatsächlichen Gefechtskraft seiner Armee anderer Meinung, ohne jedoch überzeugen zu können.

behauptete, Hitler selbst mit einer Panzerfaust in der Zoogegend gesehen zu haben. Die Soldaten in unserer Straße am Lietzensee kochten sich Grießbrei und schütteten einen Eimer Marmelade und paketweise Butter hinein. Es entstand ein fetter rosa Stampf. Brot hatten sie nicht. Sie hatten ihre mit Blütenzweigen geschmückten Panzer abgestellt. Junge Mädchen, die die Gelegenheit ergriffen hatten, ließen sich Bescheinigungen ausstellen, daß im Falle eines Falles der und der der Vater sei. Im nahen Park gab es Soldatengräber, und in der Kantstraße hingen schon weiße Fahnen. Ich kam dorthin, weil ‚unser' Brunnen versiegt war*."

„Wir begannen, Panzersperren, Gräben usw. zu beseitigen. Die vorhandenen Lebensmittel wurden zusammengetragen und rationiert. Um unsere Vorräte zu erweitern, erhielten einige der Männer den Auftrag, die angeschossenen Pferde einzufangen und zu schlachten. Ich konnte im Haus des Ortsgruppenleiters ein Lazarett für die verwundeten Soldaten und Zivilisten einrichten, wie es schon im Gemeindehaus geschehen war. Ein spanischer Arzt, der in einem Krankenhaus gearbeitet hatte und dageblieben war, hat seine Arbeitskraft unermüdlich zur Verfügung gestellt. Wir mußten bald das Gemeindehaus zum Militärlazarett machen, während im Haus des Ortsgruppenleiters eine Entbindungsstation eingerichtet werden konnte. Dort konnten auch die Frauen, die vergewaltigt worden waren, sofort behandelt werden. Leider nahmen diese Übergriffe zu, so daß ich die sowjetischen Kommandanten um Hilfe bat. Man versprach mir, die beschuldigten Soldaten zu bestrafen, wenn ihre Namen bekannt seien, was ja meistens nicht der Fall war. Allerdings konnten wir erleben, daß Offiziere die Soldaten, die tatsächlich bekannt wurden, erschossen haben. Um solche Zwischenfälle überhaupt zu vermeiden, habe ich die Frauen gebeten, die Nächte in der Kirche zu verbringen. Ich konnte die Soldaten, die dort eindringen wollten, durch ‚Hier nix Frauen, ich Pope, hier Kirche' daran hindern, so daß in unserer Gemeinde kaum derartige Ausschreitungen vorgekommen sind.

Das Verständnis, das meine Bitten um Verhinderung von solchen Übergriffen bei den sowjetrussischen Kommandanten fand, war uns eine große Hilfe. Ein besonders aufgeschlossener Stabsoffizier unterhielt sich mit mir über die Möglichkeiten, weshalb die sowjetrussi-

* Die Journalistin M. B. in einem Gespräch.

schen Soldaten sich oft derart ungehemmt verhielten. Er bedeutete mir, daß die Nazis schließlich für ihre Soldaten hinter der Front Bordelle mit Mädchen aus den besetzten Gebieten eingerichtet hätten, was die Rote Armee nicht getan hätte*."

„Gegen 4 Uhr morgens erreichte ich das neue Korpsstabsquartier in Rudow. Tagsüber nahm ich die Verbindung mit Oberst von und zu Gilsa und Oberstleutnant Adams auf, der mir, entgegen meiner Weisung, mit seinem Gefechtsstand in Tempelhof zu nahe an oder besser nach Berlin hineingezogen war. Hier kam die auch anderwärts zu erkennende Tendenz zum Ausdruck, vom ‚Haufen' etwas abzukommen, um im Falle des Falles möglichst nach Westen durchzukommen. Dies mag klug gewesen sein, war aber sicher nicht tapfer und treu. Am Abend erhielt Weidling den kategorischen Befehl, unverzüglich in die Reichskanzlei zu kommen. Mit meinem die Berliner Straßen gut kennenden Ia, Hauptmann Gerhardt, fuhr er, sicher schweren Herzens und nichts Gutes ahnend, nach Berlin hinein. Ich hatte gerade dem Volksartilleriekorps den Befehl erteilt, in den ursprünglich von mir vorgesehenen Stellungsraum zu gehen, als wenige Stunden danach vom Panzerkorps der Befehl eintraf, mit allen Truppen nach Berlin hineinzugehen**."

Führerbefehl vom 23. 4. 1945:

„Soldaten der Armee Wenck! Ein Befehl von größter Tragweite hat euch aus euren Aufmarschräumen gegen unsere westlichen Feinde herausgerufen und in Richtung nach Osten in Marsch gesetzt. Euer Auftrag ist klar: Berlin bleibt deutsch. Die euch befohlenen Ziele müssen unter allen Umständen erreicht werden, denn auch von anderer Seite sind Operationen mit dem Ziel im Gange, im Kampf um die Reichshauptstadt den Bolschewisten die entscheidende Niederlage beizubringen und damit die Lage Deutschlands grundlegend zu ändern. Berlin kapituliert nie vor dem Bolschewismus. Die Verteidiger der Reichshauptstadt haben bei der Nachricht von eurem schnellen Aufmarsch frischen Mut gefaßt und kämpfen mit Trotz und Verbissenheit in dem Glauben, bald das Donnern eurer Geschütze zu hören. Der Führer hat euch gerufen. Ihr seid, wie in alten Zeiten des Sieges, zum Sturm angetreten. Berlin wartet auf euch, Berlin sehnt euch mit heißem Herzen herbei!"

* Grüber, a. a. O.

** Wöhlermann, a. a. O.

„Wenck war in aller Munde, und jeder glaubte an eine Wendung im letzten Augenblick", schreibt Oberst Refior zu diesem Befehl.

„Am 23. April war nach langer Unterbrechung die Fernsprechverbindung zur 9. Armee wiederhergestellt worden. Ich sprach persönlich mit dem Chef des Stabes der Armee, Generalmajor Hölz, und erhielt von ihm folgenden Kampfauftrag: ‚Das LVI. Panzerkorps sichert die Nordflanke der Armee ...' Uns fiel allen ein Stein vom Herzen – der Gedanke, in den Ruinen von Berlin kämpfen zu müssen, hatte uns bedrückt ...

Es war mir vor allem darum zu tun, daß alle früher gegebenen Befehle in letzter Minute wieder geändert werden sollten. Außerdem wollte ich persönlich mit General Krebs sprechen, besonders über folgendes: General V. war am 23. April zurückgekommen und hatte mir gemeldet, daß der Führer den Befehl gegeben habe, mich zu erschießen, weil ich angeblich den Gefechtsstand des Korps nach Döberitz (westlich von Berlin) verlegt hätte, und daß gestern (am 22. April) schon irgendein General nach Döberitz geschickt worden wäre, um mich festzunehmen. Meiner Meinung nach konnte es sich nur um ein Gerücht oder um ein Mißverständnis handeln ...

Gegen 18 Uhr traf ich mit meinem Ia in der Reichskanzlei ein. Zugang in die unterirdische Stadt, in der Hunderte von Menschen lebten und arbeiteten, bestand von der Voßstraße her. Eine Kontrolle folgte der anderen; niedergeschlagen von alledem, was ich gesehen hatte, nach dem Durchschreiten eines langen Korridors, der mir endlos zu sein schien, gelangte ich schließlich in den sogenannten ‚Adjutanten-Bunker'. Die Generale Krebs und Burgdorf empfingen mich sehr kühl und zurückhaltend. Ich fragte sofort, was eigentlich vor sich gehe und weshalb ich erschossen werden solle. Am Ablauf der Geschehnisse der vorhergehenden Tage konnte ich sorgfältig und eindeutig nachweisen, daß sich mein Gefechtsstand oft nur 1–2 km von der vordersten Kampflinie entfernt befunden hat und daß die Verlegung des Befehlsstandes nach Döberitz die größte Dummheit bedeutet hätte. Beide Generale mußten eingestehen, daß offensichtlich ein Mißverständnis vorlag. Sie wurden bedeutend liebenswürdiger und sagten zu, meinen Fall unverzüglich beim Führer klären zu wollen ...

Über die Lage des Korps konnte ich dem General Krebs nur melden, daß der Befehl der 9. Armee sofort geändert werden müsse –

Aufgabe des LVI. Panzerkorps könne nur die Verteidigung von Berlin sein. Beide Generale gingen sofort zum Vortrag beim Führer. Ich beauftragte meinen Ia, dem Chef des Stabes des Korps die Änderung der Befehle anzukündigen. Nach dem Ferngespräch teilte mir der Ia, Major Knappe, mit, daß beim Korps ein Fernschreiben eingegangen war, wonach ich abgelöst und General Burmeister mit der Führung des Korps beauftragt sei. Meine Empörung war grenzenlos ... Das Schicksal, das schon viele meiner Kameraden vorher ereilt hatte, traf heute auch mich ...

Nach einer halben Stunde kamen beide Generale vom Vortrag zurück. Ich trat ihnen mit eisigem Gesicht entgegen und wollte mich verabschieden, damit ihre Befehle mein Nachfolger erhalten konnte. Doch zuvor ließ ich meinen Gefühlen freien Lauf und bekundete meine Empörung über die durch nichts begründete Maßnahme, die gegen mich getroffen worden war. Sie beruhigten mich und erklärten mir, daß der Führer sofort mit mir sprechen wolle. Der Befehl über meine Ablösung als Kommandierender General des Korps wurde natürlich außer Kraft gesetzt.

Erneut ein langer Marsch durch einen unterirdischen Gang zum Führerbunker, der etwa zwei Stockwerke tief unter der Erde lag. Erneut eine Kontrolle nach der anderen. Bei einem der letzten Posten wurden mir Pistole und Koppel abgenommen. Durch die Küche gelangten wir in eine Art von Kasino, in dem viele SS-Führer zu Abend aßen. Noch eine Treppe nach unten in das Vorzimmer des Führers. Dort warteten einige Männer, unter denen ich nur den Reichsaußenminister von Ribbentrop erkannte.

Krebs und Burgdorf führten mich rasch in das Zimmer des Führers. Hinter einem Tisch mit Landkarten saß der Führer des Deutschen Reiches. Bei meinem Eintritt wandte er den Kopf. Ich sah ein aufgedunsenes Gesicht mit den Augen eines Fieberkranken. Der Führer versuchte aufzustehen. Dabei bemerkte ich zu meinem Entsetzen, daß seine Hände und eines seiner Beine unaufhörlich zitterten. Mit großer Mühe gelang es ihm, sich zu erheben. Mit verzerrtem Lächeln gab er mir die Hand und fragte mit kaum vernehmbarer Stimme, ob er mir schon früher begegnet wäre. Als ich ihm erwiderte, daß ich ein Jahr zuvor, am 13. April 1944, auf dem Obersalzberg aus seiner Hand das Eichenlaub zum Ritterkreuz empfangen hätte, sagte er: ‚Ich erinnere mich an den Namen, aber an das Gesicht kann ich mich nicht mehr entsinnen.‘ Sein Gesicht glich einer lächelnden Maske. Hierauf setzte sich der Führer wieder mit Mühe in seinen Sessel. Sogar beim Sitzen war sein linkes Bein in unaufhörlicher Bewegung, das Knie bewegte sich wie ein Uhrpendel, nur etwas schneller*."

Die Sowjets besetzen Potsdam. Sie stehen am Teltowkanal, in Friedrichshain und in Tegel. Über Spandau erreichen sie Döberitz.

Göring will die Reichsgeschäfte an sich reißen. Er sitzt auf dem Obersalzberg und hört nichts aus Berlin. Gegen Mittag erscheint bei ihm sein Stabschef Koller, der sich in Wildpark-Werder isoliert gefühlt hat und im Einverständnis mit Jodl in einer He 111 von Gatow nach Bayern geflogen ist. Göring läßt sich von Koller berichten, wie es in Berlin aussieht. Koller sagt, der Führer wolle sich im Bunker erschießen, es sei aus. Sogleich schränkt er aber ein, daß bei seinem Abflug Hitler noch nicht tot gewesen sei. Der Stabschef schätzt, Berlin werde sich noch eine Woche halten können (womit er recht hat), doch werde die Stadt zu Land bald nicht mehr zu erreichen sein. „Durch seine Entscheidung von gestern nachmittag hat sich Hitler zum Kommandanten von Berlin gemacht und sich damit von der Staatsführung wie von der obersten Führung der Wehrmacht praktisch selbst ausgeschlossen", meint Koller ermutigend zum Reichsmarschall.

Ein am 29. Juni 1941, also wenige Tage nach Beginn des Rußlandfeldzugs, erlassenes Gesetz wird hervorgeholt, in dem Hitler bestimmt hatte, daß Reichsmarschall Göring sein Stellvertreter oder Nachfolger werden müsse, falls er, der Führer, ausfalle. Bouhler, Leiter der Reichskanzlei, und Lammers, Chef der Präsidialkanzlei, bestätigen Göring, daß das Gesetz noch gültig ist.

Gemeinsam fertigen sie ein Telegramm an Hitler an, dessen Inhalt besagt, Göring werde die Gesamtführung des Reiches übernehmen, falls er bis 22 Uhr desselben Tages keine anderslautende Weisung des Führers erhalte. Als das Telegramm abgegangen ist, glaubt sich Göring bereits im Besitz der vollen Gewalt; voll Tatendrang beschließt er, am nächsten Tag zu Eisenhower zu fliegen und mit ihm in einer Unterredung „von Mann zu Mann" die Kapitulation auszuhandeln.

Aber schon um 21 Uhr trifft die von Göring verlangte Antwort Hitlers ein. Sie ist bitterböse. Hitler läßt Göring fallen und erklärt, er

* General der Artillerie Helmut Weidling, „Der Endkampf in Berlin", Erstveröffentlichung in russischer Sprache in „Kriegsgeschichtliche Zeitschrift", Moskau 1961, Heft 10/11, zitiert nach „Wehrwissenschaftliche Rundschau", Potsdam 1962, Heft 1–3.

selbst sei seiner Handlungsfreiheit durchaus nicht beraubt und verbiete „jeden Schritt in der von Ihnen angedeuteten Richtung“.

Keitel und Jodl sind an diesem Tag noch einmal in den Bunker gekommen. Sie sehen ihren Führer zum letztenmal. Goebbels hat inzwischen die am Vortag gefaßten Entschlüsse in papierene Taten umgesetzt. Diese Aufrufe sind teils optimistisch: „Ehrenhaft und männlich wollen wir unsere Pflicht tun, dem ganzen Volk ein Vorbild tapferer Gegenwehr sein“, teils drohend: „Merkt euch: Jeder, der Maßnahmen, die unsere Widerstandskraft schwächen, propagiert oder gar billigt, ist ein Verräter!“

Es werden erste Anzeichen sichtbar, daß sich die Disziplin der Bevölkerung aufzulösen beginnt. In einigen Bolle-Läden wird ranzige Butter pfundweise ohne Marken und kostenlos abgegeben. Die Folge ist, daß es zu Schlägereien zwischen den Frauen kommt.

In der Reppichstraße hängt ein Soldat an einer Laterne: „Ich, Unteroffizier Lehmann, war zu feige, Frauen und Kinder zu verteidigen. Darum hänge ich hier.“

Am Abend haben die Sowjets Frohnau, den größten Teil von Pankow und Köpenick besetzt. Die U-Bahnlinien C, D und E stellen den Verkehr ein.

Die erste Ausgabe der Berliner Frontzeitung „Der Panzerbär“ erscheint. Die Unterzeile des Titels lautet: „Kampfblatt für die Verteidiger Groß-Berlins.“ In der ersten Nummer wird der oben zitierte Aufruf Goebbels' („Merkt euch . . .“) unter der Überschrift veröffentlicht: „Eine ernste Mahnung des Führers.“ Wer den „Panzerbär“ herausgegeben hat und wo er gedruckt wurde, läßt sich nicht mehr mit Sicherheit feststellen. Wahrscheinlich haben mehrere Angehörige des Propagandaministeriums im Zimmer von Hans Fritzsche, dem in Nürnberg freigesprochenen Radio-Kommentator des Großdeutschen Rundfunks, die Texte mehr zusammengehauen als geschrieben und sie bei Mosse oder Scherl gedruckt. Der „Panzerbär“ wurde Berlins letzte Zeitung der NS-Zeit.

24. April 1945

„Weidling wurde bereits an diesem ersten Abend (in Berlin, Anm. d. Verf.) klar, daß mit den zur Verfügung stehenden Kräften gegen die vielfache Übermacht des Russen der Kampf nur noch kurze Zeit zu führen war und daß es besser wäre, Berlin aufzugeben und Anschluß an die nach Westen zurückgehende Heeresgruppe Weichsel zu suchen (eine Möglichkeit, die der Berliner Bevölkerung viele Leiden, der kämpfenden Truppe Blut gespart und Tausende deutscher Soldaten vor langjähriger russischer Gefangenschaft bewahrt hätte).

Das LVI. Panzerkorps bestand bei seinem Eintreffen in Berlin aus:

18. Panzergrenadier-Division (Generalmajor Rauch); die Division war noch verhältnismäßig gut intakt und wurde sofort als Eingreifreserve herangezogen.

20. Panzergrenadier-Division (Generalmajor Scholz); von dieser Division waren nur Restteile vorhanden, sie hatte in den vorausgegangenen Kämpfen schwere Verluste erlitten. Der Divisionskommandeur beging kurz nach Eintreffen in Berlin Selbstmord.

Division ‚Müncheberg‘ (Generalmajor d. R. Mummert); stark angeschlagen, nur noch Restteile vorhanden.

9. Fallschirmjäger-Division (Oberst Herrmann); eine erst eine Woche vorher neu aufgestellte Division, die in den Kämpfen zwischen Oder und Berlin erheblich Federn lassen mußte . . .

SS-Division ‚Nordland‘ (SS-Brigadeführer Ziegler); diese Division machte einen noch relativ guten Eindruck. Leider gingen die Auffassungen über die weitere Kampfführung zwischen dem Divisionskommandeur und dem Kommandierenden General stark auseinander.

Ziegler hatte Sonderbefehle von Himmler und wollte nach Schleswig-Holstein abziehen, so daß in der letzten Phase des Kampfes Ziegler abgelöst werden mußte*.“

Am Morgen des 24. 4. ist General Weidling noch nicht Kampfkommandant von Berlin; vielmehr ist dies der zweite und letzte Tag von Oberst Kaethers kurzfristigem Gastspiel: „. . . traf Oberst Kaether ein. Er war mit der Ernennung zum Kampfkommandanten von Berlin vom Oberst zum Generalleutnant befördert worden. Diese Beförderung steht wohl einmalig in der deutschen Armee da, denn Kaether hatte den Dienstgrad des Generalmajors übersprungen. Neu war auch, daß diese Beförderung zum Generalleutnant nur für die Zeit gelten sollte, während der Kaether Kampfkommandant von Berlin war.

Am Abend desselben Tages verabschiedete ich mich von meinem

* Refior, a. a. O.

Stabe. Nur wenige Offiziere, darunter der Major i. G. Sprotte und der Hauptmann Tietze, traten zu meinem neuen Stab über, während der bisherige Chef des Stabes, Oberst Refior, in Berlin verbleiben mußte. Der Abschied war schwer. Trotz der kurzen Zeit der Zusammenarbeit hatte sich ein ausgesprochen gutes Vertrauensverhältnis im Stabe des Kampfkommandanten entwickelt. Wir waren uns über die dienstlichen Verhältnisse hinaus auch menschlich nähergetreten, was uns bei der bevorstehenden Trennung erst bewußt wurde. Dazu kam noch, daß für die in Berlin zurückbleibenden Angehörigen des Stabes mit Sicherheit zu rechnen war, daß sie fallen oder, was noch schlimmer war, in russische Gefangenschaft geraten würden.

Bei Einbruch der Dunkelheit verließ ich im Kraftwagen Berlin. Über die Avus ging es nach Potsdam. Die Straße war dicht belegt mit Fahrzeugen aller Art; Zivilisten und Soldaten verließen im tollen Durcheinander die Stadt auf der einzigen noch freien Straße. Während der Fahrt hörte man von Süden her deutlich die Abschüsse und Einschläge feindlicher Panzergeschütze. Es konnte sich nur noch um Stunden handeln, und der Russe schnitt auch diese letzte Verbindungsstraße Berlins mit der Außenwelt ab. Ich erreichte Potsdam und führte dort mit den Resten der Armeegruppe Spree, und was sonst an Kräften zusammenzuraffen war, den Kampf gegen den von allen Seiten auf Potsdam eindringenden Russen*."

„Die Einkreisung Berlins stellt für die deutsche Armee nicht nur einen schrecklichen Schlag von militärischer, sondern gleichzeitig von moralischer und politischer Bedeutung dar. Mit diesem Schlag wird Deutschland in etliche Teile *zerstückelt*" („Prawda").

„Jeden Augenblick kann die Nachricht eintreffen, daß die Sowjetflagge über der Reichskanzlei weht" („Times").

„Am Nachmittag dieses Tages nahm ich mit dem im Flak-Leitturm sitzenden Artilleriekommandeur des Verteidigungsbereiches Berlin, Oberstleutnant Platow, Verbindung auf. Gleichzeitig erkundete ich, was in dem Steinhaufen sehr schwierig war, Stellungen und sah mir einige der bereits in Stellung gegangenen Batterien des Verteidigungsbereiches an. Im ganzen gab es für die Divisionsabschnitte in Berlin vier Artillerieregimenter, für die aber, soweit ich mich erinnere, insgesamt nur acht bis zehn Zugmaschinen zur Verfügung standen. Hierzu kam nun noch die Artillerie unserer vier Divisionen (des LVI.

* Reymann, a. a. O.

Panzerkorps; Anm. d. Verf.) und das Volksartilleriekorps 408, sämtlich mit überaus starken Geschützverlusten und fast ohne jede Munition. Wenn ich nicht als geborener Berliner meine Vaterstadt in- und auswendig gekannt hätte, wäre es fast unmöglich gewesen, den Batterien in kürzester Zeit Stellungen zuzuweisen. So aber wußte ich, ohne viel auf die Karte sehen zu müssen, wo geeignete Stellungsräume vorhanden waren. Bei den vorwiegend vorhandenen Flachfeuergeschützen boten sich ja tatsächlich nur der Tiergarten und einige größere Plätze, wie der Lützowplatz, Belle-Alliance-Platz, Lustgarten, Alexanderplatz usw. und das Eisenbahngelände vom Potsdamer und Anhalter Bahnhof im Innern der furchtbar zerstörten Millionenstadt an. So standen auf dem Belle-Alliance-Platz, dem Lützow- und Steinplatz die Mörser, während das genannte Bahngelände für schwere Flachbahngeschütze geeignet war. Gegen Abend suchte ich noch eine 15-cm-Batterie im Botanischen Garten, dicht neben meiner Berliner Wohnung, auf*."

„Nach Durchschreiten von Nauen, wo wir mitten auf der Straße ohne eigene Verluste einen Angriff von Fliegern erlebten, fuhren wir bis zum nächsten Ort, Wustermark, weiter. Dessen Ostteil lag unter feindlichem Artilleriefeuer, auch die Straße wurde vom Gegner abgestreut. Wir entschlossen uns, wieder rückwärts zu fahren und dann einen mir aus dem Frieden bekannten Weg zu benutzen, der zum Ort Ketzin führte, kurz vor welchem man dann über Marquardt nach Westberlin hereinkommen konnte. Wir waren von der großen Chaussee aus vielleicht sechs Kilometer vorgekommen, als wir feststellen mußten, daß von Südwesten her, etwa aus der Gegend Paretz, gleichzeitig aber auch aus nordöstlicher Richtung von Priort, südlich Wustermark, einzelne sowjetische Schützen mit großer Vorsicht durch das sonst ruhige, zum Teil baumbestandene Gelände gegeneinander vorrückten. Wir waren in der Lücke zwischen ihnen und mußten uns sagen, daß da, wo wir uns befanden, der Ring um Berlin wohl gerade geschlossen werden sollte. Der Abstand der Schützen von uns war nach beiden Seiten noch mehr als eine Gewehrschußentfernung weit, so daß einige vom Süden her auf uns abgegebene Schüsse keinen Schaden anzurichten vermochten. Beide Spitzen machten, als sie unser ansichtig wurden, halt und gingen in kleinen Baumgruppen in Deckung.

* Wöhlermann, a. a. O.

Für mich ergab sich die Frage, ob es möglich und richtig sei, unseren Weg wie geplant fortzusetzen. Voraussichtlich standen wir vor dem letzten vom Feind noch nicht versperrten Zugang zur Stadt. Andererseits mußten wir bei den vor uns liegenden Gehöften von Falkenrehde einen Schiffahrtskanal überqueren. War der mir von meinen Fahrten im Frieden als massive Sandsteinbrücke in Erinnerung gebliebene Übergang noch intakt? Sollte das nicht der Fall sein, saßen wir vor dem Wasser fest und konnten es erleben, daß die beiderseitigen Spitzen der Sowjets, einander die Hand reichend, die Klappe hinter uns zumachten! Es war eine Entscheidung, dic schnell getroffen werden mußte und die mir niemand abnehmen konnte. Unserer äußeren Ehre hätte es, zumal nach alledem, was uns unterwegs an Auflösungserscheinungen begegnet war*, keinen Abbruch getan, wenn ich . . . den Rückweg befohlen haben würde. Was in meinem Gewissen dagegen sprach, war meine noch aus dem Ersten Weltkrieg stammende soldatische Auffassung. Sie ließ es nicht zu, daß ich in meiner Dienststellung die Erfüllung eines von mir übernommenen Auftrages ohne Ausschöpfung auch der letzten Möglichkeiten aufgab . . .

Ich befahl, die Sowjets, die uns aus der Entfernung dann vielleicht für eigene Kräfte halten würden, überhaupt nicht zu beachten, sondern in aller Ruhe so weiterzufahren, als ob wir unsererseits die noch offene Lücke des Einschließungsringes besetzen wollten. In der Tat wurde das von der anderen Seite wohl auch angenommen, denn beide Spitzen setzten ihr gegenseitiges Vorrücken nicht fort. Unangefochten kamen wir zu . . . der über den Kanal führenden Brücke. Ich hatte mich über ihren massiven Bau nicht geirrt. Die Fahrbahn war in der beim Volkssturm üblichen Weise leicht gesperrt. Wir gingen gleich daran, das Hindernis wegzuräumen. Ich stand dabei unmittelbar am diesseitigen Brückenlager. Plötzlich erfolgte eine starke Detonation, und die Steinbrocken flogen mit Getöse um uns herum. Mir selbst und anderen brachten sie unangenehme Quetschungen bei. Ein neben mir stehender Grenadier erlitt schwere Beinverletzungen. Mein Kübelwagen wurde bewegungsunfähig.

Die Möglichkeit, mit Fahrzeugen in die Stadt zu kommen, war bei den steilen Kanalufern damit vorbei. Obendrein mußten wir die Auswirkungen des Lärmes auf die zunächst hinter uns liegengebliebe-

* Kurz vorher war Krukenberg „singenden Soldaten begegnet, die als Grund für ihre gute Stimmung angeben, der Krieg sei für sie zu Ende, da die Sowjets aufgrund von Abmachungen mit den Verbündeten nicht weiter folgen könnten . . .“

nen Sowjets fürchten. Wir luden deshalb alles, was bei einem Fußmarsch irgendwie mitzutragen war, ab. Der Schwerverletzte, den der in meinem Stabe mitgenommene deutsche Arzt inzwischen versorgt hatte, wurde auf einen Wagen gehoben. Die vier Fahrzeuge fuhren dann, für die Sowjets nunmehr sichtbar leer, in betont langsamem Tempo zwischen den in der Entfernung liegengebliebenen feindlichen Spitzen hindurch auf dem alten Weg zurück. Sie sind heil zurückgekommen.

Es war etwa 15 Uhr nachmittags geworden, bis wir über die Trümmer der Brücke das andere Ufer erreicht ... hatten. Wir entdeckten dabei in der Nähe drei Volkssturmmänner, die sehr erstaunt waren, daß es sich bei uns um Deutsche handelte. Sie hatten nicht damit gerechnet, daß in der derzeitigen Lage sich jemand freiwillig noch nach Berlin hineinbegeben wolle. In der Annahme, wir müßten Sowjets sein, hatten sie deshalb bei unserem Erscheinen eine ... in die Brückenpfeiler eingebaute Sprengladung zur Entzündung gebracht und sich nach Erfüllung dieses Auftrages zurückgezogen. Von sonstigen in der Gegend befindlichen Kräften des Verteidigungsbereiches war ihnen nichts bekannt. Wir selbst trafen auf unserem Marsch, der uns an Schloß Marquardt vorbei über Glienicke-Gatow nach Pichelsdorf führte, ebenfalls keine Soldaten, wenn man eine Fahrradpatrouille von drei Hitlerjungen mit je einer Panzerfaust nicht als solche ansehen wollte. Die im Zuge der Heerstraße Berlin-Spandau über Havel und Stössensee führenden großen Brücken, deren Besitz für Verteidiger wie Angreifer von hoher Bedeutung sein mußte, lagen zwar gesperrt, aber sonst ebenfalls ungesichert da. Ich fragte mich, wie es denn überhaupt um die Abwehr sowjetischer Überraschungsvorstöße bestellt sein möge ...

Nach einem über zwanzig Kilometer langen ... Fußmarsch kamen wir gegen 22 Uhr beim Reichssportfeld an. Es glückte uns, dort in der Nähe ein verlassenes Verpflegungsmagazin der Luftwaffe zu entdekken. Die reichlich gefundenen Vorräte, vor allem auch Schokolade, halfen die ermüdeten Franzosen wieder zu ermuntern. In den Häusern an der Heerstraße waren Dienste verschiedenster Art untergebracht, die sich – wie Musik und Lärm aus ihrem Inneren verriet – durch die Lage keineswegs stören lassen wollten. Ich beschlagnahmte als Ersatz für die uns verlorengegangenen Fahrzeuge für mich einen der zahlreich vor den Türen stehenden Pkws. Ich ... fuhr kurz vor Mitternacht in Begleitung meines Adjutanten über den Reichskanzlerplatz, die Bismarckstraße und die Charlottenburger Chaussee zum Brandenburger Tor und von dort durch die Wilhelmstraße zur Reichskanzlei. Soldaten oder Verteidigungsmaßnahmen irgendwelcher Art sind uns auch auf diesem Wege nicht begegnet. Die Straßen lagen völlig ruhig da, angehalten wurden wir nicht*."

„Es war gegen 11 Uhr, als ich aus der Reichskanzlei angerufen wurde; ich sollte sofort zu General Krebs kommen. General Krebs erklärte mir folgendes: ‚Bei Ihrem Bericht gestern abend haben Sie auf den Führer einen guten Eindruck gemacht, er ernennt Sie zum Kommandanten der Verteidigung von Berlin.' Ich sollte umgehend zum Befehlsstand des Verteidigungsbereichs (Hohenzollerndamm) fahren und alles übernehmen. Ich erwiderte: ‚Es wäre besser, wenn Sie befohlen hätten, mich zu erschießen, dann ginge dieser Kelch an mir vorüber.' (Hierbei war General Burgdorf zugegen.)**"

Zehlendorf, Tempelhof und Neukölln werden von den Sowjets genommen. Der „Völkische Beobachter" stellt sein Erscheinen ein. Hitler läßt auf dem Obersalzberg Göring, Lammers, Bouhler, Koller und andere durch ein SS-Kommando verhaften. In Hermsdorf setzen die Sowjets den ersten Bürgermeister ein. Der Verteidigungsbereich wird umgegliedert: Je zwei Abschnitte werden zu einem zusammengelegt und die Divisionen Weidlings als „Korsettstangen" zwischen die Volkssturmbataillone eingeschoben.

In die „Kampfgruppe Mohnke" werden auch Frauen aufgenommen. Man sieht die ersten Bilder, auf denen Frauen und Mädchen mit der Panzerfaust im Anschlag als Gefallene gezeigt werden.

Die OKH-Führungsstaffeln werden zur Verteidigung eingesetzt.

Es wird um den Flugplatz Tempelhof gekämpft. Die am Verwaltungsgebäude vorbeiführende Straße und der davorliegende Platz (der heutige „Platz der Luftbrücke") gleichen einem Heerlager. Rauchschwaden und Chlordämpfe hängen in der Luft; detonierende Werfergeschosse, Motorenlärm, die Schreie Verwundeter erfüllen die infernalische Szene. Ein Haus nach dem anderen stürzt unter dem Artilleriebeschuß zusammen.

* Dr. jur. G. Krukenberg, Brigadeführer und Generalmajor der Waffen-SS, „Kampftage in Berlin", Ms. Krukenberg schildert hier seinen Weg von Neustrelitz nach Berlin mit einem Stab von 90 Mann, vorwiegend französische Freiwillige. Er war Kommandeur der SS-Division „Charlemagne" gewesen und sollte jetzt die SS-Division „Nordland" übernehmen.

** Weidling, a. a. O.

Generaloberst Jodl erläßt an alle Kommandeure, deren Truppen gegen die westlichen Alliierten kämpfen, die Weisung, sämtliche verfügbaren Kräfte seien „gegen den bolschewistischen Todfeind" einzusetzen; auf Geländeverluste gegenüber den Angloamerikanern käme es jetzt nicht mehr an.

Am späten Abend versucht Hitler, die Befehlsverhältnisse im Süden des Reiches zu ordnen. Die Lösung, auf die er verfällt, beweist, daß er den Zusammenbruch vom 22. April überwunden hat. Er will wieder selber führen, und das heißt: die Zuständigkeit in gewohnter Weise aufteilen. Feldmarschall Kesselring erhält nicht, wie zunächst geplant, die volle Befehlsgewalt. Er bleibt Oberbefehlshaber West; Chef des Führungsstabes Süd (B) wird General Winter, der damit dem OKW untersteht. Dieses ist auf seiner Wanderung nach dem Norden inzwischen in Neu-Roffen bei Rheinsberg angelangt, wo es bis zum 29. April bleibt.

Der Befehl ist vom 25. April datiert, aber noch in der Nacht des 24. abgefaßt worden. Es heißt darin:

„1. OKW ist mir für die Fortführung der Gesamtoperationen verantwortlich.

2. Es führt nach meinen Weisungen, die ich durch den bei mir befindlichen Chef des Generalstabes des Heeres übermitteln lasse.

3. Die Führungsaufgabe des Führungsstabes A unter Großadmiral Dönitz tritt vorläufig nicht in Kraft.

4. Hauptaufgabe OKW: Durch Angriff mit allen Kräften und Mitteln und unter größter Beschleunigung von Nordwesten, Südwesten und Süden her eine breite Verbindung mit Berlin wiederherzustellen und damit die Schlacht von Berlin siegreich zu entscheiden."

Es wäre ebenso realistisch gewesen, den Befehl zu erlassen, daß der Oberkommandierende der Mars-Armeen sich zur siegreichen Beendigung der Schlacht von Berlin unverzüglich mit 80 Mars-Divisionen auf die Erde zu begeben habe. Am gleichen Tag vereinigen sich die Truppen Schukows und Konjews bei Ketzin und schließen damit den Ring um Berlin; General Krukenberg war, wie aus seinem oben angeführten Bericht hervorgeht, Zeuge ihrer Begegnung. Schon beginnen die Sowjets in den von ihnen besetzten Stadtteilen mit dem Aufbau einer neuen deutschen Verwaltung.

Für Jodl aber bedeutet dieser Befehl, daß er ein jahrelang angestrebtes Ziel endlich erreicht hat: die Führungsspitze wird vereinfacht, das OKH aufgelöst bzw. in das OKW eingegliedert, die

Stäbe des Generalstabes und des Wehrmachtführungsstabes miteinander vereinigt, und der Chef dieses neuen, alles umfassenden Gebildes heißt – Jodl.

Zwar ist diese Umgliederung für das Schicksal Berlins praktisch bedeutungslos, doch ist der Befehl deshalb wichtig, weil er zeigt, daß Hitler tatsächlich noch einmal geglaubt hat, die Lage in die Hand bekommen zu können.

25. April 1945

Am Vortag war Generalmajor Krukenberg mit einem in der Nähe des Reichssportfeldes „organisierten" Kraftwagen durch das leere Berlin gefahren. Jetzt, kurz nach Mitternacht, steigt er in die Bunkerquartiere der Reichskanzlei hinab:

„Es war am Mittwoch, dem 25. 4., gegen 0.30 nachts, als wir in der Voßstraße vor dem dort in den Bürgersteig eingelassenen Bunkereingang der Reichskanzlei hielten. Obgleich wir den unten befindlichen Posten völlig unbekannt waren, wurden wir auf meine Frage nach General Krebs ohne jegliche Kontrolle in das Innere der Räume geführt. Als sich herausstellte, daß der Genannte zur Zeit nicht da war, setzte man uns zum Warten in die Fernsprech- und Funkzentrale. Ich konnte von da, unter dem sowjetischen Einschließungsring hindurch, der Heeresgruppe in Prenzlau mein Eintreffen in Berlin melden. Im übrigen saßen wir völlig unbeachtet drei Stunden lang da und malten uns aus, welche Chance für ein sowjetisches Kommando-Unternehmen in der von uns auf der ganzen Fahrt und jetzt hier festgestellten Sorglosigkeit gelegen hätte. Gegen vier Uhr früh wurden wir zu General Krebs geführt, mit dem ich . . . vielfache dienstliche Berührung gehabt hatte. Neben ihm stand der mir bis dahin unbekannte Wehrmachtsadjutant von Hitler, General der Infanterie Burgdorf. Beide waren über mein Erscheinen sehr erstaunt. General Krebs sagte wörtlich: ‚Wir haben in den letzten 48 Stunden vom OKW aus an eine ganze Reihe von Offizieren, aber auch an Truppeneinheiten außerhalb Berlins den Befehl gegeben, zur Verstärkung der Verteidigung unverzüglich hierher zu kommen. Sie sind der einzige, der eingetroffen ist!' . . . Auf die Schilderung meiner Erlebnisse bei Ketzin hin meinte er, daß es sich nur um ganz schwache, vorgeschobene Kräfte handeln könne, die von der Armee Wenck leicht beiseite gedrückt werden würden. (Es waren zwei sowjetische Armeen.) General Krebs befahl mir, mich in den Vormittagsstunden beim Kommandierenden General des LVI. Panzerkorps, General der Artillerie Weidling, zu melden. Meine Berufung nach Berlin sei auf dessen Antrag hin erfolgt . . . Nach Erhalt dieser Weisungen fuhren wir gegen fünf Uhr früh zum Reichssportfeld zurück. Der Morgen graute. Der Himmel war klar. Es war kühl. Westberlin lag völlig ruhig da. Kräfte des Verteidigungsbereichs sahen wir auch auf unserer Rückfahrt nicht. Das war ebensowenig der Fall, als wir nach kurzer Pause vom Westend durch den Bezirk Grunewald zum Hohenzollerndamm fuhren. Der Betrieb im Gebäude des Generalkommandos machte einen durchaus friedensmäßigen Eindruck. Das Hochheben eines geschlossenen Soldbuches genügte als Kontrolle! Auf den Gängen standen Offiziere, aber auch Zivilpersonen sowie Sekretärinnen herum. Während mein Adjutant wartete, wurde ich zunächst zum Chef des Generalstabes des LVI. Panzerkorps, Oberst von Dufving, geführt. Anschließend konnte ich mich allein bei General Weidling melden. Dieser machte einen alles andere als zuversichtlichen Eindruck, was mir bei der ganzen Lage nur allzu erklärlich war . . . Er sagte, außer seinem stark angeschlagenen Panzerkorps habe er schlecht bewaffneten Volkssturm, kaum einsatzfähige Alarmeinheiten, Luftwaffenhelfer und Hitlerjugend . . .

In Gegenwart seines hinzukommenden Chefs sagte mir dann General Weidling, daß der Südosten der Stadt als Verteidigungsabschnitt C der zu seinem Panzerkorps gehörenden 11. Freiwilligen SS-Panzergrenadier-Division ‚Nordland' anvertraut sei. Anscheinend halte deren Führer aber seine Truppe nicht mehr zusammen . . . Ich sei nach Berlin geholt worden, um ihn zu ersetzen . . .

Als Gefechtsstand der ‚Nordland', mit der übrigens seit einiger Zeit jede Fernsprechverbindung abgerissen sei, wurde mir die ‚Hasenheide' zwischen den Bezirken Kreuzberg und Neukölln angegeben. Ich fuhr dahin und sah in der Straße ein von zahlreichen, völlig ungedeckt dastehenden Kraftwagen umgebenes Haus, in dem ich, auch ohne daß eine Kommandoflagge zu erblicken war, mit Recht den Divisionsstab vermutete. Leider hatten sowjetische Flieger von oben her denselben Eindruck und kurz vorher eine schwere Bombe auf das Gebäude geworfen. Die oberen Stockwerke waren zerstört. Als ich ankam, quollen immer noch Staubwolken aus ihnen heraus. Die Besatzung befand sich im Erdgeschoß. Sie war von dem Bombeneinschlag stark mitgenommen. Überall lagen Verletzte herum. Zwischen ihnen in der Ecke eines Raumes traf ich auch den Divisionskommandeur. Er . . . hatte seine Ablösung erwartet und sagte mir, länger als 24 Stunden würde auch ich den Posten nicht behalten. Die Verteidigung Berlins sei eine unlösbare Aufgabe. Man suche deshalb oben ‚Schuldige'. Auf meine Frage, welche Kräfte er zur Zeit in vorderster Front eingesetzt habe, nannte er die mich sehr erschreckende Zahl von 70 Mann. (Der von Krukenberg aus Neustrelitz mitgebrachte „Stab" – eigentlich ein Kampfkommando – war 90 Mann stark. Anm. d. Verf.) Die übrige Truppe, meinte er, sei zu erschöpft gewesen. Sie werde aber von sich aus wieder zusammenkommen . . . Die Hasenheide lag unter leichtem Artillerie-Streufeuer. Schwache Gruppen der ‚Nordland' sicherten sie und das Nachbargelände gegen Überraschungsangriffe. Weiter vorn traf ich nur Volkssturm. Mit Beute-Gewehren bewaffnet, für die sie nur einen knappen Munitionsvorrat besaßen, machten seine Männer einen verlassenen Eindruck . . . Ich fand ihren Führer, einen Kreisleiter, am Hermannplatz in dem an der Ecke Hasenheide/Kottbusser Damm gelegenen großen Gebäude, von dessen erstem Stock aus man einen weiten Überblick hatte . . . Auf meine Frage nach der Lage meinte er, daß die Sowjets von Osten her im Vorrücken seien und der Bezirk Treptow schon seit dem Vortage in ihrer Hand sei. Er habe schwache Postierungen bis an den Urban-Damm und die Sonnenallee vorgeschoben. Irgendwelchen Widerstand dürfe man aber von ihnen nicht erwarten . . .

Während wir noch über die Möglichkeit sprachen, die Abwehr vorn zu verbessern, sahen wir plötzlich aus dem Fenster, wie auf der gegenüberliegenden Seite des Hermannplatzes zwei Sowjetpanzer auffuhren und ihr Feuer eröffneten. Ihr zunächst vereinzeltes Auftreten ließ mir ihre Nahbekämpfung nicht ohne Erfolgsaussicht erscheinen. Ich sagte dem Kreisleiter, daß ich – auch zur Entlastung seiner Männer – das Nötige anordnen würde. Ich . . . kehrte, von einer leichten Granatsplitterverletzung im Gesicht abgesehen, heil zur Befehlsstelle in der Hasenheide zurück. Das Kommando vom Reichssportfeld war inzwischen eingetroffen . . . Ich setzte die Hälfte der französischen Panzervernichtungstrupps unter dem Hauptmann Fonet auf die jenseits des Hermannplatzes gesichteten und weiter zu erwartenden Sowjetkräfte an . . . Es gelang den Franzosen im Laufe der Abend- und Nachtstunden, vierzehn Sowjetpanzer aus nächster Nähe zu erledigen, worauf der Gegner in diesem Bereich sein

Vordringen zunächst aufgab. Auch späterhin zeigte sich immer wieder, daß eine Gegenwirkung, sei es auch nur die eines einzelnen MGs, genügte, um die Sowjets zur Aufgabe frontaler Angriffsabsichten zu veranlassen. An der Halensee-Brücke haben drei Männer des Reichsarbeitsdienstes mit einem MG eine ganze Kompanie Sowjets über 48 Stunden lang zurückgehalten*."

So beginnt der letzte Kampf einer Handvoll Freiwilliger, die zunächst in Neukölln, dann in der Stadtmitte durch den Mut und die Geschicklichkeit, mit denen sie auf Panzerjagd gingen, das sowjetische Vordringen empfindlich störten. Das letzte in der Wehrmacht verliehene Ritterkreuz erhielt der französische Unteroffizier Eugène Vaulot, den Krukenberg von der Division „Charlemagne" mitgebracht hatte.

In den Reihen der Roten Armee kämpften als fremde Kontingente nur Polen in geschlossenen Einheiten von Kompanie- bzw. Bataillonsstärke. Im Verteidigungsbereich Berlin wurden sie vor allem in den Vororten Spandau und Potsdam sowie in den Stadtteilen Grunewald, Siemensstadt, Moabit, Charlottenburg und Tiergarten eingesetzt. Sie waren sowjetischen Divisionen eingegliedert. Nach – vermutlich stark übertriebenen – polnischen Angaben handelte es sich um 200 000 Mann, die sogar 250 Panzer mitgebracht haben sollen.

Unter Hitlers Fahne kämpften in Berlin als Reste der „europäischen" SS-Verbände Vertreter fast aller europäischen Völker. Wir finden Belgier, Holländer, Dänen, Norweger, Schweden, Esten, Letten, Ukrainer, Galizier, Siebenbürger, Schweizer, Franzosen und Spanier. Am zahlreichsten waren die Franzosen und Spanier. Daß die Franzosen sich vor allen anderen „Beutegermanen", wie sie im NS-Jargon genannt wurden, durch ihre Bravour hervortaten, ist das Verdienst ihres Kommandeurs Krukenberg. Bereits in Neustrelitz hatte er seine Rest-Division „Charlemagne" antreten lassen und ihr eröffnet, General de Gaulle sei im Begriff, ein neues, freies Frankreich aufzubauen, und wer nicht mehr mit der Waffe kämpfen wolle, solle sich melden; es werde ihm nichts geschehen, und er werde künftig nur noch mit Schanzarbeiten beschäftigt werden. Zwei Drittel der Division entschieden sich in diesem Sinn. Dank diesem in der großdeutschen Wehrmacht vermutlich einmaligen Vorgang waren die neunzig Franzosen, mit denen Krukenberg dann nach Berlin kam,

* Krukenberg, a. a. O.

Freiwillige von Freiwilligen, die nicht für Hitler, sondern für Europa gegen die Sowjets weiterkämpfen wollten. Außer Krukenberg, ihrem militärischen Führer, hatten die Franzosen in ihrem Divisionsgeistlichen, Monsignore Comte Mayol de Lupé, einen geistigen Führer, den man vielleicht treffender noch als weltanschaulichen Einpeitscher bezeichnen kann. Er übte auf die jungen Soldaten einen sehr großen Einfluß aus.

Krukenberg hielt seine Männer für zu schade, an einem vergleichsweise unwichtigen Abschnitt „verheizt" zu werden, und so erreichte er, daß seine Truppe von Neukölln ins Stadtzentrum verlegt wurde, in den Abschnitt Z (Zitadelle). Mit einer Zitadelle hatte dieser Abschnitt allerdings nichts zu tun, denn es waren keinerlei entsprechende militärische Vorbereitungen getroffen worden. Vielmehr war es das Zentrum von Berlin, wie es immer gewesen war, Sitz der Banken, der großen Kaufhäuser, der großen Verlage, des Textil- und Pelzhandels – nur lag eben alles in Trümmern und war ausgebrannt oder brannte noch.

Obwohl das Berliner Telefonnetz im großen und ganzen noch funktionierte, wurden die höheren Offiziere, etwa vom Abteilungskommandeur aufwärts, von den noch höheren Offizieren in Weidlings Verteidigungsstab und im Führerbunker nicht etwa fernmündlich vom häufigen Wechsel ihrer Kommandos und Aufträge verständigt, sondern man schickte sie zum Befehlsempfang in der Stadt hin und her. Die Leistung, bei dieser Gelegenheit nicht verwundet oder erschossen worden zu sein, scheint der wesentliche Beitrag der deutschen Kommandeure zur Verteidigung Berlins gewesen zu sein. Wenn sie sich trafen, konnte der Untergebene meist nur berichten, es sei wieder ein Stück Berlins in seinem Abschnitt russisch geworden, und der Vorgesetzte ihm versichern, das sei alles nicht so schlimm, denn jetzt käme ja bald . . . Was bald kommen sollte, hieß je nach den Umständen Steiner, Wenck, Busse oder die endgültige Entzweiung der Alliierten. Von Wunderwaffen versprach man sich seitens des Militärs in diesem Stadium der Entwicklung nichts mehr.

Weidlings Artilleriekommandeur, Oberst Wöhlermann, hatte zunächst den Befehl erhalten, den Verteidigungsabschnitt D von Zehlendorf bis Tempelhof zu übernehmen, aber wenige Stunden später wurde ihm in Tempelhof die Anweisung erteilt, er habe sich beim Kampfkommandanten am Hohenzollerndamm zu melden. Es trat, schreibt er, „eine neue Befehlsregelung ein, und zwar ohne daß ich erschossen wurde". Er lud alle seine Offiziere in ein „Kfz. 15" und machte sich mit ihnen auf den Weg. Er schildert ihn folgendermaßen:

„Wenn ich hier von dieser Fahrt berichte, so geschieht dies nicht, um unser persönliches Erleben zu schildern, sondern um damit zu zeigen, wie es an jenem 25. April bereits mitten in Berlin aussah. Als wir gerade die vom Kreuzberg abfallende Belle-Alliance-Straße befuhren, erschien in beachtlicher Stärke ein sowjetischer Bomberverband in höchstens 1000 Meter Höhe über dem Häusermeer der südlichen Riesenstadt. Wir befanden uns wenige hundert Meter vor den zahlreichen Unterführungen der Potsdamer und Anhalter Bahn am Bahnhof Yorkstraße, als wir feststellten, daß sämtliche Bomber ausklinkten. Der Wagen war kaum zum Stehen gekommen, als die ersten dicken Brocken aufs Pflaster und in die Häuser niederrasselten. Ich hätte es mir . . . nie träumen lassen, daß ich, ungeachtet des Drecks und der Nässe, noch einmal klein und häßlich in einem Berliner Rinnstein lang liegen würde, gerade über einem Gully, weil dort die tiefste Stelle war. Wir hatten für den Empfang der Bomben eine unglückliche Stelle gewählt. Auf der breiten Yorkstraße gab es aber sonst keinen Schutz. Wir hielten gerade an der Südseite des Anhalter Bahngeländes, das durch ein massives Eisengitter von der Straße abgeschlossen war. Häuser mit Kellern waren nicht in der Nähe. Endlich entdeckten wir eine durch frühere Bomben verursachte Bresche im Eisengitter und huschten in ein auf der anderen Seite befindliches Lagergebäude, das natürlich nur einen dürftigen Schutz bot. Erfreulicherweise hatte der Wagen so gut wie nichts abbekommen. Nachdem wir uns etwas verpustet hatten, ging's weiter. Aber schon wenige Meter weiter entdeckten wir einen neuen, anfliegenden Bomberverband, dem es wohl auch die vielen Eisenbahnbrücken angetan hatten. Jetzt nahmen wir in einer Toreinfahrt der Stubenrauchstraße Zuflucht. Auch die sowjetische Artillerie sandte uns einige Grüße . . . Da auch einige schwere Artilleriekaliber heranrauschten, wurde es uns allmählich klar, daß wir in einen von der feindlichen Luftwaffe und Artillerie zusammengefaßten Feuerüberfall auf die Eisenbahnbrücken geraten waren . . . Zwischen Lutherkirche und Großgörschenstraße, wo wohl die Masse des zweiten Bombenabwurfes heruntergekommen war, sah es wüst aus*."

Für die Fahrt von den Eisenbahnbrücken an der Yorkstraße bis zum

* Wöhlermann, a. a. O.

erhaltengebliebenen Gebäude des damaligen Generalkommandos braucht man mit dem Wagen bei normalem, d. h. dichtem Verkehr etwa 12 bis 13 Minuten. Wöhlermann war mehrere Stunden unterwegs und passierte dabei Schöneberg, die Gegend bei der Gedächtniskirche, die Ost-West-Achse, den Funkturm und stieß quer durch Grunewald und Schmargendorf auf einer das Ziel fast im Dreiviertelkreis umgehenden Route zum Hohenzollerndamm durch. Dort wurde ihm lediglich gesagt, er solle seinen Befehlsstand als Artilleriekommandeur im Flakleitturm des Zoobunkers beziehen – wo er zwei Stunden früher vorbcigcfahren war.

Der neue Kampfkommandant Weidling hatte sich im Laufe des Tages mit seinen Aufgaben vertraut gemacht, hatte Eindrücke von der „Lage“ gesammelt und stieg gegen 22 Uhr zum Führerbunker hinab, um zu berichten:

„Um 22 Uhr traf ich in der Reichskanzlei mit dem Bericht über die Lage ein. Der Führer saß wieder hinter seinem Tisch mit den Karten. Der verhältmismäßig kleine Raum war voll von Menschen. Gegenüber dem Führer auf einer Bank an der Wand saß Dr. Goebbels. Zur Rechten vom Führer und hinter ihm standen die Generale Krebs und Burgdorf, der Reichsleiter Bormann, Staatssekretär Dr. Naumann, der Vertreter des Kreisleiters von Berlin, Schach, Botschafter Hewel, die Adjutanten des Führers: Major Johannmeier (W. schreibt irrtümlich Meier; Anm. d. Verf.) vom Heer, Sturmbannführer Günsche von der Waffen-SS, Oberst von Below von der Luftwaffe, ferner der Verbindungsoffizier von der Kriegsmarine, Konteradmiral Voss (dem Adjutanten des Führers von der Kriegsmarine bin ich in den letzten Tagen nicht begegnet). In den letzten Tagen nahmen an den Besprechungen noch teil: der Führer der deutschen Jugend, Axmann, der Betreuer der Verbände, die aus Angehörigen des Bundes der ‚Hitlerjugend‘ gebildet und in Berlin eingesetzt waren, und SS-Brigadeführer Mohnke, Kommandeur der SS-Kampfgruppe, dem die Verteidigung des Regierungsviertels oblag. Er war dem Führer unmittelbar unterstellt.

Alle Anwesenden hörten mit gespannter Aufmerksamkeit meinem Bericht über die Lage zu. Ich begann mit der Feindlage, wie sie uns in den letzten Tagen bekanntgeworden war. Hierfür hatte ich schon vorher auf einem großen Bogen eine Skizze mit den Stoßrichtungen des Gegners anfertigen lassen. Ich stellte die Zahl der uns angreifenden Divisionen der Zahl, dem Zustand und der Ausrüstung der uns im Verteidigungsbereich zur Verfügung stehenden Divisionen gegenüber. An der Lagekarte wurde klar ersichtlich, daß der Ring um Berlin bald geschlossen sein würde. (Er war bereits geschlossen. Anm. d. Verf.) Die Lage der eigenen Truppen trug ich anhand eines Stadtplanes von Berlin vor. Trotz der erfolgreichen Abwehr der gegnerischen Angriffe an allen Abschnitten war unsere Frontlinie langsam, aber sicher auf das Stadtzentrum zurückgedrängt worden*."

An diesem Tag, etwa zur gleichen Zeit, da Oberst Wöhlermann auf dem Gullydeckel in der Yorkstraße lag, wanderte der sowjetische Schriftsteller und Kriegsberichterstatter Guss in Zivil durch besetzte Straßen im Osten Berlins. Er schrieb in sein Notizbuch:

„Der Luftschutzkeller befindet sich unter dem Zementblock, der sich im Hof erhebt. Petroleumlampen brennen. Strom gibt es schon lange nicht mehr. Längs der Wände stehen doppelstöckige Pritschen, Tische, Bänke, Stühle, Koffer, Truhen. Greise und Kranke liegen herum. Stickige Luft, Schmutz. So lebten die Berliner monatelang. Sie gehen nur für kurze Zeit in ihre Wohnungen; Luftangriffe finden morgens, tagsüber und nachts statt.

Männer und Frauen fragen mich: Wie steht es mit dem Krieg? Das Radio arbeitet nicht mehr, Zeitungen gibt es keine. Auf allen Gesichtern steht unendliche Müdigkeit, stumpfe Gleichgültigkeit allem gegenüber geschrieben. In jedem Wort, jedem Seufzer hört man nur den Wunsch – daß dieser unendliche Schrecken enden möge. Die Warschauer Straße ist eine breite Straße mit Bäumen. In einem Haus etwa 350 Meter von der Kreuzung mit der Frankfurter Allee entfernt haben sich der Stab und die Politabteilung einer Division niedergelassen. Der Leiter der Politabteilung sitzt in einer Wohnung im Parterre. Im Hof laufen Bewohner des Hauses umher: Kinder, Frauen. Sobald der Kampf über sie hinweggerollt ist, kriechen die Menschen aus ihren Löchern, das Leben tritt in seine Rechte . . .

Ein Sergeant erscheint. Seine Uniform ist verstaubt, sein Gesicht mit Ruß verschmiert. Der Leiter des Politbüros drückt ihm die Hand und sagt: ‚Schnell, wasch dich, bring dich in Ordnung. Du wirst fotografiert . . .' Sergeant Prjamow ist in die Partei aufgenommen worden; jetzt soll er den Parteiausweis bekommen. Der Fotograf des Politbüros stellt den Sergeanten in den Hintergrund vor eine Wand,

* Weidling, a. a. O.

schaut, sagt dann: ‚Es ist zu dunkel. Der Hintergrund muß heller sein!‘ Er ruft zwei Deutsche herbei, erklärt ihnen mit Zeichen und Worten, was er braucht. Die Deutschen eilen fort und kehren mit einem Laken zurück. Der Fotograf stellt sie hinter den Sergeanten, zeigt ihnen, wie sie das Laken spannen sollen, und dann macht er seine Aufnahme. Der Sergeant kehrt in den Kampf zurück; dort wird er seinen Parteiausweis erhalten . . .“ (Übersetzung nach der Fotokopie des Manuskriptes.)

26. April 1945

„Der Tag verlief im Flakturm und im Westen noch verhältnismäßig ruhig. Ich hatte noch . . . Verbindung mit fast allen Abschnitten und natürlich mit dem Gefechtsstand des Befehlshabers . . . Es gab aber nicht eine eigene Leitung, sondern nur Postleitungen! Statt dessen waren wundervolle bunte Karten mit Wirkungsbereichen, Höchstschußweiten, bestrichenen Räumen usw. angelegt, die natürlich in dem Augenblick völlig sinnlos waren, in dem keine Verbindung mehr zu bekommen war. Außerdem war die ganze Artillerie des Verteidigungsbereiches so gut wie unbeweglich . . .

Das tollste, geradezu an Sabotage grenzende Stück war aber hinsichtlich der Munitionierung von Berlin geleistet worden. Schon bei meinem ersten informatorischen Besuch war meine Frage gewesen, wo ich . . . Munition fassen könnte. Die niederschmetternde Antwort: Zwei riesige Munitionslager seien vorbereitet und aufgefüllt, und zwar auf dem Güterbahnhof Nikolassee das eine und am Teufelssee im Grunewald das andere. Beide Lager seien aber seit wenigen Stunden im Besitz der Russen . . .*“

„Die Nacht war völlig ruhig vergangen. Trotz sternklaren Himmels waren sowjetische Flieger nicht erschienen. Das Wetter war kühl. Die Straße Unter den Linden lag bis zur Schloßbrücke menschenleer da. Nur von jenseits der Spree aus dem Norden und Osten der Stadt konnte man schwaches Artilleriefeuer hören. Die Regimentskommandeure meldeten mir gegen Mittag, daß ‚Danmark‘ und ‚Norge‘ (Regimenter der von Krukenberg übernommenen Division ‚Nordland‘) fast wieder eine Stärke von je 600 bis 700 Mann hätten . . . Gegen 19 Uhr abends meldeten mir die Regimentskommandeure, daß

* Wöhlermann, a. a. O.

vorn außer unseren Panzergrenadieren so gut wie niemand von ihnen angetroffen worden sei. Auch die als ‚vorbereitet' bezeichneten Befehlsbunker und MG- bzw. Pakstände hätten sie nirgends entdekken können. Ich mußte zu dem Eindruck kommen, daß die ganze Verteidigungsplanung des Abschnitts Z nur Papierarbeit sei . . . Alles das führte mich zu dem Entschluß, meine noch fällige Meldung bei dem Verbindungsoffizier der Waffen-SS noch an diesem Abend zu versuchen. Vielleicht konnte ich ihn, auch wenn ich ihn bisher nicht kannte, irgendwie für die Merkwürdigkeiten unseres Einsatzes interessieren. Als ich – wiederum völlig unkontrolliert – in die unterirdischen Gänge der Reichskanzlei kam, wurde ich diesmal durch eine Reihe von Räumen geführt, in denen Offiziere, aber auch Parteiangehörige der verschiedensten Grade zu sehen waren. Durch seine goldstrotzende braun-rote Uniform fiel mir ein untersetzter Mann auf, der gerade, als ich an ihm vorbeikam, einer Sekretärin die Worte ‚mit sofortiger Wirkung seines Postens enthoben' diktierte. Auf meine Frage, wer er wäre, wunderte sich mein Begleiter, daß mir Martin Bormann nicht bekannt sei.

Ich kam dann in einen länglichen Raum, in dem mir General Fegelein entgegen kam (Adjutant der Waffen-SS beim Führerhauptquartier, verheiratet mit der Schwester von Eva Braun. Hitler läßt ihn noch vor seinem eigenen Selbstmord erschießen. Anm. d. Verf.). Unter Schilderung der Verhältnisse bat ich ihn, mich in meinem Bestreben zu unterstützen, einer Verzettelung der einzigen im Verteidigungsbereich Berlin befindlichen Division der Waffen-SS vorzubeugen*."

Statt Krieg zu führen oder Frieden zu machen, beschäftigt man sich in den Stäben mit Rang- und Zuständigkeitsfragen. General Weidling, der zufällig dazukommt, als Krukenberg bei Fegelein wegen seiner Verwendung vorstellig wird, könnte zwar als Kampfkommandant befehlen, wer die Führung im Abschnitt „Zitadelle" übernehmen soll, aber er sucht nach einem Kompromiß, denn er will die Haudegen nicht verärgern, die sich in unmittelbarer Nähe des Führers eingenistet haben: sie haben zum Führer einen kürzeren Draht als er. Es handelt sich um den Generalmajor der Waffen-SS Mohnke und um Oberstleutnant Seifert, zu denen nunmehr auch noch Krukenberg kommt. Weidling teilt den Abschnitt salomonisch in Befehlsbereiche auf:

* Krukenberg, a. a. O.

Mohnke wird eine Art von „Oberbefehlshaber“, seine Befehlsstelle ist der Bunker unter der Neuen Reichskanzlei; Seifert erhält den rechten Unterabschnitt mit Befehlsstelle im Reichsluftfahrtministerium in der Leipziger Straße und Krukenberg den links von der Wilhelmstraße liegenden zweiten Unterabschnitt mit der Befehlsstelle U-Bahnhof Stadtmitte.

Nach dieser diplomatischen Entscheidung nimmt Weidling Krukenberg beiseite und bittet ihn, sich damit abzufinden, daß er auf diese Weise dem „dienstjüngeren“ Generalmajor Mohnke unterstellt werde. Krukenberg antwortet, daß ihm das angesichts der Sachlage völlig gleichgültig sei. Dies war seine letzte Begegnung mit dem Kampfkommandanten; bis zur Kapitulation erhielt er weder schriftlich noch mündlich irgendwelche Weisungen von Weidling.

Als Krukenberg eben den Führerbunker verlassen will, kommt Goebbels in Parteiuniform herein. Krukenberg hatte sich 1933 mit ihm überworfen, woran Goebbels sich noch jetzt erinnert. Er ist überrascht, den damals in Ungnade gefallenen Offizier an so illustrer Stelle wiederzusehen:

„Als General Fegelein ihn über meine Aufgabe unterrichtete, drang er darauf, von mir ein – wie er sagte – ‚ungeschminktes‘ Bild über die Stimmung der mir unterstellten Truppe zu bekommen. Ich sagte ihm, daß es sich um eine stark mit Freiwilligen aus den verschiedensten europäischen Ländern durchsetzte Panzergrenadier-Division der Waffen-SS handele. Unter frontbewährten deutschen Kommandeuren sei in ihr bei Offizieren und Männern ein hoher Prozentsatz von Studenten und Jungarbeitern anzutreffen, was für ihren in Trümmerbereichen der Stadt notwendigen Einsatz als Einzelkämpfer ein großer Vorteil wäre. Natürlich sei die Truppe . . . sehr mitgenommen. Gerade die ausländischen Freiwilligen stünden aber auch heute zu dem seinerzeit von ihnen gefaßten Entschluß, um der Bewahrung ihrer Heimat vor dem Bolschewismus willen unter Einsatz ihres Lebens dessen Vordringen nach dem Westen zu begegnen. Was sie in Kurland und Ostdeutschland an Zügellosigkeiten der Roten Armee allen Schichten der Bevölkerung gegenüber erlebt hätten, habe sie in ihrer Haltung bestärkt. Für diese spiele natürlich auch die Nachricht eine große Rolle, daß westliche Verbände in Kürze in die Stadt einrücken würden. Sie sähen sich gewissermaßen als deren Vortrupp an und hofften, indem sie die Sowjets bis zum Eintreffen derselben zurückhielten, in ihrer Heimat dann auch Verständnis für ihren sonstigen Einsatz zu finden . . . Natürlich hofften sie auf eine baldige Entscheidung. Ich sei der Überzeugung, daß sie den uns zugewiesenen Verteidigungsabschnitt bis dahin halten würden.

Dr. Goebbels hörte sich das alles mit sehr nachdenklichem Gesicht an. Dann erklärte er mir, daß die Verhandlungen mit dem Westen nicht schlecht stünden. Im übrigen habe er gerade gehört, daß die Armee Wenck sich bereits der Havel nähere. Ihr Eingreifen werde auch die übrigen Fronten entlasten. Es komme für uns nur auf einen Widerstand von wenigen Tagen an. Ein Erfolg der Sowjets werde umgekehrt alles in Frage stellen. Da sich diese Auslassungen mit dem deckten, was mir auch von oberster militärischer Stelle gesagt worden war, lag für mich kein Grund vor, Zweifel an ihnen zu hegen. Erst später erkannte ich, wie sehr es sich um ‚Propaganda' gehandelt hatte*."

In direkte Rede übertragen, wäre dies ein bühnenreifer Dialog. Man muß sich dazu noch die Szene vorstellen: die brennende, bereits zu drei Vierteln besetzte, von mindestens einer Million sowjetischer Soldaten umstellte Reichshauptstadt. Von dem einen der Gesprächspartner weiß man, daß er nichts von dem glaubte, was er sagte; vom anderen kann man sich fragen, wieviel von dem, was geglaubt zu haben er behauptet, er tatsächlich geglaubt hat.

Demgegenüber wirkte eine Bemerkung Hitlers geradezu erfrischend realistisch, die er, wie Refior berichtet, in dieser Nacht getan haben soll, nachdem Weidling ihm einen in allen Einzelheiten ausgearbeiteten Ausbruchsplan vorgetragen hatte: „Wohl hörte sich Hitler Weidlings Ausführungen interessiert an, dann aber schüttelte er den Kopf und sagte zu ihm: ‚Ihr Vorschlag ist ja ganz schön. Aber was soll das alles? Ich bin nicht gewillt, in den Wäldern als Umherirrender aufgegriffen zu werden. Ich bleibe hier und werde an der Spitze meiner Truppen fallen. Sie aber setzen die Verteidigung fort!'"

Auch Weidling ist an diesem Tag in der Stadt unterwegs, um sich über die Lage zu orientieren. Dennoch können die gewonnenen Eindrücke ihn nicht veranlassen, den Kampf einzustellen, denn der Führer ist noch am Leben:

„Auf dem Potsdamer Platz und auf der Leipziger Straße lag starkes Artilleriefeuer. Wie ein starker Nebel hing der Ziegel- und Steinstaub

* Krukenberg, a. a. O.

in der Luft. Der Kraftwagen, mit dem ich zu General Bärenfänger fuhr, konnte nur langsam vorwärtskommen. (Oberstleutnant, nicht General Bärenfänger kam sich als der wichtigste und mutigste Mann in Berlin vor, als ein wahrer Volksheld. An diesem 26. 4. war er aus irgendeinem lächerlichen Grund beleidigt. Um ihm gut zuzureden, fuhr Weidling zu ihm bis hinter den Alexanderplatz. Anm. d. Verf.) Auf allen Seiten zerbarsten die Geschosse. Steinsplitter überschütteten uns.

In der Nähe des Schlosses ließen wir den Kraftwagen stehen und gingen die letzte Wegstrecke zum Alexanderplatz zu Fuß. Überall auf den Straßen waren Geschoßtrichter und Ziegelsteintrümmer, die Straßen und Plätze lagen verödet. Um uns gegen einen Feuerüberfall der russischen Minenwerfer zu decken, mußten wir uns auf dem Alexanderplatz bis zur U-Bahn sprungweise vorwärtsbewegen. In der geräumigen, zwei Stockwerke tiefen U-Bahnstation hatte die Bevölkerung Zuflucht und Schutz gesucht. Massen von aufgeschreckten Menschen standen und lagen eng aneinandergedrückt. Es war ein erschütterndes Bild.

Vom Bahnsteig E mußte man durch den Tunnel der U-Bahn bis zum Bahnhof Schillingstraße gehen, auf dem General Bärenfänger seinen Gefechtsstand eingerichtet hatte. Bärenfänger meldete starke Angriffe der Russen an der Frankfurter Straße. Der ehemalige Führer der Hitlerjugend und fanatische Anhänger Hitlers konnte die Standhaftigkeit seiner Soldaten und ihre Waffentaten gar nicht genug loben. An seinem Abschnitt war eine beträchtliche Anzahl von Feindpanzern vernichtet worden. Er bat indes eindringlich um Zuführung neuer Kräfte und neuer Munition. Ich konnte ihm jedoch weder dieses noch jenes versprechen. Die Munitionslage war besonders beunruhigend. Den Hauptanteil der Truppen, die Bärenfänger unterstellt waren, bildete Volkssturm, der in diese außerordentlich schweren Kämpfe mit Beutewaffen, französischen, italienischen und anderen, geschickt worden war. Für diese Beutewaffen war in ganz Berlin keine Munition zu finden . . .

Auf dem Rückwege zu meinem neuen Gefechtsstand fuhr ich zu einem der Lazarette. Das Lazarett war völlig überfüllt. Die Ärzte hatten absolut keinerlei Möglichkeit, die Verwundeten zu versorgen, Licht und Wasser fehlten fast gänzlich*.“

* Weidling, a. a. O.

Hätte Weidling beim Befehlsstand Bärenfängers den U-Bahnstollen verlassen und wäre ein paar hundert Meter weitergegangen, so wäre ihm kurz hinter den russischen Linien der zivile Spaziergänger Guss mit seinem Notizbuch begegnet:

„Lange Straße, um die Ecke der Andreasplatz. Das Viertel liegt in der Nähe der Spree, im Bezirk des Schlesischen Bahnhofs, einen Kilometer vom Alexanderplatz entfernt. Die Lange Straße war in der vergangenen Nacht Kampfschauplatz. Zwei Häuser brennen aus. Die Straße ist mit Glassplittern übersät. An den Mauern liegen Leichen. Aus den Kellern sind die Bewohner hervorgekrochen. An der Ecke ist eine Wasserpumpe. Frauen stehen nach Wasser an . . .

Ein alter Mann mit einer Rotkreuzbinde tritt aus einem halbzerstörten Haus – ein deutscher Arzt. Er geht in den Bunker zu den Verwundeten. Die hinter der nächsten Hausecke stationierte sowjetische Batterie eröffnet das Feuer. In den Hauseingängen tauchen verdächtig junge, sich verdächtig aufrecht haltende Männer in Zivil auf; sie tragen weiße Armbinden. Verkleidete Offiziere! Man läßt sie ungehindert in das rückwärtige Gebiet gehen – dort wird man sie kontrollieren . . .

Ein Pkw kommt angefahren, ein Major springt heraus. Erstaunt schaut er mich an, mich, den ihn auf russisch ansprechenden Zivilisten. Ich nenne meinen Namen. Major Driso ruft: ‚Ich kenne Sie, ich habe Ihre Arbeiten im ‚Roten Neuland‘ gelesen!‘ Eine unerwartete Begegnung mit einem Leser in Berlin . . .*“

Obwohl im südlichen Teil des Bezirks Zehlendorf noch gekämpft wird, setzen die Sowjets den Diplomlandwirt Georg Schulze als Bezirksbürgermeister von Zehlendorf ein.

Wo die Sowjets hinkommen, wechseln die Uhren nicht nur ihre Besitzer, sondern werden auch auf Moskauer Zeit umgestellt. Somit sind die besetzten Stadtteile zwei Stunden früher dran als die noch nicht besetzten. Eine einheitliche Regelung – nach deutscher Zeit – wird erst nach Wochen erreicht. Zunächst einmal richten sich die Russen nach der Moskauer Zeit, und die deutsche Bevölkerung hat sich ebenfalls daran zu halten. In einigen Bezirken wird sogar die Ausgangssperre – zuerst von 18 Uhr bis 8 Uhr, dann von 22 Uhr bis 8 Uhr – nach Moskauer Zeit festgesetzt, was dazu führt, daß die dort wohnenden Berliner am hellichten Tag von den Straßen verschwinden

* Guss, a. a. O.

müssen. Da fast alle Uhren von den Sowjets als „Kriegsbeute" kassiert werden, läßt Georg Schulze für die Zehlendorfer morgens um 8 Uhr die Glocken läuten, damit sie wissen, daß die Sperrzeit um ist.

Da an diesem Tag der Luftraum über Berlin von feindlichen Maschinen so gut wie leer bleibt (nur am Vormittag erscheinen einige schwache Verbände über den östlichen Stadtteilen und werfen ein paar Bomben), können etliche deutsche Maschinen einfliegen.

Als erste landen gegen zehn Uhr zwei Ju 52 auf der Ost-West-Achse in der Nähe der Siegessäule (die übrigens alles unbeschädigt übersteht). Tiergartenbäume, um die sich Hitler so sehr sorgte, und die Bronze-Kandelaber, deren Entfernung Speer bedauerte, hatten verschwinden müssen, um eine breite Landeschneise zu schaffen.

Die Flugzeuge kommen heil auf den Boden. Sie bringen panzerbrechende Munition, die im Streufeuer der Sowjets ausgeladen wird. Die Begeisterung, mit der die Militärische Führung diese Landung begrüßt, ist für die Mentalität der Eingeschlossenen typisch. Aus einem Lazarett werden Verwundete herbeigefahren und, zum Teil auf Bahren, in die Laderäume geschoben. Nur der einen Maschine gelingt der Start; die andere streift, kaum vom Boden abgekommen, mit der linken Flügelspitze ein Haus und stürzt ab.

Bald danach erscheinen Me 109 und werfen Versorgungsbomben ab, die hauptsächlich Sanitätsmaterial enthalten. Der Frontverlauf ist allerdings derart unübersichtlich geworden, daß einige der Fallschirme in besetzten Stadtteilen niedergehen. Das geschieht nicht zum erstenmal.

Der Flugplatz Gatow jenseits der Havel, den die Sowjets bereits am Vortag einige Stunden lang in der Hand hatten, wird neuerdings bedroht. Ehe er ganz verlorengeht, landet dort vom Versorgungsflughafen Rechlin aus noch eine Kompanie Marineinfanterie, die über die Havelbrücke in die Stadt gelangt und im Garten des Auswärtigen Amtes zunächst eine völlig sinnlose Stellung bezieht. Die Einheit hebt dort unter den zerfetzten Bäumen Gräben aus, wo kein Feind hinkommen wird. Später teilt man sie Krukenberg und seiner Division „Nordland" zu, die nach und nach wieder etwas Fasson gewinnt. Vom Kompaniechef der Marinesoldaten sagt Krukenberg, er habe „wie alle Seeoffiziere einen ausgezeichneten Eindruck" gemacht.

In Wahrheit aber sind diese Marineinfanteristen ehemalige Teilnehmer eines Funkmeßlehrgangs auf der Insel Fehmarn, also angehende Ingenieure und hochspezialisierte Fachleute, die noch nie eine Waffe bedient haben und in Rostock in graue Uniformen gesteckt worden sind. Mit Handgranaten und Panzerfäusten wissen diese Radartechniker nicht umzugehen. Ihre Gewehre stammen aus Italien, Baujahr 1917.

An diesem letzten Tag, an dem er noch angeflogen werden kann, sieht der Flugplatz Gatow illustre Gäste. In der Absicht, ihn zum Nachfolger des verhafteten Göring zu machen, hat Hitler den Generaloberst der Flieger, Ritter von Greim, zu sich in den Bunker befohlen. Ein Feldwebel fliegt Greim und die Testpilotin Hanna Reitsch mit einer Focke-Wulf 190 von Rechlin nach Gatow. Von dort gibt es keine offene Landverbindung zum Stadtzentrum mehr. Mit einem Fieseler Storch fliegen Hanna Reitsch und Greim zum Tiergarten. Auf diesem kurzen Flug wird Greim am Fuß leicht verletzt. Auf einer Bahre muß er zu seinem Führer getragen werden.

Hanna Reitsch blockiert am nächsten Tag zwanzig Minuten lang die einzige Leitung, die es zwischen Führerbunker und OKW noch gibt, um dem Stabschef der Luftwaffe, Koller, ihre Abenteuer zu erzählen. (Heute trainiert sie Flugschüler in Ghana.)

Der Kampfkommandant trägt sich mit der Absicht, seinen Gefechtsstand am 28. April vom Hohenzollerndamm in die Luftschutzkeller des OKW an der Bendlerstraße zu verlegen. Aber er sieht sich veranlaßt, schon heute umzuziehen, weil die Gebäude des Stellvertretenden Generalkommandos in der Morgendämmerung von den Sowjets unter massiven Beschuß genommen werden.

Von da an wird die Verteidigung Berlins von der Bendlerstraße aus geführt, die dem Führerbunker näher ist als der Hohenzollerndamm. Bald darauf zieht Weidling noch einmal um, und zwar in einen unmittelbar neben dem OKW-Block liegenden Hochbunker. Denn: In dem Luftschutzkeller ist es nicht nur stickig, es wird dort auch eine Wand eingedrückt durch einen Panzerschrank, der während eines Artilleriebeschusses aus dem zweiten Stockwerk, alle Decken durchschlagend, herabstürzt und dabei eine Rotkreuzschwester erschlägt und eine zweite schwer verwundet.

„Dieses junge, eben noch blühende Menschenkind wurde sterbend auf unseren großen Kartentisch gelegt. Wir Männer, die wir in den Jahren des Krieges schon oft dem Tod ins Auge gesehen hatten, wurden doch dieses Mal von dem sinnlosen Sterben eigentümlich berührt und erschüttert", erinnert sich Stabschef Refior. Diese

Episode wird übrigens in mehreren Offiziersmemoiren erwähnt; sie muß damals ein Gesprächsthema Nr. 1 gewesen sein. Endlich war etwas Besonderes passiert! Das blühende Menschenkind – plötzlich tot! Man hatte den Tod so ungewohnt nahe vor Augen gehabt, im Bunker-Befehlsstand eines Generals.

27. April 1945

Die „Prawda" berichtet aus Berlin:

„In Häusern brennt Licht, die Telefone funktionieren. Wenn wir aber bei der Bevölkerung nach Zeitungen fragen, sagt man uns, daß es seit vierzehn Tagen keine mehr gegeben hat . . . Vor den Bäckerläden stehen die deutschen Hausfrauen und die alten Leute Schlange und warten auf Brot. Wenn wir vorbeigehen, drücken sie sich an die Wand und verbeugen sich tief . . . Irgendein Herr versucht uns davon zu überzeugen, daß man auf Häuser, in erster Linie natürlich auf sein Haus, doch nicht feuern dürfe. Vor diesem Herrn breiten wir die deutsche Zeitschrift ‚Die Wehrmacht', Nr. 18 vom 27. August 1941, aus . . . , wir zeigen dem Herrn die Aufnahmen, die auf der sechsten und siebten Seite abgebildet sind: ‚Bomben auf Moskau' . . ., lauter Bilder von den Bränden nach den Nachtangriffen deutscher Flugzeuge. Dazu erzählen wir ihm in Kürze, was in den anderen Städten geschah, und fügen hinzu: ‚Nun sind wir gekommen, um euch eine Antwort zu erteilen!'"

„Sehr hart gekämpft wurde an der Corneliusbrücke, um das Edenhotel und die alte Heereskleiderkasse. Schließlich waren aber doch einige Sowjetpanzer in den Zoologischen Garten gedrungen und bis zum Nilpferdhaus und zum Planetarium durchgestoßen. Von hier aus beherrschten sie die Umgebung der beiden Flaktürme (auf dem Zoo-Bunker; Anm. d. Verf.) und beschossen deren Fensterblenden. Da die Stärke und Widerstandskraft dieser Stahlblenden lediglich für Luftdruck berechnet war, gelang es dem Iwan natürlich spielend, die Blenden mit Panzergranaten zu durchschlagen. Die zum Zoo hin gelegenen Räume des Gefechtsstandes der 1. Flakdivision und der 18. Panzergrenadier-Division mußten daher bald geräumt werden . . . Zum Glück erreichten die Granaten nicht die nach Norden und Nordosten gelegenen Räume der 1. Flakdivision, in denen kostbare

Schätze an Bildern und Skulpturen des Kaiser-Friedrich-Museums untergebracht waren*."

(Erst als sich die Sowjets Berlin näherten, begann der Abtransport der noch in den Museen befindlichen Kunstwerke in sichere oder für sicher gehaltene Unterstellräume. Zu ihnen gehörte außer dem Zoo-Bunker der Bunker im Friedrichshain, der am 9. Mai ausbrannte. Der „Mannheimer Morgen", aus dem das folgende Zitat stammt, übernahm am 13. 2. 1953 einen Bericht der „Neuen Zeitung", die damals bereits von München nach Frankfurt verlegt worden war. Darin heißt es: „Am 9. Mai wurden, wie jetzt feststeht, unter anderem ein Raub der Flammen: von italienischen Gemälden des Quattrocento Botticellis großes Rundbild ‚Madonna mit leuchtertragenden Engeln', von Vasari als ‚cosa bellissima' in der Florentiner Kirche S. Francesco genannt; von Ghirlandaio der ‚Stehende Sankt Antonius', Flügel eines Altars aus S. Maria Novella in Florenz; von Signorelli das große Breitbild ‚Pan als Meister der Musik', 1449 für Lorenzo de Medici ausgeführt, eine Inkunabel der neuen weltlichen Renaissancegesinnung und als Kunstwerk einer der großen Ruhmestitel der Florentiner Malerei. Nicht weniger schmerzlich sind die Verluste, welche die von Bode so großartig aufgebaute Abteilung der italienischen Hochrenaissance im Kaiser-Friedrich-Museum betroffen haben: die ‚Madonna mit acht Heiligen', ein farbig reiches Hauptwerk des Andrea del Sarto; Tizians ‚Bildnis des venezianischen Admirals Giovanni Moro'; der schöne, 1541 für die Kirche Madonna delle Chiaja in Verona bestellte Altar des Moretto; die vier herrlichen allegorischen Deckenbilder des Paolo Veronese aus dem Bankettsaal des Kaufhauses der Deutschen, des Fondaco dei Tedschi, in Venedig; Tintorettos farbenglühende ‚Verkündigung' und Caravaggios für die Kirche S. Luigi dei Francesi in Rom gemalter ‚Evangelist Matthäus'.

Die altdeutsche Schule ist glimpflich davongekommen, da deren Tafelbilder ihres kleines Formats wegen beinahe alle in die Förderkörbe der Thüringer Bergwerke paßten und deshalb aus Berlin rechtzeitig entfernt worden waren; Cranachs ‚Albrecht von Brandenburg', ein mittelgroßes, zufällig in Berlin verbliebenes Bild, gehört mit zu den verbrannten. Hingegen sind die Einbußen für die flämische Malerei des Hochbarocks kaum zu verwinden; zehn wichtige große Bilder von Rubens sind zugrunde gegangen, darunter ‚Diana, von

* Wöhlermann, a. a. O.

Saturn überrascht', schon Besitz des Großen Kurfürsten und also eines der am frühesten nach Berlin gelangten Hauptwerke europäischer Malerei; ,Die büßende Magdalena', eine Erwerbung Friedrichs des Großen für Sanssouci; ,Diana auf der Hirschjagd', schon im achtzehnten Jahrhundert im Berliner Schloß nachweisbar; ,Neptun und Amphitrite', ein Ankauf von Bode aus der Sammlung der Grafen Schönborn zu Wien; das ,Bacchanal', einst ein Glanzstück der Galerie des Herzogs von Marlborough in Blenheim/England. Von van Dyck sind unter anderem ,Die Verspottung Christi' und ,Nymphen beim Bade' verloren. Die holländischen Meister mit ihren kleinen Formaten sind weniger betroffen; immerhin stehen die ,Waldige Landschaft' von Hobbema, die ,Bewegte See' von Jacob Ruysdael und das ,Bildnis eines jungen Mannes in schwarzem Rock' von Terborch auf der Verlustliste. Die französische Barockmalerei hat das 1774 von Goethe in Köln überschwenglich gepriesene ,Gruppenbildnis der Familie des Kölner Bankiers Jabach' von Lebrun eingebüßt; von wichtigen spanischen Werken sind zugrunde gegangen: ,Die hl. Agnes' von Alonso Cano, ein großes Breitbild ,Szene aus dem Leben des hl. Bonaventura' von Zurbaran aus der Franziskanerkirche in Sevilla, zwei religiöse Bilder von Murillo und ,Der Mönch' von Goya. Schließlich hat die neuere deutsche Malerei viele Gemälde großen Formats verloren, darunter Menzels ,Tafelrunde von Sanssouci'." Am 24. 4. bat der Generaldirektor der Staatl. Museen, Dr. Otto Hummel, das Sowjetkommando um Schutz für die Berliner Sammlungen. Die Sowjets transportierten viel ab und gaben später fast alles zurück.)

Die Division „Nordland" richtet sich in ihrem Abschnitt „Stadtmitte" ein. Es wird Nachmittag, bis sich Brigadeführer Krukenberg, ihr Kommandeur, in der ihm von General Weidling angewiesenen Befehlsstelle im U-Bahnhof „Stadtmitte" einfindet. „Meine Enttäuschung war groß, als ich auch hier feststellen mußte, daß von den drei Monaten Verteidigungsvorbereitungen nicht das geringste zu bemerken war. Kein Licht, kein Telefon, ein mit zerbrochenen Scheiben zurückgelassener U-Bahnwagen, das war das, was die Bezeichnung ,Befehlsstelle Stadtmitte' der sogenannten ,Festung' Berlin trug. Wir standen mit dem Gefühl eines wirklich verlorenen Haufens da. Für die Verpflegung konnten wir uns auf Vorräte stützen, die unter Lebensmittelläden am Gendarmenmarkt gefunden wurden. Um Plünderungen vorzubeugen, waren sie unter Bewachung gestellt worden. Schnaps und schwerer Alkohol blieben bis zum Schluß gesperrt, was sich im Interesse der Ordnung bewährte. (Als allgemeine Praxis bewährte es sich jedoch nicht so sehr, daß die Alkoholvorräte der Reichshauptstadt weder ausgetrunken noch vernichtet wurden; dadurch fielen sie den Sowjets in die Hände und zeitigten böse Folgen. Anm. d. Verf.) Panzerfäuste fanden wir zum Glück in der Reichskanzlei vor. Man erlaubte uns, sie von dort zu entnehmen. Unser Bedarf war so groß, daß in der Reichskanzlei, hätte deren Besatzung sie verteidigen wollen, auch keine einzige mehr zu finden gewesen wäre*."

An diesem 27. April sollen die Schottenkammern des Landwehrkanals bei der Schöneberger und der Möckernbrücke in der Nähe des Anhalter Bahnhofs durch „extra formierte Pionierkompanien des OKH" (so unter anderem die Chronik der Division „Müncheberg") gesprengt und dann geflutet worden sein. Die Divisionschronik weiß zu melden: „Die Schächte der U-Bahn und der S-Bahn (die hier unter der Erde fährt) waren gefüllt bis zum Bersten mit Menschen und Verwundeten. Alles will unterirdisch vor dem Wasser fliehen. Diese Menschen stürzen über Schwellen, zertreten Kinder und Schwerverwundete, aber das Wasser ist schneller. Wer unten zu liegen kommt, ist verloren. Dann ist Totenstille. Leichen schwimmen zwischen dem Anhalter Bahnhof und der Friedrichstraße."

Jürgen Thorwald schreibt in seinem weit verbreiteten Buch *Die große Flucht* auf Seite 426: „Gurgelndes Wasser flutet durch die Schächte. Die Massen stürzen über die Schwellen. Lassen Kinder und Verwundete zurück. Es steigt einen Meter und mehr hoch, bis es sich langsam verläuft. Noch stundenlang entsetzliche Angst und Panik. Viele Ertrunkene . . ."

Man muß sich fragen, wie Erwachsene und Kinder, bei denen Erwachsene sind, in einen Meter tiefem Wasser ertrinken können. Tatsache ist, daß, als man den S-Bahn-Tunnel im Oktober 1945 auspumpte, kein einziger Ertrunkener gefunden wurde. Was man an Toten entdeckte, waren verstorbene Verwundete, die man mangels eines besseren Platzes auf die Geleise gelegt hatte. In der Station Alexanderplatz, wohin auch – aus anderer Ursache – Wasser gedrungen war, fand man Tote, die auf Strohsäcken lagen, wo sie nicht gelegen hätten, wenn sie vor Wasserfluten geflohen wären.

* Krukenberg, a. a. O.

Senatsrat i. R. Fritz Kraft, der jahrelang für die Berliner U-Bahn verantwortlich war und auch die Wiederherrstellungsarbeiten nach dem Krieg geleitet hat, kann nachweisen, daß die Tausende von Ertrunkenen im S-Bahn-Stollen eine Erfindung jener sind, denen die Tatsachen zu wenig dramatisch waren. Er weiß von drei Wegen, auf denen Wasser in die unterirdischen Anlagen der U- und S-Bahn geströmt war:

1. Ein Bombentreffer machte die Decke des U-Bahnstollens zwischen Märkischem Museum und Klosterstraße unter der Spree wasserdurchlässig, ohne sie zu durchschlagen.
2. Der S-Bahntunnel unter dem Landwehrkanal wurde gesprengt. Nur an der Einbruchstelle kam das Wasser schwallartig, doch dann verteilte es sich sogleich. Kein Mensch ist hier ertrunken.
3. Durch den Ausfall der an das Stromnetz angeschlossenen Grundwasserpumpen bildeten sich an einigen Stellen seichte Seen.

Senatsrat Kraft ergänzte seine Angaben mit der Bemerkung, daß Journalisten, die sich im Laufe der Jahre bei ihm nach den damaligen Vorgängen erkundigten, immer dann das Interesse verloren hätten, wenn er mit dieser Wahrheit herausgerückt sei.

An diesem 27. April besetzen die Sowjets Spandau, gehen in den Bezirken Schöneberg und Kreuzberg vor und errichten in Mariendorf ein Bürgermeisteramt. Der Flugplatz Gatow geht endgültig verloren. Es kommt zu einem ersten Feuergefecht zwischen Polizei und Wehrmacht. Fliegende Standgerichte tauchen auf. Die „Richter" sind meist blutjunge SS-Führer. General Mummert, Kommandeur der Division „Müncheberg", verbietet in seinem Verteidigungsabschnitt in aller Form die Tätigkeit von Standgerichten. Ihm geschieht nichts. Angehörige der Division müssen sich vom Potsdamer Platz zurückziehen und stolpern im Dunkel neben den unterirdischen Geleisen der U-Bahn zum Nollendorfplatz. Auf dem Gegengeleis tasten sich Rotarmisten kampflos zum Potsdamer Platz vor.

Bei der „Abendlage" im Führerbunker berichtet Staatssekretär Naumann, Himmler sei in Verhandlungen mit den Westallierten eingetreten, doch sei sein Vorschlag, einseitig zu kapitulieren, abgelehnt worden. Augenzeuge Weidling notiert: „Der im Innersten getroffene Führer blickte lange Dr. Goebbels an und murmelte darauf leise und undeutlich irgend etwas, das ich nicht verstehen konnte. Seit dieser Stunde sah man in der Reichskanzlei Himmler als einen

Verräter an." Hitler läßt von Greim auf einer Bahre hereintragen und ernennt ihn zum Generalfeldmarschall und Oberbefehlshaber der deutschen Luftwaffe. (Einige Quellen geben frühere Daten für diese Ernennung an, doch sprechen die meisten Indizien für den 27. April.) Generalstabschef Koller, nach kurzer SS-Haft auf den Flugplatz Rechlin zurückgekehrt, erreicht Greim am Telefon. Koller erzählt: „Ich gratuliere ihm zum Feldmarschall und füge hinzu, wegen der Ernennung zum Oberbefehlshaber der Luftwaffe könne ich ihm nicht gratulieren, sondern ihm zu dieser aussichtslosen Aufgabe nur mein Bedauern ausdrücken. Greim entgegnet: ‚Ja, da haben Sie zweifellos recht.'"

Boldt schreibt an diesem Tag: „Fast acht Tage hausen die Berliner Frauen, Kinder, Greise, Kranke, Verwundete, Soldaten und Flüchtlinge nun schon ohne Unterbrechung in den Kellern und Ruinen der Innenstadt. Eine einigermaßen geregelte Versorgung gibt es nicht mehr. Der Durst ist noch schlimmer als der Hunger, denn seit Tagen gibt es kein Wasser. Dazu die dauernden Brände, Feuersbrünste und der erstickende Qualm."

An diesem Tag, den sie den „Tag der Katastrophe" nennt, erreicht die ungenannte Berlinerin, die ihre Erlebnisse aufzeichnete, das Kriegsschicksal:

„Draußen fuhr ein endloser Troß auf. Pralle Stuten, Fohlen zwischen den Beinen. Eine Kuh, die dumpf nach dem Melker muhte. Schon schlagen sie in der Garage gegenüber ihre Feldküche auf. Zum erstenmal erkennen wir Typen, Gesichter: Breitschädel, kurzgeschoren, wohlgenährt, unbekümmert. Nirgendwo ein Zivilist. Noch sind die Russen ganz unter sich. Doch unter allen Häusern flüstert und bebt es. Wer es jemals darstellen könnte, diese angstvolle verborgene Unterwelt der großen Stadt! Das verkrochene Leben in der Tiefe, aufgespalten in kleinste Zellen, die nicht mehr voneinander wissen. Draußen Blauhimmel, wolkenloses Leuchten . . .

Ich weiche in den Kellergang zurück, drücke mich über den Innenhof, meine schon, ich hätte den mir folgenden Russen abgeschüttelt, da steht er plötzlich neben mir und schlüpft mit in unseren Keller. Er taumelt von Balken zu Balken, leuchtet mit einer Stablampe die Kellergesichter ab, der Keller gefriert."

Diese Frau versteht etwas Russisch, sie kann sich mit den Siegern unterhalten. An diesem Tag nützt es ihr nichts, soviel es ihr auch in den folgenden Wochen nützen wird:

„Ich schreie, schreie ... Hinter mir klappt dumpf die Kellertür zu. Der eine zerrt mich an den Handgelenken weiter den Gang hinauf. Nun zerrt auch der andere, wobei er mir seine Hand so an die Kehle legt, daß ich nicht mehr schreien kann, nicht mehr schreien will in der Angst, erwürgt zu werden. Beide reißen sie an mir, schon liege ich am Boden.

Aus der Jackentasche klirrt mein Schlüsselbund. Ich komme mit dem Kopf auf die unterste Stufe der Kellertreppe zu liegen, spüre im Rücken naßkühl die Fliesen. Oben am Türspalt, durch den etwas Licht fällt, hält der eine Mann Wache ..."

Zur gleichen Stunde, als dies geschieht und hundertfach geschieht, kurz vor der Mittagslage in jenem Bunker, wo der Himmel nicht blau ist und kein wolkenloses Leuchten über den Ruinen steht, sieht Weidlings Adjutant Hitlers Freundin zum erstenmal. Boldt notiert: „Sie saß mit Hitler und mehreren Männern seiner engsten Umgebung am Tisch im Vorraum und unterhielt sich lebhaft. Hitler hörte ihr zu. Sie trug ein enganliegendes graues Kostüm, das eine sehr gut gewachsene Frau erkennen ließ, geschmackvolle Schuhe, und mir fiel eine hübsche, mit Brillanten besetzte Armbanduhr auf."

Im Laufe dieses Tages führt Hitler mit seiner Umgebung eine lange Unterhaltung darüber, welche Auszeichnung der General Wenck „für die Rettung des Führers" erhalten solle, wenn er mit seiner Armee die Stadt erreicht habe.

28. April 1945

„Der innere Verteidigungsring von Berlin ist durchbrochen. Die Entsatzangriffe der von Westen, Süden und Norden zum Angriff befohlenen Verbände bringen lediglich im Bereich des XX. Armeekorps der 12. Armee einen begrenzten Erfolg. Es ist diesem Teil der 12. Armee in überraschendem Angriff gelungen, wenigstens die Verbindung mit der Besatzung von Potsdam an der Südwestspitze des Schwielow-Sees herzustellen. Dank dieses Angriffserfolges der 12. Armee kann die restliche Besatzung von Potsdam, die sich über den Schwielow-See unter Zurücklassung der schweren Waffen in Booten hinauskämpfte, aufgenommen werden. Aber die Verbindung ist nur auf einem so schmalen Streifen Geländes vollzogen worden, daß fortlaufend die Gefahr des Durchschneidens dieses Bandes besteht.

Kräfte zur Verbreitung der Landbrücke stehen nicht zur Verfügung*."

„In den frühen Morgenstunden waren die Sowjets mit Hilfe von Behelfsbrücken am Halleschen Tor über den Kanal hinübergekommen und hatten bald darauf auch zahlreiche Panzer nachgezogen. Die Kämpfe spielten sich seitdem um einzelne Häuser oder Trümmerhaufen sowie in Straßendurchblicken ab. Die Verluste waren auf beiden Seiten groß. Neben den Feindwaffen beruhten sie bei uns auf dem Zusammenstürzen von Gebäuden, auf denen pausenlos schweres Artilleriefeuer des Gegners lag. Trotzdem gelang es den Grenadieren der ‚Nordland', von einigen örtlich abgeriegelten Einbrüchen abgesehen, an diesem und dem folgenden Tage, die vorgesehenen Stellungen den Sowjets gegenüber zu halten. Die Bekämpfung russischer Begleitpanzer durch unsere Sturmgeschütze, vor allem aber durch die französischen Panzervernichtungstrupps, spielte bei der Abwehr eine wesentliche Rolle. So schoß der französische Unteroffizier Eugène Vaulot nach zwei von ihm bereits in Neukölln mit der Panzerfaust erledigten T 34 innerhalb 24 Stunden in gleicher Weise sechs weitere feindliche Panzer ab. Er wurde deshalb auf meinen Antrag hin mit dem Ritterkreuz zum EK ausgezeichnet, das ich ihm am 29. 4. nachmittags in Gegenwart meines Stabes und seiner dazu angetretenen französischen Kameraden bei Kerzenbeleuchtung in meiner Befehlsstelle im U-Bahntunnel aushändigen durfte. In einer auf französisch gehaltenen Ansprache brachte ich dabei zum Ausdruck, daß die persönliche Haltung dieses jungen Freiwilligen dem geschichtlichen Ruf entspreche, den sich die Soldaten Frankreichs auf allen Schlachtfeldern der Welt durch ihre Tapferkeit erworben hätten. Auch dem Kommandeur der Panzerabteilung 503, Major Herzig, wurde am gleichen Tage das Ritterkreuz verliehen und von Generalmajor Mohnke ausgehändigt. Es waren die beiden letzten derartigen Auszeichnungen in diesem Kriege**."

Beim Kampfkommandanten kam noch ein Anruf aus Potsdam an. Der dorthin versetzte General Reymann teilte mit, es sei dem General Wenck gelungen, in der Nähe von Ferch, südlich von Potsdam, mit seinen, Reymanns, Verbänden Fühlung aufzunehmen. Diese sofort an Krebs und damit an Hitler weitergegebene Nachricht wirkte elektri-

* Joachim Schulz, *Die letzten dreißig Tage,* Stuttgart 1951, S. 41.

** Krukenberg, a. a. O.

sierend, und alle leeren Hoffnungen erwachten zu neuem Leben. „Leider“, notiert Refior, „war das das letzte, was wir von Wenck hörten.“

Die sowjetische Verwaltung für ganz Berlin wird stabilisiert. Armeegeneral Bersarin wird zum Stadtkommandanten ernannt:

Befehl des Chefs der Besatzung der Stadt Berlin
28. April 1945 Nr. 1 Stadt Berlin

Heute bin ich zum Chef der Besatzung und zum Stadtkommandanten von Berlin ernannt worden.

Die gesamte administrative und politische Macht geht laut Bevollmächtigung des Kommandos der Roten Armee in meine Hände über.

In jedem Stadtbezirk werden gemäß der früher existierenden administrativen Einteilung militärische Bezirks- und Revierkommandanturen eingesetzt.

1. Die Bevölkerung der Stadt hat volle Ordnung zu wahren und an ihren Wohnsitzen zu verbleiben.

2. Die Nationalsozialistische Deutsche Arbeiterpartei und alle ihr unterstellten Organisationen (Hitlerjugend, NS-Frauenschaft, NS-Studentenbund usw.) sind aufzulösen. Ihre Tätigkeit wird hiermit verboten . . .

Binnen 72 Stunden haben sich ebenfalls alle in der Stadt Berlin verbliebenen Angehörigen der deutschen Wehrmacht, der SS und der SA zwecks Registrierung zu melden . . .

Die Inhaber von Druckereien, von Schreibmaschinen und anderen Vervielfältigungapparaten sind verpflichtet, sich bei den militärischen Bezirks- und Revierkommandanturen zwecks Registrierung zu melden. Es ist kategorisch verboten, jegliche Dokumente ohne Erlaubnis der militärischen Kommandanten zu drukken, zu vervielfältigen, auszuhängen oder in der Stadt in Umlauf zu setzen . . .

8. Der Bevölkerung der Stadt ist verboten:

zwischen 22 und 8 Uhr morgens Berliner Zeit die Häuser zu verlassen, auf den Straßen und Höfen zu erscheinen, sich in unbewohnten Räumen aufzuhalten und dort irgendwelche Arbeit zu verrichten . . .

11. Verbände der Roten Armee und einzelne Militärangehörige, die in Berlin eintreffen, sind verpflichtet, nur in den von den

militärischen Bezirks- und Revierkommandanten angewiesenen Unterkünften Quartier zu nehmen.

Angehörigen der Roten Armee ist ohne Erlaubnis der militärischen Kommandanten die eigenmächtige Aussiedlung oder Umsiedlung der Einwohner, Entnahme von Gütern und Werten und Haussuchungen bei den Stadteinwohnern verboten.

Chef der Besatzung und Stadtkommandant von Berlin
Oberbefehlshaber der n-ten* Armee:
Generaloberst N. Bersarin
Stabschef der Besatzung:
Generalmajor Kuschtschow.

Berlin-Wanderer Guss erlebt den ersten Aushang des Befehls in der Nähe des Alexanderplatzes: ,,Der erste Befehl Bersarins wird gebracht – des ersten Kommandanten von Berlin. Er wird an die Wände geklebt, und augenblicklich sammelt sich davor eine Menge von Deutschen. ‚Befehl des Stadtkommandanten von Berlin, Generaloberst Bersarin', liest jemand laut auf deutsch. Diese deutschen Worte – ‚Stadtkommandant von Berlin' – ertönen während des Straßenkampfes im Zentrum von Berlin am Morgen des 28. April 1945. Der sowjetische Kommandant garantiert den friedfertigen Bewohnern Berlins Sicherheit und Leben: er verordnet, daß die Versorgung der Bevölkerung weiterhin nach den bestehenden Karten und Normen vor sich gehen soll . . . Eine Frau lacht bitter, als sie diesen Punkt gelesen hat: ‚Wir haben schon vergessen, wann wir das letztemal etwas bekommen haben. Sogar Brot gibt es schon seit Tagen nicht mehr . . .'" Im Führerbunker denkt man kaum über das Wohl und Wehe der Berliner Bevölkerung nach. Sie ist für die Menschen, die hier in einer Wahnwelt leben, nicht mehr vorhanden.

Schweres Bombenfeuer liegt auf der Reichskanzlei. Der Bunker zittert und dröhnt unter den Einschlägen. Die Ventilatoren saugen staubige, von den Geschoßexplosionen vergiftete Heißluft nach unten. Hitler sorgt sich um seine persönliche Sicherheit und fragt Mitarbeiter, ob die Bunkerdecke halten werde. Er ist körperlich erschöpft. Entgegen seiner Gewohnheit, auf schlechte Nachrichten mit neuen Plänen und wortreichen Abschweifungen zu reagieren,

* Auch im Original ist die Nummer der von Bersarin geführten Armee nicht angegeben. Es war die fünfte.

bleibt er den ganzen Tag über ziemlich stumm. Eine Hiobsbotschaft nach der anderen erreicht ihn.

Die Drahtverbindung zum OKW ist abgerissen. Zwei Funkstellen, eine im letzten Büro des Propagandaministeriums, eine beim Kampfkommandanten in der Bendlerstraße, übermitteln noch Meldungen und Befehle.

Die drei Phantome möglicher Rettung lösen sich im Laufe des Tages in Nichts auf:

Die eingekesselte 9. Armee im Süden Berlins scheint nicht einmal mehr in der Lage zu sein, sich selbst zu helfen, geschweige denn Berlin. (Ein Irrtum: Entgegen den dem OKW vorliegenden Meldungen finden Teile der 9. Armee dann doch noch Anschluß an die Wenck-Armee und gehen mit ihr über die Elbe zurück.)

Steiner bleibt mit seinen Einheiten im Norden Berlins am Ruppiner Kanal endgültig liegen, wo die Truppen des Sowjetmarschalls Rokossowski nach Westen durchbrechen.

Wenck hält sich noch im Südwesten der Reichshauptstadt mit letzten Kräften, Front nach Osten, auf der Linie Niemegk-Beelitz-Ferch im Bestreben, etwa durchbrechende oder durchsickernde Teile der 9. Armee aufnehmen zu können, aber er kommt über diese Linie keinen Schritt mehr hinaus.

Führt Hitler angesichts dieser Sachlage seinen Selbstmordentschluß vom 22. April aus? Keineswegs. Er denkt nicht an Selbstmord, sondern an Mord. Die über Radio Stockholm aufgefangene Meldung, Himmler verhandle mit den westlichen Alliierten, findet gegen Abend Bestätigung durch eine ausführlichere, sogar übertriebene Reuter-Meldung, die BBC London ausstrahlt. Ein Beamter des Propagandaministeriums bringt die Niederschrift der abgehörten Meldung in den Bunker.

„Hitler verfiel einem haltlosen Wutanfall", schreibt Boldt. Der „Verrat" kommt ihm gelegen: auf seiner Suche nach Schuldigen hat er ein neues Opfer; dennoch trifft es ihn tief, da es sich um die SS-Führung und nicht um Wehrmachtsoffiziere handelt, denen er ohnehin nicht traut.

Himmler ist weit weg, und so kann er ihn nicht auf der Stelle erschießen lassen. Ein Ersatzopfer aber bietet sich an: Himmlers Verbindungsoffizier im Führerhauptquartier, der Reitlehrer und SS-Führer Fegelein, der mit Eva Brauns Schwester verheiratet ist. Diese Beziehung nützt ihm jetzt nichts mehr; bereits am Vortag verhaftet und degradiert, weil er in Zivilkleidung angetroffen wurde, wird er Hitler vorgeführt, der ihn nach seiner Mitwisserschaft bei Himmlers „Verrat“ befragt. Fegelein behauptet, nichts davon zu wissen, und wahrscheinlich weiß er tatsächlich nichts. Trotzdem wird er unverzüglich vor dem Bunkereingang erschossen.

Doch Hitlers Rachedurst ist noch nicht gestillt. Im Bunker liegt immer noch der leicht verwundete neue Feldmarschall von Greim; seine munter plaudernde Begleiterin Hanna Reitsch wirkt in der allgemeinen Weltuntergangsstimmung erfrischend. Feldmarschall von Greim hat bis jetzt noch keine unausführbaren Befehle für die Verteidigung Berlins übernehmen müssen. Auf ihm lastet noch nicht des Führers Mißtrauen, das jetzt auch Keitel und Jodl gilt. Er scheint Hitler gerade der richtige Mann zu sein, um Himmler vor ein Standgericht zu bringen und mit dem Tod zu bestrafen. Mit diesem Auftrag soll er sofort ausfliegen.

Indes, der Fieseler Storch, mit dem Greim gekommen ist, liegt zerstört im Tiergarten. Es gelingt einem Luftwaffenpiloten, mit einem langsamen Schulflugzeug vom Typ Arado zu landen und Greim und Hanna Reitsch nach Rechlin zurückzubringen. Die weiteren Ereignisse lassen es nicht mehr zur Ausführung des Mordbefehls kommen. Himmler wird sich selbst umbringen.

Die Auflösung schreitet voran: Verbände der Berliner Polizei begeben sich mit weißen Fahnen in Gefangenschaft und schießen auf Wehrmachtsangehörige, die sie daran hindern wollen, sich zu ergeben. Der Wehrmachtsbericht dieses Tages ist nicht nur, wie viele andere zuvor, ein mehr propagandistisches als sachliches Dokument, sondern bedient sich nun ganz offen der Sprache von Goebbels:

> „In dem heroischen Kampf der Stadt Berlin kommt noch einmal vor aller Welt der Schicksalskampf des deutschen Volkes gegen den Bolschewismus zum Ausdruck. Während in einem in der neuen Geschichte einmaligen grandiosen Ringen die Hauptstadt verteidigt wird, haben unsere Truppen an der Elbe den Amerikanern den Rücken gekehrt, um von außen her im Angriff die Verteidiger von Berlin zu entlasten.“

Die Insassen des Führerbunkers und die Verfasser dieser Phrasen wissen es besser. Hitlers Heirat mit Eva Braun, die er in dieser Nacht vom 28. auf den 29. April mit Trauzeugen, Standesbeamten und Hochzeitsessen vollzieht, ist ein neues Eingeständnis seines Bankrotts als Politiker und Feldherr.

Dreizehn Jahre lang (Hitler kennt Eva Braun seit 1932) hat er daran festgehalten, er dürfe sich als „der Führer“ den privaten Status eines Ehemanns nicht leisten. Der Katholik Hitler, weit davon entfernt, zölibatäre Vorschriften buchstäblich zu erfüllen, hatte durchaus begriffen, daß auch mit dem nur formal eingehaltenen Zölibat eine Autoritätssteigerung verbunden war. Jetzt verzichtet er auf diese Tarnung. Durch die Hochzeit im Bunker bekennt er sich zu seinem Kleinbürgertum, zeigt sich als der Prototyp seiner frühesten und unbeirrbarsten Anhänger.

29. April 1945

„Von oben wurden wir noch am Sonntag mit optimistischen Erwartungen über die Armee Wenck und die Verhandlungen mit den Westmächten gefüttert. Was die tatsächlichen Verhältnisse anbelangte, so ließ man uns über alles, was außerhalb unseres eigenen Verantwortungsbereichs lag, ohne Unterrichtung*.“

„Wie zu erwarten war, entwickelten sich am 29. April noch heftigere Kämpfe. Immer deutlicher zeichneten sich die Richtungen der Hauptangriffsstöße des Gegners ab. Einer dieser Stöße richtete sich von Osten auf das Zentrum von Berlin; der zweite zielte von Süden über Tempelhof, Lützowstraße, Hohenzollernplatz auf den Bahnhof Zoologischer Garten; der dritte hatte, von Norden und Nordwesten über Charlottenburg kommend, gleichfalls den Bahnhof Zoologischer Garten zum Ziel. Ununterbrochen trafen Meldungen über schwere Kämpfe und tiefes, keilartiges Vordringen des Gegners ein, so z. B. im Gebiet des Reichssportfeldes, des Charlottenburger Schlosses und der Klinik Charité im Norden von Berlin. Die stärksten Kämpfe wurden am Alexanderplatz, am Spittelmarkt, am Anhalter und Potsdamer Bahnhof und am Nollendorfplatz geführt.

Irgendein örtlicher Erfolg in der Abwehr der gegnerischen Angriffe konnte niemanden täuschen. Die Abteilungen des Volkssturms, die Verbände der Hitlerjugend, die zusammengesetzten Kommandos, die den Hauptanteil der Kämpfenden bildeten, konnten in keiner Weise, besonders nicht in den überaus schweren Straßenkämpfen, mit modernen Truppen verglichen werden. Der personelle Bestand der

* Krukenberg, a. a. O.

Verbände war schon so sehr zusammengeschmolzen, daß schon nicht mehr von Divisionen, sondern allerhöchstens von schwachen Regimentern gesprochen werden konnte. Auch der Kampfgeist der Truppen war bereits ins Wanken geraten. Die Propaganda hatte sich die ganze Zeit über auf die Armeen versteift, die zum Entsatz von Berlin heraneilen sollten. Dies ist ein typisches Beispiel der Goebbels-Propaganda, wenn noch ungeborene Kinder schon in die Schule geschickt werden, und das Ergebnis ist, daß immer das Gegenteil von dem erreicht wird, was man anstrebte. Jetzt mußte sogar der Dümmste begreifen, daß er wiederum getäuscht worden war. Es ist nicht verwunderlich, daß diese Erkenntnis den Soldaten den Mut nahm*."

Hier fällt der Kampfkommandant von Berlin selber auf die ungenauen und unvollständigen Meldungen seiner Abschnittskommandeure herein, von denen der heftige Artillerie- oder „Katjuscha"-Beschuß als „schwere Kämpfe" bezeichnet wurde. Es ist allerdings auch möglich, daß er in der Gefangenschaft, wo er seinen Bericht aufschrieb, durch Unterhaltungen mit sowjetischen Offizieren nachträglich jenes Bild der „Schlacht um Berlin" übernahm, das der offiziellen sowjetischen Darstellung entspricht.

General a. D. Dr. Krukenberg hat dem Verfasser dazu in einem vom 14. 6. 1965 datierten Brief folgendes mitgeteilt: „Bei meinen Vernehmungen in der Kriegsgefangenschaft hörten sie (die sowjetischen Offiziere; Anm. d. Verf.) es immer höchst ungern, wenn man ihnen sagte, wie es tatsächlich um die Verteidigungsvorbereitungen der deutschen Reichshauptstadt gestanden hatte und wie schwach dort die Kampftruppe war, die m. E., wenn man den dafür wertlosen Volkssturm abrechnet, kaum 25 000 *(einschließlich* Flakhelfer und HJ) überstiegen haben dürfte, wobei es sich obendrein um . . . stark angeschlagene Verbände handelte."

Die hier genannte Zahl, zu der Dr. Krukenberg auf Grund seiner damaligen Dienststellung und der Gespräche mit anderen Offizieren gelangt ist, entspricht überraschend genau der geschätzten Zahl, zu der die Recherchen für diesen Bericht geführt haben. Natürlich kann es sich nur um eine Schätzung handeln, da keinerlei Unterlagen vorhanden sind, die eine wirklich zuverlässige Berechnung erlauben. Von einigen der beteiligten Verbände liegen Zahlen vor, so von der

* Weidling, a. a. O.

Division „Müncheberg“, von Mohnkes Kampfgruppe und von der Division „Nordland“.

Demgegenüber besagen die von den Russen genannten Berliner Gefangenenzahlen, die ein Vielfaches von 25 000 betragen, überhaupt nichts. Erstens rechneten die Sowjets alles ein, was Hosen anhatte, und zweitens hatten sie ganz andere Möglichkeiten, Berlin und seine Keller zu durchkämmen, als die Terror- und „Heldenklau“-Kommandos, die sich im wesentlichen darauf beschränken mußten, Exempel zu statuieren, aber nicht imstande waren, alle kampffähigen Männer zum Einsatz zu bringen. In welchem Maße es möglich war, im Berliner Ruinenfeld unterzutauchen, wird deutlich werden, wenn die Lebensmittelversorgung nach der Kapitulation zur Sprache kommt. Drittens aber befanden sich unter den Gefangenen auch zahlreiche Angehörige des Volkssturms, die von Dr. Krukenberg nicht zur eigentlichen Kampftruppe gezählt werden.

Das Bestreben der sowjetischen Geschichtsschreibung, aus der „Schlacht um Berlin“ einen ebenso heroischen Kampf zu machen, wie ihn der „Große Vaterländische Krieg“ im ganzen darstellt, eine Summe von unvergleichlichen Leiden und Opfern, von Mut und Tapferkeit – dieses Bestreben ist durchaus verständlich, steckte doch in dem Wort „Berlin“ in nuce Moskau Kriegsziel seit Beginn des deutschen Angriffes: dort war „die Höhle des faschistischen Ungeheuers“, dort waren die Pläne für die Zerstörung weiter Teile der UdSSR und die Ausrottung eines Großteils der Bevölkerung gemacht worden; dort war aber auch für den, der von Osten kam, zum erstenmal der „Westen“ im vollen Glanz seiner weltstädtischen Zivilisation Wirklichkeit, wenn auch freilich von diesem Glanz kaum noch etwas übrig war, als die Sowjets einzogen. Schon im, ja sogar vor dem Ersten Weltkrieg, als in Paris und Petersburg mit den verbündeten Franzosen militärische Pläne besprochen wurden, zielte das Denken und Trachten der zaristischen Militärs auf Berlin; auch in dieser Hinsicht, wie in den meisten ihrer außenpolitischen Konzeptionen, standen die Sowjets in einer russischen Tradition.

Der riesige Aufwand an ideologischer Schulung, mit dem die Truppen während der Wartemonate an der Oder auf die Einnahme von Berlin vorbereitet wurden, hatte keinen anderen Zweck, als dem sowjetischen Volk – und diese Millionen Soldaten waren das Volk – ein für allemal seine Überlegenheit über die Deutschen sozusagen am lebenden Objekt „Berlin“ einzuhämmern. Dazu aber mußte ein Feind

„aufgebaut“ werden, stark genug, um das ungeheure Machtaufgebot zu rechtfertigen; dafür mußte vorgeblich mit jener Anstrengung gekämpft werden, mit der ab Dezember 1941 gekämpft worden war. Und wenn es weder einen solchen Feind noch solche Kämpfe gegeben hat, dann mußte zumindest für das Geschichtsbuch eine entsprechende Legende geschaffen werden, die für alle künftigen Generationen der Sowjetunion um so glaubwürdiger und wahrer klingen wird, als alles, was für diese letzte Kriegsphase vom April 1945 fälschlicherweise behauptet wird, für die vorhergehenden Kriegsjahre in einem Maße zutrifft, das anzuerkennen nun wiederum der westlichen Seite schwerzufallen scheint.

Es hat fast nichts mehr mit unserer nationalsozialistischen Vergangenheit und deren positiver, kritischer oder radikal negativer Beurteilung zu tun, wenn in der Flut von Schilderungen und Würdigungen jener Berliner Ereignisse noch (oder vielmehr: gerade) nach zwanzig Jahren ein dramatisierender Tonfall üblich ist, wie wir ihn beispielsweise in Werner Haupts *Berlin 1945, Hitlers letzte Schlacht* (Rastatt 1963) finden, neben Musmannos *In zehn Tagen kommt der Tod* (München 1950) Gipfel künstlicher, doch keineswegs künstlerischer Schauerdramatik. Das hört sich (S. 138) so an:

„Sowjetisches Trommelfeuer liegt auf dem Platz. Weidling und seine Begleiter hasten sprungweise weiter, erreichen den Eingang zur U-Bahn. Hier müssen sie verschnaufen. Ein Weiterkommen ist kaum möglich. Hunderte, ja Tausende von Frauen und Kindern haben im Tunnel Zuflucht gesucht. Sie sitzen, liegen und stehen eng aneinandergedrückt. Niemand kann sich bewegen. Kaum einer hat Platz, seine Notdurft zu verrichten. (Was tun die anderen? Frage des Verf.) Die Luft ist stickig und heiß. Angst zeichnet sich auf den Gesichtern ab. Niemand beachtet die drei Offiziere. Niemand erkennt den Kampfkommandanten von Berlin.“

Wie sollte er auch – Weidling war erst seit ein paar Tagen in der Stadt; ehe er durch seine Kapitulationserklärung bekannt wurde, hörte niemand außerhalb seiner militärischen Umgebung seinen Namen. Es ist leicht, sich über solche phantastische Darstellungen lustig zu machen, aber es wäre falsch, es zu tun. Denn das Fatale an diesen Büchern ist nicht ihr schlechter Stil oder ihre Effekthascherei, sondern das Bemühen, den Endkampf zu heroisieren und damit auch diese schmählichste Niederlage für ein Geschichtsbild zu retten, aus dem die kommenden Generationen lernen sollen, was es heißt, auch im Untergang deutsch zu sein: man sei ein geschlagener Held, aber eben doch noch immer ein Held.

Die Wahrheit sieht anders aus: Eine Horde von politischen und militärischen Verbrechern, die nichts anderes mehr im Sinn hatten, als Zeit zu gewinnen, und sei diese Zeit auch nur noch nach Stunden bemessen, verlängerte das Bombardement und die Beschießung einer von Millionen von Zivilisten bewohnten Stadt; sie fanden Untergebene, die ihnen selbst dabei den Gehorsam nicht verweigerten; und sie hatten es mit einem Gegner zu tun, der in der Erkenntnis, daß der Krieg auf jeden Fall gewonnen war, sich Zeit ließ und ihnen dadurch die Möglichkeit gab, das Verbrechen der sogenannten Verteidigung der Reichshauptstadt fortzusetzen. Diese bestand im wesentlichen darin, daß eine Kapitulationserklärung hinausgezögert wurde, daß Wöhlermanns Geschütze im Tiergarten, auf dem Zoo-Bunker und an drei oder vier anderen Stellen noch ein bißchen herumschossen, daß aus Ruinen auf Sowjetpanzer und alles, was sich bewegte, mit Faustpatronen gefeuert wurde und daß von den Dächern herab MG- und Scharfschützen einzelne sowjetische Soldaten und sich ergebende Berliner abknallten, die unvorsichtig genug waren, ihre Deckung zu verlassen.

Demgegenüber führten die Sieger gleichsam nach Bürozeiten Krieg. Der bekannte Kritiker F. Luft wohnte damals wie heute in einer kleinen Sackgasse nahe dem Nollendorfplatz, und zwar auf der dem Tiergarten zugewandten Seite der dort hochgelegten U-Bahnstrecke. Er erinnert sich: „Nachmittags gegen fünf Uhr kamen ‚unsere' Russen mit ihrer Stalinorgel, mit der sie tagsüber vom Tiergarten aus auf Hitlers Bunker und sonstwohin geballert hatten, zu uns und stellten ihre Fahrzeuge hinter dem Haus ab. Morgens um 7 oder 7.30 Uhr gingen sie dann wieder ‚auf Montage'. Obgleich – oder weil – sie noch Krieg führten, waren sie von großer Freundlichkeit."

In der „Prawda" vom 29. 4. aber ist zu lesen: „Über Berlin hängen die schwarzen Rauchwolken. Der Tag verfliegt im Nu. Eigentlich sind die Nächte in Berlin dem Tag gleich: dieselben Kanonaden, dasselbe Krachen und überall und immer die Flammen, die alles verschlingen." Das ist gewiß richtig: Wo es noch etwas zu brennen gab, brannte die Stadt Tag und Nacht, und sicher gab es auch nächtliches Artilleriefeuer, während nächtliche Bombenangriffe sich zum Schluß erübrigten. Damit ist aber nichts darüber gesagt, ob eine „Schlacht um Berlin" tatsächlich stattgefunden hat.

In der gleichen Nummer der „Prawda“ steht geschrieben: „An jeder Kreuzung der unzähligen Berliner Straßen trifft man alle möglichen Hindernisse: Gräben, Barrikaden, Panzersperren mit Igeln und Betonhöckern. Die ‚Bruno-Spiralen‘ der Stacheldrahtsperren ziehen sich buchstäblich durch ganze Viertel hindurch. Auf den Straßenbahnschienen sind Waggons aufeinandergeschoben, die uns den Weg versperren sollen.“

Natürlich gab es allenthalben dilettantische Panzersperren, aber weder davor noch dahinter wurde bis zum letzten Mann und bis zur letzten Patrone gekämpft. Die Panzer tauchten in der Straße auf und schossen so lange auf die Sperre, bis sich die Verteidiger aus dem Staub gemacht hatten. Dann kamen sie vorsichtig näher und schoben das Hindernis zur Seite, worauf sie liegen blieben und warteten, bis die Infanterie die umliegenden Ruinen meist kampflos besetzt hatte.

An diesem 29. April macht der unermüdliche Weidling im Führerbunker neue Vorschläge für einen Ausbruch der „Garnison Berlin“ nach Westen, an dem auch Hitler teilnehmen soll. Reichsjugendführer Axmann unterstützt den Kampfkommandanten durch eine Art Garantieversprechen für Leben und Sicherheit des Führers, für die er die Hitlerjugend verpfändet. Je nach der Lage in der Stadt wechseln die Vorstellungen Weidlings und seiner beiden Stabschefs Refior und Dufving darüber, wie der Ausbruch praktisch bewerkstelligt werden kann.

Es scheint nur noch einen Weg zu geben, sich herauszukämpfen: über die Heerstraße und die Havelbrücke bei Pichelsdorf und Spandau-West, wo fanatische HJ unter dem Obergebietsführer Schlünder und dem Major und ehemaligen HJ-Führer Theilhacker in den Ruinen immer noch Panzerjagd betreibt, was die Sowjets veranlaßt, dort auf der Stelle zu treten, getreu ihrer Berliner Devise: Nur keine unnötigen Opfer mehr! Zwei Stoßkeile sollen sich beiderseits der Heerstraße vorkämpfen: links eine Kampfgruppe mit den Resten der 18. Panzergrenadier-Division als Kern, rechts die 9. Fallschirmjäger-Division. Weidling will an der Spitze führen, und zwar dort, wo sich die besseren Erfolgschancen entwickeln. In der folgenden Masse der Truppen sollen die SS-Kampfgruppe Mohnke, Krukenbergs Division „Nordland“ und die zur Infanterie gezwungenen Radartechniker von der Insel Fehmarn das Leben des in der Mitte fahrenden oder marschierenden Führers schützen.

Wohin aber wollen die Offiziere mit Hitler? Ist er außerhalb Berlins besser aufgehoben als unter der Reichskanzlei? Wozu brauchen sie überhaupt noch einen Mann, den damals gehaßt und verachtet zu haben sie später behaupteten? Machen sie den Vorschlag, ihn mitzunehmen, nur deshalb, damit er ihnen die Erlaubnis zum Ausbruch gibt und sie auf diese Weise vielleicht doch noch in amerikanisch-englische statt in russische Gefangenschaft kommen können? Aber Hitler spielt nicht mehr mit.

Soweit im Stadtkern und in der Gegend des Zoo noch punktartig gekämpft wird, erfährt die Truppe nichts von dem, was zwischen der Bendlerstraße und dem Führerbunker ausgehandelt wird. Wie der Kommandeur der „Nordland" berichtet, besaßen sie nicht einmal ein Funkgerät, um sich über die Lage außerhalb Berlins zu informieren: „Menschenleer, wie die Stadt um uns war, drangen auch aus der Bevölkerung keine Nachrichten zu uns."

„General Krebs", erzählt Weidling, „war an dem Durchbruchsplan sehr interessiert. Er rief im Laufe des Tages einige Male an, ließ sich unterrichten, wie unsere Arbeit fortschritte, und bat darum, daß der Chef des Stabes, Oberst von Dufving, mit den Unterlagen zu ihm käme."

Dufving meint in seinen „Notizen zum Kampfgeschehen", die Chancen, daß ein Ausbruch versucht würde, seien auf ein Minimum gesunken: „Die Lage an den Brücken war unklar. Einige Meldungen lauteten, sie seien in unserer Hand; nach anderen waren die Brücken verlorengegangen. Als besondere Vertrauensperson schickte ich als Spähtrupp den O I des LVI. Panzerkorps, den Hauptmann Kafurke, mit einigen Unteroffizieren und Gefreiten des Korpsstabes zu den Brücken . . . Unklar war, was dann? Zur Elbe? Würden wir durchkommen? Würden unsere Kräfte langen?"

Am Abend befiehlt der Kampfkommandant seine Kommandeure in die Bendlerstraße zu einer Besprechung. Es kommen nicht mehr viele. Dufving: „Das Thema war: Ausbruch oder nicht, mit oder ohne Hitlers Zustimmung, Beurteilung der Chancen. Das Ergebnis, soweit ich mich erinnere: Vorbereiten, dazu Erkundung ansetzen, wieder zusammenkommen am 30. April, zehn Uhr, zur Befehlsausgabe."

Die Bevölkerung folgt in ihrer überwiegenden Mehrzahl bereits anderen Befehlen. Oder Verlockungen. Oder dem Zwang und der Gewalt. Die Berlinerin in ihrem Keller notiert:

„Sonderbar ist, wie die Russen zuerst immer fragen: ‚Hast du einen Mann?' Sagt man nein, werden sie gleich schleckrig. Sagt man ja und glaubt, dadurch seine Ruhe zu bekommen, so geht die Frage weiter: ‚Wo ist er? Ist er bei Stalingrad geblieben?' Ist ein lebendiger Mann vorhanden, den man ihnen vorführen kann, wie es die Witwe mit Herrn Pauli tut, obwohl er bloß ihr Untermieter ist und nichts weiter, so weichen sie erst einmal einen Schritt zurück. An sich ist es ihnen egal, was sie kriegen, sie nehmen verheiratete Frauen genauso mit. Aber es ist ihnen lieber, wenn sie den Ehemann solange aus dem Weg bringen können, ihn wegschicken, einsperren und so. Nicht aus Angst. Die haben gemerkt, daß hier so leicht kein Ehemann explodiert. Aber es stört sie, solange sie noch nicht völlig blau sind. In der Pumpenschlange erzählt eine Frau, wie in ihrem Keller ein Nachbar ihr zugerufen habe, als die Iwans an ihr zerrten: ‚Nu gehn Sie doch schon mit, Sie gefährden uns ja alle!'"

Von der bürgerlichen Welt bleibt äußerlich und innerlich nichts übrig. Aber zwei Dokumente, in denen der ganze Wahn der Nation unter Hitler noch einmal seinen Ausdruck findet, entstehen in dieser Nacht: Hitler diktiert seiner Sekretärin, Frau Gertrud Junge, sein privates und sein politisches Testament.

Die Sowjets befinden sich noch fünfhundert Meter von den Eingängen zur Reichskanzlei entfernt. Sie kämpfen verbissen im Reichstag, stoßen aber nicht bis zur Reichskanzlei durch, wo sie auf viel geringeren, vielleicht sogar auf gar keinen Widerstand mehr gestoßen wären.

Bersarin hat seine Aufgaben als Stadtkommandant übernommen. Während in den noch nicht besetzten Teilen Berlins das Chaos immer vollständiger wird, entsteht in allen übrigen Teilen bereits eine neue Verwaltung. Berlin zersplittert unter den Befehlen der Bezirkskommandanturen in kleinstädtische und städtische Gemeinden. Es ist der Zivilbevölkerung verboten, sich außerhalb der Grenzen ihres Wohnbezirks zu bewegen.

Großberlin erlebt keinen „Punkt Null"; er wandert zwischen dem 23. April und dem 2. Mai, den vorrückenden Truppen folgend, gewissermaßen von Bezirk zu Bezirk. Als er seine Reise beendet hat und überall gewesen ist, hat sich bereits ein neues Berlin gebildet, das ohne Pause darangeht, den Krieg und die Zerstörung zu überwinden. Die Isolierung des Führerbunkers, der Mangel an zuverlässigen Nachrichten in Verbindung mit der immer neu genährten Hoffnung auf Hilfe von außen veranlaßt junge Offiziere aus dem Stab von Krebs zu dem Vorschlag, man möge ihnen den Ausbruch erlauben mit dem Ziel, den General Wenck über die Lage zu orientieren und ihn „zur Eile anzuhalten". Dieser durchsichtige Plan findet die lebhafte Unterstützung des Generals Burgdorf und des Reichsleiters Bormann. Kein Strohhalm ist so dünn, daß die Verantwortlichen sich nicht an ihn klammerten. Auch bei Hitler flammt noch für einen Augenblick Interesse auf. Er erkundigt sich, wer die Offiziere seien und wie sie herauskommen wollen. Dann gibt er die Erlaubnis.

Am 29. April um 13.30 Uhr verlassen Rittmeister Gerhard Boldt, Major Bernd von Freytag-Loringhoven und Oberstleutnant Weiß, Adjutant des Generals Burgdorf, die Reichskanzlei durch den Ausgang an der damaligen Hermann-Göring-Straße. Boldt: „Aus Richtung Potsdamer Platz zogen dunkle dicke Rauchschwaden zu uns herüber." Zwei der Offiziere kommen durch. Weiß gerät in russische Gefangenschaft.

30. April 1945

An diesem Tag berichtet die „Prawda" aus Berlin:

„Berlin ist eingekreist! Es wurde an der Kehle gepackt. Schritt um Schritt, Haus um Haus nähern sich unsere Soldaten dem Zentrum der Stadt. Über die Spree. Zum Reichstag. Zum Tiergarten. Im Nahkampf werden die Häuser, die Bahnhöfe, die Fabriken erobert. Ein unerbittlicher Kampf wird auf den Straßen, in den Gassen, in der Luft und auf und unter der Erde, in der Berliner Untergrundbahn, geführt. (Nirgendwo in den unterirdischen Bahnanlagen von Berlin wurde gekämpft. Anm. d. Verf.)

Berlin wurde gründlich zerstört. Und über dem Ganzen hängen die schwarzen Wolken . . . In den Stadtvierteln, in denen gekämpft wird, sind natürlich keine Zivilisten zu sehen. Nur ab und zu werden zaghaft die weißen Fahnen gehißt . . .

Wir wollen unbedingt die Berliner sehen. Wo sind sie? Wer steckt die weißen Fahnen heraus? In dem Tor eines großen Hauses stehen ältere Frauen, die uns mit Entsetzen betrachten. ‚Was macht ihr denn da?' – ‚Wir schnappen Luft', geben sie zur Antwort, ‚wir versuchen Luft zu schnappen.'

Wie man sieht, gibt es zwei Berlin. Wir konnten uns mit eigenen Augen überzeugen. Das eine auf unseren Kriegskarten, eben dieses da, in dem wir jetzt kämpfen, das von amerikanischen Bomben und sowjetischen Granaten zerstört worden ist; und ein anderes, unterirdisches, ein Höhlenberlin, in dem die Bewohner der Hauptstadt viele Monate lang aus Furcht vor Luftangriffen gehaust haben.

Keller. Bunker. Untergrund. Höhlen. Dunkel. Feucht. Stickig. Eng. Wie Heringe im Faß zusammengepfercht, sitzen sie halbgelähmt mit eingezogenen Beinen auf dem Hocker und dösen vor sich hin ... Ältere Bürger und Bürgerinnen, junge Frauen, Kinder, Säuglinge und alte Omas, die weiterleben wollen.

Vor ein paar Monaten (es müßte richtig heißen: vor ein paar Wochen; Anm. d. Verf.) zerstörten die Tommies in diesem Bezirk das Wasserwerk und das Elektrizitätswerk. Nun gibt es kein Licht, kein Gas, kein Wasser, keine Heizung. Wir sind keine herzlosen Menschen, aber wir müssen gestehen: Wir betrachten dieses Höhlenleben ohne Mitleid und Mitgefühl ...

Wir sprachen ... mit mehreren Berlinern. Was wünschen sie? Leben! Leben! Einfach leben! Nur rasch dem Schrecken ein Ende machen, die Ordnung und Ruhe wiederherstellen!

Die Bitterkeit der Enttäuschung, die Schande der Niederlage, der Haß auf Hitler, der sie so schändlich betrogen hat, und die Angst um ihr nacktes Leben, um ihre Zukunft – das ist alles, was ein Durchschnittsdeutscher heute empfindet.

Jetzt verfluchen sie Hitler. Sie verfluchen ihn laut, wütend und mit allen möglichen Ausdrücken ... Sie prangern Hitler öffentlich an und nennen uns ohne Zögern ihre Namen.

Es wäre falsch zu glauben, daß alle Deutschen gleich seien und einer dem andern ähnelte. Nein, sie sind alle anders. Die einen kämpfen immer noch, die anderen hissen weiße Fahnen ... Die einen ergeben sich, die anderen schlüpfen in Zivilkleidung und schießen aus dem Hinterhalt weiter ...

Da kommt ein alter Mann auf uns zu und begrüßt uns mit geballter Faust: ‚Rotfront!' Er heißt Karl Wenzel. Soeben wurde er aus dem Kerker befreit, in dem er wegen ‚Widerstands gegen die nationalsozialistische Ordnung' gefangengehalten wurde. Er zeigt uns seine Papiere ...

Vor allen Dingen wünscht es (das deutsche Volk; Anm. d. Verf.), daß die Schießerei in Berlin ein Ende nimmt, damit man sehen kann, wie die Dinge sich weiter entwickeln.

In dem Augenblick, da in den eroberten Bezirken die ersten

sowjetischen Militärkommandanten und die grellgrüne Bekanntmachung der Kommandanturen und die an die Bevölkerung gerichteten Flugblätter erschienen, kam das ganze unterirdische Berlin aus den Kellern gekrochen. Die Deutschen drängten und stießen sich vor den angeschlagenen Bekanntmachungen. Immer wieder lasen sie, was dort geschrieben stand. Sie sagten es den Nachbarn weiter, kommentierten die Worte und lasen sie wieder: ‚Als Antwort auf die verlogene Behauptung der Hitler-Propaganda, das einzige Ziel der Roten Armee sei die Ausrottung des ganzen deutschen Volkes, erklären wir folgendes: Die Rote Armee hat sich niemals die Vernichtung oder Versklavung des gesamten deutschen Volkes zum Ziel gesetzt. Solch idiotische Ziele hatten wir niemals und konnten wir uns auch niemals setzen . . .'

Auch die folgenden Worte nahm die Bevölkerung mit Genugtuung zur Kenntnis: ‚Wir fordern die Bevölkerung auf, die genau festgelegte Ordnung und alle Anordnungen zu unterstützen. Es wird der Bevölkerung befohlen, allen Anweisungen der Behörden bedingungslos Folge zu leisten.'

Diese Anordnung und die Flugblätter brachten rasch Ruhe unter die Bevölkerung. Die Ordnung wurde wiederhergestellt. Nun drängen sich die Deutschen den ganzen Tag über vor den Kommandanturen. Sie kommen, um verschiedene Bestätigungen zu beantragen, und fragen, was erlaubt ist und was nicht . . ."

Solche Berichte wecken im Moskauer Zeitungsleser den Eindruck, als sei bereits ganz Berlin unter sowjetischer Verwaltung. Aber noch ist das Dritte Reich nicht beendet.

An diesem Tag – möglicherweise auch schon am Vortag; genau läßt sich das heute nicht mehr feststellen – kommt mit den Truppen ein Sowjetbürger nach Berlin, der die Stadt ebenso gut kennt wie seine Vaterstadt. Er hatte als Botschaftsrat der Sowjetbotschaft in der Reichshauptstadt bis zu dem Augenblick angehört, in dem deutsche Armeen seine Heimat überfielen, also bis zum 22. Juni 1941. In diesen Jahren seiner diplomatischen Tätigkeit hatte er in Wilhelmshagen, einem Vorort im Osten Berlins, für sich und seine Familie eine Sommerwohnung gemietet: im Haus Wiebelskircherweg Nr. 12, das dem Kaufmann Otto Fadranski gehörte. Als er 1941 Berlin Hals über Kopf verlassen mußte, blieb in Wilhelmshagen etliches Gepäck zurück. Dessen erinnerte sich der Diplomat, als er nun im April 1945 als Sieger zurückkehrte. Er ließ seinen Wagen in den Vorort lenken und hatte bald seine ehemalige Sommerwohnung gefunden. An der Haustür war ein Zettel angeschlagen, auf dem zu lesen stand, daß sich hier das Eigentum eines Sowjetsbürgers befinde – wodurch offenbar plündernde sowjetische Soldaten abgehalten werden sollten. Dieser Sowjetbürger stieg aus dem Wagen, fand seinen ehemaligen Hauswirt samt Frau vor, und alsbald begrüßte man sich lebhaft. Man trank miteinander Tee, das alte Ehepaar erkundigte sich nach Töchterchen Natascha, das es damals ins Herz geschlossen hatte, und man erinnerte sich der gemeinsam im Luftschutzkeller verbrachten Stunden in jener Zeit, da die Engländer zwar die Feinde Deutschlands, aber noch nicht die Verbündeten der Sowjetunion gewesen waren. Zwei Stunden später fuhr der ehemalige Untermieter ins brennende Berlin weiter und sorgte dafür, daß den Fadranskis kein Leid geschah. Später war er Botschafter in der Bundesrepublik. Er heißt Smirnow.

„Gegen 18.30 Uhr saß ich mit General Sydow und Generalmajor Rauch im Gefechtsstand der 1. Flakdivision (im Zoobunker; Anm. d. Verf.) zusammen. Bei einem Telefonanruf hob Rauch den Hörer ab. An seinen Gesichtszügen sahen wir anderen gleich, daß es sich bei dem Gespräch mit dem Chef des Stabes um eine äußerst wichtige Angelegenheit handeln müsse. Anschließend teilte uns Rauch mit, daß der Befehlshaber des Verteidigungsbereichs Berlin jedem Soldaten gestatte auszubrechen, falls er glaube, Anschluß an die Truppen außerhalb Berlins bekommen zu können. Befohlen war lediglich, daß diese Bewegung nicht vor Einbruch der Dunkelheit, also etwa vor 20.30 Uhr, stattfinden dürfe und daß sie über Spandau in Richtung Neuruppin erfolgen solle. Nach einigen Sekunden fassungslosen Schweigens debattierten wir bald lebhaft über diesen in den Annalen des deutschen Heeres wohl noch nicht dagewesenen Befehl, woran sich auch der gerade anwesende Kommandeur des Artillerieregiments der 18. Panzergrenadier-Division, Oberst von und zu Gilsa, beteiligte. Als bei den ersten flüchtigen Überlegungen als Treffpunkt das Amtsgericht Charlottenburg genannt wurde, entfernte sich Gilsa.

Wir drei Kommandeure waren noch mitten im Für und Wider der verschiedenen Meinungen und Überlegungen, als der Apparat erneut klingelte und der Befehl durchgegeben wurde, daß die vorhin gegebene Weisung hinfällig sei, im Gegenteil jeder bestraft würde, der Berlin unerlaubt verließe. Die Verteidigung solle vielmehr ‚bis zum letzten Mann und bis zur letzten Patrone' durchgeführt werden . . .

Das erste, was ich machte, war, zu dem ebenfalls im Turm befindlichen Gefechtsstand von Gilsa zu eilen, um ihn von dem soeben erteilten Gegenbefehl zu unterrichten. Das Nest war aber bereits leer. Gilsa hatte also noch vor Einbruch der Dunkelheit mit seinen Stabsangehörigen den Flakturm verlassen, um auszubrechen. Ob ihm und seinen Männern dieser Versuch geglückt ist, weiß ich nicht*."

„Es war auch am Montag, als wir uns um so eingehender mit eigenen Überlegungen darüber beschäftigten, was die Sowjets anläßlich des bevorstehenden Mai-Feiertages, der doch bei ihnen eine besondere Rolle spielt, hier in Berlin planen könnten. Lag es nicht nahe, daß sie durch einen überraschenden Vorstoß alles daransetzen würden, ihrem Generalissimus Stalin die Meldung von der Eroberung der Stadt, insbesondere ihres Zentrums und der Reichskanzlei, melden zu können? Für eine solche Absicht sprach es, daß schon vom 30. 4. ab das Feuer auf die Stadtmitte und die Reichskanzlei einen verstärkten Umfang angenommen hatte. Auch Stalin-Orgeln wurden gegen unsere Stellungen eingesetzt. Der Kampf um den Stadtkern der deutschen Reichshauptstadt schien sich seinem Höhepunkt zu nähern. In unserem Verteidigungsabschnitt war der Feind trotzdem kaum weiter vorgedrungen. Wir bereiteten uns aber für die Nacht auf einen neuen Ansturm vor. Dementsprechend wurden im Laufe des Tages die vorn kämpfenden Grenadiere durch etwas ausgeruhtere Kräfte abgelöst. Munition, insbesondere Panzerfäuste, wurden rückwärts der Hauptkampflinie und in der Nähe der Leipziger Straße niedergelegt. Leider waren bei uns vier Panzer durch Feindbeschuß unbeweglich geworden, konnten ihr Geschützfeuer aber nach wie vor fortsetzen. Die übrigen suchten sich am Abend neue, den Sowjets noch nicht bekannte Stellungen aus, um einem etwaigen Vorstoß überraschend von dort begegnen zu können.

Da die sonst allabendlich bei dem Kommandeur des Abschnitts Z abgehaltene Befehlsausgabe, durch die ich in der Regel fast zwei Stunden abwesend bleiben mußte, an diesem Tage – ohne Angabe eines Grundes – abgesagt wurde, hatte ich reichlich Zeit, mich auch auf dem Versorgungsgebiet um alles zu kümmern, was geeignet war, die Stimmung der Truppe vor den in der Nacht erwarteten Ereignissen zu heben. Auf meine Anordnung wurden eine dem ‚Feiertag' angepaßte Sonderverpflegung und zusätzliche Tabakwaren nach

* Wöhlermann, a. a. O.

vorne gebracht. Schließlich hing alles von der inneren Einstellung der Freiwilligen ab, da eine geschlossene Lenkung in dem Trümmergelände nicht möglich war ... Zu unserer Überraschung flaute gegen Mitternacht das gegnerische Artilleriefeuer in unserer Gegend fast ganz ab. Auch vorn an der Front wurde es, vor allem im Nebenabschnitt vor dem Reichsluftfahrtministerium, ungewohnt still*."

So still endete des Führers Todestag.

* Krukenberg, a. a. O.

Tot – aber wie gestorben? Verschwunden – aber wohin?

In der Geschichte von Hitlers Ende, in der so vieles unklar ist, steht zumindest eines fest: Datum und Uhrzeit seines Todes. Adolf und Eva Hitler, geborene Braun, haben sich am 30. April 1945 zwischen 15 und 15.30 Uhr in jener Kammer des Führerbunkers das Leben genommen, die Hitler als Wohnzimmer diente.

Diese Kammer hatte drei Türen. Die eine führte in Hitlers Schlafzimmer, die zweite in einen dem Kammerdiener Linge als Office dienenden Vorraum, die dritte in einen kleinen Vorflur, von dem aus man durch drei weitere Türen ins Bad, in die Toilette und in Eva Hitlers Wohn- und Schlafzimmer gelangte.

Ehe sich Hitler mit seiner Frau zu diesem letzten Schritt zurückzog, verabschiedeten sie sich im Flur von seinen nächsten Mitarbeitern. Zuvor hatte er Anweisungen für die Verbrennung ihrer Leichen gegeben: sie sollten mit Benzin übergossen und im Garten der Reichskanzlei, einem Trümmerfeld, eingeäschert werden. Bormann hatte den Befehl zur Bereitstellung der Kanister dem Chauffeur Kempka gegeben, der als Chef des Kraftfahrwesens über Benzin verfügte. Aber auch Kammerdiener Linge und Hitlers Adjutant Günsche hatten sich um Bezin bemüht, so daß etwa zehn bis zwölf je 20 Liter fassende Kanister zur Verfügung standen. Der Kammerdiener Linge hatte überdies im Vorraum mehrere Wolldecken bereitgelegt, in die die Leichen gewickelt werden sollten.

Hitler und seine Frau konnten ihre persönlichen Räume nur durch diesen Vorraum betreten oder verlassen. An dessen Tür zu dem kleinen Korridor, der als Lage- und Besprechungszimmer diente, haben Hitlers engster Kreis (Bormann, Goebbels, Burgdorf, Krebs und Axmann) und die Sekretärinnen ihren Führer zum letztenmal lebend gesehen. Kammerdiener Linge hielt die Tür offen, Hitler ließ seiner Frau den Vortritt: Linge war daher (außer Eva Hitler) der letzte Mensch, mit dem Hitler gesprochen hat. Hitler blieb in der Tür stehen, gab Linge die Hand und sagte: „Nun, Sie brechen auch mit einer der Gruppen aus.“

„Mein Führer", entgegnete der Kammerdiener, „wofür sollen wir noch ausbrechen?"

Hitlers Antwort, für die sich der heutige Kaufmann Linge verbürgt, ist die einzige mündliche Äußerung, der zu entnehmen ist, daß Hitler sich mit einer Zukunft ohne ihn in positiver Weise überhaupt beschäftigt hat. Was sonst überliefert ist, liegt auf der Linie: Nach mir die Sintflut. Zu Linge jedoch sagte Hitler auf dessen verzweifelte Frage, wofür sich denn das Weitermachen noch lohne: „Für den Mann, der nach mir kommen wird."

Damit verschwand er für die Umwelt.

Das Besprechungszimmer leerte sich. Ratlos und verstört zogen sich die Eingeweihten in ihre Zimmer zurück. Kammerdiener Linge erlebte einen Augenblick geistiger Verwirrung. Von panischer Angst erfaßt, rannte er die vielen Stufen des Treppenhauses hinauf. Oben angekommen, dem Lärm des draußen tobenden Artilleriefeuers nun so viel näher, kam er wieder zur Besinnung und fragte sich: Was will ich hier eigentlich? Langsam, Stufe um Stufe, stieg er wieder hinab. Wohin sonst hätte er gehen sollen als an den Ort, an dem er so lange seine Pflichten erfüllt hatte – in sein Office? Vor der Tür hielt er an und hatte Mühe, sich darüber klarzuwerden, daß er dieser Pflichten für immer enthoben war.

Er öffnete die Tür einen Spalt und roch Pulverdampf. Daraus schloß er, daß der Selbstmord stattgefunden hatte. Mit dieser Angabe, er habe aus dem Geruch von Pulverdampf im Vorzimmer gefolgert, daß „es passiert sei" – wie man Hitlers Selbstmord damals im Bunker umschrieb –, widerspricht Linge allen jenen Darstellungen, wonach der Knall eines Schusses das Zeichen gewesen sei, auf das die im Flur versammelte Gesellschaft gierig gewartet habe. Es ist nicht anzunehmen, daß Goebbels, Bormann und die anderen wartend zusammengeblieben sind – vielmehr war dies eine Lage, in der sie Ursache hatten, sich zu meiden, sich aus dem Staub zu machen, wozu sie nur die anstoßenden Zimmer aufzusuchen brauchten. Linges Reaktion, seine panische Flucht die Treppe hinauf, leuchtet ein.

Überhaupt muß festgestellt werden, daß Linges Schilderung von allen bekanntgewordenen Darstellungen am überzeugendsten ist. Wenn beispielsweise der ehemalige Reichsjugendführer Axmann kürzlich erneut die alte Behauptung aufgewärmt hat, Hitler habe sich in den Mund geschossen und dabei seien die Schläfenadern geplatzt, so gehört zwar dieses Detail zu den üblichen Elementen der phantasievoll ausgeschmückten Selbstmordgeschichte, aber jeder Arzt ist imstande, die Behauptung zu widerlegen. Bei einem Schuß in den Mund platzen die Schläfenadern nicht, wenn im übrigen der Schädel unverletzt bleibt –, und das soll ja der Fall gewesen sein. Vielmehr wird durch einen Schuß in den Mund der Hinterkopf zerschmettert.

Allerdings gibt es auch keinen schlüssigen Beweis dafür, daß sich der Selbstmord tatsächlich so abgespielt hat, wie Linges heutigen und früheren Berichten zu entnehmen ist. Ehe wir den einstigen Kammerdiener zu Wort kommen lassen, muß auch auf einen Widerspruch hingewiesen werden, der zwischen der im „Spiegel“ veröffentlichten Kurzfassung dieses Berichts und späteren Äußerungen Linges besteht. Zunächst sei der im „Spiegel“ abgedruckte Text, der sich in allen Einzelheiten auf ein kurz zuvor mit Linge geführtes schriftlich festgehaltenes Gespräch stützt, wiedergegeben:

„Linge zog die Tür wieder zu; er wollte nicht allein hineingehen. Er holte Bormann, und gemeinsam betraten sie durch das Office Hitlers Wohnraum. Die Tür dorthin befand sich in der linken Ecke der inneren Längswand. Wer die Tür öffnete, hatte in einem Abstand von 2,50 ein Sofa mit Lehnen vor sich, auf dem mit Mühe drei Personen hätten sitzen können, davor ein kleiner Tisch, rechts und links vom Tisch je ein Stuhl.

Von Linge und Bormann aus gesehen, saß Hitler in der linken Ecke des Sofas, also unmittelbar gegenüber der Tür, Eva Hitler in der rechten Ecke. Zwischen beiden war ein leerer Platz. Vor Hitler auf dem Tisch lag eine Walther-Pistole, Kaliber 7,65 Millimeter. Eine zweite Walther-Pistole, Kaliber 6,35 Millimeter, lag unter dem Tisch auf dem Spannteppich neben Hitlers Füßen. Hitlers Kopf hing nach rechts (Seitenangaben nun vom Standpunkt Hitlers und seiner Frau aus), ragte also, wenn man von der armhohen Lehne des Sofas eine senkrechte Linie gezogen hätte, etwas darüber hinaus.

Aus der rechten, dem Boden zugekehrten Schläfe tropfte noch Blut auf den Teppich herab. Das Blut hatte auf dem Teppich hart neben dem (von der Tür aus gesehen) linken Vorderbein des Sofas eine kleine Lache gebildet und war durch den Aufprall aus etwa 1,50 Meter Höhe hochgespritzt. Das Holz des Möbels wies blutige Stellen auf. In der linken Schläfe, die also, da der Kopf nach rechts hing, nach aufwärts wies, war eine blutige Einschußöffnung zu sehen, aus der aber kein Blut tropfte.“

Zwei Tage nachdem die betreffende Ausgabe des „Spiegel“ im Handel war, wurde ich von Linge angerufen. Er habe den Bericht gelesen, meinte er, und es sei ja alles schön und gut, aber erstens hätten beide Pistolen vor Hitler auf dem Boden gelegen, und zweitens habe Hitler sich nicht in die linke, sondern in die rechte Schläfe geschossen.

Ich muß gestehen, daß es mir den Atem verschlug. Den Hörer noch in der Hand, blätterte ich meine Notizen durch und fand Wort für Wort bestätigt, was ich im „Spiegel“ geschrieben hatte. Also erklärte ich meinem Gesprächspartner, daß er bei unserem schriftlich fixierten Gespräch genau das Gegenteil gesagt habe. Darauf entgegnete Linge, daß ich ihn wohl mißverstanden haben müsse.

Nun gut, wenn Hitler sich wirklich erschossen hat, mag es ja gleichgültig sein, ob er sich mit der linken Hand in die linke oder mit der rechten in die rechte Schläfe geschossen hat – aber wenn man die Möglichkeit ins Auge faßt, daß er sich vielleicht gar nicht erschossen hat, ist es nicht mehr so gleichgültig. Wenn er sich nicht erschossen hat, gibt es theoretisch zwei Möglichkeiten: Entweder hat Eva Hitler ihrem Mann diesen letzten Dienst erwiesen, oder es ist überhaupt kein Schuß gefallen, und Hitler hat ebenso wie seine Frau, wie Himmler, Göring und andere Zyankali genommen.

Nehmen wir also einmal an, Hitler habe sich nicht selbst erschossen, sondern seine Frau habe die Waffe abgedrückt. In diesem Fall bedeutet Linges Berichtigung am Telefon, daß Eva Hitler nicht von dem Platz aus geschossen haben kann, an dem Linge sie tot fand. Neben Hitler stehend, müßte sie, auf die rechte Schläfe zielend, abgedrückt haben, um den Tisch herumgegangen sein, sich in „ihre“ Sofaecke gesetzt und vergiftet haben. Höchst unwahrscheinlich! Noch unwahrscheinlicher, daß er sich selber getötet hat – durch einen Schuß! –, wenn ihn Linge wirklich in der Stellung fand, die er beschreibt.

Nach Linges seinerzeitiger und auch später nicht veränderter Aussage habe Hitler die zweite Pistole für den Fall einer Ladehemmung der ersten bereitgelegt. Das ist zu glauben. Wie kam es aber dann, daß, wie Linge später am Telefon erklärte, *beide* Pistolen auf dem Boden lagen? Ein Mann, der, an einem Tisch sitzend, sich erschießen will und zur Sicherheit zwei Pistolen bereithält, legt doch nicht eine davon auf den Boden oder nimmt eine in die linke und die andere in die rechte Hand? Jedenfalls verliert durch die Behauptung, daß beide Pistolen auf dem Boden gelegen hätten, die ganze

In seinem Wohnraum (1) im Führerbunker begingen Hitler und seine Frau Selbstmord. Von hier wurden die Leichen durch den Vorraum (2) und durch den Besprechungsraum (3) die Treppen hinauf zum Gartenausgang des Bunkers (4) getragen. Vor dem Ausgang befand sich eine flache Baugrube (5), in der die Leichen verbrannt wurden.

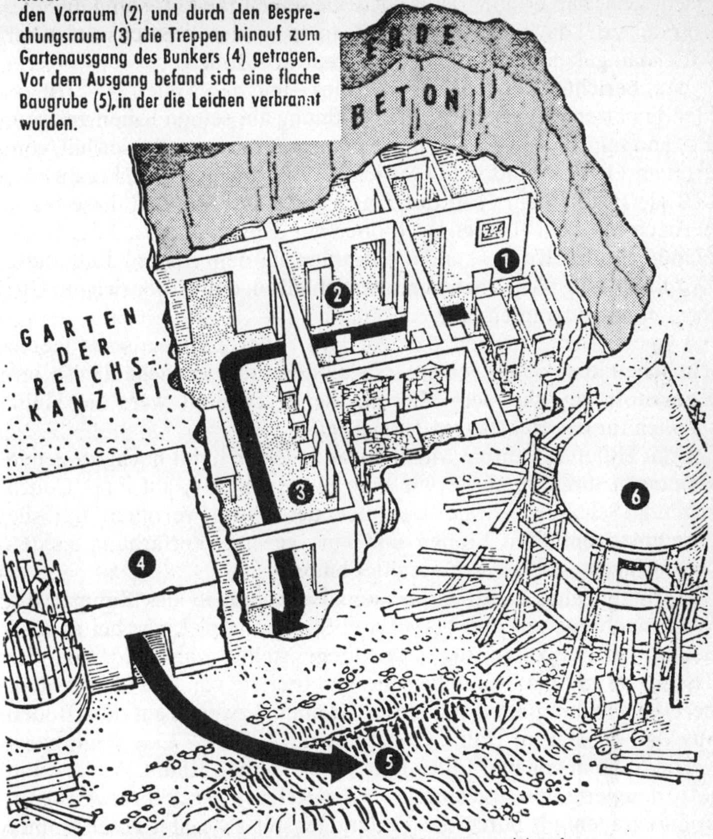

Die Baugrube (5) lag zwischen dem Bunkerausgang (4) und dem noch in der Verschalung stehenden Beobachtungsturm (6)

Hitlers letzter Weg

Erschießungs-Version noch mehr von ihrer Glaubwürdigkeit. Es wäre auch denkbar, daß Hitler zwar ursprünglich die Absicht hatte, sich zu erschießen, daß er aber dann doch wie seine Frau Gift nahm und daß er (oder sie?) die nicht benützten Pistolen auf den Teppich warf. Aber wirft man geladene Pistolen einfach auf den Boden?

Nun berichtet Zeuge Linge überdies – und dabei blieb er –, Hitlers Hände hätten gleichsam in guter Ordnung auf seinen Knien gelegen. Es kann sein, daß die Hand eines Mannes, der sich erschossen hat, vom eigenen Gewicht und vom Gewicht der Pistole gezogen, herabsinkt, daß die Pistole dem Griff der Finger entgleitet und daß diese Hand hernach mit dem Rücken nach oben auf dem Knie ruht. Aber beide Hände auf den Knien – und die Pistolen auf dem Boden? Läßt diese Körperhaltung nicht doch eher den Schluß zu, daß Hitler sich mit Gift das Leben genommen hat?

Linge berichtet weiter, daß vor Eva Hitler auf dem sonst leeren Tischchen die kleine, einem Nadelbüchschen ähnliche Hülse aus Kunststoff lag, die dem Kammerdiener bekannt war: die Hülle nämlich für das Regierungs-Einheitsgift.

Frau Hitler saß, ihrem Mann etwas zugekehrt, mit hochgezogenen Beinen in ihrer Sofaecke wie eine Studentin, die, auf ihrer Couch sitzend, Schallplatten hört. Außer der Hülse verrieten nur die zusammengepreßten Lippen und eine gewisse Verfärbung an den Nasenflügeln, daß sie sich vergiftet hatte.

Bormann ging durch Office und Lageraum in das Zimmer der Wachmannschaften und befahl drei SS-Männern, Linge bei dem zu helfen, was jetzt zu tun war. Linge stellte währenddessen das Tischchen und die Stühle beiseite und breitete von den im Vorraum bereitliegenden grauen Woilachs erst einmal zwei so auf dem Boden aus, daß sie sich zur Hälfte überdeckten.

Die SS-Männer und Linge füllten den kleinen Raum. Andere, die jetzt neugierig hereinschauten, so der Reichsjugendführer Axmann, konnten allenfalls durch die Verbindungstür zwischen Totenzimmer und Office noch einen letzten Blick auf die Leiche des Führers erhaschen, während sie in die Wolldecken eingeschlagen wurde. Es sei jetzt rasche Arbeit geleistet worden, sagt Linge. Die SS-Männer, Linge und Kempka trugen die Toten hinauf. Vielleicht hat auch Adjutant Günsche dabei geholfen. Im Garten der Reichskanzlei wurden die Leichen in eine meist als „Splittergraben“ bezeichnete längliche Vertiefung zwischen Bauschutt und Holztrümmer gelegt.

Niemand scheint sich später Gedanken darüber gemacht zu haben, warum man drei Meter vor einem bombensicheren Großbunker einen 1,20 Meter tiefen Splittergraben angelegt hatte. Es war kein Splittergraben, sondern eine angefangene Baugrube; eine Betonmischmaschine stand daneben, und Schalbretter lagen herum.

Die Kopflosigkeit aller Beteiligten findet der ehemalige Kammerdiener Linge noch heute bemerkenswert. Für Benzin war zwar gesorgt worden, aber daß Benzin, wenn es in aufgebrochenes Erdreich gegossen wird, einfach versickert und daß ein Körper, der nicht auf einem Rost oder auf einem Scheiterhaufen liegt, durch darübergegossenes Benzin nicht vernichtet werden kann, war vorher nicht bedacht worden.

Wie aussichtslos die Lage auch gewesen sein mag, ist es doch unwahrscheinlich, daß SS-Leute den Wunsch empfanden, neben ihrem Führer dadurch Selbstmord zu begehen, daß sie aus Kanistern Benzin in ein offenes Feuer gossen. Auch der ehemalige Fuhrparkchef Kempka beweist durch sein erfreuliches Lebendigsein, daß er auf diese Weise nichts zur Vernichtung der Leiche seines Führers beigetragen hat. Man kann aber schwarz auf weiß und unwidersprochen lesen, das Feuer sei genährt worden, indem man Benzin nachgegossen habe.

Tatsächlich wurden die eingehüllten Leichen in dieser länglichen Vertiefung, die den Luftzutritt hemmte, mit Benzin aus mehreren Kanistern übergossen; dann versuchte man, mit Hilfe von Zündhölzern das Feuer zu entflammen. Nichts ist leichter, als auf diese Weise eine mit Benzin durchtränkte Wolldecke zum Brennen zu bringen – vorausgesetzt, daß zuerst einmal das Zündholz brennt. Nun verhinderte aber der im Garten der Reichskanzlei herrschende sturmwindartige Luftsog, der von den ringsum zum Himmel emporschlagenden Bränden entfacht worden war, daß die nervösen Leichenbestatter von oben her ein brennendes Streichholz mit den Wolldecken in Berührung bringen konnten. Sich in den Graben zu begeben, wäre jedoch höchst unzweckmäßig gewesen, denn es war mit einer explosionsartigen Entzündung des allmählich oberflächlich verdampfenden Benzins zu rechnen. Tatsächlich stieg auch niemand zu den Leichen hinunter.

Vielmehr kehrten die Männer eilig in den Bunkereingang im kleinen Wachtturm zurück. Dort drehte Linge aus einem Stück Papier einen Fidibus, brannte diesen, im Windschatten des Eingangs stehend, an und warf ihn dann auf die Leichen. Die Flammen breiteten sich ringsum über das benzindurchtränkte Erdreich aus und schlugen mit qualmenden Spitzen bläulich züngelnd empor. Bald jedoch betrieben sie ihr Vernichtungswerk bedächtiger. Der beabsichtigte Zweck wurde nicht erreicht.

Als ich Linge fragte, aus welchem Papier er den Fidibus gedreht habe, machte er instinktiv eine Bewegung mit der rechten Hand zum linken Unterarm seines grauen Geschäftsanzugs. Er erklärte diese Geste: Seine Uniform habe hohe Ärmelaufschläge besessen, die er als Taschen für Meldungen und Formulare benutzte. Solche Papiere, die ohnehin wertlos geworden waren, seien für den Fidibus verwendet worden. Übrigens habe er den Fidibus zwar gedreht und geworfen; angezündet aber habe ihn Bormann.

Später, als man feststellte, daß das Benzinfeuer die Leichen nicht verzehrt hatte, befahl Bormann, es habe vom SS-Begleitkommando ein Trupp von acht Mann anzurücken und sie zu verscharren. In diese Beerdigung wurden auch noch die vergifteten Hunde Blondi und Wolf einbezogen. Die Bestattung fand in einem Bombentrichter statt, der vier Meter von der Verbrennungsstelle entfernt war. Auch diese SS-Männer hatten keine Lust, für Tote zu fallen, und erledigten die ihnen aufgetragene Arbeit so rasch wie möglich. Auf dem Grund des übermannshohen Trichters wurde nur eine dünne Schicht über die Leichen geschaufelt; ein Gemenge aus märkischem Sand, Steinbrokken und bombenzerfetztem Holz – mehr Schutt als Erde. Irgend jemand warf im Laufe der Nacht oder des nächsten Tages noch eine Panzerfaust in den Trichter; vielleicht war es schon ein die Reichskanzlei durchstreifender Sowjetsoldat.

Berlin kapitulierte, die Kampfgruppe Mohnke, das Führer-Begleitkommando, das Führer-Kriminal-Begleitkommando und alles, was sonst noch in der Reichskanzlei weste, zog in Gefangenschaft. Kein Deutscher blieb im Führer-Bunker zurück.

Dann kamen jene ersten Maitage, wo man „jeden Tag zwei andere tote Führer" fand, wie General Boltin, Mitherausgeber der offiziellen sowjetischen Kriegsgeschichte, dem Verfasser gegenüber erklärte. Für ihn ist Hitlers Leiche noch heute nicht gefunden. Doch hier irrt General Boltin.

Berlin brannte von einem Ende zum anderen; ein Großteil der Häuser und Hab und Gut der Bewohner wurden ein Raub der Flammen; Menschen, die an ihrem Leben hingen und alles taten, um weiterleben zu dürfen, verschwanden spurlos, wurden in den Kellern, wo sie Schutz suchten, verschüttet oder vollständig von den Flammen verzehrt. Und doch erreichte es trotz dieser „günstigen“ Umstände der bis zum letzten Augenblick seines Lebens mächtigste Deutsche jener Zeit nicht, daß sein Wunsch und Befehl, seinen toten Körper restlos verschwinden zu lassen, erfüllt wurde.

Seit er den Entschluß gefaßt hatte, Politiker zu werden, war Hitlers ganzes Sinnen und Trachten darauf gerichtet gewesen, mehr Macht in Händen zu haben als jeder, der sie ihm hätte streitig machen können. Die Vorstellung, als Toter den anderen wehrlos ausgeliefert zu sein, war ihm unerträglich gewesen. Wie ihn insgeheim die Angst erfüllte, man könnte ihn lebend fangen und in den Hauptstädten seiner Feinde in einem Käfig zur Schau stellen – eine Befürchtung, die vermutlich nicht ganz unbegründet war –, so malte er sich auch in düstersten Farben aus, was nach seinem Tod mit seiner Leiche geschehen könnte. Um auch als Toter nicht den Gegnern in die Hände zu fallen, gab er die Anweisung, ihn nach dem Selbstmord sofort zu verbrennen.

Nichts hätte sich leichter machen lassen, wenn bei den Männern, die für die Ausführung des Befehls sorgen sollten, auch nur ein bißchen Vernunft und Voraussicht vorhanden gewesen wären. Daß sie nicht einmal mehr imstande waren, eine derart einfache Maßnahme erfolgreich durchzuführen, zeigt, welcher Grad von Verwirrung, von Ratlosigkeit und Panik nach Hitlers Selbstmord unter den Zurückgebliebenen herrschte. Und auch: welche lieblose Gleichgültigkeit gegenüber dem bis dahin vergötterten Idol!

Jeder wollte nur noch die eigene Haut retten. Nicht einmal in diesem engsten Kreis, der Hitler alles verdankte, überdauerte die persönliche Treue den Tod des Führers. Eine positive menschliche Beziehung zu dem Toten hatte wahrscheinlich nur jene Frau, die ohne ihn nicht weiterleben wollte. Anders als die Göring und Himmler hatte sie nichts verbrochen, was sie die Zukunft fürchten lassen mußte. Wenn man sich noch einmal vergegenwärtigt, wie man die Tote gefunden hat, die gelassene Stellung, die sie nach Linges Zeugnis eingenommen hatte, die Distanz zu Hitler, der leere Platz zwischen den beiden, ein durchaus absichtlich wirkendes Vermeiden jeglicher Intimität, gleichsam in Fortführung der von ihm propagandistisch ausgeschlachteten Führer-Einsamkeit über den Tod hinaus, so kann man bezweifeln, ob Eva Hitler-Braun tatsächlich ein so naives, durchschnittliches Geschöpf gewesen ist, als das sie im allgemeinen hingestellt wird. Zumindest dieses Ende, das sie ihrem Leben gesetzt hat, spricht dagegen.

Doch kehren wir zum Bombentrichter zurück. Hitlers Leiche war vom Feuer angegriffen, aber nicht zerstört worden. Erheblich stärker beschädigt war die Leiche seiner Frau, vor allem ihr Kopf. Ihre künstlichen Zähne waren verbrannt, die natürlichen noch teilweise erhalten. Die vom SS-Kommando über die Leichen geworfene dünne Schuttschicht isolierte sie nur höchst mangelhaft gegen die Witterungseinflüsse. Die ersten Maitage waren kalt und regnerisch. Der Verwesungsprozeß wurde gerade durch die Maßnahme, die der Zerstörung hätte dienen sollen, gehemmt – durch die Verbrennung. Die oberflächliche Verkohlung der Körper, die stellenweise von den gleichfalls verkohlten Wolldecken eingehüllt waren, wirkte konservierend.

Die Ereignisse gingen ihren Gang, und ab 2. Mai waren die Sowjets in ganz Berlin unumschränkte Herren. Millionenmal war der Name Hitlers in ihren pathetischen Befehlen und Kriegsaufrufen, in Presse und Rundfunk genannt worden; in ihm war der Feind personifiziert, der Rußland bis nach Moskau und bis zum Kaukasus zerstört hatte. Mußte ihnen nicht jetzt, da sie seinen letzten Schlupfwinkel besetzt hatten, daran gelegen sein, mit einer jeden Zweifel ausschließenden Gewißheit festzustellen, ob die Auskünfte über seinen Tod richtig waren? Eine solche Gewißheit war aber nur durch die Identifizierung seiner Leiche zu erlangen. Und mußte ihnen nicht ferner daran gelegen sein, diese Leiche als ihr kostbarstes Beutestück zumindest in Gestalt von Fotografien Stalin nach Moskau zu bringen, wenn nicht gar mumifiziert oder in Spiritus gelegt? Und war es nicht in ihrem Interesse, der Auffindung der Leiche größte Publizität zu geben?

Als ich für diesen Bericht Recherchen in Moskau anstellte, hielt ich es nicht für ausgeschlossen, auf die Spur einer konservierten Leiche zu stoßen. Doch wenn sie tatsächlich – auch nur in Bildern – vorhanden sein sollte, wird sie jedenfalls gut versteckt gehalten.

Wir verfügen heute über eine fast unübersehbare Fülle von Beweisen dafür, daß die Sowjets der Frage: Wo ist Hitler? eine außerordentliche Bedeutung beimaßen. Schon in dem ersten Gespräch, das in Berlin zwischen Repräsentanten der deutschen und der russischen Streitkräfte, zwischen dem Generalstabschef des Heeres Krebs und dem General Tschuikow, stattfand, fragte dieser: „Wo ist Hitlers Leiche?“

Krebs entgegnete: „In Berlin. Sie ist getreu dem Testament verbrannt worden. Am heutigen Tag."

Tschuikow, der während dieses Gesprächs mit seinem Oberkommandierenden Schukow telefonierte, gab diese Auskunft sofort weiter: „. . . ist in Berlin verbrannt worden. Ziemlich schwer zu glauben. Aber der General behauptet es. Er brachte einen Brief von Goebbels und Bormann . . ."

Hatten die Sowjets bei einem Gefangenen auch nur den leisesten Verdacht, er wisse Einzelheiten über die letzten Tage in der Reichskanzlei und den Tod Hitlers, dann stellten sie tagelang, wochenlang, sogar jahrelang die immer gleichen Verhöre an. Wie es dabei zuging, schildert Hitlers Pilot, Hans Baur, in seinem Buch *Ich flog Mächtige der Erde:*

„Man bot mir Geld, eine Stellung in Chile, ich könne sogar in Rußland leben, wenn ich mich in Deutschland nicht sicher fühle, nur solle ich sagen, wo Hitler sich jetzt aufhalte. Es war eine irrsinnige Zeit."

Einerseits bemühten sich die Sowjets intensiv um eine Klärung der Frage, was aus Hitler oder aus seiner Leiche geworden war. Anderseits soll es weder eine bleigefütterte Kiste mit der Leiche noch authentische Fotos der Leiche oder einen amtlichen oder wenigstens amtlich anerkannten Bericht über die Auffindung der Leiche und deren endgültiges Schicksal geben. Dabei hatte Moskau, dessen minuziöse Planungen für den Fall des Sieges um so eindrucksvoller sind, als sie sich von der völligen Planlosigkeit der westlichen Sieger scharf abheben, auch in diesem Fall sorgfältige Vorbereitungen getroffen und Suchkommandos aufgestellt, die den Auftrag hatten, Hitler lebendig oder tot sicherzustellen.

Eines dieser Suchkommandos stand unter den Befehl des Oberstleutnants Iwan Klimenko. Zu Beginn des Jahres 1965 veranlaßte die Moskauer Agentur Novosti, deren Hauptaufgabe die journalistische Dokumentation und Ausbeutung der Sowjetunion dem Ausland gegenüber ist, den heutigen Oberst, einen Bericht über seine damalige Tätigkeit als Leiter eines Führer-Leichen-Suchkommandos zu geben. Noch aufschlußreicher erscheint, was Oberst Klimenkos Dolmetscherin zu berichten hat, damals eine junge Studentin, die im Range eines Leutnants dem Kommando zugeteilt worden war. Frau Jelena Rschewskaja, die vor Jahren unter dem Titel *Frühling in Uniform* einen romanhaft ausgeschmückten Bericht über ihre Berliner Erlebnisse veröffentlichte, machte im Gespräch mit dem Verfasser einen sachlicheren Eindruck als Oberst Klimenko, in dessen Bericht es von nachweisbar falschen Angaben nur so wimmelt.

So schreibt er, die Sowjets hätten die Reichskanzlei „im Sturm schnell" eingenommen – ein solcher Sturm hat niemals stattgefunden. Er behauptet, die Privatzimmer Hitlers und Eva Brauns im Führerbunker seien größer gewesen als die übrigen Räume – in Wahrheit hatte nur der Lageraum etwas größere Abmessungen. Er berichtet, als ersten hätten sie „den Arzt von Dr. Goebbels" entdeckt, der „zusammen mit Magda Goebbels" deren sechs Kinder umgebracht habe – in Wirklichkeit war Dr. Stumpfegger, der die Kinder vergiftet hat, mit der Gruppe Bormann-Naumann ausgebrochen und dabei vermutlich ums Leben gekommen; jedenfalls ist er seither verschwunden. Auch wurden die Giftampullen nicht, wie Klimenko schreibt, in den Mündern der Kinder zerdrückt – sie bekamen zunächst einen Betäubungstrank und dann, kurz bevor sie einschliefen und ihr Wille gelähmt war, mit Gift gefüllte Bonbons, die sofort wirkten, wenn sie aufgebissen wurden, oder erst nach einer Weile, wenn sie im Mund zergingen. Dr. Stumpfegger hat nicht nur die Kinder auf diese Weise getötet, sondern auch die Bonbons vorbereitet. Frau Goebbels hat an der Tötung nicht teilgenommen. Sie liebte ihre Kinder wie jede Mutter und harrte verzweifelt im Flur vor dem Raum aus, in dem sich der sechsfache Kindermord zutrug, bis Dr. Stumpfegger heraustrat und ihr stumm zunickte. Darauf brach sie ohnmächtig zusammen und wurde von SS-Wachen in ihr Zimmer getragen.

Klimenkos Bericht ist also alles andere als zuverlässig. Er ist ganz offensichtlich ideologisch eingefärbt.

Wenn man seine Darstellung und den Bericht von Frau Rschewskaja auf ihren sachlichen Gehalt hin untersucht und das, was dabei übrigbleibt, mit dem vergleicht, was von deutscher Seite überliefert ist, so ergibt sich in großen Zügen folgendes Bild:

Das Klimenko-Kommando suchte den toten Hitler zunächst im Bunker, dann im Hof der Reichskanzlei, wo die Sowjets aber am ersten Tag nur auf das tote Ehepaar Goebbels stießen. Als Klimenko keinen Hitler finden konnte, vernahm er „die ganze Nacht vom 2. auf den 3. Mai . . . Gefangene, die im Tiergartenbezirk festgenommen worden waren".

Schon dabei wurde etwas schlampig gearbeitet, weil der Oberstleutnant während der Verhöre erfuhr, der tote Hitler sei bereits gefunden worden. Der zur Identifizierung der Goebbels-Leichen zugezogene Vizeadmiral Voß hatte in dem Löschwasserbecken, das in jenen Tagen ein bliebter Platz für Offiziers-Selbstmorde war, einen Toten entdeckt, der Hitler verblüffend ähnlich sah, wie die uns vorliegenden Fotos beweisen. Männer, die die letzten Tage in der Reichskanzlei miterlebt und überlebt haben, bestreiten, diesen Mann je zuvor gesehen zu haben. Man konnte ihn tatsächlich als Doppelgänger bezeichnen; auf einige Entfernung hätte er für Hitler gelten können. Da man wußte, daß irgendwo ein toter Hitler liegen müsse, kann man verstehen, daß in der allgemeinen Aufregung selbst ein Mann wie Voß, der den Führer fast Tag für Tag gesehen hatte, zunächst glaubte, den toten Chef vor sich zu haben. Man machte nun viel Aufhebens von der Leiche und legte sie dekorativ neben den Monster-Adler mit dem Hakenkreuz, der zuvor die Neue Reichskanzlei geziert hatte. (Es ist nicht aufgeklärt, woher dieser Doppelgänger plötzlich kam und wer er war.)

Dabei war noch bei Tageslicht ein Soldat des Klimenko-Kommandos bei nochmaliger Durchsuchung des Hofes auf die echten Leichen des Ehepaars Hitler gestoßen und hatte die männliche Leiche am Fuß ein wenig aus dem Schutt herausgezogen, doch hatte der Fund der falschen Leiche zur Folge, daß man dem Bericht dieses Soldaten zunächst keine Aufmerksamkeit schenkte.

Allerdings stellte man bald fest, daß die Leiche des Doppelgängers gestopfte Socken trug, woraus man schloß, daß es sich wohl doch nicht um den Führer und Reichskanzler des Großdeutschen Reiches handeln könne. Bestätigt wurde diese Vermutung durch Personen aus der Dienerschaft, die man alsbald zur Besichtigung der Leiche herbeiholte. Immerhin fällt eines auf: wenn General Boltin, ein gelehrter Historiker in Uniform, zu mir in Moskau scherzhaft gesagt hat, man habe in jenen ersten Tagen viele Hitlerleichen gefunden (womit er auch das Auffinden der echten Leiche als einen Irrtum untergeordneter Soldaten abtun wollte), so stimmt das insofern, als damals mancher dunkelhaarige Tote mit dem bewußten „weltanschaulichen“ Bärtchen für Hitler gehalten wurde – aber stets nur für ganz kurze Zeit. Doch dieser im Löschwasserbecken gefundene Tote sah Hitler so ähnlich, daß der Verdacht aufkommen kann, er habe sich nicht bloß zufällig an diesem Ort befunden. Zwar ist es glaubhaft und entspricht Hitlers Selbstvergottung, daß er Tarnmanöver mittels Doppelgängern stets abgelehnt habe, aber es wäre denkbar, daß ein

Mohnke oder Bormann aus irgendwelchen Gründen sich einen solchen Mann insgeheim „auf Lager“ hielten. Das würde auch erklären, warum der Mann zu seinen Lebzeiten nie in der Reichskanzlei gesehen wurde.

Den falschen Hitler ließ man noch eine Zeitlang als Attraktion für gutgläubige Rotarmisten herumliegen; er wurde sogar von Posten bewacht und von Wochenschaureportern aufgenommen. Klimenko aber, der ja nun ebenfalls wußte, daß es sich nicht um Hitler handelte, ging endlich auf die Meldung des Soldaten Tschurakow aus seinem Kommando ein und ließ die richtigen Leichen ausgraben. Dabei fand man auch die beiden Hunde, die übrigens tiefer als das Ehepaar Hitler in den Bombentrichter versenkt und sorgfältiger mit Erde bedeckt worden waren als dieses. Die Exhumierung fand am 4. Mai statt.

Eine Identifizierung der Leichen nach ihrem äußeren Aussehen war angesichts ihres Zustandes unmöglich. Klimenko und Frau Rschewskaja stellten deshalb folgende Überlegung an: Ein zumindest indirekter Beweis der Identität ließ sich erbringen, wenn jemand bestätigen konnte, daß in dem Bombentrichter, in dem Klimenkos Kommando die vom Feuer beschädigten Leichen eines Mannes und einer Frau aufgefunden hatte, Adolf und Eva Hitler vergraben worden waren. Diesen Zeugen fanden sie in dem SS-Mann Harry Mengershausen (Klimenko schreibt fälschlicherweise Mengeshausen), der sich auf eine entsprechende Umfrage unter den deutschen Gefangenen hin meldete. Gemeinsam mit Klimenko verfaßte er das eine der beiden Dokumente, die bisher zu diesem Komplex der Zeitgeschichte bekanntgeworden sind. Dieses Dokument hält allerdings nur Mengershausens Aussage fest, daß die Stelle, an der das Ehepaar Hitler verscharrt worden sei, mit der Stelle übereinstimme, an der man eine männliche und eine weibliche Leiche gefunden habe, so daß es sich um die Leichen von Adolf und Eva Hitler handeln müsse. In der Tat kann man schwerlich annehmen, daß – was unzweifelhaft feststeht – das Ehepaar Hitler zwar im Bombentrichter beerdigt wurde, das Kommando Klimenkos aber in eben diesem Trichter vier Tage später zwei andere Leichen ausgrub.

Klimenko war natürlich stolz darauf, daß sein Kommando die Toten gefunden hatte, und machte viel Wind um die Sache. Seinen Zeugen Mengershausen stellte er beim Korpsstab vor, was den SS-Mann während der Fahrt glauben ließ, daß er nun erschossen werde. Als er jedoch erfuhr, daß man ihm nicht den Garaus machen wolle, schrieb er im Stabsquartier eigenhändig das zweite Dokument, eine Erklärung, wonach er selbst mitgeholfen habe, die Leichen von der Verbrennungsstelle in den Bombentrichter zu schaffen und dort mit Erde zu bedecken.

Die Leichen brachte man zunächst in einen Raum der zerstörten Reichskanzlei, wo sie, von einem Soldaten des Kommandos bewacht, bis zum Einbruch der Nacht blieben. Dann wickelte man sie – zum zweiten Mal! – in Decken ein, legte sie in eine Kiste und lud diese auf einen Lastwagen. Beim Korpsstab hatte Klimenko den Befehl erhalten, den kostbaren Fund seinem Armeekommando zu übergeben, das sich in Buch bei Berlin befand. Durch die immer noch brennende Reichshauptstadt fuhren die Lastwagen dorthin.

Bei Gesprächen in Moskau fiel dem Verfasser wiederholt auf, daß es Sowjetbürgern erstaunlich schwerzufallen scheint, Örtlichkeiten genau zu beschreiben – während sie Menschen oder Geschehnisse überaus anschaulich und detailliert zu schildern vermögen. Auch Frau Rschewskaja vermochte auf die Frage, wohin man in Buch die Leichen gebracht habe, nur zu sagen, sie seien nicht in einem Wohnhaus, sondern in einem Schuppen deponiert worden.

Als die Recherchen für diesen Bericht auf Buch ausgedehnt wurden, ließ sich unschwer in Erfahrung bringen, daß in dem dortigen Krankenhaus, einem der größten Berlins, Ende April der sowjetische Armeestab einquartiert war. Auf dem von einer Mauer begrenzten Gelände der Krankenanstalt stehen einige schuppenartige Gebäude; in eines von ihnen wurden die Kisten gebracht. Allerdings war nicht mehr festzustellen, um welchen Schuppen es sich handelte.

So weit, so gut. Fassen wir noch einmal kurz zusammen: Das zentrale Interesse, das Moskau an dem lebenden oder toten Hitler haben mußte, hatte zur Bildung von Sonderkommandos geführt, die den Auftrag hatten, Hitler aufzuspüren. Die Kommandos hatten nach Einnahme der Reichshauptstadt ihre Tätigkeit sofort aufgenommen, und Klimenkos Kommando war in den brennenden Ruinen am dafür wahrscheinlichsten Platz fündig geworden.

Hier ist ergänzend einzufügen, daß die auf deutschem Gebiet vorrückende Rote Armee noch weit stärker als die Armeen der westlichen Aliierten von Sonderkommandos durchsetzt war. Diese Gruppen bestanden teils aus Soldaten, die auf Grund ihrer Tapferkeit, ihrer Intelligenz oder ihres politischen Fanatismus als für die betreffende Aufgabe besonders geeignet galten; in der Mehrzahl setzten sie sich jedoch aus Fachleuten aller Sparten zusammen, die in Uniformen geschlüpft waren: aus Historikern, früher in Deutschland tätigen Diplomaten, Wirtschaftlern, Technikern, Kunsthistorikern oder Naturwissenschaftlern. Mit der Armee rückte die Elite der sowjetischen Intelligenz auf das Reichsgebiet vor, um den Status quo von Land und Volk im ersten Zugriff in minuziösen Bestandsaufnahmen derart sicherzustellen, daß auf dieser Basis sowohl das besiegte Nazi-Deutschland nachhaltig liquidiert als auch ein neues Deutschland sinnvoll (von Moskau her gesehen) aufgebaut werden konnte. Wer nicht schon mit der Armee einmarschierte, wurde zum erstmöglichen Zeitpunkt eingeflogen, so die Gruppe Ulbricht und die weit weniger bekannte, aber zunächst bedeutsamere Gruppe Mikojan. Doch davon später.

Angesichts derart gründlicher Vorbereitungen ist es seltsam, daß gerade das offizielle Moskau sich über das Schicksal von Hitlers Leiche in penetrantes Schweigen hüllt. Fest steht nur, daß noch von Klimenko zur weiteren Sicherung der Identität des Toten Röntgenaufnahmen des Gebisses in die Wege geleitet wurden. Der Verfasser ist überzeugt, daß die in Buch einquartierte Armeeführung, die sich in den Besitz der Leichen gebracht hatte, nicht daran zweifelte, die Überreste von Adolf und Eva Hitler gefunden zu haben. Doch was geschah nun? Dem Anschein nach tagelang nichts. Nur eine Maßnahme ist durch das Zeugnis von Frau Rschewskaja verbürgt: Am 8. Mai wurden die beiden Leichen obduziert. Am 8. Mai erst – also mehrere Tage nach der Auffindung und acht Tage nach dem Todesdatum! Frau Rschewskaja kann den damaligen Zustand der Leichen nicht genau beschreiben: „Wissen Sie, der Anblick war zu gräßlich, ich habe mich nicht in die Nähe getraut."

Auf die Frage, ob eine chemische Untersuchung stattgefunden habe, entgegnete sie: „Ja, natürlich."

„Worauf ist nach dem Ergebnis Hitlers Tod zurückzuführen?"

„Er hat sich vergiftet."

„Woraus wurde das damals geschlossen?"

„Der Körper wies keine Schußverletzung auf. Zwar gab es Verletzungen am Kopf, aber sie rührten vom Feuer her."

„Sind Sie dessen sicher?"

„Ich kann nicht sicher sein, ich habe es nicht gesehen, und ich bin kein Arzt. Aber ich bin sicher, daß ich das Ergebnis der Untersuchung richtig wiedergebe."

Lassen wir zunächst die hiermit erneut aufgeworfene Frage beiseite, wie nun Hitler tatsächlich aus dem Leben geschieden ist, und stellen wir uns einige Fragen. Warum wurde die Obduktion, für die im Krankenhaus, in dem der Armeestab untergebracht war, die besten Voraussetzungen gegeben waren, erst nach mehreren Tagen vorgenommen, in denen der Verwesungsprozeß unaufhaltsam fortschritt? Warum weiß die offizielle Geschichte des „Großen Vaterländischen Kriegs" nichts von der Auffindung der Hitler-Leiche? Warum hat das federführende Mitglied ihres Redaktionskollegiums, der bereits genannte General Boltin, dem Verfasser gegenüber mit Nachdruck behauptet, in Moskau habe man keine Gewißheit über Hitlers Tod? Warum hat man nach der Identifizierung der Leiche in Buch noch jahrelang jeden, der über Hitlers Schicksal vielleicht etwas wissen konnte, immer wieder vernommen und in Moskau ein mit gewaltigem Aufwand betriebenes Ermittlungsverfahren laufen lassen? Warum sagte Stalin noch auf der Potsdamer Konferenz zu dem US-Politiker Harry Hopkins, er wisse nicht, wo Hitler geblieben sei? Und warum hat man amtlicherseits den Aussagen der inzwischen auch in der Sowjetunion durch Presseveröffentlichung bekannten Zeugen, etwa von Klimenko und der Rschewskaja, kein Gehör geschenkt und sich niemals ernsthaft mit ihnen auseinandergesetzt?

Als ich zur Vorbereitung dieses Berichts in Moskau weilte, stellte ich diese Fragen jedem, der sie hören wollte, und auch manchem, der sie nicht hören wollte. Ich erhielt eine überraschende Antwort, die zwar das Verhalten der Beteiligten im Sommer 1945 erklärt, aber meines Erachtens für das Verhalten der Sowjethistoriker heute ohne Bedeutung sein müßte: Stalin sei, so wurde mir mehrfach erklärt, über die Tatsache, daß Hitler ihm nicht lebend in die Hände gefallen war, derart verärgert gewesen, daß niemand mehr den Mut aufgebracht habe, auf einer öffentlichen oder zumindest amtlichen Beweisführung, daß Hitler tot sei, zu bestehen.

Das ist, wie die Dinge im stalinistischen Rußland lagen, natürlich vorstellbar. Aber nachdem Stalin seit mehreren Jahren tot ist, wäre eigentlich zu erwarten, daß man die damals in Berlin gesammelten und vermutlich in einem Archiv der Roten Armee aufbewahrten Beweise endlich auf den Tisch legt. Ich hatte geglaubt, Andeutungen in Moskau entnehmen zu dürfen, daß man dort anläßlich des 20. Jahrestages der deutschen Kapitulation das Dunkel auflichten werde. Aber auf dem internationalen Kongreß der Zeitgeschichtler, der aus diesem Anlaß in Moskau stattfand, ist das Problem nicht behandelt worden. Nun, Moskaus Mühlen mahlen bekanntlich langsam. Eines Tages werden wir sicher den Wortlaut des Obduktionsberichts erfahren, werden wissen, wo die Leichen Hitlers und seiner Frau geblieben sind. Hat man sie irgendwo auf dem Gelände der Krankenanstalt Buch verscharrt und die Stelle unkenntlich gemacht, um keine Pilgerstätte für alte und neue Nazis zu schaffen? Oder hat meine Theorie vom Bleisarg oder von dem mit Spiritus gefüllten Behälter doch etwas für sich?

Wenn der Obduktionsbericht tatsächlich den Passus enthielte, daß Hitler sich nicht erschossen, sondern vergiftet habe, hätten wir allerdings in diesem Punkt gleichwohl noch keine Gewißheit, denn es ist denkbar, daß auch dieser Bericht nach einem ideologischen Horizont ausgerichtet ist. Ein Hitler, der sich unmännlich vergiftet, paßt in das kommunistische Bild viel besser als ein Hitler, der zur Pistole greift. Er paßt auch besser zur psychologischen Kategorie, in die ich Hitler eingeordnet hatte. Allerdings habe ich in jüngster Zeit auf Grund weiterer Informationen in dieser Sache neue Einsichten gewonnen, auf die ich im Zusammenhang mit der Frage, welchen Tod der Führer des Dritten Reiches gestorben ist, kurz eingehen muß.

Im Laufe einer langjährigen Beschäftigung mit der Persönlichkeit und dem Wirken jenes Menschen, der die Geschichte unseres Jahrhunderts entscheidend gestaltet hat, hatte ich den Eindruck gewonnen, es habe sich bei Hitler um einen „Schwabinger Typ“ gehandelt, um einen triebhaften, emotionellen Menschen, der sein Außenseitertum ebensowenig zu überwinden vermochte wie er seinen Hang, es mit der von ihm verachteten, parasitär ausgenützten Gesellschaft nicht ganz zu verderben, lange Jahre nicht überwand.

Mir schien, daß Hitler, ehe er, etwa zur Zeit des Überfalls auf die Sowjetunion, sich von jeder Abhängigkeit von der Gesellschaft, also von seinem Volk, innerlich frei machte, nicht nur aus politischer Berechnung um die Zustimmung der Massen buhlte, sondern diese Zustimmung seelisch brauchte. Ich hatte den Eindruck, daß, wenn die einem 25jährigen Krampfzustand ähnelnde ungeheure Willensanstrengung dieses Mannes einmal nachließe, offenbar würde, daß er eigentlich aus weichem Material, eine Natur mit stark weibischem Einschlag sei. Mit gleichermaßen triftigen wie fragwürdigen Argumenten und „Beweisen“ vor die Frage gestellt, ob ein solcher Mann, nachdem sein Wille erschlafft war, sich erschossen oder vergiftet habe, entschied ich mich für die zweite Möglichkeit: seinem eigentlichen Wesen entsprechend mußte er, glaubte ich, zum Gift gegriffen haben.

Bis dahin waren mir nur zwei Episoden aus Hitlers Leben bekannt, in denen er mit der Pistole agierte: als der junge „Revolutionär“ 1923 bei jener berüchtigten Versammlung im Münchener Bürgerbräu-Keller einen Schuß auf die Decke abgab, um sich Gehör zu verschaffen, und als er seiner Gönnerin, Frau Bechstein, eine dramatische Selbstmordkomödie vorspielte, um Geld zu erpressen. In beiden Fällen entsprach sein Verhalten genau dem des „Schwabinger Typs“.

Doch dieses Hitler-Bild stürzte zusammen, als ich im Verlauf meiner Recherchen zu seinem ehemaligen Kammerdiener Linge kam. Was er zur Sache selbst zu sagen hatte, ist bereits mitgeteilt worden. Beinahe zufällig erwähnte er jedoch außerdem, daß die beiden Pistolen, die sich in dem Zimmer fanden, in dem der Führer und seine Frau sich das Leben genommen hatte, Hitlers ständige Begleiter gewesen seien; die 7,65 habe immer auf dem Nachttisch gelegen, während er die 6,35 seit 1919 ständig bei sich getragen habe, in einer besonderen Ledertasche, die in jede seiner Hosen eingenäht gewesen sei.

Man muß sich das vorstellen: Wenn der Führer zu Mussolini reiste, hatte er eine Pistole in der Tasche. Wenn er vor dem Reichstag sprach, hatte er eine Pistole in der Tasche. Wenn er neben Winifred Wagner der „Götterdämmerung“ lauschte, hatte er eine Pistole in der Tasche. Wenn er Putzi Hanfstaengels Phantasien auf dem Flügel zuhörte, hatte er eine Pistole in der Tasche. Wenn ihm Hunderttausende auf dem Reichsparteitaggelände zujubelten, hatte er eine Pistole in der Tasche. Wenn er Chamberlain oder den Nuntius empfing, hatte er eine Pistole in der Tasche. Wenn er auf der Terrasse des Hauses der Deutschen Kunst in Damengesellschaft Kaffee trank, hatte er eine Pistole in der Tasche.

Das bedeutet: Wo er ging und stand, erfüllte ihn das Gefühl, ein Abenteurer, ein Usurpator zu sein, der jeden Augenblick damit rechnen mußte, mit der Waffe in der Hand seine Machtposition einem Feind gegenüber verteidigen zu müssen (und bei seinem Selbstverständnis war jeder ein realer oder potentieller Gegner). Er war also durchaus kein Schwabinger, sondern ein Schlägertyp, ein zu allem entschlossener Gangster, eine Unterweltsfigur aus dem XIII. Wiener Bezirk, woher er zwar nicht stammte, wo aber seine geistige Heimat lag. *Dieser* Hitler hat sich vielleicht auch erschossen . . .

Vielleicht. Wir werden es nie wissen, wie wir so vieles über das gespenstische Ende dieses Gespenstes nie wissen werden. Jedenfalls ist es für mich angesichts dieser Informationen nicht mehr möglich, mich auf die eine oder andere der Selbstmordhypothesen festzulegen.

Man wird sich nun vielleicht fragen, warum ich der Aussage Linges, die Pistolen seien Hitlers ständige Begleiter gewesen, Glauben schenke, aber seine Behauptung, Hitler habe sich erschossen, in Zweifel ziehe. Dafür habe ich folgende Gründe: Der Bürger und Kaufmann Linge ist zweifellos ein Mann, dem man bis zum Beweis des Gegenteils nicht nachsagen darf, er nähme es in allem, was das normale, bürgerliche Leben betrifft, mit der Wahrheit nicht genau. Aber der SS-Mann Linge wurde vor 30 Jahren unter vielen als Hitlers persönlicher Diener ausgewählt und hat in dieser Position, die man weder als normal noch als bürgerlich bezeichnen kann, elf Jahre lang, bis zum Tod seines Herrn, ausgehalten. In dieser Zeit wurde er – falls er es nicht schon von Anfang an war – ein fanatischer Anhänger des Führers, der ja schließlich nicht nur Linge, sondern ein ganzes Volk zu faszinieren vermochte. Es wäre keine Lüge im üblichen Sinn, wenn sich Männer aus Hitlers unmittelbarer Umgebung im Dienste des Hitler-Mythos abgesprochen hätten, zu behaupten und dabei zu bleiben: unser großer Führer hat sich männlich erschossen. Wie viele mußten bei einem solchen Komplott mitwirken? Drei: Linge, Goebbels und Bormann. Von diesen dreien ist Goebbels tot, Bormann verschwunden und vermutlich ebenfalls tot. Bleibt also noch Linge. Wer außer ihm hat den toten Führer wirklich gesehen? Die SS-Männer, die Bormann herbeiholte, damit sie Linge halfen? Wirklich? Linge, ein großer, bärenstarker Mann, hat, nach seiner Aussage, sofort nach Betreten des Raumes die Möbel beiseite gerückt, die vorbereiteten Decken geholt und sie auf dem Boden ausgebreitet. Ist es nicht denkbar, daß er, falls zwischen Goebbels, Bormann und ihm eine Absprache bestand, den toten Führer noch vor der Ankunft weiterer Zeugen vom Sofa gehoben und rasch in die Decken eingewickelt hat? Selbst Goebbels entgegnete am Todestag auf die Frage, ob der Führer sich erschossen habe: „Jawohl, er hat sich in die Schläfe geschossen und lag am Boden." Der Schuß kann ebenso erfunden sein, wie der Knall des Schusses, der angeblich die

Wartenden angelockt hat, mit Sicherheit eine Erfindung ist. Aber mit der Behauptung, Hitler sei am Boden gelegen, widerspricht Goebbels entweder Linge (nach dessen Aussage der Führer auf dem Sofa saß), oder er kam erst hinzu, nachdem Linge die Leiche bereits auf die Decken gelegt hatte. Erst recht unglaubwürdig ist Axmanns Aussage zu diesem Punkt; er behauptet, das Todeszimmer nach dem Eintreffen der von Bormann herbeizitierten SS-Männer betreten zu haben, doch war dieses Zimmer so klein, daß außer Linge und den SS-Männern niemand mehr Platz darin hatte. Es ist also möglich, daß, von Bormann und Linge abgesehen, niemand Hitlers Leiche gesehen hat (auch von Goebbels ist es höchst ungewiß), so daß es keiner großen Verschwörung bedurfte, um der Mit- und Nachwelt eine falsche Todesursache glaubhaft zu machen.

Hingegen gehört Linges Aussage, Hitler habe stets eine Pistole bei sich getragen, nicht zu seinem „offiziellen" Bericht, den er parat und mehrmals schon wiederholt hatte; sie rutschte ihm im Gespräch gleichsam nebenbei heraus, und ich glaube nicht, daß er wußte oder weiß, wie bedeutungsvoll diese Mitteilung war. Ihr ist also mehr zu vertrauen als der Geschichte von Hitlers Selbstmord mit der Pistole.

Daß der Führer sich vergiftet habe, wird nicht nur von sowjetischer Seite behauptet, sondern beispielsweise auch von dem Grafen Bernadotte.

Der wohl meistfotografierte, meistdokumentierte Mensch unserer Zeit verschwand auf unbekannte Weise im Unbekannten.

Was man tut, muß man ganz tun

Auf die Lage im großen vermochte Hitlers Tod sich nicht mehr auszuwirken. (Den Entschluß, ein Ende zu machen, hatte er wohl in erster Linie deshalb gefaßt, weil ihm seine Ohnmacht bewußt geworden war.) Wenn die Sowjets am 30. April den Bunker unter der Reichskanzlei noch nicht besetzt hatten, dann nicht, weil sie nicht dazu in der Lage gewesen wären, sondern weil sie es nicht wollten.

Spätestens in dem Augenblick, da Hitler tot war, hätte eine Offiziersabordnung mit weißer Fahne dem Bunker entsteigen, die nächstgelegene feindliche Stellung aufsuchen und den wartenden Sowjets sagen müssen, daß mit dem Tod des Führers der Kampf zu Ende sei. Zwei Stunden später hätte es ganz Berlin gewußt: die sowjetischen und deutschen Truppen ebenso wie die Zivilbevölkerung, die größtenteils noch in den Kellern hockte.

Aber eine solche Lösung wäre allzu einfach, allzu vernünftig gewesen; die Handlungen, die im Namen des Volkes getan werden, werden nun einmal in kritischen Augenblicken nicht vom gesunden Menschenverstand bestimmt. Vielmehr wurde das politische Testament des Führers ernst genommen: danach gab es eine neue Regierung, deren Mitglieder namentlich benannt, wenn auch größtenteils nicht in Berlin anwesend waren. Zwei der Männer, die auf der Regierungsliste standen, Goebbels und Bormann, dachten nicht daran, den Kampf einzustellen; sie rechneten sich durchaus noch eine persönliche und politische Chance aus. Nichts war ihnen gleichgültiger als die Tatsache, daß dadurch noch mehr Menschen sterben mußten und eine Millionenbevölkerung weiterhin zu einem Kellerdasein inmitten einer zusammengebrochenen Zivilisation verdammt war.

Einen Tag vor Hitlers Ende, am Abend des 29. April, hatte sich Kampfkommandant Weidling in seinem Gefechtsstand im Hochbunker des OKW-Blocks an der Bendlerstraße immer noch nicht entscheiden können: Sollte er, durfte er, mußte er gegen Hitler handeln, um mit den verbliebenen Truppenresten aus dem Einschließungsring auszubrechen? Assistiert von einigen Divisionskommandeuren, die sich zu ihm hatten durchschlagen können, faßte er endlich am Vormittag des 30. 4. zögernd den Entschluß zum Ausbrechen. Termin: 30. April, 22 Uhr. Die Abschnittskommandanten kehrten mit diesem Befehl in der Tasche unter Bomben- und Granatfeuer zu ihren Gefechtsständen zurück.

Gegen 13 Uhr meldete sich ein SS-Sturmbannführer mit einem Spähtrupp aus der Reichskanzlei bei Weidling. Für den Weg, den ein Fußgänger normalerweise in einer Viertelstunde zurücklegen kann, hatten die SS-Männer zwei Stunden gebraucht. Sie brachten den letzten Führerbefehl, geschrieben auf Hitlers privatem Briefpapier mit einem goldenen Reichsadler über lorbeerumkränztem Hakenkreuz links oben und darunter, gleichfalls in erhabener Goldprägung, dem Namen Adolf Hitler in Antiqua. Der Befehl war auf der Führer-Maschine mit den übergroßen Typen geschrieben und von Hitler handschriftlich unterzeichnet:

> „An den Befehlshaber des Verteidigungsbereiches Berlin, General der Art. Weidling. Im Falle des Munitions- und Verpflegungsmangels bei den Verteidigern der Reichshauptstadt gebe ich mein Einverständnis zum Ausbruch. Es ist in kleinsten Gruppen auszubrechen und Anschluß an die noch kämpfende Truppe zu suchen. Wo dieser nicht gefunden wird, ist der Kampf in kleinen Gruppen in den Wäldern fortzusetzen. Adolf Hitler."

Hitlers Befehl ließ Weidling erleichtert aufatmen. Hatte er bis dahin in schwerem Ringen mit seinen Vorstellungen von Gehorsamspflicht die Ausbruchvorbereitungen ohne Wissen seines Führers und des Heeres-Generalstabschefs betrieben, so durfte er sich jetzt sagen, daß seine Pläne von höchster Stelle gutgeheißen waren.

Die Verbindung zwischen den einzelnen Befehlsstellen im noch nicht besetzten Berlin war derart schwierig geworden, daß einige Kommandeure den schon gegen 10 Uhr vormittags erlassenen Ausbruchbefehl erst am späten Nachmittag erhielten. Auch der Zoo-Bunker, in dem eine ganze Anzahl von Befehlsstellen zusammengezogen worden war, hatte erst gegen 18.30 Uhr wieder Drahtverbindung mit dem Kampfkommandanten. Als der Ausbruchbefehl durchgegeben wurde, saßen, wie bereits erwähnt, im Gefechtsstand die Generale Sydow und Rauch sowie die Obersten Wöhlermann und H.-O. von und zu Gilsa beisammen. Rauch, der das Gespräch abnahm, teilte den

Anwesenden Richtung (über Spandau-Neuruppin) und Termin (nicht vor Einbruch der Dunkelheit) des geplanten Ausbruchs mit. Oberst von und zu Gilsa erfaßte die Situation sofort, eilte auf der Stelle zu seinem im gleichen Hochbunker untergebrachten Stab, teilte seinen Mannen die Neuigkeit mit und rückte wenige Minuten später ab. Die anderen Herren, die es mit den Vorschriften genauer nahmen, sollten bald Grund haben, ihre langsamere Reaktion zu bereuen. Inzwischen hatte sich, was sie nicht wußten, ihr Führer das Leben genommen. Prompt erschien jener SS-Sturmbannführer, der Hitlers Befehl in die Bendlerstraße gebracht hatte (und danach zur Reichskanzlei zurückgekrochen war), gegen 19 Uhr wieder bei Weidling und händigte ihm einen diesmal von Krebs unterzeichneten Befehl aus, der besagte, Weidling habe sich sofort in die Reichskanzlei zu begeben, und alle für den Abend vorgesehenen Ausbruchsmaßnahmen hätten zu unterbleiben.

Die neue Order wurde, soweit noch möglich, an die Kommandeure weitergeleitet; bei den Herren Wöhlermann, Sydow und Rauch im Zoobunker traf sie kaum eine halbe Stunde später ein.

Weidling machte sich unverzüglich auf den Weg in den Führerbunker, den er nach einer Stunde erreichte. „Dort wurde ich", schreibt er, „sofort in das Zimmer des Führers geführt. Hier befanden sich Reichsminister Dr. Goebbels, Reichsleiter Bormann und General Krebs." Goebbels und Bormann überließen es dem Generalstabschef des Heeres, Weidling die nötige Aufklärung zu geben. Er erfuhr, Hitler sei tot, sein Leichnam verbrannt; über beides sei strengstes Stillschweigen zu bewahren. „Ich wurde persönlich verpflichtet, bis zur weiteren Entwicklung der Geschehnisse das Geheimnis nicht preiszugeben."

Dann aber rückte Krebs mit der wichtigsten Neuigkeit heraus: Der Abschnittskommandant von „Zitadelle" habe bereits Befehl, mit dem gegenüberliegenden Sowjetkommandeur darüber zu verhandeln, wo und wann Krebs über die Linie gehen könne, um sich zum sowjetischen Oberkommando zu begeben. Er, Krebs, werde dem Oberkommando den Selbstmord des Führers, den Inhalt des Hitler-Testaments und die Zusammensetzung der darin bestimmten neuen Reichsregierung (Reichspräsident: Großadmiral Dönitz, Reichskanzler: Dr. Goebbels, Außenminister: Seyß-Inquart, Innenminister: Gauleiter Giesler) mitteilen. Außerdem wolle er um Waffenstillstand bitten, damit die neue Regierung in Berlin zusammentreten und dann mit den

Sowjets Verhandlungen über die Kapitulation Deutschlands führen könne.

Weidlings Kommentar: „Ich war tief erschüttert. Dies war also das Ende!“ Es wäre jedoch nicht das Ende gewesen, sondern die Installierung eines neuen nationalsozialistischen Regimes.

In der Tat: Goebbels glaubte allen Ernstes, von den Siegern als Reichskanzler anerkannt zu werden, Bormann meinte, für sie ein möglicher Verhandlungspartner zu sein. Auf strikte Geheimhaltung waren die Männer im Führerbunker deshalb so bedacht, weil sie fürchteten, der „Verräter“ Himmler werde dasselbe Spiel mit den Westmächten treiben und seinerseits eine Regierung bilden – ohne Rücksicht auf Hitlers Testament, das in seinem aktuell-politischen Teil natürlich unter den Einflüsterungen von Goebbels und Bormann zustande gekommen war; in ihren Gehirnen war Raum für die Vorstellung, ein Eisenhower oder Montgomery werde sich mit dem KZ-Chef an einen Tisch setzen.

General Weidling hielt sich nicht für kompetent, zur geplanten Regierungsbildung Stellung zu nehmen, aber als Soldat erschien es ihm unwahrscheinlich, daß mit den Sowjets in Berlin noch etwas anderes auszuhandeln sei als ein Termin für die bedingungslose Kapitulation. Diese müsse man anbieten, will er den Herren im Führerzimmer geraten haben; nur dann bestünde vielleicht die Chance, „dank dem Entgegenkommen der russischen Führung die vom Führer legalisierte Regierung in Berlin“ zusammentreten zu lassen, damit sie „diesen irrsinnigen Kampf“ beende.

Weidling hat seinen Bericht in sowjetischer Gefangenschaft aufgezeichnet, und so kann man ihm nicht verübeln, daß er seine Handlungen und Gedanken nachträglich ein wenig „zurechtfrisierte“. Dies ist an der eben mitgeteilten Stelle zweifellos geschehen, denn sein ganzes Verhalten beweist, daß es ihm ungemein schwerfiel, den Gedanken an eine bedingungslose Kapitulation zu fassen, geschweige denn, sie auszusprechen. Es ist nicht anzunehmen, daß er zum damaligen Zeitpunkt diesen Rat tatsächlich erteilt hat. Jedenfalls lehnte Goebbels, wie Weidling weiter berichtet, „kategorisch jeden Gedanken an eine Kapitulation ab“.

Weidling gehorchte, ebenfalls sein Stabschef, Oberst von Dufving, der an diesem Abend von der Bendlerstraße in die Reichskanzlei befohlen wurde. Von Major Knappe, dem Ia des LVI. Panzerkorps, einem Gefechtsschreiber, zwei Meldern und dem Fahrer eines

Schützenpanzers begleitet, kam er gegen 22 Uhr dort an, nachdem er unterwegs im Dunkeln beinahe das Opfer eines Verkehrsunfalls geworden wäre. Weidling zog ihn beiseite, teilte ihm, seiner Verpflichtung zur Geheimhaltung getreu, das Allernotwendigste mit und erklärte ihm, er sei als der älteste noch verfügbare Generalstabsoffizier ausersehen, den Generalstabschef des Heeres zu Verhandlungen mit dem sowjetischen Oberkommando zu begleiten.

An diesem Tag, dem 30. April, hatte das Oberkommando der Wehrmacht mit Jodl und Keitel auf dem Weg nach Norden Dobbin in Mecklenburg erreicht. Während Reichskanzler Goebbels sich in Berlin bereits bemühte, die neue Regierung zu konstituieren, wußte der neue Reichspräsident, Großadmiral Dönitz, noch nichts von seiner Ernennung. Um 18.35 Uhr erreichte ihn ein verwirrender Funkspruch Bormanns: „Anstelle des bisherigen Reichsmarschalls Göring setzt der Führer Sie, Herr Großadmiral, als seinen Nachfolger ein. Schriftliche Vollmacht unterwegs. Ab sofort sollen Sie sämtliche Maßnahmen verfügen, die sich aus der gegenwärtigen Lage ergeben."

Da Hitler in seinem Testament die Funktionen des Reichspräsidenten und des Reichskanzlers auf zwei Personen, Dönitz und Goebbels, verteilt hatte, gab es überhaupt keinen „Nachfolger" des Führers. Das war Bormann natürlich bekannt, als er den Funkspruch an Dönitz absandte. Warum hat er dem Großadmiral diese falsche Information übermittelt?

Wiederum wurde die Handlungsweise der im Reichskanzleibunker Eingeschlossenen vom Gespenst des „Verräters" Himmler bestimmt. Hätten sie Dönitz mitgeteilt, daß er nur Reichspräsident sei, hätten sie ihm also erklären müssen, daß Goebbels die neue Regierung führe, so wäre Himmler, der sich im Gegensatz zu Goebbels noch frei bewegen konnte, vielleicht auf den Gedanken gekommen, gemeinsam mit Dönitz, aber ohne Goebbels, eine Regierung zu bilden. Also logen Bormann und Goebbels dem Großadmiral vor, er sei der neue Führer mit praktisch unbegrenzten Vollmachten. Ein Dönitz mit des Führers Allgewalt werde, so spekulierten sie, sich nicht mit Himmler einlassen.

Dönitz konnte freilich aus dem Funkspruch nur indirekt schließen, daß dem Führer etwas zugestoßen war. Daß Hitler tot sei, wagte er nicht zu denken, und so sandte er an den Mann, dessen angekohlte Leiche um diese Zeit schon in einem Bombentrichter verscharrt war, um 1.22 Uhr am Morgen des 1. Mai folgende Ergebenheitsadresse: „Mein Führer, meine Treue zu Ihnen wird unabdingbar sein. Ich werde daher weiter alle Versuche unternehmen, um Sie in Berlin zu entsetzen. Wenn das Schicksal mich dennoch zwingt, als der von Ihnen bestimmte Nachfolger das Deutsche Reich zu führen, werde ich diesen Krieg so zu Ende führen, wie es der einmalige Heldenkampf des deutschen Volkes verlangt."

Der „einmalige Heldenkampf des deutschen Volkes" verlangte in diesem Augenblick vom Generalstabschef des deutschen Heeres, daß er sich hinter einer weißen Fahne auf die Seite des Feindes begab und verhandelte.

Um Mitternacht rief General Krebs seinem Begleiter im Bunker der Reichskanzlei zu: „Los, Dufving, wir gehen. Haben Sie einen Ausweis?" Dufving entgegnete: „Einen Sonderausweis für Verhandlungen? Nein." Der Ausweis wurde noch rasch ausgestellt; Reichskanzler Dr. Goebbels unterschrieb ihn. Er und Bormann hatten außerdem den Brief an Generalissimus Stalin unterschrieben, den Krebs überbringen sollte.

SS-Brigadeführer Mohnke geleitete die aus General Krebs, Oberst von Dufving, Sonderführer-Dolmetscher Neilandis und zwei Soldaten bestehende Gruppe aus dem Bunker auf die Straße, die sie einzeln übersprangen, um dann wiederum unter der Erde zu verschwinden. Durch einen U-Bahnstollen erreichten sie den Gefechtsstand der „Zitadelle". Dort erwartete sie der Abschnittskommandeur, Oberstleutnant Seifert, der den Weg des Generals über die Frontlinie organisatorisch vorgebahnt hatte. Die Sowjets wußten schon, daß sie hohen deutschen Besuch bekommen sollten.

An diesem Abend war General Tschuikow von der Politabteilung des Armeestabes zum Essen eingeladen worden. Außer den Offizieren fand er eine Runde von Intellektuellen vor, darunter den Schriftsteller Wischnewski, den Lyriker Dolmatowski, den Komponisten Matwej Blanter und einen weiteren Musiker namens Tichon Chrennikow. Während der Tisch gedeckt wurde, setzte sich Chrennikow an den Flügel und spielte ein Lied aus einem Film; dann spielte Blanter den Walzer „In einem Walde an der Front".

Gerade als die Gastgeber General Tschuikow zu Tisch bitten wollten, wurde er ans Telefon gerufen. Der Kommandeur des IV. Korps, Generalleutnant Glasunow, teilte ihm „mit erregter und etwas feierlicher Stimme" mit, beim 102. Gardeschützenregiment der 35. Division sei ein deutscher Oberstleutnant namens Seifert mit einer weißen Fahne und einem großen Briefumschlag aufgetaucht, in dem sich eine Vollmacht des deutschen Oberkommandos befinde. Er bitte anzugeben, wo und wann der Chef des deutschen Heeres-Generalstabs, General der Infanterie Krebs, die Frontlinie überschreiten könne.

„Klar!" rief Tschuikow ins Telefon. „Wir sind bereit, Parlamentäre zu empfangen." Nachdem die weiteren Einzelheiten festgelegt waren, kehrte Tschuikow aufgeräumt an den Tisch zurück und deutete an, was er soeben erfahren hatte. Er meinte, die Deutschen würden wahrscheinlich am frühen Morgen eintreffen; auf seinem vorgeschobenen Beobachtungsstand in Tempelhof werde er sie empfangen, in einem prächtigen Haus am Schulenburgring Nr. 2, das „einen Saal mit schwarzen Säulen" besitze.

Nach diesen Vorbereitungen konnte Oberstleutnant Seifert dem Generalstabschef melden, die Passierstelle sei mit den Sowjets vereinbart; an dieser Stelle werde auf beiden Seiten nicht mehr geschossen. Krebs machte sich unverzüglich auf den Weg. Er trug einen Ledermantel, im Kragenausschnitt hing das Ritterkreuz. Das Gesicht des Generals war nicht mehr verbunden, so daß man die zahlreichen Narben sah, Spuren der Scherben, die ihm bei einem Luftangriff auf das Hauptquartier Zossen im März die Haut zerschnitten hatten.

Dufving war aus der Bendlerstraße ohne Mantel aufgebrochen. Jetzt lieh er sich einen Mantel von einem SS-Führer. Die Delegation ging über die Linie. Dufving: „Ich kletterte über eine Mauer und war plötzlich umringt von Russen, die mich anleuchteten, freundlich grinsten, mir auf die Schulter klopften und auf mich einredeten, als ob wir alte Freunde wären."

Die Deutschen wurden in einen Keller geführt. Dort wollten die Sowjets ihnen die Pistolen abnehmen, aber Krebs sagte: „Einem tapferen Gegner überläßt man während der Verhandlungen die Waffe." Sie durften sie behalten. Dann brachte ein Auto sie nach Tempelhof. Zehn Minuten vor vier Uhr am Morgen des 1. Mai 1945 trafen die Parlamentäre vor dem Haus Schulenburgring Nr. 2 ein. Noch war es Nacht, war die Sonne nicht aufgegangen, doch überall erleuchteten Brände die schuttgefüllten Straßen.

Tschuikow wartete bereits seit anderthalb Stunden auf seine Besucher. Er war nicht allein; der Schriftsteller Wischnewski hatte ihn gedrängt, bei den Verhandlungen dabeisein zu dürfen, was Tschuikow ihm erlaubt hatte. Als er dann anrückte, mußte der General erkennen: „Schriftsteller sind nie allein unterwegs", denn Wischnewski brachte Dolmatowski und sogar den Komponisten Blanter mit. Sie alle trugen Uniform, denn sie waren Kriegsberichterstatter im Offiziersrang. Dufving erzählt: „Ein sowjetischer Offizier fiel mir besonders auf, weil er eine dunkelblaue Uniform – ich hielt sie für eine Marineuniform – trug. Später wurde mir dieser Offizier als Dichter, gemeint war wohl Schriftsteller, bezeichnet." Aber der Blauuniformierte war tatsächlich ein Dichter: es war Dolmatowski, der einige der populärsten sowjetischen Soldatenlieder des Zweiten Weltkriegs geschrieben hat. Übrigens fuhren die Intellektuellen am Nachmittag des 1. Mai, als die Verhandlung am Schulenburgring, nicht aber der Krieg, zu Ende war, zu der vielleicht seltsamsten Dichterlesung der Kriegsgeschichte: Vor dem Brandenburger Tor, wo keine Schüsse mehr fielen und Sowjetsoldaten sich ihres Überlebens freuten, stand ein schwerer Panzer. Dolmatowski stieg hinauf und rezitierte einige seiner Lieder und Gedichte vor einem Kreis von Zuhörern, der sich im Handumdrehen gebildet hatte. Die Szene wurde fotografiert; es entstand eines der berühmtesten symbolischen Bilder dessen, was Sowjethistoriker den Großen Vaterländischen Krieg nennen.

Noch während Dolmatowski seine Verse vortrug, schlenderte vom Brandenburger Tor her, unter dem deutsche Elendsgestalten Barrikaden entfernten, der sowjetische Wochenschau-Reporter Karmen heran. Aus seinem Uniformkragen schaute der Rand eines weißen Verbandes heraus – seit einer Woche plagte ihn ein Furunkel im Nacken. Ansonsten war er mit seiner Arbeit sehr zufrieden: mit seiner 16-mm-Kamera hatte er soeben Szenen des letzten Kampfes in den Ruinen des Reichstags aufgenommen. Er hörte seinem Freund Dolmatowski zu. Als der Dichter vom Panzer wieder heruntergeklettert war, fragte er ihn: „Sag mal, wo ist denn hier die Straße Unter den Linden?" Dolmatowski deutete auf die baumlose Schlucht zwischen brennenden Ruinen. „Was willst du denn da?"

Karmen erläuterte seinem Freund: „Weißt du, als ich 1941 vor Moskau an der Front war und alles so richtig schlimm stand, habe ich mir geschworen, wenn ich eines Tages in Berlin sein würde, ein Straßenschild mit nach Hause zu nehmen, und zwar von der einzigen Berliner Straße, deren Namen ich kannte: Unter den Linden."

Indes, an den Straßenkreuzungen hingen keine Schilder mehr. Schließlich fand Karmen an entlegener Stelle im Schutt einen eisernen

Mast, an dem ein zerschossenes Schild „Unter den Linden“ hing. Bei einem Fahrer lieh er sich eine Zange und machte das Schild los. Noch heute hängt es in seiner Datscha zwischen Angelruten.

„Waren Sie auch Zeuge der Verhandlung zwischen Tschuikow und Krebs am Schulenburgring?“ fragte der Verfasser den heute in der Sowjetunion sehr bekannten Dokumentarfilmproduzenten Karmen. „Leider nein“, sagte er. Tschuikow hat gut daran getan, den Intellektuellen zu erlauben, bei den Verhandlungen zugegen zu sein, denn sonst wüßte man vermutlich nicht, was damals gesprochen wurde. Wischnewski und Dolmatowski führten – ohne Auftrag und ohne Beherrschung der Stenografie – abwechselnd und zum Teil auch gemeinsam Protokoll; später warfen sie ihre Notizen zusammen und arbeiteten sie aus. Tschuikows Gäste haben zeitgeschichtliche Arbeit geleistet.

Zunächst mußten sie erst einmal auf die Deutschen warten. Unendlich langsam schlich die Zeit dahin. Eine Unterhaltung kam nicht in Gang. „Wir saßen wie auf Nadeln“, schreibt Wischnewski. Und Tschuikow erinnert sich: „Alle rauchten unaufhörlich, gingen hinaus in den Saal mit den schwarzen Säulen, maßen mit gleichmäßigen Schritten die Sekunden der unermeßlich langen Minuten.“

Noch wurde in Berlin ein schläfriger Krieg geführt. Die Sowjets besetzten die Gedächtniskirche. Die nur noch wenige Mann starke Division „Müncheberg“ verlegte ihren Gefechtsstand aus dem Hotel Eden in das Aquarium des Zoologischen Gartens. Vertrieben wurden die Soldaten durch russisches Feuer und Ekel vor einem Stab höherer Polizeioffiziere, die „mit Frauen, Ballettdamen sowie Filmnachwuchs Abschied vom Leben feierten, bis das Treiben auf höheren Befehl eingestellt wurde“. Die letzten Angehörigen der Division bezogen in der Heereskleiderkammer Stellung. Das Telefon hielt Tschuikow auf dem laufenden über den Fortgang der Besetzung.

Endlich erschien auf dem Schulenburgring das Fahrzeug mit den deutschen Unterhändlern. „Die Tür geht auf“, erinnert sich Tschuikow, „und ins Zimmer tritt ein deutscher General mit einem Ritterkreuz am Hals und einem Hakenkreuz an der Uniform. Ich sehe ihn mir aufmerksam an: von mittlerem Wuchs, untersetzt, glattrasierter Kopf, Schrammen im Gesicht. Mit der Rechten erweist er den faschistischen Gruß, mit der Linken reicht er mir seine Legitimation – das Soldbuch.“

Auch Dufving und der Dolmetscher treten ein. Krebs hatte, noch ehe er ins Zimmer kam, den sowjetischen Offizier, der ihn am Hauseingang empfing, um eine vertrauliche Unterredung mit dem bevollmächtigten sowjetischen Verhandlungsleiter gebeten. Tschuikow hatte dieses Ersuchen abgelehnt. Jetzt stand also Krebs im Zimmer. An einem großen Tisch vor ihm saß etwa ein Dutzend sowjetischer Offiziere; unmittelbar vor dem General standen zwei Feldtelefone in nagelneuen Lederbehältern. Durch den einen Apparat war Tschuikow mit der Armee-Nachrichtenvermittlung, durch den zweiten mit dem Oberkommandierenden, General Schukow, direkt verbunden.

Krebs wußte noch nicht, wen er vor sich hatte. Noch ehe man ihm eine Frage stellte, erklärte er mehrmals mit Nachdruck: „Ich habe etwas zu sagen, was bislang niemand weiß. Ich möchte mit Ihnen allein sprechen."

Krebs sprach deutsch, aber im weiteren Verlauf der Verhandlungen bediente er sich mehrmals der russischen Sprache, die er vollkommen beherrschte. Er war vor dem Krieg stellvertretender Militärattaché der deutschen Botschaft in Moskau gewesen und am 1. Mai 1940, also genau 5 Jahre zuvor, auf der Ehrentribüne auf dem Roten Platz gestanden, über den die große Parade der Sowjetarmee rollte. Was Krebs auf deutsch sagte, übersetzte der Sonderführer Neilandis, der als Major vorgestellt wurde, obwohl er keinen Offiziersrang besaß. Tschuikow ließ durch seinen Dolmetscher folgende Antwort übersetzen: „Teilen Sie dem General mit, daß hier lediglich mein Kriegsrat anwesend ist. Er kann sprechen."

Die nächste halbe Stunde verging mit Formalitäten. Krebs legte seine Verhandlungsvollmacht vor und versuchte immer wieder, Tschuikow für ein Gespräch unter vier Augen zu gewinnen. Dufving berichtet: „Alle Versuche prallten wie an einer Mauer ab." Krebs mußte einsehen, daß er so nicht weiterkommen konnte. Nun reckte er sich empor und sagte mit erhobener Stimme: „Ich habe etwas zu sagen, was bislang noch niemand weiß. Sie sind der erste Ausländer, dem ich mitteile, daß Hitler am 30. April freiwillig von uns gegangen ist, indem er seinem Leben selbst ein Ende setzte."

Von dieser Mitteilung hatte er sich offenbar eine große Wirkung versprochen. Aber Tschuikow verdarb ihm das Konzept: „Ich . . . antworte in aller Ruhe: Wir wissen das."

Natürlich bluffte der Sowjetgeneral. In Wirklichkeit hatte er bis zu diesem Augenblick keine Ahnung, daß Hitler nicht mehr am Leben war. Auch die Deutschen merkten das, aber es half ihnen nichts: mit seiner trockenen Bemerkung hatte Tschuikow den Generalstabschef, der sich als Schicksalsbote vorkam, auf den Boden der Tatsachen gestellt.

Krebs mußte nun offenbaren, worüber er verhandeln wollte: über die Kapitulation, aber nicht über die bedingungslose Kapitulation und nicht über die sofortige Kapitulation, sondern zunächst über einen Waffenstillstand, damit die neue Regierung in Berlin zusammengerufen werden könne; erst dann sollten eigentliche Kapitulationsverhandlungen mit den Sowjets eröffnet werden.

Das also war das Konzept. Es war für die Sowjets schon allein deshalb unannehmbar, weil auch die neue Regierung eine auf Grund von Hitlers Testament aufgestellte faschistische Regierung gewesen wäre. Zudem wollte Krebs nicht für das ganze Rest-Reich, sondern nur für Berlin den Waffenstillstand aushandeln. Die Sowjets wiederum waren unter keinen Umständen bereit, Separatabkommen ohne ihre westlichen Verbündeten zu treffen, obwohl sie argwöhnten, daß diese ihrerseits schon Separatverhandlungen führten. Nachdem Stalin seine große Chance im Februar ungenützt gelassen hatte, mußte er sich sagen, daß er mehr nicht mehr bekommen würde als in Yalta ausgemacht worden war.

Damit stand von Anfang an fest, daß bei diesen Verhandlungen nichts herauskommen konnte. Das Konzept von Goebbels, Bormann und Krebs war völlig irreal. Dennoch zogen sich die Gespräche von fünf Uhr morgens bis zum Mittag hin. Zunächst erkannte Krebs noch nicht, daß er nichts, aber auch gar nichts in der Hand hatte, das die Sowjets veranlassen konnte, ihm in prinzipiellen Fragen auch nur einen halben Schritt entgegenzukommen. Er legte den von Goebbels und Bormann unterzeichneten, an Stalin gerichteten Brief vor, dem die Liste der neuen Regierung beigefügt war. Das Schreiben begann fast mit den gleichen Worten, die Krebs gebraucht hatte:

„Herr Marschall, Ihnen als erstem Nichtdeutschen teilen wir mit . . .“ Tschuikow sah sich veranlaßt, auf der Stelle Marschall Schukow ins Bild zu setzen. Der Gefechtsstand der 1. Weißrussischen Heeresgruppe befand sich an diesem Vormittag in Strausberg in Erdbunkern, die von der Pionierabteilung des Stabes angelegt worden waren. Obwohl Tschuikow wußte, daß Krebs und natürlich auch der deutsche Dolmetscher russisch verstanden, führte er dieses Telefongespräch mit Schukow in Anwesenheit der deutschen Unterhändler.

Zwar gab er ohnehin am Telefon nur wieder, was er eben selbst erfahren hatte, doch war es Krebs gegenüber eine souveräne Geste, zeigte er sich doch vor dem geschlagenen Gegner als ein Soldat, der ebenfalls einen Vorgesetzten hatte.

Schukow ordnete an, sämtliche von den Deutschen ausgehändigten Dokumente sollten ihm unverzüglich nach Strausberg gebracht werden. Gegen sechs Uhr früh trafen sie bei ihm ein. Inzwischen hatte der Marschall seinen Dolmetscher wecken und in den Gefechtsstand kommen lassen. Nun befahl er ihm, die mit der Führer-Schreibmaschine geschriebenen sieben (oder neun?) Blätter im Format DIN A5 zu übersetzen. (Den meisten Raum nahm übrigens die Aufzählung der neuen Minister ein.) Der Dolmetscher las den ersten Satz des Briefes an Stalin: „Ihnen als erstem Nichtdeutschen teilen wir mit . . .“ Bei dem Ausdruck „Nichtdeutschen“ stockte er. Im Russischen hätte das im Dativ stehende Wort gelautet: Nje Njemzu. Vor dieser häßlichen und überdies unrussischen Formulierung schreckte der Dolmetscher zurück, fand aber nicht gleich ein besseres Wort und fragte deshalb den Marschall, ob er sich die Übersetzung einen Augenblick überlegen dürfe. Ärgerlich befahl Schukow, er solle unverzüglich fortfahren. Inzwischen hatte er auf einer Direktleitung Verbindung mit Moskau aufgenommen. Er gab Stabschef General Malinin den Hörer in die Hand und befahl ihm, den von dem Dolmetscher aus dem Stegreif übersetzten Text Wort für Wort durchzugeben. Zwanzig Minuten später konnte Stalin lesen, was Goebbels ihm zu sagen hatte. Über die Wichtigtuerei und die phantastischen Selbsttäuschungen der letzten Paladine des braunen Führers konnte er sich nur wundern.

Während die Texte nach Moskau durchgegeben wurden, telefonierte Schukow wieder mit Tschuikow, dem Krebs gegenübersaß.

Schukow: „Will er Frieden machen?“

Tschuikow: „Frieden? Nein, davon hat er noch nichts gesagt. Ich werde ihn fragen. (Zu Krebs:) Der Marschall möchte wissen, ob Sie bedingungslose Kapitulation anbieten wollen.“

Krebs: „Nein, es gibt andere Möglichkeiten. Wir müssen erst eine Regierung bilden.“

Tschuikow (zu Schukow): „Er sagt, für die Herstellung des Friedens gäbe es andere Möglichkeiten . . . Wie? Nein, es ist die andere Regierung, die Verbindung mit den Alliierten aufgenommen hat und eine andere Lösung sucht.“ (Tschuikow spielte auf Himmlers Verhandlungen an.)

Schukow: „Ist das Krebs bekannt?“

Tschuikow: „Ich glaube nicht. Sie haben hier keine Verbindung mit den Alliierten. Krebs ist ermächtigt, mit der Sowjetunion allein zu verhandeln.“

Schukow: „Ich will mit Moskau sprechen.“

Tschuikow: „Ich warte am Telefon. Ja, ich verstehe. Nein, Krebs ist nicht bevollmächtigt zu kapitulieren, aber er ist bevollmächtigt zu verhandeln.“

Nach diesem Gespräch, in dessen Verlauf Schukow Weisungen aus Moskau einholte, sagte Tschuikow zu Krebs: „Wir können mit Ihnen nur verhandeln, wenn es sich um eine bedingungslose Kapitulation vor der Sowjetunion, vor den Vereinigten Staaten und vor England handelt.“

Damit waren die Positionen klar: da Krebs über eine bedingungslose Kapitulation weder verhandeln wollte noch verhandeln durfte, hätte das Gespräch an diesem Punkt abgebrochen, die deutsche Abordnung zurückgeschickt und der Krieg noch ein paar Stunden fortgesetzt werden können. Das aber geschah nicht. Stunde um Stunde saßen sich die Verhandlungspartner gegenüber, brachten immer wieder die gleichen Argumente vor. Wenn Krebs nicht mehr weiterwußte, sprach er russisch. Und Tschuikow führte zwischendurch in der Reichshauptstadt Krieg. Laufend kamen Meldungen von seinen Divisionen.

Tschuikow: „Wie ist die Lage? Der Widerstand hat aufgehört? Wie . . .? Sind die Parlamentäre noch nicht eingetroffen? Aber gewiß, so ist es.“ Er legte den Hörer auf und wandte sich wieder Krebs zu: „Es sieht so aus, als ob Ihre Garnison die Waffen streckt.“

Krebs: „Wo?“

Tschuikow: „Überall.“

Krebs: „Ohne Befehl?“

Tschuikow: „Ganz einfach, unsere Soldaten dringen vor, die Ihren ergeben sich.“

Krebs: „Wahrscheinlich sind das Einzelfälle.“

Tschuikow: „Das glaube ich kaum.“

Man kam auf die allgemeine Lage zu sprechen. Tschuikow ließ die neuesten Ausgaben russischer Zeitungen bringen, die über Himmlers Verhandlungen mit den westlichen Alliierten berichteten, ihre Bedeutung allerdings stark übertrieben. Damit aber traf der Sowjetgeneral den neuralgischen Punkt seines Gegners, denn in den Augen des deutschen Generals war nicht Tschuikow, sondern Himmler der eigentliche Feind „seiner“ Regierung. Aufgebracht gab er den Russen einen Einblick in die inneren Machtkämpfe der NS-Führung, machte gleichsam den Feind zu seinem Vertrauten, eine Handlungsweise, die Tschuikow lächerlich vorkam.

Krebs grollte: „Himmler war zu diesem Schritt nicht ermächtigt. Das haben wir befürchtet. Aber Himmler ist vom Selbstmord des Führers noch nicht unterrichtet.“

Tschuikow fragte erstaunt: „Aber die deutschen Sender funktionieren doch?“

„Ach?“ meinte Krebs nur.

Tschuikow: „Ja, Himmler hat sein Angebot über Sonderverhandlungen über den Rundfunk gemacht.“

Kurzfristig nahm das Gespräch eine andere Wendung, weil in diesem Augenblick die Meldung hereingebracht wurde, Hitler habe sich im Tiergarten versteckt.

Krebs: „Das ist eine Lüge.“

Tschuikow: „Kein Wind weht von ungefähr.“

Erneut verlangte der Sowjetgeneral die bedingungslose Kapitulation, wieder protestierte Krebs: „Dann können wir unsere Regierung nicht mehr bilden.“

An dieser Stelle übersetzte Sonderführer Neilandis nicht nur die Worte von Krebs, sondern fügte aus eigenem hinzu: „In Berlin entscheidet sich das Schicksal ganz Deutschlands . . .“ Sofort fiel Krebs ihm zornig ins Wort: „Ich spreche selber russisch. Sie haben nur zu übersetzen, was ich sage.“ Von da ab verzichtete man auf Neilandis’ Dienste; die Gesprächspartner einigten sich darauf, daß Tschuikows Dolmetscher für beide Seiten übersetzen solle. Er machte seine Sache gut.

Allmählich wurde die Unterhaltung ein wenig freundlicher. Als Tschuikow begriff, wie sehr Krebs, Goebbels und Bormann sich vor einer Sonderaktion Himmlers fürchteten, sagte er tröstend zu dem deutschen General: „Die Aktionen unserer Regierungen sind aufeinander abgestimmt. Himmlers diplomatischer Winkelzug bleibt ohne Erfolg.“

Krebs: „Liegt nicht die Bildung einer neuen deutschen Regierung in Ihrem Interesse?

Tschuikow: „Was können Sie hoffen? Die populärste deutsche Regierung wird jene sein, die die Kapitulation unterzeichnet.“

Krebs: „Unsere Aufgabe besteht darin, die Regierung zu bilden und Frieden zu schließen – und zwar in erster Linie mit der Siegermacht, mit der Sowjetunion."

Tschuikow: „Wir und unsere Verbündeten verlangen die bedingungslose Kapitulation. Verstehen Sie das nicht?"

Das Protokoll vermerkt an dieser Stelle: „Pause." In diese Pause hinein erschien Wladimir Semjonow, Berater des Obersten Kriegsrates in Moskau. Alle erhoben sich, Tschuikow meldete und flüsterte Semjonow ins Ohr: „Das ist Guderians Stellvertreter." Als solcher hatte Krebs sich bezeichnet, obwohl Guderian von Hitler in aller Form seines Amtes enthoben und Krebs ebenso förmlich zum Generalstabschef des Heeres ernannt worden war. Auf Tschuikows Frage, wie es Guderian ginge, entgegnete Krebs, er sei seit dem 15. März krank. Nun unterhielt man sich über die Karriere von Krebs.

Tschuikow: „Wo waren Sie zur Zeit der Operationen in Stalingrad?"

Krebs: „Im Mittelabschnitt, in der Nähe von Rschew."

Tschuikow: „Alles in allem, Stalingrad war nicht gerade angenehm."

Krebs: „Es war grauenvoll. Dort begann unser Unglück. Waren Sie Korpskommandeur bei Stalingrad?"

Tschuikow: „Nein, Befehlshaber einer Armee."

Krebs: „Ich habe ein Buch über Stalingrad gelesen. Wer sind Sie?"

Tschuikow: „Ich bin Tschuikow."

Krebs: „Tschuikow? Ach – Tschuikow! Oh . . ."

So erfuhr der deutsche Generalstabschef endlich, mit wem er verhandelte. Wenig später schlug Tschuikow vor: „Passen Sie auf, General, wir machen es vielleicht so, damit wir weiterkommen: Wir lassen Sie telefonisch von hier aus mit Dr. Goebbels verbinden."

Krebs: „Das würde mich sehr freuen. Jawohl, dann könnten auch Sie mit Dr. Goebbels sprechen."

Daraufhin führte Tschuikow ein langes Gespräch und machte Eintragungen auf einem Berliner Stadtplan, der auf dem großen Tisch vor ihm lag. Interessiert sahen die Offiziere seiner Begleitung zu, denn was Tschuikow einzeichnete, waren die neuesten sowjetischen Fortschritte bei der Besetzung der Reichshauptstadt. Danach telefonierte der Sowjetgeneral erneut mit Schukow, berichtete ihm von den Vorgängen in seinem Abschnitt und teilte ihm auch mit, daß Guderian seit dem 15. März krank sei. Als er den Hörer aufgelegt hatte und aufblickte, glaubte er zu bemerken, daß Krebs vor Kälte zitterte. Aber Krebs zitterte vor Übermüdung.

Tschuikow: „Frieren Sie nicht, General? Wollen Sie nicht Ihren Mantel umhängen?“

Krebs: „Nein.“

Während der nächsten Stunden ging es wieder um Himmlers Verrat. Mit allen Mitteln versuchte Krebs den Sowjetgeneral davon zu überzeugen, daß nur Goebbels und Bormann, die er, Krebs, als Unterhändler vertrete, die legitime Regierung Deutschlands darstellten. Dufving schreibt: „General Krebs brachte zum Ausdruck, daß die Sowjets durch Rundfunk und Verkehrsmittel die deutsch-sowjetischen Verhandlungen fördern und etwaige Verhandlungen anderer, wie die Verhandlungen Himmlers, unterbinden könnten.“

Endlich wurde eine Art Drei-Punkte-Programm vereinbart, das allerdings praktisch nur die Prozedur der Verhandlung, nicht aber deren Gegenstand betraf:

Erstens wollte das sowjetische Oberkommando in Moskau weitere Direktiven einholen; zweitens sollte Dufving in den Bunker zu Goebbels zurückkehren, dort einen Zwischenbericht geben und weitere Anweisungen für Krebs erbitten; und drittens wollten die Sowjets eine direkte Drahtverbindung zwischen dem Haus am Schulenburgring und dem Bunker unter der Reichskanzlei herstellen.

Der Vorschlag, Dufving zurückzuschicken, war von Schukow gekommen, als sich die Verhandlungen Stunde um Stunde hinzogen. Daraufhin hatte Tschuikow zu Krebs gesagt: „Der Marschall empfiehlt Ihnen, jemanden zurückzuschicken, damit sich die dort Ihretwegen keine Sorgen machen, solange Sie sich bei uns aufhalten.“

Ferner ließ Schukow – vielleicht auf Anregung aus Moskau – Krebs den Vorschlag übermitteln, er oder Goebbels sollten Hitlers Testament über den Rundfunk dem deutschen Volk bekanntgeben; man wolle ihnen dies technisch ermöglichen. Krebs lehnte den Vorschlag entsetzt ab: „Das ist nicht erwünscht. Es käme für Dönitz unerwartet. Er weiß vom Testament auch jetzt noch nichts. Wir haben versucht, uns zuerst an die Sowjetunion zu wenden. Wir wollen keine andere illegale Regierung, die sich für eine Sondervereinbarung mit den Vereinigten Staaten und England entscheiden würde. Wir ziehen Verhandlungen mit Rußland vor.“

Tschuikow: „Aha, so also müssen wir Ihre Aktion hier verstehen!“ Inzwischen ließ der sowjetische General Tee und einen kleinen Imbiß kommen. Alle waren erschöpft, hatten sie doch seit Tagen nicht mehr geschlafen. Bevor Dufving sich abmeldete, bat er Krebs um eine schriftliche Mitteilung an Goebbels und hielt ihm zu diesem Zweck sein aufgeschlagenes Notizbuch hin. Der General schrieb, er wolle für Berlin einen sofortigen Waffenstillstand erreichen, um dann den Zusammentritt der neuen Regierung besprechen zu können. Nachdem der Oberst gegangen war, wurde Krebs gebeten, in einem anstoßenden Zimmer Platz zu nehmen. Dolmatowski begleitete ihn und unterhielt sich mit ihm. Wenig später gesellte sich ein hoher Offizier aus dem Armeestab zu den beiden.

Das Radio übertrug Marschmusik aus Moskau, mit der ein Bericht über die dortigen Maifeiern eingeleitet wurde. Krebs, in Erinnerung an jenen 1. Mai vor fünf Jahren, den er in Moskau erlebt hatte, und im Bemühen, seinem sowjetischen Gesprächspartner etwas Freundliches zu sagen, warf auf russisch die Bemerkung hin: „Es muß heute am 1. Mai schön sein in Moskau." Der Sowjetoffizier entgegnete: „Und wie fühlen Sie sich heute in Berlin, Herr General?"

General Krebs fühlte sich schlecht. Er fühlte sich so schlecht, daß er sich noch am gleichen Nachmittag, nach der Rückkehr in den Bunker unter der Reichskanzlei, das Leben nahm. Er glaubte, das Leben, das ihm bevorstand, nicht ertragen zu können und war nicht bereit, das Schicksal seiner Untergebenen in der Gefangenschaft zu teilen. Er besaß nicht jenes Verantwortungsgefühl, das beispielsweise den SS-Brigadeführer Dr. Krukenberg erfüllte: diesem gelang es, nach der Kapitulation als Zivilist unterzutauchen, doch meldete er sich dann freiwillig bei den Sowjets und verschwieg weder seinen Rang noch seine Abkommandierung zur SS, weil er es nicht besser haben wollte als die Männer seiner Division, die Franzosen, Dänen, Norweger, Belgier, Spanier, die bis zuletzt Schulter an Schulter mit den deutschen Verteidigern gekämpft hatten.

Aber damit greifen wir den Ereignissen vor. Zunächst einmal kehrte Dufving zusammen mit einem sowjetischen Major und einem Fernsprechtrupp, der die Drahtverbindung zur Reichskanzlei herstellen sollte, zum Übergangspunkt zurück. Die dort postierten deutschen Soldaten eröffneten das Feuer: der Major wurde verwundet. Mit einem großen weißen Bettlaken als Parlamentärsflagge in der einen und der Feldkabeltrommel in der anderen Hand arbeitete sich Dufving in Deckung vor den eigenen Kameraden sprungweise vor. Als er etwa 125 Meter zurückgelegt hatte, hörte die Schießerei auf. Nun konnte der Oberst aufrecht gehen. Er sah einen deutschen Offizier, der, halb in Deckung, ihn durch ein Fernglas beobachtete. Aber das Kabel war zu kurz – 50 Meter fehlten; die Verbindung zwischen Goebbels und dem Sowjetgeneral Tschuikow kam nicht zustande.

Dufving erreichte die deutschen Linien, wo ihm der Offizier mit dem Fernglas, ein SS-Führer, erklärte, daß er ihn verhaften müsse. „Blödsinn! dachte ich. Chaos! Alles ist verrückt.“ Vom Gefechtsstand „Zitadelle“ aus erreichte Dufving über das Telefon Bormann und forderte ihn auf, er möge den Offizieren sofort den Befehl geben, daß sie ihn laufenließen – zu Reichskanzler Goebbels. Bormann gab den Befehl, aber die SS-Führer weigerten sich, ihn auszuführen: „Hier gelten nur SS-Befehle.“ So mußte erst Brigadeführer Mohnke ans Telefon geholt werden, dann konnte Dufving gehen.

Dufving: „Wir waren in einem kleinen Raum, Bänke standen an den Wänden. Zeitweise kamen Bormann und Mohnke hinzu. Goebbels war ruhig, sprach klar und höflich. Mir fielen seine roten Flecken im Gesicht auf; sie verrieten Erregung. Im Gegensatz zu Bormann und einigen anderen, die ich in der Reichskanzlei sah, hatte ich nicht die Empfindung, daß dieser Mann Angst zeigte. Dagegen hatte ich bei Bormann das Gefühl: Der zittert ja nur um sein eigenes Leben. Ich wollte, wie gewohnt, meinen Bericht militärisch kurz fassen, jedoch Goebbels nahm sich Zeit . . . Er stellte die Frage, wie lange wir uns noch halten könnten. Meine Antwort lautete: ‚Höchstens zwei Tage, dann gibt es nur noch einzelne Widerstandsgruppen.‘ . . . Danach fragte Goebbels mich, ob ich glaube, daß die Verhandlungen des Generals Krebs noch Erfolg haben könnten. ‚Ich glaube nicht‘, war meine Antwort. ‚Die Sowjets bestanden, solange ich da war, auf sofortiger Kapitulation.‘ Goebbels rief aus: ‚Darauf gehe ich nie, nie ein.‘ Schließlich, gegen elf Uhr, sagte Goebbels unwillig: ‚Holen Sie Krebs zurück! Ich will ihn hören.‘.“

Noch einmal überschritt Dufving die Linien; von einem sowjetischen Bataillongsgefechtsstand aus, wo er den Dolmetscher Neilandis traf, telefonierte er mit Krebs. Der General teilte ihm mit, die Antwort aus Moskau sei noch nicht da; er solle doch versuchen, die Leitung zur Reichskanzlei in Ordnung zu bringen. Dufving versuchte es, aber noch ehe das erste Gespräch geführt werden konnte, war das im Gelände verlegte Kabel bereits wieder zerschossen. Noch einmal rief er Krebs an. Diesmal sagte ihm der General, die Antwort sei jetzt da, und er, Dufving, solle an der Passierstelle auf ihn warten.

Unter immer stärker werdendem Artilleriebeschuß trafen Krebs und Dufving gegen Mittag wieder im Reichskanzlei-Bunker ein. Dort fragte der Oberst den General, ob er noch Aufträge für ihn habe. Krebs entgegnete: „Ich habe keine Aufgabe mehr für Sie. Unsere Antwort an die Sowjets werden wir schriftlich geben. Melden Sie sich bei General Weidling zurück."

Daraufhin wartete Dufving im Bunker auf seinen Chef: „Ich beobachtete das Treiben um mich. Es war ein Hin- und Herrennen. Ratlosigkeit, ja Panik breiteten sich immer mehr aus." General Burgdorf setzte sich zu ihm und ließ sich über die Zusammenkunft mit den Sowjets berichten. Auch er hatte bereits den Entschluß gefaßt, sich zu erschießen. Eine anwesende Sekretärin bemerkte, daß Dufving sich unterwegs die Hose zerrissen hatte, und nähte sie wieder zusammen. Eines der Goebbelskinder wurde vorbeigetragen. Jemand flüsterte dem Oberst zu: „Jetzt bekommen sie ihre Spritze."

Burgdorf erklärte: „Ich als Chefadjutant des Führers und Chef des Personalamtes habe nur eine Möglichkeit: Ich erschieße mich!" Wenig später sprach Krebs einen Satz, den er durch seinen Selbstmord bald sozusagen dialektisch bestätigen sollte: „Es gibt nur verzweifelnde Männer, aber keine verzweifelten Lagen." Gegen 20.30 Uhr beschlossen Weidling und Dufving, zu ihrem Gefechtsstand in der Bendlerstraße zurückzukehren.

Die Sowjets hatten den ganzen Tag über den 1. Mai gefeiert. Auf allen Straßen wurde getanzt, gesungen, erklangen Harmonikas und Banjos. Zwischendurch führten sie allerdings auch noch ein bißchen Krieg.

Im Laufe des Tages traf bei Tschuikow General Sokolowski aus Moskau ein. Nachdem Krebs gegangen war, hatte Tschuikow sich rasiert und etwas gegessen, aber seinen Platz an den Telefonen nur für Minuten verlassen. Zum Schlafen war er immer noch nicht gekommen; kaum vermochte er die Augen offenzuhalten.

Um 22.20 Uhr meinte Sokolowski zu dem Armeegeneral: „Ein letzter Sturmangriff würde genügen. Wir haben noch zwei- oder dreihundert Meter zurückzulegen. Aber wir stürmen nicht – wir kriechen."

Tschuikow spürte den Vorwurf in dieser Bemerkung und entgegnete: „Es klappt nicht mit dem letzten Stoß, weil die Truppe weiß, daß der Krieg schon gewonnen ist. Jetzt macht sich die Müdigkeit bemerkbar. Und sie wollen auch nicht in Berlin sterben."

Am Schulenburgring sah man nur erschöpfte Gesichter; die Aschenbecher quollen über. Wieder und wieder nahm Tschuikow den Hörer auf. Über 24 Stunden waren vergangen, seit er Gast der Politabteilung gewesen war.

„Ah, Sie sind zur Bellevuestraße durchgebrochen? Nur weiter so! Nur vorwärts! Wenn Sie das noch schaffen, ist alles in Ordnung. Es sind nur noch hundert Meter."

Der Schriftsteller Wischnewski notierte: „Wir alle möchten sehr gern schlafen. Es ist tiefe Nacht. Tschuikow legt sich auf das Sofa. Alles ist ruhig. Sokolowski macht im Sessel ein Nickerchen."

Plötzlich klingelte wieder das Telefon: die Schweden riefen von ihrem Botschaftsgebäude aus an, das soeben von Sowjettruppen erreicht wurde. Der schwedische Geschäftsträger wollte einen Glückwunsch an die Sowjetunion durchgeben; er hatte es jetzt eilig, zum Sieg zu gratulieren. Die Schweden saßen im Keller und stellten sich um. Den ersten sowjetischen Offizieren, die sie zu Gesicht bekamen, erzählten sie, daß sie während des ganzen Krieges auch Sowjetbürgern Schutz gewährt hätten. Tschuikow brummte zu seinem Adjutanten, der dieses Gespräch entgegennahm: „Die Schweden sollen sich beruhigen. Meine zentrale Anweisung: Weitgehende Herzlichkeit. Das ist alles." Die Formel „Das ist alles" beschloß jeden zweiten Befehl, den Tschuikow erteilte. An diesem 1. Mai wurde sie hundertmal angewandt.

Der 2. Mai 1945 brach an. Tschuikow fror vor Übermüdung und hüllte sich auf dem Sofa in seinen Mantel ein. Kaum war er eingeschlafen, wurde er um 1.25 Uhr von seinem Adjutanten geweckt, der ihm meldete: „Die LVI. Panzerdivision (gemeint war das LVI. Panzerkorps; Anm. d. Verf.) schickt Parlamentäre." Tschuikow entgegnete unwirsch: „Das ist ihre Sache. Wir wollen schlafen." Nachdem General Krebs ihn gelangweilt hatte, wollte er von weiteren Parlamentären nichts mehr wissen.

Doch nun war es General Weidling, der Schluß machen wollte. Viel war auf deutscher Seite geschehen, ehe der Berliner Kampfkommandant sich zur Kapitulation entschloß:

Goebbels hatte aus dem Bericht des von Tschuikow zurückgekehrten Krebs den Eindruck gewonnen, daß der General sich nicht energisch genug für einen vorläufigen Waffenstillstand eingesetzt und den Sowjets Zusagen gemacht habe, die Goebbels als unannehmbar empfand. Deshalb schickte der Reichskanzler eine Stunde später einen neuen Parlamentär los. Von diesem letzten von Goebbels ausgeschickten Unterhändler weiß man bis heute nicht, wer er war. Sicher ist jedoch, daß ein solcher allerletzter Versuch, mit den Sowjets doch noch zu einem Abkommen zu gelangen, tatsächlich unternommen wurde. So erinnert sich Artilleriekommandeur Wöhlermann einer von Weidling oder Dufving während der letzten Kommandeurbesprechung in der Bendlerstraße in der Nacht vom 1. auf den 2. Mai gemachten Äußerung, wonach Goebbels den General Krebs beschuldigt habe, „entgegen der ihm erteilten Weisung Schukow nicht vor das Entweder-Oder gestellt zu haben"; er, Goebbels, habe „einen zweiten persönlichen Boten zu den Russen geschickt mit einem Brief, in dem er alle Vereinbarungen, die der Generaloberst Krebs getroffen habe, für null und nichtig erklärte und Kampf bis aufs Messer ansagte".

Ein weiteres Zeugnis liegt von sowjetischer Seite vor. General Antonow, Kommandeur der 301. Schützendivision, erzählte dem Verfasser in Moskau, daß er seinerzeit den Goebbels-Parlamentär und dessen Begleiter empfangen habe: „Mein Stab befand sich am 1. Mai in der ehemaligen dänischen Botschaft nahe dem Gestapohauptquartier. Ich selber hatte meinen Gefechtsstand im ersten Stock der Gestapo. Die Parlamentäre wurden mir gemeldet, und von unserer Seite wurde eine Gruppe zusammengestellt unter der Führung meines Stabschefs, dem ein Dolmetscher beigegeben wurde. Es war später als Mittag. Die Deutschen kamen mit einem ausgezeichneten russischen Dolmetscher. Es waren vier Mann. Ich glaube, die meisten waren Offiziere unter Führung eines Obersten. Was dieser uns zuerst berichtete, war die Hochzeit Hitlers mit einer Eva Braun. Wir wunderten uns. Sodann erfuhren wir, daß Hitler am 30. April früh seinen Schäferhund vergiftet habe, um das Gift auszuprobieren, mit dem er sich dann selber umbrachte."

„Sind Sie ganz sicher, daß der Goebbels-Parlamentär von Gift gesprochen hat?"

„Ich bin absolut sicher, daß die Herren und vor allem der als Sprecher fungierende Oberst nichts anders gesagt haben, als daß Hitler sich vergiftet habe. Sie sagten uns auch nichts von einer Regierung Dönitz (diese gab es damals noch gar nicht; Anm. d. Verf.), sondern behaupteten, Goebbels sei Hitlers Nachfolger, und sie kämen in dessen Auftrag. Ich habe die Anwesenheit der Parlamentäre meinem Kommando gemeldet, das seinerseits die Meldung weitergab, worauf ich den Befehl erhielt, keinerlei Verhandlungen zu führen, sondern die Reichskanzlei sofort zu besetzen. Der Oberst erklärte mir, es sei möglich, mit der Reichskanzlei eine telefonische Verbindung herzustellen, und tatsächlich kam sie zustande. Der Oberst telefonierte; mit wem, weiß ich allerdings nicht. Jedenfalls bekam er den Befehl zurückzukehren. Zwei der Offiziere ließen wir zum Korpsstab abführen (sie wurden also gefangengenommen; Anm. d. Verf.), die anderen gingen zurück. Während dieser Verhandlungen, die sich mit den Telefonaten und Antworten drei bis vier Stunden hinzogen, wurden in meinem Abschnitt alle Kampfhandlungen eingestellt."

Wenig später erhielt Antonow den Befehl, die Reichskanzlei zu erobern: „Es wurde Abend, und in der Dämmerung bereiteten wir uns auf den letzten Sturm vor. Kaum hatten sich meine Soldaten zum Angriff erhoben, als wieder eine Gruppe mit weißer Fahne und derselbe Oberst auftauchten. Sie meldeten uns, Goebbels und seine Familie hätten sich inzwischen vergiftet, und jetzt sei Admiral Dönitz der Nachfolger. So lernten wir in wenigen Stunden zwei deutsche Regierungen kennen."

An dieser Stelle wollen wir dem Ablauf der Geschehnisse wieder vorgreifen und Antonows Bericht zu Ende hören:

„Einen Tag nachdem wir die Reichskanzlei besetzt hatten, kam mein Korpskommandeur, der Genosse Rossljij, in meinen Gefechtsstand und sagte: ‚Na, du Held, schauen wir uns die Sache doch einmal an.' Wir ließen uns aus der Reichskanzlei einen Mercedes kommen und fuhren damit die kurze Strecke bis zum Tor. Was sich mir als erstes einprägte, war der Anblick der Zivilisten, die aus den Kellern unter der Reichskanzlei herausströmten. Alles lag in Trümmern; der ganze Hof war mit Leichen bedeckt. Zivilisten sammelten die Leichen und stapelten sie wie Holzscheite auf. Wir gingen durch das Hauptportal. Der Keller war mit Betten vollgestellt, in denen Verwundete lagen. Wir sagten, man solle doch Luft hereinlassen, denn draußen war ein schöner Tag. Sie fragten, ob noch geschossen werde, und wir antworteten: ‚Nein, damit ist es vorbei.' Die obersten Stockwerke waren offenbar leer; die Treppen waren nicht zu begehen. Der Korpskommandeur sah sich um und sagte zu mir: ‚Komm, laß uns wieder gehen, alles ist klar.' Als wir eben hinausgehen wollten, trat ein verwundeter deutscher Offizier zu uns und fragte im Namen aller hier liegenden Verwundeten, was mit ihnen geschehen werde. Der General entgegnete: ‚Sie sollen sich kurieren lassen. Sie müssen zu sich kommen, und dann sollten sie endlich einmal anfangen,

Menschen zu sein.‘ Nach diesen Worten, die unser Dolmetscher übersetzte, begannen einige, die dazu imstande waren, zu klatschen.

Wir gingen hinaus in den Garten der Reichskanzlei. Ich erinnere mich, daß rechts ein kleiner Bunker mit Fenster war. Dort, unter der Erde, soll Goebbels mit seiner Familie gewohnt haben. Vor dem Bunkereingang lagen lauter Leichen, und wir hatten keine Soldaten bei uns, die die Leichen hätten wegräumen können. Jemand sagte uns, daß sich viele deutsche Offiziere in einem in der Nähe befindlichen Wasserbehälter erschossen hätten, der wahrscheinlich zu Luftschutzzwecken diente. Der Korpskommandeur meinte: ‚Wir haben unsere Aufgabe erfüllt; es ist nicht an uns, zu erforschen, was hier geschehen ist.‘ Er ernannte den Chef seines Stabes zum Kommandanten der Reichskanzlei, und meine Division wurde beauftragt, sie zu bewachen. Alles, was wir hier gefunden haben, wurde aktenmäßig erfaßt, und die Akten wurden an die vorgesetzte Behörde weitergeleitet. Am 5. oder 6. Mai wurde meine Division in den Treptower Park verlegt.“

Goebbels hat sich also erst umgebracht, nachdem sein letzter Versuch, mit den Sowjets ins Gespräch zu kommen, gescheitert war. Jetzt erschossen sich auch Krebs, Burgdorf und andere Militärs. Nach ihrem Tod begann der große Ausbruch aus der Reichskanzlei. Es brachen aus und kamen mit dem Leben davon: Dr. Werner Naumann, Staatssekretär im Propagandaministerium, heute Kaufmann in Krefeld; Arthur Axmann, Reichsjugendführer, heute Geschäftsführer in Bensberg; Helmut Beermann, Angehöriger des SS-Führer-Begleitkommandos, heute Kaufmann in Goslar; Hans-Erich Voß, Vizeadmiral, heute Pensionär in Schönau; Paul Erhardt, stellvertretender Leiter der Dienststelle 15 im Reichssicherheitshauptamt, dem die Bewachung der Reichskanzlei oblag, heute Kaufmann in Haar bei München; Hans Baur, Generalleutnant der Polizei, Flugkapitän und Pilot des Führers, heute Pensionär in Neu-Widdersberg, Oberbayern; Erwin Jakubeck, Kellner im Stab des Führer-Begleitkommandos, heute Geschäftsführer in Esslingen; Günther Dietrich, Hauptreferent für Jugend und Sport im Reichspropagandaministerium und Verbindungsmann zum Reichsjugendführer, heute Kaufmann in Reutlingen; Günther Schwägermann, Hauptmann der Schutzpolizei und Adjutant von Goebbels, heute Bundesangestellter in München; Heinz Linge, Kammerdiener des Führers, heute Kaufmann in Schenefeld bei Hamburg; Wilhelm Mohnke, SS-Brigadeführer und Generalmajor der Waffen-SS, Kommandant der letzten Leibgarde des Führers, heute Kaufmann in Lübeck; Wilhelm Zander, Angehöriger des persönlichen Stabes des Reichsleiters Bormann, heute Kaufmann in München; Johannes Hentschel, Chefelektriker der Reichskanzlei, heute Betriebselektriker in Stuttgart.

Von allen diesen Männern wissen wir genau, wie sie aus der Reichskanzlei herausgekommen sind; wir wissen auch, daß noch zahlreiche andere Funktionäre und Soldaten, die sich bis zuletzt um den Führer geschart hatten, den Untergang des Dritten Reiches überlebt haben. Es ist also falsch zu glauben, daß damals eine Götterdämmerung hereingebrochen sei, nach der vor und unter der Reichskanzlei nur noch Leichen herumlagen.

Allerdings hatte mit dem Tod von Goebbels, Krebs und Burgdorf die Reichskanzlei aufgehört, das Zentrum der Berliner Ereignisse zu sein. Der einzige noch Lebende aus der ersten NS-Garnitur, Martin Bormann, dachte nur noch daran, seine Haut zu retten. Nun oblag es dem in der Bendlerstraße stationierten General Weidling, für ein ordentliches Ende zu sorgen. Auf gute Ordnung schien er wie alle anderen höheren Offiziere großen Wert zu legen. An sich hätte er ja ohne weiteres seinen Offizieren telefonisch oder durch Melder unverzüglich den Befehl zur Einstellung des Kampfes übermitteln lassen können. Aber nein – wenn schon die Kapitulation nach dem Willen des Siegers bedingungslos zu erfolgen hatte, mußte sie wenigstens ritualisiert werden. Die Sowjets ließen ihm Zeit dazu.

Zunächst einmal berief Weidling für den Abend des 1. Mai eine letzte Kommandeurbesprechung in den Befehlsbunker der Bendlerstraße ein. Wöhlermann, der Artilleriekommandant ohne Artillerie und Abschnittskommandant ohne Abschnitt, hatte das Pech, daß die lange Zeit gestörte Leitung zwischen der Bendlerstraße und dem Zoo-Bunker, in dem er sich befand, um 20.30 Uhr noch einmal funktionierte und ihn somit der Befehl erreichte, in die Bendlerstraße zu kommen. Also machte er sich auf den beschwerlichen Weg:

„Den Bendlerblock quer durch den Tiergarten, vorbei am Neuen See, zu erreichen, war zu dieser Zeit nicht mehr möglich . . . Ich war mir klar, daß der Weg über den Großen Stern beschwerlich werden würde, und war auf einen Gang auf Leben und Tod gefaßt, mich dabei an Verdun oder an die Somme erinnernd. Das Entsetzen, das uns auf diesem Wege begleitete, übertraf aber noch alle Erwartungen. Als Begleiter mit Maschinenpistole hatte ich meinen Ia, Hauptmann

Gerhardt, bestimmt. Als freiwilliger weiterer Begleiter meldete sich mein Fahrer. An den Posten der Erdverteidigung vorbei erreichten wir drei, verhältnismäßig ruhiges MG- und Schützenfeuer abwartend, gegen 21.30 Uhr die Ost-West-Achse am Bahnhof Tiergarten. Auf dieser aufgerissenen Prachtstraße gingen wir etwa 100 Meter aufrecht in Richtung Siegessäule, die trotz der braun gestrichenen Viktoria vor dem von zahllosen Bränden rötlich erhellten Nachthimmel deutlich sichtbar war. Mit einem ekligen Knall brausten plötzlich . . . Schüsse in Richtung Siegessäule über unsere Köpfe weg . . . Wir schlossen auf wenige hundert Meter hinter uns stehende russische Pak-Flak. Daß es Stalinpanzer waren, merkte ich erst einige Stunden später.

Da die Kerle nicht daran dachten, eine Feuerpause einzulegen, blieb uns nicht anderes übrig, als im aufgewühlten Gelände des Tiergartens gen Osten zu robben. Im 50. Lebensjahr ist dies keine sehr angenehme Leibesübung. Die zahlreichen Toten und Verletzten brachten zur höchstgesteigerten körperlichen Anstrengung noch eine weitere starke seelische Depression. An der Rundung des Großen Sterns wurde eine notwendige Atempause eingelegt. Mit einem Sprung ging es dann über die Friedrich-Wilhelm-Straße, die unter Feuer lag. Der mich am tiefsten erschütternde Weg folgte nun beim Betreten der Neuen Siegesallee. Hier waren die so oft kritisierten, uns Berlinern aber doch ans Herz gewachsenen Denkmäler der Regenten Brandenburg-Preußens aufgestellt. Aber auch das war einmal! Buchstäblich jedes Denkmal lag in Trümmer zerschlagen kreuz und quer am Boden. Es war ein geisterhafter Anblick und für Menschen mit schwachen Nerven durchaus ungeeignet, wenn man über die im Widerschein des durch die Brände hell erleuchteten Himmels mit ihrem weißen Marmor unheimlich leuchtenden abgeschlagenen Hohenzollernköpfe, -körper und -beine kroch . . . Sich über Steinbrocken tastend, ging es nun durch das Trümmerfeld der Bendlerstraße in den ehemaligen Hof des Reichskriegsministeriums bis zu dem mir noch unbekannten Hochbunker, an dessen Bauzaun am 20. Juli 1944 auf Befehl von Generaloberst Fromm der General der Infanterie Olbricht und der Oberst im Generalstab Graf Stauffenberg und andere standrechtlich erschossen worden waren. Mit der letzten Puste erreichte ich den Raum von Oberst Refior.“

Man versammelte sich bei Weidling, der, weil nur wenige seiner Generale sich noch hatten einfinden können, alles zu sich befahl, was seinem Stab angehörte, um sein Auditorium zu erweitern. Wöhlermann berichtet: „Mit ernstem, die seelischen Anspannungen deutlich zeigendem Gesicht zu uns gewandt, das Einglas eingeklemmt, stellte sich der letzte Befehlshaber von Berlin hinter den Schreibtisch und gab uns – scharf und energisch sprechend – den schwersten Herzens“ gefaßten Entschluß zur Kapitulation bekannt. (Dufving schreibt allerdings, es habe sich dabei nicht um einen einsamen Entschluß Weidlings gehandelt, sondern man habe abgestimmt.)

Um Mitternacht ging ein Funkspruch an die Sowjets ab. Wieder war es Dufving, der als Parlamentär fungieren sollte. Nach einigen Abenteuern gelangte er zu einem sowjetischen Gardeoberst, der eine Division führte, und überreichte ihm das deutsche Kapitulationsangebot. Nach mehreren Telefongesprächen mit seinen Vorgesetzten eröffnete der Divisionskommandeur dem deutschen Obersten, er sei ermächtigt, die Kapitulation des Generals Weidling anzunehmen; der deutschen Seite würden ehrenvolle Kapitulation und ehrenvolle Behandlung zugesichert; die Offiziere dürften ihre „kleinen Seitenwaffen“ behalten; jeder könne so viel Privatgepäck in die Gefangenschaft mitnehmen, wie er zu tragen vermöge; und das sowjetische Oberkommando übernehme den Schutz der Zivilbevölkerung und die Versorgung der Verwundeten.

Noch verhandelte Dufving über den Termin der Waffenstreckung, da beschloß der Rundfunkkommentator Hans Fritzsche, ebenfalls Kapitulationsverhandlungen zu eröffnen. Durch einige Zivilisten (einer trug feierlich einen Cutaway) ließ er Tschuikow einen „an den Herrn Marschall“ gerichteten Brief überreichen. Dieser lautete:

„Wie schon General Krebs mitteilte, ist der ehemalige Reichskanzler Göring nicht auffindbar, Dr. Goebbels ist tot. Als einer von jenen, die am Leben geblieben sind, bitte ich Sie, Berlin unter Ihren Schutz zu nehmen. Ich bitte um Erlaubnis, über den Rundfunk sprechen zu dürfen. Mein Name ist bekannt.“

Die Sowjets hatten allerdings von einem Reichskanzler Göring noch nichts gehört, und auch der Name Fritzsche sagte ihnen nichts. Überdies wußte Tschuikow in diesem Augenblick bereits, daß Weidling durch Dufving die Kapitulation angeboten hatte. Die Herren in Zivil bedeuteten ihm wenig. Der Mann im Cut bat um Schutz für die Beamten des Propagandaministeriums.

Tschuikow: „Kein Haar wird ihnen gekrümmt werden.“

Der Mann im Cut: „Wer sind Sie, und was ist Ihr Rang?“

Tschuikow: „Ich bin Generaloberst Tschuikow.“ Dann nahm er den

Hörer, ließ sich mit seinem Stabschef verbinden und sagte: „Ordnen Sie Waffenruhe an. Das ist alles."

Eine halbe Stunde später stand Weidling vor Tschuikow. Auch Sokolowski war anwesend.

Tschuikow: „Sie sind der Kommandant der Garnison von Berlin?"
Weidling: „Ja, ich bin der Kommandeur des LVI. Panzerkorps."

Tschuikow: „Wo ist Krebs? Was hat er Ihnen gesagt?"

Weidling: „Ich traf ihn gestern in der Reichskanzlei. Ich hatte den Eindruck, daß er entschlossen war, sich das Leben zu nehmen . . . Ich wiederhole, den mir unterstellten Einheiten habe ich den Befehl zur Kapitulation gegeben."

Tschuikow: „Wie weit reicht Ihre Befehlsgewalt?"

Weidling zeigte auf einem Stadtplan die Lage seines Gefechtsstandes. Tschuikow: „Auch der Marschall hat Waffenruhe angeordnet. Welche Gebiete sind vermint?"

Weidling: „Wir haben keine Minen. Wir haben nicht einmal die Brücken mit Sprengstoff geladen."

Sokolowski: „Wo sind Hitler und Goebbels geblieben?"

Weidling gab Auskunft.

Tschuikow: „Also, der Krieg ist aus?"

Weidling: „Meines Erachtens ist jedes weitere Opfer ein Wahnsinn und ein Verbrechen."

Tschuikow: „Das stimmt. Dienen Sie schon lange in der Armee?"
Weidling: „Seid 1911. Ich begann meine Laufbahn als einfacher Soldat."

In diesem Augenblick bekam Weidling einen Nervenanfall. Telefonisch wurde gemeldet, daß auf deutscher Seite noch an einigen Punkten geschossen werde.

Weidling: „Ich möchte alles, was in meiner Macht steht, tun, um zur Einstellung der Kampfhandlungen auf unserer Seite beizutragen."

Tschuikow: „Unterschreiben Sie einen Kapitulationsbefehl, und Sie werden ein reines Gewissen haben."

Weidling setzte sich und begann, seinen Befehl zu formulieren. Niemand sprach. Es war 7.57 Uhr Moskauer Zeit. Tschuikow schlug vor, man solle frühstücken. Weidling schrieb weiter.

Tschuikow: „Brauchen Sie Ihren Adjutanten?"

Weidling: „O ja."

Ein großer dunkelhaariger Mann trat ein. Er trug ein Monokel und graue Handschuhe, sein Scheitel saß tadellos. Es war Oberst Refior,

Weidlings zweiter Stabschef. Nach einiger Zeit begann Weidling vorzulesen, was er geschrieben hatte: „Am 30. April hat der Führer Selbstmord begangen . . ."

Sokolowski unterbrach ihn. Die Erwähnung dieser Tatsache im Kapitulationsbefehl hielt er für überflüssig. Weidling entgegnete, daß der Tod des Führers noch nicht bekannt sei; Goebbels habe ihm gesagt, daß bisher nur Stalin darüber unterrichtet sei, und zwar durch Tschuikow. Sokolowski berichtigte den General: Schon am Tag zuvor habe ein deutscher Sender gemeldet, daß Hitler den Heldentod gefunden habe.

Weidling schüttelte den Kopf und überreichte Sokolowski wortlos seinen Text. In dieser ersten Fassung lautete er:

> „Am 30. April 1945 hat der Führer Selbstmord begangen und damit alle, die ihm Treue geschworen hatten, im Stich gelassen. Getreu dem Befehl des Führers wart Ihr, deutsche Soldaten, bereit, den Kampf um Berlin fortzusetzen, obwohl Eure Munition zur Neige ging und die Gesamtlage den weiteren Widerstand sinnlos machte. Ich ordne die sofortige Einstellung jeglichen Widerstandes an.
>
> Weidling
> General der Artillerie,
> ehemaliger Befehlshaber des
> Verteidigungsbereiches von Berlin."

Nachdem der Text übersetzt war, meinte Tschuikow: „Die Bezeichnung ‚ehemaliger' ist überflüssig. Auch jetzt sind Sie der Befehlshaber."

Der ebenfalls anwesende Sowjetgeneral Poscharski warf ein: „Halten Sie den Hinweis auf den Treueeid für wichtig?"

Tschuikow: „Lassen wir den Text, wie er ist. Das ist sein Befehl. Lassen Sie den Text mit der Maschine abschreiben, und setzen Sie das Datum darunter."

Weidling: „Jawohl. Soll es ein Befehl oder ein Aufruf sein?"

Tschuikow: „Ein Befehl."

Schließlich wurde noch ein zweiter Absatz angefügt:

„Jede Stunde, die Ihr weiterkämpft, verlängert die entsetzlichen Leiden der Zivilbevölkerung Berlins und unserer Verwundeten. Im

Einvernehmen mit dem Oberkommando der sowjetischen Truppen fordere ich Euch auf, sofort den Kampf einzustellen."

Der Dolmetscher fragte: „Wie viele Durchschläge?"

Tschuikow: „Zwölf."

Weidling: „Mein Stab ist groß, ich habe zwei Stabschefs und zwei pensionierte Generale, die sich wieder zum Dienst gemeldet hatten. Sie können bei der Abwicklung der Kapitulation helfen."

Die Maschine, auf der der Text geschrieben wurde, klapperte bereits. Weidling: „Mein Mantel ist in der Reichskanzlei geblieben. Könnten Sie ihn holen lassen?"

Tschuikow: „Selbstverständlich."

Weidling: „Danke gehorsamst!"

Sokolowski zu Tschuikow: „Das ist schwer für ihn."

Semjonow, der Berater des Kriegsrats: „Das stimmt. Aber er hat den Befehl klug formuliert. Er betont gleichzeitig den Eid und die Umstände. Er gehört nicht der Regierung an. Dieser Befehl ist wie ein Wegweiser nach vorn."

Ein anderer General aus Tschuikows Stab schlug vor: „Der Befehl muß sofort unter den Deutschen verbreitet werden. Er wird stark wirken."

Nun verlangte Tschuikow Tee, und auch die Deutschen bekamen zu essen. Für sie wurde im anstoßenden Zimmer ein Tisch gedeckt. Beim Essen fragten sowjetische Kriegsberichterstatter wiederholt: „Wo ist Hitlers Leiche?" Einer antwortete: „Niemand weiß es." Wein wurde angeboten. Refior meinte: „So früh trinken Deutsche kaum." Weidling saß stumm auf seinem Platz. Einmal sagte er aus tiefen Gedanken heraus: „Das ist mein zweiter verlorener Krieg."

Später wurde Weidling zur Politabteilung des Armeestabs gebracht. Sie hatte für die Verbreitung des Befehls zu sorgen. Weidling wurde in ein bescheidenes Haus in Johannisthal gefahren. Den Sowjets fiel seine Kleidung auf: Er trug Kniehosen und lange, helle Strümpfe. Mit dem Monokel ständig im Auge, den hageren Kopf mit der Hakennase vorgeschoben, saß er in einem Zimmer, dessen Fenster vernagelt waren. Bald brachte man in den fast dunklen Raum auch die beiden pensionierten Generale, die er Tschuikow gegenüber erwähnt hatte, Woytasch und Schmid-Dankward; vom Gefechtsstand in der Bendlerstraße kam ein Major mit einer Aktentasche. Auch Dufving gesellte sich ihnen bei.

Die sowjetischen Offiziere von der Politabteilung schlugen Weidling vor, den Kapitulationsbefehl auf eine Platte zu sprechen, damit er über den Rundfunk verbreitet werden könne. Weidling überlegte minutenlang; dann meinte er: „Was man tut, muß man ganz tun." Die Kriegsreporter Spasski und Mednikow trugen den Aufnahmeapparat ins Zimmer und stellten ihn vor Weidling auf den Tisch.

Anwesend war auch der Moskauer Schriftsteller Guss. Ihn fragte Weidling, wie der Name richtig ausgesprochen werde: Schuikow oder Schukow. Guss erklärte ihm, daß es sich um zwei verschiedene Namen handele, und schrieb die beiden Namen Tschuikow und Schukow auf deutsch und russisch auf ein Blatt Papier. Aufmerksam betrachtete Weidling den Aufnahmeapparat, Marke „Presto", und machte dann die Bemerkung, dies sei ein amerikanisches Gerät. Die Sowjets hatten den Eindruck, er habe darin einen kleinen Trost gefunden. Der Eindruck täuschte sie nicht. Nach volkstümlicher deutscher Auffassung haben nicht die sowjetischen Soldaten, sondern ihre von den Amerikanern gelieferten Lastwagen den Krieg gewonnen.

Weidling verlas den Befehl mit ruhiger Stimme, hackte aber die einzelnen Wörter scharf ab. Spasski kontrollierte den Ton im Kopfhörer und bat dann den General, den Befehl noch einmal zu verlesen. Jetzt erst wurde das Gerät eingeschaltet. Wie erstarrt saßen die Deutschen da. Weidlings Stimme erfüllte den Raum: „Berlin, den 2. Mai 1945. Befehl . . ."

Schweigen herrschte, als die letzten Worte verklungen waren. Dann sagte Guss: „Bitte, hören Sie sich zur Kontrolle die Aufnahme noch einmal an." Während der Kapitulationsbefehl zum dritten Male in dem kleinen Zimmer mit den vernagelten Fensteröffnungen ertönte, starrte Weidling mit zitternden Händen auf das Gerät. Über das Gesicht von General Woytasch lief ein Zucken.

Die Aufnahme wurde sofort kopiert; Lautsprecherwagen wurden durch die Stadt geschickt, pausenlos erscholl zwischen den Trümmern die Kapitulationserklärung. Nicht durch den Rundfunk, sondern durch diese Wagen erfuhren die Berliner, daß der Kampf zu Ende war. Was später in Reims und in Karlshorst geschah, bezeichnet Tschuikow als Kapitulationsakte. Er unterscheidet sie von der Kapitulation: „Wir Militärs sehen die Kapitulation des Gegners dann als gegeben an, wenn er, physisch und moralisch geschlagen, die Hände hebt und sich auf Gnade und Ungnade ergibt. In diesem Augenblick werden die Bemühungen der Truppen und des Volkes durch den Sieg gekrönt." Dieser Augenblick war jetzt erreicht, in Berlin, am 2. Mai 1945.

Während der „Schlacht um Berlin“

Die US-Armee samt englischen Verbindungsoffizieren, Schlachtenbummlern und Journalisten hatte von Westen her in und bei Torgau die Elbe erreicht. Dort machte sie halt, um das Eintreffen der Roten Armee auf dem Ostufer abzuwarten. Bald war es soweit. Wie zu Napoleons Zeiten und auch noch zu Beginn des Ersten Weltkriegs bestand die Voraus- und Aufklärungsabteilung der Russen aus Kavallerie. Mit schlenkernden Beinen saßen die Rotarmisten wie Cowboys im Sattel, die Gewehre quer über dem Sattel, unter dem Arm eine kurzstielige lange Peitsche. Sie erweckten den Eindruck, als seien sie ohne Pause aus den Wolgasteppen nach Sachsen geritten.

Die Amerikaner sahen sie über den Fluß hinweg aus Kiefernwaldungen hervorkommen, die dort bis fast ans Wasser reichen. Sie glaubten, ein Hollywood-Team sei ihnen vorausgeeilt und drehe einen Wildwestfilm.

Bald setzten die Sowjets auf Flößen und mit kleinen Booten über die Elbe und rüsteten sich in einer Torgauer Musikinstrumentenfabrik mit Ziehharmonikas aus. Es wurde eine Begegnungs- und Siegesfeier mit Musik unter Frühlingsbäumen, an die man gerahmte Bilder von Roosevelt und Stalin hängte. Die Torgauer Mädchen hätten gern mitgetanzt, aber die Amerikaner standen nicht nur unter einem Nonfraternizationsbefehl, sondern sie hätten ganz ohne Befehl jede europäische Frau zunächst einmal am liebsten mit DDT gepudert und in Lysol getaucht. Europa war für sie eine schmutzige Gegend.

Die Siegesbegeisterung und die grenzenlose Bewunderung, die der GI damals für die Rote Armee empfand, enthemmte ihn aber derart, daß er sich nicht scheute, mindestens für die Wochenschauen die zuweilen hübschen, immer aber rundlichen Soldatenmädchen auf dem Rasen herumzuschwenken. In Berlin sollten sie dann ironisches Erstaunen ernten, als sie dort als Verkehrspolizistinnen tätig wurden und rote Fähnchen in die Luft hielten zum Zeichen, daß ein T 34 durchfahren durfte.

Diese Mädchen, die wenigstens theoretisch zu jedem militärischen

Rang aufsteigen konnten, regelten den rückwärtigen Verkehr der Armeen und waren im Nachschub tätig; einen besonderen Namen hatten ihre Einheiten nicht, und auch für die Mädchen selbst hatten die Sowjets keine eigene Bezeichnung. In ihren Augen war es durchaus normal und selbstverständlich, daß die Frauen Kriegsdienst leisteten, und nichts lag ihnen ferner, als sie einer zweideutigen Doppelfunktion in der Armee zu verdächtigen, wie sie etwa im deutschen Wort „Blitzmädchen" angedeutet ist. Mädchen dieser Art, dann aber ohne dienstliche Verpflichtungen, gab es auch in der Roten Armee, allerdings nur in Offizierskreisen. Solche Begleiterinnen bezeichnete man diskret als „Feldfrauen".

Die Welt des AFN, der „merrily music", stieß auf den Uferwiesen der Elbe mit der Melancholie des „Marsches der Roten Armee" zusammen. Die Russen machten den Eindruck, als hätten sie einen schweren Krieg geführt, und sie hatten ihn hinter sich, während die Amerikaner eher im Manöver zu sein schienen und Europa viel langweiliger fanden als die Langeweile von Iowa und Kansas City. Interessant waren ihnen nur die Russen, sie tranken Wein mit ihnen, den sie vom Rhein in Lastwagen mitgebracht hatten.

Zur Erleichterung des freundschaftlichen Verkehrs richteten die Sowjets eine Fähre über die Elbe ein, ein Floß, das an einem von Ufer zu Ufer reichenden Drahtseil beweglich hing. Lastwagen konnten damit nicht übergesetzt werden, aber für eine Schützengruppe, ein paar Pferde oder ein kleineres Auto genügte es.

Einem amerikanischen Kriegsberichterstatter, der sich in Torgau langweilte, kam bald schon der Gedanke, daß man eigentlich einen Abstecher nach Berlin unternehmen könne, nach jener nicht allzu weit entfernten Stadt, in der es nach den Berichten von „Stars und Stripes" so grauenhaft zugehen sollte. Warum den Sowjets nicht auch einmal beim Kämpfen zuschauen, anstatt hier an der Elbe mit ihnen zu saufen und das Ende des Krieges abzuwarten? Er überredete einen Oberstleutnant des Nachschubs, der ebenfalls nichts zu tun hatte und ein paar Brocken Polnisch konnte, sowie einen Fliegermajor, der sein Pensum über Deutschland abgeflogen hatte, zum Mitmachen. Schließlich gelang es auch noch, die Russen dazu zu bringen, daß sie einen Jeep auf das Floß nahmen, und so begannen drei Amerikaner, mit Proviant und Landkarten reichlich versehen, ihre Fahrt gen Osten.

Den dreien war zumute, als wären sie in ein anderes Jahrhundert gekommen. „Es war eine ländliche Armee, trotz einiger Mechanisierung“, schrieb der Korrespondent über diese Fahrt. „Lange und offensichtlich desorganisierte Kolonnen mit Karren und Pferden erinnerten an diesem Aprilnachmittag an jene in der russischen Literatur geschilderten Bauern, die tief im Inneren Rußlands ihres Weges ziehen, vom Dorf zu irgendeinem Markt, wo der Don ruhig dahinfließt. Im Stroh auf den Karren lagen Soldaten und bei ihnen Lämmer, eine Ziege oder auch ein Schwein. An Stricken zogen sie Kühe hinter sich her. Längs der ungedeckten Flanke des Angriffskeils, dessen Spitze bereits in Berlin steckte, hoben einige Soldaten Schützenlöcher aus oder bereiteten Stellungen für Panzerabwehrkanonen vor.“ Aber nicht alle Grabungen der Rotarmisten dienten militärischen Zwecken: überall sahen die Amerikaner sowjetische Soldaten, die um die Bauernhöfe in den Mieten herumstocherten, in denen Zuckerrüben eingelagert waren. Mit diesen Rüben fütterten sie das mitgeführte Vieh. Manchmal entstanden in der Kolonne Lücken, weil das Vieh auch während des Marsches versorgt werden mußte. Der amerikanische Nachschuboffizier, der gewohnt war, seine Lastwagenkolonnen auf metergenauen Distanzen an sich vorbeirollen zu sehen, bemerkte: „Schlechte Fahrdisziplin!“ Doch der Fliegermajor konterte: „Immerhin haben sie Berlin erreicht.“

Als es dunkel wurde, machte die Kolonne halt, und auch die drei Amerikaner stiegen aus und lagerten sich zwischen Sowjetsoldaten am Straßenrand. Unter märkischen Kiefern wurden Feuer angezündet und daran auf Bajonette gespießte Fleischstücke gebraten. Der Kriegsberichterstatter sah sich ein wenig um: „Es war sensationell, Pferde zu sehen, die, gesattelt und gezäumt, am Gefechtsstand angebunden waren. Sie hätten besser in die Zeit von General Suworow gepaßt als in die Zeit eines Marschall Schukow. Und wenn Tolstoi aufgetaucht wäre mit seinem im Frühlingswind flatternden Bart und gegen das Gemetzel und für die Rückkehr zur christlichen Ethik gewettert hätte – wir wären nicht überrascht gewesen.“

Aber nicht alles war 19. Jahrhundert. Die Politabteilungen der gegen Berlin vorwärtskriechenden Armeen hatten überall in den Dorfstraßen Lenin- und Stalinbilder aufgehängt, und an allen Ecken und Enden flatterten rote Fahnen. Dies erinnert an eine Schilderung des Kampfes um den Reichstag, die sich in der offiziellen Geschichte des Großen Vaterländischen Krieges* findet:

* Bd. 1 S. 283 ff.

„Der Sturm war zu einem überaus schnellen Massensturm geworden, dem der Gegner nun nicht mehr standhalten konnte. Nach wenigen Minuten waren die Kämpfer schon am Reichstagsgebäude. Wie Mohnblumen schossen augenblicklich in Form und Größe unterschiedliche roten Fähnchen am Gebäude hoch. Es waren ihrer so viele wie Blumen in einem Garten. Hier flatterte die Flagge eines Soldaten des 1. Bataillons des 756. Schützenregiments, des Untersergeanten Pjotr Pjatnizkij, der noch auf den Stufen des Reichstagsgebäudes von einer feindlichen Kugel getroffen wurde. Die Flagge des Helden war von der Untersergeantin P. D. Schtscherbina übernommen und an einer Säule des Hauptportals befestigt worden. Hier flatterten im Winde die Flaggen des Leutnants R. Koschkarbajew und des Rotarmisten G. P. Bulatow vom 674. Schützenregiment, des Untersergeanten M. Jeremin und des Rotarmisten G. Sawenko vom 1. Bataillon des 380. Regiments, des Sergeanten P. S. Smirnow und der Rotarmisten N. T. Belenkow und L. F. Somow von der 2. Kompanie des 525. Regiments und des Sergeanten B. J. Japarow von der 86. Schweren Haubitzen-Brigade. In der gleichzeitigen Hissung vieler solcher Fahnen und Fähnchen zeigte sich der Massenheroismus der sowjetischen Soldaten."

Vermutlich haben die Amerikaner auch eine der Rückzugsstraßen gekreuzt, auf denen die eingeschlossene 9. Armee unter General Busse versucht hatte, südlich Berlins nach Westen durchzubrechen. Simonow hat beschrieben, wie es auf einem solchen Fluchtweg aussah, der von den nach Norden einschwenkenden Sowjets unter Konjew abgeschnitten wurde:

„Kurz vor der Berliner Ringbahn bot sich uns auf und neben der Autobahn ein grauenvolles Bild. Beiderseits der Autobahn lag dichter Wald, von einer Schneise durchzogen, die sich links und rechts in der Ferne verlor. Die deutschen Truppen wollten die Schneise als Waldstraße benutzen und versuchten, während wir Berlin stürmten, von der Oder her einen Durchbruch über die Autobahn. Dort, wo sich die Schneise mit der Autobahn kreuzte, die Stelle, an der wir jetzt standen, war heute, offenbar schon vor Tagesanbruch, also vor Stunden, zum Schauplatz ihrer vernichtenden Niederlage geworden. Es sah dort so aus: Vorn lag Berlin, rechts die Schneise, die einen unbeschreiblichen Anblick der Verwüstung bot, ein Chaos von Panzern, Pkws, Panzerspähwagen, Lkws, Spezialfahrzeugen und

Sanitätsbussen, ineinander verklemmt, übereinander aufgefahren, umgestürzt; sie hatten, wohl im Begriff, umzukehren und sich zu retten, Hunderte von Bäumen umgelegt. In diesem schwarzen, verkohlten Tohuwabohu aus Stahl, Holz, Waffen, Koffern und Papieren lag eine blutige Masse entstellter Menschenleiber, die ganze Schneise entlang, soweit das Auge reichte. Und ringsum im Wald wieder Leichen über Leichen: Menschen, die bei Eröffnung des Feuers die Flucht ergriffen hatten. Jetzt erst merkte ich, daß sich zwischen den Leichen Lebende bewegten, Verwundete, die auf Mänteln und Decken lagen, an Baumstämmen lehnten, die einen verbunden, die anderen blutüberströmt und noch nicht versorgt . . . Durch die Mitte zog sich das breite Betonband der Autobahn, schon gesäubert, dem Verkehr freigegeben. Zweihundert Meter weit war sie wie mit Pockennarben mit Trichtern übersät, zwischen denen sich Frontwagen in Richtung Berlin durchschlängelten . . .*"

Als der einzige von Amerikanern gesteuerte Jeep, der sich im April 1945 östlich der Elbe befand, mit den drei abenteuerlustigen Offizieren zwischen den Granattrichtern hindurchfuhr, waren die Verwundeten weggeschafft, aber die Toten noch nicht begraben worden. Dennoch war es nicht der Geruch der Leichen, der ihnen auffiel, sondern der Geruch der Lebenden:

„Jede Armee hat ihren eigenen Geruch. Die Russen haben den unvergeßlichen Geruch nach süßem Schwarzbrot und frisch gedroschenem Korn und nach Bauernhof, von dem diese Soldaten noch nicht lange getrennt sein konnten. Sie führten den Bauernhof mit sich. Die Industrialisierung Amerikas folgte uns in den Krieg mit den Schwaden von Kohlenmonoxyd und dem unverkennbaren Geruch von verbranntem Pulver, Büchsenfleisch mit Bohnen und Kaugummi. Die Deutschen schienen nach Schweiß, Sauerkraut und bevorstehendem Tod zu riechen. Die Engländer brachten den Geruch von Kohl, gekochtem Schinken und milchigem Tee aus ihren Küchen mit, während der Geruch der Franzosen an die heimatlichen Bistros, den Burgunderwein und die schwarzen Zigaretten erinnerte. Die Russen kamen mit dem erdverbundenen Kuhstallgeruch nach dem Westen. Er würde einen Jungen aus Detroit erschreckt haben. Er jagte auch unserem Oberstleutnant Entsetzen ein. ‚Die haben ja keine Latrine',

* Konstantin Simonow, *Aus den Kriegstagebüchern*, zitiert nach der deutschen Übersetzung in „Neue Welt", Moskau 1965, Heft 10, S. 23.

meinte er. ‚Sie werden sie schon noch bekommen‘, entgegnete der Major. Die Russen trugen Uniform und Waffen. Sie waren nicht mit den Zahnbürsten des 20. Jahrhunderts oder mit Extra-Unterwäsche belastet. Bestimmt hatten sie auch keine Socken . . . Ihre Einheiten, die Kühe zur Verproviantierung mit sich führten, waren vom Nachschub unabhängig. Bei einem Südstaatler wie mir erweckte dieser Anblick die Vorstellung eines Bürgerkrieges . . .“

Bis dahin hatten die Amerikaner die Rotarmisten nur aus russischen Kriegsfilmen gekannt, zu denen kritische Stimmen geäußert hatten, es handele sich um unwahre, tendenziöse Heldenstücke; die Helden seien unglaubhaft, die sich „mit bandagiertem Kopf und den Arm in der Schlinge“ von neuem in den Kampf stürzten. Doch der Korrespondent mußte sich jetzt eingestehen, daß diese Filme nicht übertrieben hatten: „Auf der Straße nach Berlin sah ich Männer mit Verbänden, genauso wie sie in den Filmen gezeigt worden waren; sie trugen ihre Gewehre, ritten oder lagen auf dem Stroh der Bauernwagen, die dem Schlachtfeld entgegenfuhren.“

Der Nachschuboffizier fand allerdings an dem Unternehmen immer weniger Gefallen, je weiter er sich von der Elbe entfernte, je mehr Stalinbilder über den Straßen hingen und je mehr rote Fahnen ihm den Ausblick über die märkischen Kiefern versperrten. Doch der Fliegermajor wollte unbedingt nach Berlin: „Ich möchte Hitler in Ketten sehen. Das ist die letzte große Show in diesem Krieg.“

Nach einigen Abenteuern gelangten sie schließlich südlich des Flughafens Tempelhof in die Stadt. „Die Hälfte der Gebäude stand schon in Flammen, und Trümmer bedeckten die Straßen.“ Sie gerieten in eine sowjetische Pionierabteilung. Vor dem Haus, in dem sich deren Kompaniechef einquartiert hatte, standen ein auf dem Weg über Murmansk-Moskau hierher gelangter amerikanischer Jeep und ein knallrotes deutsches Feuerwehrauto mit einer Hochleiter. Erst später fanden die Amerikaner heraus, daß die Pioniere dieses Fahrzeug in irgendeiner schlesischen Stadt in Erwartung des Berliner Häuserkampfes mitgenommen hatten: „Damit wollten sie in die oberen Stockwerke hinaufkommen, die noch von Deutschen gehalten wurden.“

Auf die Frage der Amerikaner, wo die Front sei, deutete ein Russe stumm auf die gegenüberliegende Straßenseite. Das war den drei Abenteurern doch etwas zu gefährlich, und so fuhren sie durch ein Gewirr von herabhängenden Straßenbahn- und Lichtleitungen zum

Quartier des Pionierkompaniechefs zurück. Dieser, „ein junger Russe mit schönen falschen Zähnen aus Stahl, wie sie die Russen tragen, einer bandagierten Hand und einer offensichtlichen Bewunderung für Amerikaner und Engländer, hatte eine große Hochachtung für Detroiter Lend-and-lease-Maschinen und wollte unseren Jeep steuern. Ringsum knallten zahlreiche größere und kleinere Geschütze, so daß jeder englische oder amerikanische Soldat mit etwas Gefühl für die Situation sich ein wenig in Deckung begeben hätte. Aber der Hauptmann fuhr den Jeep straßauf und -ab mit einer Hingabe, als ginge es um den Grand Prix, dabei immer im Zickzack, um den Drähten auszuweichen. Wenn er anhalten wollte, riß er die Handbremse hoch. Wir konnten keinen Grund dafür finden, es sei denn, daß der einzige Jeep, den er jemals zuvor gefahren hatte, eine schlecht funktionierende Fußbremse gehabt hat."

Dann gingen sie ins Haus. „Zwei Soldaten kamen. Sie trugen Krüge und Waschbecken und gossen uns Wasser zum Händewaschen ein. Ein dritter hielt ein Handtuch." Wodka gab es an diesem Abend bei den Pionieren nicht; dafür hatten sie „ein kohlensäurehaltiges rosa Getränk", das sie mit ihren Gästen „aus rubinroten Kristallgläsern tranken, wie sie die Deutschen zu sammeln und in Glasschränken aufzustellen lieben. Das Getränk hatte angeblich Erdbeergeschmack, aber es schmeckte wie Lippenstift, und sicherlich sind auf die Großen Drei nie wieder Toasts mit einem solch widerlichen Gesöff ausgebracht worden."

Die Amerikaner hatten von den Pionieren den Eindruck, daß sie „dieser letzten großen Schlacht des Krieges ziemlich gleichgültig gegenüberstanden". Dafür wurden die Sowjets ihren Gästen gegenüber immer mißtrauischer und stellten ihnen nachts einen mit einer Maschinenpistole bewaffneten Aufpasser zwischen die Betten. Den Amerikanern wurde allmählich ein wenig mulmig zumute: sie konnten entweder in dem Artilleriefeuer umkommen, von dem schwer auszumachen war, ob es deutschen oder sowjetischen Ursprungs war, oder aber als Spione füsiliert werden. „Nicht einmal unsere Leichen würde man finden", meinte der Oberstleutnant düster. Jedoch kehrten sie anderntags wohlbehalten nach Torgau zurück.

Aber die sowjetischen Offiziere schenkten nicht nur Sprudelwasser aus, das nach Lippenstift schmeckte. Auch Berlins Artilleriekommandeur Wöhlermann lernte jetzt sowjetische Gastfreundschaft kennen.

Er war bereits Gefangener – es war am Morgen des 2. Mai –, als er immer noch darauf aus war, die Befehle seines Kommandeurs Weidling wortgetreu zu befolgen. Vor dem mit Soldaten, Zivilisten und Verwundeten vollgestopften Zoo-Bunker erklärte er einem sowjetischen Offizier, der nach seinen Angaben wie ein „Taxichauffeur“ aussah, er, Oberst Wöhlermann, müsse sich laut Weidlings Anordnung zwecks gemeinsamem Abmarsch in die Gefangenschaft vor dem Befehlsstand in der Bendlerstraße einfinden. „Natürlich verstanden die Russen das alles nicht“, schreibt Wöhlermann. Man kann sich allerdings fragen, wer sonst wohl verstanden hätte, daß die Deutschen noch Wert darauf legten, eine Art Offiziers-Polonaise aufzuführen. Sie trafen dazu Anstalten: als sie den Zoo-Bunker verließen, stellten sie sich in Formation auf. Wie auf dem Kasernenhof. Doch in diesem Augenblick „schlugen die Geschosse eines Maschinengewehrs laut klatschend an die Betonmauern des Turms und von dort als Abpraller und Querschläger in unsere Reihen“. Es war „eine heikle Situation, die leider einigen unserer Männer noch Verwundungen beibrachte oder gar das Leben kostete“.

Die Einsicht, daß jetzt die Sieger zu bestimmen hatten, was geschehen solle und was nicht, kam dem gefangenen Oberst Wöhlermann nach dessen Zeugnis erst, als er bemerkte, daß „zwischen Siegesallee und Bahnüberführung Tiergarten . . . mit Abständen von etwa zwanzig bis dreißig Metern ein Stalinpanzer hinter dem anderen“ stand, „auf der traditionellen Paradestraße Adolf Hitlers, fast genau wie in Vorkriegszeiten, nur mit umgekehrter Fahrtrichtung“.

Etwa zweitausend deutsche Soldaten marschierten unter Führung ihrer Offiziere an dieser Stelle in die Gefangenschaft. Plötzlich geschah etwas Unerwartetes: Die Sowjetsoldaten kletterten von ihren Panzern herunter, umringten die Deutschen, „boten uns Zigaretten, d. h. Papyrosen, an“ und schrien immer wieder: „Wojna kapuut, wojna kapuut‘, was besagen sollte: der Krieg ist Gott sei Dank aus.“ Zu Wöhlermanns Trupp gehörten auch zwanzig 14- bis 16jährige Hitlerjungen, die von den Sowjets kassiert worden waren. Es gelang dem Oberst, dem sowjetischen Kommandoführer die Erlaubnis abzuringen, daß sie nach Hause gehen durften. „Ich legte beide Hände an den Mund und rief, so laut ich konnte, nach hinten: ‚Jungens, ihr könnt sofort nach Hause gehen!‘ Es war . . ., als ob ein Lehrer an einem heißen Tag gesagt hätte, daß die letzte Stunde ausfalle, da hitzefrei sei.“

Zusammen mit einem „damals gut und gern zweieinhalb Zentner wiegenden Oberst Eilers“ mußte Wöhlermann zunächst ein Verhör über sich ergehen lassen; dann wurden sie von den Sowjets für die Wochenschau gefilmt. Anschließend brachte man sie in „eine kleinbürgerliche Wohnung“ hinter dem Charlottenburger Schloßpark, wo sie der fließend deutsch sprechende Ic eines Panzerkorps erwartete. Dessen „erste Frage war: ‚Was haben Sie da?‘ Er zeigte auf mein Deutsches Kreuz in Gold. Auch hier wie später mußte ich immer wieder feststellen, daß die Feinde annahmen (auf Grund des geschmacklosen Ordens auch annehmen mußten), daß der Träger dieses riesigen Hakenkreuzes ein besonders tüchtiger und hochgestellter Nazi sein müsse. Die zweite Äußerung des sowjetischen Oberstleutnants war nicht weniger überraschend: ‚Nun, Sie werden sehr abgespannt sein und wahrscheinlich zuerst ein Bad nehmen wollen.‘ Eilers sah mich, ich sah Eilers an, und beide dachten wir: ‚Nanu, da stimmt doch irgend etwas nicht, denn Goebbels hatte die Gefangennahme deutscher Stabsoffiziere durch die Roten immer ganz anders dargestellt.‘ Zögernd sagte ich daher: ‚Wenn Sie uns dazu Gelegenheit geben können, sehr gern.‘

Der Oberstleutnant stand nunmehr auf, während ich der mitgebrachten Tasche Wasch- und Rasierzeug entnahm und gespannt auf die Dinge wartete, die da kommen sollten. Beim Herausgehen aus dem Zimmer sagte er noch: ‚Folgen Sie mir, Sie werden auch einen Barbier bekommen.‘ Wir folgten ihm, uns heimlich gegenseitig anstoßend. Im Flur öffnete er die Tür zu einem weiteren Zimmer, auf dessen Betten sich einige Iwans herumlümmelten. Nach einigen unverständlichen Worten verschwanden diese und unser Oberstleutnant auch. Die Tür zum Flur stand noch offen. Von einem Badezimmer war nichts zu entdecken. Plötzlich tauchte hinter der Tür ein von uns bis dahin noch nicht bemerkter Iwan auf und trat mit einer Porzellankaffeekanne mit abgebrochener Schnauze und dem denkwürdigen, damals zuerst gehörten Wort ‚dawai‘ auf uns zu.

Fassungslos standen wir, die wir soeben noch von einem gelb oder hellgrün gekachelten Bad, von heißem Wasser, Brausen, Frottierhandtüchern oder Bademänteln geträumt hatten, vor ihm und hätten wahrscheinlich noch lange wortlos vor ihm gestanden, wenn er nicht . . . sein ‚dawai‘ wiederholt und dabei die Kaffeekanne so weit gekippt hätte, daß aus der Schnauze Wasser herauslief. Jetzt fiel bei mir der Groschen. Schnell hielt ich meine Hände darunter, nahm etwas von meiner Seife und wusch mir die Hände. Das schmutzige Wasser lief lustig auf den Fußboden. Dann noch einmal schnell abgespült und mit den nassen Händen übers Gesicht gefahren. Damals war mir die russische ‚Kultura' noch nicht so geläufig, wie sie mir in den nächsten Jahren werden sollte ... Wir gingen in das Zimmer zu dem Oberstleutnant zurück ...

In einer Ecke des Zimmers stand ein altes Grammophon, das der Oberstleutnant auf die höchste Geschwindigkeit eingestellt hatte, die es spielen konnte. Auf diesem ließ er ununterbrochen schon seit unserem ersten Eintreten sämtliche Platten abspielen, deren er habhaft werden konnte. Im Galopptempo erklangen daher Walzer, Märsche, Onesteps und Lieder – es war zum Verrücktwerden. Da unsere Nerven in dieser entsetzlichen Lage ja nun wirklich bis zum Zerreißen angespannt waren, konnte ich endlich nicht mehr an mich halten und bat, das Grammophon abzustellen, was er auch tat, ohne ein Wort zu verlieren.

Unsere Unterhaltung war bis dahin ganz dürftig gewesen und hatte nur Gemeinplätze behandelt. Jetzt erschienen zwei weitere Offiziere. Der eine war ebenfalls ein Oberstleutnant, der Ia wahrscheinlich, der andere ein jüdischer Oberst, der Chef des Stabes, der keinen sehr sympathischen Eindruck machte. Kurze Begrüßung, natürlich ohne Händedruck. Wir nahmen alle an einem mitten im Zimmer stehenden Tisch Platz. Ungefähr sechs bis sieben verschiedene Sorten Zigaretten und Papyrosen und zwei Kisten Zigarren scheußlichster deutscher Qualität wurden angeboten. Wir rauchten, schon allein um die Nerven zu beruhigen.

Auch jetzt drehte sich eine der ersten Fragen um mein Abzeichen mit dem großen Hakenkreuz. Dann: ‚Wo ist Hitler?' Ich antwortete kurz, mir sei in der vergangenen Nacht dienstlich mitgeteilt worden, daß Hitler sich das Leben genommen habe. Zuerst Schweigen, dann zweifelnde Fragen. Ich sagte, ich hätte keinen Grund, an der Richtigkeit der mir gemachten Angaben zu weifeln. ‚Na gut', hieß es, ‚Sie mögen es glauben, wir aber wissen, daß Ihr Führer noch lebt.' Ich schwieg. Dann weiter: ‚Nun sagen Sie, wo ist Dr. Goebbels?' Ich wußte es nicht. Von dem Chef des Stabes erfuhr ich dann erstmalig, daß sich Goebbels mit seiner ganzen Familie in der Nacht vom 1. auf den 2. Mai das Leben genommen habe. Ebenso hörte ich hier, daß sich Generalfeldmarschall Model als Heeresgruppenführer im Ruhrkessel erschossen habe. Erfreulicherweise wurden keine direkten militärischen Fragen gestellt, und zwar wahrscheinlich aus dem Grunde, weil sich die Rotarmisten uns gegenüber haushoch überlegen wähnten und es für unter ihrer Würde hielten, uns etwas Derartiges zu fragen. Man darf nicht vergessen, daß die Russen damals in dem Glauben lebten, uns allein durch ihre militärische Macht und geniale Führung geschlagen zu haben, und dabei ganz und gar die entscheidende amerikanische Hilfe durch Waffenlieferungen und die Fehler unseres Strategen Hitler außer acht ließen.

Plötzlich tat sich die Tür auf, und ein großgewachsener, nicht unsympathisch wirkender General betrat das Zimmer; die Sowjetoffiziere sprangen devot auf. Auch wir beide erhoben uns von unseren Plätzen. Wir wurden durch den Ic dem Oberbefehlshaber der Panzerarmee, dem damaligen Generalobersten und späteren Marschall der Sowjetunion Bogdanow, vorgestellt. Kurze Verbeugung beiderseits. Platznehmen. Zunächst nur russische Unterhaltung, diesmal ohne polternden Ton. Nach Erläuterung der Bedeutung des Deutschen Kreuzes in Gold wurde ich gefragt, ob ich die russische oder die amerikanische Luftwaffe für besser halte. ‚Nachtigall, ick hör dir trampeln‘, sagte ich mir als Berliner Junge im stillen. Die Angst vor den Amis sprach auch im folgenden aus allen Fragen. Ich konnte es mir nicht verkneifen, den hohen Herren in diesem Angstgefühl noch etwas nachzuhelfen. Also sagte ich, daß wir von der amerikanischen und englischen Luftwaffe rein militärisch einen sehr guten Eindruck hätten, daß beide letzten Endes durch die jahrelangen Angriffe auf die Zivilbevölkerung und Rüstungsstätten kriegsentscheidend gewesen seien und daß wir über die russische Luftwaffe nicht viel sagen könnten, weil sie uns im Vergleich mit der englisch-amerikanischen auch im Bodenkampf der Truppe wenig gestört habe. Dieser Hieb saß. Man merkte es an den Gesichtern. Jetzt kam Eilers dran und sollte eingehend über den Flakschutz von Berlin berichten, ein Thema, das die Russen in den ersten Wochen nach dem ‚Sieg‘ aus Angst vor einem Angriff ihrer Bundesgenossen äußerst stark beschäftigt zu haben scheint, denn nur darüber wurden wir anfangs in den Gefangenenlagern ausgefragt. Aber auch mit dieser Frage waren sie an den Falschen gekommen, denn Eilers erklärte kurz und bündig, er sei Flieger und nicht Flakartillerist und könne daher überhaupt nichts sagen.

Während dieser – übrigens gentlemanlike – geführten Unterhaltung war ein weibliches Wesen im Zimmer aufgetaucht, das, wie man an den Brüsten erkennen konnte, eindeutig slawischen Ursprungs war und in irgendeinem Kuhstall auf einer Sowchose Innerrußlands keineswegs auffällig gewesen wäre. Hier im Berliner Westen konnte ich mir, trotz des unheimlichen Ernstes der Situation, innerlich ein Lächeln nicht versagen, denn die holde Fee war westeuropäisch herausgeputzt, und zwar als Servierfräulein. Sie trug um die Haare eine weiße Binde, die eigentlich auf dem Kopf in einer gestärkten Schleife ausgehen sollte. Auch die Schürze, eine kleine Wiener Tändelschürze auf dem massigen Leib, wirkte drollig, allerdings nur für uns, denn die Russen schienen auf Tatja besonders stolz zu sein. Diese Perle deckte nun den Tisch und schleppte unzählige Teller und Schüsseln mit allerlei Leckereien herbei. Es gab wundervollen Schinken, verschiedenen Wurstaufschnitt, einen tadellosen Majonnaisesalat, dazu herrliches Weißbrot und gute Butter. Als Tatja dazu noch riesenhafte Weißweingläser vor jeden hinstellte, dachte ich bei mir: ‚Wie komisch, alles so ganz nett, aber nun wollen sie den Kaffee aus Gläsern trinken!' Ich kam gar nicht auf den Gedanken, daß andere Flüssigkeit in die Gläser eingeschenkt werden könnte; das lag wohl daran, daß nach all den Erlebnissen und geistigen und körperlichen Strapazen mein ganzes Verlangen jetzt auf einen starken Bohnenkaffee gerichtet war. Aber ich sollte enttäuscht werden.

Der Ic nämlich holte aus einer Ecke eine Flasche guten französischen Kognak, entkorkte sie und goß uns die riesenhaften Gläser bis oben hin voll. Ganz abgesehen davon, daß mir im Augenblick der Sinn wirklich nicht nach Alkohol stand, nahm ich mir sofort vor, nichts zu trinken oder höchstens am Glas zu nippen, weil ich fürchtete, daß man uns durch reichlichen Alkohol zum Reden verleiten wolle. Da kam ich aber bei den Russen und besonders beim Herrn Oberbefehlshaber schlecht an. Alle standen nämlich plötzlich auf, und Bogdanow ergriff sein Glas und stieß irgendwelche mir unverständlichen Worte aus. Da darin zweimal das Wort ‚Wojna' vorkam und ich im übrigen aus der ganzen Feierlichkeit, mit der hier vorgegangen wurde, entnehmen mußte, daß die Sowjets auf ihren Sieg tranken, blieb Eilers und mir in dieser Situation nichts übrig, als auch unsererseits das Glas zu erheben. Ich hatte nur die Lippen benetzt und wollte das Glas eben wieder wegstellen, als mich der vernichtende Blick des Oberbefehlshabers traf und ich vom deutsch sprechenden Ic darauf aufmerksam gemacht wurde, daß der Herr Oberbefehlshaber es als Beleidigung empfände, wenn wir das Glas nicht austränken. Die Sowjets hatten dies nämlich trotz der gewaltigen Menge mit einem Zug getan. Also blieb mir nichts anderes übrig, als früh um neun Uhr ein Glas Kognak zu leeren, das sicherlich den Inhalt von sechs bis sieben normalen Gläsern hatte. Doch es blieb nicht bei dem einen Glas, es wurde noch ein zweites getrunken . . . Als wir damit fertig waren, erschien wieder die holde Maid und stellte uns beiden Gefangenen je einen Teller mit gebackener Leber und Bratkartoffeln hin, die wir, ausdrücklich mit einem freundlichen Schmunzeln zum Essen aufgefordert, dann auch verdrückten. Gleichzeitig holte der Oberstleutnant aus der Ecke des Zimmers eine Pulle französischen Champagner, der nun aus denselben Gläsern getrunken wurde. Als die zweite Flasche geleert war und die Herren wohl merkten, daß sie von uns nichts Neues hören konnten, stand der O. B. auf und verließ mit einem kurzen Blick zu uns, der wohl eine Verabschiedung sein sollte, den Raum. Die anderen bis auf den Ic folgten.

Bei der an sich kurzen Unterhaltung, die Bogdanow durch den Dolmetscher mit mir führte, war übrigens eine Situation entstanden, die unangenehm hätte werden können. Er ließ mir nämlich sagen, daß wir jetzt sofort in einem Flugzeug nach Moskau gebracht würden. Ich erwiderte, daß ich darauf ganz und gar keinen Wert legte, sondern bitten müßte, mich bei meinen Männern zu belassen, mit denen zusammen ich in Gefangenschaft geraten sei. Als ihm das übersetzt wurde, ließ er fragen, ob ich denn Moskau kenne. Ich weiß nicht, wie ich dazu kam; vielleicht packte mich in meiner Lage eine Art Galgenhumor – jedenfalls erwiderte ich, daß ich das Vergnügen leider nicht gehabt hätte, sondern im Dezember 1941 nur bis auf 25 Kilometer an Moskau herangekommen sei, ohne es bedauerlicherweise betreten zu können. Als der Dolmetscher diese Antwort übersetzt hatte, merkte man es den Gesichtern der anderen Offiziere an, daß sie alle ebenso wie ich in diesem Augenblick gespannt waren, wie der Herr Oberbefehlshaber wohl diese Anpflaumung auffassen werde. Aber er war durch den Sieg wohlgelaunt, und so ging alles gut: er ließ mir sagen, daß wir Deutschen zwar bis 1941 vorgedrungen seien, aber von da ab habe dann die Rote Armee uns vor sich hergetrieben. Nach dieser Entgegnung schwieg ich natürlich. Schließlich wurde mein Einwand berücksichtigt, daß ich nichts von meinen Sachen bei mir hätte, und entschieden, daß wir zu unseren Leuten zurückgebracht werden sollten."

Soweit Wöhlermann. Ich habe aus seinem Bericht deshalb so ausführlich zitiert, weil er über Einstellung und Vorgänge in der Roten

Armee informiert, in erster Linie jedoch deshalb, weil er einen Einblick in die Psyche eines hochdekorierten deutschen Offiziers gewährt, der eifrig und „einsatzfreudig“, wie man es nannte, Hitlers Krieg mit allen seinen Begleiterscheinungen mitgemacht hat und trotzdem glaubt, nicht nur die sowjetische „Kultura“, sondern auch den militärischen Wert der Roten Armee lächerlich machen zu dürfen. Sicherlich war Wöhlermann alles andere als ein NS-Rabauke; er war – und ist – ein guter Deutscher: Einsicht ist für ihn ein Fremdwort.

Doch es scheint, daß man nicht nur in militärischen Kreisen der Einsicht ermangelte. Wir müssen uns fragen, ob die vielgerühmte, oft bewunderte Fähigkeit der Deutschen und besonders der Berliner, ohne Pause, ohne Atemholen, von einer Stunde zur anderen wieder anzupacken, wieder Ordnung zu machen, wieder aufzubauen ohne wirkliche innere Erschütterung, tatsächlich eine deutsche Tugend ist, als die sie gefeiert wird – oder ob nicht gerade darin ein Mangel an Einsicht offenbar wird: Einsicht in den eigenen Anteil am Unglück, das man so rasch wie möglich vergessen will, soweit man es selbst verschuldet hat, das man aber leidenschaftlich zum größten Unglück der Menschheitsgeschichte aufbauschen will, soweit man es, zu Recht oder Unrecht, anderen anlasten kann.

Nur verhältnismäßig wenige Deutsche machten sich 1945 Gedanken darüber, warum die Katastrophe über sie hereingebrochen war, warum ihre Welt in Trümmer ging. Typisch ist die Reaktion der Berliner Bibliothekarin Anneliese H., die am 22. April 1945 Tagebuch zu führen begann, weil ihr die Zeit so aus den Fugen zu sein schien, daß es sich lohnte, das Geschehen aufzuzeichnen. Zu dieser Einsicht kam sie, als die Umstände es ihr nicht mehr ermöglichten, weiterhin ihrer liebgewonnenen Berufstätigkeit regelmäßig nachzugehen.

„Die Russen stehen vor den Toren. Wochenlang hatten wir keine Nacht Ruhe vor schweren Bombenangriffen der Engländer. Jetzt geht das Spiel zu Ende.“ Zwar ist der 22. April ein Sonntag, „aber die Läden sind geöffnet . . ., da Sonderzuteilungen aufgerufen sind, nach denen sich die ausgehungerte Berliner Bevölkerung drängt . . . Im Rathaus verbrennen sie Akten. Als die abendliche Alarmstunde naht, brennt noch immer ein helles Feuer auf dem Rathausplatz, so daß die Luftschutzwache mit der Feuerspritze zum Löschen antreten muß.“ Tags darauf fährt Anneliese H. „trotz Gefahr, trotz teils schon gesperrter Brücken“ auf einem Umweg noch einmal zu ihrer

Dienststelle, einer Volksbücherei in der damaligen Ludendorffstraße, die heute Pohlstraße heißt und im südlichen Teil des Bezirks Tiergarten die Kurfürsten- mit der Lützowstraße verbindet. Es war die letzte noch intakte Bücherei im Bezirk. Da keine Bücher mehr ausgeliehen wurden, war es eigentlich sinnlos, den gefährlichen Weg zu unternehmen, aber noch war keine Anweisung eines Vorgesetzten ergangen, zu Hause zu bleiben. Diese kam dann am Dienstag. Nun fuhr Anneliese nicht mehr in die Ludendorffstraße, sondern zu dem in der Turmstraße gelegenen Rathaus des Bezirks, wo sie zu lebensgefährlichen Kurierdiensten eingesetzt wurde. Es kam ihr nicht in den Sinn, sich zu weigern. Die Zahl der Todesopfer „durch Bomben und Beschuß nimmt zu". Anneliese schläft jetzt nachts im Keller, weil das Artilleriefeuer zu stark wird. „Auch im Rathaus werden alle Luftschutzbetten in den Bunker gebracht. Ich werde das Gefühl nicht los, daß ich eigentlich in der Ludendorffstraße auf meinem Posten sein müßte."

Am Mittwoch „ist es vor heftigem Beschuß und Fliegern kaum möglich, von meiner Wohnung (in Alt-Moabit) in das Rathaus zu kommen. Ich gehe durch die Zwinglistraße besserer Deckung wegen." Aber gerade dort schlagen Artilleriegeschosse ein. Tote werden an Anneliese H. vorbeigetragen. Tote liegen auch im Ottopark, den sie passieren muß, „Verletzte ebenso". Sie hört, daß auch das Gebäude der Bücherei getroffen worden sein soll. „Wieder liegt es mir schwer auf der Seele, daß ich nicht dort in der Bücherei . . . bin, zumal sich im Rathaus keine eigentliche Arbeit für mich findet . . . Wir bekommen unser Mai-Gehalt im voraus." Eine Bombe trifft die Apotheke gegenüber dem Rathaus. Tote und Schwerverwundete müssen geborgen werden, „ich will mich auch zur Verfügung stellen, werde aber nicht gebraucht". Am Nachmittag endlich wird ihr eine Aufgabe zugewiesen: zusammen mit einigen anderen Leuten „von der Luftschutzleitung" soll sie im Bürohaus an der Ludendorffstraße eine Sammelunterkunft für Ausgebombte übernehmen. „Obgleich nun mein Wunsch, die schwere Zeit auf meinem Posten zu verleben, in Erfüllung geht, graut mir doch vor dem Weg, da die ganze Strecke, etwa eine Stunde Fußweg, unter Beschuß liegt, der Tiergarten, den wir durchkreuzen müssen, Hauptkampfgebiet ist und die meisten Brükken nicht mehr passierbar sind." Aber auch in der Ludendorffstraße, so vermerkt Anneliese H. bedauernd, sei wegen des anhaltenden Artilleriebeschusses keine eigentliche Arbeit mehr möglich. Mit ihren

Kollegen richtet sie ein „notdürftiges Kellerbüro“ ein. Immerhin hat sie jetzt wieder eine Tätigkeit, die sie ausfüllt.

Am Donnerstag, dem 26. 4., besteht die „eigentliche Arbeit“ darin, an der Pumpe in der Kurfürstenstraße einige Eimer mit Wasser zu füllen und in die Kellerräume zu tragen, denn „inzwischen hat die ganze Stadt keinen elektrischen Strom und kein Leitungswasser mehr“. Außerdem kann mit der Abfertigung der Ausgebombten begonnen werden. Verpflegung, die verteilt werden könnte, steht nicht zur Verfügung; dafür werden 7-Tage-Urlauber-Lebensmittelkarten ausgegeben, „die praktisch kaum Wert haben, da es nichts mehr zu kaufen gibt. Auch die Fliegergeschädigten-Ausweise haben kaum noch Wert. Trotzdem drängen sich die Menschen und fluten bei stärker werdendem Beschuß zwischen dem provisorischen Kellerbüro und dem eigentlichen Luftschutzkeller hin und her.“ Offenbar übt der Tisch mit den Formularen, den Stempeln und einer willigen Beamtin dahinter noch immer eine große Anziehungskraft aus.

Zu den Obliegenheiten des provisorischen Kellerbüros gehört es, die Bombengeschädigten, soweit möglich, in leerstehende Wohnungen einzuweisen. Im Keller an der Ludendorffstraße weiß man natürlich nicht, wo es solche Wohnungen gibt; dies ist nur im Rathaus bekannt, doch ist die telefonische Verbindung dorthin unterbrochen. Also fährt Anneliese H. im Laufe des 27. 4. „trotz schweren Beschusses“ zweimal mit dem Fahrrad in ein städtisches Büro an der Derfflingerstraße, von wo aus das Rathaus noch telefonisch erreicht werden kann. „So können doch noch Quartiere vermittelt werden“, notiert sie pflichtgetreu. Ob die Häuser noch stehen, wenn die Bombengeschädigten dort ankommen, und ob sie überhaupt ankommen und nicht unterwegs dem „schweren Beschuß“ zum Opfer fallen, ist nicht vorauszusagen.

„Durch Verhandlungen bahnen sich Möglichkeiten an“, aus Schöneberg Verpflegung heranzuschaffen. Aber bald „hört man nichts mehr von dem Unternehmen“, und nachmittags kann „von eigentlicher Arbeit kaum noch die Rede sein“. Dafür stellt Anneliese H. „steigende Nervosität und Erregung in unserer kleinen Kellergemeinschaft“ fest. Gegen 18 Uhr treffen die letzten Sendboten aus dem Rathaus ein: „Herr T. und Herr B. bringen Formulare und etwas Verpflegung.“

Die „kleine Kellergemeinschaft“ besteht aus vier Männern, sechs Frauen und einem Kind. Aber keiner der Männer ist bereit, Brot herbeizuschaffen. Anneliese H. nimmt „unter schwerer Lebensgefahr den Gang“ auf sich. In einer Bäckerei in der Lützowstraße erhält sie vier Laibe Brot durch „Erbetteln und Erschmeicheln, man gibt sie mir ohne Geld und Marken, z. T. aus Mitleid, weil ich einen relativ so weiten Weg unter Lebensgefahr zurückzulegen habe“. Vor der Tür der Bäckerei liegt schon seit einem Tag ein toter deutscher Soldat, den niemand begräbt oder auch nur zur Seite trägt. „Unter platzenden Granaten und zwischen zusammenstürzenden Häusern“ eilt Anneliese H. in die Ludendorffstraße zurück, „nur von dem Wunsch beseelt, die Brote wenigstens abliefern zu können“.

Nun „beschlagnahmt“ die Kellergemeinschaft Nahrungsmittelbestände eines im Haus befindlichen Kindergartens, der von keinen Kindern mehr besucht wird. Alle Vorräte werden der gerechten Teilung halber zusammengeworfen. „Wir bilden eine kommunistische Kellergemeinschaft“, steht im Tagebuch, aber mit Ideologie hat das natürlich nichts zu tun, sondern soll nur besagen, daß jeder alles beisteuerte, was er besaß. Die zehn Erwachsenen (mitsamt einem Kind) organisieren sich: „Frau E. übernimmt die Küchenleitung, und Herr B. setzt einen Bericht fürs Rathaus auf als letztes Lebenszeichen in aussichtsloser Lage. Aber es nicht mehr möglich, den Keller zu verlassen und telefonische oder persönliche Durchgabe zu versuchen.“ Wenn auch nur die geringste Aussicht bestanden hätte, lebend durchzukommen, wäre Anneliese H. sicherlich wieder in die Derfflingerstraße geeilt, um den Bericht durchzugeben.

Am gleichen Tag, am 27. April, beginnen vor allem in den von den Sowjets noch nicht besetzten Stadtteilen die Plünderungen in großem Stil. Dabei beweisen die Volkssturmmänner zum ersten und einzigen Mal, daß sie den Frauen an Kräften doch überlegen sind, und reguläre Soldaten zeigen ihrerseits, daß sie jünger und besser verpflegt sind als der Volkssturm. So bilden also die Frauen bei diesen Plünderungen die Nachhut und raufen sich buchstäblich um das, was noch übrig ist. Auf den Gedanken, alle Vorräte spätestens nach der Einschließung Berlins ordentlich und sinnvoll an die Zivilbevölkerung zu verteilen, kam man nicht; die Behörden kümmerten sich nicht darum, und auch aus der Bevölkerung heraus wurde eine solche vernünftige Notstandsmaßnahme nicht organisiert, obgleich das durchaus möglich gewesen wäre. Durch die Plünderungen wurden weit mehr Waren vernichtet, als dem Konsum zugeführt. Dort aber, wo eine Vernichtung mit Rücksicht auf die Folgen sinnvoll gewesen wäre, unterblieb sie.

So waren in der Kleiststraße ganze Keller mit Spirituosen gefüllt. Wie es dort zuging, hat ein Augenzeuge (Friedrich Luft) beschrieben: „Die Leute kamen mit dreckigen Eimern, füllten sie mit allen möglichen Alkoholika, schütteten alles durcheinander und standen bis zu den Knöcheln im Alkohol, während sie um heile Flaschen kämpften. Es war aber so viel vorhanden, daß die erste und die zweite russische Welle den Rest gar nicht aussaufen konnten, und so kamen sie mit Markttaschen voller Flaschen zu uns und wollten, daß wir mit ihnen tranken."

Der Sowjetschriftsteller Guss machte in der Nähe des Alexanderplatzes ähnliche Beobachtungen: „Die Deutschen strömen von einer Straße in die andere: Sie suchen unterirdische Lager und holen dort Damentaschen, Hüte, Handschuhe heraus. Aus dem zur Neuen Friedrichstraße hinausgehenden Fenster kann man sehen, wie die Deutschen an der Ecke Königstraße geschäftig einen Laden plündern. Es gibt keine Richter mehr in Berlin! In der ganzen Stadt hat sich die Kunde herumgesprochen, daß man sich im Zentrum bereichern kann. Die ‚Herrenrasse' legt gewaltige Strecken zu Fuß zurück, um zu plündern."

Vier oder fünf Tage lang hielten diese Plünderungen an. Nur vereinzelte Ladenbesitzer oder Lagerverwalter handelten aus eigener Initiative vernünftig und verteilten, was sie hatten. Während die Menschen an anderen Stellen sich wegen Dingen, die sie oft gar nicht brauchen konnten, gegenseitig fast umbrachten, stellten sie sich brav an, sobald jemand da war, der Anordnungen erteilte und die Ware „ordnungsgemäß" ausgab.

Am 28. April notiert Anneliese H.: „Um 12.10 Uhr werden von Frau E. die ersten sechs Russen auf der Kellertreppe gesichtet. Es folgen bange Minuten, in denen jeder noch einmal Rechenschaft vor sich selbst abzulegen versucht." Ein erstaunlicher Satz – der einzige dieser Art im Tagebuch. Er klingt, als habe die „Kellergemeinschaft" die Russen wie eine Art Jüngstes Gericht erwartet, als sei dies jene schöpferische Sekunde gewesen, von der aus Vergangenheit und Gegenwart hätten „bewältigt" werden können, wie man diesen versäumten Vorgang zwanzig Jahre später bezeichnete. Aber auch im Keller in der Ludendorffstraße hat es diese ehrliche Selbstbesinnung nicht gegeben.

„Auf engem Raum im hintersten Winkel hocken wir zusammen und bestimmen Herrn B. (den Verfasser des „letzten Berichts" fürs

Rathaus) zu unserem Wortführer. Er sucht in Sammlung mit ersichtlich starker innerer Bewegung die Kraft zu der bevorstehenden schweren Begegnung. Wird das dunkle Bild, das die Propaganda uns malte, stimmen? Poltern auf der Treppe! Was wird geschehen? Die Last brach zusammen: frische Gesichter, braun, rund, freundlich, lehnen Zigaretten ab, fragen nur höflich nach Waffen und Militär und empfehlen sich mit ‚guten Abend', nachdem sie hörten, daß nur Zivilpersonen anwesend waren. Allgemeines fast jubelndes Aufatmen." So haben viele Berliner die allererste Begegnung mit den Sowjets erlebt. Ja, die erste Welle, sagen sie heute, aber dann . . .! Dieses „aber dann" gilt auch für die „kleine Kellergemeinschaft" unter der Volksbücherei. „In einigen Abständen wiederholen sich die Besuche, teils beängstigend (man fordert Uhren, belästigt Frauen), teils ausgleichend (Kinderliebe, Lebensmittelgeschenke, freundliche Unterhaltung)." Der Wortführer, Herr B., hatte zwar am 27. 4. nicht den Mut aufgebracht, die Brote zu holen, aber jetzt erweist er sich als einer der wenigen Männer, die sich nicht hinter den Frauen verkriechen. Er „ernennt Frau G. zu seiner Notstandsfrau, erklärt sie für krank, mißt mit Hilfe einer Kerze erstaunlich hohe Fiebertemperaturen und rettet sie so als einzige der jüngeren Frauen der Kellergemeinschaft vor dem Zugriff der Russen. Draußen brüllt die Front." Das Haus in der Ludendorffstraße füllt sich mit Russen, aber „in unserem eigenen Kellerraum schlafen nur Offiziere, die sich ordentlich halten".

Am 29. April stoßen vier weitere Frauen und vier Kinder zur „Kellergemeinschaft", also acht Menschen, „die wir trotz der Enge und Verpflegungsschwierigkeiten bei uns behalten müssen". Diese Neuankömmlinge stammen, wie Anneliese H. erfährt, aus dem Bunker am Nollendorfplatz, den „die deutsche Wehrmacht verteidigte", obwohl er voller Frauen und Kinder war, „bis eine mutige Ärztin mit der weißen Fahne . . . die Kapitulation erzwang. Durch brennende Straßen, über Leichen steigend, kamen diese Frauen mit Kinderwagen und Gepäck schließlich zu uns. Daß heute Sonntag ist, macht man sich eigentlich kaum klar, noch, wie das Wetter ist. Man lebt seit Tagen nur im Keller und in völliger Untätigkeit." Nach wie vor scheint die Untätigkeit das schlimmste an einer Lage zu sein, in der sogar „der Gang zur Toilette eine Heldentat ist, die einer allein kaum wagt".

Am Montag um sechs Uhr früh „ergeben sich Ruhestörungen", weil ein Säugling gefüttert werden muß. Eine Schwarzdrossel singt „auffallend laut auf dem wilden Birnbaum im Hof, unbekümmert um Kanonendonner". Wieder finden Kontrollen statt, die Russen „siedeln sich in den Räumen ein, verschenken reichlich Lebensmittel, machen erneute Zerstörung und Unordnung, wollen aber nicht im Hause schlafen und gehen nachmittags wieder zur ‚Front', die praktisch vor unserer Tür liegt." Herr B. verläßt seine „Notstandsgattin", um Wasser zu holen, aber es dauert einige Zeit, bis er zurückkehrt, denn er muß „russische Soldaten an der Apostelkirche begraben und wird gezwungen, einen widerlichen Fusel zu trinken, der ihm eine leichte Alkoholvergiftung einträgt". In den Keller bringen die Russen offenbar bessere Getränke mit: „Wir machen ein fast übermütiges Gelage mit den von den Russen zurückgelassenen Flaschen Wein und Kognak."

Das hat zur Folge, daß „unsere Männer" am 1. Mai tief in den Morgen hinein schlafen „wie Tote, besonders K., der ‚süße Rheinländer'". Doch dann bricht bei den Frauen der Nestbautrieb durch. „Wir richten uns häuslich ein, bauen Regale, bringen mehr Gebrauchsgegenstände (Küchenschrank usw.) im Keller unter. Wasserholen! Furchtbare Verwüstungen auf der Straße: Morast, Schutt, Kadaver von Mensch und Tier, zerschossene und verbrannte Kanonen, Autos, Motorräder, Fahrräder, es existieren kaum noch Häuser." Am Brunnen steht trotz des Beschusses eine lange Schlange Wartender. „Meist tragen sie weiße, teils auch rote Armbinden. Kommt russisches Militär zur Pumpe, wird es bevorzugt." Es geht das Gerücht um, Hitler habe sich erschossen. Zuverlässige Hinweise, daß sich die Nachricht von Hitlers Selbstmord bereits am 1. Mai unter der Bevölkerung verbreitet hat, sind sehr selten. Vielleicht stimmt es also doch, daß, wie Sokolowski Weidling gegenüber am 2. Mai äußerte, irgendein deutscher Sender tags zuvor die Nachricht von Hitlers „Heldentod" ausgestrahlt hat.

„Warum aber, fragen wir uns, geht der Krieg trotzdem weiter?" notiert Anneliese H. an diesem Tag. Die Berliner Bevölkerung weiß nicht, daß es einen neuen Reichskanzler namens Goebbels gibt, der sich in der Hoffnung wiegt, von den Siegern als Haupt einer „legalen" Regierung anerkannt zu werden. „In diesen inhaltsreichen Tagen, an denen Weltgeschichte gemacht wird, empfinden wir es als schrecklich, so ganz losgelöst zu sein von allen Nachrichten. In der ganzen Welt mögen in diesen Tagen die Menschen um die Lautsprecher sitzen und

Berichte vom Kampf um Berlin, vom Endkampf um Deutschland hören. Wir selbst aber, die Hauptbeteiligten, die mitten in der Front Wohnenden, wir erfahren nichts, als was hier und da ein Russe in gebrochenem Deutsch radebrecht. Himmler und Göring führen den Krieg weiter, sagen die einen, deutsche Offiziere seien zu Verhandlungen nach Moskau geflogen, meinen die anderen." Aber nicht in Moskau, sondern in Tempelhof versucht in diesen Stunden der deutsche Generalstabschef, um die Kapitulation herumzukommen.

Im Keller spielen die Kinder „russische Soldaten: puk, puk, Pistolet, Uri!" Frau St., die mit anderen Frauen aus dem Nollendorfbunker nun doch in ein nahegelegenes Auffanglager umquartiert wird, „war die größte seelische Belastung für uns gewesen". Sie hatte dauernd davon gesprochen, ihre Kinder, besonders „das entzückende Baby von sechs Monaten", umbringen zu wollen. Zu ihrem Entsetzen entdeckt Anneliese H. in ihrer geliebten Bücherei „Kothaufen, Schmutz und unglaubliche Verwüstung". Und Schwester Hilde stellt fest, „daß unser Kellerdasein etwas Unwirkliches hat, fast als seien wir selbst gar nicht beteiligt, als sähen wir einen aufregenden Film".

Genau diese Empfindung hat man, wenn man diese Tagebucheinträge liest: die Verfasserin ist darin gar nicht anwesend, es sei denn an jenen Stellen, wo von der Ordnung und ihrer Arbeit die Rede ist, ohne die sie sich unglücklich fühlt. Diese Ordnung war in dem Augenblick zusammengebrochen, da Anneliese H. nicht mehr zur gewohnten Zeit in „ihre" Bücherei fahren und Bücher ausleihen konnte.

Auch noch am 1. Mai liegt der tote deutsche Soldat vor der Bäckerei, „aber er hat viel russische Gesellschaft bekommen". Um 14.30 Uhr wird Frau E. „nach Meinungsverschiedenheit und heftigem Wortwechsel von einem betrunkenen russischen Soldaten getötet". Mit Fräulein N., der Tochter der Toten, geht Anneliese H. durch die brennenden Straßen, „um Erkundigungen einzuziehen, wie man sich heute bei einem Todesfall zu verhalten hat, da es ja weder Ärzte noch Standesamt gibt. Weder auf der Rettungsstelle im Elisabethhospital noch auf der Kommandantur kann man uns Näheres sagen. Überall sind Tote, und man begräbt sie ohne Formalitäten". So wird Frau E. wenigstens „schön aufgebahrt mit grünen Zweigen von den abgehauenen Bäumen des Gartens", die sowjetischen Kanonen als Tarnung hatten dienen müssen. An der Apostelkirche fangen „über den neuen Russengräbern die Kastanien an zu blühen".

Noch am 1. Mai hatten die Frauen der Kellergemeinschaft

beschlossen, „ihre“ Männer nicht mehr aus dem Haus zu lassen und alles selber zu machen, „auch wenn wir so schlapp geworden sind, daß wir kaum einen Eimer Wasser heben können“, aber am 2. Mai ändert sich die Lage dadurch, daß sowjetische Befehle angeschlagen werden, nach denen „wir städtischen Bediensteten uns zum Arbeitseinsatz zu melden haben“. Die Herren B. und K. „verlassen zum ersten Male unter meiner Bedeckung ihr Kellerverlies, um den wichtigen Aufruf zu lesen“.

Am 3. Mai gegen drei Uhr morgens werden sie von den Russen geholt, um Granaten zu verladen. Nach einer Stunde kommen sie zurück. Um 6.30 Uhr erfolgt eine neue Kontrolle; die Ausweise der Herren werden beanstandet, die Herren selbst mitgenommen, doch später stellt sich heraus, daß ihnen nichts geschehen ist. Nur „der 61jährige Herr F. blieb verschont“ und auch weiterhin im Schutz der Frauen. Jetzt sorgen die Sowjets für die Verproviantierung der Zivilbevölkerung. „Mehl, Kartoffeln, Brot, Essen von Gulaschkanonen werden nach schwierigem und langwierigem Anstehen verteilt. Einige Pferdekadaver werden von der Bevölkerung . . . aufgeteilt.“ Der Krieg ist vorbei. Am Nachmittag wagt sich Anneliese H. allein nach Moabit, um nach ihrer Wohnung zu sehen, und geht anschließend zum Rathaus, um festzustellen, ob der Betrieb vielleicht schon wieder aufgenommen sei. Aber „im Rathaus sind nur russische Soldaten. Ich treffe jedoch Fräulein W.“, offenbar eine Kollegin aus dem städtischen Dienst, „die mich mit zu Herrn S. nimmt, der unsere Erlebnisse und Personalien notiert. Ich schlafe die erste Nacht wieder in meinem Bett wie eine Tote.“

Am nächsten Morgen macht die Bibliothekarin sich erneut auf den stundenlangen Weg in die Ludendorffstraße, „um Bericht zu erstatten. Gegen 11 Uhr begraben wir Frau E. im Garten, ohne Sarg in Laken und Decken gehüllt. Daneben entsteht ein Massengrab gefallener Russen. Trotz der Majestät des Todes finden sich Neugierige ein, und auch bei den nächsten Leidensgefährten drängt sich der Gedanke dazwischen, wo Kartoffeln und Hausschuhe verteilt werden . . . Trotzdem wird es ein schönes Grab. Eine Nachbarin reicht ein Blumenstöckchen durchs Fenster, grüne Büsche werden an den vier Ecken gepflanzt, eine hübsche Steinumrandung um das Grab gelegt, ein Holzkreuz mit Namen daraufgesetzt.“

Am 5. Mai treffen sie die „Mitarbeiter des Verwaltungsbezirks Tiergarten“ vor der Kommandantur, „jedoch ist über unsere Arbeit noch nichts Näheres bekannt. Morgen 11 Uhr sollen wir vor dem Rathaus sein."

Am 6. Mai notiert Anneliese H. befriedigt, daß die Straßen allmählich wieder sauberer werden. Dieselbe Beobachtung macht auch der sowjetische Schlachtenbummler Guss: „In zweieinhalb Tagen haben sich die Straßen Berlins bis zur Unkenntlichkeit verändert: die Durchfahrten sind gesäubert, die Sperren abgerissen, die Trümmer beseitigt." Wie vorgesehen, trifft man sich um 11 Uhr vor dem Rathaus. „Unser alter Bürgermeister scheint dem neuen kommunistischen Bürgermeister Bachmann Konkurrenz machen zu wollen." Der Zusammenbruch der NS-Welt reduziert sich in diesem Satz auf eine Personalfrage.

Am 7. Mai wird die Arbeit „wieder aufgenommen nach kurzer Zusammenkunft im großen Sitzungssaal, einer Ansprache des kommunistischen Bürgermeisters Bachmann und Einführung der neuen Männer seines Vertrauens. Hoffen wir trotz allem Schweren auf eine Zukunft der Arbeit und des Gedeihens".

Damit endet das Tagebuch. Die Unterbrechung des normalen Lebens hat für Anneliese H. genau zwei Wochen gedauert.

Es mag nicht jedermanns Sache sein, das Unheimliche in Anneliese H.'s Aufzeichnungen zu bemerken; die Frau, die da schreibt, scheint überaus vernünftig und tüchtig zu sein. Man kann sogar sagen, daß Westdeutschland nicht diese Produktionskraft erreicht hätte, wenn das Volk nicht vorwiegend aus solchen Männern und Frauen bestünde. Sie taten ihre Pflicht oder das, was sie dafür hielten, ohne zu fragen, ohne aufzublicken, ohne viel nachzudenken.

Gebildete Sowjets haben das Unheimliche gespürt, das in einem solchen Maß der Selbstentfremdung liegt. Einer der sensibelsten Russen, die sich damals in Berlin aufhielten, hat eine Szene aufgezeichnet, die – da sie des Grotesken nicht entbehrt und den gleichen psychologischen Sachverhalt, der in dem zitierten Tagebuch unter der Maske der Vernunft verborgen ist, ganz unverhüllt erkennen läßt – vielleicht geeignet ist, uns darüber aufzuklären, daß wir es hier mit einer bestimmten Form von Wahn-Sinn zu tun haben, nämlich um eine gefährliche Minderung des Aufnahmevermögens für die Wirklichkeit. Dieser Bericht stammt von dem Sowjetschriftsteller Konstantin Simonow, der bereits mehrfach zitiert worden ist. Um von diesem außergewöhnlichen Mann eine Vorstellung zu geben, sei noch eine andere Stelle zitiert, die offenbart, in welcher seelischen Verfassung

Simonow sich auf dem deutschen Kriegsschauplatz bewegte. An dieser Stelle schildert er, wie ihm klar wird, daß der Krieg zu Ende ist:

„Alle Korrespondenten, deren man habhaft werden konnte, wurden schleunigst zusammengetrommelt. Wir fuhren von Berlin weiter, und auf halbem Weg zum Stab der Front knatterten plötzlich Salven von Leuchtkugeln und -geschossen, deren Spuren über den ganzen Horizont zogen. Da wußten wir: der Krieg war zu Ende. Das konnte nichts anderes bedeuten. Auf einmal wurde mir übel. Ich schämte mich vor meinen Kollegen, mußte aber den Jeep anhalten lassen und aussteigen. Luft- und Speiseröhre krampften sich mir zusammen, und ich erbrach Speichel und Galle. Ich weiß nicht, woher das kam. Wahrscheinlich wirkte sich die Nervenentspannung so ärgerlich aus. In all den vier Kriegsjahren hatte ich mich unter verschiedenen Umständen bemüht, Haltung zu bewahren, und das war mir, wie mir scheint, auch gelungen. Jetzt aber, da ich plötzlich begriff, daß der Krieg zu Ende war, gingen mir die Nerven durch. Meine Kollegen machten sich über mich nicht lustig, sie schwiegen, denn sie begriffen, wie mir war*."

Derart empfindlich für die Hintergründe einer Situation, wanderte Simonow durch Berlin, „von Einheit zu Einheit", und kam „schließlich zur Armee Tschuikows, nachdem dieser bereits von Weidling die Kapitulation der Berliner Garnison entgegengenommen hatte . . . Wir ärgerten uns, weil wir die Möglichkeit verpaßt hatten, wenigstens bei den Kapitulationsverhandlungen dabeizusein. Tatsache bleibt jedoch, daß ich den eigentlichen Sturm auf Berlin nicht gesehen habe. Ich sah nur seine letzten Wogen, die Todeszuckungen des Hitlerfaschismus." Also frühestens am 2. Mai, wahrscheinlicher aber am Abend des 3. Mai – Simonow gibt kein genaues Datum an –, gelangte er auf seinen Streifzügen durch die Stadt in die Nähe des Zoo:

„Gegen Abend kommen wir zur halbzerstörten Mauer des Berliner Zoo. Die Überführung der S-Bahn. Davor viele Leichen. Auf der Fahrbahn frisches, noch nicht geronnenes Blut. Das ist eben erst geschehen. Hier hat eine kleine SS-Einheit Widerstand geleistet. Vor der S-Bahn-Überführung zwei zerschmetterte MGs und etwa fünfzehn Leichen, darunter zwei tote Frauen in SS-Uniform. Wie immer, wenn ich im Krieg tote Frauen sah, empfand ich auch hier trotz der SS-

* Simonow, *Aus den Kriegstagebüchern,* zitiert nach der Veröffentlichung in deutscher Sprache in „Neue Zeit", Moskau 1965, Heft 5, S. 26.

Uniformen Schauder und Mitgefühl. Wir steigen über die Trümmer der Zoomauer und kommen zum Elefantenhaus, das zu einem großen Teil von Bomben zerstört ist. In dem ganzgebliebenen Teil geht ein Elefant auf und ab, mürrisch und hungrig. Daß er hungrig ist, erfahre ich von dem alten Wärter. Seine Frau und er sind bis zum Ende hier im Zoo geblieben, und als ich in meinem gebrochenen Deutsch ein Gespräch mit ihm anfange, bittet er mich um etwas Proviant für seine Tiere. Dann macht er sich erbötig, uns den Zoo zu zeigen; allerdings sei kaum noch etwas übriggeblieben. Wir folgen dem Alten. Er führt uns herum, bedächtig, mit beruflicher Genauigkeit, als habe sich hier nicht das geringste zugetragen. Auf den Wegen tote Deutsche. Auf einer Gartenbank die Leiche eines sowjetischen Soldaten. Sein Kopf ist in einen Mantel gehüllt. Man hat ihn auf eine Bank gelegt, ist aber noch nicht dazu gekommen, ihn zu beerdigen. Der Wärter achtet nicht auf die Leichen; er führt uns durch den Zoo und redet ausschließlich von den Tieren. Das wird immer unheimlicher. Schließlich kommen wir zum Nilpferdgehege: Ein Nilpferd liegt schwer atmend auf dem Zementfelsen. Ein anderes treibt tot im Wasser. In seiner Flanke steckt der Stabilisator einer Granate. Sie hat es getötet, ist steckengeblieben, doch nicht explodiert. Ich betrachte diesen Stabilisator, der aus dem Kadaver herausragt, und denke daran, daß man es mir nicht glauben wird, wenn ich davon erzählen werde. Das andere Nilpferd geht ins Wasser, zieht einen Halbkreis um den Kadaver, in einiger Entfernung, als wittere es die Gefahr.

Das Affenrevier. Einige unserer Soldaten stehen vor einem großen Graben, in dem sich kleine Affen tummeln. Die Soldaten sehen erschöpft aus, verrußt und schmutzig, betrachten aber interessiert die Affen. Ein Soldat schwingt sich übers Gitter und fängt geschickt einen kleinen Affen. Der beißt ihn, und es scheint mir, als werde der Mann das Tierchen umbringen. Er tut es aber nicht, sondern sagt nur lachend: ‚Er beißt ja!‘ Sagt es verwundert, vergnügt, als habe das Lebewesen ihn unvermittelt an etwas Angenehmes und Kriegfernes erinnert. Dann schleudert er den Affen in weitem Bogen von sich, verliert jedes weitere Interesse an ihm, klettert übers Gitter zurück, geht müden Schrittes über die Allee und streckt sich auf einer Bank aus, um zu schlafen, einige Bänke weiter von der, wo der Tote liegt. Der alte Wärter führt uns zu einem kleinen Backsteinpavillon. Er öffnet die Tür, sagt im Gehen, das sei gleichfalls ein Affenhaus, dort befänden sich der größte Gorilla und der größte Schimpanse Europas.

Der Pavillon ist ein Rechteck, etwa sechs mal sechs Meter, von einem dicken Gitter in zwei Hälften geteilt. Hinter dem Gitter eine Erhöhung aus Beton. Darauf liegen, durch das Gitter getrennt, ein riesiger Gorilla und ein sehr großer Schimpanse. Vor der Betonterrasse (etwas höher fängt das Gitter an) liegen zwei tote SS-Leute. Ein dritter toter SS-Mann hockt mit dem Rücken zur Terrasse, die Maschinenpistole auf den Knien. Etwa einen Meter über ihnen liegen in ihren Käfigen der Schimpanse und der Gorilla, auch sie sind, wie ich jetzt merke, tot, und dunkle Blutströme ziehen sich von ihnen den Beton hinab. (Beim Gorilla handelte es sich um den berühmten Pongo; er war an zwei Messerstichen in die Brust gestorben. Der Täter ist nicht bekannt. Anm. d. Verf.) Der Wärter steht neben uns an der Tür. Mir scheint, die Affen tun ihm sehr leid. Er steht stumm da und wackelt greisenhaft mit dem Kopf . . .“

Aber man darf nicht glauben, daß Berlin nur von Menschen bewohnt wurde, die sich duckten, als die Kriegswoge über die Stadt rollte, um sich danach wieder aufzurichten, als sei nichts geschehen. Es gab auch findige Typen, die zu schwimmen anfingen, als die Woge sie erreichte. Wenn man den Keller nicht zu verlassen brauchte, war es mit ein wenig Glück verhältnismäßig leicht, den Bomben und Granaten zu entkommen. Wenn man ein Mann im Alter zwischen 15 und 60 Jahren war, also als Verteidiger der Reichshauptstadt in Frage kam, war es weit schwieriger, der Gefahr zu entgehen, von „Heldenklau“ oder einem fliegenden Feldgericht erwischt zu werden. Um dieser Gefahr zu entrinnen, mußte man viel Glück oder einen hellen Kopf oder am besten beides haben. Ein heller Kopf war offensichtlich auch Wilhelm Fanderl, der letzte NS-Chefredakteur des „12-Uhr-Blattes“, der in einigen Büchern über die „Schlacht um Berlin“ fälschlicherweise als verantwortlicher Herausgeber des Durchhalte-Blattes „Panzerbär“ bezeichnet wird. Aber Fanderl lag nichts ferner, als bis fünf Minuten nach zwölf durchzuhalten. Daß seine Rechnung dennoch nicht glatt aufging, lag nicht daran, daß er jenen noch ins Netz gegangen wäre, für die er zuvor Propaganda gemacht hatte, sondern an den Bomben, mit denen die Sowjets Berlin in den letzten Tagen überschütteten. Fanderls Flucht vor dem „Heldenklau“ begann im Druckhaus Tempelhof, wohin der „Deutsche Verlag“ (vormals Ullstein) verlagert worden war, als die Verlagshäuser an der Koch- und Markgrafenstraße in Trümmer gesunken waren. „Noch immer aber hatten wir einige Zimmer im Hotel Adlon. Generaldirektor Wießner hatte sie gemietet, als in der Innenstadt noch gearbeitet wurde.“ (Wießner war in Berlin vor 1945 eine Art Axel Springer: wie dieser hatte er die Gewohnheit, die Wirklichkeit nicht zur Kenntnis zu nehmen. Wenige Wochen vor der Kapitulation wurde sein 60. Geburtstag noch als rauschendes Fest gefeiert: zur Gratulation traten die Redaktionen in feierlicher Gewandung an, und handsignierte Bilder von Hitler und Goebbels zierten den Gabentisch.) „Wer bei den fast pausenlosen Bombenangriffen nicht nach Hause kam oder überhaupt ausgebombt war, konnte im Adlon übernachten. Auch von Tempelhof aus schlugen wir uns immer wieder zum Adlon durch. Dort traf man sich, dort hinterließ man Nachricht an Freunde und Bekannte. Über das Adlon erreichte man den Bunker unter dem Pariser Platz. Im Adlon konnte man sich noch rasieren oder gar hin und wieder kalt baden. Wer noch eine Flasche Wein oder eine Konserve zu Hause hatte, brachte sie ins Adlon mit. Jeder teilte ohnehin mit jedem. Ins Adlon kamen Soldaten von der sehr nahen Front. Von ihnen erfuhr man wenigstens noch etwas. Ebenso von den wenigen Diplomaten, die es von ausländischen Missionen noch in Berlin gab. Ermutigend zum Bleiben war keine Nachricht. Wer die Möglichkeit hatte, sich abzusetzen, zog aus. Aber es kamen immer wieder neue Flüchtlinge. Während der Bombenangriffe traf man sich im Bunker.“

Auch die Reichspost benutzte das Adlon als behelfsmäßige Postleitstelle. Als eine ordnungsgemäße Zustellung nicht mehr möglich war, lieferte sie säckeweise Diplomatenpost und andere ihr wichtig erscheinende Sendungen ins Adlon in der Annahme, dort würden die Adressaten sich am ehesten einfinden. Noch nach der Kapitulation standen diese Säcke in einem Seitenflügel des Hotels, der die letzte schwere Zerstörung überdauert hatte.

Am 21. April „ging es wie ein Lauffeuer durchs Adlon: Dr. Goebbels hat eine wichtige Pressekonferenz einberufen. Alle Redakteure und Beamten usw. sollen sofort in seine Wohnung in der Hermann-Göring-Straße kommen. Man erwartete Wichtiges. Die einen redeten von einer ‚dollen Wunderwaffe‘, die anderen wollten von Geheimverhandlungen mit Stalin, wieder andere mit Churchill etwas gehört haben. Jedenfalls erhoffte man sich von dieser eiligst einberufenen Pressekonferenz eine entscheidende Wendung. Wir im Adlon waren offensichtlich sehr spät unterrichtet worden, denn als wir ankamen, hörten wir Goebbels schon reden. Die Tür vom Filmsaal, in dem er sprach, stand einen Spalt offen. Wir gingen leise durch den langen Flur darauf zu. In diesem Augenblick schlug in der Nähe eine Granate ein. Goebbels redete unbeirrt weiter. Wir verstanden nur Brocken. Plötzlich stand seine Frau vor uns. Sie kam aus dem Luftschutzkeller. Dort unten waren ihre Kinder. Helga war ihrer Mutter gefolgt. Frau Goebbels hörte ihren Mann reden, drehte sich um, schloß ihre Tochter Helga in die Arme und sagte zu uns mit tonloser Stimme: ‚Das ist das Ende vom Ende. Sollten Sie den Untergang überleben, bitte grüßen Sie meinen Sohn Harald und sagen Sie ihm, er möge seine Mutter nicht vergessen. Ich werde ihn nicht wiedersehen.‘ Dann gab sie uns die Hand. Helga folgte dem Beispiel ihrer Mutter. Das Kind lächelte. Wir hörten vom Flur aus noch einige Sätze, die Goebbels zu den Teilnehmern sprach. Sie lauteten etwa so: ‚Der Führer hat Deutschland einmal mit sieben Mann erobert – ich werde Berlin, wenn es sein muß, mit sieben Mann verteidigen! Jeder hat jetzt seine Pflicht zu tun, jeder an seinem Platz. Berlin darf und wird niemals bolschewistisch werden!‘

Die Tür öffnete sich ganz, und Goebbels kam heraus. Wir traten ein paar Schritte zurück. Er ging vorüber, ohne uns zu beachten. Dann stieg er die Treppe hoch. Die Stille löste sich. Wir wollten wissen, was los war. Aber es war nicht viel mehr, als was wir schon von draußen gehört hatten. Wo die sowjetischen Truppen standen, wußten wir sowieso . . .

Am nächsten Morgen nahm ich meine Reiseschreibmaschine in die Hand und wanderte mit ihr als Ausweis für alle Fälle zum Druckhaus Tempelhof. Einige hundert Meter weit konnte man noch mit der U-Bahn fahren. Dann ging es zu Fuß weiter. Immer wieder mußte man irgendwo in einen Keller. Spät am Abend erreichte ich Tempelhof. Das Redaktionszimmer im Kellergeschoß zum Kanal hinaus war voll von Menschen. Doch man war froh, daß wieder einer kam. In der Not drängt man sich zusammen. Man berichtete mir, Generaldirektor Wießner sei dagewesen und erst vor einer Stunde weggegangen. Er habe Pflichterfüllung und Einsatz wie an der Front befohlen. Es solle gedruckt werden; alle Artikel kämen durch Boten vom Propagandaministerium.

Ein Bote radelte tags darauf zum Ministerium am Wilhelmsplatz. Es vergingen viele Stunden, bis er zurück war. Er berichtete uns, alle Männer würden von der Straße weg zum Einsatz für die Verteidigung Berlins abgeführt; nur wer einen Ausweis mit der persönlichen

Unterschrift des ‚Reichsverteidigungskommissars Dr. Goebbels' vorweisen könne, dürfe seines Weges ziehen. Er habe im Propagandaministerium einen solchen Ausweis erhalten und ihn gegen Ende seiner Fahrt gleich zwischen den Zähnen gehalten, weil man ihn auf Schritt und Tritt angehalten und kontrolliert habe. Wir alle bestaunten diesen wichtigen Ausweis.

Wir machten also tatsächlich noch eine Zeitung, die ‚Berliner Morgenpost', doch niemand trug sie mehr aus, und bald fabrizierten wir nur noch die rund zwanzig Pflichtexemplare für das Propagandaministerium . . . Als unser Bote eine ganze Nacht ausblieb, ging auch diese Zeitung ein.

Im Tiefkeller des Druckhauses hatten Hunderte und bald wohl Tausende von Menschen Zuflucht gefunden. Man lagerte auf und zwischen Papierrollen. Hier in der Tiefe hörte man die Einschläge weniger laut und fühlte sich vor Bomben und Granaten einigermaßen sicher. Doch die sowjetischen Truppen kamen immer näher. Auf dem Turm des Druckhauses stand ein Artilleriebeobachter. Für einige Stunden war es ein Leutnant Stiegler aus Nürnberg. Er versorgte uns mit den neuesten Meldungen von der Front. Als ich mir den Frontverlauf einmal vom Turm aus ansah, waren die Sowjets vielleicht noch 200 Meter vom Druckhaus entfernt. Trotz geringer Gegenwehr verhielten sie in ihren Stellungen. Im Tiefkeller wurde die Verpflegung knapp. Leutnant Stiegler erspähte vom Turm aus eine Bäckerei. Jemand im Tiefkeller wollte genau wissen, daß es in diesem Laden noch ‚jede Menge Brot' gäbe. Aber wie konnte man zu diesem Bäckerladen kommen? Wir fürchteten weniger das Feuer der Russen als die ‚Heldenklaus' draußen. Unser Bote mit dem Ausweis sagte, er wolle bis zur Bäckerei vordringen. Bald kam er zurück und berichtete, daß es tatsächlich ganze Berge von Brot gab. Auch einen Wagen hatte er bereits ausfindig gemacht. Allerdings war er wiederholt angehalten und kontrolliert worden.

Was also tun? Wir mußten mehr Ausweise haben. Mußten die Ausweise drucken und so tun, als hätten wir sie vom Propagandaministerium erhalten. Vier Mann hoch taten wir uns zusammen und druckten die ganze Nacht über Ausweise. Zwischendurch übten wir uns in der Unterschrift Goebbels'. Mir gelang der Namenszug am besten. Also schrieb ich immer wieder auf die fertiggestellten Ausweise: ‚Dr. Goebbels.'

Im Morgengrauen wurde mit dem Karren das Brot geholt. Alles

klappte zunächst vorzüglich. Doch plötzlich standen einige sowjetische Soldaten vor der Ladentür. Einer der Brotholer, der etwas Polnisch konnte, verhandelte mit ihnen. Die Sowjets verstanden ihn, halfen sogar beim Aufladen. Es gab keine Verwundeten. Diese Brotholaktion gab den Menschen im Bunker neue Zuversicht. Auch hatte sich herausgestellt: Unsere Ausweise waren von den Heldenklaus nicht beanstandet worden. Das Brot wurde verteilt. Überall sah man kauende Männer, Frauen und Kinder – unter ihnen nicht wenige in Zivil untergetauchte Soldaten. Am späten Abend kam ein Pionieroberst mit einigen Leuten und forderte uns alle auf, das Druckhaus sofort zu räumen.

Bei Dunkelheit begann der Auszug. Es war relativ still draußen. Immer wieder mußten wir in Deckung gehen. In Höhe des Flughafens Tempelhof war nur noch ein Stenograf bei mir. Hier wurden wir unversehens von einem Leutnant gestellt. In diesem Augenblick erst fiel uns ein, daß wir vergessen hatten, uns selbst Ausweise auszustellen. Wir mußten auf den Munitionskisten in seinem Kübelwagen Platz nehmen. Dem Geschimpfe des Leutnants konnten wir unschwer entnehmen, daß er uns für untergetauchte Soldaten hielt.

Der Fahrer fuhr wie ein Teufel. Überall krachte und splitterte es. Dennoch kamen wir heil bis zum Halleschen Tor. Da jaulte es in unserem Rücken. Eine Fliegerbombe schlug ein. Scharf lenkte der Fahrer rechts auf den Bürgersteig. Eine zweite Bombe . . . Im Lichtschein der brennenden Häuser sah ich, daß dem Leutnant das Kinn herunterhing. Auch der Fahrer sackte zusammen. Unser Stenograf stöhnte. Ich selbst verspürte keinen Schmerz. Eine Frau kam aus einem Kellerloch gekrochen. Sie wollte uns ins Haus zerren. Ein Mädchen brachte ein Bettlaken. Im Hausflur legten die Frauen den Verwundeten Notverbände an."

Bald darauf wurden die Verwundeten von Sanitätern abgeholt. Fanderl, der eine Beule am Kopf hatte, fuhr mit dem verletzten Leutnant auf dem Kübelwagen zur Charité:

„Man wollte auch mich dabehalten, aber das wollte ich um keinen Preis. Ich machte mich davon, wanderte in Richtung Innenstadt. Warum ich diese Richtung einschlug, überlegte ich mir überhaupt nicht. Es muß schon nach Mitternacht gewesen sein, als mich plötzlich Soldaten aufforderten: ‚Parole!' Ich schrie zurück, ich wisse keine. Ein Soldat kam näher, sah mich an und sagte: ‚Du bist ja verwundet.' Er stützte mich, und wir gingen in ein Gebäude.

Als ich aufwachte, merkte ich, daß ich geschüttelt wurde. Eine Stimme sagte: ‚Du mußt hier aus der Kirche raus!' Später hörte ich, daß ich in der Kirche neben dem zerbombten ‚Kaiserhof' gelegen war. ‚Schau zu, daß du drüben beim Goebbelsministerium in den Keller kommst', sagte man zu mir. Ich war allein. Die Russen schossen Trommelfeuer. Am Abend kroch ich ins Ministerium hinüber. Soldaten holten mich herein und legten mich auf eine Pritsche*."

Bis zur Kapitulation lag Fanderl im Keller des Propagandaministeriums. Am letzten Tag versuchten die dort stationierten Soldaten, nach Norden durchzubrechen. Dreihundert Meter vor dem Lehrter Bahnhof geriet die Gruppe in Gefangenschaft. Für Fanderl endete sie erst nach achteinhalb Jahren.

Es gab auch Menschen, die ihre Menschenwürde nicht verloren, weder durch andere Menschen noch durch Hunger oder Krankheit. Sie erniedrigten sich nicht und überlebten doch. Aber sie kamen in größere Not als die Geschickten und Findigen.

Zu diesen Ungeschickten gehörte Frau Grete K., die heute auf dem Land in Westfalen lebt. Damals wohnte sie mit ihrem Mann in Neubabelsberg vor Berlin; ihr Kind hatte sie weggebracht.

Bis zum 14. April waren Potsdam und seine Umgebung noch im Windschatten des Krieges gelegen, „ein besonders wohltuender Ort in seiner selbstsicheren Abseitigkeit**." Doch in der Nacht vom 14. auf den 15. April legte ein Luftangriff das alte Potsdam in Trümmer. Das nahe Neubabelsberg bleibt fast völlig verschont. Wenige Tage später wissen die Bewohner als „einzig sichere Tatsache", daß die Russen näher rücken. Die hohen Herren fliehen, die höchsten NS-Instanzen sind schon längst über alle Berge. „Freundschaften werden tiefer, das Verhältnis zum Nachbarn inniger."

Am 20. April zieht das Ehepaar mit seinen letzten Vorräten in den Keller. Über dem Wannsee spielen sich Luftkämpfe ab. Im Vorbeifahren sieht Frau K., daß am Haus der Ortsgruppenleitung alle Schilder und Anschläge entfernt worden sind. „Also ist es nicht so weit her mit dem Optimismus." Mit „Erstaunen und Erbitterung" beobachtet die Bevölkerung, daß die ganze Polizei flieht. „Sie drücken es feiner aus

* Wilhelm Fanderl, nach einem für diesen Bericht geschriebenen Manuskript.

** Dieses und die folgenden Zitate sind dem unveröffentlichten Tagebuch von Frau K. entnommen.

und erklären, sich nach Potsdam ‚absetzen' zu müssen." Von jeder Obrigkeit bereits aufgegeben, erreicht die Bewohner von Neubabelsberg – damals Ufastadt genannt – die Aufforderung zur Flucht. Man soll sich an der Glienicker Brücke treffen. „Kaum einer geht. Wohin auch?" Die Russen sind schon in Stahnsdorf. Doch immer noch stehen die Menschen nach Brot und Wurst an. „Sind Luftkämpfe oder heftiger Beschuß, drückt man sich an die Hauswand und steht geduldig und erfolglos weiter."

Am 24. April besetzen die Russen das alte Babelsberg-Nowawes. „Wir sitzen . . . wie auf einer Insel . . . Tritt man vorm Schlafen vor die Haustür, empfängt einen mit Macht in Gefechtspausen der Frühling: Mond am hohen Himmel, unverändert die mächtige Pappel und die duftenden Nebel der blühenden Bäume." Tags darauf wird die Ufa einem russischen Kommissar übergeben. „Dr. G., Präsident und SS-Obergruppenführer, hat Montag früh seinen Kindern, der Frau, Großmutter und Kindergärtnerin Spritzen verabreicht und sein Haus mit sich in die Luft gesprengt. Die Feuerwehr sah ich nichtsahnend vor dem rauchenden Haus. Wie er vorher geäußert haben soll, heißt seine Ehre Treue. Hat man Schuld auf sich geladen, daß man sich nicht um die Kinder solcher Menschen kümmerte?"

In Babelsberg hängen an jedem zweiten Haus weiße Fahnen. In Neubabelsberg geht das Gerücht um, es sei ein Befehl da, ebenfalls weiß zu flaggen. „Auf der Brotsuche fahre ich durch den Ort (mit dem Fahrrad; Anm. d. Verf.) und sehe in der Priesterstraße den ersten Russen. Ein gedrungener, rotbäckiger Kerl geht auf und ab. Rechts und links schlägt der Pöbel die Schaufenster ein und stiehlt Schuhe, Kleider, Lebensmittel. Nicht die Russen sind es!"

Während das Ehepaar auf der Terrasse in der Sonne sitzt, geht auf der Straße ein Sowjetsoldat mit einem deutschen Mädchen vorbei. „Sie mit roter Blume im Haar." Das Paar amüsiert sich mit einer Pistole: „Sie lädt, er knallt in die Luft . . . Herr P. geht hin und spricht mit ihm russisch. P. hört, daß das Mädchen ihn aufgehetzt habe, Frau S. zu erschießen, weil sie dort schlecht behandelt worden sei. Stimmt, aber die Strafe scheint doch zu schwer." Herr P. kann den Soldaten davon überzeugen, daß Frau S. nicht erschossen werden muß. Aber da der Russe nun schon einmal zum Zweck einer Strafexekution unterwegs ist, erschießt er wenig später „aus irgendeinem Grunde" Herrn und Frau J.

In dem nur teilweise zerstörten Haus des SS-Obergruppenführers

Dr. G. quartierten sich Fremdarbeiter ein. „'Parlez-moi d'amour' und ‚Sous les toits de Paris' klingt es aus dem Unglückshaus." Die Schwiegertochter der Zigarettenfrau samt Kind wird von dem Ehepaar K. in den Keller aufgenommen; sie ist aus ihrer Straße geflohen, weil dort „zwei junge Mädchen von betrunkenen Ostarbeitern vergewaltigt" wurden. Auf Bitten der Hausbewohner und Nachbarn nagelt Frau Grete K. „eine nicht zu große weiße Serviette an die Vorderfront" ihres Hauses. „Beim Einkaufen kommen waffenstrotzende Russen zu S. und fragen nach Uhren, möglichst eleganten, zierlichen. Zeigt man ihnen seine leeren Arme, sind sie auch zufrieden. Sie kommen sich vor wie Götter, die Waren verteilen können. Sie drücken uns Pakete mit neuen leeren Tüten, mit Malzkaffee und Zucker in die Hand . . . Bei der Aufforderung, uns selbst zu bedienen, zeigen wir strahlend unsere Marken und lehnen ab. Auch gut. Ein höherer Offizier mit einem Mädchen kauft ein . . . Die Stalinorgel dröhnt und rauscht über uns weg mit doller Wucht." Noch wird um Potsdam gekämpft, wo der erste Kampfkommandant von Berlin, General Reymann, mit seinen Truppen noch Krieg spielt.

Die Nacht zum Sonnabend, dem 28. April, ist ruhiger. In der Nachbarschaft findet man das Ehepaar Sch. tot in den Betten auf: Er hat sie und sich erschossen. In ihren Steppdecken werden sie zum Friedhof gebracht und begraben. Der Friedhofwärter sagt, dies seien die Selbstmörder Nr. 17 und 18, seitdem die Sieger in den Ort gekommen sind. Neubabelsberg ist ein Vorort für feinere Leute.

Frau K. hört, die Russen sollen „die entfesselten Ostarbeiter festgesetzt oder teilweise abtransportiert haben. Gott sei Dank!" Potsdam wird von den Russen erobert. Das Gerücht geht um, die Amerikaner stünden kurz vor Wildpark, „aber man ist vorsichtig geworden und wartet ab, was die trügerische Ruhe ausbrütet. Noch fahren die Russen . . . unerwartet friedlich durch die Straßen, doch würde man aufatmen, wenn die anderen kämen . . . Der Wehrmachtsbericht soll erwähnt haben, Babelsberg habe sich schmählich ergeben. (In den Wehrmachtsberichten dieser Tage ist nichts dergleichen erwähnt; Anm. d. Verf.) Ein Witz! Was heißt ergeben? Polizei war verschwunden, Wehrmacht verteidigte uns nicht, Volkssturm gottlob Theorie. Sollten wir Zivilisten mit Erbsen schießen . . .? Einige geltungsbedürftige Hitlerjungen schossen in Nowawes auf einen Offizier. Das ganze Haus ging drauf."

Die Aktion der Hitlerjungen hat lediglich den Erfolg, daß in

Babelsberg und Neubabelsberg 400 Männer als Geiseln verhaftet werden. Rechtzeitig gewarnt, versteckt sich der Mann der Tagebuchschreiberin bei Freunden. „Das waren bange Stunden für ihn und mich. Aber er kam unbehelligt zurück." Die Nacht zum 30. April ist „sehr lebhaft. Nicht nur sind die Abschüsse so nahe, sondern das Echo über dem See verstärkt auch den Schall. Auch sind wir beide erkältet, Geschwüre, Hals- und Rückenschmerzen und was dazugehört." Der Beschuß geht am Morgen weiter; russische Flieger „kreisen und kurven elegant und greifen mit Bordbeschuß ein".

Desungeachtet kommen zum Mittagessen Gäste, „die wir mit einer Portion Fleisch bewirten können, das man uns gestern schenkte. Sie leben in einer Pension und hungern sich so durch . . . Als Nachtisch gab es Malzkaffee mit Brot und Brombeermarmelade. Das Brot bestand aus Mehl, Wasser, Salz und Wäschepillen als Backpulver. Alles im ‚Küchenwunder' auf der noch nie benutzten Herdplatte gebacken. Man muß sich zu helfen wissen, jeder versucht es." Nachmittags geht das Ehepaar „in einer Beschußpause" zum Tee zu Freunden. In den Tee „wird für uns kranke Hühner" Kognak gegossen, den die Selbstmörder Nr. 17 und 18 „für uns alle testamentarisch hinterließen". Diese Freunde, fünf Personen, ziehen in der Nacht zum 1. Mai in den Keller des Ehepaars K. „und bleiben auch vorerst bei uns. Man rückt enger zusammen".

Am 1. Mai kommen die ersten Russen ins Haus, suchen ringsum die Garagen ab, aber „wo sollen noch brauchbare Wagen herkommen?" Sie werfen einen Blick ins Nebenzimmer, klimpern auf dem dort stehenden Klavier und fragen, wer Klavier spielen könne. Die Hausfrau „gab ein ungarisches Volkslied zum besten – ohne die nötige Stimmung! Sie aber lachten, dankten und gingen. Ähnlich die nächsten. Die dritten stellten die übliche Frage: ‚Urr?' schon in bedrohlichem Ton, von einer Maschinenpistole unterstützt. Die sie bekamen, ging nicht immer, also: ‚Du mich bescheißen! Maschin kaputt! Zwei Minutten, dann Urr – sonst alle tott!'" Einer der Bekannten des Ehepaars K. besitzt noch eine gute Uhr und gibt sie her. Niemand wird „tott"geschossen.

Solche Ereignisse verzeichnet Frau K. unter „wenig Belästigung". Auch am 2. Mai „wenig Belästigung . . . Jeder Bekannte klopft leise und ruft durch den Briefschlitz: ‚Kein Russe!' . . . Das ist ein Leben! Man schläft, kocht, ißt, redet – und das eine Ohr horcht immer auf die ‚Uhr-Laute', wie H. sagt. Jeder sichert sein Haus, wenn man auch nicht abschließen darf. Man geht nur noch zum Wasserholen oder Freundetrösten aus. Gestern bekamen wir zwei Scheiben Brot geschenkt . . ., und heute hat eine Bekannte für uns von halb sechs bis elf Uhr gestanden und tatsächlich Brot bekommen. Seit 14 Tagen das erste!"

Die Rundfunkmeldung von Hitlers „Heldentod" verbreitet sich, und man hört auch, Dönitz sei der Nachfolger des Führers. „Man sollte ihn nicht im Meer, sondern schmählich in der Badewanne ersäufen, wenn er unser leckes Schiff so weiterschleppt . . .! Wo sind die Amerikaner?" Die Russen sind jetzt acht Tage da, und wie ein Lauffeuer verbreitet sich im Ort die Nachricht: „Kapitulation! Ach, wenn es wahr wäre! Das Herz möchte jauchzen – und man hat Angst, es könnte auch nur ein Gerücht sein. Und doch, und doch – nur keine Rückschläge mehr . . .! Trotzdem – alle Türen sind fest verrammelt, und wir schlafen wie immer wie verängstigte Lämmer im Keller." Die Bekannten, die bei dem Ehepaar K. Unterschlupf fanden, hatten ihr Haus vor allem deshalb verlassen, weil dort ein russischer Soldat eine junge Frau vergewaltigt hatte und dabei offenbar in Liebe zu ihr entbrannt war; er hatte ihrem acht Wochen alten Kind Milch besorgt „und gab ihm die Flasche". Nachdem sie sich trotzdem versteckt hatte, erschien er jeden Tag in der Gegend, suchte „‚blonde Frau', trat Türen ein und randalierte, als er sie nicht fand, und drohte, das Haus in die Luft zu sprengen".

Die Panzersperren werden abmontiert. „Was für ein feines Brennholz!" Zusammen mit einer Bekannten zieht Frau K. einen Handwagen nach Potsdam, weil dort bei der Kommandantur Kartoffeln verteilt werden sollen; „aber wir kamen zu spät . . . Das arme Potsdam! Der Bahnhof! Auf sein Dach klettern die Schienen. Am Stadtschloß Teile des Steinlöwen, der vergoldeten Treppe. Der Rest des Turmes der Garnisonskirche steht gegen den grauen Himmel. Sonst Schutt und Dreck. Die Lange Brücke ist gesprengt, die Russen haben unterhalb des Palasthotels, das teilweise ins Wasser rutschte, drei Holzbrücken gebaut. Nun hat sich durch die Anlagen schon eine feste Straße gebildet." Nachdem die beiden Frauen keine Kartoffeln erhalten haben, suchen sie auf einem Fabrikgelände nach Brennholz. Der Aufseher teilt ihnen mit, daß jetzt auch Holzsammeln als Plündern gelte. „Plündern liegt uns nicht. Aber erschütternderweise liegt es mehr Menschen, als man annahm."

Am 8. Mai wird die Kapitulation verkündet; am 11. Mai werden die

Straßen umbenannt. Die neue Zeit bricht an. „Kaiserstraße nun wieder statt . . . Straße der SA. Wie bei jedem Regierungswechsel werden zuerst die Straßenschilder abgeklopft. Die Organisation klappt! Auf dem Rathaus weht die rote Fahne mit Hammer und Sichel, auf der Kommandantur bisher noch nicht. Auch sonst sieht man einige rote Armbinden, Taschen- und Halstücher. Vor der Kommandantur steht eine unübersehbare Menschenmenge: viele Flüchtlinge, die Passierscheine in ihre alte Heimat haben möchten; Menschen, die sich wegen mancher Übergriffe beschweren und sogar ab und zu Recht bekommen. Ein Anschlag besagt: ‚Sprichstunde für Ziwihl . . . Abzugeben sind: Fahrräder, Pistdohlen, Gewehre.'" Auf ihren Streifzügen erbeutet Frau K. einen sowjetischen Tagesbefehl, in dem sie den Satz, der Plündern und andere Übergriffe verbietet, rot umrandet. Dann heftet sie das Blatt an die Haustür. „Ob es wirkt?"

Zusammen mit einem ihrer Gäste, Herrn H., macht sich Frau K. erneut auf den Weg nach Potsdam, um Brot zu kaufen. „Die Kaiserstraße bis zur Enver-Pascha-Brücke. Zerstört. Aber vom Park aus liegt schräg über den Kanal ein Lastkahn als Übergang. Da balanciert man auf dem Rand. Ein aufgetriebener Pferdekadaver liegt in einer der Luken, umschwirrt von Fliegen, und verbreitet entsetzlichen Gestank. Glienicker Brücke. Man zaudert. Aber die Aussicht auf Brot macht mutig. Zerfetzte Zementblöcke erklettern, auf Eisenträgern frei über die Havel den nächsten sicheren Halt erreichen, einen Panzer umrunden: man schafft alles. Die große Straße in heißer Sonne nach Potsdam hinein. Überall ist Brot ausverkauft. Die Angst vor dem Heimweg! Aber H. mit seinem guten Witz und eleganten Französisch kann einen belgischen Fremdarbeiter überreden, uns durch die Hintertür des Ladens ein Zweipfundbrot zu verkaufen. Wir tragen es strahlend von dannen. Bis zum jungen Alten Fritz an der zerschossenen Garnisonskirche. Da steht eine Bank. H. hat ein Taschenmesser. Ich fresse gierig ein kleines Stück." Eine fremde alte Frau, mit der sie ein Stück des Heimwegs gemeinsam zurücklegen, schenkt ihnen „ein Döschen ungarische Leberpastete. Ach – Menschen!"

Es soll Pferdefleisch geben, ein halbes Pfund. Wieder steht Frau K. an. Eine Stunde, zwei Stunden, drei Stunden. „Dabei habe ich wohl schlappgemacht." Geweckt wird sie aus ihrer Ohnmacht durch eine Stimme „à la Sandrock: „Wat denn – det jeht doch noch – komm' Se man. Is nischt mit det Fleesch. Hier, roochen Se man eene. Det hilft." Frau K. liegt vor der Unbekannten, die sie „einen Engel von Zille" nennt, auf dem Boden. Aus der Froschperspektive wandert ihr Blick „über bleiche Beine, die tintenblaue Deltas durchziehen, zum verwaschenen Kattunrock, der sich über dem deformierten Leib grotesk wölbt. Brust ist nicht mehr . . . Über der Stirn thront wie eine Mohrrübe ein gelber Dutt, aus dem rostige Nadeln sich nach allen Richtungen spitzen." Der „Engel von Zille" gibt ihr auch noch Feuer, „hütet sorgsam die Flamme in den verarbeiteten Händen . . . Da hockt man am Straßenrand, so elend glücklich – und lernt. Ach – Menschen!"

Pfingsten geht vorbei. „Man läuft wieder als Frau. Hosentragen ist verboten, weil es angeblich aufreizt." Am 27. Mai bekommt das Haus nach ruhigeren Tagen neuen Russenbesuch, „fünf Männer und eine vierschrötige Frau. Offiziere. Sie requirieren mit mehr Würde als ihre Vorgänger. Meine kleine Babybox verschwand in der Manteltasche – unter meinem amüsierten Grinsen, das wohl bemerkt wurde. Leider gingen auch H.s großer ‚Blaupunkt' und ein bei uns abgestellter ‚Philips' den Weg nach Osten. Jedenfalls habe ich ihnen zwei Zigaretten aus der Nase gezogen!" Unter dem Eindruck dieses späten, als nicht mehr ganz zeitgemäß empfundenen Besuches findet die musikalisch gebildete Frau K. zu einem Vergleich zwischen den früheren und den jetzigen Verhältnissen: „Bis jetzt kommt mir das Ganze vor wie eine enharmonische Verwechslung: Aus Fis ist Ges geworden. Auch das wird sich ändern, wir müssen nur Geduld haben . . ."

Aber auch im Juni ist noch keine Besserung festzustellen. Spargel werden „aufgerufen" und mit Erlaubnis des Kommandanten von Autos abgeholt, doch auf der Rückfahrt werden die beladenen Fahrzeuge von sowjetischen Einheiten requiriert. Dem Versorgungsplan entsprechend liefert Potsdam Brot an Werder, das im Austausch Marmelade liefern soll. Die Marmelade geht zwar in Werder ab, kommt aber nie in Potsdam an. Auch das Obst, für das Werder bekannt ist, verschwindet unterwegs. Da das Ehepaar K. nicht zur Arbeit eingesetzt ist, bekommt es die Lebensmittelkarte V, die „Hunger-Karte". Allmählich wird die Ernährungslage für sie kritisch. Aber bald kommen neue Sorgen dazu. In den ersten Junitagen muß das Ehepaar das Haus verlassen; das ganze Villengebiet von Neubabelsberg und Umgebung muß von den Deutschen geräumt werden. Erst nach einer Woche erfahren die Exmittierten den Grund für diese Maßnahme: Die Potsdamer Konferenz wird vorbereitet. „Sicher weiß die ganze Welt von diesem Treffen. Nur wir, direkt nebenan, hörten noch nichts darüber. Verrückt!" Das Ehepaar zieht zu Bekannten nach Babelsberg, doch steht noch nicht fest, ob nicht auch diese Wohngegend für die Konferenz geräumt werden muß. Der Hunger wird quälend. „Seit Wochen ohne Fleisch und Fett – es steht nicht einmal auf den Karten. Wie das liebe Vieh frißt man Kartoffelflocken, die einem bis oben an den Hals stehen. Es ärgert mich, daß ich jede Nacht von Fleisch und von sorgsam aufgebauten Pyramiden von Eiern träume. Von seltenen Dingen. Man wacht mit dem ersten Sonnenstrahl an Magengrimmen auf. Man kann seinen Körper nicht ganz regieren – widerlich animalisch! Und man hat nichts zu rauchen – was viel schlimmer ist. Und man sieht nur Ungerechtigkeit und Willkür in der Welt. Das ist das Schlimmste!"

Am Sonntag, dem 17. Juni, spricht sich herum, daß die geräumten Häuser von Sowjetsoldaten für die Konferenzteilnehmer „hergerichtet" werden. Das bedeutet, daß sie bis auf für die Gelegenheit als brauchbar erachtete Dinge wie Möbel, Teppiche, Wäsche und Geschirr von allem zurückgelassenen persönlichen Besitz „gesäubert" werden. Dieser „Schutt" wird mit Lastwagen auf einen Abfallplatz gefahren. Noch während die Autos unterwegs sind, finden sich von allen Seiten die Besitzer des „Schutts" ein und suchen nach ihrer persönlichsten Habe, nach Briefen, Akten, Dokumenten, Büchern, Fotos, Bildern. „Ein Friedhof, wie er grausiger kaum mit Menschenleichen wirken könnte. Er klagt an – ohne Worte. Und Worte können den Eindruck nicht wiedergeben. Die Dinge sprechen für sich selbst."

Das Ehepaar ist nun „ausgesprochen dürr". Diese „zwei dürren, unterernährten Wesen machen einen Marsch nach Berlin. Trostlos, in heißer Sonne auf den Bahnschwellen. Mit ein paar halbreifen Stachelbeeren und Kirschen und trockenem Brot als Proviant. Die Gegend wirkt wie verlassenes Niemandsland, und die eingleisige Strecke – jedes zweite Gleis ist abmontiert – sieht so unbefahren aus, als würde Unkraut auf ihr wachsen. Berlin hat nicht mehr den Charakter einer Großstadt. Jeder noch bewohnbare Teil führt sein Eigenleben. Endlich das Haus der Freunde. Die Krakelschrift an einer Ruine in der Nähe gab uns Kraft für die vier Treppen: ‚Alles im Arsch – sind bei Frieda und Paule.'"

In der stark beschädigten Wohnung werden die Neubabelsberger gastlich aufgenommen. Es gibt eine „richtige Zigarette", eine Tasse Bohnenkaffee und – Gulasch! Von da an findet sich kaum eine

Tagebucheintragung, in der nicht erwähnt wird, wann und was es zu essen gab: „Neulich bekamen wir von Frau S. etwas Butterschmalz. O Wonne! Erst wurde daran gerochen, dann ein Brot geschmiert, und man hatte das Gefühl, man würde innerlich mit Niveacreme massiert.“ Die Potsdamer Konferenz in Schloß Cäcilienhof beginnt am 17. Juli und endet am 2. August. In den ersten Julitagen treffen die technischen Vorkommandos der westlichen Alliierten ein. „Die Amerikaner und Engländer sind da. Aber in Camps, genauso bewacht von Posten in Abständen von fünfzig Metern wie wir in unserer Straße. Wir müssen den Bürgersteig auf der anderen Seite benutzen. Komisch!“ Die Konferenz hat das Ehepaar K. zwar aus ihrer Wohnung vertrieben, bringt ihnen aber auch einen kleinen Vorteil. Eine befreundete Familie braucht nur ins Nebenhaus umzuziehen, während im Haupthaus Konferenzpersonal Quartier bezieht. „Da wird gekocht und gegessen, und Frau Sch. muß viel helfen. Dabei fällt hier und da etwas ab. So kamen wir gestern abend zu etwas Gulasch . . . Heute kommt der letzte Reis hinzu, und wir werden schwelgen. Wenn man nur wüßte, wie man sich bedanken soll! Allmählich fühlt man doch die Folgen der Ernährung, wenn man auch nicht mehr so unter Hungergefühlen leidet.“

Noch einmal wollen die beiden in Berlin erkunden, ob es dort nicht bessere Lebensbedingungen und Arbeit gibt. Erneut machen sie sich auf den Weg. Ein endloser Menschenstrom zieht in beide Richtungen. „Die tollsten Gefährte und Traglasten sieht man, die merkwürdigste Kleidung, Rucksäcke, Bündel, verknotete Trainingshosen als Rucksack, vollgepackte Kinderwagen, Schiebkarren, Handwagen. Zwei- und Dreiräder, und elende, erschöpfte Menschen dabei. Es wundert sich auch keiner, wenn der Mann seine Familie so befördert: das Kind auf der Lenkstange, die Frau auf dem Gepäckhalter. Oder er zieht seine Frau im Handwagen und schiebt das Rad vorweg.“

Als Frau K. in Berlin hört, daß die trockene „Stulle“ inzwischen im Volksmund zur „Stalin-Torte“ geworden ist, glaubt sie, darin „ein kleines Zeichen langsamer Gesundung“ sehen zu dürfen. Sie erfährt kein Wort über das, was wenige Kilometer von ihr entfernt in Potsdam verhandelt wird, aber sie weiß, daß Truman in der Kaiserstraße wohnt, und sie sieht „Churchill im Wagen, als er sich am Schlagbaum ausweisen mußte“. Im übrigen „interessiert uns die Tatsache, daß wir hoffentlich bald wieder in unsere Häuser können, mehr als das Ergebnis der Konferenz“. Am 3. August rücken die Kommandos wieder ab, und die Telefonkabel, die in den Straßen aufgehängt worden waren, werden wieder von den Bäumen herabgeholt. Dennoch werden die Häuser nicht freigegeben, im Gegenteil: „Es wird immer mehr evakuiert. Potsdam soll russische Garnisonsstadt werden."

Nun radelt Frau K. aufs Land zum Hamstern. Sie legt 30 Kilometer und mehr zurück, stellt sich aber dabei alles andere als geschickt an. „Heute umsonst durch den Regen geradelt. Also fällt morgen das Mittagessen wieder mangels Masse aus. Ich möchte mal ein ganzes Brot auf einen Sitz ‚fressen' können . . .! Innerlich hegt man nicht nur – ganz bescheidene – Wunschträume, sondern faßt auch Vorsätze. Man darf sich von dieser verdammten Apathie trotz allem nicht übermannen lassen. Das ist die größte Seuche zur Zeit. Durch Hunger begünstigt. Und doch! Wir beide lesen viel und reden darüber. Musik, Relativitätstheorie, Quantentheorie und ihre Auswirkungen, Religion . . ."

Eine Gräfin B. in der Nachbarschaft „kümmert sich um die Furunkel der Posten. Sie haben die verwöhnten Feldpolizeisoldaten (die für die Konferenz gekommen waren; Anm. d. Verf.) abgelöst. Sie sind mit gemahlener Gerste und Kartoffeln zufrieden. Die harmlosen Burschen haben zur ‚Panina' Vertrauen gefaßt. Sie kommen und bringen ihre Mittel gegen Geschlechtskrankheiten mit zur Behandlung. Jutta wird um Auskunft gebeten, nachdem der Soldat wohl ein Lexikon gewälzt hatte: ‚Wo finde ich Jungfrau?' Ihre Antwort, daß das schon in normalen Zeiten schwierig sei . . ., stößt bei ihm nur auf verständnisloses Grinsen."

Eine Hamstertour am Sonnabend, dem 28. August, beginnt morgens um halb sieben Uhr und endet abends gegen acht Uhr. Erfolg: „Zwei Eier, 1 Liter Magermilch und drei Pfund Roggenmehl." Zwei Tage später zieht das Ehepaar wieder los, zu zweit auf einem Rad. Dieses ist der Belastung nicht gewachsen: „Also schiebenderweise mit Plattfuß weiter." In Richtung Luckenwalde gelangt man nach Großbeeren, wo man auf einen Zug wartet. „Verschnaufpause und Frühstück auf dem Bahnsteig", auf dem außer einem alten Mütterchen niemand zu sehen ist, denn es dauert noch lange, bis der Zug eintrifft. Herr und Frau K. wickeln neben giftgrünen steinharten Mehlnüssen „zwei sorgsam eingepackte weiße Gebilde" aus, die sie Eier nennen und wie solche behandeln. „Die Alte rückt näher, wie magisch angezogen: ‚Sin det richtige Eier? Gekocht? Wo ham Se die her?'" Aus Mitleid beenden sie rasch die Schau und klären die Frau auf, daß es sich um geschälte Pellkartoffeln handelt; gleichzeitig entschuldigen sie sich für den makabren Scherz. Aber „die Frau ist sehr befriedigt, daß es doch keine Eier waren: ‚Na also, det jibts nich – ha'k doch gedacht, det det Schwindel is.'" Fett bekommen sie nirgendwo in den Dörfern, „obwohl vor unseren Augen eine ehemalige Kriegswochenration Fett in die Pfanne kommt und da hinein zehn Eier. Sind die Bauern asozial . . .?"

Die Ufastraße wird zum „Strich". In Potsdam bildet sich ein „schwarzer Markt". Halbwüchsige fangen an, sich in den Verhältnissen einzurichten. Sie wissen, wer etwas hat und wie man dazu kommt. Sie verschaffen sich auch Zigaretten – Zehnjährige rauchen auf der Straße. Als einer der Bengel zurechtgewiesen wird, entgegnet er: „Det jeht Ihnen jarnischt an, vastanden? Und wenn Se kess sind, ruf ick mal den Posten, der kann Ihnen jleich dreimal verjewaltigen."

Ein in Duisburg ansässiger Freund schlägt sich nach Berlin durch. Er berichtet „aus dem Westen", daß dort das Telefon funktioniere, daß man mit dem Taxi fahren könne, daß es überhaupt so etwas wie ein normales Leben gäbe. Seine Schilderung bringt das Ehepaar K. zu dem Entschluß, Neubabelsberg zu verlassen und sich nicht weiter um eine Übersiedlung nach Berlin zu bemühen. Sie wollen in den Westen. Mitte November gibt es für Frau K. als „Nichtbeschäftigte" erstmals seit April Butter auf Marken. Aber nun ist sie an der Entwicklung der Dinge in Neubabelsberg schon nicht mehr interessiert. Die Reiseanträge laufen. Bei einem weiblichen Oberleutnant der Roten Armee vertauscht sie ihr letztes „gutes" Kleid, das sie eigentlich auf der Reise tragen wollte, gegen Reiseproviant. Als das Ehepaar nun am 2. Dezember in den Zug steigt, wiegen beide zusammen nur noch ganze 164 Pfund.

Die Reise geht über Bitterfeld, Halle, Halberstadt. Irgendwo im Harz ist der Übergang über die Zonengrenze. Um 7 Uhr früh verlassen sie das letzte Quartier. „Es ist feucht, noch fast dunkel, und es schneit tüchtig. So schieben wir die ausgefahrene Straße entlang im Treck der Trecker: Planwagen, Handwagen, bergauf in den Harz. Man dampft, schiebt mit einer Hand und hält in der andern krampfhaft die kostbare Nummer, die zum Grenzübertritt berechtigt." Unter Bäumen, an denen Schilder mit entsprechenden Nummern angeschlagen sind, machen sie halt. Sie müssen sich in einer Reihe aufstellen. Ordner überprüfen immer wieder die Vollzähligkeit. Nach zwei

Stunden kommen ein russischer und ein englischer Offizier; die Nummern werden eingesammelt.

Es dauert weitere zwei Stunden, bis sie „mit vielen Stockungen“ an der Grenze angelangt sind. Wieder schneit es. Dann geht es bergab zu einer „russischen Ehrenpforte“. Drüben wartet ein Sammellager in Goslar. Die Städte an Rhein und Ruhr sind „Sperrgebiet“. Am 24. Februar 1946 findet das Ehepaar seine erste private Unterkunft im Westen, ein Zimmer auf einem kleinen Bauernhof in Westfalen. „Dort sind Menschen – uns ganz fremd – , die liebevoll den Raum vorbereitet haben. Da stehen Zweige, Äpfel. Zwei Teller und Tassen – vom besten Geschirr.“ Und von Zeit zu Zeit findet Frau K. im Vorraum ein paar Eier oder ein Stück Speck, das die Bewohner des Hofes den Halbverhungerten hingelegt haben.

Um ein Berliner Schicksal des Jahres 1945 mit einer gewissen Vollständigkeit schildern zu können, haben wir Ort und Zeit unseres Berichtes verlassen müssen. Doch kehren wir nun wieder in das Berlin von Ende April/Anfang Mai zurück.

In fast allen Berichten, die uns vor Augen gekommen sind, werden für die Zerstörung Berlins Worte verwendet, mit denen sonst der Tod eines Menschen beschrieben wird. Berlin starb, es starb einen Flammentod, den Bomben und Artilleriefeuer verursacht haben. Insoweit die sowjetischen Kriegsberichte aus Berlin den Anschein wecken wollen, die Rote Armee habe um jedes Haus kämpfen müssen, ist ihnen kein Glauben zu schenken, denn in Wirklichkeit haben in der ganzen Stadt höchstens an vier oder fünf Punkten Kämpfe stattgefunden, die sich mit den Straßenkämpfen in Stalingrad oder Sewastopol vergleichen lassen. Doch in anderer Beziehung sind diese Berichte höchst aufschlußreich, machen sie doch anschaulich, unter welchen Verhältnissen zwei Millionen Menschen mindestens eine Woche lang – in der Innenstadt noch länger – aushalten mußten und aushielten. So veröffentlichte der Gardeoberst W. Welitschko am 20. Mai 1945 in der „Prawda“ folgenden Augenzeugenbericht:

„Die Straßenkämpfe ließen in ihrer Unerbittlichkeit nicht nach. Und es schien, als ob sie nie ein Ende finden würden. Fieberhaft schlug der Puls des Kampfes . . . Durch die Reihen der sowjetischen Einschließungstruppen verbreitete sich blitzartig der Befehl: ‚Feuer aus allen Rohren aller Waffengattungen!‘ Das war ein ungewöhnlicher Befehl, der erste dieser Art und der einzige während des ganzen

Kampfes um Berlin. Die stürmenden Einheiten rafften sich auf. Allen wurde klar: Das Schwert senkt sich zum letzten Mal. Die müden, von der mühsamen Arbeit ohne Schlaf dunkel gewordenen Gesichter wurden plötzlich von Begeisterung erleuchtet. Die Soldaten warfen die störenden Mäntel und warmen Jacken weg. Anstelle von Brot und Wäsche kam in die Feldtaschen Munition. Das Krachen der Granateinschläge erschütterte die Erde. Alles löste sich auf: die Luft und die schreienden Menschen."

Tags zuvor hatte Welitschko in der „Prawda" geschrieben: „Das eingekreiste Berlin brodelt wie ein Vulkankrater. Die Asche rieselt vom Himmel herab. Die Kämpfe ließen nicht nach, im Gegenteil, sie wurden noch heftiger. Das Kanonenfeuer beleuchtete ringförmig die in eiserner Umklammerung gehaltene Hölle. Mehrere tausend Kanonen waren von allen Seiten auf Berlin gerichtet. Die langen Spuren der Leuchtmunition zeichneten in Richtung Stadtmitte."

Je nachdem, wie tief die Keller unter der Erde lagen, erzitterten sie unter den pausenlosen Granateinschlägen, oder man hörte die Detonationen nur wie ein fernes Gewitter. Den geringsten Schutz boten die U-Bahn-Stationen; die Bevölkerung war davor gewarnt worden, in den U-Bahnanlagen Zuflucht zu suchen, weil sie dort oft nur eine dünne Zementdecke über sich hatten, während gewöhnliche Keller unter mehrstöckigen Häusern weit sicherer seien. Dennoch waren Zehntausende in die U-Bahn geflüchtet, und man hatte dort auch Verbandsplätze eingerichtet. Hier wie fast überall lieferten Kerzen notdürftiges Licht. Nur einige wenige „Bonzen"-Keller hatten eigene Notstrom-Aggregate. Im Tiefbunker unter dem Wilhelmplatz gewann ein Offizier der Wehrmachtskommandantur (nicht zu verwechseln mit dem Stab des Kampfkommandanten) den Eindruck, sich in einer bombensicheren Luxusbar zu befinden. Tonangebend waren hier SA- und SS-Männer, aber auch elegante Zivilisten waren zu sehen. „Hier ist alles vorhanden, Wein, Liköre, nicht der simple Schnaps, Leckerbissen, die man nur noch dem Namen nach kennt, ausländische Zigarren und Zigaretten, die gönnerhaft angeboten werden. Ausgesucht hübsche, gut angezogene Mädchen. Markierte Lustigkeit und Forschheit . . .*"

Weniger vornehm, aber mindestens ebenso sicher war der Bunker der Reichsbank. Deren Direktor O. war von der Oder-Offensive in

* Major W., „Die letzten Tage der Wehrmachtskommandantur", unveröffentlichtes Manuskript.

seiner Sommerwohnung in Hessenwinkel am Müggelsee überrascht worden. Als er die sowjetische Artillerie schießen hörte, hatte er sich mit Frau und Hund in sein Paddelboot gesetzt und war über den See und die Spree bis zur Janowitzbrücke gepaddelt, unter der er vor Fliegern in Deckung gehen mußte. Bei der Jungfernbrücke hatte er das Boot verlassen und den Tiefkeller des neuen Reichsbankgebäudes aufgesucht. „Dort kampierten fast tausend Menschen, darunter etwa 400 Angehörige des Reichsbank-Personals*." Das Kasino war noch in Betrieb und verfügte über einige Vorräte. O. organisierte für alle Kellerbewohner eine Gemeinschaftsverpflegung. Er wurde dem Luftschutz als Truppführer zugeteilt, und als das Dach des Kontors für Wertpapiere brannte, stand er mit einer Handspritze auf der Straße und schaute zu den Flammen hinauf.

Ein Verbindungsgang führte in den Keller des alten Reichsbankgebäudes, in dessen bombensicheren Räumen sich Teile der Kampfgruppe Mohnke einquartiert hatten. Als die Sowjets näher kamen, zogen sich etliche höhere Reichsbankbeamte mit ihren Familien in den Haupttresor zurück, hinter dessen Stahltüren sie sich sicher fühlen durften. Der Tresor hatte drei Stockwerke. Im untersten, in dem sich ursprünglich der Goldschatz befunden hatte (zum Leidwesen der Russen hatte man ihn rechtzeitig abtransportiert), lagerten Tausende von Koffern mit Wertsachen und Garderobe von Beamten; man hatte sie vorsichtshalber schon während der Bombardierungen der Hauptstadt, also lange vor Eintreffen der Roten Armee, hierher gebracht. Im mittleren Stockwerk lagen gebündelte Banknoten im Wert von vielen Millionen Mark sowie ein geringer Rest des Goldschatzes. Die Tresorbewohner, etwa 150 Personen, hausten im obersten Stockwerk. Dort hätten sie bleiben können, bis es den Siegern gelungen wäre, die massiven Stahltüren aufzuschweißen, aber sie zogen es vor, die Räumlichkeiten ordnungsgemäß zu übergeben, wie es guten Beamten geziemt. Vom Tresor aus konnte man bis zuletzt die obersten Direktoren der Reichsbank, die in Dahlem ihre Villen hatten, telefonisch erreichen; sie erließen am 2. Mai per Telefon die Weisung, den Tresor zu öffnen. „Als erster kam ein Mann in Zivil herein mit umgehängter Knarre, offensichtlich ein Pole, der als Dolmetscher fungieren sollte. Dahinter drängten sich russische Offiziere durch die

* Reichsbankdirektor Otto O. in einem für diesen Bericht gegebenen Interview.

Stahltür." Obwohl sie darüber enttäuscht waren, daß der Keller nicht mit Gold gefüllt war, behandelten sie die Insassen korrekt. Dreizehn höhere Beamte, unter ihnen Direktor O., wurden ausgewählt und abgeführt. Erst fünf Jahre später kehrte er nach Berlin zurück.

Der von den Sowjets angeblich auf Lastwagen abtransportierte Goldschatz in der Reichsbank ist ebenso ein Mythos wie die gefluteten U- und S-Bahn-Anlagen und die Irren von Wittenau. Über diese weiß Wolfgang Leonhard in seinem romantischen Buch *Die Revolution entläßt ihre Kinder* recht anschaulich zu berichten: „Stellt euch vor: die Russen haben die Irrenanstalt Wittenau geleert!" Dann erzählt er den „Fall Spalinger", wonach ein Irrer dieses Namens unbeschreibliche Verwirrung angerichtet und Plakate angeschlagen habe, die verkündeten, er habe „im Namen des Arbeiter- und Soldatenrates von Berlin" die Macht übernommen. Wenn Spalinger tatsächlich ein Irrer war, so war er doch, wie aus diesem Text hervorgeht, ein sozialistischer und kein nazistischer Irrer, also im Sinne Wolfgang Leonhards von 1945 doch nicht ganz und gar verrückt. Übrigens läßt sich viel von dem, was Leonhard in diesem Zusammenhang zu berichten weiß, unschwer widerlegen. So behauptet er, der Irre Spalinger habe „unweit der Anstalt die einzige völlig unzerstörte Druckerei Berlins" entdeckt. Erstens gab es eine ganze Reihe von Betriebsdruckereien, die nicht zerstört worden waren, zweitens lag die erwähnte Druckerei nicht „unweit der Anstalt", sondern war die Anstaltsdruckerei selbst, und drittens druckte dort nicht ein Irrer namens Spalinger, sondern – mit Genehmigung des sowjetischen Kommandanten, Major Soljen – ein KP-Mitglied, „und zwar in solchem Umfang, daß wir uns bei Soljen beschweren mußten. Der Major sah sich an, was dort geschah, und pflichtete uns schließlich bei*".

Eine „ununterbrochene Kellerexistenz" hat es in Wittenau nie gegeben; nur nachts wurden die Patienten in die Keller gebracht, wobei sich die Kranken „erstaunlich ruhig und unbeteiligt" verhielten. Besetzt wurde Wittenau am Nachmittag des 29. April. Die Sowjets belegten das Hauptgebäude und die Büros, die von da an von Deutschen nicht mehr betreten werden durften, und warfen Akten und Schränke aus den Fenstern. In den parkartigen Anlagen errichteten Soldaten ein Lager; wie überall, brachten sie Vieh mit und

* Dr. med. Fritz B., damals Oberarzt, später medizinischer Direktor der Karl-Bonhoeffer-Heilstätten Wittenau, in einem für diesen Bericht gegebenen Interview.

schlachteten es im Park. Feldküchen wurden aufgestellt, und die harmloseren Patienten, die zu Aufräumungsarbeiten herangezogen wurden, gingen „oft in die Nähe der Feldküchen und bekamen dort zu essen. Diese geistesschwachen Patienten wurden von den Russen wie normale Deutsche behandelt; man sah in ihnen weder Untermenschen noch Opfer des Faschismus. Zu Vergewaltigungen von Patientinnen kam es nicht*".

Wenn allerdings Patienten an russische Offiziere herantraten und mit der Behauptung, sie seien grundlos eingesperrt worden, ihre Entlassung verlangten, so wurden die deutschen Ärzte und Angestellten von den Sowjets aufgefordert, „diese objektiv Geisteskranken zu entlassen". Aber weder haben die Sowjets „die Irrenanstalt Wittenau geleert", noch haben sie ihrerseits Entlassungen vorgenommen. Sie ordneten nur die Entlassung einzelner an, die normal genug waren, selbst ihre Entlassung zu verlangen und die neue sowjetische Autorität als solche zu erkennen.

Nur in einem einzigen Fall, der nicht ohne Folgen blieb, forderten sie die deutschen Ärzte auf, eine ganze Gruppe von 150 Patienten freizulassen, unter denen sich viele befanden, die durch Gerichtsbeschluß in die Anstalt eingewiesen worden waren. Bei dieser Gelegenheit kam vermutlich auch der von Leonhard erwähnte Spalinger frei. Einige dieser Patienten fanden einen elenden Tod, andere wurden sehr bald von den Russen selbst wieder zurückgebracht. „Es wimmelte damals von falschen Bürgermeistern, Richtern, Staatsanwälten, die ursprünglich Patienten unserer Anstalt gewesen waren. Ich erinnere mich, wie ich wegen einer Entmündigungssache in das neu aufgebaute Amtsgericht Reinickendorf ging. Ich wurde an den Sachbearbeiter, einen Herrn Oberstaatsanwalt Dr. jur. X, verwiesen und fand in ihm einen Kranken aus Wittenau."

Von diesem Mißgriff abgesehen, kam es zu keinen größeren Pannen. Ein besonderer Glücksfall für die Anstalt war die Ernennung

* In der Sowjetunion war die deutsche Militärverwaltung mit Geisteskranken anders umgegangen, wie folgende „Mitteilung an das Standesamt von Riga" beweist (zitiert nach *Dokumente der Okkupationspolitik*, Moskau 1963, S. 133):
Riga, den 19. Mai 1942 Geheim
Ich bescheinige hiermit, daß die in beigefügter Anlage aufgeführten 368 unheilbaren Geisteskranken am 29. 1. 1942 verstorben sind.
I. V. (gez.) Kirste
SS-Sturmbannführer

von Major Soljen zum Kommandanten. Er führte sich bei Dr. B. mit dem Satz ein: „Wir müssen hier Ordnung schaffen, sonst werden wir beide erschossen." Es kam zu einer freundschaftlichen Verbindung, die für Verwaltung und Patienten Früchte trug.

Später wurde die Anstalt von den Franzosen übernommen, in deren Sektor sie lag. Diese führten für die Patienten vorübergehend die Versorgung nach Stufe V ein (die sogenannte „Friedhofskarte"), was eine prekäre Lage heraufbeschwor. Die Lebensmittelversorgung der Anstalt war ohnehin äußerst angespannt, weil Wittenau durch die Aufnahme „normaler" Patienten, also nicht Geisteskranker, stark überbelegt und zeitweise eher ein Krankenhaus als eine Irrenanstalt war. Als der verantwortliche Arzt sich zur französischen Kommandantur begab, um eine bessere Versorgung der Anstalt zu erreichen, legte man ihm ein Dokument vor, aus dem hervorging, wie die Ernährungslage der Pariser Bevölkerung während der deutschen Besetzung gewesen war. „Ich war froh, dazu nicht Stellung nehmen zu müssen."

Es liegen keine Beweise dafür vor, daß eine der Krankenpflege dienende Einrichtung durch die Sowjets ihrer Bestimmung entzogen worden wäre. Den allgemeinen Erfahrungen in den Krankenhäusern und Kliniken dürfte der folgende Bericht entsprechen, den die seit 1943 im Paul-Gerhardt-Stift tätige Schwester E. gegeben hat:

„In den letzten Tagen vor der Befreiung setzten in dieser Gegend Straßenkämpfe ein. Wir bekamen vor allem Frauen eingeliefert, die sich noch mit Lebensmitteln hatten versorgen wollen. Die langen Schlangen vor den Läden boten den russischen Fliegern ein gutes Ziel. Unser Krankenhaus war in diesen Tagen vollkommen überbelegt, da wir die einzige Anstalt auch für Tegel, Reinickendorf-West und Velten waren. Das nahegelegene Virchow-Krankenhaus war wegen der Straßensperren und der gesprengten Brücken von unserer Seite her nicht mehr zu erreichen. Die Verpflegung für die Kranken war bis zuletzt ausgezeichnet.

Die Stunden vor der Besetzung waren eigenartig. Wir hatten keine Verbindung mehr zur Außenwelt, das Radio war verstummt, allgemeine Totenstille auch auf der Straße. Als es mir unheimlich wurde, ging ich auf die Müllerstraße hinaus. Dort sah ich in einer Haustür auf der anderen Straßenseite einen russischen Soldaten mit Maschinenpistole. Er kam zu mir herüber und sagte etwas auf russisch, woraus ich entnahm, daß er mich bat, zu den in einiger Entfernung noch kämpfenden Deutschen zu gehen und sie von der Sinnlosigkeit ihres Widerstands zu überzeugen. Ich tat so, als hätte ich ihn nicht verstanden, und ging unbehelligt ins Krankenhaus zurück. Dort informierte ich Ärzte und Personal von der Ankunft der Russen. Indessen klingelte auch schon das Telefon, das noch funktionierte, und russische Stimmen verlangten in der Aufnahme nach uns (wir waren im Keller). Danach walzten Panzer an der Rückseite des Grundstücks die Zäune nieder, und auch vorn erschienen bewaffnete Soldaten. Wir leisteten natürlich keinen Widerstand. Ein Offizier erklärte uns, daß das Krankenhaus für den Stab in Beschlag genommen werde, und tatsächlich war innerhalb einer Stunde die ganze Anlage, auch der Garten, in ein Heerlager verwandelt. Wir mußten in den Kellern bleiben und sahen von dort aus die schnell eingerichteten Feldküchen. Das Labor und das Kesselhaus wurden Pferdeställe. Auch ein Lazarett wurde untergebracht; die toten russischen Soldaten wurden im Garten notdürftig begraben.

Einen Tag später begann in erhöhtem Maß die medizinische Arbeit, die wir während des Kampfes um die Stadt notdürftig in die Kellerräume verlegt hatten. Flüchtlingsströme kamen aus der Stadtmitte und zogen in Richtung Tegel weiter, eine gleich große Gruppe strömte in die Stadt hinein. Die Zivilbevölkerung sah in unserem Krankenhaus eine sichere Zuflucht und ließ sich hier auch verpflegen. Zuweilen standen bis zu dreihundert Menschen an, um aus dem im Krankenhaus gelegenen Brunnen Wasser zu schöpfen. Warme Gerichte bereiteten wir schon zwei Tage nach der Besetzung auf einem Notkessel ohne Gas zu. Die Küche war für Deutsche gesperrt. Eines Tages wurden drei Pferde der Russen auf dem Krankenhausgelände durch eine verirrte Granate zerrissen. In einer halben Stunde waren von den Kadavern nur noch die Knochen übrig; alles andere hatten die Bewohner der umliegenden Häuser ‚organisiert'.

Wichtige klinische Geräte hatten wir versteckt. Ein ehemaliger belgischer Kriegsgefangener, der auch nach seiner Befreiung noch einige Tage lang bei uns blieb, rettete unser großes Röntgengerät, indem er auf russisch ‚Kaputt' daraufschrieb. Die Patientinnen einer Station bewahrte er vor Vergewaltigungen, indem er das Gebäude mit der russischen Aufschrift ‚Vorsicht, Tuberkulose!' versah. Als dieser Belgier, der uns während der Hitler-Zeit als Pfleger zugeteilt worden war, nach Hause fuhr, schenkte er den im Krankenhaus liegenden verwundeten deutschen Soldaten seine Kleidungsstücke, damit sie nach ihrer Entlassung nicht von russischen Streifen als Soldaten aufgegriffen würden. Als die Russen aus dem Krankenhaus abzogen, nahmen sie Näh- und Schreibmaschinen mit, schenkten diese aber den deutschen Frauen, die sie auf der Straße trafen."

Der heutige Chefarzt des Paul-Gerhardt-Stiftes, Dr. M., war 1945 Oberarzt an derselben Anstalt. Er erinnert sich:

„Schon in den letzten Märztagen kam das Personal nicht mehr zur Ruhe. Zwischen dem 15. und 20. April arbeiteten wir 18 bis 21 Stunden täglich. Von den Russen besetzt wurde unser Bezirk in den Vormittagsstunden des 21. April. Ich habe gesehen, wie in der Barfußstraße die ersten russischen Panzer anrollten und sich der Müllerstraße näherten. Wir standen unter anhaltendem Beschuß nicht nur von russischer, sondern auch von deutscher Artillerie, die im Tiergarten stationiert war. Unmittelbar nachdem ich die Panzer gesehen hatte, erschien ein russischer Offizier in der Aufnahme. Er teilte die Beschlagnahme des Krankenhauses mit und verlangte die Uhr unseres damaligen Direktors, Pastor Wagner ... Ohne Vorurteile machten wir unsere eigenen Erfahrungen. Man rief mich in den Hof, und ich sah, daß einige Russen meinen Wagen in Gang bringen wollten, was ihnen aber auch mit meiner Hilfe nicht gelang. Später wurde der Wagen abgeschleppt; Wochen später fand ich ihn auf einem Schuttplatz wieder. Dann verhörte man mich in meiner Dienstwohnung, im ganzen acht Tage lang, um festzustellen, ob ich irgendeiner nationalsozialistischen Formation angehört hatte. Nach Abschluß der ohne Druck korrekt geführten Verhöre teilte man mir mit, ich sei Mitglied des SD gewesen. Dies traf aber nicht zu, wie denn auch eine letzte Sitzung bewies. Ich wurde wieder zu meiner Arbeit entlassen. Noch einmal gab es eine Komplikation, als die Russen nach Waffen fragten. Ich zeigte ihnen ein riesiges Arsenal, konnte ihnen aber klarmachen, daß diese Gewehre, Panzerfäuste usw. von Patienten stammten, die als Volkssturmangehörige Waffen mitgebracht hatten. Kurz nach der Besetzung am 21. 4., noch während in den Nebenstraßen gekämpft wurde, wurden verwundete russische Soldaten eingeliefert, die ich unter Kontrolle einer russischen Ärztin zu operieren hatte. Am nächsten Tag, als es ruhiger geworden war, richtete man den Operationsraum als Hauptverbandsplatz ein. Ich wurde häufig zu Konsultationen gebeten und mußte entscheiden, ob russische Soldaten und andere russische Verwundete transportfähig waren. Allgemein kann gesagt werden, daß das Verhältnis zwischen deutschen

Ärzten und russischen Ärzten zwar frostig, aber äußerst korrekt war.

Während der Kämpfe und der Besetzung wie auch danach ist die Operationstätigkeit nicht eingestellt worden; ich erinnere mich sogar, zwei Stunden vor Ankunft der Russen einen schwierigen Kaiserschnitt gemacht zu haben. Gleich nach der Besetzung bekamen wir von den Russen Brot und andere Lebensmittel. Später übernahm das Bezirksamt Wedding unsere Versorgung, und wir erhielten Dinge, die wir während der Kriegsjahre nie gesehen hatten. Für unsere Versorgung waren im Auftrag des Bezirks ein Herr Siegfried Reich und ein Herr Reichert tätig; sie waren Juden. Die Küche hatte in dieser Zeit keine Not. Anfang Juni lief der Betrieb des Krankenhauses wieder normal, von dem außerordentlich starken Patientenandrang abgesehen, der aber erstaunlicherweise bewältigt wurde. Die Stromversorgung setzte vier oder fünf Tage nach der Besetzung wieder ein.

Ich erinnere mich, daß ich nach dem Einmarsch zwei Tage lang nur Sehnen des Unterarms in Handgelenknähe genäht und Kopfschüsse behandelt habe. Die Patienten waren ganze deutsche Familien, die sich aus Furcht vor den Russen das Leben hatten nehmen wollen. Ständig suchten Menschen im Krankenhaus Schutz, die in Wohnungen und Luftschutzkellern böse Erfahrungen gemacht hatten. Andere waren aus Zuchthäusern und KZs befreit worden und fanden hier eine erste Aufnahme. In dieser Zeit machte ich die Bekanntschaft von Professor Ernst Niekisch*, der in seiner KZ-Kleidung bei mir im Krankenhauskeller einige Stunden verbracht hat.“ Berlin war die einzige deutsche Stadt, in der es bis zum Ende des Dritten Reiches ein jüdisches Krankenhaus gab. Eine Verwaltungsangestellte dieser Anstalt hat für dieses Buch folgenden Bericht zur Verfügung gestellt:

„Bis 1938 blieb das jüdische Krankenhaus fast unangetastet. Erst zu diesem Zeitpunkt wurden die Nürnberger Gesetze auch auf uns ausgedehnt. Für christliche Patienten und christliches Personal war das Haus von da an verboten. Juden (das waren ausnahmslos alle) mußten sogar innerhalb des Hauses den gelben Stern tragen. Ein Teil des Anstaltsgeländes wurde beschlagnahmt; dort richtete sich eine Gestapodienststelle ein, dort wurden auch die hauptsächlich für Theresienstadt bestimmten Transporte zusammengestellt. Diese

* Gründer der Altsozialistischen Partei (1923), Herausgeber der nationalrevolutionären Zeitschrift „Widerstand“, 1937 von den Nazis zu lebenslänglich Zuchthaus verurteilt, nach 1945 Professor in Ostberlin.

Transporte liefen bis Ende 1944. Wenn die Gestapo nicht genügend zu Deportierende auftreiben konnte, schickte sie kurzerhand einen Beauftragten zu uns. Personal oder Patienten wurden wahllos herausgegriffen und dem Transport zugeteilt. Eichmann hat das Krankenhaus mehrmals besichtigt.

Als die Alliierten Berlin zu bombardieren begannen, stellten wir eine eigene Brandwache auf. Brandbomben, die auf das Anstaltsgelände gefallen waren, mußten von uns entschärft, ausgebrochene Brände von uns gelöscht werden. Jede Meldung bei der Feuerwehr war sinnlos; man lehnte es ab, uns zu helfen. An einem einzigen Tag fielen 90 Brand- und 14 Sprengbomben auf das Grundstück; wir mußten selbst mit ihnen fertig werden.

Neben ‚volljüdischen' Patienten waren im Haus sogenannte Geltungsjuden untergebracht, Menschen, die sich auf irgendeine Weise in der Vergangenheit ‚um das Vaterland verdient' gemacht hatten. Sie waren verhältnismäßig sicher, doch gegen Ende des Krieges wurden gelegentlich auch einige dieser Menschen deportiert. ‚Volljüdische' Patienten wurden ungeachtet ihres Zustandes abtransportiert, sei es aus der Neurologie, sei es aus dem Kreißsaal. Mehrmals habe ich die ‚Gefangennahme' Neugeborener mitansehen müssen; mein Vetter ist auf einer Bahre weggeschafft worden. Der für uns zuständige Nazifunktionär hieß Walter Dobberke. Er ist tot. Ausschreitungen aus Privatinitiative können ihm nicht nachgesagt werden; er erledigte eben sein Pensum.

Ich war seit 1943 hier angestellt. Bis zum 20. April 1945 habe ich gearbeitet, dann blieb ich zu Hause, weil die Bombardierungen zu heftig wurden. Als ‚Halbjüdin' genoß ich den Schutz meiner ‚arischen' Mutter. Der ärztliche Direktor und Chirurg Dr. Dr. Walter Lustig arbeitete bis zum Schluß weiter. Nach dem Einmarsch wurde er von den Russen verhaftet und der Kollaboration angeklagt; am 28. 12. 1945 wurde er erschossen. Ich habe Dr. Lustig gekannt und halte das Urteil für falsch. Dr. Lustig hat nie mit den Nazis paktiert. Erst am 10. Mai kehrte ich wieder zur Arbeit ins jüdische Krankenhaus zurück. Die Rote Armee war bereits am 24. April gekommen. Ich war damals nicht anwesend, weiß jedoch, daß die Sowjets sich ausgezeichnet benommen haben. Es kam zu keinen Vergewaltigungen oder sonstigen Ausschreitungen. Vom 10. Mai an unterstand die Anlage wieder ausschließlich unserer Verwaltung; die Russen rückten ab. Noch in den letzten Tagen der Naziherrschaft sind im Krankenhaus Juden auf bestialische Weise ermordet worden. Ich erinnere mich an den Sektionsdiener Max Freundlich, der kurz vor dem Zusammenbruch abgeholt wurde. Man hat ihn später im Bezirk Friedrichshain gefunden: Kopf und Gliedmaßen waren vom Rumpf getrennt.

Vor dem Ende beherbergten wir etwa 160 Patienten. Nach der Besetzung wurde das Krankenhaus sofort wieder für alle geöffnet. Die ersten Patienten, die von uns aufgenommen wurden, waren in der Hauptsache KZ-Häftlinge. Eine ganze Tuberkuloseabteilung war von ihnen belegt. Viele kamen aus eigenem Antrieb, andere wurden aus den Lagern zu uns gebracht. Fast alle hatten noch die Lagerkleidung an; Nummern und Häftlingswinkel trugen sie weiter. In einigen wenigen Fällen bekam ich wieder Menschen zu Gesicht, die von hier aus ihren Leidensweg angetreten hatten.

Als nach der Befreiung auch wieder christliche Deutsche (oder wie ich sie nennen soll) eingeliefert wurden, kam es zu keinerlei Ausschreitungen, Racheakten oder ähnlichem. Wir machten keine Unterschiede. Auch ich habe leider sehr schnell vergessen, was man uns angetan hat."

Auch außerhalb des jüdischen Krankenhauses gab es in Berlin noch „freie" Juden – im Untergrund, versteckt und versorgt von nichtjüdischen Berlinern, die dadurch ihr Leben aufs Spiel setzten.

Am Schluß dieses Kapitels über die Begleiterscheinungen der nicht ausgekämpften „Schlacht um Berlin" soll ein Mann zu Wort kommen, der von dem weithin bekannten früheren Gefängnispfarrer in Tegel, Dr. Harald Pölchau, zur Aufnahme in die Berliner Stiftung „Unbekannte Helden" vorgeschlagen worden ist. In seinem Buch *Die Ordnung der Bedrängten* (Berlin 1963) schreibt Pölchau: „In diesem Zusammenhang möchte ich an einen stillen Mann erinnern, der die Kantine des Gefängnisses Plötzensee versorgte: Willi Kranz." Der Genannte, der seit 1918 sämtliche Berliner Strafanstalten mit Lebensmitteln versorgte, berichtet in einem für dieses Buch gegebenen Interview:

„Ich pendelte Tag für Tag zwischen den verschiedenen Anstalten hin und her, nahm die Versorgungswünsche auf und lieferte. Dabei bekam ich einen Einblick in die Gefängnisatmosphäre und hatte auch Kontakt mit Häftlingen. Sie übergaben mir Zettel und Botschaften. Nach dem Reichstagsbrand erlebte ich den Einzug der Deutschnationalen, später der Kommunisten in die Anstalten. Alle politischen Ereignisse sah ich im Spiegel von Ab- und Antransporten. 1943 kam der Anstaltspfarrer Pölchau, dem ich in mehreren Sachen schon vorher geholfen hatte, zu mir und berichtete, er habe für ein jüdisches Kind zu sorgen und wüßte nicht, wohin damit. Zu Hause besprach ich die Sache und entschied mich schließlich, das Kind aufzunehmen. Der Pfarrer kam zu mir und übergab mir die kleine Rita, die große Angst hatte und uns fragte, ob wir wohl immer lieb zu ihr sein würden. Die Leute aus der Nachbarschaft erkundigten sich, woher wir das Mädchen hätten, und wir logen allerhand Geschichten zusammen. 1944 kam der Befehl zur Evakuierung aller Kinder, und für kurze Zeit schickten wir Rita nach Ostpreußen. Als die Russen dort einmarschierten, holte ich sie zurück. Gott sei Dank hatten wir wenige Mitbewohner im Haus, so daß bei Luftangriffen das Mädchen nicht auffiel. Nur vor der Verteilerin der Lebensmittelkarten mußten wir uns in acht nehmen, aber auch da logen wir uns durch. Heute lebt die Jüdin in Amerika.

Ich wohnte damals in der Klosterstraße, nahe dem Alexanderplatz. Zwischen dem 27. und 30. April saßen wir ununterbrochen im Keller. Am 1. Mai gegen 7 Uhr früh klopfte es an der Kellertür. Es war der Hauswart des Gebäudes. Er benachrichtigte uns vom Einmarsch der Russen. Er und ich gingen mit einem weißen Handtuch auf die Straße, und tatsächlich standen uns Rotarmisten gegenüber. Sie befahlen, daß wir die in der Nähe noch kämpfenden deutschen Truppen von der Sinnlosigkeit ihres Widerstands überzeugen sollten. Der Hauswart und ich gingen auf die deutschen Soldaten zu und glaubten schon, den umherschwirrenden Kugeln entronnen zu sein, als hinter mir der Hauswart zusammensank. Eine SS-Kugel hatte ihn getroffen; er starb. Als ich bei den Deutschen angelangt war, verlangte ich den Offizier zu sprechen. Dieser schickte mich zu seinem Kommandanten. Der brüllte: ‚Den Mann sofort erschießen, wegen Wehrkraftzersetzung!‘ Inzwischen waren aber die Rotarmisten näher gekommen, und die Gruppe – durchweg SS-Leute – mußte ihren Widerstand einstellen. Von den SS-Leuten wurde ich zum S-Bahnhof Alexanderplatz geführt, und weil wir auch dort nicht sicher waren, ging es zum U-Bahnhof weiter. Als wir hinabstiegen, bot sich uns ein gespenstischer Anblick. Da das elektrische Licht nicht mehr funktionierte, hatte man Talglichter angezündet, die im unterirdischen Gewölbe flackerten. Hier war ein SS-Befehlsstand, wohl der letzte im Bezirk Mitte, wenn nicht in ganz Berlin. Mit einem Lederriemen wurde ich an einen SS-Mann gefesselt. Von Mittag bis gegen Abend saßen wir herum. Wir hörten den Kampflärm und ahnten, daß es zu Ende ging. Gegen 21 Uhr wurde ich von meinen Fesseln befreit und mußte Munition und Eßwaren vom U-Bahn-Eingang bis hinunter zu dem auf dem Bahnsteig befindlichen Befehlsstand tragen. Plötzlich sah ich SS-Frauen mit angelegten Gewehren. Ich mußte mitansehen, wie mindestens 20 ‚Kommunisten' erschossen wurden, die man noch in den letzten Tagen festgenommen und hier eingesperrt hatte. Auf eine auf den Schienen stehende Lore mußte ich Munition verladen. Dann zogen sich die SS-Männer und -Frauen unterirdisch zum Bahnhof Weinmeisterstraße zurück. Von Eingang zu Eingang war der Bahnsteig mit Menschen vollgepackt; Verwundete stöhnten, Tote begannen in Verwesung überzugehen. Ich mußte sie wegräumen.

Am Morgen des 2. Mai schrien die Menschen nach Wasser. Unter dem Vorwand, zu einem Brunnen gehen zu wollen, verließ ich den U-Bahnhof und benutzte die Chance zur Flucht. Gegen 6 Uhr kam ich in der Klosterstraße an und hörte noch Kampflärm, doch schlagartig verstummte er. Die eben noch menschenleere Straße bevölkerte sich, und die Leute, die aus den Kellern stürzten, riefen: ‚Der Krieg ist aus!'"

Die Vergewaltigungen

Tagesbefehl an die Truppen der 1. Weißrussischen Heeresgruppe

23. April 1945 Nr. 5 Im Felde

...

11. Truppenteile und einzelne Angehörige der Roten Armee, die in den Städten oder anderen Ortschaften ankommen, haben nur in vom Militärkommandanten angewiesenen Unterkünften Quartier zu beziehen. Angehörigen der Roten Armee ist ohne Erlaubnis des Militärkommandanten die eigenmächtige Durchführung von Aus- oder Umsiedlungen der Einwohner, Wegnahme von Eigentum und Wertsachen sowie die Durchführung von Haussuchungen verboten.

Der Oberbefehlshaber der
1. Weißrussischen Heeresgruppe
Marschall der Sowjetunion
G.Schukow

Mitglied des Kriegsrates der
1. Weißrussischen Heeresgruppe
Generalleutnant Telegin

Chef des Stabes der 1. Weißrussischen Heeresgruppe
Generaloberst Malinin

Befehl des Chefs der Besatzung der Stadt Berlin

28. April 1945 Nr. 1 Stadt Berlin

11. Verbände der Roten Armee und einzelne Militärangehörige, die in Berlin eintreffen, sind verpflichtet, nur in den von den militärischen Bezirks- und Revierkommandanten angewiesenen Unterkünften Quartier zu nehmen. Angehörigen der Roten Armee ist ohne Erlaubnis der militärischen Kommandanten die eigenmächtige Aussiedlung oder Umsiedlung der Einwohner, Entnahme von Gütern und Wertsachen und Haussuchungen bei den Stadteinwohnern verboten.

Chef der Besatzung und Stadtkommandant von Berlin,
Oberbefehlshaber der n-ten Armee
Generaloberst N. Bersarin
Stabschef der Besatzung
Generalmajor Kuschtschow

Befehl des Militärkommandanten der Stadt Berlin

25. Mai 1945 Nr. 7 Stadt Berlin

Im Interesse der schnellen Wiederherstellung des normalen Lebens der Bevölkerung der Stadt Berlin, im Interesse des Kampfes gegen Verbrechen und öffentliche Ruhestörung ... ist der Selbstverwaltung der Stadt Berlin vom Kommando der Roten Armee erlaubt, die Stadtpolizei, das Gericht und die Staatsanwaltschaft zu organisieren. Diese Organe sind bereits am 20. Mai dieses Jahres gebildet worden und haben ihre Arbeit begonnen. Ich befehle:

...

3. den Angehörigen der Roten Armee des Standorts Berlin, der Polizei, dem Gericht und der Staatsanwaltschaft während der Durchführung ihrer Dienstpflichten keine Schwierigkeiten zu bereiten.

(Unterschriften wie oben)

„Trotz der kurzen zur Verfügung stehenden Zeit waren bis Mitte April die Vorbereitungen für die Berlin-Operation im wesentlichen abgeschlossen. Die Truppe befand sich in hoher Gefechtsbereitschaft und wartete nur noch auf das Angriffssignal. Die sowjetischen Soldaten waren von dem einzigen Wunsch und dem einzigen Gedanken beseelt, den Befehl der Heimat auszuführen, das faschistische Raubtier zu erlegen und den Krieg siegreich zu beenden*."

„In den Ruinen und auf dem Asphalt der Straßen und Plätze rings um den Reichstag und die Reichskanzlei vergossen sowjetische Menschen ihr Blut. Es ist bitter, daran zu denken. Sie zogen an dem sonnigen Morgen des 1. Mai in den Tod. Sie wollten leben ...

Was soll man dann zu dem sagen, was die Bonner Herren mit stillschweigendem Einverständnis der amerikanischen, englischen und französischen Behörden heute in Westberlin anstellen? Warum schmähen sie die gefallenen sowjetischen Soldaten**?"

Unter der Überschrift „Die Lösung" schrieb Ilja Ehrenburg in der „Prawda" vom 4. April 1945 unter anderem:

„Warum hissen die Deutschen jetzt die weißen Lappen? Warum lernen neben Offizieren auch die Generale der Wehrmacht das Lied ‚Hitler kaputt' auswendig? Weil sie keine innere seelische Standhaftigkeit haben: das sind Banditen, arrogante, feige Banditen ... Und wenn die Deutschen an der Oder ihre Pratzen hochheben, dann nur deshalb, weil diese Pratzen mit Blut besudelt sind – denn sie haben Angst vor der Rache."

In der gleichen Zeitung erschien kurz darauf (14. April 1945) eine

* *Geschichte des Großen Vaterländischen Krieges*, Moskau 1963, Band V, S. 263.

** Marschall W. I. Tschuikow, *Das Ende des Dritten Reiches*, zitiert nach der deutschen Übersetzung in „Volksarmee", 1965, Heft 1, S. 72. Dieses Zitat ist übrigens aufschlußreich, weil Tschuikow durch die Hervorhebung einzelner Kampfstätten im Zentrum Berlins indirekt zugibt, daß nicht in der ganzen Stadt gekämpft worden ist.

scharfe Erwiderung von S. Aleksandrow, die auf Anweisung des Kreml verfaßt worden war und auch in den Frontzeitungen in großer Aufmachung erschien*. Darin heißt es:

„Der Artikel von Ehrenburg . . . wurde offensichtlich schlecht durchdacht; außerdem sind seine Ansichten falsch. Man kann ihm doch nicht beipflichten, wenn er ganz Deutschland als ‚eine einzige riesengroße Bande' darstellt. (Hier ist die Rede von der absichtlich unrichtigen Darstellung von Deutschland und den Deutschen in den Artikeln von Ehrenburg.) [Diese Anmerkung findet sich im Original, ist also keine Einfügung des Verfassers.]

Die Behauptung Ehrenburgs, alle Deutschen seien gleich, ist nicht richtig . . . Der Standpunkt des Genossen Ehrenburg, der in seinen Artikeln die gesamte deutsche Bevölkerung als ‚ein Ganzes' darstellt, ist falsch . . . In seinen Artikeln schreibt der Genosse Ehrenburg, daß Deutschland gar nicht existiere, denn es gäbe nur eine ‚riesengroße Bande'. Wenn sich der Standpunkt des Genossen Ehrenburg als richtig erweisen würde, müßte die ganze Bevölkerung Deutschlands das Schicksal der Hitlerclique teilen. Man muß hier nicht unbedingt betonen, daß der Standpunkt des Genossen Ehrenburg in diesem Falle nicht mit der sowjetischen öffentlichen Meinung übereinstimmt . . ."

Als Molotow am 22. Juni 1941 den Überfall der deutschen Armeen mitteilte, hatte er unter anderem gesagt: „Dieser Krieg ist uns nicht vom deutschen Volk, von den deutschen Arbeitern, Bauern und der Intelligenz, deren Leiden wir gut kennen, aufgezwungen worden, sondern durch die Clique der blutdürstigen faschistischen Herrscher Deutschlands**." Stalin ergänzte diese Feststellung durch die Äußerung einer Hoffnung, die sich allerdings nicht bewahrheiten sollte: „In diesem Befreiungskrieg werden wir nicht allein dastehen. In diesem großen Krieg werden wir treue Verbündete an den Völkern Europas und Amerikas haben, darunter auch am deutschen Volk, das von den faschistischen Machthabern versklavt ist***."

* Ich habe mich in Moskau mit Ehrenburg auch über diesen Artikel Aleksandrows unterhalten. Ehrenburg sagte, er verstünde sehr gut, daß Stalin gegen Ende des Krieges eine Deutschlandpolitik treiben wollte, die darauf gerichtet war, den westlichen Alliierten bei den Deutschen den Rang abzulaufen, doch könne er nicht einsehen, warum diese Politik auf seinem Rücken betrieben werden mußte.

** *Wenesnaja politika Sowjetskogo Sojusa w period otetschestwennoj,* Moskau 1946, Band 1, S. 128.

*** Stalin, *Über den Großen Vaterländischen Krieg in der Sowjetunion,* Berlin 1952, S. 13.

Damit befand er sich auf einer marxistisch-leninistischen Generallinie. Marx hatte den Deutsch-Französischen Krieg zum Anlaß genommen, zwischen der kriegstreiberischen, kriegführenden Oberschicht und der Arbeiterklasse zu unterscheiden, die gezwungenermaßen als deren Opfer auf den Schlachtfeldern kämpfte. Lenin hatte nach dem Waffenstillstand und dem Vertrag von Brest-Litowsk scharf zwischen den deutschen „imperialistischen Räubern" und den deutschen Arbeitern unterschieden, mit denen man brüderlich verbunden bleiben müsse, und daraus ein außenpolitisches Konzept entwickelt. Wenn also Stalin, als das Ende des Krieges abzusehen war, als erster der Sieger das deutsche Volk gegen die deutschen Faschisten auszuspielen versuchte und sich dabei auf Klassenkriterien stützte, so war das keineswegs die Frucht einer plötzlichen Eingebung mit dem Zweck, den westlichen Alliierten bei den Deutschen politisch den Rang abzulaufen. Auch Stalins bekannter Ausspruch, daß die Hitler kommen und gehen, das deutsche Volk, der deutsche Staat bleiben, stammt nicht aus der Endzeit des Krieges, sondern von 1942.

Die minimale Wirkung jener schriftlich und mündlich über die Front getragenen Propaganda, mit der Stalin versuchte, das deutsche Volk von seinen Zwingherren zu trennen, hätte ihn belehren müssen, daß seine These von den Sklavenhaltern und den Sklaven prinzipiell falsch war, aber er hielt daran fest. Hinter der Front hatte er mehr Erfolg damit: dort bildete er die „Kader für den friedlichen Neuaufbau in einem antifaschistischen Deutschland".

In unserem Zusammenhang interessiert nur die Frage, ob und wie sich diese These in der politischen Erziehung der Roten Armee bemerkbar machte. Sie machte sich bemerkbar, und zwar von dem Augenblick an, da die Rote Armee auf ihrem Weg nach Westen die Grenzen der Sowjetunion überschritt. Von da an wurde den Soldaten das Bewußtsein eingeimpft, einer Befreiungsarmee anzugehören. Die ihnen damit gestellte Aufgabe hatte schon lange vor Erreichen der deutschen Reichsgrenzen eine Doppelbedeutung. In sowjetischer Sicht waren die von der Wehrmacht okkupierten Staaten (Polen, Rumänien, Ungarn, die Tschechoslowakei usw.) nicht nur von den Deutschen, sondern auch von der Herrschaft ihrer eigenen Bourgeoisie und Großgrundbesitzer zu befreien, die mit den Faschisten zusammengearbeitet hatten und deshalb politisch und notfalls auch physisch liquidiert werden mußten.

In Deutschland aber gab es offensichtlich allzu viele Faschisten,

„Kollaborateure“ mit ihrer eigenen Regierung, als daß die Rote Armee nach Überschreiten der Reichsgrenzen dieses Befreiungs-Schema mit seiner nationalen und sozialen Verzweigung hätte beibehalten können. Deshalb erweiterten die Politabteilungen ihr Erziehungsprogramm: Nun hieß es, daß man dem deutschen Volk helfen müsse, seine Verirrung unter Hitler rasch zu erkennen, daß es dadurch unfreiwillig mitgeholfen habe, daß in den besetzten Ländern, vor allem natürlich in der Sowjetunion, von den Faschisten solche Greueltaten begangen werden konnten. Eine derartige „Schulung“ hatte nur Aussicht auf Erfolg, wenn man den Sowjetsoldaten klarmachen konnte, daß nicht das deutsche Volk, sondern seine faschistischen Unterdrücker die Sowjetunion von Leningrad bis zum Schwarzen Meer, von Polen bis zur Wolga in jenen Zustand versetzt hatten, der jedem Soldaten durch Augenschein bekannt war.

Leser von heute, die solche persönlichen Erfahrungen nicht gemacht haben, werden sich nur schwer vorstellen können, wie es in den von deutschen Truppen besetzten Ostgebieten aussah. Um anschaulich zu machen, was die Rote Armee in den von ihr befreiten Teilen ihres Landes vorfand, sei ein Bericht angeführt, den der SS-Hauptsturmführer Wilke im November 1943 an den Chef der Sicherheitspolizei in Minsk übersandte; der Bericht ist deshalb interessant, weil er von einem Mann stammt, der seine fünf Sinne noch beisammen hatte. Thema des Berichts ist das gegen die Bevölkerung des Rayons Wilejka im Kreis Minsk gerichtete Unternehmen „Fritz“. Der Erfolg bestand unter anderem darin:

„Feindverluste:
327 tot
227 gefangen
182 sonderbehandelt (d. h. erschossen; Anm. d. Verf.)

Eigene Verluste:
11 Deutsche tot
32 Deutsche verwundet
1 Fremdvölkischer tot
9 Fremdvölkische verwundet

Zerstört:
19 Bandenlager, 45 Bunker, 50 Höhlen

Abgebrannt:
87 Dörfer.“

Zu diesem „Erfolg" äußert sich Hauptsturmführer Wilke kritisch:

„Unverständlich bei den La-Führern (Landwirtschafts-Führern) war das schnelle Abbrennen der Dörfer, obwohl sämtliche Gebäude mit Getreide- und Heuvorräten gefüllt waren. Auch Heu- und Getreidediemen sind mit verbrannt. Daher auch der geringe Erfolg an Getreide-, Heu- und Stroherfassung. Den Einheiten kam es nur darauf an, Vieh, welches sie vorfanden, abzutreiben und damit die Erfassung zu beenden ... Es wurde der Vorschlag von den La-Führern gemacht, die evakuierten Dörfer ein bis zwei Tage stehen zu lassen, um hundertprozentig zu erfassen. Der Vorschlag wurde aber abgelehnt ... Warum werden überhaupt die Dörfer abgebrannt? Die Banden sind doch so anspruchslos und bauen sich Erdbunker, und was zum Lebensunterhalt gebraucht wird, holen sie sich aus dem noch bewirtschafteten Teil des Kreises ... In Miadziol, Gebiet Wilejka, sind ca. 20 Dörfer bei dem letzten Unternehmen abgebrannt. Jetzt hat Miadziol mehr Partisanen denn je*."

Für die Zerstörung der Sowjetunion mit der hier beschriebenen Gründlichkeit waren, wie man deutlich erkennt, weder militärische noch wirtschaftliche Interessen maßgebend. Hier tobte sich vielmehr der Herrenrassenwahn gegen die „Untermenschen" aus. Eben dessen war die Rote Armee Zeuge geworden. Dieser Wahn war der Motor der Verbrechen. Noch heute, zwanzig Jahre danach, ist er schwer zu begreifen. Ein Text wie der folgende klingt geradezu unglaublich; er steht in den Richtlinien des Beauftragten für Ernährung und Landwirtschaft, Staatssekretär Backe, für das Verhalten der Beamten in den zu besetzenden Gebieten der Sowjetunion (diese Richtlinien wurden als „geheime Kommandosache" schon am 1. Juni 1941, also vor dem Überfall auf die Sowjetunion, in Berlin herausgegeben):

„... Redet nicht, sondern handelt! Den Russen werdet Ihr nie ‚überreden' ... Reden kann er besser als Ihr ... Ihr sollt handeln. Dem Russen imponiert nur das Handeln, weil er selbst weibisch und sentimental ist. ‚Unser Land ist groß und schön, aber es herrscht keine Ordnung darin. Kommt und herrscht über uns.' Das war bereits der Leitspruch der Russen zu Anfang ihres Staates bei der Einladung an die Normannen. Diese Einstellung zieht sich wie ein roter Faden über Mongolenherrschaft, Herrschaft der Polen und Litauer, Autokratie

* Staatsarchiv der Weißrussischen Sowjetrepublik, Fonds 370, Liste 6, Akte 138, Blatt 1; zitiert nach *Dokumente der Okkupationspolitik* ..., Moskau 1963.

der Zaren und Herrschaft der Deutschen bis zu Lenin und Stalin hin. Die Russen wollen stets nur Masse sein, die regiert wird. So wird auch ein deutscher Einmarsch auf sie wirken . . . Ihr müßt Tatmenschen sein . . . Dann ist der Russe Euch willig untertan. Legt keine deutschen Maßstäbe und Gewohnheiten an, vergeßt von Deutschland alles außer Deutschland selbst*."

Nun also sollten die Soldaten der Roten Armee dazu gebracht werden, das von ihnen Erlebte und Gesehene zu vergessen oder doch jedenfalls nicht nach dem Grundsatz „Auge um Auge, Zahn um Zahn" zu handeln. In einer sowjetischen Dokumentation** ist dieser Versuch der Politabteilungen, die Rachegefühle der Soldaten zu dämpfen, im einzelnen dargestellt. Aber die Einimpfung einer Missionsidee erfolgte nicht nur aus ideologischen oder politischen Erwägungen heraus, sondern auch aus Sorge um die Disziplin der Truppe.

Schon am 1. März 1945 hatte der Kriegsrat der 1. Weißrussischen Heeresgruppe unter dem Eindruck brutaler Übergriffe sowjetischer Soldaten in Ostpreußen in einer „grundsätzlichen Direktive" befohlen, gegen das undisziplinierte Verhalten der Soldaten gegenüber der Zivilbevölkerung müsse mit aller Schärfe vorgegangen werden. Ab Anfang Mai wurde in den Armeezeitungen immer häufiger zur Festigung der Disziplin aufgefordert – ohne daß freilich die Ausschreitungen, die solche Aufforderungen nötig machten, direkt beschrieben wurden. Immer wieder wurden die Soldaten darauf hingewiesen, daß sie im Ausland „Vertreter des Staates" seien und sich diszipliniert und ehrenhaft zu benehmen hätten, „weil sonst das Ansehen der Sowjetarmee in der ganzen Welt geschädigt" werde. In der „Krasnaja Armija" schrieb ein Major Bawydenko: „Die Deutschen hier und auch die Vertreter anderer Staaten blicken auf uns. Nach dem Verhalten des sowjetischen Soldaten urteilen sie über unseren Staat, über unser Volk, über unsere Kultur." Es kam sogar zu einer regelrechten publizistischen Fehde zwischen der „Krasnaja Armija" und einer anderen Soldatenzeitung, „Za Rodinu", der die „Krasnaja" vorwarf, sie trete nicht nachdrücklich genug für die Festigung der Disziplin ein.

Um verstehen zu können, mit welchen Besorgnissen die sowjetische Führung der Begegnung ihrer Armeen mit „dem Westen" entgegen-

* Staatsarchiv der UdSSR, Fonds 7021, Liste 148, Akte 12, Blatt 59–63; zitiert nach *Dokumente der Okkupationspolitik,* Moskau 1963

** *Ideologicaskaja rabota KPSS na fronte* 1941–1945, Moskau 1960

sah, muß man sich vor Augen halten, in welcher Entwicklungsphase die Sowjetunion sich damals befand. 1945 hatten die Völkerschaften dieses 12 000 km langen und 4000 km breiten Riesenreiches außerhalb einiger weniger Großstädte noch kaum einen Hauch jener technischen Zivilisation verspürt, die dem westlichen Europa seit einem Jahrhundert selbstverständlich geworden war.

Im deutschen Bewußtsein hat sich 1945 ein Russenbild eingegraben, das bei vielen seither unverändert geblieben ist und dem heutigen Stand der Dinge keineswegs mehr entspricht. Nach diesem Bild ähnelt „der Iwan“ entweder einem betrunkenen Gewalttäter mit mongolischem Raubtiergesicht oder einem uniformierten Menschenaffen, der Radfahren will und es nicht kann, der einem Auto Fußtritte versetzt, wenn es nicht fährt, der Federbetten aufschlitzt und sich in den Federn wälzt und einen Mann mit „Professor“ anredet, wenn in dessen Wohnung zwanzig Bücher stehen.

Dieses Zerrbild tat dem angeschlagenen deutschen Selbstbewußtsein so gut, daß es für viele Deutsche zu einem festen Bestandteil ihrer Weltvorstellungen wurde, zumal etwas Wahres daran war. Die Sowjetunion, die der Intourist-Reisende heute kennenlernt, gab es vor zwanzig Jahren noch nicht. Erst nach Kriegsende, ja, eigentlich erst nach Stalins Tod hat der wirkliche Durchbruch zur Massenzivilisation begonnen. Diese Entwicklung läßt sich deutlich am Beispiel der Metropole ablesen: nach dem Zweiten Weltkrieg bestand Moskau noch zur Hälfte aus Holzhäusern, und außerhalb des Stadtzentrums gab es kein Dutzend asphaltierter Straßen. Heute sind die wenigen noch vorhandenen Holzhäuser unter Denkmalschutz gestellt, und höchstens in eben erst aus dem Boden gestampften Wohnquartieren, die sich in Jahresfrist kilometerweit ins Land hinausschieben, findet man Straßen, die noch nicht asphaltiert sind.

Für die Millionen, für das „Volk in Uniform“, das Schukow, Konjew, Bogdanow und andere Heerführer nach Mitteleuropa führten, war „der Westen“ ein berauschendes Wunder. Wenn Berlinerinnen sich in den oberen Stockwerken hoher Häuser versteckten, waren sie vor Vergewaltigungen ziemlich sicher: in der Mehrzahl waren die Sowjetsoldaten in einstöckigen Holzhäusern aufgewachsen; hohe Steinhäuser kamen ihnen unheimlich vor. Noch in der offiziellen *Geschichte des Großen Vaterländischen Krieges* findet man in der Beschreibung des faschistischen Deutschlands, das bis „in die Tage vor seinem völligen Zusammenbruch immer noch ein starker, gefährlicher Gegner geblieben“ sei, den Satz: „Alle Gebäude, nicht nur in den Städten, sondern auch in den Dörfern, waren aus Stein“ (Band V, S. 251).

Besorgt fragten sich Marschälle und Generale, was wohl geschehen werde, wenn diese primitiven Menschen in die zwar verwüstete, aber ihnen immer noch großartig erscheinende, mit Schätzen vollgestopfte Weltstadt Berlin eindringen würden. Sie fürchteten, die Truppe könnte ihrer führenden Hand entgleiten – und genau das geschah auch vorübergehend. Um dem vorzubeugen und die Schlagkraft ihrer Einheiten zu erhalten, unternahmen sie alle nur möglichen Anstrengungen. Sie versuchten, ihre Soldaten entsprechend zu „schulen“. Aber mit dieser Erziehungsaufgabe waren die Politabteilungen der Truppenverbände überfordert, denn sie konnten ja die faschistischen Teufel jetzt nicht plötzlich allesamt als arme, irregeleitete deutsche Arbeiter hinstellen. Es mußten komplizierte Unterscheidungen getroffen werden, denen die Soldaten nicht folgen konnten. Die Teufel sollten Teufel bleiben; daneben gab es die Verführten – aber woran waren sie zu erkennen? Sie waren alle Deutsche, sprachen deutsch, sahen deutsch aus. Einige schossen von den Dächern herab; das war eine klare Sache, die mußte man ausräuchern. Aber wie sollte man bei all den anderen, die nicht schossen, herausbekommen, ob sie Vertrauen verdienten oder den Tod?

Ob diesem Versuch einer „Umschulung“ jeder Erfolg versagt geblieben ist, läßt sich nicht feststellen, denn wir wissen nicht, was ohne ihn in Berlin geschehen wäre. Hätte sich dort ähnliches abgespielt wie in Kiew, in Krasnodar, in Dünaburg, in Minsk, um nur einige der von Deutschen „durchgemordeten“ Städte in der UdSSR zu nennen (durchgemordet als sinngemäße Nachbildung des Wortes durchgeforstet)? Der politische Erfolg jedenfalls, auf den es Stalin ankam, wurde nicht erreicht, und der Auflösung der Disziplin konnte nicht durch Erziehung, sondern nur durch drakonisches Durchgreifen und eine unverzügliche Herausnahme der Truppen aus den großen Städten begegnet werden. Seit dem 15. Mai 1945 lebten die Rotarmisten auf deutschem Boden in viel strengerer Isolation als jede andere Besatzungsarmee. Aber auch nach dem 15. Mai hörten die Übergriffe nicht auf. Als Anfang Juli die westlichen Truppenkontingente ihre Sektoren in Berlin übernahmen, kam es zu regelrechten nächtlichen Raubzügen sowjetischer Soldaten in die von ihnen geräumten Stadtgebiete, so daß sich Schukow jetzt, da es um das internationale Ansehen seiner Truppen ging, mit einem dringenden Hilferuf an Moskau wandte. Dort wurde eilends eine Elitedivision aus jungen Soldaten, die noch an keinen Kampfhandlungen teilgenommen hatten, nach Berlin in Marsch gesetzt; ihr gelang es dann endlich, für Ordnung und Sicherheit zu sorgen.

In der Sowjetarmee gab es – im Gegensatz zur amerikanischen Armee – zunächst keinen Antifraternisierungsbefehl. Als daher Marschall Schukow und der Stellvertretende Volkskommissar für Auswärtige Angelegenheiten Wischinskij am 9. Juni in Karlshorst eine Pressekonferenz abhielten, erkundigten sich westliche Korrespondenten interessiert, wie die Sowjets ihre Beziehungen zu den Besiegten geregelt hätten.

Der Vertreter der in London erscheinenden „Sunday Times" richtete an Schukow die Frage:

„Welche unmittelbaren Beziehungen zwischen der Roten Armee und der deutschen Bevölkerung sind zugelassen? Wie schätzen Sie die Möglichkeit der loyalen Mitarbeit des deutschen Volkes mit den Alliierten ein?"

Schukow entgegnete: „Zunächst möchte ich auf die zweite Frage antworten: Ich bin der Meinung, daß unsere Beziehungen zu dem deutschen Volke und die Beziehungen des deutschen Volkes zu den verbündeten Völkern in erster Linie von dem Benehmen der Deutschen abhängig sind. Zur ersten Frage: Die Beziehung der sowjetischen Armee zur deutschen Bevölkerung ist in einer strengen Besatzungsordnung festgelegt."

Zusatzfrage: „Als wir Ihnen diese Frage stellten, wollten wir wissen, ob eine Fraternisierung der Roten Armee mit der Bevölkerung zugelassen ist."

Antwort: „Die strenge Besatzungsordnung müßte eigentlich jedem verständlich sein*."

Verständlicherweise waren solche Fragen Schukow unangenehm, und er wehrte sie ab, um auf diese Weise schon das Vorfeld einer Problematik zu verteidigen, die unter keinen Umständen zur Sprache kommen sollte. Die bittere Enttäuschung, die das Verhalten der Truppe auf deutschem Boden der sowjetischen Führung bereitete, ist in einer Ostberliner Dissertation angedeutet, die 1963 der Philosophischen Fakultät der Humboldt-Universität vorgelegt wurde; sie hat die

* Zitiert nach der „Prawda" vom 10. 6. 1945.

1945 und 1946 von den Sowjets in Berlin geleistete Aufbauarbeit zum Thema:

„Nicht alle Angehörigen der Sowjetarmee verstanden sofort diese Linie. Der Marsch über tausende Kilometer verbrannter Heimaterde, durch zerstörte Dörfer und Städte, vorbei an den Galgen und Massengräbern getöteter Sowjetbürger ließ den Haß gegen die deutschen Aggressoren ins Unermeßliche wachsen, trübte bei manchen Angehörigen der Sowjetarmee den Blick für die von der sowjetischen Staats- und Armeeführung angestrebte klare Unterscheidung zwischen den Hitlerfaschisten und dem irregeführten deutschen Volk und ließ Gefühle der Vergeltung entstehen. Dreieinhalb Jahre des erbitterten und schonungslosen Kampfes waren nicht spurlos an den Sowjetsoldaten vorübergegangen. Es waren auch noch längst nicht alle Bürger der Sowjetunion so durch die sozialistische Ideologie geformt worden, daß sie sich allen Prüfungen des Krieges gewachsen zeigten. Es gab Soldaten und Offiziere, die der falschen Meinung waren, im faschistischen Deutschland sei ihnen alles erlaubt. Es gab in moralischer Hinsicht unbeständige Militärangehörige, die die Ehre und Würde eines Sowjetsoldaten nicht schätzten. Dieses Verhalten rief bei den Kommandeuren, Politorganen und Parteiorganisationen der KPdSU in der Armee Besorgnis hervor. Deshalb wurde auf die richtige Erklärung des Verhaltens zur deutschen Bevölkerung von den verantwortlichen Stellen der Armeeführung großes Gewicht gelegt*." Diese Stelle ist meines Wissens das äußerste Zugeständnis im Faktischen, das sich in einem offiziellen Dokument der DDR findet (unter den gegebenen Umständen muß auch eine angenommene Dissertation wohl als offizielles Dokument angesehen werden). In der Sowjetunion selbst ist ein ähnlicher Text nirgendwo zu finden.

Ehe wir uns weiter mit den damaligen Ereignissen in Berlin beschäftigen, eine Zwischenbemerkung: Bei der Niederschrift dieses Abschnitts über die Vergewaltigungen bin ich mir durchaus bewußt, daß er anders aufgenommen werden wird als alles, was sonst in diesem Bericht zur Sprache kommt. In diesem Punkt ist von kaum einer Seite eine Bereitschaft zur Sachlichkeit zu erwarten, es sei denn bei der

* Horst Schützler, „Die Unterstützung und Hilfe der Sowjetunion für die antifaschistisch-demokratischen Kräfte Berlins in ihrem Kampf um eine demokratische und friedliche Stadt, April/Mai 1945 – Oktober 1946", Dissertationsschrift, maschinengeschriebenes Manuskript, Berlin 1963, S. 27.

jüngeren Generation, bei der sich allerdings wiederum die Frage stellt, ob sie das alles überhaupt noch so genau wissen will. Dennoch sollte sie gerade diesem Abschnitt ihr Interesse zuwenden, weil sich aus den Gewalttaten der sowjetischen Armee in Berlin und ihrer politisch-psychologischen „Auswertung" Konsequenzen ergaben, die für das Verhalten Westdeutschlands zur Sowjetunion und zum Kommunismus von entscheidender Bedeutung wurden.

Für nicht wenige Deutsche – vorwiegend allerdings für die deutschen Männer und von diesen wiederum für jene, die in der Bundesrepublik und in Westberlin leben – hat sich der vielschichtige Gegenstand dieses Berichtes über „die Russen in Berlin 1945" schon seit zwanzig Jahren auf die Vorstellung reduziert, die Rotarmisten seien damals nach Berlin gekommen, hätten dort die deutschen Frauen vergewaltigt – und damit Schluß. Mehr weiß man nicht, mehr will man nicht wissen. Man fragt sich nicht, was diese Rotarmisten für Menschen waren, und schon gar nicht stellt man Überlegungen hinsichtlich der Motive an, die den Vergewaltigungen zugrunde lagen. Eine sachliche Aufhellung der Zusammenhänge hat man bislang nicht einmal andeutungsweise versucht. Ebenso gängig wie lächerlich ist die Anschauung, ein sowjetischer Zivilisationsliterat jüdischer Herkunft namens Ilja Ehrenburg habe den Millionen Soldaten, aus denen die Heeresgruppen Schukows und Konjews bestanden, gleichsam befehlen können, deutsche Frauen zu schänden.

Hingegen ist für jene Sowjetbürger, die überhaupt davon wissen, daß sich Soldaten der Roten Armee in Deutschland und vor allem in Berlin an deutschen Frauen in gewalttätiger Weise vergangen haben – und außer den Soldaten der genannten Heeresgruppe wissen es nicht viele, und auch von diesen durchaus nicht alle –, das Faktum tabuiert. Selbst wenn ein Deutscher zu einem Sowjetbürger in freundschaftlichster Beziehung steht und er auf allen anderen Gebieten eine unbefangene, offene Diskussion führen kann – dieses Thema darf sogar unter günstigsten Umständen in der Sowjetunion nicht angeschnitten werden. Daß es gerade von einem Deutschen in der UdSSR nicht berührt werden sollte, versteht sich angesichts der dort begangenen Greueltaten von selbst; wer davon spräche, würde – völlig zu Recht – als Provokateur angesehen werden.

Dessen ungeachtet wäre zu wünschen, daß informierte, an einer vernünftigen Entwicklung interessierte Sowjetbürger von sich aus das Bedürfnis hätten, diesen Dingen in einer Diskussion mit Deutschen in faktischer und psychologischer Hinsicht auf den Grund zu gehen. Das aber geschieht nicht, denn allzu tief sitzt bei denen, die objektiv informiert sind, die Scham über das, was sich ereignet hat. Am besten wüßten es natürlich jene, die aktiv an den Ausschreitungen beteiligt waren, doch unter ihnen findet man keinen, der fähig wäre, über sein Handeln in einer objektiv und subjektiv einmaligen Ausnahmesituation rückblickend ein kommentierendes Wort zu äußern. Über so etwas wird in der Sowjetunion auch im Freundeskreis nicht gesprochen. Die Sowjetvölker wurden nicht durch den Kommunismus prüde, sondern sind es von Natur aus; der Kommunismus und die Technisierung üben eher eine auflösende als eine verschärfende Wirkung auf die allgemeine Prüderie aus.

Wenn es in der UdSSR überhaupt noch eine Spur jener Ereignisse gibt, dann möglicherweise in Form einer Anzahl sorgfältig geheimgehaltener Kriegsgerichtsurteile gegen Berlinkämpfer, die das Soldatenpech hatten – so muß man aus ihrer Sicht sagen –, an Ort und Stelle durch Vorgesetzte der Gewalttat überführt worden zu sein. Freilich ist nur ein Bruchteil der aus solchem Anlaß erfolgten Exekutionen gerichts- und aktenkundig geworden. Deutsche Augenzeugen berichten, daß in manchen Fällen der betreffende Disziplinarvorgesetzte oder auch der nächstbeste Offizier ein Verfahren überflüssig machte, indem er zur Pistole griff und den Gewalttäter erschoß.

Wollte man die deutsche und die sowjetische Einstellung zu diesem Aspekt der „Schlacht um Berlin" auf eine Formel bringen, so könnte man sagen: Für die Deutschen gibt es nur die Vergewaltigungen; für die Sowjets gibt es diese überhaupt nicht.

Auch noch nach 20 Jahren ist in der Sowjetunion das makellose Bild der Berlinkämpfer gültig, das die „Prawda" im Mai 1945 geschaffen hat: der Soldat als Kriegsheld und Missionar in einem, in jeder Hinsicht ein Vorbild für die verrotteten Faschisten und ihre irregeleiteten Opfer. So schrieb der Kriegsberichter J. Makarenko am 21. Mai 1945: „Die Rote Armee bekämpfte immer gnadenlos den Feind auf dem Schlachtfeld, jedoch die friedliche Bevölkerung, die die Rechte des Siegers respektiert, ist für sie unantastbar. Die Bevölkerung Berlins bekam das schon in den ersten Tagen nach Besetzung der Stadt durch die Rote Armee zu spüren. Sie konnte sich mit eigenen Augen überzeugen, wie verlogen die Hitlerpropaganda war, die mit allen Mitteln – mit dem ‚bolschewistischen Terror' und anderen verleumderischen Hirngespinsten – die Bevölkerung einschüchtern wollte.

Die Leute atmeten jedoch erleichtert auf und gingen an ihre tägliche Arbeit. Auf den Berliner Straßen erschienen von Tag zu Tag immer mehr Menschen. In den ersten Tagen konnte man hier auf den Straßen nur Greise und alte Frauen sehen, die sich schreckhaft an die Mauer drückten, wenn wir vorbeigingen. Die jüngeren Leute, besonders die Frauen, blieben lieber in den Kellern oder in den mit vielen Schlössern verriegelten dunklen Wohnungen. Jetzt sind die Straßen im Zentrum sowie am Rande der Stadt buchstäblich von Menschen überfüllt. Aus allen Richtungen bewegen sich Flüchtlingskolonnen mit kleinen, mit Haushaltüberbleibseln beladenen Handwagen und Karren in Richtung Berlin. Das sind die Berliner, die aus Furcht vor Luftangriffen die Stadt verlassen hatten und in der Umgebung und den Vororten von Berlin abwarteten. Die Einwohnerzahl von Berlin wird von Tag zu Tag größer. Zur Zeit zählt die Stadt etwa zwei Millionen Einwohner."

Der Bericht ist nicht falsch, aber unvollständig. Tatsächlich atmeten die Menschen erleichtert auf, als der Krieg zu Ende war, und sie gingen auch ihrer Arbeit nach, doch war dies nicht ihre „tägliche", gewöhnliche Arbeit, sondern sie bestand darin, durch die Ruinen und Trümmerfelder begehbare Fußwege zu bahnen und sich das Notwendigste zum Leben zu beschaffen.

Vermitteln nun im Vergleich zu diesen sowjetischen Darstellungen die deutschen Berichte ein vollständigeres und zutreffenderes Bild? Das Ehepaar P. wohnt heute wie damals in der zum sowjetischen Sektor gehörenden Neuen Schönhauserstraße. „Ja, ich erinnere mich, wie die Russen die Schönhauserallee herunterkamen", berichtet Frau P. „Ein sowjetischer Soldat stieg auf die Barrikaden bei der U-Bahnstation Weinmeisterstraße und schwenkte die rote Fahne. Dabei warfen sich ihm drei oder vier Berlinerinnen an den Hals. Die Soldaten kamen in die Keller und plünderten das Gepäck; sie nahmen auch Frauen und Mädchen mit, aber meine Jüngste, sie war damals 17, konnte ich so gut verstecken, daß ihr nichts passierte. Im Hinterhaus entwickelte sich rasch ein flotter Betrieb mit den Frauen. Die umliegenden Warenlager und Kaufhäuser wurden gleich zu Beginn der Besetzung von deutschen Zivilisten geplündert. Meine ältere Tochter hatte ich nach Birkenfeld zu Verwandten gebracht. Nun wollte ich sie holen, aber man durfte nicht aus dem eigenen Bezirk heraus. Ich tat so, als sei ich eine Putzfrau; mit Eimer und Besen in der Hand ging ich zu Fuß bis Birkenfeld."

Seit 1933 ist Frau J. Chefsekretärin in einer Frauenklinik in

Charlottenburg: „Mein damaliger Chef war Professor Sch. Dreißig Jahre lang, bis 1952, hatte er die Funktion eines ärztlichen Direktors. Am 30. April 1945 kamen die Russen in unser (Privat-)Haus am Westend und trieben alle Bewohner auf die Straße. Meine Mutter und ich gingen zu Freunden, mußten aber dort schreckliche Ausschreitungen miterleben und flüchteten schließlich in die Klinik. Das war am 1. Mai. Da waren die Russen auch bereits in der Klinik, und man sagte uns, es sei nicht ratsam, dort zu bleiben, weil eine große Feier zu erwarten sei. Man ahnte ja, was herauskommen würde, wenn sie Alkohol hatten. Ich verstand es, mich mit einer alten Brille und Schminke in eine alte Frau zu verwandeln. Die Kranken – wir hatten nur noch ein Dutzend schwerer Fälle an diesem Tag im Haus – waren automatisch geschützt, weil sie im Krankenhaus lagen. Das übrige Krankenhaus hatten die Russen in ein Heerlager verwandelt. Sie besetzten die oberen Stockwerke, die wir wegen der Bomben und des Artilleriebeschusses in der letzten Zeit bereits geräumt hatten. Aus einem Krankensaal machten die Soldaten einen Pferdestall. Ein anderer Raum wurde russisches Lazarett. Nur bei den allerersten Operationen mußten unsere Schwestern Petroleumlampen halten. Zu meinem Chef kamen die russischen Soldaten und fragten: ‚Du Professor?‘ Er bejahte: sie waren begeistert und verlangten, er solle sie behandeln, gegen Geschlechtskrankheiten, die aber meistens nur eingebildet waren. Davor hatten sie panische Angst."

Frau J. urteilt: „Das Bild, das ich mir damals von den Sowjets gemacht habe, ist zwiespältig. Einerseits hatten sie kein Mitleid für alles Weibliche, das ihnen unter die Hände kam, andererseits sorgten sie für die Kranken und Verletzten. Als Professor Sch. einmal eine deutsche Frau, die wohl ziemlich schwer verletzt war, an der Tür des Bunkers zurückwies, weil keinerlei Möglichkeit zur Unterbringung oder Operation bestand, verlangten die Russen kategorisch die Behandlung und machten dem Professor schwere Vorwürfe. Ihre Offiziere waren adrett und ordentlich, die Soldaten von den Kämpfen gezeichnet, aber weder zerlumpt noch verdreckt. Daneben aber diese widerlichen Mongolen, die immer auf uns einsprachen, aber wir wußten nicht, was sie wollten."

Aus den Erinnerungsnotizen, die uns Probst Heinrich Grüber für dieses Buch zur Verfügung gestellt hat, wurde bereits in dem Abschnitt „Eine Chronik der 10 Tage" zitiert. (Vergl. S. 125 ff. und S. 134). Aus der gleichen Quelle stammen die folgenden Sätze:

„Wir begannen Panzersperren, Gräben und dergleichen zu beseitigen. Die vorhandenen Lebensmittel wurden zusammengetragen und rationiert. Um unsere Vorräte zu vergrößern, erhielten einige der Männer den Auftrag, die angeschossenen Pferde zu schlachten.

Wir mußten bald das Gemeindehaus zum Militärlazarett machen, während im Hause des Ortsgruppenleiters eine Entbindungsstation eingerichtet wurde. Dort konnten auch die Frauen, die vergewaltigt worden waren, sofort behandelt werden. Leider nahmen diese Übergriffe zu, so daß ich den Kommandanten um Hilfe bat.

Man versprach mir, die beschuldigten Soldaten zu bestrafen, wenn ihre Namen bekannt seien, was ja meist nicht der Fall war. Allerdings konnten wir erleben, daß Offiziere die Soldaten, die bekannt wurden, erschossen haben."

In seiner großzügigen, jeder Pendanterie abholden Art stellte uns Probst Grüber nicht ein einzelnes, in sich abgeschlossenes Manuskript zur Verfügung, sondern gleich eine ganze Mappe mehr oder weniger loser Blätter, auf denen sich verschiedene Fassungen ein und derselben Erinnerung fanden. Sie widersprachen sich nicht, aber sie ergänzten sich. Der oben zitierte Satz: „Dort konnten auch die Frauen, die vergewaltigt worden waren, sofort behandelt werden", findet sich ähnlich in einer anderen Fassung, wird aber dort durch folgende Information ergänzt:

„In dieser Nacht sperrte ich die Frauen in die Kirche ein und stellte mich davor. Wollten Russen Einlaß, dann sagte ich: ‚Ich Pope, hier nix Frauen, hier Kirche', und auf diese Weise blieben sie in Sicherheit. Leider mußten wir erleben, daß unsere Vorsorge überflüssig war, weil sich die meisten von ihnen dann freiwillig hingaben."

Immer wieder finden sich Hinweise darauf, daß die Berliner Frauen den Berichten über Vergewaltigungen in den von den Sowjets bereits besetzten Gebieten, vor allem in Ostpreußen, keinen Glauben geschenkt, sondern sie als Nazipropaganda abgetan hatten, so daß sie auf die ihnen drohende Gefahr nicht vorbereitet waren. Am leichtesten fanden die Sowjetsoldaten ihre Beute in den ersten Stunden und Tagen. Allerdings wird auch oft bezeugt, daß die sogenannte erste Welle, die eigentlichen Kampftruppen, sich in jeder Hinsicht tadellos verhalten und erst die nachkommenden Verbände das eigentliche Unheil über die Stadt gebracht hätten. Das würde bedeuten, daß nicht die beiden ersten Tage nach der Besetzung, sondern die folgenden für die Bewohner am schlimmsten gewesen wären.

In der Regel war es jedoch nicht so. Aus vielen Aussagen geht hervor, daß schon die ersten Rotarmisten, die in einer Straße auftauchten, in die Keller stiegen und die Frauen mit Taschenlampen ableuchteten, um sich eine von ihnen auszusuchen.

Welche Truppenteile oder Truppengattungen sich besonders gewalttätig benommen haben, läßt sich nicht mehr ermitteln. Manchmal wird gesagt, die polnischen Kontingente hätten sich in dieser Hinsicht besonders hervorgetan, und in Moskau bekommt man gern die Geschichte von den spanischen NS-Kollaborateuren vorgesetzt, die sich in russische Uniformen kleideten, um als „Russen" in einem Arbeiterviertel wie die Wilden zu hausen. Diese Spanier hat es tatsächlich gegeben; um sie zu identifizieren, bedienten sich die Russen nachweislich der Hilfe der deutschen Kriminalpolizei. Wenn aber damit angedeutet werden soll, daß die Gewalttaten insgesamt auf spanisches oder polnisches Konto gehen, dann ist das eine allzu durchsichtige Taktik.

Es liegt in der Natur der Sache, daß die sowjetischen Soldaten ihren Opfern nur in verschwindend wenigen Fällen namentlich bekannt wurden – dann nämlich, wenn sich aus der Vergewaltigung eine längere Beziehung entwickelte. Es ereignete sich damals alles, was menschlich ist, und so entstand manchmal auch aus wahlloser Gewaltanwendung eine echte Liebesbeziehung. Dann wurden Namen, ja Briefe ausgetauscht, und es kam vor, daß sowjetische Soldaten bei ihrem Truppenteil einen Antrag auf Heiratserlaubnis stellten; nach den vorhandenen Unterlagen wurde allerdings 1945 kein einziger dieser Anträge genehmigt.

Für eine quantitative Berechnung gibt es keine zuverlässigen Anhaltspunkte. Zwar könnte man sich auf den Standpunkt stellen, daß die Zahl der Fälle gleichgültig sei, so wie gerade moralisierende Deutsche zuweilen argumentieren, es käme nicht darauf an, wie viele Juden in den KZ ermordet wurden: entscheidend sei die Tatsache als solche, die Methode als solche. Nichts jedoch ist falscher als eine solche Betrachtungsweise, denn die Zahl bestimmt die Methode, die Methode bestimmt die Zahl. Wenn hunderttausend Juden mit Maschinengewehren erschossen worden wären, so hätten wir es ethisch, psychologisch, politisch mit einem ganz anderen Sachverhalt zu tun als mit dem, der Bestandteil unserer Geschichte geworden ist.

Desgleichen: Wenn eine Million sowjetischer Soldaten einer Million Berlinerinnen Gewalt angetan hätten, würden es sich nicht nur quantitativ, sondern auch qualitativ um einen völlig anderen Sachverhalt handeln als um den, mit dem wir es tatsächlich zu tun haben. Dann wäre Prinzip gewesen, was entgegen der landläufigen Anschauung in Wirklichkeit Ausnahme war. Es kommt also auf Zahlen an. Es lassen sich keine Berechnungen, nur Schätzungen anstellen.

Kaum einer der Berichte ist lediglich auf die eigene Person bezogen, keiner läßt die private Umwelt des Berichtenden unbeschrieben. Die Vorstellung, ein Einzelschicksal zu erleiden, war den Deutschen wenn nicht bereits mit der Entwicklung der Staatsallmacht vor dem Krieg, so spätestens durch den Krieg selbst mehr und mehr abhanden gekommen, und schließlich hatte sich in dem auf Berlin herabstürzenden Bombenregen zwar nicht Hitlers kämpferische Volksgemeinschaft, wohl aber ein Kollektiv passiv Erduldender und Leidender gebildet. Als die Ohnmacht einerseits, die von außen ins Leben des einzelnen eingreifende Gewalt andererseits mit den Vergewaltigungen einen Höhepunkt erreichte, wurden diese erst recht nicht mehr als individuelles, sondern als kollektives Schicksal empfunden, und eben diese Tatsache half vielen Frauen, den Schock innerlich erstaunlich rasch zu überwinden. Damit soll nicht in Abrede gestellt werden, daß es auch Fälle gab, in denen die physiologischen und psychologischen Folgen zu einer Zerstörung der Persönlichkeit führten. Einige der betroffenen Frauen wurden unheilbar wahnsinnig.

Die vorherrschende Empfindung, ein kollektives Schicksal zu erleiden, erklärt auch, warum damals in den Kellern und später in den Wohnungen über Vergewaltigungen geredet wurde wie über das Wetter oder die neueste Lebensmittelzuteilung; Sachlichkeit bestimmten den Charakter zeitgenössischer Aufzeichnungen und noch 20 Jahre später die Aussage von Frauen. Sie sprechen nicht von sich, sondern vom Keller, vom Haus, vom Wohnblock, vom Krankenhaus, von der Behörde, oder welches immer die Gemeinschaft gewesen sein mag, die für den Erzähler unmittelbar überschaubar war. Damit sind also Rückschlüsse auf die Häufigkeit der Gewalttaten in der betreffenden Gemeinschaft möglich, so daß sich ein wenn nicht statistisch präzises, so doch in der Größenordnung richtiges Mosaik zusammenstellen läßt.

Wir wollen darauf verzichten, hier die statistische Auswertung von Hunderten von Berichten zu wiederholen. Aus ihr ergibt sich, daß wir es bei den Vergewaltigungen in Berlin mit einer Größenordnung von einigen zehntausend Fällen zu tun haben. Als die Sowjets die

Reichshauptstadt besetzten, hatte Berlin, Kinder eingerechnet, etwa 1,4 Millionen weibliche Einwohner.

Etwa 80 Prozent der Vergewaltigungen im Gebiet von Groß-Berlin haben sich zwischen dem 24. April und dem 3. Mai 1945 ereignet. Je später es noch zu Vergewaltigungen kam, desto mehr Aufsehen erregte der einzelne Fall. Daß jene sowjetischen Soldaten, die darauf ausgingen, sich binnen weniger Tage kaum mehr in der Lage sahen, Opfer zu finden, geht in erster Linie nicht auf die Beendigung der Kampfhandlungen, die wiederkehrende Ordnung oder die Maßnahmen der Armeeführung zurück, sondern war hauptsächlich die Konsequenz des klugen Verhaltens der Berlinerinnen selbst: gleichsam über Nacht haben sie, nachdem sie die Gefahr erst einmal erkannt hatten, sich eine Unzahl von Vorsichtsmaßnahmen und Listen ausgedacht, um dem Unheil zu entgehen oder seine Wiederholung zu verhindern. Diese Maßnahmen reichten von der Maskierung mit schäbigen Kleiderfetzen, Schminkstift und Perücke über die Vortäuschung ansteckender oder abstoßender Krankheiten und das Aufsuchen sicherer Verstecke bis zur Erkenntnis der Gewohnheiten der Sowjetsoldaten und zu feineren psychologischen Methoden. Wer die innere Kraft und die Intelligenz aufbrachte, weder Mißtrauen noch Furcht zu zeigen, und im richtigen Augenblick den richtigen Einfall hatte (wie jene Frau, die, von sechs Russen überrascht, eine Spieleisenbahn aus dem Schrank holte und mit den Eindringlingen auf dem Fußboden Eisenbahn spielte), kam in der Regel ungeschoren davon.

Andere Frauen ergriffen die Flucht nach vorne. Diesen Weg wählte die unbekannte Berlinerin, aus deren veröffentlichtem Tagebuch schon mehrfach zitiert wurde. Sie berichtet:

„Er kramt, bevor er geht, etwas aus seiner Hosentasche, schmeißt es stumm auf den Nachttisch . . . Mein Lohn! Als ich aufstand, Schwindel, Brechreiz. Die Lumpen fielen mir auf die Füße. Ich torkelte durch den Flur, an der schluchzenden Witwe vorüber ins Bad. Erbrechen . . . Wagte nicht nachzuspülen, da immer wieder Würgen und das Wasser im Spüleimer so knapp. Sagte dann laut: Verdammt! und faßte einen Entschluß. Ganz klar: Hier muß ein Wolf her, der mir die Wölfe vom Leib hält. Offizier, so hoch es geht, Kommandant, General, was ich kriegen kann. Wozu habe ich meinen Grips und mein bißchen Kenntnis der Fremdsprache?“

Statt ohne Wahl gewählt zu werden, wählten sie selbst und suchten sich einen russischen Beschützer. Wenn dieser verlegt, über Nacht abkommandiert wurde, kehrte er nicht selten zurück. War inzwischen ein anderer Beschützer an seine Stelle getreten, gab es Krach.

Wo aber waren die deutschen Männer, denen es doch eigentlich zugekommen wäre, die Frauen zu beschützen? Wir wissen von dem berühmten Schauspieler Friedrich Kayßler, daß er sich schützend vor seine Haushälterin stellte und dabei erschossen wurde. Wir wissen von einem weiteren halben Dutzend Berlinern (unter Hunderttausenden), daß sie für ihre Frauen eintraten und dafür mit dem Leben bezahlten. Wir wissen von ein paar Dutzend (es mögen insgesamt wohl einige hundert gewesen sein), daß sie, ohne umgebracht zu werden, klug und besonnen imstande waren, ihre eigenen Frauen oder Frauen aus ihrer nächsten Umgebung vor Vergewaltigungen zu bewahren. So berichtet Friedrich Luft: „Das Nebenhaus war noch am vorletzten Tag zerschossen worden. Drei Leute waren dabei in einem Keller umgekommen. Ich weiß nicht, was uns dazu bewog, sie auszugraben; wahrscheinlich ein deutscher Impuls, daß alles seine Ordnung haben müsse. Wir haben die Leichen herausgeholt, bei uns in den Garten gelegt und mit einem Teppich bedeckt. Das wurde zur listigen Rettung, wenn die Russen nach Frauen fragten. Einige Tage lang habe ich, wenn sie mit dem Ruf ‚Wo ist Frau?' zu mir kamen, ihnen eine makabre Szene vorgespielt, um die Frauen zu schützen, die wir unter dem Dach versteckt hatten. Ich ging mit den Russen in den Garten, nahm den Teppich weg und zeigte ihnen, daß da zwei tote Frauen lagen. Ich spielte Gattenschmerz, so daß die Soldaten, was mich sehr rührte, ebenfalls in Tränen ausbrachen, zum Teil sich bekreuzigten und mir etwas schenkten, vielleicht nur ein Stück Brot. Dann gingen sie davon, um wahrscheinlich in der nächsten Straße nach Frauen zu suchen. Aber unsere Frauen oben waren damit zunächst gerettet."

Wir wissen ferner von Ehemännern, die gezwungen wurden, der Vergewaltigung ihrer Frau beizuwohnen, und nachher weiterleben durften oder auch erschossen wurden.

Ansonsten wissen wir von der überwiegenden Mehrzahl der Männer, daß sie sich hinter den Frauen verkrochen, Angst hatten und feige waren – unvorstellbar feige. Auch die Frauen hatten Angst, aber sie waren mutig – unvorstellbar mutig. Sie waren es, die während Bombenangriffen und im Artilleriefeuer aus den Kellern gingen und

Wasser holten, inmitten detonierender Bomben und Granaten nach Lebensmitteln anstanden. Praktisch aus nichts zauberten sie Mahlzeiten und bereiteten sie auf Holzfeuern zu, zu denen sie selbst das Holz zusammengesucht hatten, nachdem sie bislang gewohnt waren, mit Gas oder Strom zu kochen. Sie versteckten junge Mädchen und wehrten die Sowjetsoldaten von ihnen ab oder opferten sich selbst, wenn es nicht anders ging. Sie brachten den Männern die Suppe ans Bett, wenn diese Männer mit Gallenkoliken oder Nierenschmerzen darniederlagen, die genau so lange dauerten wie die Gefahr. (Von Gallenkoliken der Frauen wissen wir nichts.) Sie nagelten Bretter vor die scheibenlosen Fenster; sie enttrümmerten Berlin, wobei sie, wie von den Russen oft bewundernd erzählt wird, den Humor aufbrachten, die Ziegel mit den Worten durch die Kette zu reichen: Bitteschön, dankeschön, bitteschön, dankeschön.

Ohne die Frauen wäre das Leben in Berlin im April 1945 erloschen. Ohne die Männer hingegen wäre alles genauso verlaufen, wie es tatsächlich geschah – nur hätten die Frauen etwas weniger Sorgen und etwas weniger Arbeit gehabt. Schon vor der Besetzung hatten sie die Männer versteckt, damit sie nicht zum Volkssturm mußten, und als die Demontagen begannen und tonnenschwere Maschinen mit primitivsten Mitteln bewegt werden mußten, waren unter hundert Menschen, die diese Arbeit verrichteten, achtzig Frauen. Sie sprachen nicht in tragischem Ton von den Vergewaltigungen, und bald sprachen sie überhaupt nicht mehr davon. Die darüber reden, als wäre ihnen dieses Schicksal widerfahren, sind die Männer, und nicht nur in Berlin, sondern noch im südlichsten Winkel Deutschlands, wohin nie ein sowjetischer Soldat gekommen ist, erzählen sich Männer Schauergeschichten, noch heute, nicht die Frauen.

Nicht die Frauen, sondern die Männer waren es, die es unvorstellbar eilig hatten, sich weiße und rote Armbinden überzustreifen. So berichtete die „Prawda" Anfang Mai 1945 aus Berlin: „Tatsache bleibt, daß an ihnen (den deutschen Männern) die Rotarmisten vorbeigehen, Zigaretten aus der Tasche holen und rauchen wollen: und von den Bänken springen die Deutschen einer nach dem andern auf und versuchen eifrig, Feuer anzubieten." Der Hohn über den Servilismus der Deutschen, über die kriecherische Liebedienerei der deutschen Männer (nicht der Frauen!) spricht aus den zeitgenössischen Aufzeichnungen aller vier Besatzungsmächte (die Franzosen wissen am wenigsten davon, denn sie gaben sich am wenigsten sieger-

und herrenhaft und boten so den geringsten Anlaß für Servilismus). Da unter den Siegern die Sowjets am meisten gefürchtet wurden, zeigten sich in ihrem Besatzungsgebiet die schändlichsten und schäbigsten Erscheinungen der Unterwürfigkeit der „Herrenrasse".

Doch das änderte sich schlagartig, als die westlichen Besatzungsmächte in Berlin einmarschiertem. In diesem Augenblick setzte die Reaktion ein: durch Haß und Verachtung kompensierte man die Tatsache, daß man so unwürdig gekrochen war. Dieses Kompensationsbedürfnis machte sich später auch in der Politik geltend und bestimmt bis zur Stunde und wohl noch für lange Zeit die Beziehungen des deutschen zum russischen Volk.

Allerdings geht es dabei nicht nur um die Kompensation des Servilismus von 1945. In Rußland ist die Wehrmacht, sind die Deutschen so vernichtend geschlagen worden wie die Franzosen bei Sedan und die Russen bei Tannenberg. Auch diese Tatsache mußte zur Wiederherstellung des Selbstbewußtseins nachträglich ausgewogen werden, mit dem Hinweis auf die amerikanischen Leih- und Pachtlieferungen allein war das nicht zu machen. Die Vergewaltigungen in Berlin jedoch, bei denen in übertragenem Sinn die gesamte männliche Bevölkerung zuschaute, ohne etwas zu riskieren, waren nicht nur der Punkt aufs i der Niederlage, sondern boten auch die ideale Gelegenheit einer psychologischen Revanche. Wenn man schon den Sowjets daraus, daß sie den Krieg gewonnen hatten, keinen Vorwurf machen konnte – aus der Tatsache, daß einige Zehntausend von ihnen Vergewaltigungen begangen haben, ließ sich ein moralischer Aufstand inszenieren. Natürlich wäre dabei eine objektive Untersuchung der Tatsachen nur hinderlich gewesen, und deshalb hat eine solche Untersuchung nie stattgefunden. Jeder kennt jemanden, der vergewaltigt wurde oder der seinerseits jemanden kennt, dem dies widerfuhr. Auf solcher Basis ließ sich der Mythos aufbauen, die Einheiten zweier sowjetischer Heeresgruppen seien kollektiv über die Berliner Frauen hergefallen, und zwar – damit die Sache ihre deutsche antisemitische Note erhielt – auf Befehl eines in Moskau sitzenden jüdischen Literaten. Der Mythos diente einem doppelten Zweck: indem die Vorgänge verabsolutiert werden, verabsolutiert man auch die verbrecherischen Neigungen der Täter, und indem man diese verabsolutiert, entschuldigt man nachträglich, daß man damals nur zugeschaut hat. „Aber was konnten wir denn tun?" ist die hundertmal gehörte, eine Antwort ersetzende Gegenfrage, wenn man sich heute in

Berlin nach den seinerzeitigen Geschehnissen erkundigt. Die Gegenfrage meint: Was hätten wir denn gegen eine Million Triebverbrecher tun sollen? Und darauf kann man nur antworten: Nun ja, es war wohl unmöglich, sich unter diesen Umständen männlich zu verhalten.

Die Frauen hingegen haben sich an der Mystifizierung der Vergewaltigungen niemals beteiligt. Sie, die schließlich besser wissen müssen als jeder Mann, was sich damals ereignet hat und was die russischen Soldaten eigentlich bezweckten, haben darüber ihre eigenen Gedanken. Von keiner Frau, die vergewaltigt wurde oder die den Ereignissen nahe genug war, um sie beurteilen zu können, liegt eine Aussage vor, der zu entnehmen wäre, sie sei des Glaubens, daß die sowjetischen Soldaten mit dem Vollzug des Geschlechtsakts die deutschen Frauen insgesamt oder einzelne deutsche Frau erniedrigen wollten. Vielmehr waren und sind diese Frauen der Ansicht, für die der Doktorand Horst Schützler die geradezu klassische Formulierung fand: „Es gab Soldaten und Offiziere, die der falschen Meinung waren, im faschistischen Deutschland sei ihnen alles erlaubt."

Genau das war es. Aber daß sie dieser Meinung waren, hing nicht nur damit zusammen, daß sie die Sieger waren, sondern auch mit dem, was sie in Rußland erlebt und gesehen hatten. Es ging darauf zurück, wie dieser Feind sich ihnen selber dargestellt hatte bzw. wie er ihnen dargestellt worden war. (Hier kann man Ehrenburg ins Spiel bringen: er hat an der Zeichnung des Bildes der Deutschen seinen Anteil gehabt. Aber: nirgendwo in seinen Artikeln findet sich eine Behauptung über deutsche Verbrechen in der Sowjetunion, die nicht zu belegen wäre.)

Die Rotarmisten waren berauscht vom Sieg, waren berauscht vom Erlebnis der westlichen Zivilisation – und sie waren im buchstäblichen Sinn berauscht. Auch darin herrscht Übereinstimmung in den Aussagen: zwischen Trunkenheit und Gewalttat bestand in der Regel ein Kausalzusammenhang. In diesem Zustand der Enthemmung taten die Sowjetsoldaten, worauf sie (nach urlaubs- und frauenlosen Jahren) gierig waren, aber sie taten es weder zu Ehren der Sowjetunion noch zu Unehren Deutschlands.

Sie taten es in der allersimpelsten Weise. Dazu sagt Friedrich Luft: „Man wunderte sich nur, daß die Russen alle auf der Stelle so aufgelegt und in der Lage zum Akt waren. Ich war erstaunt, wie schnell und abrupt und ohne fröhliche Vorbereitung das vor sich ging."

Diese Potenz machte allerdings auf die Berlinerinnen wenig

Eindruck, da sie von keinerlei liebenswürdigeren Fähigkeiten oder Kenntnissen begleitet war. Zwar widerspricht es der herkömmlichen Legende, die nur von Grauen und Schrecken wissen will, aber es ist doch wahr und zu beweisen: auf den Gesichtern mancher Opfer erschien nach einigen Erfahrungen ein ganz leises, sehr weibliches Lächeln – sie imponierten ihnen nicht so sehr, diese Wilden. Und umgekehrt wird berichtet, daß bei individuellen Wiederholungen solcher Begegnungen, wenn die Frauen in der Meinung, nun brauche es ja nicht mehr nur scheußlich zu sein, auch nur ein wenig vom kürzesten Weg zum Ziel abzuweichen versuchten, ihren Partner dies als fürchterliche Verruchtheit vorkam, als etwas ganz und gar Teuflisches – wahrscheinlich Kapitalistisch-Teuflisches –, auf das einzugehen sie sich entsetzt weigerten. So hatte auch das Entsetzen seine zwei Seiten.

Friedrich Luft ist übrigens nicht der hier vertretenen Ansicht, es habe sich bei den Vergewaltigungen nur um eine individuelle, wenn auch kollektiv unternommene Triebbefriedigung unter enthemmenden Umständen gehandelt. Er meint: „Bei den Schändungen ist doch auch eine Art Atavismus wirksam gewesen, den ich mir als ein Bedürfnis nach Bestätigung des Sieges erkläre – ein Bedürfnis, das offenbar tief im Menschen wurzelt.“ Luft kann natürlich darauf verweisen, daß in früheren Zeiten die Vergewaltigung der Frauen der Besiegten eine selbstverständliche Begleiterscheinung des Krieges war. Wenn er recht hat, wäre das nur ein weiterer Beweis dafür, daß die sowjetische Uhr 1945 noch ein paar Jahrhunderte nachging.

Aber auch eine solche Deutung der Vergewaltigungen als Atavismus der Sieger berechtigt nicht, den Sowjetsoldaten die zielbewußte Absicht zuzuschreiben, sie hätten damit die Frauen der Besiegten erniedrigen wollen. Ohne diese dem einzelnen Täter bewußte Absicht müßte der ganze deutsche Vergewaltigungsmythos in sich zusammenfallen, wäre er nicht um ein ganz anderes Zentrum konstruiert. In seinem psychologischen Mittelpunkt sieht nicht der Sowjetmensch in seiner Macht, sondern der Deutsche in seiner Schwäche. Der Sowjetmensch, der im Zentrum der *tatsächlichen* Geschehnisse jener Zeit stand, hat im deutschen Volk ein Entsetzen hinterlassen, dessen Auswirkungen auf die Politik mit Händen zu greifen sind. (Daran kann man sehen, von welchen Emotionen die Welt wirklich bewegt wird!) Es sei mir erlaubt, eine Überlegung zu dieser Reaktion dem Leser wenigstens in Gestalt einer Frage nahezubringen. Seit Jahren beschäftige ich mich mit dem Komplex „Auschwitz". Im Zusammenhang mit dem Frankfurter Prozeß fiel mir auf, daß die „Schreibtischmörder" und ihre Helfershelfer, die ohne Haß oder irgendwelche sonstigen Emotionen ihren Opfern gegenüber die Vernichtungsmaschinerie in Gang brachten und bedienten, die Öffentlichkeit kalt ließen, während die im Licht des Prozesses hervortretenden Handlanger, die als sadistische, pervertierte Mörder eine durchaus persönliche, emotionelle Beziehung zu ihren Opfern hatten (und gerade deshalb in der Technik und Soziologie der Vernichtungslager eine gänzlich untergeordnete, untypische Rolle spielen), bewirkten, daß sich im deutschen Volk zum erstenmal in Verbindung mit den KZ Entsetzen ausbreitete.

In meinen Augen sind und bleiben zwar diese emotionalen Mörder, die Handlanger, durchaus Mörder, sind aber als solche eine übliche Erscheinung in der menschlichen Gesellschaft, vor denen sich sonderlich zu entsetzen kein Anlaß besteht, denn die Erfahrung spricht dafür, daß die sozialen Kräfte einer Gemeinschaft in aller Regel über diese asozialen Elemente die Oberhand behalten. Auch bei den untergeordneten Auschwitz-Mördern wäre dies der Fall gewesen, wenn nicht die „Schreibtischmörder" es verstanden hätten, eine Gesellschaft zu formieren, in der Mörder dieser Art straflos blieben. Dennoch ist, um ein Beispiel zu nennen, bis zum heutigen Tag ein Eichmann in Deutschland keine Figur, die Entsetzen weckt; wohl aber ein Kaduk. Es liegt mir natürlich fern, die Sowjetsoldaten in Berlin, soweit sie Gewalttaten verübten, irgendwie mit den Handlangern von Auschwitz zu vergleichen, doch sehe ich zumindest hinsichtlich der Reaktion der Deutschen eine Parallele: wie die Kaduks vermochten diese Soldaten, die weiß Gott mit persönlichem Engagement ihre Taten verübten und somit durchaus verständliche und menschliche Erscheinungen sind, in der deutschen Öffentlichkeit Schrecken zu verbreiten, indes die viel entsetzlicheren, geheimnisvolleren, unheimlichen Eichmanns gleichsam nach ihrer äußeren Erscheinung eingeschätzt werden – als Spießbürger und Bürokraten. Die übrige Welt sieht die Dinge ganz anders: für sie sind die Eichmanns das eigentliche deutsche Geheimnis, das nirgendwo seinesgleichen hat. Nur wir scheinen das grauenhafte Wesen dieser Gestalten nicht zu erkennen – weil man durch eine blaue Brille Blau nicht sieht?

Somit sei die Frage gestellt und bleibe unbeantwortet: Fühlen wir

Deutschen, die wir uns in der modernen Zivilisation so ausgezeichnet zurechtzufinden scheinen und gerade heute wieder einen erheblichen Anteil an ihrer Entwicklung haben – fühlen wir uns in unserem dunklen Drang, Vernunft für etwas Zweitrangiges und fast zu Verachtendes anzusehen, in dieser Zivilisationswelt vielleicht so unsicher, daß wir alles, was ihr angehört und als Fortschritt gelten kann, in einem verklärenden Licht sehen, ihm blind vertrauend und blind daran glaubend, um nicht das Barbarisch-Verrückte in uns hochkommen zu lassen? Sind deshalb in unseren Augen „zivilisierte“, mechanisierte Verbrechen und die dazu gehörenden „zivilisierten“ Verbrecher weniger schlimm, weil fortschrittlich? Und erfüllt uns alles, was aus tieferen Schichten der menschlichen Natur kommt, was eine antizivilisatorische Kraft verrät – und dazu gehören jene russischen Soldaten in Berlin, die „ohne jede fröhliche Vorbereitung“ Frauen vergewaltigen konnten –, deshalb mit Entsetzen, weil wir so leicht selber, wenn auch auf ganz andere Art, der Vernunft entlaufen und einem dunklen Vernichtungstrieb anheimfallen, den zu bändigen für uns eine dauernde übermäßige Kräfteanspannung bedeutet?

Wenn das zuträfe, dann hätte freilich der Vergewaltigungsmythos noch eine ganz andere Wurzel als den Minderwertigkeitskomplex gegenüber dem sowjetischen Sieger.

Das Entsetzen über die Gewaltakte war so allgemein, daß Verbrechen gegen den Paragraphen 218 des Strafgesetzbuches als durchaus legal angesehen wurden.

Nach den Gesetzen der Wahrscheinlichkeit hätten Zehntausende von Vergewaltigungen etliche tausend „Russenkinder“ zur Folge haben müssen. Wir kennen kein einziges. Wie ist das möglich?

Eine Äußerung von Probst Dr. Heinrich Grüber gibt Aufschluß: „Angesichts all dieser Umstände hatten wir uns dazu entschlossen, für diese Zeit den § 218 des Strafgesetzbuches außer Kraft zu setzen. Zusätzlich zu den Sofortdesinfektionen, die Arzt und Krankenschwester an allen Frauen und Mädchen vornahmen, die sich bei uns meldeten, haben wir die ethische Indikation für Schwangerschaftsunterbrechungen praktiziert.“

Tatsächlich wurde damals in der Praxis der § 218 in allen Fällen nicht angewendet, bei denen es sich um „Russenkinder“ handelte, so daß es im heutigen Deutschland zwar eine Unzahl sozial vollkommen integrierter junger Menschen gibt, deren Väter Franzosen, Engländer,

Belgier, Dänen, weiße und schwarze Amerikaner sind, aber keine Kinder russischer Soldaten. (Heute jedoch ist eine Frau in der Bundesrepublik nach den geltenden Gesetzen gezwungen, ein Kind auch dann auszutragen, wenn sie von einem Verbrecher vergewaltigt worden ist.)

Wir sind der Frage nachgegangen, ob nach der Kapitulation deutsche Behörden im Bereich von Groß-Berlin den Abtreibungsparagraphen formell und in schriftlicher Form außer Kraft gesetzt haben. Ein Beweis dafür war nicht zu finden, aber das bedeutet nicht, daß es eine solche Verordnung nicht doch gegeben haben könnte. Die im Wedding beheimatete Rechtsanwältin Frau K.-Sch. erklärte, sie erinnere sich nicht, daß in jener Zeit (in Frage kommen etwa die Monate Mai bis August 1945) auch nur ein einziges Verfahren wegen Eigen- oder Fremdabtreibung durchgeführt worden sei. Ihres Wissens habe damals eine Kommission Schwangerschaftsunterbrechungen ganz offiziell gestattet, wenn die werdende Mutter einigermaßen glaubhaft machen konnte, daß sie durch Notzucht geschwängert worden sei.

Rechtsanwalt Dr. R., der zur Zeit der Kapitulation in Königsberg lebte, kam am 20. September 1945 nach Berlin und wurde fünf Tage später als Anwalt zugelassen. Wie viele Berliner Anwälte wurde er in der Übergangszeit gelegentlich auch als Richter eingesetzt und hatte „Rückstände“ aufzuarbeiten, die von inzwischen aus ihrem Amt entfernten NS-Berufsrichtern hinterlassen worden waren. Dr. R. hält es für unmöglich, daß die Berliner Justizbehörden eine Verfügung des Inhalts erlassen hätten, von Russen geschwängerte Frauen dürften straflos abtreiben; eine solche Verfügung sei schon wegen der überaus großen Empfindlichkeit der Russen in diesem Punkt undenkbar gewesen. Vielmehr habe es zwischen Polizei, Staatsanwälten und Richtern ein stillschweigendes Einverständnis gegeben, jede nur mögliche Großzügigkeit walten zu lassen. Auch Dr. R. weiß aus dieser Zeit von keinem Strafverfahren wegen § 218. „Es ist deshalb unmöglich, die Zahl der damals vorgenommenen Abtreibungen, die durchaus nicht alle eine Folge russischer Vergewaltigungen waren, auch nur annähernd zu schätzen. Zahlreiche Frauen ließen ihre Kinder abtreiben, weil sie glaubten, sie in solchen Notzeiten nicht ernähren zu können.“

Bei der Berliner Justizpressestelle war zu erfahren, daß unmittelbar nach der Kapitulation eine Kommission aus Juristen, Polizisten,

Beamten und Geistlichen darüber diskutiert habe, wie man den durch Vergewaltigung geschwängerten Frauen am besten helfen könne. Da die Diskussionen noch anzudauern drohten, wenn alle diese Frauen bereits geboren hätten, „versickerten die Debatten. Niemand wurde wegen Eigen- und Fremdabtreibung verfolgt. Es herrscht in Berlin ein stillschweigendes Abkommen, nicht einzugreifen. Eine Direktive an die Strafverfolgungsbehörden, sich passiv zu verhalten, läßt sich nicht nachweisen. Schriftliche Anweisungen sind auf keinen Fall erteilt worden".

Servilismus und Entsetzen bezeichnen die polaren Reaktionen der Berliner Bevölkerung auf die intensivste Begegnung zwischen Russen und Deutschen in der Geschichte dieser beiden Völker. Nie zuvor hatten so viele Deutsche einen unmittelbaren Kontakt mit so vielen Russen. (Wir sagen „Russen" nach dem landläufigen Sprachgebrauch; natürlich waren mit den Armeen auch Hunderttausende aus anderen Nationalitäten der Sowjetunion nach Deutschland gekommen.)

Es ist hier leider nicht möglich, diese Begegnung in ihrer ganzen Vielschichtigkeit darzustellen. Wenn dieses Kapitel mit einer Auswahl von Einzelstimmen schließt, dann aus zwei Gründen: Erstens dürfen wir uns nicht ausschließlich auf die polaren Reaktionen beschränken, und zweitens soll deutlich werden, daß auch differenziertere Aussagen und Urteile von Entsetzen überschattet sind.

Frau E.: „Sie waren uns abgrundtief fremd. Selbst wenn sie uns wohlwollten, blieben wir reserviert. Wir taten, was sie befahlen, aber mit Widerwillen. Und das spürten sie sofort. Ihr Instinkt bemerkt alles. Sie empfanden unser Mißtrauen als Feindseligkeit – und wurden feindlich."

Ein Buchhändler: „Das reine Entsetzen packte uns, als sie einmarschierten. Die Propaganda und die Flüchtlingserzählungen hatten gewirkt. Am Kurfürstendamm gab es eine Selbstmordwelle, und keineswegs nur bei den Nazis. Wir konnten uns einfach kein Nachher mit den Russen vorstellen."

Ein Oberst: „Moskau hätte sich die Bevölkerung verpflichtet, wenn es die Gewalttaten, besonders gegen Frauen, nicht zugelassen hätte. Unser eigentlicher Haß galt damals den westlichen Alliierten, von denen wir uns gegenüber den Sowjets im Stich gelassen fühlten."

Frau L.: „Russische Abteilungen zogen durch unsere Straßen und sangen schwermütige Lieder. Einer sang vor, die anderen antworteten im Chor. Noch Monate, nachdem sie abgezogen waren, sangen die Berliner Kinder diese Melodien nach."

Lebensmittelhändler E.: „Bei mir suchten sie nur kurz den Keller und den Laden durch. Die Wohnung betraten sie nicht einmal. Sie verlangten Kaffee und gaben sich mit dem zufrieden, was wir ‚Muckefuck' nannten. Dafür bedankten sie sich höflich; einer konnte deutsch."

Frau A.: „Bei mir quartierte sich ein sympathischer Russe ein. Ein Offizier. Als er wegging, kehrte sein Begleiter, ein untersetzter mongolischer Hauptmann, zurück und erklärte, er habe umdisponiert, er bleibe wohnen, und verlangte als formelle Begrüßung ein gemeinsames Frühstück, zu dem er Schnaps beitrug. Von diesem Schnaps, dem irgend etwas zugesetzt war, wurden Vater und Tochter bewußtlos, und die Tochter wurde vergewaltigt. Der Vater zeigte den Hauptmann an, der um Schonung bat mit Rücksicht auf seine Familie in Rußland. Er soll zehn Jahre Kerker bekommen haben."

Architekt Scharoun: „Jeder sowjetische Kontrolloffizier sammelte erst einmal Zahlen: wie viele Leute in der Verwaltung, wie viele PGs, wie viele Industriewerke, welche Produktion, wie viele Läden in der Stadt, wie viele Kinos, und wie viele Wagen hat die Straßenbahn? Wieviel Zement werden Sie brauchen, um Berlin wieder aufzubauen? Sie waren sehr ungehalten, wenn man ihnen solche Zahlen nicht sofort sagen konnte. Wir arbeiteten Tag und Nacht an Statistiken. Zu mir kam ein jüngerer Offizier, von Beruf Architekt, und beschäftigte sich tagelang in meiner Wohnung mit Zeichnungen und Plänen. Eines Tages verschwand er mit dem Seufzer: ‚Ich darf ja nicht, es ist verboten.'

Als man das letzte Werk in Rüdersdorf, das Bindemittel herstellte, demontieren wollte, interventierte Kollege B. bei der Militärregierung. Er bekam darauf das Werk als persönliches Geschenk übereignet. Das war der einfachste Weg, die Demontage zu vermeiden. Da war ein Offizier, der zunächst sehr abweisend und hochmütig war. Zu Weihnachten kam er mit einer Margarinekiste voll der verschiedensten Zigarren, die er während all der Einladungen, die er über sich hatte ergehen lassen müssen, gesammelt hatte. Er war Nichtraucher und hatte erfahren, daß ich gerne rauchte."

Herr P.: „Die Sowjets erschossen noch vor der Kapitulation den 22-jährigen Neffen einer Bekannten von mir als Spion, denn bei einem unerwarteten Gegenangriff waren sechs Russen bei diesem Haus gefallen. Auch die Tante dieses Jungen, selbst noch eine jüngere Frau, sollte dran glauben. Im letzten Augenblick wurde sie verschont. Aus diesem Anlaß fand sie einen 50jährigen sowjetischen Verehrer, der ihr tagelang jeden Morgen um 6 Uhr unterm Fenster ein Ständchen auf der Mundharmonika brachte. Ein anderer, der bei der Erschießung mitgewirkt hatte, schenkte ihr zwei Brote, zwei Dosen Fleisch und einen ganzen Zentner Kartoffeln."

R. A.: „In der Feuerwerkerschule, in der ich zu tun hatte, quartierten sich Russen ein. Ihr Kommandant, ein winziger Mann, lud Kinder und junge Mädchen zu einem Fest ein. Sie feierten so gern Feste. Er wollte nur frohe Gesichter um sich haben, ließ er bekanntmachen, und alle sollten sich satt essen. Wer aber Angst habe, möge zu Hause bleiben. Die Beherzten, die der Einladung folgten, hatten ein großartiges Fest."

Major a. D. P.: „Ihre Ausrüstung war einfach, oft veraltet, aber in ihren Händen höchst wirksam. Man konnte das russische Gewehr in den Schlamm werfen – es schoß nachher immer noch, im Gegensatz zu der Empfindlichkeit unserer Waffen."

Frau E.: „Sie ließen sich hinter unserem Block in den Gärten und auf den Rasenflächen nieder. Dort schliefen sie auch nachts und holten sich die Decken und Federbetten aus den Häusern. Am nächsten Tag sah die Gegend wie verschneit aus. Sie hatten die Federbetten aufgetrennt und sich mit Händen voller Federn beworfen. Sie hatten eine außerordentliche Achtung vor Büchern: wer viele Bücher besaß, galt ihnen ohne weiteres als Professor. Und besonders gern ließen sie sich Klavier vorspielen. Sie bewunderten jeden, der das konnte."

Herr A.: „Sie hatten so viel Achtung vor Autorität. In den ersten Monaten arbeiteten sie ohne Mißtrauen mit jedem zusammen, der nur irgendwie den Eindruck zu erwecken vermochte, ein Antifaschist zu sein."

Frau S.: „Ich weiß von einem Volkssturmführer, der war sehr anständig gewesen und hatte einen Einsatzbefehl einfach unterschlagen. Aber einer seiner Leute denunzierte ihn schriftlich bei den Russen, weil er ein Sportgewehr im Garten vergraben hatte. Man setzte den ehemaligen Volkssturmführer für einige Zeit fest. Bei seiner Entlassung zeigte ihm der russische Offizier den Brief des Deutschen: ‚Da lies, Brief von deutsches Schwein.'"

Senatsdirektor F. (ein Berliner Original und besonders geschickter Verhandler mit den Russen): „Es ging auch manchmal hoch her. Was haben wir uns angebrüllt und auf den Tisch geschlagen! ‚Was brüllen Sie denn so?' ließ mich der Oberst durch den Dolmetscher fragen. ‚Ich dachte', sagte ich, ‚das wäre der Umgangston bei euch.' Da hat er gelacht. So etwas hat den Leuten gefallen."

Frau G. S. veröffentlichte 1949/50 in der Schweizer Zeitschrift „Die Frau in Leben und Arbeit" einen ausführlichen Bericht über ihre ersten Erfahrungen mit russischen Soldaten. Frau S. hatte im April 1945 ein wenige Monate altes Töchterchen namens Anna: „. . . Ich wurde oben im Zimmer installiert, der Luftschutzkeller war zu voll . . . Ich glaube, ich gab Anna etwas zu trinken. Mein Russe wunderte sich wohl, weil ich nicht selber nährte, und machte eine rundlich ausladende Bewegung mit schrägem Seitenblick auf meine ziemlich schlanke Vorderfront . . . Er trat an Annas Bettchen; ich sah ein wenig bänglich zu. Aber seine große Pranke legte er behutsam um ihr Köpfchen, ohne es zu berühren . . . Dann gab es dicke Brotschnitten, mit dem Taschenmesser rund herum vom Laib geschnitten, und ein riesiges Stück Speck dazu. Schließlich wurde mir noch einmal Schnaps angeboten . . . Es ging recht munter zu . . . Er kam, schon ein wenig schwerfälliger in seinen Bewegungen, wieder einmal an Annas Bettchen, und diesmal . . . bekam sie einen Kuß, mitten ins Gesicht. Ich stand daneben; er umfaßte freundschaftlich meine Schultern, und ich bekam dann auch einen stoppelbärtigen Kuß, aber so nebenbei, ich war weiß Gott nicht wichtig, bloß weil ich eben Annas Mutter war. Er roch kräftig nach Mann – Schweiß, Tabak, frische Luft –, es war gar nicht übel. Anna sah mit großen Augen zu . . ."

Frau B.: „Dann kamen die ersten Nachrichten von geflüchteten Frauen: Um Gottes willen, ihr werdet das schon erleben . . . Wir bekamen erst einmal einen Schreck. Aber ich will auch ganz offen sagen: Wir waren derart mit der Propaganda der Nationalsozialisten gefüttert worden, daß wir nicht mehr bereit waren, alles zu glauben. Meine Überlegung war die: Na ja, selbstverständlich kommt so etwas vor, wenn Soldaten kommen. Wahrscheinlich überall. Aber viele von uns, und ich sage das auch von mir, haben nicht geglaubt, daß es mit solcher Brutalität, Massenhaftigkeit und Systematik über uns kommen würde. Das war für uns alle eine grauenhafte Überraschung. Trotz der Propaganda, oder ich möchte lieber sagen: wegen der Propaganda.

Sie kamen am Abend, sehr junge Soldaten, kräftige Kerle. Ich hatte ja inzwischen die ausgemergelten deutschen Jungens gesehen und dachte: ‚Mein Gott, was haben die noch für Leute!' Durch die Bombenangriffe waren wir ja relativ abgebrüht, aber sie kamen mit den Maschinenpistolen in den Keller, und kein Mensch guckt gern in so einen Lauf . . . Dann ist mir noch in Erinnerung, daß sich in den ersten Tagen, als die Schändungen andauerten und sich die Berliner zu kleinen Gruppen in den Wohnungen zusammenfanden, um nicht allein schlafen zu müssen, ein riesiger Flüchtlingsstrom durch Berlin ergoß. Von überallher, wo die Russen nun schon waren, kamen die Leute mit kleinen Handwagen. Sie dachten, daß es in Berlin, in einer großen Stadt, mehr Sicherheit oder mehr zu essen gebe. Aber kein Laden war offen; wir lebten von dem, was die Russen uns schenkten. Und dann erinnere ich mich noch an Bestattungen, da wurden die Leute in alte Küchenschränke gepackt, denn es gab ja keine Särge."
Am 21. Mai 1945, am Pfingstmontag, saßen zwei Berlinerinnen beisammen, die sich seit Wochen nicht mehr gesehen hatten: „Hastig wechseln Ilse und ich die ersten Sätze: ‚Wie oft geschändet, Ilse?' – ‚Viermal, und du?' – ‚Keine Ahnung, hab mich vom Train zum Major hochdienen müssen.' Wir sitzen in der Küche beisammen, trinken echten Tee . . . Während wir das Thema beim Wickel hatten, verzog sich Ilses Mann, um, wie er sagte, bei den Nachbarn für mich ein paar Detektor-Neuigkeiten einzuholen. (Es gab noch keinen Strom; Detektorgeräte waren die einzigen, mit denen man Nachrichten empfangen konnte. Anm. d. Verf.) Ilse grinste hinter ihm her: ‚Tja, das kann er nicht gut hören. Er quält sich mit Selbstvorwürfen, weil er tatenlos im Keller zurückblieb, während die Iwans seine Frau zwischenhatten. Bei der ersten Vergewaltigung war er sogar in Hörweite. Es muß ein sonderbares Gefühl für ihn gewesen sein*."
Der Sowjetschriftsteller Guss berichtet aus dem Berlin jener Tage:

„Der Lichtenberger Stadtfriedhof ist der Kommandoplatz des Regiments. Während Sch. Gespräche mit dem Kommandanten über seine Aufzeichnungen führt, gehen wir zum Friedhof. Die Gräber Wilhelm Liebknechts, Bebels, Mehrings. Hier waren auch Rosa und Karl (Rosa Luxemburg und Karl Liebknecht) begraben gewesen, aber die Hitleranhänger haben ihre Gräber vernichtet . . . Nicht weit vom Friedhof ist ein großes Eisenbahnerkrankenhaus. Dort erholt sich

* Aus: *Eine Frau in Berlin*, Genf – Frankfurt/M. 1959.

heute das Regiment. Ein dichter, malerischer Park. Frühlingsblumen. Bänke an den Wegen . . .

Es erscheint eine Delegation – der Aufseher des Kinderkrankenhauses und einer vom Personal. Das Krankenhaus befindet sich in der Nachbarschaft . . . Die Lebensmittel sind zu Ende, die Kinder hungern. Das Regimentskommando teilt Lebensmittel zu, und während sie geholt werden, spreche ich mit den Deutschen.

G.: ‚Wie schätzen Sie die Handlungsweise des sowjetischen Kommandos ein? Ist es dem ähnlich, was Goebbels über die Russen gesagt hat?‘

Der Aufseher ergeht sich in schmeichlerischen Dankesbezeugungen.

G.: ‚Ist Ihnen bekannt, wie Ihr Militär bei uns mit Kindern und Krankenhäusern umgegangen ist?‘

Der Wortschwall des Deutschen versiegt plötzlich. Er bringt ein gequältes ‚Nein‘ heraus.

‚Einiges haben wir doch alle gewußt‘, schaltet sich der zweite Deutsche ein. Der Aufseher schweigt. Ich erzähle einige Beispiele. Der Aufseher murmelt: ‚Schrecklich, schrecklich . . .‘

Als Nachtlager gibt man uns eine Wohnung im ersten Stock des Blockes Alt-Friedrichsfelder-Straße 9. Das Haus ist vierstöckig und besteht aus zwei Blöcken; ein Ausgang führt auf die Straße, ein zweiter auf den Hof. Bewohnt wird es von gelernten Arbeitern, Angestellten und kleinen Unternehmern. Es hat keine Bombenschäden erlitten. Es ist später Abend, die Bewohner sind alle im Keller, wo sie seit Monaten wohnen. Der Inhaber der Wohnung läuft hin und her und hilft bei den Vorbereitungen eines Nachtlagers.

Als die Bemühungen beendet sind, sagt er: ‚Ich bin Monteur . . . Ich bin . . . ich war in der Partei.‘ Und fügt schnell hinzu: ‚Man bekam sonst keine Arbeit. Die wurde nur den PG gegeben.‘ Er schweigt und wartet auf eine Erwiderung. Dann: ‚Sagen Sie die Wahrheit. Wird man mich allein nach Sibirien zum Arbeiten schicken, oder kann man die Familie mitnehmen? Ich habe eine Frau und einen siebenjährigen Sohn.‘

So viel weibische Angst ist in diesem PG, so viel feige Liebedienerei, daß es einen anekelt.

Ich zeige ihm eine Nummer des ‚Völkischen Beobachters‘, weise auf die letzten Zeilen auf der ersten Seite: ‚Berlin ist auf keinen Fall sich selbst überlassen, sondern ist ein Teil der einheitlichen Gesamtfront ... In kürzester Zeit schalten sich frische Kräfte in unsere Kämpfe ein ... Was sagen Sie dazu?‘ (Das Gespräch fand am Tag vor der Kapitulation statt.)

Er sagt: ‚Propaganda! Berlin ist kaputt. Wenn die Russen bis hierher gekommen sind, ist alles aus ... Nach Sibirien fahre ich, aber wenn möglich mit der Familie!‘

Der Friseur Ernst Bauer zieht aus seiner Brieftasche eine Bescheinigung der Polizei hervor, die besagt, daß er, als politisch unzuverlässig, des Rechtes verlustig gegangen sei, in der deutschen Wehrmacht zu dienen. Viele Berliner weisen solche Papiere vor, als ob sie vorbereitet seien ... Oder gab es in Deutschland vielleicht so viele Unzuverlässige mit Ausweis?“

Anfänge

Es ist sicher, daß die von sowjetischen Truppen auf deutschem Boden begangenen Ausschreitungen den Deutschen den Vorwand dafür geliefert haben, die nazistische These vom russischen Untermenschen in einer neuen Version zur Grundlage ihres Verhaltens, ihrer inneren Einstellung vor allem, gegenüber der Sowjetunion zu machen. Hiermit lag ihnen ein Faktum vor, das es ihnen erlaubte, ihre Uhr wieder einmal neu zu stellen und ihre subjektive Zeitrechnung mit den Untaten anderer zu beginnen. Auf eben diese Weise hatten sie schon 1918 auf die Niederlage reagiert: sie hatten die Uhren umgestellt und die Ursachen ihres Sturzes vergessen. Und wenn sich solche Geschichtslücken im Bewußtsein eines Volkes erst einmal gebildet haben, werden sie nie wieder geschlossen, auch wenn Historiker später die Wahrheit ans Licht bringen. Die Wahrheit wird nicht mehr akzeptiert, vermag den inzwischen geschaffenen Mythos – 1918 die Dolchstoßlegende – nicht mehr zu entlarven oder gar zu ersetzen. Wer aber in der Selbsttäuschung verharrt, bewegt sich von Sturz zu Sturz.

Freilich ist zu unterscheiden zwischen den lauthals hinausgeschrienen Anklagen, die ein geradezu grauenhaft reines Gewissen bezeugen oder auch vortäuschen, und dem tatsächlichen Zustand dieses Gewissens, den man verbirgt. Eine der wirksamsten Methoden der Berliner Frauen, Gewalttaten von sich abzuwenden, bestand darin, daß sie den Soldaten mutig und offen entgegentraten. Das brachten allerdings nur wenige fertig, denn so rein war das Gewissen eben doch nicht, so wenig wußte man doch nicht von dem, was in Rußland geschehen war.

„Wer sie anschaut, als wären sie gefährlich, dem werden sie gefährlich*“ – diese Beobachtung erklärt viel.

Ein einziges Mal im Verlauf der zahlreichen Gespräche, die ich in Moskau geführt habe, bekam ich dort eine ähnliche Erklärung zu hören, in der stillschweigend eingestanden wurde, daß es in Berlin zu

* Ruth Andreas-Friedrich, *Schauplatz Berlin,* München 1962, S. 190.

Gewalttaten gekommen ist. Bemerkenswerterweise war es ein hochintelligenter russischer Jude, von dem die objektive Äußerung stammt: „Nach meiner Ansicht haben die Deutschen das Unheil geradezu auf sich herabbeschworen, indem sie es erwarteten. Sie konnten nicht glauben, daß wir ihnen all das verzeihen würden, was sie in unserem Lande getan hatten."

Der Versuch, mit den Sowjets Politik zu machen, hätte seitens der Deutschen die Bereitschaft zur Voraussetzung haben müssen, sich dem zu stellen und das zu bekennen, was von ihnen in der Sowjetunion verbrochen worden war. Eine solche Bereitschaft hat es weder in der jüngeren Vergangenheit gegeben, noch ist sie heute vorhanden. Mutig in der Schwäche sind und waren die Deutschen nie. Den „heldischen Taten" folgt von einem Augenblick auf den anderen der abgrundtiefe Sturz.

Es ist also wohl falsch anzunehmen, die Sowjets hätten erst durch das Verhalten ihrer Soldaten Deutschland verspielt. Auch wenn sie sich wie die himmlischen Heerscharen benommen hätten, wäre das Ergebnis vermutlich nicht anders gewesen. Sie hatten verspielt, noch ehe sie einen Fuß auf deutsches Gebiet setzten – nicht wegen der Verbrechen, die sie begangen haben, sondern wegen der von Deutschen in der Sowjetunion begangenen Verbrechen. Aber auch der deutsche Überfall im Juni 1941 war nichts Neues gewesen, sondern lediglich eine Wiederholung der deutschen Invasion von 1918, Ausfluß einer imperialistischen Trieb-Politik, die nicht von Hitler erfunden worden war. Nein, die Sowjets haben durch ihre Übergriffe im Frühjahr 1945 Deutschland nicht verspielt; sie haben dadurch nur den Deutschen die Möglichkeit gegeben, ihnen den Schwarzen Peter zuzuschieben, haben den Deutschen einen moralischen Fluchtweg geöffnet und damit die Bereitschaft zu einem Partnerverhältnis, aus dem allein ein dauerhaft konstruiertes Europa sich entwickeln könnte, um mindestens ein halbes Jahrhundert hinausgeschoben.

Wenn daher in dem erwähnten Moskauer Gespräch seitens meines russischen Gegenübers noch der Satz fiel: „Die zwei Monate, während denen wir allein in der Stadt waren und eine gezielte antisowjetische Propaganda noch nicht entstehen konnte, waren zu kurz, um das Verhältnis zwischen Besatzungsmacht und Zivilbevölkerung zu konsolidieren", so kommt darin ein ungerechtfertigter Optimismus zum Ausdruck. In Wirklichkeit war die – negative – Entscheidung schon vor dem 20. April 1945 gefallen. Auch deutsche Äußerungen besonders aus Kreisen der Offiziere, die Enttäuschung darüber, daß die westlichen Alliierten an der Elbe stehengeblieben seien, habe sich in die Bereitschaft verwandelt, es jetzt mit den Sowjets zu versuchen, verraten lediglich eine zwar hier und da sicher vorhanden gewesene Bereitschaft zur Zusammenarbeit, doch dreht es sich dabei nur um eine opportunistische Kalkulation, bedeutungslos gegenüber dem Verlangen, sich über die eigene Schuld hinwegzumanipulieren. Als die westalliierten Truppenkontingente Anfang Juli 1945 endlich in Berlin einmarschiertem, um ihre Sektoren zu übernehmen, war bereits allzuviel Sand im alliierten Viergang-Getriebe, als daß es noch zu der ursprünglich geplanten großen Siegesfeier aller vier Armeen gekommen wäre, für die Berliner Frauen im Juni wochenlang amerikanische, englische, französische und sowjetische Fahnen hatten nähen müssen. Man begnügte sich mit einer kleinen militärischen Demonstration auf Hitlers ruinierter Paradestraße. Zu diesem Anlaß hatten sich die westlichen Kontingente herausgeputzt, als hätten sie während der vergangenen vier Jahre nur Garnisonsdienst gemacht, während die von den Sowjets beigesteuerten T 34 und die Werferbatterien aussahen, als kämen sie eben erst aus der Schlacht. Beim Anblick dieser Waffen, vor denen die deutschen Divisionen 2000 Kilometer weit und zum Teil in panischer Angst geflohen waren (ich weiß, was ich sage, denn ich war dabei!), brachen die Berliner in höhnisches Gelächter und in Buhrufe aus. Binnen acht Wochen hatten sie bereits vergessen, daß auch die anderen Sieger Feinde gewesen waren. Nun ja, den Engländern und Amerikanern war man nur als Soldat begegnet und hatte keine Gelegenheit gehabt, ihr Land zu verwüsten und ihren Frauen und Kindern bei 30 Grad Kälte die Häuser über dem Kopf wegzubrennen. Bei den Franzosen hätte man zwar Ursache gehabt, ihnen gegenüber genauso zu reagieren wie gegenüber den Sowjets, aber man nahm sie nicht ernst und betrachtete sie trotz ihrer flotten Militärmusik überhaupt nicht als Sieger. Ihnen gegenüber brauchte man sich nicht aufzuspielen.

Bei dieser Einstellung der Deutschen wäre eigentlich zu erwarten gewesen, daß die sowjetische Militärverwaltung in Berlin mit der Bevölkerung große Schwierigkeiten gehabt hätte und gezwungen gewesen wäre, sie mit Strafandrohungen zur Arbeit anzutreiben. Genau das Gegenteil war der Fall. Die Sowjets waren begeistert darüber, wie die Berliner die Ärmel hochkrempelten und mit ihnen zusammenarbeiteten. Wieder einmal zeigte sich, daß deutsche Gründlichkeit und Tüchtigkeit durch eine seelische, geistige oder politische Indisponiertheit nicht gemindert wird; noch in der Hölle würden wir dem Teufel zeigen, wie er das Feuer, in dem er uns brät, besser zum Brennen bringen könnte. Was die Deutschen bei der Demontage der Berliner Industrie geleistet haben, übertraf alles, was die Sowjets von sich aus hätten bewerkstelligen können.

Eine Woche nach der Kapitulation gab der Stadtkommandant von Berlin, General Bersarin, dem sowjetischen Wochenschaureporter Karmen ein Interview. (Karmen arbeitete auch für United Press und leitete dieses Interview über Moskau an die Agentur weiter.) Der General, der wenige Wochen später bei einem Verkehrsunfall ums Leben kam, war damals 41 Jahre alt. „Seine Haare sind grau, aber das Gesicht ist jung, die Augen blicken fröhlich drein", schrieb Karmen.

Bersarin sagte dem Reporter: „Ich versichere Ihnen, daß Kämpfen wesentlich leichter ist als die Verwaltung einer so großen Stadt."

Frage: „Wie groß ist gegenwärtig die Bevölkerung Berlins?"

„Sie umfaßt mehr als zwei Millionen, wächst aber täglich durch zurückströmende Menschen."

Die Sowjets entwickelten in Berlin einen Zählkomplex. Als sie zum erstenmal anfingen, die Bevölkerung zu zählen, hatten sie die Stadt erst teilweise besetzt, und Hitler lebte noch. Nach vier Wochen gab es praktisch nichts mehr, was sie nicht statistisch erfaßt hatten. Die wenigsten der ermittelten Zahlen wurden tatsächlich für den Aufbau von Verwaltung und Versorgung benötigt. Dazu gehörte auch die Einwohnerzahl, aber gerade in diesem Punkt wurde die Statistik durch die Tatsache immer wieder überholt.

Von den Befehlen der sowjetischen Militärkommandanturen abgesehen, waren die ersten Berliner Druckerzeugnisse Lebensmittelkarten. Zwei Millionen Karten wurden ausgegeben, weitere 200 000 in Reserve gelegt. Drei Wochen später war die Reserve aufgebraucht, weitere 200 000 waren gedruckt, und die nächsten 100 000 gingen in die Maschinen. Dieser gewaltige Zuwachs ergab sich allerdings nur zum geringsten Teil durch die von Bersarin erwähnten „zurückströmenden Menschen"; in der Hauptsache handelte es sich um Männer, die sich bis dahin aus Angst vor einer Deportation versteckt gehalten hatten, aber nach dem 10. Mai wieder auftauchten, weil sich ihre Angst verringert hatte, vor allem aber, weil sie in solchen Massen von ihren Frauen ohne Lebensmittelkarten nicht mehr versorgt werden konnten.

Nach sowjetischen Erhebungen bestand eine Woche nach der Kapitulation die etwa 2 Millionen Menschen zählende Bevölkerung Berlins zu 70 Prozent aus Frauen, Kindern, Invaliden und Rentnern. Es gab also etwa 600 000 arbeitsfähige Männer in der Stadt. Knapp 14 Tage später mußten die Sowjets feststellen, daß ihre Zahl bereits auf 900 000 gestiegen war.

Dennoch waren es Frauen, die Berlin aufgeräumt und wieder zu einer bewohnbaren Stadt gemacht haben. Seit die Sowjets am 1. Mai, also noch während der Kämpfe, in Tempelhof 300 deutsche Frauen zusammengeholt hatten, die ohne jedes Werkzeug die Pisten des Flugplatzes aufräumen und herrichten mußten, so daß bereits am 2. Mai die ersten Maschinen landen konnten, ist die „Trümmerfrau" zu einer Symbolfigur der Reichshauptstadt geworden. Johannes R. Becher hat sie besungen:

„Vor einem Schuttberg steht sie, und das Haar
Hat sie sich fest mit einem Tuch umschlungen,
So wartet sie, allein und unnahbar,
Und wieder hat die Hände sie gerungen,
Als würde sie um eine Hilfe flehn.
Wer kann den Schuttberg von der Stelle rücken . . .?"

Eben das schafften die Trümmerfrauen.

Sie wurden, manchmal direkt von der Straße weg, zur Arbeit befohlen, und auch indirekt wurden sie gezwungen, weil ihnen diese Arbeit das Anrecht auf eine bessere Lebensmittelversorgung gab. Wohl wäre es unter den gegebenen Umständen und angesichts des gänzlichen Fehlens von Werkzeugen und Transportmitteln ein leichtes gewesen, nur so zu tun, als ob, Arbeit mehr zu markieren als wirklich zu leisten – aber das geschah nicht. In dieser Stadt, in der, als die Waffen schwiegen, mehr Menschen als sonstwo in Deutschland nahe dem Nullpunkt der Zivilisation lebten, wurde Einmaliges vollbracht.

Zweifellos hatte das 5-Gruppen-System der Lebensmittelzuteilung eine anspornende Wirkung. Wie schlechthin alles, was die Sowjets in Berlin getan haben, findet auch dieses System in der westlich orientierten Literatur über das Nachkriegs-Berlin keine Gnade. Man behauptet, dies sei nichts als eine besonders teuflische Methode zur politischen Unterjochung der Bevölkerung gewesen. So schreibt Arno

Scholz in *Berlin im Würgegriff* (Berlin 1953, S. 12): „Bereits bei den Bekanntmachungen der Lebensmittelzuteilungen zeigte sich das wahre Gesicht der Befreier. Die Karten wurden ... nach einem raffinierten Abstufungssystem – angeblich nach der Wichtigkeit der Tätigkeit – ausgegeben." Den Beweis, was an diesem System denn so besonders übel und kommunistisch gewesen ist, bleiben die Kritiker allerdings schuldig. Eher könnte man es als eine kapitalistische Methode der Entlohnung ansehen: Wer mehr leistet, erhält mehr.

Zu kritisieren ist nicht die Abstufung an sich, sondern die Tatsache, daß die Lebensmittelkarte der untersten Stufe tatsächlich eine „Hunger- und Friedhofskarte" war und die Zuteilungen weit unter dem Existenzminimum lagen. Die – damals wie heute – abnorme Altersgliederung der Berliner Bevölkerung, der „Überhang" an nicht mehr arbeitsfähigen alten Leuten, brachte es mit sich, daß in den ersten Monaten 800 000 bis 1 Million Menschen solche „Hungerkarten" zugeteilt erhielten.

Die Unterschiede zwischen den Versorgungsgruppen waren beträchtlich. Gruppe I erhielt täglich 600 Gramm Brot, Gruppe V nur die Hälfte; noch größer war die Diskrepanz bei der Fleischzuteilung: 100 Gramm für die Gruppe I gegen 20 Gramm für die Gruppe V. Nur die Kartoffelmenge war für alle gleich: 400 Gramm pro Tag.

Die Kritiker dieses Systems pflegen stets darauf hinzuweisen, daß man durch die „Pajoks" in eine noch bessere Versorgungsstufe kommen konnte. Diese Pajoks kann man als das kommunistische Gegenstück der „Führerpakete" bezeichnen, die die Osturlauber in den letzten Kriegsjahren an den Entlausungsstationen erhielten, damit ihre Berichte aus Rußland durch eine Hartwurst, Mehl, Zucker und eine Flasche Wein etwas aufgehellt wurden. Stalinpakete bekam, wer in der Verwaltung an verantwortlicher Stelle tätig war, ferner jeder Künstler und Intellektuelle, sofern er auf erkennbare Weise seinen Beruf ausübte oder zumindest einer der privilegierten Berufsorganisationen angehörte. Freilich hatten sich die Sowjets in dieser Hinsicht für Berlin nichts Besonderes ausgedacht, sondern wendeten einfach ihr eigenes System zur „Förderung der Intelligenz" an. Das kann man zwar so auffassen, daß dadurch die Intelligenz bestochen und gekauft werden soll; aber vielleicht wurzelt das System auch darin, daß die Sowjets Intelligenz als eine förderungswürdige menschliche Eigenschaft betrachten.

Doch selbst wenn es sich bei der Verteilung der Stalinpakete, die man der sowjetischen Verwaltung als besondere Perfidie anlastet, um einen Bestechungsversuch mit politischen Hintergedanken gehandelt haben sollte, müßte man immer noch zwischen aktiver und passiver Bestechung unterscheiden. Unter den Tausenden, die der „Pajoks" für würdig erachtet wurden, ist kein Dutzend bekannt, die es abgelehnt haben, sie entgegenzunehmen.

Die Einführung der Karte V, der „Hungerkarte", war kein Racheakt der Sowjets (nur die Franzosen haben nach dem Einzug auf diese Weise „Revanche" geübt). Die vorhandenen Vorräte reichten einfach nicht aus. Nicht einmal die vorgesehenen Normen konnten erfüllt werden.

Vom Augenblick der Besetzung bis zum 1. August 1945 wurden an die Berliner Bevölkerung (zunächst im ganzen Stadtgebiet, nach dem Einzug der westlichen Alliierten Ende Juni im Sowjetsektor) von der sowjetischen Verwaltung folgende Lebensmittelmengen ausgegeben: 58 771 Tonnen Mehl, 11 015 Tonnen Grütze, 8200 Tonnen Fleisch, 352 Tonnen Butter, 250 Tonnen Öl, 1513 Tonnen Margarine, 100 000 Tonnen Kartoffeln, 3527 Tonnen Salz, 5221 Tonnen Zucker, 161 Tonnen Tee, 382 Tonnen Bohnenkaffee und 804 Tonnen Kaffee-Ersatz.

Diese Lebensmittel, die zum größten Teil aus deutscher Produktion stammten, wurden der Berliner Stadtverwaltung mit der Begründung in Rechnung gestellt, daß sie eigentlich der Besatzungstruppe hätten zukommen sollen. Die Russen berechneten dafür 41,5 Millionen Reichsmark. Sie wurden nicht in Geld, sondern ab 1946 durch Lieferungen von Industriegütern an die Sowjetunion bezahlt.

Wenn sich die Lebensmittelzuteilung verzögerte oder ganz ausblieb, mußten in den jeglicher Vorräte entblößten Haushaltungen die Mahlzeiten ausfallen. Wer nicht verhungern wollte, sah sich gezwungen, eine zusätzliche Selbstversorgung zu organisieren, was in einer Großstadt ohne Fernverkehr recht schwierig war. Zwar sah es in Berlin in den Nachkriegsjahren nie so aus, wie es in Moskau nach 1942 ausgesehen hatte, als die Bevölkerung jeden freien Quadratmeter Erde innerhalb der Stadt mit Kartoffeln und Gemüse bepflanzt hatte; auch wurden nicht, wie in Leningrad, Firnis und Tischlerleim auf Bezugsscheine als Lebensmittelersatz gegeben; aber auch in Berlin brachten Hunger und Kälte merkwürdige Erscheinungen hervor.

Es ist schwer zu sagen, ob damals in der Stadt selbst oder in den Vororten mehr gehungert wurde. Die gartenlosen Stadtbewohner neigten dazu, die Menschen in den Vorstädten zu beneiden, aber eigentlich hatten sie kaum Grund dazu, denn die Versorgung mit Grundnahrungsmitteln – Kartoffeln und Brot – wurde im Stadtgebiet rascher und besser organisiert als in den halb ländlichen Bezirken, von denen die Besatzungsmacht fälschlicherweise annahm, daß sie leichter für sich selbst sorgen könnten. Hamsterfahrten aufs umliegende Land waren meist wenig erfolgreich. Deshalb zogen die Städter lieber in die nächsten Park- und Waldgebiete, um sie nach eßbaren Pflanzen abzusuchen.

Dr. B. besaß botanische Kenntnisse besonderer Art: er konnte sagen, welche wildwachsenden Pflanzen zur Bereicherung des Speisezettels verwendbar waren. Er hielt Kurse ab, die sehr bald großen Zulauf hatten. Bereits im Mai veranstaltete er seine erste Wildgemüse-Exkursion. Sie führte durch Zehlendorf. In einem für diesen Bericht gegebenen Interview meinte er: „Dabei kamen mir meine Erfahrungen während der Notzeit des Weltkriegs I zugute.“ (Man sieht also, daß es auch seine Vorteile haben kann, einem in Niederlagen trainierten Volk anzugehören.) An den Exkursionen nahmen jeweils 50 bis 100 Personen teil. Dr. B. schätzt, daß er insgesamt etwa 15 000 Berliner über die Vorzüge von Brennessel, Löwenzahn und anderen, viel weniger volkstümlichen Gewächsen für die menschliche Ernährung belehrt hat.

Natürlich brauchte man auch für eine solche Sammeltätigkeit eine obrigkeitliche Erlaubnis. Die Sowjets hatten gegen die in loser Formation durch die Vororte ziehenden Marschkolonnen nichts einzuwenden und gaben Dr. B. einen entsprechenden Erlaubnisschein. Als aber die Hauptpfundgebiete, die westlichen Vororte, in westalliierte Obhut übergingen, wurde eines Tages die Gruppe der Nahrungssucher von einer amerikanischen Militärstreife aufgelöst und das gesamte Unternehmen verboten. Von da an kamen die Beteiligten heimlich zusammen. „Wir trafen uns sogar auf dem Dahlemer Waldfriedhof und hielten dort nach Eßbarem Ausschau. Ich meinte, daß die Toten es uns verzeihen würden. Wir wollten leben!“ Als sehr fündig erwies sich die Trümmerwüste; dort wuchsen Pflanzen, „die man bis dahin in Berlin nicht gesehen hatte“, und gerade unter ihnen waren viele eßbare.

Bald schon begann man die Sache zu organisieren: bereits in den ersten Maitagen wurden im Wedding, in Steglitz, in Neukölln und in Charlottenburg Hausfrauenberatungsstellen eingerichtet. Hauswirtschaftslehrerinnen, die sich freiwillig gemeldet hatten, gaben Unterricht. Hierüber berichtete Frau Dr. L. M.:

„Wir konnten bei den Beratungen fast nichts voraussetzen. Es fehlte an den primitivsten Haushaltsgegenständen, vom Fleischwolf keine Rede. Oft wurde uns gesagt, es sei ja schön, was wir vorführten, aber woher solle man denn die Löffel bekommen, mit denen wir kochten? Zu bestimmten Stunden gab es praktische Vorführungen. Der Andrang war riesig, und obwohl nur vierzig bis sechzig Menschen bei uns Platz fanden, standen drinnen oder warteten draußen nochmals so viele. In Neukölln mußte die Polizei eines Tages eingreifen, weil sich mehrere hundert Menschen eingefunden hatten.

Man zeigte ihnen, wie aus Eichelmehl, aus Grieß und den täglichen Zuteilungen das Beste zu machen war, wie die 20 Gramm Fleisch der ‚Friedhofskarte' oder die 40 Gramm Fleisch der Karte III am besten zu verwerten waren. Das große Problem war die Vitaminversorgung. Einmal im Monat gab es einen Kohlkopf. Hier Abhilfe zu schaffen war die Aufgabe von Dr. B., der in Wanderungen und Trümmerführungen zusätzlich Eßbares zeigte. Was Dr. B. gefunden hatte, was die Hausfrauen nun täglich suchen gingen, wurde nach unserem Rat ‚weiterverarbeitet'. Aus Melde machte man eßbaren Spinat, aus Löwenzahn und Scharbockskraut Salat, aus Hagebutten Marmelade und Tee; bestimmte Trümmergewächse mußten als orientalische Gewürze herhalten. Wir gaben Rezepte in sogenannten ‚Haushaltsbriefen' heraus, die ein paar Pfennige kosteten und uns aus den Händen gerissen wurden. Sie waren über ganz Berlin verbreitet; hätten wir genügend Geld gehabt, dann hätten wir zehntausend drucken lassen können. Vor Hunger war man begierig zu lernen. Ich erinnere mich, daß eines Tages ein Mann zu uns kam und sagte, er sei an Melde erkrankt. Wir fragten ihn, wie er die Pflanze zubereitet hatte, und erfuhren, daß er zwei Eimer voll Melde kurz gewaschen, gekocht und auf einmal gegessen hatte.

Die Versorgung mit dem wichtigsten Nährstoff, dem tierischen Eiweiß, war nicht sichergestellt. Es gab keine Milch. In 20 Gramm Fleisch pro Tag sind 3 bis 4 Gramm Eiweiß enthalten; der Mindestbedarf aber liegt bei 35 Gramm. Kohlehydrate konnten durch Füllstoffe reichlicher zugeführt werden."

Ohne die Tatkraft des einzelnen hätten Hunderttausende der nicht arbeitsfähigen oder nicht arbeitenden Berliner das Jahr 1945 nicht überlebt. Zweieinhalb Millionen waren auf engstem Raum festgebannt, bewegungsunfähig gemacht sowohl durch die Zerstörung der Verkehrsmittel wie durch Verbote. Sie bezogen sich anfänglich sogar auf das Verlassen der Stadtbezirke. Innerhalb Deutschlands wurden die Berliner der härtesten Lebensprobe unterworfen. Wenn man also den Neuanfang beschreiben wollte, müßte man mindestens zur Hälfte abenteuerliche Selbsthilfeaktionen schildern, aber obwohl jede von ihnen heute unglaublich erscheinen will, ergäben sie aneinandergereiht einen monotonen Katalog der Not. Deshalb sei hier nur noch ein Beispiel ausführlicher dargestellt, ein Beispiel weniger für die aus dem Selbsterhaltungstrieb resultierenden, als vielmehr für die von einem geradezu fanatischen Pflichtbewußtsein vollbrachten Leistungen. Es betrifft die ersten Wiederbelebungsversuche an einem ehemaligen Schoßkind der Berliner, ihrem Zoo (heute ist er das nicht mehr).

Unser Bericht folgt der Darstellung, die Katharina Heinroth in „Kriegszerstörungen und Aufbau von 1945 bis 1956 im Berliner Zoologischen Garten; Sitzungsberichte der Gesellschaft Naturforschender Freunde zu Berlin“ (1961) gab.

Ab 22. April lag ständiger Artilleriebeschuß auf dem Gartengebiet. Die Tiere wurden – meist nachts – unter Lebensgefahr versorgt. Viele Verwundete, die Schutz suchten, wurden in den großen Flakbunker hinter dem Zoo getragen. Es herrschte Wassernot, nachdem auch die Pumpe vor dem Edenhotel zerstört worden war, wo man während der Gefechtspausen in Waschwannen Wasser geholt hatte. Leiter und Assistenten verließen den Garten; Frau Heinroth blieb zurück, um Frauen und Kinder im Bunker zu versorgen. An der Bunkertür brachte sie ein rotes Kreuz an, hatte aber trotzdem Mühe, die mit Handgranaten bewaffneten deutschen Soldaten zu vertreiben. Am 30. April drangen die Russen in den Bunker ein, sonderten die Männer ab und trieben Frauen und Kinder zusammen. Tags darauf mußten alle den Bunker verlassen, obwohl noch geschossen wurde. Sie flohen in die umliegenden Keller und Ruinen.

„Der Zoo war in ein wüstes Schlachtfeld verwandelt, mit Bombentrichtern übersät . . ., von Schützengräben durchzogen, Pflasterwege und Anlagen von den schweren Panzern zerpflügt . . . Alle Häuser waren zerschossen oder verbrannt, nicht cin einziges heiles Dach mehr war zu finden. Anstelle vieler Gebäude türmten sich Trümmerberge auf, Fahrzeugwracks lagen umher, Bäume waren als Sperren gefällt,

Gitter umgelegt und zerschnitten, zwischen herabgeschossenen Ästen lagen Menschen- und Tierleichen ... Die Umfassungsmauer war in großen Teilen zerstört, ebenfalls das Wasser-, Gas-, Strom- und Kanalisationsnetz. Eine Ausfallstraße führte vom Flakbunker quer durch den Garten zur Budapester Straße ...

Bis zum 23. Mai lag russische Besatzung im Zoo; sie wohnte in der Ruine des Aquariumwohnhauses und in den Kellern und hielt die Zoo-Leute zur Beerdigung der 82 Leichen und der vielen toten Tiere an. Wir Frauen mußten die umherliegende Munition körbe- und zentnerweise aufsammeln. Nach dem Abzug der Besatzung begannen die Raubzüge von plündernden Soldaten und Volksgenossen, die durch die zerstörten Tore, Mauern, Eingänge und Fensteröffnungen überall eindringen konnten. Zunächst war der Betrieb ohne Leitung, schließlich übernahm sie nach einigen heftigen politischen Debatten der Zoochauffeur Ü. und ließ sich als Leiter der Aufräumungsarbeiten sein Amt vom Bürgermeister des Bezirks Tiergarten bestätigen.

Es war kein Pfennig Geld da. Unsere langjährigen Zoo-Leute und ihre Frauen widmeten sich zunächst ohne Besoldung fieberhaft den Aufräumungsarbeiten. Ihnen allen und dem Bezirksamt Tiergarten, das zwei Monate lang 2000 Frauen unentgeltlich zum Aufräumen zur Verfügung stellte, ist es zu danken, daß der Zoo am 1. Juli wieder, wenn auch immer noch mehr Trümmerfeld als Garten, mit wenigen Käfigen, die von mir handschriftlich hergestellte Beschriftungen trugen, eröffnet werden konnte.

Ende Juli erschien plötzlich ein zweiter Leiter, ein uns allen unbekannter Aushilfskellner des Hauptrestaurants, der sich vom Hauptmagistrat die Anweisung hatte geben lassen, sich des angeblich verwaisten Zoos anzunehmen. Natürlich gab es Machtkämpfe; der Streit der beiden hallte wochenlang durch den Garten. Dazu kamen Beschwerden von Vertretern der Besatzungsmächte an den Magistrat wegen Trunkenheit beider Leiter. Das Volksbildungsamt setzte beide ab und übertrug mir Anfang August die kommissarische Leitung bis zur Bildung eines neuen Aufsichtsrats (nach einem Befehl der Alliierten für verwaiste Aktiengesellschaften vom Magistrat einzusetzen), der dann, handelsgerichtlich eingetragen, einen neuen Direktor und Vorstand berufen sollte. Man gab mir Herrn W. S. als Geschäftsführer bei ...

Der Sommer war eine einzige krampfhafte Anstrengung, um Wasserleitung, Kanalisation und elektrische Leitungen unter unendlicher Buddel- und Wühlarbeit wieder in Gang zu bringen; da keine Pläne von den unterirdischen Netzen vorhanden waren, stützten wir uns auf die Erfahrung des langjährig tätigen Rohrlegers P., des Elektrikermeisters B. und seines Sohnes, des Maschinenmeisters I. und des Bauleiters W. Vor allem mußten für die noch vorhandenen 91 Tiere regenfreie, heizbare Unterkünfte geschaffen werden. Zu diesem Zweck zogen wir in den Ruinen der großen Tierhäuser Trennwände und deckten diese Teilhäuser mit Notdächern ein; so entstanden ein verkleinertes Elefantenhaus, ein halbes Affenhaus ... Auch für den Publikumsbetrieb mußte gesorgt werden. In der ... riesigen Ruine des Hauptrestaurants wurde ein kleiner Saal ausgebaut, die Küchenruine mit einem Dach versehen, Warmwasserversorgung und Heizung durch Abmauerung eines Kesselraums und Aufstellung eines alten Heizkessels in Gang gebracht, vor allem aber auch alle nach außen führenden Öffnungen ... des Restaurants zugemauert, um das dauernde Eindringen Fremder zu verhindern ... Im ersten Winter konnten nur die Heizungen im Nilpferdhaus und in der Fasanerie in Gang gesetzt werden, überall sonst halfen wir uns mit wenigen zur Verfügung stehenden eisernen Öfen oder mit selbstgemauerten Ziegelöfen. Natürlich wäre diese Arbeitsleistung nicht möglich gewesen, wenn die britische Militärbehörde uns nicht mit Wellblech, Dachpappe, Glas und Zementlieferungen unterstützt hätte; jeden Monat fuhr der väterliche Colonel N. einmal mit mir durch den Zoo, wobei ich ihm die größten Notstellen demonstrieren durfte ...

Unter den übriggebliebenen Tieren befanden sich einige Schaustücke wie der Elefantenbulle Siam, die Schimpansin Suse ..., ein Schuhschnabel und der 1943 im Garten geborene Nilpferdsohn Knautschke ... Bis Ende 1945 war der Tierbestand, besonders durch Papageienschenkungen von Besitzern, die sich wegen der Nahrungsmittelknappheit von ihren Tieren trennen mußten, auf 205 Tiere von 72 Arten angewachsen. Seit dem Herbst hatte ... das Haupternährungsamt die Versorgung mit bewirtschafteten Futtermitteln übernommen, uns aber zugleich den Befehl erteilt, die Anzahl der Tiere nicht zu erhöhen, solange die Ernährungsschwierigkeit ... bestand. Wir halfen uns ..., indem unser zusammengeschustertes und mit Holzfeuer betriebenes Lastauto aus Entfernungen von Hunderten von Kilometern im Sommer Grünfutter heranbrachte ... Zugleich nutzten wir freie Flächen zum Anbau von Gemüse und Futterpflanzen. Leider gestalteten sich die nächsten Jahre keineswegs leichter ...

Erneute Verluste brachten uns die von den Alliierten ausgeführten Sprengungen des kleinen Tiefbunkers vor dem Aquarium und besonders die beiden Sprengungen des großen Flakbunkers hinter dem Zoo, vor allem die letzte Sprengung Anfang August 1948. Nicht nur, daß wir zweimal alle Tiere – damals waren es bereits 649 – in Kisten packen und aus dem Zoogelände herausfahren mußten, sondern wir fanden auch nach der Sprengung neue Schäden wie nach großen Bombenabwürfen vor ... Noch einmal erlebten wir einen ähnlichen Herbst wie 1945 mit der ... Forderung, die Tierunterkünfte bis zum nächsten Frost wieder winterfest und regendicht zu machen."

Ein solcher Bericht macht verständlich, daß Stadtkommandant Bersarin über „seine" Berliner in helle Begeisterung ausbrach, wenn Zeitungsleute ihn fragten, wie er mit ihnen zurechtkäme. Alles, was man über ihn weiß, vermittelt den Eindruck, daß er sich in den wenigen Wochen seiner Berliner Tätigkeit mit seinem Amt zu identifizieren begann, daß ihm die Leistung wichtiger war als die Ideologie.

Diese Einstellung war auch bei manchen anderen Russen zu finden. So mußte der sowjetische Redakteur der „Täglichen Rundschau", Weißpapier, eines Tages einen Leitartikel über das Thema „Gegen falschen Patriotismus" verfassen, und zwar aus folgendem Anlaß: Der für die Landwirtschaft Brandenburgs verantwortliche Sowjetoffizier hatte es im Herbst 1945 fertiggebracht, daß sein Bezirk die Saatbestellung schneller beendete als die angrenzenden Gebiete. Daraufhin erhielt er den Befehl, Traktoren an diese Gebiete abzugeben. Er weigerte sich mit der Begründung, noch sei bei ihm nicht jedes Dezimal angebaut; Liste anbei. Als ich mich mit Weißpapier über diesen Vorfall unterhielt, schloß er mit den Worten: „Dieser Offizier verwechselte Brandenburg mit der Ukraine."

Nun, Bersarin verwechselte keineswegs Berlin mit Moskau, sondern wollte in eben diesem Bereich, in „Hitlers Höhle", deutlich machen, daß eine neue Zeit angebrochen war. Die Berliner machten es ihm leicht, sich dem Irrglauben hinzugeben, sie befänden sich in Übereinstimmung mit ihm. Auf die Frage des Sowjetreporters Karmen: „Stoßen Sie bei der Durchführung aller dieser Maßnahmen nicht auf Sabotageakte?" entgegnete er: „Im Gegenteil, ich muß unterstreichen, daß die Direktoren der Betriebe, Ingenieure und

Arbeiter sich mit großem Eifer an die Durchführung aller beabsichtigten Arbeiten machen . . . Alle meine Befehle werden sehr tatkräftig ausgeführt . . . Es scheint mir, daß die Deutschen vom Hitlerregime so sehr gequält worden sind, daß sie so erschöpft sind durch den langen Krieg, daß sie völlig aufrichtig sind in ihrem Wunsch, uns zu helfen . . . Die Deutschen sind ein gut durchorganisiertes Volk, sie lieben Disziplin und Ordnung. Sehen Sie, mit welcher Begeisterung die Bevölkerung sich . . . an die Räumung der Straßen von Steinhaufen und Barrikaden gemacht hat. Nach einer Woche werden Sie Berlin nicht wiedererkennen."

Karmen schloß seinen Bericht mit den Worten: „Wir verabschiedeten uns vom General. Spät in der Nacht trat ich auf die Straße hinaus. Das einzige, das die Ruhe des schlafenden Berliners stört, ist das Geräusch von Militärfahrzeugen und der deutlich wahrnehmbare Schritt der Patrouille auf ihrem nächtlichen Rundgang. Eine Lampe blitzt auf. Man überprüft meine Papiere. Der Sergeant mit der roten Binde am Ärmel grüßte und sagte: ‚Papiere geprüft, Sie können weiterfahren.'" Aus dem Elan, mit dem sich die Berliner unter sowjetischer Führung auf ihren Trümmerhaufen stürzten, um daraus wieder eine bewohnbare Stadt zu machen, darf nicht geschlossen werden, daß sie mit den Verhältnissen zufrieden gewesen wären. Ihre Gedanken und Hoffnungen kreisten stets um die Frage: Kommen „die anderen" auch, und wann kommen sie, nachdem sie nicht mehr zum Kriegführen gekommen sind? Nachrichten sickerten durch, daß an eine Viermächte-Verwaltung der Reichshauptstadt gedacht sei; von Woche zu Woche wartete man auf das Auftauchen der westlichen Alliierten. Inzwischen beeilten sich die Sowjets, ihre Schäfchen in Berlin ins trockene zu bringen, solange sie noch allein zu befehlen hatten.

Auf doppelte Weise beabsichtigten die Sowjets vollendete Tatsachen zu schaffen: erstens wollten sie mit Leuten ihres Vertrauens eine zentrale deutsche Stadtverwaltung aufbauen und deren politisches Fundament als „Berliner Modell" für eine deutsche Neuordnung hinstellen; und zweitens wollten sie demontieren und wegschaffen, was in den zur Verfügung stehenden Wochen nur irgend möglich war. Bei der Lösung der ersten Aufgabe sollte die „Gruppe Ulbricht" mitwirken, die aus Moskau eingeflogen wurde; zur Lösung der zweiten Aufgabe – allerdings nicht nur zur Organisation der Demontagen, sondern auch zur Aufstellung einer Wirtschaftsplanung für Deutschland – kam einer der besten Fachleute der Sowjetunion, Mikojan, mit einem ausgesuchten Mitarbeiterstab nach Berlin und Dresden.

Der Aufbau der Verwaltung begann mit dem bereits zitierten „Tagesbefehl Nr. 5“ vom 23. April 1945. Nach diesem Befehl handelten die Frontoffiziere, als sie die ersten Bürgermeistereien in Berlin einrichteten und damit anfingen, von der Kriegführung in die Verwaltung überzuwechseln. Mit der Ernennung General Bersarins zum Stadtkommandanten wurde eine erste Zentralinstanz für das gesamte Stadtgebiet geschaffen. Oberster Chef der sowjetischen Militäradministration in Deutschland wurde Marschall Schukow. Allerdings blieb hinsichtlich der Verwaltung von Berlin die Abgrenzung der Zuständigkeit von Bersarin einerseits und der Militäradministration in Karlshorst andererseits gewollt unscharf.

Alsbald ging man daran, eine von Deutschen besetzte Zentralverwaltung in Berlin aufzubauen. Am 10. Mai versammelte Bersarin zum ersten und einzigen Mal alle bis dahin eingesetzten Bezirksbürgermeister in Friedrichsfelde und verpflichtete sie mit Handschlag zur Ausübung ihrer Funktionen. Hierbei wurde wenigstens für Stunden eine kollektive Berliner Repräsentanz sichtbar, doch außer der Befugnisgewalt der einzelnen Teilnehmer im Bereich ihrer jeweiligen Verwaltungsbezirke verfügte sie noch über keinerlei Vollmachten. Das war gut so, denn die neuen Bürgermeister waren mehr oder weniger zufällig in ihr Amt gekommen.

Nach welchem Auswahlprinzip dies geschah, erklärte ein hoher sowjetischer Offizier mit den Worten: „Wenn wir jemandem begegneten, der den Faschismus schon in Spanien bekämpft hatte oder der wegen seiner Standhaftigkeit gegenüber dem Nationalsozialismus jahrelange Gefangenschaft hatte erdulden müssen, dann sahen wir in ihm einen Menschen, der uns helfen würde, die Reste der Naziherrschaft auszurotten.“

Nachdem Walter Ulbricht mit seiner kommunistischen Initiativgruppe am 1. Mai auf der Berliner Bühne erschienen war, wurde der Aufbau der Verwaltung systematischer betrieben. Wo bereits von den Sowjets eingesetzte Bezirksbürgermeister tätig waren, blieben sie vorläufig im Amt, aber wo noch Posten frei waren, konnten Ulbricht und seine Gefolgsmänner schon nach wenigen Tagen auf Personalfragen Einfluß nehmen. Sein erstes Schema für den Aufbau einer

Bezirksverwaltung sah keineswegs eine kommunistische Alleinherrschaft vor; vielmehr sollten Kommunisten, Sozialdemokraten und Bürgerliche gemeinsam in den Verwaltungen sitzen. Ehemalige Nationalsozialisten sollten ausgeschlossen sein. Einige von diesen, die sich im Bezirk Tiergarten allzu flink wieder zur Verfügung gestellt hatten, wurden auf Veranlassung von Hans Mahlke, einem Mitglied der Gruppe Ulbricht, rasch aus ihren Ämtern entfernt.

Unverzüglich begann Ulbricht mit der Einrichtung einer Berliner Zentralbehörde. Am Abend des 4. Mai besuchte er zusammen mit einem sowjetischen Offizier den Alt-Sozialdemokraten Josef Orlopp im Wedding und fragte ihn, ob er bereit sei, in einem neuen Berliner Magistrat mitzuarbeiten. Orlopp stellte sich zur Verfügung. Dann trat Ulbricht mit Andreas Hermes in Verbindung, dem ehemaligen Reichsminister für Ernährung und Landwirtschaft aus der Weimarer Zeit, der nach dem 20. Juli 1944 vom Volksgerichtshof zum Tode verurteilt, aber schließlich mit dem Leben davongekommen war (später gründete er die CDU in Berlin). Ihn lud Ulbricht ein, zu Bersarin zu kommen, und dieser übertrug ihm die Leitung der Lebensmittelversorgung von Groß-Berlin, das wichtigste und schwierigste Amt, das es zu besetzen galt. Hermes erklärte sich bereit, den Posten zu übernehmen – wenn man ihm ein Fahrrad zur Verfügung stellte. Karl Maron, ein anderer wichtiger Mann aus der Ulbricht-Gruppe, tauchte in den ersten Maitagen bei dem Inhaber einer Ingenieur- und Architektenschule namens Dr. Arthur Werner auf, dem Prototyp eines Großbürgers alter Schule, um ihn zur Mitarbeit zu gewinnen. Werner wurde der erste Bürgermeister von Groß-Berlin nach der Kapitulation.

Am 12. Mai 1945 rief General Bersarin die ihm bis dahin vorgeschlagenen Mitglieder des neuen Magistrats zusammen und setzte sie in ihre Ämter ein.

Was die fachlichen Fähigkeiten angeht, war sowohl auf deutscher wie auf sowjetischer Seite diese erste Garnitur reichlich „gemischt", um es milde auszudrücken. Zwar hatten die Sowjets im Gefolge ihrer Armeen zahlreiche ausgezeichnete Fachleute aller Sparten nach Deutschland gebracht, doch gaben die meisten von ihnen nur kurze Gastspiele, weil sie zu Hause gebraucht wurden. Von denen, die jahrelang blieben, wurden die besten Leute nicht in der Stadtverwaltung, sondern in Karlshorst bei der sowjetischen Militäradministration (SMA) eingesetzt; solange der Kontrollrat arbeitete, waren sie zusammen mit den anderen alliierten Militärregierungen für ganz Deutschland und später für die Sowjetzone zuständig, nicht aber unmittelbar für die Stadt Berlin.

Die Sowjets hatten nur zwei Monate Zeit, in Berlin allein zu regieren, und auch diese Frist verdankten sie nur einerseits Stalins listigem Taktieren, andererseits dem Umstand, daß den Amerikanern die Bedeutung der Reichshauptstadt nach wie vor nicht klargeworden war. Truman wäre gern am 21. Juni aus Thüringen heraus und nach Berlin hineingegangen. In den von Mikojan aufgestellten Demontage-Terminplan paßte dieses Datum nicht. Die Sowjets brauchten noch eine Woche länger. Infolgedessen schrieb Stalin an den amerikanischen Präsidenten, erstens müsse seine Generalität an Paraden in Moskau teilnehmen, zweitens gebe es in Berlin noch Minenfelder, die man dort erst räumen wolle, damit die Herren Verbündeten nicht etwa versehentlich auf eine deutsche Mine träten. So schlage er vor, am 1. Juli die in Jalta ausgehandelten Gebiete zu besetzen bzw. freizugeben.

Dementsprechend kam es erst am 7. Juli zu einer ersten Absprache über die Errichtung einer gemeinsamen Verwaltung von Groß-Berlin, an der dann auch die Franzosen beteiligt wurden. Diese Einrichtung bekam am 1. August (während im nahen Potsdam die Großen Drei konferierten) den Namen „Die Alliierte Kommandantur der Stadt Berlin“. (Die nachfolgende Entwicklung liegt außerhalb unserer Betrachtung.)

In den zwei Monaten bis zum 1. Juli machten sich ein paar hohe Funktionäre der Sowjets in Berlin einen Namen; einige blieben jahrelang in Berlin, und jedes Kind kannte sie: den glattrasierten Kugelkopf Tulpanows, des Leiters der Kulturabteilung der SMA, die massige Gestalt Semjonows, den kleinen drahtigen Chefredakteur der „Täglichen Rundschau“, Kirsanow, und den Pressekontrolleur Dymschitz, der erst Feuilletonchef in der „Täglichen Rundschau“ war, bis ihn Tulpanow nach Karlshorst holte. Deutschlandkenner von solcher Bildung und geistigem Rang besaßen die westlichen Militärregierungen in ihrer ersten Zeit nicht. Die Engländer brachten ein paar hervorragende Leute in führende Positionen des Hamburger Rundfunks, aber diese hatten nur geringen Einfluß im politischen Apparat ihrer Militärverwaltung – im Gegensatz etwa zu Semjonow und Tulpanow. Die Amerikaner hatten fast niemand, der hätte sagen können, warum Bayern ein vorwiegend katholisches Land, Sachsen ein vorwiegend evangelisches war, und nur wenige, die gewußt hätten, daß es sich so verhielt. Merkwürdigerweise waren auch die ersten Verwaltungsstäbe der Franzosen miserabel besetzt; es gab in ihnen eine starke, aus der Resistance hervorgegangene kommunistische Gruppe, die bemerkenswert wenig Wert auf die Zusammenarbeit mit den Sowjets legte. In den mittleren und unteren Positionen waren hingegen die westlichen Militärverwaltungen besser besetzt als die sowjetische. Meist ohne Sprachkenntnisse, standen deren Offiziere ungewohnten Pflichten oft hilflos gegenüber.

Folgende Geschichte ist verbürgt: Ein Oberst aus Bersarins Stab bekam den Befehl, eine Aufstellung aller in Berlin befindlichen Lebensmittellager anzufertigen. Zu diesem Zweck ließ er die Akten des Haupternährungsamtes mitsamt ihren Schränken auf Lastwagen verladen und zur Kommandantur bringen, wo eine Handvoll sowjetischer Dolmetscher die Anweisung erhielt, auf Grund dieser Akten herauszubekommen, wo in Berlin Lebensmittel gelagert waren.

Stoßweise entnahmen die Dolmetscher den Schränken beschriebenes Papier und übersetzten es gewissenhaft Zeile für Zeile. So erfuhr der Oberst beispielsweise, daß im Jahre 1934 zehn Schweine von dem Gut N. in der Mark Brandenburg nach Berlin transportiert wurden. Nach 24 Stunden kam er zur Einsicht, daß seine Methode nicht sonderlich erfolgversprechend war. Der Ausweg, auf den er verfiel, war allerdings ebenso russisch: er schickte ein paar Dolmetscher nach Grunewald und Dahlem, wo sie irgendeinen Deutschen aufspüren sollten, der in der Frage der Lebensmittellager Bescheid wußte, und zwar mußten sie von Haus zu Haus gehen, bis sie einen solchen Mann gefunden hatten. Nach vielen Stunden hatten sie Glück, und so kam der Oberst endlich zu seiner Aufstellung.

Auf der deutschen Seite sah es ähnlich aus. Besonders die mittleren Positionen in allen Verwaltungszweigen waren das Ziel von Leuten, die dafür keinerlei Qualifikationen hatten, es aber raffiniert verstanden, solche Qualifikationen sowie politische „Zuverlässigkeit" vorzutäuschen. Nach den höchsten Stellungen strebten sie nicht, denn dort wären diese Nutznießer des Umbruchs allzu exponiert gewesen, und niedere Stellungen, die mit Arbeit verbunden waren, wollten sie natürlich erst recht nicht. Also wurden sie Bezirksbürgermeister, örtliche Polizeichefs und Leiter von antifaschistischen Organisationen, die ebenso neu waren wie die Fahnen, die sie aus dem Fenster hingen. Den meisten dieser Schmarotzer war allerdings keine lange Amtszeit beschieden; manche flogen schon nach einem Tag wieder aus dem Amt, andere konnten sich ein paar Wochen halten. Einige aber erlebten die Teilung der Stadt in ihren Positionen und erhielten dadurch eine neue Chance: Nun boten sie sich den westlichen Kommandeuren als alte Vorkämpfer für Demokratie und Freiheit an. Mit entsprechenden Papieren waren sie stets gut eingedeckt. Der lukrativere Weg auf den schwarzen Markt, den diese Sorte von Gangstern in Hamburg, Hannover, München und anderswo beschritt, war ihnen in Berlin im Mai und Juni 1945 noch versperrt, und zwar ganz einfach deshalb, weil es zu diesem Zeitpunkt dort noch keinen schwarzen Markt gab, auf dem im großen Stil zu verdienen gewesen wäre. Er bildete sich erst nach dem 1. Juli in der Nähe der Reichstagsruine und wurde vornehmlich durch amerikanische Zigarettenlieferungen gespeist; nach dem Umfang der Schwarzmarktgeschäfte zu urteilen, brachten die Amerikaner ganze Schiffsladungen Zigaretten in die von ihnen besetzten Gebiete Deutschlands.

Die Berliner wunderten sich, woher nach zwölf strammen Jahren, in denen sich jeder Deutsche möglichst militant gegeben hatte, diese Bohemien-Typen plötzlich kamen, die noch vier Wochen früher von der Polizei aufgegriffen worden wären, jetzt aber ihrerseits imstande waren, die Polizisten zu kassieren. Zwar gab es ihrer nicht Hunderttausende, wie manchmal behauptet wird, aber immerhin waren sie zahlreich genug, um im Straßenbild aufzufallen. Sie waren alles andere als Kommunisten, aber dafür maskierten sie sich entsprechend ihren Vermutungen, wie sich die Russen einen Intellektuellen vorstellten; das auffallendste Requisit ihrer Anti-Uniform war die Baskenmütze, wie sie Ilja Ehrenburg an der Front getragen hatte. (Dieser war übrigens in der Sowjetunion praktisch der einzige Intellektuelle, der sich in seinem Habitus an den französischen Intellektuellen der Rive-Gauche orientierte.)

Ihre Spekulation ging jedoch nur insofern auf, als sie von den Russen tatsächlich nicht für „faschistische Ungeheuer" gehalten wurden, die man am besten zur Zwangsarbeit hinter den Ural schickte, während sich ihre Erwartungen auf einen erstklassigen Job mit Pajoks und Sonderausweis nur selten erfüllten. In den Augen der Sowjets waren diese Bilderbuchrevolutionäre nicht die richtigen Leute, mit denen man Berlin wiederaufbauen konnte. Zwar gelang es manchen von ihnen, sich in die Verwaltung einzuschmuggeln und sich durch politische Erpressung der neuen deutschen Funktionäre eine Zeitlang zu halten, doch sobald die Sowjets eine ihrer überraschenden

Säuberungsaktionen durchführten, flogen diese Typen unweigerlich aus ihren Ämtern. Ein Jahr später hatten die meisten von ihnen Berlin verlassen – dies war für sie nicht das richtige Pflaster.

Überraschenderweise trieb es viele zur Polizei; ihr Traum war es, Polizeidienst leisten zu können und aus verfolgten Gangstern zu Verfolgern zu werden. Diese Entwicklung war höchst bedenklich. Manche trieben es so toll, daß sie trotz ihrer Polizisten-Tarnung sogar von deutschen Kollegen als das erkannt wurden, was sie waren – als Verbrecher übelster Sorte. Wie es in dieser ersten Zeit zuging, hat der spätere Berliner Polizeipräsident Dr. Johannes Stumm in einem Interview für diesen Bericht geschildert.

Dr. Stumm war bis 1933 als Polizeirat im Berliner Polizeipräsidium für politische Delikte zuständig gewesen und als SPD-Mitglied von den Nazis nach der Machtergreifung sofort entlassen worden. Aus jener Zeit hatte er unter den „Politischen" viele alte Bekannte, und als er am 3. Mai 1945 zum Bürgermeisteramt Prenzlauerberg ging, um die Lage zu rekognoszieren, traf er dort einen von ihnen, den Alt-Kommunisten Degener. Verblüfft fragte Stumm: „Wat machst du denn hier?" Degener entgegnete: „Ik mache hier den Bürgermeester. Du bist doch Polizist. Kannste nicht det Polizeirevier hier uffmachen?" Stumm erklärte sich dazu bereit, falls Degener ihm einen von den Russen anerkannten Ausweis beschaffte. Degener besorgte ein Papier des Inhalts, Stumm sei beauftragt, „Meldematerial aus dem Polizeirevier sicherzustellen" – in den Augen der so statistikfreudigen Russen eine ungemein wichtige Aufgabe.

Im Bürgermeisteramt Prenzlauerberg sah es übel aus. Die gesamte Inneneinrichtung war zerschlagen oder weggeschleppt worden, und sämtliche Akten hatten die letzten NS-Polizisten auf einem nahen Friedhof verbrannt. Stumm, seine Frau und der Portier hatten einige Tage zu tun, bis wenigstens ein paar Räume wieder benutzbar waren. Bald sprach sich herum, daß die Polizei den Betrieb wieder aufnahm, und neben Zivilisten, die Rat und Hilfe suchten, kamen ehemalige Polizeibeamte, die in ihre alten Stellungen zurückkehren wollten. Einige subalterne Beamte stellte Stumm ein, außerdem vierzehn Polizisten, die sich allerdings zunächst äußerlich von anderen Berlinern in nichts unterschieden: sie trugen weder Uniform noch Waffen. Höheren „Ehemaligen" riet er, sich zu verdrücken.

Als ich mich in Moskau mit einem ehemaligen sowjetischen Offizier über seine Berliner Erlebnisse unterhielt und ihn fragte, wie denn die

Berliner 1945 gewesen seien, entgegnete er zögernd und offensichtlich besorgt, daß die Antwort mich verletzen könnte: „Ach, wissen Sie, eigentlich sahen sie ausgesprochen kümmerlich aus."

Das galt auch für Stumms 14 Polizisten. Und ebenso kümmerlich wirkte das Büro. Die vier Schreibmaschinen des Reviers waren von kommunistischen Funktionären geholt worden. Stumm ließ sich deren Namen und Adressen geben und suchte sie auf. „Ich sagte zu dem Mann: ‚Du bist doch Kommunist.' – ‚Jawohl', erwiderte er, ‚und Antifaschist!' – ‚Das ist schön', sagte ich. ‚Ein Antifaschist klaut nicht. Nun komm schon und bring mir die Schreibmaschine zurück. Wir brauchen sie zum Aufbau des Sozialismus.'"

Mitte Mai mußte Stumm sich mit anderen Revierführern, die durch ähnliche Zufälle zu Amt und Würden gekommen waren, beim sowjetischen Kommandanten einfinden. Dieser eröffnete ihnen, daß sie jetzt „richtige" Polizisten bekämen. Sie stammten aus dem Zuchthaus Brandenburg und hatten den Sowjets eingeredet, sie hätten dort aus politischen Gründen gesessen. Also mußten die von Stumm und seinen Kollegen wiedereingestellten Berufspolizisten ihre Posten erneut verlassen. Stumm konnte mit Mühe erreichen, daß er wenigstens einen von ihnen behalten durfte.

„Schon allein um mir Rückendeckung bei den Russen zu verschaffen, machte ich den intelligentesten von den Brandenburgern zu meinem Stellvertreter. Kaum im Revier, entdeckte er einen weißen Offiziersrock der NS-Polizei und zog ihn an. Ich sagte ihm, daß er in dieser Montur nicht die andere Straßenseite erreichen werde. Intelligent, wie er war, sah er dies nicht ein. Heute ist er Generalmajor – drüben, bei der Volkspolizei."

Ein besonders großes Gedränge gab es, als der Posten des Berliner Polizeipräsidenten besetzt werden sollte; man gab sich bei Bersarin die Klinke in die Hand. Schließlich wurde im Eisenbahnergewerkschaftshaus an der Linienstraße der ehemalige Oberleutnant und Ritterkreuzträger Markgraf installiert, um eine Polizeizentrale für ganz Berlin aufzuziehen.

Kurz vor Pfingsten sagte Bürgermeister Degener zu seinem Revierführer Stumm: „Du könntest es bei der Polizei zu mehr bringen. Geh doch mal rüber in die Linienstraße." Vor dem Eingang des Gewerkschaftshauses stauten sich die Polizeidienstanwärter. Dank seines Sonderausweises drang Stumm bis zur Personalabteilung vor. „Personalchef war Geßler, so einer mit roten Haaren, und bei ihm waren sechs oder sieben Figuren, denen ich in der Nacht nicht hätte begegnen mögen."

Durch Geßler kam Stumm zu Markgraf, der „ziemlich" ratlos ein paar Zimmer weiter in der Uniform eines Polizeiobersten dasaß und als gelernter Bäcker keine Ahnung hatte, wie die Organisierung der Berliner Polizei zu bewerkstelligen war. Markgraf fragte: „Was wollen Sie?" Stumm: „Eigentlich gar nichts." Er berichtete seinem aufhorchenden Gegenüber von seinem Werdegang bei der Polizei. Markgraf erkannte rasch, daß er hier den Fachmann vor sich hatte, den er brauchte, und sagte: „Machen Sie mir einen Organisationsplan." Stumm fragte: „Wann brauchen Sie ihn?" Markgraf: „Morgen." Stumm: „Morgen ist Pfingsten." Markgraf: „Dann bis Montag." Nach dem damals von Stumm ausgearbeiteten Organisationsplan arbeitete die Berliner Polizei bis 1958.

Nun mußte Stumm nur noch einen passenden Titel erhalten, was den Sowjets gegenüber wichtig war. Vizepräsident war bereits ein Mann namens Dr. Kionka, der später als ehemaliger SS-Angehöriger entlarvt wurde. Einen militärischen Rang wollte Stumm nicht. Also erfand man für ihn den „Präsidialdirektor".

Bald schon eröffnete „Personalchef" Geßler dem „Präsidialdirektor" Dr. Stumm, Markgraf sei nur eine Marionette, und er, Geßler, sei der Mann, auf den es ankomme. „Allmählich kam mir der Betrieb bei Geßler merkwürdig vor. Er gebärdete sich als fanatischer Kommunist, aber er hatte nur Gangster um sich, keine Kommunisten. Sie schliefen sogar in seinem Büro. Das hatte seinen guten Grund, wie ich eines Tages entdeckte, als sie gerade abwesend waren und ich mich bei ihnen umschaute. Unter Geßlers Bett zog ich eine Kiste hervor: sie war voll von Gold, Silber, Uhren, Perlen. Das meldete ich den Russen. Sie nahmen ihren Günstling mitsamt der Kiste mit. Es stellte sich heraus, daß er ein ausgewachsener Nazi und Zugführer bei der Feuerwehr gewesen war."

Am 25. Mai befahl Bersarin die Uniformierung der gesamten Polizei, aber Uniformen für 11 000 Polizisten waren nicht aufzutreiben. Schließlich fand man Uniformtuch vom Arbeitsdienst, das man ballenweise umfärbte. „Bei Regen und Schnee sahen die Polizisten wie Königstiger aus: die Farbe lief in Streifen an ihnen herunter." Gehalt gab es erstmals nach drei Monaten, 450 Reichsmark in der höchsten Tarifklasse. Aber Geld war unwichtig; wesentlich war, daß man die Lebensmittelkarte I erhielt.

Einen regelrechten Schwarzmarkt gab es, wie bereits erwähnt, zunächst nicht, sondern nur einen Tauschhandel mit dem Lebensnotwendigsten, aber auch dagegen ging die sowjetische Militärverwaltung mit aller Strenge vor, sah sie doch darin eine Versuchung für ihre Soldaten, Eigentum der Roten Armee zu stehlen und zu verschachern. Wie es zuging, schildert das folgende Dokument:

An den
Herrn Polizeipräsidenten in Berlin

Betr.: Razzien gegen den Schwarzhandel

Am 23. 10. 1945 um 3 Uhr (morgens) erschien der Herr stellvertretende Chef der russischen Stadtkommandantur Berlin-Mitte . . . und erteilte Befehl, am 23. 10. 1945 um 11 Uhr eine Razzia gegen den Schwarzhandel auf dem Alexanderplatz durchzuführen . . . Die Razzia wurde wie befohlen durchgeführt . . . Durch unbemerkte und schlagartige Bildung eines Sperringes konnten etwa 1500 Personen eingeschlossen werden, die sämtlich nach der Magazinstraße 3/5 gebracht und dort der Kriminalpolizei übergeben worden sind . . . Durch russische Militärpolizei wurden etwa 100 Angehörige der alliierten Besatzungsmächte aus dem Sperring herausgezogen und auf Lkw zur Stadtkommandantur Mitte gebracht. Das Unternehmen war um 13 Uhr abgeschlossen.

Am gleichen Tag um 14.30 Uhr wurde dann die durch Einsatz-Befehl des Kommandos der Schutzpolizei am 23. 10. 1945 auf dem Alexanderplatz angeordnete Razzia gegen den Schwarzhandel durchgeführt. (Das war also die zweite Razzia an diesem Tag auf dem gleichen Platz. Dabei wurden 600 Personen aufgebracht.)

In den Nachmittagsstunden des 23. 10. 1945 erschien erneut der Herr stellvertretende Chef der russischen Stadtkommandantur Berlin-Mitte und ordnete für den 23. 10. 1945 um 17 Uhr nochmals eine Razzia . . . an. (Wieder wurden 500 Menschen verhaftet. An diesem 23. Oktober war es auf dem Alexanderplatz offenbar ausgesprochen ungemütlich.)

Besondere Zwischenfälle haben sich bei den Razzien nicht ereignet. Auf die Mitwirkung der russischen Militärpolizei bei derartigen Aktionen im russischen Sektor wird besonderer Wert gelegt, weil dadurch unliebsame Vorfälle mit Angehörigen der alliierten Besatzungsmächte bzw. mit Ausländern, die auf den bekannten ‚schwarzen Märkten' gewöhnlich zahlreich vertreten sind, vermieden . . . werden können.

I. V. (gez.) Wagner*

* Waldemar Bergmann/Gunter Malitz: *Der Aufbau der demokratischen Polizei in Berlin 1945,* Zitat entsprechend den Bürstenabzügen des Dokumentationsanhangs eines in Ost-Berlin verlegten umfangreichen Werkes über den Aufbau der kommunistischen Verwaltung, dessef Titel bis zur Drucklegung des vorliegenden Buches nicht eruiert werden konnte.

Was der neuen Berliner Polizei in der ersten Zeit besonders zu schaffen machte, war die ständige Fluktuation in ihrem Personalbestand.

Die Gründe hierfür liegen auf der Hand: Im Mai und Juni 1945 meldeten sich zum Polizeidienst vorwiegend unfähige und ungeeignete Leute, die sich auf diese Weise entweder tarnen wollten oder darauf aus waren, durch ein Minimum an Arbeit sich die begehrte Lebensmittelkarte I zu sichern. Als sich die Verhältnisse allmählich wieder etwas normalisierten, die Versorgung besser wurde und auch von Polizisten eine gewisse Arbeitsleistung verlangt wurde, verschwanden diese Leute rasch wieder aus den Revieren und Bereitschaftskommandos, soweit man sie nicht schon vorher hinausgeworfen hatte. Dies widerfuhr bis Mitte 1946 etwa 3600 von 12 500 Polizeiangehörigen, darunter 62 alten Nazis und rund 600 alten und neuen Kriminellen. Über 5000 jedoch schieden in diesem einen Jahr auf eigenen Wunsch wieder aus dem Polizeidienst aus, so daß die Berliner Polizei in diesem Zeitraum rund 75 Prozent ihres ersten Bestandes verlor. Waffen hatte die Polizei natürlich keine, nicht einmal Holzknüppel. Dennoch sorgte sie für Ordnung, so gut es unter den damaligen Umständen ging.

Auch die Feuerwehr organisierte sich allmählich wieder; bis zum 15. Mai hatten sich 300 von ursprünglich 10 000 Mann zum Dienst eingefunden. Ihnen fehlte die gesamte technische Ausrüstung, und man konnte sie mit museumsreifen Spritzen ausrücken sehen.

Besonders schwierige Probleme warf die Seuchengefahr auf, die allenthalben drohte, weniger den Menschen in ihren Privatwohnungen und Kellern als den Patienten in den vollkommen überfüllten Krankenhäusern, deren hygienische Verhältnisse zum Teil jeder Beschreibung spotteten. Weder die einzelnen Ärzte noch die Gesundheitsbehörden waren zunächst in der Lage, hier Abhilfe zu schaffen. Die zunehmende Verlausung der Bevölkerung führte zu zahlreichen Fleckfiebererkrankungen, und so richtete man in den Krankenhäusern große Entlausungsstationen ein; selbst wer sich nur einen Finger verbinden lassen wollte, mußte sich von Kopf bis Fuß desinfizieren lassen. Alte Leute, denen nichts fehlte als ausreichende Nahrung, wurden von ihren Angehörigen in die Krankenhäuser gebracht, aber bald wurden sie infolge des Nahrungsmangels tatsächlich krank. Zum erstenmal mußten die Berliner Ärzte Hungerödeme behandeln – im folgenden Winter traten sie so zahlreich auf, daß sie zu Routinefällen wurden. Im Sommer 1945 grassierten Dysenterie und Typhus; oft erkrankten wöchentlich 900 Menschen.

Der am 20. Juni vom sowjetischen Militärkommandanten erlassene Befehl Nr. 21 zeigt, mit welcher Sorge die Russen die Ausbreitung der Infektionskrankheiten in Berlin beobachteten. Schon ab Mitte 1944 hatten ihnen die in der Sowjetunion selbst praktisch unbekannten Geschlechtskrankheiten, mit denen ihre Armeen während des Vormarsches durch die Randstaaten infiziert worden waren, einen panischen Schrecken eingejagt, und als nun in Berlin die Typhusepidemie ausbrach, wurden die entsprechenden Fachleute der Gruppe Mikojan eilends angewiesen, sich mit diesem Problem zu befassen. In Punkt C des Befehls Nr. 21 wurden 12 namentlich aufgeführte große chemische Werke angewiesen, unverzüglich die Produktion von Präparaten zur Bekämpfung der Seuchen aufzunehmen. Ein energischer Offizier, Oberst Tschertow, war dem Stadtkommandanten für die Durchführung aller erforderlichen hygienischen Maßnahmen verantwortlich; es gehörte sogar zu seinen Obliegenheiten, darüber zu wachen, daß die Müllkästen regelmäßig desinfiziert wurden.

Die Tatsache, daß die Stadt von Epidemien bedroht war, ist geeignet, dem heutigen Leser die Verhältnisse in den ersten Nachkriegsmonaten wieder bewußt zu machen. Wenn man rühmend beschreibt, mit welcher Tatkraft die Berliner mit den Sowjets – oder vielleicht richtiger: die befehlenden Sowjets mit den Berlinern – den Wiederaufbau ihrer Stadt in die Hand nahmen, so vergißt man allzu leicht, vor welchem Hintergrund des Elends und Grauens diese Leistungen vollbracht worden sind. Als Mikojan mit seinem Stab Mitte Mai 1945 nach Moskau zurückkehrte, gab er der „Prawda"-Korrespondentin Romenskaja ein Interview, das am 18. 5. veröffentlicht wurde. Darin führte er aus:

„Die Bevölkerung von Berlin hat keine Lebensmittelreserven und muß hungern. Überall betteln Frauen, Kinder und Greise bei den Angehörigen der Roten Armee um ein Stück Brot, stellen sich in Scharen vor den Feldküchen und Kantinen auf und warten auf eine Gabe. Die Deutschen sterben vor Erschöpfung ... Die Menschen essen Gras und die Rinde von den Bäumen. Während der Straßenkämpfe wurden viele Pferde erschossen. Sie lagen fünf oder sechs Tage auf der Straße und begannen in Verwesung überzugehen. Dennoch standen neben jedem Pferd viele Menschen Schlange und zerstückelten die toten Tiere."

Der körperliche Zustand der Berliner war weit schlechter als jener der Menschen im übrigen Deutschland – wenngleich sie immer noch besser lebten, als die Bewohner der von Deutschen besetzten Gebiete gelebt hatten, aus denen die Wehrmacht und die deutsche Zivilverwaltung systematisch alles fortgeschleppt hatte, was nur irgendwie brauchbar war, von Kunstgegenständen bis Werkzeugmaschinen. Die Kriegsversorgung nach dem Kartensystem hatte bis zuletzt funktioniert. „Ein russischer Offizier, der sowohl Deutschland wie England gut kannte, äußerte sich während der Potsdamer Konferenz einem britischen Korrespondenten gegenüber, daß nach seiner Ansicht die Deutschen besser genährt, weniger abgehetzt und besser gekleidet seien als die Engländer. Vier Monate später, nach einer Rundreise durch Deutschland, neigte der Korrespondent zu einer ähnlichen Auffassung*." Nur in Berlin war es anders. Dort bedrohte die Not die physische Existenz der ganzen Stadt.

Besonders bedrückend war für die Berliner die Undurchschaubarkeit und Launenhaftigkeit der Sowjets, wodurch die Zusammenarbeit mit der Besatzungsmacht ungemein erschwert und unnötiges Mißtrauen gesät wurde. Für dieses unberechenbare Schwanken zwischen extremer Brutalität und ebenso extremer Feinfühligkeit bei ein und demselben Menschen gibt es unzählige Zeugnisse. So berichtet Frau H. K., die damals am Halleschen Ufer wohnte: „Eines Nachts, als ich mit meiner Mutter im Bett lag, erschien ein offensichtlich angetrunkener Russe und stach mit dem Seitengewehr in die Betten. Aber ich sah infolge eines Kopfverbandes, den ich wegen einer geringfügigen Wunde trug, offenbar so erbarmungswürdig aus, daß ich nicht angerührt wurde. Am nächsten Morgen erschienen sogar Russen und brachten Verpflegung, Brot und Ölsardinen. Einer fegte alle Gegenstände, die auf einem kleinen Nachttisch standen, herunter, stellte den Tisch an mein Bett, das Essen darauf, und sagte: ‚Du essen.'"

Im individuellen Bereich kann man angesichts solcher Spontanreaktionen von Launenhaftigkeit sprechen, aber die Sowjetoffiziere in den Verwaltungspositionen waren nicht in diesem Sinn launenhaft. Ihre Unberechenbarkeit war Methode, jahrhundertealte russische, im Stalinismus versteinerte Methode, die darin bestand, sich nicht in die Karten schauen zu lassen und sich dadurch a priori ein Übergewicht zu

* Michael Balfour, *Vier-Mächtekontrolle in Deutschland,* Düsseldorf 1949, S. 23/24. Das Zitat bezieht sich auf einen Artikel in *The Time* vom 17. 11. 1945.

verschaffen. Gepaart mit einem chronischen Mißtrauen, zu dem man ihnen die Berechtigung gewiß nicht absprechen darf, brachte diese Undurchschaubarkeit zuweilen die Aufbauarbeit völlig zum Stillstand, weil die deutschen Hilfsorgane der Russen Angst hatten, etwas falsch zu machen, und dann lieber gar nichts taten.

Besonders verwirrend war, daß sich die Sowjets nur dienstlich so verschlossen gaben, aber bei privaten Begegnungen oft von einer Spontaneität und Herzlichkeit waren, die die Berliner später bei keiner der drei anderen, so sehnlichst herbeigewünschten Besatzungsmächte finden sollten. Die ab Juli möglichen Begegnungen mit den Westalliierten bereiteten den Berlinern eine tiefe Enttäuschung, einerseits wegen der geradezu lächerlich überspannten Erwartung, die sie in die Ankunft der Amerikaner, Engländer und Franzosen gesetzt hatten, vor allem aber wegen der feindseligen Arroganz und geradezu prinzipiellen Taktlosigkeit besonders der Amerikaner. Ihr Benehmen stand in krassem Kontrast zu dem der „nach Feierabend" legeren, herzlichen, oft geradezu überschwenglichen Sowjets. Allerdings dauerte diese Herzlichkeit nur so lange, wie die Russen allein in der Stadt waren. Als die Berliner genügend westalliierte Rückendeckung zu haben glaubten, um die Sowjets herausfordern und einen anmaßenden Ton anschlagen zu können, und als die teils spontanen, teils gesteuerten politischen Auseinandersetzungen begannen, überwucherte bei den Sowjets Mißtrauen gegen die Deutschen jede freundlichere Regung auch bei privaten Kontakten.

In den ersten Wochen war das noch anders, aber die Deutschen verstanden die Russen nicht (und noch weniger wurden diese von ihren westlichen Alliierten verstanden). Sie begriffen nicht, daß sie es mit komplizierten, sensiblen Menschen zu tun hatten, und weil es Soldaten gegeben hatte, die Frauen vergewaltigten und vom Fahrrad fielen, hielten sie alle Russen für primitiv und dumm. Wenn sich ein Offizier abends mit dröhnender Herzlichkeit erging, aber am nächsten Morgen einsilbig hinter seinem Schreibtisch saß und barsch Befehle erteilte, hielten sie das ganz einfach für abgefeimte Bosheit und Heimtücke. Manche Berliner, vor allem aus dem Kulturleben, hatten Anlaß zu staunen, über welche unglaublichen Kenntnisse hinsichtlich internster Details deutschen Kulturlebens ihre sowjetischen Partner verfügten – aber das waren Ausnahmen. Es steht jedoch zweifellos fest, daß sich zumindest im Mai und Juni die Sowjets mehr um ein Verstehen der Gegenseite bemühten als die Deutschen.

Alle diese Umstände – Hunger, Seuchengefahr, Mißtrauen und viele andere Faktoren – muß man im Auge behalten, wenn man sich die Stimmung in der Stadt vorstellen und ihre Leistung gerecht würdigen will.

Am 21. Juni 1945 berichtete der „Befehlshaber der Etappe der sowjetischen Besatzungsmächte in Deutschland, Generalmajor Antipenko" dem „Mitglied des Staatlichen Verteidigungsausschusses Genosse Mikojan" über die Lebensmittelversorgung der Berliner Bevölkerung und die Organisation der Kommunalwirtschaft:

„Ich melde die Realisierung der Beschlüsse des Staatlichen Verteidigungsausschusses:

Für Juni wurden 2 800 000 Lebensmittelkarten ausgegeben. Es gab keine Schlangen. Die Kinder erhalten regelmäßig Milch. Die Milchversorgung wird durch den Transport von 60 000 bis 65 000 Litern aus den nahen Gemeinden gesichert. 5000 Kühe sind übergeben worden. Die Tagesmenge am 20. Juni betrug: Mehl 55 (Gewichtseinheit fehlt), Graupen 3, Fleisch 41, Salz 49, Zucker 34, Tee 39, Bohnenkaffee 22, Malzkaffee 12, Kartoffeln 19, Fett nicht vorhanden, muß beschafft werden. Infektionsherde wurden liquidiert, Kadaver beseitigt. Lebensmittelbetriebe und Kanalisation wurden sanitär kontrolliert. Geöffnet sind: 92 Krankenhäuser, 4 Kinderkrankenhäuser, 10 Entbindungsanstalten, 146 Apotheken, 9 Ambulatorien, 13 Sanitätsstationen und verschiedene medizinische Einrichtungen. Die Anzahl der Krankenhausbetten betrug 31 780. In Krankenhäusern beschäftigte Ärzte: 654, privat praktizierende: 801. Eine Hauptverwaltung für Gesundheitswesen für Berlin und die Bezirke wurde eingerichtet.

Die Leistungsfähigkeit der Elektrizitätswerke wurde auf 98 000 kW gesteigert. An das Stromnetz wurden angeschlossen: Wohnhäuser 33 000, Wasser- und Kanalisationswerke 51, Bäckereien 1084, mehr als 3000 Straßenlaternen.

In Gang gesetzt wurden 15 Wasserwerke, an das Wasserleitungsnetz wurden 85 000 Gebäude und alle Kommunalunternehmen angeschlossen.

In Gang gesetzt wurden 38 Kanalisationsstationen.

Einsatzbereit gemacht wurden 39,2 km U-Bahnlinie; 16 Züge mit insgesamt 62 Waggons fahren.

8 Straßenbahnlinien mit 65,4 km langem Netz und 122 Wagen sind einsatzbereit, daneben 7 Omnibuslinien auf einer Strecke von 91 km mit 46 Omnibussen.

5 Gaswerke mit einer Tagesproduktion von 157 000 m^3 arbeiten.

Die Unternehmen der Stadt liefern täglich an die Truppe: Margarine 10 t, Konserven 10 t, Seife 5 t, Tabak 1,2 t, 500 Uniformen, Lederwaren u. a.

Der Tagesbedarf an Kohle beträgt 7 300 t.

Am 20. Juni ist ein Vorrat für 3 Tage vorhanden. Für den Kohletransport aus Schlesien werden 18 Züge zusammengestellt.

Die Eröffnung von Läden und Restaurants kommt nur unbedeutend voran (100 Läden, 50 Restaurants).

Eröffnet wurden die Berliner Stadtbank und ihre Filialen. Der Berliner städtischen Selbstverwaltung wurde eine Summe von 25 Millionen Reichsmark überlassen.

Geöffnet sind folgende Berliner Theater: Theater des Westens, Renaissancetheater, das Philharmonische Orchester, 45 Varietés und Kabaretts, 127 Kinos (Besuch: täglich 80 000 bis 100 000)*."

Ebenfalls vom 21. Juni 1945 datiert ist der Befehl 09 der SMAD:

„Zur Beschleunigung der Ingangsetzung der Wirtschafts- und Industriebetriebe in der sowjetischen Besatzungszone befehle ich:

An die Präsidenten der Provinzialverwaltungen und an den Oberbürgermeister der Stadt Berlin:

1. Bis zum 15. August 1945 sind jene Werke betriebsfertig zu machen, die folgende Produkte herstellen: synthetische Treibstoffe und Öle, Kunstdünger, Kohle und Briketts, Elektrizität, Werke der Gummiindustrie (synthetischer Kautschuk, Fahrzeugbereifungen), Kraftfahrzeugreparaturwerkstätten, Produktionsstätten für Traktoren und landwirtschaftliche Maschinen, Beförderungsmittel der Eisenbahn, Wasserfahrzeuge und Ersatzteile dafür, Lebensmittel, Textilien, Lederwaren und Schuhe, Gegenstände des täglichen Bedarfs sowie Baumaterialien (Zement, Glas, Ziegel).

In erster Linie sind die Fabrikationsstätten in Gang zu setzen, die synthetische Treibstoffe und Öle herstellen . . ."

Die Postzustellung wurde am 22. Mai wieder aufgenommen. Als aber die westlichen Alliierten einrückten und allgemeines Mißtrauen die Beziehungen sämtlicher Kommandanturen zu beherrschen begann, wurde kurzerhand verfügt, daß die Postzustellung bis zur Einrichtung einer zentralen Zensurbehörde eingestellt werden müsse. Allerdings kam es nicht dazu, weil der Magistrat, an der Spitze der – kommunistische – stellvertretende Oberbürgermeister Maron, energischen Einspruch erhob.

Schon am 16. Mai war im Amtsgericht Lichtenberg die Berliner Gerichtsbarkeit neu konstituiert worden. Die Aburteilung politischer Straftaten war den sowjetischen Militärbehörden vorbehalten. Ende Mai fanden im Amtsgericht Steglitz bereits die ersten Strafprozesse statt. Verhandelt wurde vor allem gegen Diebe und Plünderer, doch im Juni hatte das Schöffengericht Friedenau einen Mörder abzuurteilen. Es handelte sich um einen Postoberinspektor namens Kieling, der sich am 24. April in die Auseinandersetzung zwischen einem

* *Die Hilfe der sowjetischen Regierung und des Kommandos der sowjetischen Streitkräfte für die Bevölkerung Berlins im Jahre 1945*, Archiv des Instituts für Marxismus und Leninismus, Moskau, S. 24/25.

uniformierten Nazi und einem nichtuniformierten Nicht-Nazi eingemischt und letzteren durch einen Pistolenschuß so schwer verwundet hatte, daß er sieben Tage später gestorben war. Der Prozeß lief durch sämtliche Instanzen, das Todesurteil gegen Kieling wurde bestätigt. Am 21. September 1946 wurde er mit dem Fallbeil hingerichtet, mit jenem Fallbeil in Plötzensee, das in den letzten Jahren und Monaten des Dritten Reiches eine Elite des deutschen Volkes ausgelöscht hatte. (Die letzten Hinrichtungen der NS-Justiz fanden am 18. April 1945 statt, zwei Tage nach Beginn der russischen Oder-Offensive. Offenbar wollte die Justiz noch vor dem Eintreffen der Sowjets reinen Tisch machen. An jenem Apriltag wurden 30 Menschen geköpft. Auseinandergenommen und säuberlich verpackt, steht die Maschine noch heute in Berlin und wartet auf die Wiedereinführung der Todesstrafe.)

Vereinheitlicht wurde das Gerichtswesen in der russischen Besatzungszone und in Ost-Berlin durch den Befehl Nr. 49 der SMAD vom 4. September 1945, abgezeichnet von Schukow:

> Reorganisation der deutschen Gerichte in den von den Sowjettruppen besetzten Gebieten Deutschlands.
> Um die Tätigkeit des deutschen Gerichtsapparates in der von Sowjettruppen besetzten Zone zu vereinheitlichen, befehle ich:
> 1. Das Sytem der deutschen Gerichte in allen Gebieten ist in Übereinstimmung mit der Gesetzgebung zu reorganisieren, wie sie am 1. Januar 1933 existierte.
> In den Provinzen ist folgendes Gerichtssystem einzuführen:
> Rayongerichte (Amtsgerichte) entsprechend der Zahl der Rayons,
> Bezirksgerichte (Landgerichte) und
> Oberlandesgerichte.
> 2. Der Leiter der zentralen deutschen Justizverwaltung hat die Reorganisation der deutschen Gerichte in der sowjetischen Besatzungszone bis zum 1. Oktober dieses Jahres durchzuführen.
> Die Chefs der SMA in den Provinzen haben der zentralen deutschen Justizverwaltung bei dieser Arbeit die erforderliche Unterstützung zu gewähren.
> 3. Bei der Durchführung der Reorganisation des Gerichtswesens sind aus dem Gerichtsapparat und der Verwaltung sämtliche früheren Mitglieder der NSDAP zu entfernen, ebenso alle, die unter dem Hitler-Regime unmittelbar in der Strafgerichtsbarkeit tätig waren.
> 4. Die Kontrolle der Durchführung des vorliegenden Befehls übertrage ich dem Chef der Rechtsabteilung der SMA, Karassef.

Überraschend schnell wurden die Schulen wiedereröffnet – überraschend deshalb, weil die Sowjets – mit Recht – bei der politischen Überprüfung der Lehrer so strenge Maßstäbe anlegten, daß es in

Berlin fast keine Lehrer mehr gab. 1938 hatte die Zahl der Lehrer in Groß-Berlin 13 000 betragen; als die Sowjets die Stadt besetzten, fanden sie derer noch etwa 5000 vor. 2474 Lehrer wurden als ehemalige Mitglieder der NSDAP vom Schuldienst ausgeschlossen. Dennoch wurde noch im Mai in fast allen Berliner Bezirken der Schulbetrieb wieder aufgenommen.

Freilich wurde nur in den Elementarfächern unterrichtet: Rechnen, Schreiben und Lesen. Im übrigen sollten die Kinder mit Turnen und Gesang beschäftigt werden.

Am 8. Juni ließ der für das Schulwesen zuständige Offizier, Oberstleutnant Sudakow, die Leiter aller bis dahin wieder besetzten Schulämter in der Abteilung Volksbildung beim Magistrat zusammenkommen und hielt vor ihnen eine grundlegende Rede. Darin führte er unter anderem aus:

„Die deutsche Schule muß gegenwärtig umgebaut werden. Dieser Umbau muß vor allem auf dem Wege der Demokratisierung des Schulwesens erfolgen. Wir haben nicht im mindesten die Absicht, die deutschen Schulen zu sowjetisieren oder das deutsche Schulwesen nach sowjetischem Muster auszubauen. Das ist nicht unsere Sache. Das deutsche Volk hatte in seiner Vergangenheit eine hochstehende Kultur und große Männer auf dem Gebiet der pädagogischen Wissenschaften. Das ist eine der Quellen der Demokratisierung des gesamten Unterrichtswesens . . . Während mehr als zwölf Jahren hat das Hitler-Regime den Lehrkörper Deutschlands durch eine chinesische Mauer künstlich von den Lehrern und den auf dem Gebiet der Volksbildung Tätigen in anderen Ländern und vor allem in der Sowjetunion, in England und Amerika abgeschlossen. In diesen demokratischen Ländern ist der pädagogische Gedanke weit fortgeschritten. Wenn es um Demokratisierung geht, dürfte es nicht schaden, wenn die deutschen Lehrer und Pädagogen etwas von der sowjetischen Schule lernen."

Die im Auftrag des Berliner Senats herausgegebene chronologische Dokumentation für die Jahre 1945 und 1946 – die wenn nicht vollständig, so doch sehr zuverlässig ist und in einem erfreulichen Gegensatz zu fast der gesamten übrigen, unter politischen Aspekten zurechtgekneteten Berlin-Literatur der Nachkriegszeit steht – verzeichnet auch diese Sitzung und vermerkt dazu:

„. . . wurden ferner erörtert: der organisatorische Neuaufbau der Berliner Schule als Einheitsschule, die vom sowjetischen Stadtkommandanten geforderte Einführung des Religionsunterrichtes, der Jugendweihe und des Moralunterrichts, die Wiedereinsetzung der durch das nationalsozialistische Regime gemaßregelten Lehrer und die Einstellung von Hilfslehrern*."

Sudakow hatte in jener Rede noch gesagt: „Wir lieben und schätzen unsere Lehrer. Das Kommando der Roten Armee wird sich mit genau der gleichen Achtung und Schätzung gegenüber den deutschen Lehrern verhalten, wenn sie auf einem richtigen Standpunkt stehen werden."

Alle Lehrbücher aus der Nazi-Zeit wurden als Unterrichtsmittel verboten. Damit hatten die Schulen nicht nur keine Lehrer, sondern auch keine Bücher. Diese wurden durch „Vorläufige Anweisungen" ersetzt, ein Notstandsplan wurde entworfen. Geschichte und Erdkunde – „Lehrfächer, in die der nazistische Geist besonders tief eingedrungen ist" (Sudakow) – wurden bis auf weiteres gänzlich vom Lehrplan gestrichen. Hierzu erklärt Sudakow: „Diese Disziplinen sollen ersetzt werden durch die Lektüre und das Studium der deutschen Literatur: Heine, Goethe und andere."

Sudakows Rede wurde im Juni 1945 als sowjetische Grundsatzerklärung zur Berliner Schulfrage durch die Abteilung für Volksbildung beim Magistrat in den Schulverwaltungen und bei den Lehrern verbreitet. Leiter dieser Abteilung war Otto Winzer, ein Angehöriger der nach Berlin eingeflogenen „Gruppe Ulbricht". Er verkörpert den Typus des dogmatischen Intellektuellen. Trotz „Heine, Goethe und andere", auf die sich Kommunisten und Nicht-Kommunisten zur Not hätten einigen können, loderte gerade in der Schulfrage der Streit bald am heftigsten auf.

Es kann kein Zweifel darüber bestehen, daß die Sowjets den Schulen bei der „Umerziehung" des deutschen Volkes eine Schlüsselposition einräumen wollten. Heute, zwanzig Jahre danach, wünscht man, es wäre den anderen Besatzungsmächten, die sich mit einer läppischen Entnazifizierung der Erwachsenen begnügten, und den Deutschen selbst in diesem Punkt ebenso ernst gewesen. Zahlreiche sowjetische Befehle aus frühester Zeit bezeugen, mit welchem Nachdruck die Russen auf den Wiederaufbau des Schulwesens, die Instandsetzung der Schulhäuser und die Wiederaufnahme eines

* *Berlins Kampf um Freiheit und Selbstverwaltung 1945–1946.* 1. Aufl. Berlin 1956, zitiert nach der erheblich erweiterten 2. Aufl. (1960), S. 79.

geregelten Unterrichts hinarbeiteten. Ein Dokument besonders läßt die Empfindlichkeit der Sowjets in allen Fragen, die das Problem Schule und politische Erziehung betreffen, so deutlich erkennen, daß daraus zitiert werden soll, obwohl es erst vom 29. April 1946 stammt, aus einer Zeit also, die außerhalb des Rahmens unseres Berichts liegt. Es ist der Befehl Nr. 13 des Chefs der Garnison und Militärkommandanten des sowjetischen Sektors, General Kotikow. Diesem Befehl ging folgendes voraus:

In einer Mittelschule in Niederschöneweide hatten Lehrer und Schüler über den Nürnberger Prozeß diskutiert. Eine solche Diskussion war durchaus im Sinne der Sowjets; in einer Anweisung für das Fach „Gegenwartskunde“ war den Lehrern empfohlen worden, den Prozeß in den Schulen zu besprechen. Die Tendenz jedoch, mit der die Diskussion in Niederschöneweide mit Billigung eines oder mehrerer Lehrer, vielleicht einschließlich der Schulleiterin, Frau G. Gusko, geführt worden war, hatte die Sowjets alarmiert. Bei einer Kontrolle der Schule wurde zudem „faschistische Literatur“ gefunden.

Darauf griffen die Sowjets mit einer Schärfe durch, die durch die Vorkommnisse an einer einzigen Schule nicht zu erklären ist und eben nur verstanden werden kann, wenn man weiß, welche Bedeutung sie der Schule für die Entwicklung des Volkes, der Gesellschaft beimessen. Die Schulleiterin wurde „wegen Zulassung faschistischer Äußerungen der Schüler in der Schule“ unverzüglich ihres Amtes enthoben und ging damit des Rechtes verlustig, jemals wieder eine leitende Tätigkeit im Schuldienst auszuüben. Die „Unterweisung in der Gegenwartspolitik“ wurde an allen Schulen bis auf weiteres untersagt. Binnen zwei Wochen mußten sämtliche Lehrer überprüft werden, „die zum Unterricht über die Ergebnisse des Nürnberger Prozesses zugelassen wurden.“

Weiter wurde verfügt: „Die Schüler der Klasse 6 A (es folgen acht Namen) sind wegen Verbreitung faschistischer Anschauungen während der Stunden aus der Schule auszuschließen. (Der Satz ist unklar; gemeint sind vermutlich die Unterrichtsstunden, in denen zeitgeschichtliche Themen oder Gesellschaftskunde behandelt wurden.) Der Bezirksbürgermeister von Treptow hat die Eltern der Schüler zu warnen, daß bei Wiederholung ähnlicher Fälle in Zukunft ihre Kinder nach den Gesetzen der Militärverwaltung bestraft werden.“

Ferner: „Der Oberbürgermeister der Stadt Berlin hat aus eigener Machtbefugnis den Leiter der Abteilung Volksbildung des Bezirks

Treptow wegen mangelnder Kontrolle der Schularbeit und den Lehrer A. Gutsche wegen Zulassung von faschistischen Äußerungen während des Unterrichts zu bestrafen. Der Oberbürgermeister der Stadt Berlin hat alle Schulleiter zu warnen, daß in Zukunft, wenn in den Schulen Fälle von faschistischen Äußerungen oder Aufbewahrung von faschistischer Literatur festgestellt werden, solche Schulen von mir aufgelöst und die Schulleiter zur strengen gerichtlichen Verantwortung gezogen werden*."

Mit ähnlicher Schärfe haben die Sowjets nicht einmal bei der Presse und dem Rundfunk auf „faschistische Propaganda" reagiert.

Der Befehl, die ersten Zeitungen in deutscher Sprache auf deutschem Boden zu drucken, wurde von der Gruppe Mikojan während ihres Aufenthalts in Berlin erteilt. Zur Durchführung des Befehls kam am 6. Mai, vier Tage nach Weidlings Kapitulation, in Schukows Politabteilung eine Gruppe sowjetischer Offiziere zusammen, die keineswegs allesamt Journalisten waren. Unter dem Vorsitz von Oberst Michael Sokolow gründeten sie die „Tägliche Rundschau", deren erster Chefredakteur Sokolow wurde. Die erste Nummer der neuen Zeitung erschien am 15. Mai. Die Nummern 1 bis 4 trugen den Untertitel „Frontzeitung für die deutsche Bevölkerung"; ab Nr. 5 lautete er: „Tageszeitung für die Bevölkerung Deutschlands". Vorangegangen war ihr ein in unregelmäßigen Abständen herausgegebenes „Nachrichtenblatt für die deutsche Bevölkerung".

Die Redaktion, der bemerkenswert viele jüdische Mitarbeiter angehörten, richtete sich fürs erste im Karolinenhof ein. Gedruckt wurde in der Druckerei, die früher den „Berliner Anzeiger" hergestellt hatte. Zunächst gab es nur zwei Setzmaschinen, die von den deutschen Setzern aus dem Schutt ausgegraben und wieder in Gang gebracht werden mußten. Später zog die Redaktion in das Mosse-Haus an der Zimmerstraße um. Die Maschine, auf der die ersten Nummern der „Täglichen Rundschau" gedruckt wurden, hatte am 28. April die letzte Ausgabe des „Völkischen Beobachters" hergestellt. (Man erinnert sich dabei an die später in München erscheinende „Süddeutsche Zeitung", für deren erste Ausgabe man mangels anderen Letternmaterials den Stehsatz von Hitlers Lebensbuch *Mein Kampf* einschmelzen ließ.)

* Stadtarchiv Berlin (Ost), Rep. 101, Nr. 13.

Die Redakteure, die die Texte für die „Tägliche Rundschau“ verfaßten, mußten sie zunächst auch eigenhändig und kostenlos unters Volk bringen. In aller Morgenfrühe fuhren sie mit ihren Jeeps los und klebten die druckfeuchten Exemplare an Standflächen an, die überall im Stadtgebiet aufgestellt worden waren. Die ersten Informationen wurden ihnen ausschließlich über Funk vermittelt; um die Nachrichtensendungen empfangen zu können, hatte sich Sokolow einen Requisitionsschein beschafft und bei Philips sechs Empfangsgeräte geholt. Der Redaktion gehörten zwei russische und vier deutsche Sekretärinnen an, hochqualifizierte Kräfte, von denen eine auf deutsch, französisch, englisch und spanisch stenografieren konnte und seinerzeit auf den Nürnberger Parteitagen die Reden mitgeschrieben hatte.

Auch die Chefsekretärin war eine Deutsche; während des Krieges war sie bei einer deutschen Zeitung gewesen, die in Paris veröffentlicht wurde. Sofort nach Erscheinen der ersten Nummer der „Täglichen Rundschau“ hatte sie sich bei der Redaktion gemeldet. Auf die Frage, warum sie hier arbeiten wolle, ob sie denn eine so eifrige Kommunistin sei, entgegnete sie: „Ich bin keine Kommunistin, und Sie werden aus mir auch keine machen können. Aber ich habe Hunger.“

Der ehemalige Redakteur Weißpapier, mit dem ich mich in Moskau unterhielt, meinte zurückblickend, daß den Sowjets solche Deutsche die liebsten Mitarbeiter gewesen seien. „Allerdings“, setzte er hinzu, „weiß diese Sekretärin heute alle Marxzitate auswendig, denn sie hat den Lektor eines wissenschaftlichen Verlages in Ost-Berlin geheiratet und an einer Ausgabe marxistischer Standardwerke mitgearbeitet.“ Ferner gehörte der Redaktion Walter Aust an, der heutige Chefredakteur der in der DDR herausgebrachten Zeitschrift „Deutsche Außenpolitik“. Er hatte am 17. Mai am Bahnhof Grunewald die erste Nummer der „Täglichen Rundschau“ und daneben einen Aufruf zur Mitarbeit gesehen. Ein mit ihm befreundeter Bankier, der die Russen „sehr vernünftig fand, weil sie wissen, daß das deutsche Volk autoritär regiert werden muß, und weil sie Achtung vor den deutschen Generalen haben“, redete ihm zu, sich zu melden. Seine erste Redaktionsbesprechung erlebte Aust im sogenannten „Margarinehaus“. Damals gab es nur eine politische und eine lokale Redaktion; das Kulturelle wurde von allen gemeinsam nebenbei erledigt. Aust schlug vor, eine Wirtschaftsredaktion einzurichten – ein kühner Plan in einer Stadt ohne Wirtschaft. Er wurde stellvertretender Wirtschaftsredakteur; sein Chef wurde Hauptmann Neudorf aus Odessa.

Außer der Redaktionskonferenz, in der das Blatt für den kommenden Tag besprochen wurde, fand täglich auch eine Kritik-Konferenz statt, auf der die letzte Nummer unbarmherzig durchgehechelt wurde. Deutsche Journalisten, die in jener ersten Zeit dabei waren, erinnern sich an eine höchst lebendige Zusammenarbeit.

In der am 15. Mai gedruckten ersten Nummer fand der deutsche Leser eine programmatische Erklärung der Redaktion. Sie habe sich, stand da zu lesen, die Aufgabe gestellt, „dem deutschen Volk die Wahrheit über die Rote Armee und die Sowjetunion nahezubringen, den Deutschen zu helfen, in der gegenwärtigen politischen Lage die richtige Orientierung zu finden, mit den Überbleibseln der hitlerischen Barbarei aufzuräumen und alle Kräfte zur schnellen Wiederherstellung eines normalen Lebens anzuspannen."

Bereits zwei Tage früher, am 13. Mai, strahlte „Radio Berlin" von Tegel aus seine ersten Sendungen in den Äther. Sie fanden bald nicht nur in Berlin, sondern in der ganzen Welt große Beachtung und wurden zum Teil von anderen Sendern übernommen. Der „Millionentrümmerhaufen" war journalistisch nach wie vor attraktiv.

Sechs Tage nach der „Täglichen Rundschau" bekam Berlin, wo es 1932 nicht weniger als 143 Tageszeitungen und 1943 noch deren 68 gegeben hatte, sein zweites tägliches Blatt, die weniger parteiamtliche „Berliner Zeitung". Chefredakteur war Oberst Kirsanow, der später vier Jahre lang die Redaktion der „Täglichen Rundschau" leitete. Heute lehrt er Nationalökonomie an der Moskauer Universität. In einem Gespräch, das er im Frühjahr 1965 mit uns führte, erinnerte er sich: „Ich kam 1945 am 17. Mai nach Berlin, wurde am 18. dem Chef der politischen Abteilung der SMAD vorgestellt und beauftragt, einen Nachrichtendienst und eine Zeitung ins Leben zu rufen. Dafür wurden mir fünf junge Leutnants zugeteilt und drei Tage Frist gegeben. Am Anfang war bei unseren deutschen Mitarbeitern ein ständiges Kommen und Gehen." Zu den damaligen Redaktionsanwärtern gehörte auch ein junger Mann namens Kindler, an den Kirsanow sich nicht mehr erinnern würde, wenn er nicht inzwischen ein bekannter deutscher Verleger geworden wäre: „Er kam und sagte: ‚Na, wir werden sehen.' Er sah, und er ging wieder. Andere blieben zwei Tage."

Zuerst wurde die „Berliner Zeitung" in der Urbanstraße in

Neukölln gemacht; dann zog auch sie ins Mosse-Haus um. Dort entstand das Berliner Pressezentrum. Die „Tägliche Rundschau“ war das Organ der SMAD, die „Berliner Zeitung“ das des Magistrats. Schon am 2. August bekam sie eine ausschließlich deutsche Redaktion, wurde aber natürlich weiterhin von den Sowjets kontrolliert. Andere Zeitungen kamen hinzu. Am 12. Juni wurde die „Deutsche Volkszeitung“ als Zentralorgan der KPD gegründet. Ab 13. Juni wurden die Zeitungen wieder auf der Straße verkauft. Am 7. Juli erschien die erste Nummer von „Das Volk“, herausgegeben vom Zentralausschuß der SPD, dem unter anderen Grotewohl und Fechner angehörten. Am 22. Juli folgte die von dem ungemein wendigen Zeitungswissenschaftler Emil Dovifat für die CDU gemachte „Neue Zeit“.

Während die „Tägliche Rundschau“ zahlreiche für die Berliner nicht sonderlich interessante Fakten brachte, wie etwa die Mitteilung, daß die sowjetische Staatsanleihe um 25 Milliarden Rubel überzeichnet worden sei, sprachen die nachfolgenden Blätter die Bevölkerung schon mehr an. Der neue Berliner Journalismus schöpfte aus dem Reservoir des Tausendjährigen Reiches – ein anderes gab es nicht. So wurde am U-Bahnhof Rüdesheimer Platz ein Aufruf angeschlagen, ehemalige Mitglieder des Reichsverbandes der Deutschen Presse möchten sich doch bitte zur Mitarbeit melden. Das besagt natürlich nicht, daß die Redaktionen mit alten Nazis gefüllt worden wären, läßt aber erkennen, daß in formaler Hinsicht der Neuanfang radikaler war als in personeller. Andererseits kamen hervorragende Journalisten aus der Emigration zum Zuge, so der ehemalige Warschauer Korrespondent des „Berliner Tagesblatts“ Herrnstadt, der später im „Tauwetter“ der DDR eine bedeutsame Rolle spielen sollte und dafür in ein Provinz-Staatsarchiv abgeschoben wurde. Piscators ehemaliger Dramaturg Erpenbeck kam zur „Berliner Zeitung“, die am frühesten und lautesten jenen brüllenden Berliner Stil pflegte, der heute in der Springer-Presse gang und gäbe ist.

Am 3. August erschien, ebenfalls mit sowjetischer Lizenz, als Organ der Liberaldemokratischen Partei „Der Morgen“, aber zu diesem Zeitpunkt waren die Sowjets bereits nicht mehr allein in der Stadt. Einen Tag zuvor, am 2. August, hatten die Engländer ein deutsches Nachrichtenblatt „Der Berliner“ zugelassen, und am 8. August lizenzierten die Amerikaner die „Allgemeine Zeitung“, deren Chefredakteur US-Captain Hans Wallenberg war. Mit dem von Erik

Reger, Walter Karsch und anderen ab 27. September herausgegebenen „Tagesspiegel“ gewann Berlins neue Presse allmählich wieder Kontur. Ende 1945 gab es in Berlin 3 Tageszeitungen in den westlichen Sektoren und 9 im Sowjetsektor sowie 4 Zeitschriften: den „Ulenspiegel“ und den „Aufbau“, zwei bemerkenswert gut gemachte, lebendige Kulturblätter, die mit Namen wie Günther Weißenborn, Wolfgang Weyrauch und J. R. Becher verbunden sind, „sie“, herausgegeben von Heinz Ullstein, Helmut Kindler und Ruth Friedrich, und „Horizont“, eine Zeitschrift für junge Menschen, deren Herausgeber und Chefredakteur Dr. Günther Birkenfeld war.

„Deutschlands größte Zeitungsstadt“ von ehedem kam schneller wieder auf zwar dünne, aber recht stabile Beine als die einstige „Kulturmetropole Berlin“. Wenn Mitspieler und Betrachter des Stückes „Berlin im Sommer 1945“ heute erzählen, wie nach dem Ende der nationalsozialistischen Herrschaft das lang zurückgestaute geistige und künstlerische Leben Berlins mit elementarer Gewalt in den Ruinen aufgeblüht, wie es zu einer kurzen Renaissance des Berlins der zwanziger Jahre gekommen sei, in dem zum ersten und einzigen Mal auf deutschem Boden Weltluft wehte, fangen sie zu schwärmen an und bekommen schimmernde Augen. In Wirklichkeit erinnern sie sich an ein Glas trüben Wassers, das einem Wüstenwanderer nach zwei Dursttagen angeboten wird – Wasser, das er unter normalen Umständen wegschütten würde. Einen kulturellen Aufbruch und Ausbruch hat es in Berlin ebensowenig gegeben wie sonstwo in Deutschland.

Nicht nur waren die berühmten Schubladen der Schriftsteller leer – und zwar deshalb, weil die in Deutschland gebliebenen Schriftsteller ohnehin kaum etwas anderes geschrieben hatten, als was die Nazis zu drucken gewillt waren –, sondern auch die Gehirne waren leer. Niemandem fiel zur neuen Zeit etwas Neues ein. Auch in diesem Sinn wiederholte sich 1918 nicht; dafür hatte Hitler mit aller Gründlichkeit gesorgt. Auf den meisten Bühnen waren die großen Ereignisse jener Tage Wilders betuliche Stücke „Unsere kleine Stadt“ und „Wir sind noch einmal davongekommen“; die literarischen Hauptereignisse waren die Neudrucke der Werke von Goethe, Heine, Adalbert Stifter und anderer großer Namen der Vergangenheit, die ja auch mangels einer moderneren Erziehungsidee den Schulkindern zur Lektüre empfohlen wurden.

Es war zweifellos angenehmer und amüsanter, auf der improvisierten Bühne eines notdürftig zurechtgeflickten Saales ein bißchen Ballett zu machen oder Tschechows „Onkel Wanja“ aufzuführen und dafür die Lebensmittelkarte I sowie erhebliche Vorrechte zu erhalten, als sechs bis acht Stunden täglich Ziegel abzuklopfen, um in den Genuß der Lebensmittelkarte II zu kommen. Daher gab es im Sommer 1945 in Berlin fast ebenso viele „Künstler“ wie Trümmerfrauen. Hatte ihr Tun überhaupt einen Sinn außer dem, sich selbst ein möglichst annehmbares Durchkommen zu sichern? Friedrich Luft urteilte in einem ersten resümierenden Artikel darüber folgendermaßen:

„Gestern hatte ich Gelegenheit, einmal im Wagen durch die ganze Breite dieser Stadt zu fahren. Es war gespenstisch. Man ist an die Trümmer seines Weges zur Arbeit, seines Bezirkes gewöhnt. Aber da wurde mir einmal bewußt, wie wenig von Berlin noch da ist. Ich fragte mich, ob wir uns nicht eigentlich nur etwas vormachen. Ich fuhr an einer Litfaßsäule vorbei, die beklebt war mit unzähligen Ankündigungen von Theatern, Opern, Konzerten. Ich sah nachher im Inseratenteil der Zeitung: an fast 20 Stellen wird Theater gespielt. Tatsächlich überall, in allen Bezirken. Täglich findet mindestens ein halbes Dutzend Konzerte statt. In allen Bezirken. Zwei Opernhäuser spielen ständig – welche Stadt der Welt hat das noch? Ob da nicht eine ungesunde Hausse in Kunst ausgebrochen ist? Ob es nicht nötiger wäre, Handfestes zu tun? Ob der Drang vor die Bühnen und in die Lichtspielhäuser nicht etwas Leichtfertiges und Frivoles an sich hat? Ich habe es mich gefragt. Und ich habe geantwortet: Nein!

Wir sind tatsächlich durch ein Tal von Schweiß und Tränen gegangen. Und zu Übermut ist weiß Gott auch heute kein Anlaß. Die Nöte stehen dicht an unserer Schulter. Die Arbeit bleibt zu tun. Aber gesegnet die Stunden, die uns über uns hinausführen! Die Stunden, die wieder Musik in unser Leben bringen und die Töne der großen Meister. Gesegnet die Stunden, die uns nachdenken lassen, die uns Ideen zeigen, die uns die Welt öffnen und uns über unseren kleinen, staubigen Alltag hinausführen in die Welt.

Die Dichter – laß jetzt endlich hören, was sie uns zu sagen haben. Der Krieg hat uns geschlagen zurückgelassen, in einer geistigen Dürre, voll Hungers nach guten und füllenden Gedanken und voller Neugier in die Welt hinaus, voll Aufhorchens nach dem neuen Ton der Güte, der unerbittlichen Liebe zum Nächsten, nach dem neuen Ton einer

Menschlichkeit, die nun endlich laut werden muß, nachdem die Luft verzerrt war von Haßgesängen – zwölf lange Jahre hindurch.

Nein, Kunst ist nicht Sonntagsspaß und Schnörkel am Alltag, kein Nippes auf dem Vertiko. Kunst ist notwendig, gerade jetzt in der Not. Erst der Geist füllt das Leben, und ich will in keiner Welt leben, die ohne Musik ist. Was nutzt es, wenn wir uns nur das neue Haus bauen, und siehe: wir haben den Inhalt vergessen, den Geist, der in ihm wohnen soll. Nein, Kunst ist notwendig. Und kein Gedanke an sie, kein wirkliches Bemühen um sie ist zuviel*."

Das ist sehr schön gesagt, kann jedoch und will nicht darüber hinwegtäuschen, daß sich nicht einmal eine Andeutung von neuen Ideen zeigte. Je nach Rang und Können machte man hervorragenden, guten oder dilettantischen Kulturbetrieb, aber neu daran waren nur die veränderten politischen Umstände, unter denen er gemacht wurde. Eindeutige oder klar zweideutige, westliche oder östliche Tendenzen gab es damals noch nicht; man war noch bemerkenswert frei, und Stadtkommandant Bersarin fuhr selbst herum, um Künstler – vor allem Schauspieler – zu engagieren, sorgte für die Freigabe beschlagnahmter Kostümfonds und stellte Autos zur Verfügung.

Intendant, Schauspieler, Sänger, Büroangestellte, Bühnenarbeiter und Orchestermitglieder mußten sich, ehe sie das erste Stück in Szene setzen konnten, erst einmal als Glaser, Schreiner, Maler, Putzfrauen und Dachdecker betätigen. Die Städtische Oper, die 1943 aus ihrem zerbombten Gebäude an der Bismarckstraße in den Admiralspalast gezogen war, nistete sich jetzt im ziemlich guterhaltenen „Theater des Westens" an der Kantstraße ein. Mit einem Ballett-Divertissement wurde am 15. Juni 1945 das Haus wiedereröffnet. Am 23. Juni folgte ein Symphoniekonzert. Die Bilanz eines Jahres: 142 Opernvorstellungen, 67 Ballettabende, 78 Konzerte und 43 geschlossene Veranstaltungen für englische Besatzungstruppen.

Ende Juni wurde Ernst Legal von Bersarin zum Generalintendanten ernannt. Legal war Anfang Mai einer sowjetischen Streife in die Hände gefallen, die nach deutschen Soldaten suchte. Als er sich als Intendant auswies, hielt man ihn zunächst für ein höheres militärisches Tier, da es ja auch bei der Armee Intendanten gibt. Um den Irrtum aufzuklären, stellte er sich mitten auf die Straße und trug mit großem

* Friedrich Luft zur Eröffnung der Rias-Sendung „Stimme der Kritik" am 7. Februar 1946.

Pathos vor: „Vom Eise befreit sind Strom und Bäche ..." Dadurch konnte er die Sowjets überzeugen, daß er ein Künstler war, mußte aber dennoch zu Fuß in das Kontrollager Ludwigsfelde gehen, aus dem er nach zwei Tagen entlassen wurde. Nach Berlin zurückgekehrt, wandte er sich an Paul Wegener, der ihm mit einem Anzug aushelfen und ihm eine Wohnung beschaffen konnte. Wegener erfreute sich bei den Sowjets eines hohen Ansehens. Zusammen mit Legal richtete er in der Gasteiner Straße eine Sammelstelle für Künstler ein und arrangierte in Karlshorst eine Besprechung mit Bersarin, wohin die Schauspieler mit einem Lkw gefahren und wo sie bewirtet wurden.

Am 15. Juni wurde ein anderer Großer des deutschen Theaters mit einer Gruppe des Nationalkomitees Freies Deutschland aus Moskau eingeflogen: Gustav von Wangenheim. Er richtete sich fürs erste im Schiffbauerdammtheater ein und benutzte eine Garderobe als Wohnung. Sokolowski besorgte ihm ein Auto samt Chauffeur. Kultur-Kommunist Winzer bat ihn, Verbindung mit Fehling aufzunehmen, der in Zehlendorf Bezirkstheater machte und das Deutsche Theater übernehmen sollte. Da man ihm jedoch nicht zutraute, auch das Geschäftliche erledigen zu können, wollte man ihm, gleichsam als Kassenwart, Legal zur Seite stellen. Fehling war natürlich ob dieses Ansinnens bitterböse und rief: „Was? Ein Lübecker soll nicht wissen, was eine Kasse ist?"

In der Schlüterstraße richtete man eine Kammer für Kunstschaffende ein, über der, wie Ruth Andreas-Friedrich schreibt, Paul Wegener „wie Gott Vater persönlich thronte". Dort traf man sich, verteilte die Posten an den Berliner Theatern, knüpfte Fäden zu „den Russen" und stellte sich gegenseitig Persilscheine und andere Leumunds- und Berufszeugnisse aus mit dem einzigen Ziel, die begehrte Lebensmittelkarte I zu erhalten. Wegeners Assistent war ein Mann, dessen Name heute ebenfalls allgemein bekannt ist: Wolfgang Harich.

Über seine erste Begegnung mit diesem „ersten deutschen Antifaschisten" weiß Wolfgang Leonhard wie immer farbig, aber ungenau zu erzählen (in *Die Revolution entläßt ihre Kinder,* Taschenbuchausgabe S. 290 ff.). Als Leonhard sein Buch schrieb, war Harich Philosophieprofessor an der Humboldt-Universität. Inzwischen hat Harich acht Jahre Gefängnis hinter sich und ist zur Zeit das, was man früher einen Privatgelehrten genannt hat. Kurz vor Harichs Entlassung unterhielt ich mich in Moskau mit einem dortigen Philosophieprofessor, Jan Vogeler, dem Sohn des großen deutschen Graphikers und Malers des

Jugendstils Heinrich Vogeler, über seine Berliner Erlebnisse im Mai 1945. Am 18. April 1945 war Vogeler wegen seiner perfekten Beherrschung der deutschen Sprache an die Front geflogen und dem Stab des Generals Burzew zugeteilt worden, der politischer Generalkommissar der gesamten sowjetischen Westfront war. Doch als Vogeler seinen Dienst antreten wollte, war der General bereits nach Moskau zurückbeordert worden. Nun stand der blutjunge Leutnant da mit einem Marschbefehl in der Tasche, der ihm größtmögliche Bewegungsfreiheit sicherte. Bis Anfang Juni war er niemandem unmittelbar unterstellt, war jedoch vorübergehend als Dolmetscher bei der Gruppe Mikojan in Berlin und Leipzig tätig.

Als er eines Tages durch Berlin bummelte, begegnete er in der Nähe des Brandenburger Tores nicht nur Ulbricht, der seinen ersten Informationsgang durch die Stadt machte, sondern auch Wolfgang Leonhard, den er vom politischen Training her gut kannte. Leonhard hatte Harich bereits besucht und erzählte Vogeler davon, so daß auch dieser sich nach Dahlem aufmachte, um das schöne Haus der Botschaft von Siam aufzusuchen*, in dem Harich wohnte, einerseits, weil er sich dort auf exterritorialem Boden in den letzten Wochen der Nazizeit hatte einigermaßen sicher fühlen können, andererseits, weil. . . „. . .ich traf dort die bildhübsche, mandeläugige Tochter des Botschafters mit ihrer Zofe, die bei Kerzenlicht in einem vollkommen unberührten, gepflegten Haushalt lebte. Pantherfelle hingen an einer Wand, die ganze Einrichtung machte den Eindruck von Reichtum. Auch einen Hausdiener gab es, und die schöne Tochter protestierte sofort gegen das Eindringen eines russischen Leutnants. Aber ich sagte, ich hätte nicht die Absicht, irgendwelche Schwierigkeiten zu machen, ich hätte nur gehört, daß sich hier eine Gruppe des Nationalkomitees versteckt halte. Dergleichen hatte mir nämlich Leonhard gesagt. Daraufhin wurden aus einem Zimmer zwei junge Deutsche herbeigeholt, von denen der eine der damals 22jährige Wolfgang Harich war. Er hatte sich an der philosophischen Fakultät auf Ostsprachen spezialisiert und die schöne junge Dame wohl auf einem deutsch-japanischen Empfang kennengelernt. Ich hatte eine lange Unterhaltung mit ihm und gewann daraus den Eindruck, daß

* Es war nicht, wie Leonhard schreibt, das Haus Podbielsikallee 1 (Leonhard: „Dieser Name ist wohl für immer in meinem Gedächtnis haften geblieben"), sondern ein Haus in der Miquelstraße.

hinter dieser angeblichen Widerstandsgruppe nichts stand. Von einer effektiven Verschwörung gegen das Regime konnte keine Rede sein. Das einzige, was meines Erachtens diese jungen Leute von anderen Studenten unterschied, war die Tatsache, daß sie infolge ihrer Sprachkenntnisse durch Rundfunksendungen besonders über den Osten besser informiert waren als die meisten.

Damals ging in Berlin das Gerücht um, daß an allen Frontstellen Mitglieder des Nationalkomitees Freies Deutschland eingesetzt seien, um durch Propaganda den deutschen Widerstand zu brechen, aber ohne Zweifel handelte es sich dabei nur um ein Räubermärchen*."

Wolfgang Harich weiß über seine eigene Rolle und Existenz 1944/45 folgendes zu sagen – und muß es wohl am besten wissen:

„Vom Spätsommer/Herbst 1944 an habe ich in Berlin sehr aktiv für eine illegale antifaschistische Widerstandsgruppe gearbeitet. Mit den leitenden Köpfen dieser Gruppe war meine Mutter bereits Ende 1942/Anfang 1943 über einen Mittelsmann in Verbindung gestanden. Die leitenden Köpfe hießen Alex Vogel (Kommunist aus der Zeit vor 1933) und Wolfgang Schmidt (linksliberal eingestellter Halbjude), und Mittelsmann war Wolfgang Borchardt. Vogel lebt seit etwa zehn Jahren in Westdeutschland bzw. im westlichen Ausland, Schmidt in Australien, Borchardt in München. Der Kontakt war dadurch zustande gekommen, daß der in unserem Haus lebende Borchardt im Auftrag von Vogel und Schmidt meiner Mutter einen in der Illegalität untergetauchten, Auschwitz-bedrohten jungen jüdischen Musiker namens Konrad Latte (damals alias Konrad Bauer) ins Haus gebracht und sie gebeten hatte, ihn bei sich zu verstecken und zu verköstigen. Meine Mutter hat damals mit meinem Wissen den Latte lange Zeit versteckt und von ihren Kartenrationen ernährt und ihm später gefälschte Papiere verschafft und ihm damit wohl das Leben gerettet. (Heute ist Latte Leiter des Barockorchesters in Westberlin und Musikpädagoge an der Volkshochschule.) 1942/43 hielten sich Vogel und Schmidt unserer Familie gegenüber noch im Hintergrund; nachdem wir uns aber in der Sache Latte als zuverlässig bewährt hatten, waren sie 1944 bereit, mit uns direkt in Verbindung zu treten und namentlich mich in ihre Gruppe aufzunehmen.

Meine Leistungen für diese Gruppe von Herbst 1944 bis zur Befreiung Berlins durch die Rote Armee waren die folgenden: 1. Ich

* Jan Vogeler in einem für diesen Bericht gegebenen Interview.

führte der Gruppe eine große Anzahl von Antifaschisten aus meinem Bekanntenkreis zu, alles Leute, die etwas gegen den Krieg unternehmen wollten, aber nicht wußten, wie es anzufangen sei; 2. ich leistete für Vogel und Schmidt laufend Kurierdienste, um die Verbindung des leitenden Zentrums mit den Mitverschworenen in allen Teilen Berlins zu ermöglichen; 3. ich half der Gruppe bei der Beschaffung von gefälschten Dokumenten, Waffen, Abziehapparaten und Papier für Flugblattaktionen, Lebensmitteln, Geld, Munition und illegalen Quartieren; 4. ich beteiligte mich sehr aktiv an der Organisierung und Durchführung einer großen Mal- und Flugblattaktion Anfang April 1945, mit der die Gruppe, an die Bevölkerung Berlins appellierend, der Fortführung des Krieges und der sinnlosen Zerstörung der Stadt entgegenwirken wollte; 5. ich war zum Teil auch bei Besprechungen des leitenden Zentrums, auf denen die Aktionen der Gruppe besprochen und beschlossen wurden.

Da meine Zugehörigkeit zur Wehrmacht meine Arbeit für die Gruppe praktisch behinderte, desertierte ich im Winter 1944/45 im Einverständnis mit Vogel und Schmidt, die mich mit einer Schußwaffe und gefälschten Ausweisen versorgten. Die Ausweise waren so gut, daß sie es mir ermöglichten, mich in Zivilkleidung, aber im Bedarfsfall auch uniformiert frei in ganz Berlin zu bewegen und unbekümmert alle Polizei- und Wehrmachtsstreifen zu passieren, was für meine Sicherheit und zugleich für die Arbeit der Gruppe von großem Vorteil war. Meine Quartiere wechselte ich damals ständig. Abwechselnd wohnte ich bei meinem Freund Viktor de Kowa und seiner Gattin Michiko de Kowa-Tanaka in Ruhleben oder bei meiner siamesischen Freundin Yau Chuthin (die als Diplomatentochter Exterritorialität genoß; ich habe noch bis zu ihrer Heimkehr nach Siam, Ende 1946, mit ihr zusammengelebt) oder bei Frau M. G. in Dahlem, einer Dame, die ich durch den Schauspieler A. B. kennengelernt hatte. Durch Frau G. wurde ich mit Nenat Stefanovic bekannt, einem politischen Kommissar der jugoslawischen Partisanen, der aus einem deutschen KZ geflohen und in der Illegalität untergetaucht war. Auch Stefanovic wurde im Winter 1944/45 von mir der Gruppe Vogel/Schmidt zugeführt und gehörte von da an zum leitenden Kern.

Nach der Befreiung Berlins lebte ich ganz in der Wohnung meiner Freundin. Hier suchten mich, unabhängig voneinander, Wolfgang Leonhard (im Auftrag von Walter Ulbricht) und Jan Vogeler zu Gesprächen auf, Leonhard wohl als Vertreter des Nationalkomitees

Freies Deutschland und in Zivil, Vogeler als Leutnant der Roten Armee und in Uniform. Die Gespräche fanden im Mai 1945 statt. Das mit Leonhard dauerte etwa eine Stunde, das mit Vogeler fast eine ganze Nacht. Beide erläuterten mir die Linie der antifaschistisch-demokratischen Politik, in deren Zeichen die Sowjetunion und die KPD die Verhältnisse des befreiten Deutschland auf neue Grundlagen stellen wollten. Leonhard forderte mich auf, mich der Aufbauarbeit bei einem Bezirksbürgermeisteramt zur Verfügung zu stellen. Ich habe dann im Mai 1945 kurze Zeit bei der Volksbildungsabteilung des Bezirksamts Wilmersdorf gearbeitet, wurde aber sehr bald in den Mitarbeiterstab des Bevollmächtigten des Kriegskommandos der Stadt Berlin für Kunstangelegenheiten, Klemens Herzberg (früher Verwaltungsdirektor von Max Reinhardt am Deutschen Theater), aufgenommen. Nachdem der durch seine schweren Erlebnisse stark mitgenommene alte Herzberg bald darauf in allen Ehren seines Amtes enthoben wurde, wurde seine Dienststelle in der Schlüterstraße (die ehemalige Reichskulturkammer) in die ‚Kammer der Kunstschaffenden' umgewandelt und Paul Wegener von Bersarin zum Präsidenten dieser Kunstkammer ernannt. Die Mitarbeiter Herzbergs gingen nun in Wegeners Stab über. Da Wegener ein alter Freund unserer Familie war (seine Tochter Martha Jenisch ist die langjährige beste Freundin meiner Mutter), machte er mich, den einzigen persönlichen Bekannten unter seinen Mitarbeitern, sogleich zu seinem Sekretär und persönlichen Referenten. In dieser Eigenschaft habe ich mich in den folgenden Monaten vor allem damit beschäftigt, für die schnelle Eröffnung der Berliner Theater und anderer Kunstinstitutionen sorgen zu helfen. Damit war eine Reihe sehr komplizierter Aufgaben verbunden. So erinnere ich mich noch daran, daß ich, zusammen mit Paul Wegener und meinem Freund Alexander Peter Eismann, der ebenfalls der Gruppe Vogel/Schmidt angehört hatte und gleichfalls in der Kammer tätig war, die Fahrroute einer Omnibuslinie ausarbeiten mußte, die täglich die Schauspieler von ihren Wohnungen zur Probe bringen sollte, zu einer Zeit, da die öffentlichen Verkehrsmittel in Berlin noch nicht – oder nur streckenweise – wiederhergestellt waren.

Nachdem das Kulturleben in Berlin im Laufe des Jahres 1945 wieder in Gang gebracht war und mein Chef, Paul Wegener, sich wieder seiner Arbeit als Schauspieler zugewandt hatte (er konnte sich nun seinen seit langen Jahren gehegten Wunsch erfüllen, nach der Befreiung Nathan den Weisen zu spielen), zog ich mich von der administrativen Tätigkeit in der Kunstkammer zurück, nahm mein Philosophiestudium auf und verdiente mir gleichzeitig meinen Lebensunterhalt als Journalist, erst am ‚Kurier' und später, ab Sommer 1946, an der ‚Täglichen Rundschau'."

Am 4. Juli 1945 wurde im Funkhaus an der Masurenallee der „Kulturbund zur demokratischen Erneuerung Deutschlands" gegründet, der in den ersten Nachkriegsjahren die zentrale kulturelle Institution Berlins war.

Die Berliner Philharmoniker zogen sich gleichsam am eigenen Schopf aus dem Abgrund heraus, in den Deutschland gefallen war. Im März 1945 hatten sie im Admiralspalast und im Beethovensaal ihre letzten öffentlichen Konzerte gegeben und noch im April Bandaufnahmen für den „Großdeutschen Rundfunk" gemacht. Danach lagerten sie einen Teil ihrer Instrumente im Luftschutzkeller des zerstörten Konzerthauses an der Bernburger Straße ein, weitere Instrumente mitsamt den Fräcken gingen nach Kulmbach in Bayern. Einige vorausschauende Musiker nahmen ihre Instrumente mit nach Hause und bewahrten sie dergestalt auf, daß sie entweder mit ihnen umkommen oder mit ihnen weiterexistieren würden. Eine besonders von Rüstungsminister Speer empfohlene Evakuierung des gesamten Orchesters nach Süddeutschland hatten die Musiker abgelehnt.

Anfang Mai trafen sich zwei Orchestermitglieder in der Wohnung eines dritten namens Fischer. Fischer war schon vor dem Krieg Orchestervorstand gewesen. Binnen einer Woche hatte man bereits wieder vierzig Philharmoniker zusammen. Die erste Orchesterprobe wurde am 17. oder 18. Mai in einer Wilmersdorfer Schule abgehalten. Die Instrumente aus dem Luftschutzkeller an der Bernburger Straße waren verschwunden. Ob sie von Plünderern oder den Sowjets abtransportiert wurden, weiß man nicht. Auch die nach Kulmbach ausgelagerten Fräcke und Instrumente verschwanden spurlos. Drei Jahre lang spielte man ohne Fräcke und auf geliehenen Instrumenten, soweit die eigenen nicht mehr vorhanden waren.

Furtwängler war – wie die meisten deutschen Dirigenten – noch nicht entnazifiziert. Durch ein Orchestermitglied nahmen die Philharmoniker Verbindung zu dem im Dritten Reich mit Berufsverbot belegten Dirigenten Leo Borchard auf, der ihr erstes Nachkriegskonzert im Titaniapalast dirigierte. Nach Aussage eines Orcherstermitgliedes fand dieses Konzert am Sonntag, dem 27. Mai, statt. Dagegen datiert die mit Borchard befreundete Ruth Andreas-Friedrich in ihrem Buch *Schauplatz Berlin* das Konzert auf Samstag, den 26. Mai. In der vom Berliner Senat herausgegebenen offiziellen Chronik wird dieses für Berlin sicherlich bedeutsame Ereignis des ersten Nachkriegs-Konzerts seines berühmten Orchesters überhaupt nicht erwähnt. Zwar ist es an sich unerheblich, ob das Konzert nun am 26. oder am 27. stattgefunden hat, doch zeigt dieses Beispiel, daß selbst jene Zeugen, die mit den damaligen Ereignissen eng verbunden waren, oft im Detail ungenau sind, und viele der später als authentisch oder zeitgenössisch veröffentlichten Darstellungen nicht in allen Einzelheiten als zuverlässig gelten dürfen.

Am 23. August 1945 wurde Borchard infolge eines tragischen Irrtums von einer englischen Militärpatrouille erschossen: in der Dunkelheit hielten die Soldaten den englischen Wagen, in dem er fuhr, für einen russischen. Borchards Nachfolger wurde Sergiu Celibidache, ein Rumäne, der als Student der Musikhochschule das Ende des Krieges in Berlin erlebte und seine einmalige Chance als großes Talent zu nutzen wußte.

Bei der Entnazifizierung Furtwänglers spielte die „Gruppe Stichnote" eine große Rolle. Werner Stichnote, damals Inhaber und Leiter eines Verlages und einer Druckerei in Potsdam, heute Mitglied des Direktoriums des Ullstein-Buchverlages, erlebte das Kriegsende in Kaputh, wo viele Künstler und Intellektuelle lebten, darunter vor seiner Emigration auch Einstein. In einem für diesen Bericht gegebenen Interview schildert Stichnote die Ereignisse jener Zeit:

„Wir saßen auf dem Krähenberg in Kaputh zusammen mit Kiepenheuer, Kückelhaus, Andreas Wolff und erwarteten an diesem abgeschiedenen Ort den Einmarsch der Russen, der hier ziemlich harmlos vor sich ging. Als sie, wenn ich mich recht erinnere, am 21. oder 22. April einrückten, sahen wir zunächst nicht viel von ihnen. Die Frauen hatten wir vorsorglich in einem Tiefkeller verborgen. Es kam auch ein Trupp Russen, der unser Haus durchsuchte, ohne die Frauen zu entdecken. In den ersten fünf Minuten wurde ich dabei meine Uhr los.

Wir hatten das Glück, daß einer unserer Freunde, der in Rußland geborene und russisch sprechende Buchhändler Wolff, von den Russen zum ersten Zivilkommandanten von Kaputh ernannt wurde. Daher hatten wir vieles leichter. Als ich jedoch einige Tage später in meine Häuser nach Potsdam zurückkehrte, waren andere Russen da und oft sehr unangenehm. Wie alle anderen Druckereien wurde auch meine Druckerei versiegelt.

In der ersten Zeit standen wir unter der Wirkung des Schocks, den die Ereignisse hinterlassen hatten. Wir kamen nicht dazu, irgendwelche Konzeptionen zu entwerfen; es ging ganz einfach um das nackte Leben. Nachdem sich die Versorgung notdürftig eingespielt hatte, organisierten die Russen das berühmte System der Pajoks für die sogenannte schaffende Intelligenz. Ich gehörte auch zu den Empfängern der Pakete.

Man kann über die Beziehungen zu den Russen nicht generell urteilen. Es gab sehr große Unterschiede. Interessant waren die Begegnungen mit den sehr intellektuellen, künstlerisch sehr pointierten Russen, die unter der Regie von Oberst Tulpanow in den Kulturabteilungen saßen. Dort lernte ich viele einsichtsvolle und maßgebliche Russen kennen. So erfolgte durch mein Haus auch die Rehabilitierung von Wilhelm Furtwängler. Bei mir wohnte ein in Rußland geborener Konzertimpresario, der dank seiner Sprachkenntnisse die Verbindung zwischen der Kulturabteilung und Furtwängler herstellen konnte. Es muß zu Ehren der Russen gesagt werden, daß sie bei der Rehabilitierung Furtwänglers die entscheidende Rolle gespielt haben. Ich war dabei, als Furtwängler im Titaniapalast in Berlin sein erstes großes Konzert nach seiner Rückkehr gab, und ich habe dabei Russen gesehen, die vor innerer Bewegung weinten.

Da wir von allen Verbindungen wie Zeitungen, Rundfunk, Telefon abgeschnitten waren und daher nichts aus der Welt, aber auch nichts von unseren Freunden hörten, richteten wir in unserem Haus einen ‚jour fixe' ein: man traf sich jeweils am Sonnabend. Es kamen Peter Suhrkamp, der Maler Paul Strecker, der Maler Graf Luckner, der Universitätsprofessor Schadewaldt und viele andere mehr. Wir trafen uns, um Neuigkeiten auszutauschen. Auf diese Weise kam gleichsam die erste mündliche Zeitung zustande. Die Zusammenkünfte hatten aber auch Nachteile: sie wurden allmählich bekannt, und es bildete sich die Vorstellung von einer ‚Gruppe Stichnote' in Potsdam, die den Kommunisten und den Russen sehr suspekt erschien.

Bald nach seiner Rückkehr nach Deutschland besuchte mich Johannes R. Becher, um mich für den Aufbau des ‚Kulturbundes zur demokratischen Erneuerung' zu gewinnen. Unsere Vorstellungen gingen dahin, daß alle aktiven Kräfte ungeachtet ihrer politischen Überzeugung bei einem solchen Wiederaufbau mitwirken sollten. Ich gehörte zu den Mitgründern des Kulturbundes in der Provinz Brandenburg, zusammen mit dem Bruder von Karl Liebknecht, dem Chemiker Professor Liebknecht, dem Kulturhistoriker Griesebach, dem Maler Otto Nagel und dem Kunsthistoriker Professor Kurt. Die Aufgabe des Kulturbundes bestand in jener ersten Zeit darin, Kunstausstellungen und Dichterlesungen zu organisieren, Vorträge halten zu lassen usw.

Als ich einmal Professor Kurt zu einem Vortrag über van Gogh bewegen konnte, zitierte er zum Schluß seiner Ausführungen ein Gedicht von Nietzsche: ‚Ja! Ich weiß, woher ich stamme! Ungesättigt gleich der Flamme glühe und verzehr ich mich. Licht wird alles, was ich fasse, Kohle alles, was ich lasse: Flamme bin ich sicherlich!' Dieses Zitat führte zur ersten internen Auseinandersetzung im Kulturbund. Die Empfindlichkeit war damals so groß, daß diese harmlose Zitierung eines Gedichtes, nur weil es von Nietzsche war, schon zu den bösesten Auseinandersetzungen führte.

Äußerlich trat der Kulturbund zunächst niemals mit dem Anspruch auf kommunistische Tendenzen auf, sondern tarnte sich hinter einer allgemeinen kulturellen Maske, was ja in der ersten Zeit sehr leicht war. Erst die immer stärker spürbar werdenden kommunistischen Machtansprüche brachten für die einzelnen Leute die Entscheidung, die beispielsweise mich zur Flucht in den Westen veranlaßte.

An linksgerichteten Mitgliedern, die in unserem Kulturbund tätig waren, sind zu erwähnen: Claudius und Marchwitza und, sicher kein Kommunist, aber mit starken Linkstendenzen, Bernhard Kellermann. Diese drei gehörten übrigens zur ersten Delegation, die nach Rußland eingeladen wurde."

Nach Stichnotes Äußerungen könnte man fast zur Überzeugung gelangen, daß es damals in Berlin tatsächlich einen echten kulturellen Neubeginn gegeben habe. Aber auch Stichnote sieht die Dinge aus einem Abstand von zwanzig Jahren. Ein unmittelbareres Zeugnis ist ein Aufsatz, den Arnold Bauer Ende 1945 veröffentlicht hat. Die Überschrift lautet: „Neues Leben aus den Ruinen . . .? Dorf- und Stadtkultur in Berlin." Bauer schreibt:

„Man hat von jeher auf Berlin geschimpft und scheel auf seinen rührigen, von Goethe schon als verwegen gekennzeichneten Menschenschlag geblickt, und bei dieser Geringschätzung ist es auch geblieben, nachdem die einstmalige Hauptstadt des Reiches nicht mehr und nicht weniger ruiniert ist als andere große deutsche Städte. Von provinziellen Lästermäulern der ‚fremden Zonen' wird behauptet, sie hätten auf die optimistische Magistratsparole ‚Berlin baut auf' mit einem ‚Warum eigentlich?' reagiert.

Warum eigentlich, so ließe sich indessen mit einigem Recht fragen, entwickelt sich in Berlin gerade auf geistigem und künstlerischem Gebiet ein fast fieberhaft neues Leben, das in seinen Proportionen und in seinem erstrebten Aktionsradius in keiner Weise den eingeschränkten materiellen Möglichkeiten entspricht? Die Redaktionen der zehn Berliner Tageszeitungen (mehr sind es noch nicht geworden entgegen allen übertreibenden Behauptungen!) klagen über den Raummangel, der es ihnen verbiete, allen Publikationswünschen auf Vorankündigungen kultureller Veranstaltungen gerecht zu werden. In aller Öffentlichkeit wird darum gestritten, ob es sich bei so viel Betriebsamkeit um ein echtes Verlangen nach zwölf Jahren geistiger Dürre und propagandistischer Seelendressur gehe oder um einen krampfhaften Betätigungsdrang brachliegender Talente und Halbtalente und um die Kunstgeschaftelhuberei gerissener Geschäftemacher; in einem Worte: um eine ‚Kulturinflation'. In dieser Streitfrage ein den Kern der Dinge treffendes Urteil zu geben erscheint zunächst leicht, wenn man in den Zeitungen dieses Überangebot an Kunstgenüssen und belehrenden Vorträgen aufgetischt erhält. Da heißt es etwa: ‚In Zehlendorf, jenem Stadtteil Berlins, der sich die Pflege hoher Kunst ganz besonders zur Aufgabe gemacht hat . . .' (An die Stelle Zehlendorfs kann man beliebig einen anderen Vorort setzen, Charlottenburg, Wilmersdorf oder Neukölln.) Von der Dahlemer Kulturgemeinde erfahren wir, daß sie mit bekannten Sprechern einen ‚Kulturabend' mit ‚Stimmen der Dichter aus drei Jahrtausenden' veranstaltet, und auf den ahnungslosen Leser des Programms stürzt eine ganze Kaskade erlauchter Namen der Weltliteratur: ‚. . . Antworten auf letzte Menschheitsfragen Echnaton, König David, Sophokles, Hugo von St. Victor, Franziskus von Assisi, Dante, Cervantes, Shakespeare . . . und nach einer Zäsur der Stille wieder anhebend Dostojewski, Walt Whitman und Paul Claudel mit einem Gesang von prophetischer Größe' usw. usw. Ich zitiere wörtlich. Daß die Stimmen in Beethovens Adagio (es muß nicht Beethoven, es darf auch Hindemith sein) hinüberklingen, versteckt sich beiläufig, da ja auch musikalische Begabungen wirken wollen.

So liest sich das in wohlwollenden Zeitungskritiken und auf den reichlich angehäuften Programmzetteln. Wenn man sich dann verleiten läßt, an solchen Feierstunden teilzunehmen, so finden solche stets in irgendeinem ungeheizten Schulsaal mit mühselig verpappten Fenstern statt, so daß man außer dem ästhetischen Genuß sehr schnell kalte Füße bekommt. Das ist im Grunde genommen nicht so sehr komisch wie traurig und trotz aller Einwände und Zweifel doch irgendwie respektheischend, wie ein gewiß guter Wille gegen alle äußeren Tücken und Hemmungen kämpft. Hinter all diesen zahllosen Darbietungen steckt oft wirkliches Können oder doch immerhin ein echt empfundener Dilettantismus. Es ist trotz allem Fragwürdigen die Summe aller Energien, der kommerziellen wie der geistigen, die mit einem praktischen Enthusiasmus Berlin zu einem geistigen Kraftzentrum machten, das es auch heute noch um jeden Preis bleiben will. Um die gegenwärtig so gern verspottete Zehlen- und Schmargendorfkultur der Berliner Vororte in ihren Ursprüngen zu begreifen, ist es notwendig, an die ersten unsicheren Ansätze nach dem katastrophalen Zusammenbruch zu erinnern und an alle beispiellosen Zeitbedingtheiten. Als im Mai 1945 die Berliner Höhlenbewohner aus ihren Erdlöchern krochen, um sich des Lichtes eines neu geschenkten Lebens zu erfreuen, sahen sich diese verschreckten und noch dumpf betäubten Menschen nicht nur äußerlich von einem Trümmerfeld umgeben. Auch eine wahnhaft unwirkliche Gedankenwelt war zusammengebrochen. Gewiß: es gab auch damals einige, die ihren Kopf oben behalten hatten, und zumeist waren es die von den bisherigen Machteignern argwöhnisch bespitzelten und gehetzten ‚Intellektuellen'. Als sich diesen dann auch einige brave, beherzte Männer zugesellten, die wie mit einem Zauberschlage aus der Versenkung (bitte wörtlich zu verstehen!) hochtauchten, um aus dem Nichts den primitiven Rohbau einer neuen Selbstverwaltung zu zimmern, war auch die Stunde der endlich befreit aufatmenden Intelligenz gekommen. Jeder suchte ein Ziel für seine bislang gelähmte Aktivität und fand das Nächstliegende: die Betätigung in seinem Quartier. Man setzte sich mit Gleichgestimmten zusammen und entwarf die schönsten Programme. Tatsächlich sind auch aus diesen Kreisen, der Berichtserstatter kann es bezeugen, die Leute hervorgegangen, die dann in den Rathäusern tatkräftig das Steuer der Volksbildung herumwarfen. Unter ihnen waren vorübergehend arbeitslose Prominente von Film, Bühne und Literatur, aber auch von den Nationalsozialisten abgesetzte Studienassessoren, aus dem KZ entlassene politisierende Literaten und andere sich selbst berufen Fühlende. Die Probleme, die damals heftig diskutiert wurden, sind auch noch heute ungelöst, und die heute entscheidenden zentralen Gremien sind noch genauso auf Improvisation angewiesen. Da sind noch Fragen offen wie die der Aufgaben einer neuen Volkshochschule, die Eröffnung der Universität, die noch immer in eine ferne Zukunft aufgeschoben scheint, Fragen des neuen Unterrichts überhaupt, des Büchereiwesens und – last not least – der vielgeschmähten, wie Pilze aus der Erde geschossenen Kleinkunstbühnen und der Bezirkstheater.

Seit einem halben Jahre ist man nun, wie in den ersten Tagen nach dem Ende des Hitler-Regimes, in der wichtigen Frage der sogenannten Säuberung der Volksbüchereien und der Leihbuchhandlungen noch zu keiner endgültigen Regelung gekommen. Es war gewiß ein Vergnügen, die Regale der noch nicht ausgebombten Büchereien auf den öden Schund der Propagandisten des Völkerhasses zu sichten. Zugleich widerstrebte es jedoch dem kritischen Sinn, sich mit einem Autodafé zu begnügen, da ja eine Gesinnung, und sei sie die erbärmlichste, mit ihren gedruckten Erzeugnissen noch nicht ausgerottet ist. Schwierig wurde hier auch die Frage, wie die Grenzfälle zu behandeln seien, und darüber wird in einem Ausschuß noch heute beraten.

Über die qualitativ sehr ungleichwertige Kleinkunst am Waldrand der Vororte und über die vielen behelfsmäßigen Theaterchen ist schon genug hergezogen worden; sie sind noch heute die beliebteste Zielscheibe des Spottes. Aber in jenen verwirrten Maitagen war es doch eine helle Freude, daß nun endlich ein offenes Wort riskiert werden konnte. Unvergessen sei, wie in der schnell inszenierten Kabarettvorstellung eines Lazaretts nach langen Jahren eine der besten Diseusen Deutschlands, die unter Hitler zum Schweigen verurteilte Kate Kühl, zum erstenmal wieder Songs von Brecht und Verse von Tucholsky mitreißend vortrug. Der Bann war gebrochen.

Stark lokalisiert und ohne ein einheitliches künstlerisches Programm ist auch das seltsam vielgestaltige Theaterleben in der Ruinenstadt. Neben den drei oder vier auf eine große Tradition bedachten Spielbühnen, die mit einem großzügigen, zwischen Klassik und Aktualität gut abgewogenen Spielplan aufwarten, gibt es auch in den eingangs erwähnten luftigen Vorstadtsälen Programme aus der bunten Schüssel: Rabindranath Tagore in Pankow, Leonhard Frank am Wedding und Romain Rolland in Steglitz, zum Kummer der Direktion oft vor leeren Sitzreihen. Die breite Masse fühlt sich eben in weit stärkerem Maße zu den Kinos hingezogen, die überfüllt sind, was immer sie auch bieten. Dem Film kommt eben die interalliierte Zoneneinteilung besonders zustatten. Glänzend gemachte amerikanische Kriminalreißer lassen die erhitzten Gemüter die Kühle der Außentemperatur ebenso vergessen wie pikante französische Lustspiele, englische Farbfilme mit großer Historie und die Nachfolge der imposanten Russenfilme mit ihrem bildgewordenen weltanschaulichen Pathos ..."

Ganz wenige Gruppen, Grüppchen und Einzelgänger hatten das Ende des Dritten Reiches als Befreiung empfunden und stürzten sich jetzt in den neuen Anfang hinein. Sie wollten etwas tun, wollten handeln. Was dabei herauskam, waren Mozart, Ringelnatz, Schiller, Heinrich Mann, Tucholsky, Brecht, dreißig Theater, zwanzig Kabaretts, ein halbes Dutzend Orchester und Diskussionen über Völkerfreundschaft und Antisemitismus:

„Im Club der Kulturschaffenden wurde über den Antisemitismus referiert und diskutiert. Heinz Ullstein deutete den Antisemitismus nicht als Rassenhaß, sondern als eine gesellschaftliche Erscheinung. Er sprach als ein aus dem Judentum Emigrierter, als ein Bürger der menschlichen Gesellschaft, der darüber hinaus keinen anderen Gemeinschaftsgeist anerkennt. Nur die völlige Assimilierung der Juden würde die verbrecherische Dummheit des Judenhasses endgültig auslöschen. Rudolf Kurtz wies vor allem auf die kollektiv-psychologischen Hintergründe des Antisemitismus und stützte sich dabei auf Thesen Sartres und Levy-Brühls. Er forderte das rigorose Ethos der Kantischen Philosophie als Damm gegen eine neue Ausbreitung dieses Massenwahns. Eine neue Verfassung müßte Strafmaßnahmen gegen die Rassenhetze aufnehmen zum Schutz der menschlichen Würde. Wolfgang Harich gab einen notwendig fragmentarischen gesellschaftsgeschichtlichen Abriß über die Entwicklung des Judentums in Deutschland. Er betrachtete mit der Ausschließlichkeit der marxistischen Kausalitätslehre im Antisemitismus ein Barometer für gesellschaftliche Ungleichheiten. In der Diskussion trat auch die christliche Anschauung hervor, repräsentiert von Probst Grüber, der in dem Rassengedanken Gottes Plan zu erkennen sucht und geistige Spannungen nicht durch eine alles verwischende Assimilierung beseitigt wissen will. Harry Damro und Professor Liselotte Richter schlugen vor, die deutsche Jugend mit größerem Nachdruck auf die Kulturleistungen der Juden hinzuweisen.

Die häufig beobachtete Unergiebigkeit grundsätzlicher Diskussionen macht sich auch bei dieser Veranstaltung bemerkbar. Das unklare Nebeneinander ungleichwertiger Meinungen in einem Kreise, der doch diesem Problem gegenüber im wesentlichen übereinstimmen sollte, beweist wiederum, daß ohne eine kontradiktorische Disziplin des Geistes Begriffe von schwerwiegender Bedeutung in der Schwebe bleiben müssen*."

Wer ganz links stand oder sich ganz modern vorkam, so einige „bessere" Repräsentanten jenes dubiosen Aufgebots, das die Amerikaner im Juli 1945 als Angehörige ihrer Militärverwaltung nach Berlin schickten, fand in Sartre die letzte Offenbarung.

Damit waren sogar diese Herausgeber von Geflügelzüchterzeitschriften, Kosmetikvertreter und Berufsoffiziere aus Texas und Kalifornien, die das kulturelle Leben in der Reichshauptstadt ankurbeln sollten, wagemutiger und fortschrittlicher als ihre deutschen Partner, die sich auf Thornton Wilder verlegten, weil dessen Rückzug aus der Politik in die „reine Menschlichkeit" dem deutschen Eskapismus entgegenkam.

„Befehl des Obersten Befehlshabers der sowjetischen Militäradministration, des Obersten Befehlshabers der sowjetischen Besatzungsarmee in Deutschland

Berlin Nr. 51 4. September 1945

Betr.: Die Wiederaufrichtung und Tätigkeit der Kunstanstalten in der sowjetischen Besatzungszone in Deutschland

Um die Tätigkeit der Kunstanstalten in der sowjetischen Besatzungszone in Deutschland zu ordnen, befehle ich:

1. Als prinzipielle Aufgaben der Kunstanstalten und künstlerischen Unternehmungen in der sowjetischen Besatzungszone Deutschlands haben zu gelten:

a) die völlige Befreiung der Kunst von nazistischen, rassizistischen, militaristischen und anderen reaktionären Gedanken und Tendenzen,

b) der aktive Einsatz aller der Kunst zur Verfügung stehenden

* Arnold Bauer, „Neues Leben aus den Ruinen . . .?", zitiert nach einer Fotokopie des Manuskripts. Welche Zeitung oder Zeitschrift im November 1945 diesen Aufsatz veröffentlichte, war bislang nicht festzustellen.

Mittel zum Kampf gegen den Faschismus und zur Umerziehung des deutschen Volkes im Sinne einer wahren Demokratie,

c) allgemein die Vermittlung der Schätze der Weltkunst und der russischen Kunst.

2. Für die Zulassung von Theatern, musikalischen Einrichtungen und Unternehmen auf dem Gebiet der sowjetischen Besatzungszone Deutschlands sowie für die Zulassung ihrer Leiter und für die Genehmigung ihrer Tätigkeit gelten folgende Richtlinien:

a) Die Schauspielhäuser, Opern, Operetten, Symphonieorchester sowie sonstige Orchester in der sowjetischen Besatzungszone und im sowjetischen Sektor von Berlin sowie deren Spielpläne werden nach Vorlage durch die deutsche Zentralverwaltung in der sowjetischen Besatzungszone in Deutschland, Abteilung Volksbildung, durch die Abteilung der SMA in Deutschland registriert.

...

c) Die Direktoren und künstlerischen Leiter der in Punkt a) des § 2 genannten Theater und musikalischen Einrichtungen werden auf Vorschlag der deutschen Zentralverwaltung, Abteilung Volksbildung, durch die Abteilung Volksbildung der SMA bestätigt.

d) Die Direktoren und künstlerischen Leiter der in Punkt b) des § 2 genannten Theater und musikalischen Einrichtungen werden durch die SMA der Provinzen, Bundesländer und durch die Bezirkskommandanten und Stadtkommandanten bestätigt.

e) Die Zusammensetzung der Theater- und Orchesterensembles wird durch die SMA der Provinzen, Bundesländer und Bezirke sowie durch die Stadt- und Kreiskommandanten auf Antrag der Organe der örtlichen Selbstverwaltung genehmigt.

f) Deutsche oder auf dem Gebiet der sowjetischen Besatzungszone in Deutschland hergestellte Filme dürfen nur mit Genehmigung des Chefs der politischen Abteilung des politischen Beraters der SMA aufgeführt werden.

3. Alle in der sowjetischen Besatzungszone Deutschlands bestehenden künstlerischen Gesellschaften und Vereinigungen gelten als mit der Kapitulation Deutschlands aufgelöst.

Die Neugründung künstlerischer Gesellschaften oder Vereinigungen ist in jedem Einzelfall nur auf Antrag der deutschen Zentralverwaltung, Abteilung Volksbildung, oder deren örtlicher Organe und mit Genehmigung der Abteilung Volksbildung der SMA erlaubt.

4. Jegliche Ausstellungen ohne Wissen und Genehmigung der

deutschen Zentralverwaltung für Volksbildung oder ihrer örtlichen Organe sind auf dem Gebiet der sowjetischen Besatzungszone Deutschlands einschließlich des sowjetischen Sektors von Berlin verboten.

Geplante Ausstellungen im sowjetischen Sektor von Berlin, in den Städten, Provinzen und Ländern der sowjetischen Besatzungszone müssen von der deutschen Zentralverwaltung für Volksbildung angemeldet und von der Abteilung der SMA genehmigt werden.

5. Der Leiter der deutschen Zentralverwaltung für Volksbildung in der sowjetischen Besatzungszone Deutschlands hat:

a) sämtliche Theather-, Konzert- und Ausstellungsräume zu registrieren;

b) der Abteilung für Volksbildung der SMA in Deutschland ein Verzeichnis sämtlicher Theater, Opern und Operetten sowie der Symphonieorchester und sonstiger Orchester in der sowjetischen Besatzungszone zur Registrierung vorzulegen;

c) sämtliche Schauspieler, Sänger, Musiker, Tänzer und Tänzerinnen, Filmschauspieler und alle bildenden Künstler bis zum 1. Oktober 1945 zu erfassen;

d) der Abteilung Volksbildung der SMA in Deutschland bis zum 1. Oktober 1945 ein Verzeichnis der als Direktoren und künstlerische Leiter für die in Punkt a) des § 2 genannten Theater- und Musikensembles vorgeschlagenen Bewerber zur Bestätigung vorzulegen;

e) der Abteilung Volksbildung der SMA in Deutschland bis zum 1. Oktober 1945 die Spielpläne der in Punkt a) des § 2 genannten Theater und Musikensembles sowie die Ausstellungspläne für die Saison 1945/46 zur Bestätigung vorzulegen.

6. Der Leiter der Abteilung Volksbildung der SMA in Deutschland, Genosse Zolotuchin, hat darüber zu wachen, daß der vorliegende Befehl ausgeführt wird.

7. Die Stadt- und Kreiskommandanten haben die Tätigkeit der Theater und geplante Ausstellungen zu überwachen und dafür zu sorgen, daß Aufführungen und Ausstellungen ohne vorherige Genehmigung der zuständigen Instanzen der SMA in Deutschland nicht durchgeführt werden.

Oberster Befehlshaber der SMA, Oberster Befehlshaber der sowjetischen Besatzungsarmee in Deutschland

G. Schukow

Mitglied des Kriegsrates der SMA in Deutschland

Generalleutnant Bukow

Der Chef des Stabes der SMA in Deutschland

Generaloberst Kurasow*"

So sah das Berliner Kulturleben in der Sprache der sowjetischen Militärverwaltung aus. Es war, wie diese Sprache, stockkonservativ, ja reaktionär, und also hauptstädtisch-repräsentativ für Deutschland nach dem Zweiten Weltkrieg.

* Übersetzt nach dem im Ostberliner Institut für Zeitgeschichte befindlichen russischen Original; dieses konnte zur Verbesserung der miserablen Übersetzung bis zur Drucklegung nicht beschafft werden.

Die Demontagen

„Diese Umstände zwingen unser Kommando in Deutschland, die geeigneten Maßnahmen zur Verbesserung der Versorgungslage zu treffen ... Die Ingenieure und Techniker der Roten Armee leiten die Arbeit der Deutschen beim Wiederaufbau der Elektrizitätswerke, der Wasserversorgung, der Kanalisation, der Straßenbahn, der Untergrundbahn, bei der Enttrümmerung der Straßen usw ... Die Bewohner der deutschen Hauptstadt haben die Maßnahmen des sowjetischen Oberkommandos mit großer Begeisterung begrüßt ..." (Aus der „Prawda" vom 19. 5. 1945.)

Dr. G., heute Referent für Wirtschaftsfragen beim Berliner Senat, war 1945 Teilhaber eines Familienbetriebes der optischen Industrie mit einer 180 Köpfe zählenden Belegschaft. In einem für diesen Bericht gegebenen Interview schilderte er die Demontage seines Betriebs folgendermaßen:

„Ein etwa 20 Mann starkes Sonderkommando der Roten Armee kam mit 20 deutschen Arbeitern, die von der Straße mitgenommen worden waren. Natürlich waren wir vorher nicht benachrichtigt worden, hatten aber bereits unsere Vorbereitungen getroffen. Zum Beispiel hatten wir bestimmte Teile von den Drehbänken abmontiert, so daß die Maschinen gänzlich unbrauchbar wurden. Es hatte sich ja ziemlich rasch herumgesprochen, daß kein Betrieb unbehelligt bleiben würde. Wir selbst durften nach Eintreffen des Sowjetkommandos unsere Fabrik nicht mehr betreten. Drei Tage dauerte der Spuk. Als wir die Fabrik wieder betreten durften, fanden wir nur noch verrostete Drähte vor."

Bei manchen Betrieben wurden die deutschen Techniker mit den Maschinen nach der Sowjetunion verfrachtet, damit sie den Aufbau am neuen Standort überwachen konnten. Bei Dr. G. war das nicht der Fall. „Vor der Fabrikhalle war bei uns eine Eisenschwelle. Über diese wurden die Maschinen von den Russen rücksichtslos hinübergezerrt; keine einzige von ihnen ist heil an ihr Ziel gekommen. Die Russen haben schwerlich davon Nutzen gehabt, wir aber hatten den Schaden. Ich beispielsweise habe Maschinen im Wert von einer halben Million verloren. Oft haben auch die Deutschen selbst geplündert. Bei Daimler erlebte ich folgendes: Deutsche Arbeiter mußten bei der Demontage helfen. Als die Russen sich anderweitig beschäftigten, brachen die Arbeiter ein Loch in die Mauer und schafften Werkzeuge nach draußen, soviel sie nur konnten. Ich schätze, daß jeder von ihnen dabei Werkzeuge im Wert von 2000 Mark ‚erbeutet' hat. Eklig war es, wenn Kommunisten im Betrieb waren. Die sagten dann zu den Russen: ‚Hier müßt ihr demontieren.'"

Mit den Demontagen begannen die Sowjets sofort nach der Besetzung der Stadt. Die Gruppe Mikojan war bemüht, Ordnung in das Chaos zu bringen, aber auch nach seinem Deutschland-Besuch kam es ständig zu Reibereien zwischen Kommandos, die Schukow unterstanden, und Sonderkommandos, die direkt von Moskau aus geleitet wurden. In allen großen Betrieben holte man die Belegschaft an die ehemaligen Arbeitsplätze zurück, wo Frauen und Männer die zuvor von ihnen bedienten Maschinen zerlegen und in Waggons verladen mußten. Die Vorstellung, daß bei dieser Aktion ganz und gar unsachgemäß vorgegangen worden wäre und die meisten Maschinen noch auf den Laderampen oder unterwegs verrottet und unbrauchbar geworden seien, geht auf Tendenzberichte zurück. In Wirklichkeit bildeten die demontierten deutschen Anlagen für die Sowjets eine entscheidende Hilfe beim Wiederaufbau ihrer kriegszerstörten Industrie. Hinsichtlich des Gesamtwertes der in Berlin demontierten Industrieeinrichtungen gehen die Schätzungen der verschiedenen Gutachter um Milliarden auseinander. Am schwersten betroffen wurden selbstverständlich die Produktionsmittelindustrien, deren maschinelle Ausrüstung zu 90 Prozent abtransportiert wurde. Von der Gebrauchsgüterindustrie wurde nur etwa ein Drittel demontiert. Aber gerade diese Betriebe waren vorwiegend in der Innenstadt angesiedelt und hatten deshalb die schwersten Verluste erlitten (31 Prozent ihres industriellen Anlagevermögens), während die Schäden bei den Produktionsmittelindustrien vergleichsweise gering waren (8 Prozent)*.

* Alfred Kühn, „Produktion und Anlagevermögen der Westberliner Industrie 1936–1945" in *Vierteljahresheft zur Wirtschaftsforschung,* Heft 4, 1958, S. 398. Diese Angaben beziehen sich auf die drei westlichen Sektoren, doch lagen im sowjetischen Sektor die Dinge sehr ähnlich.

Die Demontagen müssen in diesem Bericht erwähnt werden, weil sie gerade während der beiden ersten Monate nach der Kapitulation eine Hauptbeschäftigung der Berliner darstellten – und einen Hauptgesprächsstoff. Eine ausführliche Darstellung erübrigt sich aber deshalb, weil die Demontage weder in Berlin noch sonstwo in Deutschland entwicklungsbestimmende Konsequenzen nach sich zogen, es sei denn, man sähe diese in einer beschleunigten Modernisierung der westdeutschen und Westberliner Industrie.

Wer über Ausmaß und Einzelheiten der Berliner Demontagen mehr wissen möchte, findet Material in folgenden Publikationen:

Umfang des erlittenen Schadens, hervorgerufen durch Demontagen und Zerstörung. Denkschrift des Magistrats der Stadt Berlin, 1948/49 („Thalheim-Bericht")

G. W. Harmssen, *Am Abend der Demontage,* Bremen 1951

Die Demontagen in Berlin, hrsg. vom Bundesamt für Gewerbliche Wirtschaft, Frankfurt/Main o. J.

Überblick über den Umfang der Reparations- und Restitutionsverluste, hrsg. von der Notgemeinschaft der reparationsgeschädigten Industrie, 1958

Die Demontagen in Westberlin Mitte 1945, hrsg. vom Deutschen Institut für Wirtschaftsforschung; Gutachten über bisherige Veröffentlichungen, erstellt im Auftrag des Senators für Wirtschaft und Kredit des Landes Berlin, Berlin 1958

Alfred Kühn, „Produktion und Anlagevermögen der Westberliner Industrie 1936–1945" in *Vierteljahreshefte zur Wirtschaftsforschung,* Heft 4, 1958

Konzeptionen und Programme

In diesem letzten Kapitel unseres Buches sei der Versuch gemacht, an Hand zeitgenössischer Texte einen Überblick über die politischen Vorstellungen zu geben, mit denen man 1945 in die „neue Zeit" hineingegangen ist, die nach einer damals wohl allgemein verbreiteten Ansicht, ja Gewißheit, mit dem Sieg der Alliierten in Europa und dem Ende der Naziherrschaft begonnen hatte. Die Besetzung Berlins durch die Sowjets und der Kapitulationsakt in Karlshorst bedeuteten Ende und Anfang zugleich, und gerade weil sich idealistische Hoffnungen, die mit dem Anfang verknüpft waren, weder im demokratisch-kapitalistischen noch im kommunistischen Teil Deutschlands erfüllt haben, so nicht und so nicht, bilden Dokumente, in denen diese Hoffnungen noch einen ungeborenen Ausdruck fanden, eine nachdenklich stimmende Lektüre.

Zum feierlichen Kapitulationsakt landeten am 8. Mai 1945 die alliierten Delegationen in vier Flugzeugen auf dem Flughafen Tempelhof. Die eindrucksvollste Erscheinung unter den Uniformierten hatte am wenigsten politisches und militärisches Gewicht: der französische General Lattre de Tassigny. Der einzige, der die Sache mit etwas Humor nahm, war der amerikanische General Tedder, indes alle übrigen eine gespreizte Feierlichkeit an den Tag legten. Tedder kam lächelnd aus der Maschine heraus und hielt der angetretenen sowjetischen Ehrenkompanie eine kleine Rede des Inhalts, er habe schon manche Parade erlebt, aber durch diese fühle er sich besonders geehrt. In einem fünften Flugzeug folgten die deutschen Militärs, die die Kapitulationsurkunde unterzeichnen sollten.

Zunächst versammelten sich die alliierten Vertreter ohne die Deutschen in der Kantine der Karlshorster Pionierschule. Jeder der vier Delegationsführer hatte denselben Satz zu Protokoll zu geben: „Hier sind die Vertreter der vier Armeen im Auftrag ihrer Regierungen versammelt, um die bedingungslose Kapitulation von den Vertretern des deutschen Oberkommandos entgegenzunehmen." Nachdem alle diese Formel aufgesagt hatten, befahl Schukow: „Holen

Sie bitte die Vertreter der deutschen Seite, damit sie die bedingungslose Kapitulation vollziehen können."

Ein amerikanischer Korrespondent hatte sich, als einziger, mit seiner Kamera auf einen der Tische gestellt, um einen besseren Überblick zu haben. Die ganze Bildpresse richtete wieder ihre Objektive mit besonderer Vorliebe auf Lattre de Tassigny, „weil er so sehr an alte Zeiten erinnerte, rot und golden, wie er war, und überaus elegant", wie ein Augenzeuge erzählt.

Die Deutschen kamen herein und setzten sich an den für sie freigelassenen Tisch. Sie wurden von jedem der vier alliierten Delegationsführer gefragt, ob ihnen die Bedingung „bedingungslos" bekannt sei, und viermal mußten sie die Frage bejahen. Die Deutschen hatten geglaubt, die Kapitulationsurkunde an ihrem Tisch unterschreiben zu können, aber sie mußten nun aufstehen, sich an die Schmalseite des Kantinentisches begeben, an dem die Sieger saßen, und dort unterzeichnen. Die deutsche Delegation hatte den Raum um 12.05 Uhr betreten. Die Unterzeichnung erfolgte um 12.15 Uhr. Es wurden drei Exemplare der Urkunde unterschrieben, in englisch, russisch und deutsch. Eine französische Fassung wurde nicht vorgelegt. Kaum waren die Unterschriften vollzogen, als Schukow mit seiner schneidenden Stimme befahl: „Die deutsche Delegation kann den Raum verlassen!"

Damit war es vorbei. Alle erhoben sich, und Schukow sagte zu den sowjetischen Korrespondenten, die alle im Offiziersrang waren: „Seht, da steht das Tintenfaß, in das die Federn getaucht wurden, mit denen die deutsche Kapitulation unterzeichnet wurde." Manche der Korrespondenten stritten sich um das historische Tintenfaß, aber einige beteiligten sich nicht, denn sie hatten genau aufgepaßt und wußten, daß Schukows Äußerung nicht der Wahrheit entsprach, sondern nur eine Art Regiebemerkung zu seiner großen Oper, der „Schlacht um Berlin", war: die Deutschen hatten in Wirklichkeit mit ihren Füllfederhaltern unterzeichnet.

Damit also hatte die „neue Zeit" in aller Form begonnen. Heute, zwanzig Jahre später, wissen wir: Weder ist es zu einer neuen internationalen Friedensordnung gekommen, noch hat das deutsche Volk die innere Kraft besessen, aus seiner Lage zwischen Ost und West etwas Positives zu machen. Vielmehr haben sich die Deutschen, soweit ihnen die Freiheit dazu gegeben wurde, in neue Machtspiele gestürzt.

Wenn man die Konzeptionen und Programme jener Zeit vor Augen hat, ist man versucht, die deutsche Nachkriegsentwicklung unter der fiktiven, aber nicht aus der Luft gegriffenen Voraussetzung durchzudenken: Was wäre geschehen, wenn im Mai 1945 den Siegern in Berlin fähige deutsche Politiker entgegengetreten wären, die, ohne moskauhörige Kommunisten zu sein, die zwölf Hitler-Jahre dazu benutzt hätten, um auf marxistisch-sozialistischer Grundlage ein Konzept für einen modernen deutschen Staat und eine moderne Gesellschaft zu entwickeln? Was wäre geschehen, wenn sie dank der Kraft ihrer Ideen den Mut gehabt hätten, die Sowjets bei ihrem Wort zu nehmen, daß sie nicht gewillt seien, aus Deutschland ein sowjetisiertes Anhängsel der UdSSR zu machen?

Allein schon die Ankündigung einer solchen Absicht geht bei uns heutzutage im höhnischen Gelächter jener unter, die in ihrer Borniertheit glauben, nur auf die Entwicklung in Polen, in der Tschechoslowakei, in Ungarn hinweisen zu brauchen, um die gestellte Frage zu beantworten, ganz zu schweigen von den Argumenten, die ihnen die deutsche Entwicklung nach 1945, die Blockade von 1948 und Werden und Sein der DDR liefern.

Ihnen entgeht jedoch, daß die Sowjets 1945 durchaus wußten, daß Deutschland als Ganzes sowohl qualitativ wie quantitativ von anderer Substanz war als die Randstaaten. (Nur die vom Ganzen getrennte „Zone“ ist sowjetisiert worden, was nichts für oder gegen Deutschlands Möglichkeiten im Jahre 1945 beweist.)

Ihnen entgeht, daß in den Augen der Sowjets die Deutschen als Rohstoff für den Kommunismus völlig ungeeignet waren. Davon hatte sie die deutsche Arbeiterschaft zwischen 1914 und 1945 überzeugt. Ihnen entgeht, daß die Randstaaten der Sowjetunion gegenüber auf sich gestellt waren, während die Anwesenheit der westlichen Sieger in Deutschland den Deutschen ganz andere Möglichkeiten bot, als sie der (nationalen) Opposition in Polen, der Tschechoslowakei und den anderen Satellitenstaaten zur Verfügung standen. So hätte man beispielsweise sondieren können, inwieweit die Amerikaner bereit gewesen wären, einen von ihnen und den Sowjets gemeinsam kontrollierten, sozialistischen deutschen Staat zu stützen.

Ihnen entgeht, daß selbst die Entwicklung in den Randstaaten der Sowjetunion von der Entwicklung in Deutschland und in Ostasien, von der Stop-dem-Kommunismus-Politik der USA hier wie dort mitbestimmt wurde, die ihren ersten Höhepunkt im August 1945 durch die Tatsache und den Termin der Atombombenwürfe auf Japan erreichte.

Ihnen entgeht, daß das merkwürdige Verhalten der Engländer gegenüber der Dönitz-Regierung, die sofortige Aufkündigung des Leih- und Pachtvertrags seitens der Amerikaner und deren Desinteresse am Wiederaufbau der Sowjetunion von den Sowjets mit Recht als Beginn des Kalten Krieges angesehen wurden.

Vor allem entgeht ihnen die Rolle, die sie und ihresgleichen damals wie heute spielten und spielen. Eine geschichtliche Rechnung jedoch, in der man alle Faktoren außer dem eigenen Verhalten berücksichtigt, ist falsch, ist gefälscht. Aber dies ist die deutsche Art der Rechnung schlechthin, ob es sich nun um das Verhalten der Roten Armee, um die Vertreibung der Deutschen aus den Ostgebieten des Reiches oder um die weltweiten Ressentiments gegen die Deutschen handelt. Was unseren Teil an den Ursachen dieser Geschehnisse angeht, so wissen wir von nichts. Wer gelegentlich dennoch etwas weiß und es sagt, ist ein Verleumder, der das eigene Nest beschmutzt.

Es hat länger als ein Menschenalter gedauert, bis einige deutsche Untersuchungen darüber erschienen sind, wie die Weltrechnung zwischen 1910 und 1918 aussieht, wenn man den Faktor „deutsches Verhalten" mit seinen richtigen Werten einsetzt, aber noch vierzig Jahre später fanden sich Fälscher, die „Fälscher!" schrien.

Vermutlich wird es länger als ein Menschenalter dauern, bis Deutschlands geschichtliche Rechnung zwischen 1945 und 1952 revidiert wird, denn diesmal hatte der Zusammenbruch weit schwerere Konsequenzen. Hatten wir nach dem Ersten Weltkrieg nur einen politischen Preis dafür zu bezahlen, daß wir ein Volk sind, das sich weder in Krisen noch auf Höhepunkten seiner Macht vom gesunden Menschenverstand leiten läßt, so haben wir im Zweiten Weltkrieg nicht nur das Reich, sondern auch unsere Zukunft als geschichtliches Subjekt verspielt: Wir sind zum Objekt geworden. Da diese Tatsache durch die Lieferung von Brücken nach Brasilien und von Eisenwerken nach Indien nur mangelhaft kaschiert werden kann, machen wir uns vor, unser Schicksal sei ganz allgemein das der kleinen und mittleren Völker im Zuge des Übergangs zu einer von wenigen Großmächten bestimmten Weltordnung. Daran ist richtig, daß der Glanz von des Reiches „schimmernder Wehr" verblaßt und das Machtgeschrei auf jeden Fall hohlkingender geworden wäre; aber das will nicht besagen, daß wir uns damit begnügen mußten, an der Gestaltung einer neuen

Welt nur mit Brückenbauten und Volkswagenlieferungen beteiligt zu sein. Gerade weil wir nicht mehr Subjekt im machtpolitischen Sinn sein können, hätte es nahegelegen, den Kopf mehr anzustrengen als die Hände und Beine.

Das hätte im Mai 1945 in Berlin beginnen müssen. Mehr noch: Es hätte im Mai 1945 in Berlin beginnen *können.* Überdies zeigen die nachstehenden Dokumente, daß im Selbstverständnis der Deutschen, genauer: der Berliner, wie im (gewandelten) Verständnis der Sowjets, wie auch im Verständnis der westlichen Alliierten, das Reich in verkleinerter Gestalt nach wie vor Deutschland war, *ein* Deutschland, und Berlin seine Hauptstadt.

Die Forderung nach bedingungsloser Kapitulation hatte zwei politische Aspekte: Einerseits drückte sie die Verachtung aus, die man den Nazis entgegenbrachte: mit ihnen wollte man nicht verhandeln. Anderseits enthob sie die Alliierten der Notwendigkeit, sich klar zu äußern, mit wem sie überhaupt zu verhandeln gewillt waren, so daß sie während des Krieges zu keiner Übereinkunft über das neue Deutschland zu kommen brauchten. Wie sich später zeigen sollte, war Stalin der einzige, der in den Kriegsjahren hinsichtlich des künftigen Europas überhaupt konkrete Vorstellungen entwickelte.

Aber gerade deshalb bot die bedingungslose Kapitulation den Deutschen eine Chance. Da seitens der Alliierten keine sie gegenseitig verpflichtenden Pläne bestanden, war der leere Raum für eigene Konzeptionen gegeben. Das war auch noch und gerade nach Potsdam der Fall, denn dort wurden die bei früheren Konferenzen vorgetragenen Zerstückelungspläne begraben und als Voraussetzung für ein gemeinsames Vorgehen der vier Besatzungsmächte in ganz Deutschland die Schaffung deutscher Zentralinstanzen beschlossen.

Über politische Inhalte dieses Vorgehens sprach man sich in Potsdam ebensowenig aus wie zuvor. Die Konferenz lieferte also gleichsam einen Rahmen ohne Bild, einen Rahmen dazu, der noch keineswegs starr war. Nun war die Frage, ob man in diesem Rahmen gemeinsam ein Bild malen oder ob jeder für sich außerhalb des Rahmens eigene Skizzen aufhängen sollte, um zu zeigen, wie er sich das Bild vorstellte.

Allgemein wird behauptet, daß die Deutschen weder das Recht noch die Möglichkeit hatten, ihrerseits einen Pinsel in die Hand zu nehmen. In Wirklichkeit aber waren gerade sie es, die, leidenschaftlicher noch als die Konstrukteure des Rahmens, damit anfingen, außerhalb des Rahmens radikale Parolen an die Wand zu malen. Außerhalb des Rahmens – das heißt praktisch: eine von der SED beherrschte DDR war für die Westmächte und für frei entscheidende Deutsche unannehmbar; die mit dem politischen Begriff „Bonn“ gegeund bezeichnete Bundesrepublik war für die Sowjets unannehmbar. Beide Konstruktionen lagen und liegen also politisch im ‚out‘. An ihnen sind wird selbst, die Deutschen, maßgeblich beteiligt – aus allen Lagern. Versuche, sich im Rahmen zu halten, sahen wie folgt aus:

Die Nazis nach Hitlers Tod

Zwanzig Tage nach Hitlers Tod übergab der Befehlsleiter Dr. Stellrecht, ehemaliger Stabsleiter beim Beauftragten des Führers für die Überwachung der gesamten geistigen und weltanschaulichen Schulung und Erziehung der NSDAP, heute Industriekaufmann in Bad Boll/Württemberg, der Regierung Dönitz eine in deren Auftrag ausgearbeitete Denkschrift mit dem Titel „Zur Frage der Ost- und Westorientierung*“.

„Der Politik der Regierung des Deutschen Reiches ist es nur in seltenen Augenblicken gelungen, zwischen den Mächten des Westens und des Ostens sich in der Balance zu halten und sich dabei Vorteile zu verschaffen“; nur Bismark habe dabei vorübergehenden Erfolg gehabt. „Es ist nicht zu erwarten, daß die Politik der neuen Reichsregierung, die bisher keine Macht besitzt, sich längere Zeit in der Balance zwischen dem Osten und dem Westen halten kann, um in einem Spiel zwischen beiden politischen Erfolg zu haben . . . Trotz aller Taktik, die dem Augenblick gerecht werden kann, wird eine Politik der Dauer die Anlehnung an eine Seite suchen müssen . . .

Dazu kommt, daß, wenn der gegenwärtige Zustand erhalten bleibt, nicht nur eine lang dauernde territoriale Zerreißung des Reichsgebiets in zwei Hälften droht, sondern es auch zu einer ideellen Zerreißung des deutschen Volkes in einen östlich und einen westlich orientierten Teil kommt. Das bedeutet wieder die Zerreißung der zum ersten Male in der deutschen Geschichte nach den größten Anstrengungen aufgerichteten Volksgemeinschaft . . .“

Das könne man verhindern, meint Stellrecht, wenn es der Reichsregierung gelänge, Berlin wieder zum Regierungssitz zu machen.

* Im Folgenden zitiert nach einer Fotokopie des im Staatsarchiv der UdSSR in Krasnogorsk befindlichen Originals.

„Für das deutsche Gefühl wäre für das erste das Gegebene, sich dem Westen anzuschließen. Die beiden anglikanischen Mächte werden als im wesentlichen germanische Mächte verwandt empfunden.“ Vielleicht wäre es sogar zu begrüßen, wenn Deutschland im englischen Reich aufginge, und für den Gedanken einer solchen germanischen Einigung wären die Deutschen ziemlich reif, „aber England dürfte dazu nicht reif sein . . . Mit größter Wahrscheinlichkeit bleibt aber so für die Reichspolitik nur der Weg, sich in das bisherige für England bewährte System der balance of power einzuordnen . . . Daß England an eine Ausbalancierung Europas denkt, zeigt sein Eintreten für Polen. Es will dem Osten Einhalt gebieten . . . Heute erhält nur die amerikanische Macht Europa im Gleichgewicht. Wenn man heute die Welt in zwei politische Hemisphären aufteilen kann, so geht die Balance-Linie zwischen ihnen im Augenblick mitten durch Deutschland und wird ungefähr durch die Elbe gebildet. England kann aber nicht auf die Dauer damit rechnen, daß die amerikanische Wehrmacht in Europa bleibt bzw. daß in einem neuen Falle Amerika bereit ist, seine Wehrmacht wieder nach Europa zu schicken.“ Und selbst wenn Amerika dazu bereit wäre, meint Stabsleiter Dr. Stellrecht, würden seine Truppen im Falle eines Falles nicht schnell genug da sein. Damit nimmt er die militärischen Argumente vorweg, mit denen die demokratischen Politiker der Bundesrepublik die Diskussion über den Rapackiplan abwürgten.

„England muß also dafür sorgen, daß Europa in sich selbst seine kräftemäßige Balance erfährt. Das kann nur durch europäische Mächte und nicht ohne Deutschland geschehen . . .“ Ein de Gaulle, meint der Dönitz-Berater, habe von Amerikas Rolle in Europa keine Ahnung.

„Rußland hat keinen Grund, darauf zu verzichten, den Rest Europas in sein System einzugliedern, wenn die Gelegenheit und die Machtverhältnisse dies zulassen. Die Einigung des Slawentums ist ihm schon gelungen, während für eine germanische Einigung sogar der ideologische Ansatz von der Macht aus fehlt, die sie heute in Angriff nehmen könnte, nämlich England. Rußland wird nicht darauf verzichten, seinen Weg zu Ende zu gehen . . . Heute zeigt Rußland im Gegensatz zu den Westmächten dem deutschen Volk gegenüber zumindest propagandistisch, wenn auch nicht in der Praxis, eine freundliche Seite. Ob dies der deutschen Regierung gegenüber geschehen wird (gemeint ist die Dönitz-Regierung mit ihren führenden Nazis), ist noch offen. Daß Rußland sich gegenüber dem deutschen Volk anders einstellt als die Westmächte, rührt daher, daß es eine viel weitergehende politische Konzeption hat, daß es eine viel wendigere politische Taktik besitzt und daß es von der Psychologie der europäischen Völker mehr versteht als etwa England oder gar die USA . . .

Man kann annehmen, daß Rußland die Gefahr sieht, daß sich das deutsche Volk innerlich dem viel mehr verwandten Westen zuwendet. Deshalb will es das deutsche Volk gewinnen, um es mit dem Osten gegen den Westen zu stellen. Es ist dabei nicht einmal sicher, ob Rußland den Fehler machen wird, die in der nationalsozialistischen Bewegung bisher das deutsche Volk führenden Kräfte zu beseitigen. Wahrscheinlich wird es versuchen, sie für sich zu gewinnen. Ein innerlich umgestellter Kommissar ist mehr wert als ein totgeschossener. Rußland wird nationale Empfindlichkeiten zu schonen verstehen. Es wird gerade die deutsche Intelligenz für seinen Kurs gewinnen zu suchen. Ein Zeichen dafür ist schon ihre besondere Berücksichtigung bei der Lebensmittelzuteilung. Der Brotlaib auf dem Tisch ist auch für die sonst geistig Interessierten ein überzeugendes Werbemittel geblieben. Es wird weiter die deutschen Offiziere und Soldaten für sich gewinnen wollen. Stalin hat schon jetzt erklärt, daß die Einheit des deutschen Volkes erhalten bleiben müsse. Stalin kann sich auch für ein nationales Deutschland aussprechen. Warum nicht? . . . Rußland bemüht sich heute schon in Berlin, sich als Ordnungsfaktor zu zeigen. Es wird alles tun, um die Menschen für sich aufzuschließen, und es wird mit seinen Methoden Erfolg haben.

Gleichzeitig aber, solange es ein nationales Deutschland begünstigt, wird es die kommunistische Organisation in den von ihm besetzten Gebieten aufbauen und wird so ein zweites Eisen im Feuer haben." Damit gelangt Dr. Stellrecht zu der Frage: Wofür sich entscheiden? Doch ehe er seine Schlußfolgerung äußert, nennt er noch ein Argument, das für die Anlehnung an den Osten spricht – ein Argument, das seinen Auftraggeber unmittelbar ansprechen mußte: Wenn Rußland die deutschen Offiziere und Soldaten für sich gewinnen wolle, müsse es sich mit der Flensburger Regierung gutstellen. „Sie sind, wenn auf irgend jemand, auf den Großadmiral ausgerichtet."

Sich auf die Seite der Sowjets schlagen, bedeutet, sich mit jener Macht verbünden, deren Absichten klarer sind als die der Engländer oder der Amerikaner. Stellrecht hält eine „ideologische Entwicklung“ für möglich, die nicht zu einer inneren Zerreißung des Reiches führt. Rußland, meint er, könne es sich leisten, das Reichsgebiet in den Grenzen von 1939 zu erhalten. Die Westmächte hingegen könnten in der Mitte Europas kein 80-Millionen-Volk dulden, vor allem deshalb nicht, weil mit allmählicher „machtmäßiger Absetzung der USA vom Kontinent“ gerechnet werden müsse.

Zudem sei es vorteilhaft, sich mit einer Macht zusammenzutun, die „geschichtlich gesehen nicht von langer Dauer ist. Keine Macht, die bisher aus Asien kam, hat sich von längerer geschichtlicher Dauer gezeigt.“ Allerdings wirft Stellrecht die Frage auf, ob das auch für das bolschewistische Rußland gelte.

Die Nachteile einer prorussischen Entscheidung lägen darin, daß Deutschland nicht auf „germanischer Basis“ zum Machtfaktor werden könne und in dieser Kombination auch nicht für ein Machtgleichgewicht gebraucht werde. Hingegen „wird Deutschland an der Seite der Westmächte gebraucht, um Rußland niederzuhalten“. Die kurz zuvor geäußerte Mutmaßung, die Sowjets würden möglichweise sogar mit der nazistischen Führungsschicht paktieren, hält den Verfasser der Denkschrift nicht davon ab, unter den Nachteilen eines Zusammengehens mit der Sowjetunion die Prognose aufzuzählen, daß das deutsche Volk biologisch schwer getroffen und seine führenden Schichten ausgerottet würden. „Allerdings kann auch das Bündnis mit den Westmächten durch propagierte Geburtenbeschränkung die Deutschen biologisch schwer treffen.“ Gegen die Verbindung mit den Sowjets spräche, daß in einem neuen Krieg auf seiten der Sowjetunion vor allem die Westgebiete Deutschlands zerstört würden, während bei einem Zusammengehen mit den Westmächten „nur in den weniger wichtigen Ostgebieten“ größere Schäden zu erwarten seien. Zudem könne Rußland in einem Krieg die Deutschen nicht ernähren.

Es sei nicht zu erwarten, meint der Dönitz-Berater, daß die Sowjets in naher Zukunft einen neuen Krieg vom Zaun brächen. „Rußland wird nicht so rasch den Weg an den Atlantik antreten, es hat Zeit zu warten. Amerika aber muß seine militärischen Einrichtungen nutzen und kann sie nicht so lange aufs Eis legen. Wenn aber Amerika und England Interesse an einer schnellen Entscheidung haben – der Zeitpunkt dürfte allerdings erst im nächsten Jahr liegen, da es in diesem Jahr zu einem Angriff auf Rußland zu spät sein wird –, so hat Deutschland ebenfalls Interesse an einer schnellen Entscheidung. Für

Deutschland ist eine längere Dauer der Zerreißung des Reichsgebietes unerträglich.

Rußland wird die deutsche Landwirtschaft ins Kollektiv bringen und das ganze Unternehmertum, dazu weitgehend überhaupt das Recht auf Eigentum beseitigen, dagegen bleibt unter den Westmächten die Struktur der deutschen Landwirtschaft und Industrie wahrscheinlich erhalten. Dem deutschen Bauernstand allerdings wird es bald wieder so schlecht gehen wie vor 1933, da er in dem Wirtschaftssystem der Westmächte nicht konkurrenzfähig ist. Dies, wenn es der deutschen Regierung nicht gelingt, ihn zu schützen." (Und wie es ihr gelungen ist! Wir essen die schlechteste und teuerste Butter; daß es die schlechteste ist, schmeckt man, daß es die teuerste ist, erkennt man erst, wenn man weiß, wieviel Steuergelder aus unseren Taschen in jedem Pfund Butter stecken. Anm. d. Verf.)

„Außerdem wird Rußland ganze deutsche Industrien, z. B. Werkzeugmaschinen, in sein Gebiet verpflanzen. Die Westmächte werden mit anderen Methoden denselben Effekt erzielen." Zudem würde Deutschland auf der Seite des Westens nicht so sehr von der Welt abgeschnitten wie an der Seite Rußlands, und überhaupt würde ein Deutschland im russischen System „kaum mehr in irgend etwas dem Deutschland gleichen", das die Deutschen als ihr Heimatland kennen. Immerhin solle die Regierung unter dem Herrn Großadmiral nochmals prüfen, ob mit Rußland ein Übereinkommen getroffen werden könne, „das das Verhältnis zu Deutschland in einem für uns tragbaren Sinne regelt".

Nach Abwägung aller Argumente gelangt der Verfasser der Denkschrift zu dem Schluß, „daß ein Zusammengehen mit Rußland mit großer Wahrscheinlichkeit schwerwiegendere Nachteile mit sich bringen würde als ein Zusammengehen mit den Westmächten". Die Analyse endet mit der Frage: „Ob wir aber überhaupt eine Wahl haben?" Der Herr Großadmiral fand wohl kaum noch Zeit, diese Ausführungen zu lesen. Sie sind vom 20. Mai 1945 datiert. Drei Tage später wurde die Flensburger Regierung verhaftet.

Die Großen Drei auf der Potsdamer Konferenz

„Politische und wirtschaftliche Grundsätze, die bei der Behandlung Deutschlands in der Anfangsperiode anzuwenden sind:

. . .
14. Während der Besatzungszeit ist Deutschland als eine wirtschaftliche Einheit zu betrachten. Mit diesem Ziel sind gemeinsame Richtlinien aufzustellen . . .
. . .
16. Zur Einführung und Unterstützung der wirtschaftlichen Kontrolle, die durch den Kontrollrat errichtet worden ist, ist ein deutscher Verwaltungsapparat zu schaffen. Den deutschen Behörden ist nahezulegen, in möglichst vollem Umfang die Verwaltung dieses Apparates zu übernehmen.
2. August 1945

I. W. Stalin
Harry S. Truman
C. R. Attlee*"

Die Christlich-Demokratische Union

„Es wurden Vorschläge und Vorschläge gemacht, aber den zugkräftigen Namen (für die neue Partei; Anm. d. Verf.) fanden wir nicht. Da sagte mein Mann eines Morgens zu mir: ‚Jetzt weiß ich, wie die Partei heißen muß: Demokratische Union.' Strahlend schien die Frühlingssonne ins Zimmer, als ich froh wiederholte: ‚Demokratische Union – also die Union.' ‚Ja', sagte mein Mann, ‚wenn es uns gelingt, mit dieser Partei die Kluft zu überbrücken, die seit vierhundert Jahren unser Volk zerreißt und so unendlich viel Leid und Schaden über Deutschland gebracht hat, ist das Leben wert, gelebt worden zu sein**.'"

„Deutsches Volk!

In der schwersten Katastrophe, die je über ein Land gekommen ist, ruft die Partei *Christlich-Demokratische Union Deutschlands* aus heißer Liebe zum deutschen Volk die *christlichen, demokratischen und sozialen Kräfte zur Sammlung,* zur Mitarbeit und zum Aufbau einer neuen Heimat. Aus dem Chaos von Schuld und Schande, in das uns die

* *Amtsblatt des Alliierten Kontrollrates in Deutschland,* Ergänzungsblatt Nr. 1, S. 13ff.

** Anna Hermes, Frau des Gründers der CDU, Andreas Hermes, in einem undatierten Brief an eine Freundin (ca. 20. Juni 1945). Zitiert nach Fritz Reichardt, *Andreas Hermes,* Neuwied 1953, S. 207 f. Der Vorschlag wurde zunächst stark kritisiert; man sagte, er erinnere zu sehr an Bierbrauereien und an die Union-Briketts. Der Zusatz „Christlich" stammt nicht von Hermes; er nahm ihn nur widerstrebend in den Namen auf.

Vergottung eines verbrecherischen Abenteurers gestürzt hat, kann eine Ordnung in demokratischer Freiheit nur erstehen, wenn wir uns auf die kulturgestaltenden sittlichen und geistigen Kräfte des Christentums besinnen und diese Kraftquelle unserem Volke immer mehr erschließen.

Unsagbar schwer ist unsere Aufgabe ...

Das furchtbare Ausmaß von Unrecht, das die Hitlerzeit gebracht hat, verpflichtet, die Schuldigen und ihre Helfershelfer unnachsichtig, in strengster Gerechtigkeit, jedoch ohne Rachsucht zur Rechenschaft zu ziehen.

An die Stelle des Zerrbildes einer staatlichen Gemeinschaft in der Hitlerzeit soll jetzt *der wahrhaft demokratische Staat* treten, der auf der Pflicht des Volkes zu Treue, Opfer und Dienst am Gemeinwohl ebenso ruht wie auf der Achtung vor dem Recht der Persönlichkeit, ihrer Ehre, Freiheit und Menschenwürde.

Das Recht muß wieder die Grundlage des ganzen öffentlichen Lebens werden ... Die Unabhängigkeit und der geordnete Gang der Rechtspflege sind wieder herzustellen. Der Ruf nach gerechten Richtern geht wie ein einziger Schrei durch das ganze deutsche Volk ... Das öffentliche Leben muß in strenger Sparsamkeit aufgebaut werden ... Wir fordern ein öffentliches Leben, das sich *freihält von Lüge* ..., und eine verantwortungsbewußte Presse ... Wir verlangen *geistige und religiöse Gewissensfreiheit* ... Wissenschaft und Kunst sollen sich frei entfalten ...

Das unermeßliche Elend in unserem Volke zwingt uns, den Aufbau unseres Wirtschaftslebens ... ohne jede Rücksicht auf persönliche Interessen und wirtschaftliche Theorien in straffer Planung durchzuführen ... Dabei ist es unerläßlich ..., daß die *Bodenschätze in Staatsbesitz* übergehen. Der Bergbau und andere monopolartige Schlüsselunternehmungen unseres Wirtschaftslebens müssen klar der Staatsgewalt unterworfen werden ...

Eine umfassende *ländliche und gärtnerische Siedlung* muß unter weitgehender Heranziehung des Großgrundbesitzes einer möglichst großen Zahl von Deutschen den Zugang zu eigener Scholle und zu selbständiger Arbeit eröffnen ... *Wir begrüßen ... die einheitliche Gewerkschaftsbewegung der Arbeiter und Angestellten* ...

Berlin, den 26. Juni 1945

Andreas Hermes.“

Es folgen 34 weitere Namen, darunter Emil Dovifat, Ferdinand Friedensburg, Otto-Heinrich v. d. Gablentz, Jakob Kaiser, Heinrich Krone, Ernst Lemmer, Otto Lenz, Hans Lukaschek, Otto Nuschke, Rudolf Pechel, Ferdinand Sauerbruch, Theodor Steltzer, Heinrich Vockl und Graf York von Wartenburg.

Obwohl in diesem Parteiprogramm nicht nur die Verstaatlichung der Grundstoffindustrien, sondern auch, wenngleich mit schwächerer Akzentuierung, die Bodenreform angekündigt wird („unter weitgehender Heranziehung des Großgrundbesitzes"), überwarf sich Hermes mit der sowjetischen Militärverwaltung wegen der von ihr befohlenen Bodenreform.

Von Berlin aus wurde die CDU in Westdeutschland ins Leben gerufen; Berlin war die Zentrale. Allerdings wurde wegen der Schwierigkeiten, mit denen Berlinreisen verbunden waren, und wegen der Differenzen, zu denen es mit Karlshorst gekommen war, das erste „Reichstreffen" der CDU am 14. Dezember 1945 in Bad Godesberg abgehalten. Hermes erhielt von den Sowjets keine Reiseerlaubnis; seine Eröffnungsrede wurde vor der Versammlung verlesen. Sie beginnt ähnlich wie das Parteiprogramm: „In einer Stunde bespiellosser Not unseres Volkes . . ." Aber während es im Aufruf vom Juni 1945 noch geheißen hatte: „Aus dem Chaos von Schuld und Schande . . .", heißt es jetzt, sechs Monate danach, bereits: „. . . habe ich stets erklärt, es gibt keine Gesamtschuld des deutschen Volkes!"

Manche Darstellungen der Geschichte der CDU wollen den Eindruck erwecken, die Partei sei ähnlich entstanden wie ein Volkslied, dessen Verfasser niemand kennt – das Volk selbst habe die Partei in dunklem Drange geschaffen. „Ungeachtet des Fortfalls aller Verkehrs- und Nachrichtenmittel bestand im gesamten Reichsgebiet Einigkeit darüber, daß vornehmlich konfessionell bestimmte Parteien, wie das alte Zentrum und die ehemalige Bayerische Volkspartei, nicht wieder auferstehen dürften und daß eine große, von christlicher Verantwortung getragene Kultur- und Sozialbewegung den Kräften der Auflösung entgegengestellt werden müßte . . . Fest steht, daß die Gründung der ‚Union' in jenen Tagen . . . im wesentlichen vom Rheinland, von Bayern und auch von Berlin ausging*."

* *Dokumente zur parteipolitischen Entwicklung in Deutschland seit 1945*, Berlin 1962, S. 7.

Davon kann keine Rede sein. Die Sowjets waren die ersten, die mit einem am 10. Mai in Berlin erlassenen Befehl die Gründung politischer Parteien zuließen. Für die weitere Entwicklung der CDU zu der Partei, die sie dann unter Adenauer wurde, war es jedoch entscheidend, daß Hermes aus der Parteileitung ausgeschaltet wurde bzw. sich selbst dadurch ausschaltete, daß er eine Grundlinie der sowjetischen Konzeption, die Bodenreform, nicht anerkennen wollte.

Jahrelang hatten sich in den KZ, in Gefängniszellen, in Klöstern und auf Rittergütern christlich orientierte deutsche Antifaschisten den Kopf darüber zerbrochen, wie es nach Hitler politisch weitergehen könne und solle. Übrig blieb davon nur die Absicht, die konfessionelle Spaltung zu überbrücken. Ansonsten aber wurde dieses neue Parteigebilde mit Inhalten vollgestopft, die mit den Konzeptionen jener Männer, die sich vor 1945 einschlägige Gedanken gemacht hatten, kaum mehr etwas zu tun hatten. Diese Gedanken fanden nach dem Krieg ihren politisch fortschrittlichsten Ausdruck in Berlin. Ihre „Emigration" nach dem Westen, die nichts anderes war als eine Flucht vor der Auseinandersetzung nach links, bekam ihnen nicht.

Als Adenauer in Westdeutschland für „seine" CDU führende Persönlichkeiten zu werben begann, hatte die Partei bereits ihren Namen gewechselt. Sie hieß jetzt nicht mehr „Christlich-Demokratische Union Deutschlands", sondern nur mehr „Christlich-Demokratische Union". Deutschland war über Bord gegangen. Und als Adenauer einen neuen Parteifreund mit den Worten gewinnen wollte: „Jetzt müssen wir alle zusammenstehen", dieser aber fragte: „Wozu? Was wollen wir tun?" formulierte Adenauer das kürzeste Parteiprogramm aller Zeiten, indem er antwortete: „Dat wird sich finden*."

Die Sozialdemokratische Partei Deutschlands

„Arbeiter, Bauern und Bürger!
Männer und Frauen!
Deutsche Jugend!
Der Nazifaschismus ist in einem grausigen Abgrund der Vernichtung versunken. Er hat das deutsche Volk in tiefster seelischer Qual, in einer unvorstellbaren Not zurückgelassen . . .! Das deutsche Volk

* Nach Aussage dieses – ungenannt bleiben wollenden – Parteifreundes.

muß die Kosten der faschistischen Hochstapelei bezahlen! Ehrlose Hasardeure und wahnwitzige Machtpolitikaster haben den Namen des deutschen Volkes in der ganzen Welt geschändet und entehrt . . .

. . .

Niemals und von niemandem soll das deutsche Volk je wieder als vertrauensseliges Opfer gewissenloser politischer Abenteurer mißbraucht werden.

Der politische Weg des deutschen Volkes in eine bessere Zukunft ist damit klar vorgezeichnet: Demokratie in Staat und Gemeinde, Sozialismus in Wirtschaft und Gesellschaft.

. . .

Deshalb fordert die Sozialdemokratische Partei Deutschlands:

. . .

8. Verstaatlichung der Banken, Versicherungsunternehmungen und der Bodenschätze. Verstaatlichung der Bergwerke und der Energiewirtschaft. Erfassung des Großgrundbesitzes und der lebensfähigen Großindustrie und aller Kriegsgewinne für die Zwecke des Wiederaufbaus. Beseitigung des arbeitslosen Einkommens aus Grund und Boden und Mietshäusern. Scharfe Begrenzung der Verzinsung aus mobilem Kapital . . . Beschränkung des Erbrechts auf die unmittelbaren Verwandten.

. . .

Vorwärts! An die Arbeit!

Berlin, den 15. Juni 1945."

Unterzeichnet war der Aufruf vom Zentralausschuß der Sozialdemokratischen Partei Deutschlands mit den folgenden Namen: Max Fechner, Erich W. Gniffke, Otto Grotewohl, Gustaf Dahrendorf, Karl Germen, Bernhard Göring, Hermann Harnisch, Helmuth Lehmann, Karl Litke, Otto Meier, Fritz Neubecker, Josef Orlopp, Hermann Schlimme und Richard Weimann.

Drei Monate später hatte die SPD in Berlin 70 000 Mitglieder.

Während eine ganze Reihe der Männer, die den ersten Aufruf der CDU unterzeichneten, noch heute, zwanzig Jahre danach, eine Zierde der Partei sind (so Krone, Lemmer, Friedensburg und Otto Lenz), ist der damalige Zentralausschuß der SPD bis auf Dahrendorf vergessen, und auch ihn kann man nicht gerade als ein parteifrommes Führungsmitglied bezeichnen. Hat sich die CDU von ihren Anfängen um Meilen entfernt, so sind es bei der SPD – auch personell – Hunderte von Meilen. Am 15. Juni 1945 hatte der Kreis, der die Partei in Berlin aufbaute, noch keine Berührung mit der Gruppe in Hannover, wo Kurt Schumacher nach zehnjähriger KZ-Haft zwangsweise hinverwiesen worden war und wo sich bald auch die SPD-Emigranten aus England einfanden, unter ihnen Ollenhauer. In Hannover wurde darauf hingearbeitet, aus der SPD wieder jene Partei zu machen, wie sie vor 1914 und nach 1918 sich entwickelt hatte; eine Partei, die Kriegskredite mitverantwortete, die Armee gegen die Linke mobilisierte, Panzerkreuzer bewilligte und Angst davor hat, als nichtnational verschrieen zu werden.

Der Berliner Zentralausschuß hingegen „ging unmittelbar nach seiner Konstituierung eine Arbeitsgemeinschaft mit dem Zentralkomitee der KPD ein. Zur Leitung der Zusammenarbeit wurde ein gemeinsamer Arbeitssausschuß gebildet, bestehend aus je fünf Vertretern beider Parteien*."

Einer der Männer, die damals glaubten, eine solche Sammlung der Linken sei nach den Erfahrungen der Weimarer Zeit geboten, war der nachmalige Westberliner SPD-Senator Klingelhöfer.

Am 8. Juli 1945 fand im Admiralspalast eine gemeinsame Kundgebung von SPD und KPD statt, auf der Fritz Erpenbeck, Mitglied des ZK der KPD, zum Thema „Unser Kampf gegen den Faschismus" sprach. Er bekannte sich zu einer Mitschuld des ganzen deutschen Volkes am Nationalsozialismus, die in der Uneinigkeit der demokratischen Parteien und insbesondere in der Aufspaltung der Arbeiterklasse in KPD und SPD zu suchen sei. Darauf antwortete das SPD-Mitglied Fritz Saar, daß die heutige SPD mit der SPD der Weimarer Zeit nicht mehr zu tun habe, sondern vielmehr „vorbehaltlos" mit der KPD beim Wiederaufbau zusammenarbeiten werde**.

Im Oktober 1945 lud Schumacher die erste allgemeine Parteikonferenz in einen kleinen Ort bei Hannover ein. Zu diesem Zeitpunkt waren die Engländer, in deren Zone Schumacher saß, hinsichtlich der Entwicklung der Berliner SPD nicht weniger mißtrauisch als Schumacher selbst. Dieser wollte lediglich die SPD-Funktionäre der in den Westzonen neu aufgebauten Parteiorganisationen versammeln; die Berliner Parteigründer wurden zwar über das geplante Treffen informiert, aber nicht eingeladen, nicht zuletzt auf Betreiben der seit

* *Dokumente zur parteipolitischen Entwicklung in Deutschland seit 1945,* S. 61.

** Nach Berichten in der „Täglichen Rundschau" vom 10. 7. 1945 und in der „Berliner Zeitung" vom 11. 7. 1945.

August in London am Ruder befindlichen Labour Party. Die Engländer taten ein übriges, um die SPD in ihrer Zone gegen Berlin hin abzukapseln und nach rechts zu drehen: sie verboten ein offizielles Auftreten der SPD-Funktionäre aus der amerikanischen und der französischen Zone und flogen dafür „ihre" deutschen Sozialdemokraten aus London ein, nämlich Ollenhauer, Fritz Heine, Erwin Schoettle und Hans Vogel.

Da ein deutscher Gesamtvorstand der SPD zu diesem Zeitpunkt auch nach Schumachers eigenen, hypernationalistischen Anschauungen kaum anderswo hätte etabliert werden können als in dem nach wie vor als Reichshauptstadt angesehenen Berlin, dies aber verhindert werden mußte, um jegliche Pläne für ein Zusammengehen mit der KPD zu vereiteln, wurde in Hannover beschlossen, daß vorerst überhaupt keine „Reichsspitze" geschaffen werden sollte. Somit blieb die Berliner SPD sich selbst überlassen, und ihre internen Auseinandersetzungen über den künftigen Weg der Partei und eine Zusammenarbeit mit der KPD konnten nicht auf die SPD in den Westzonen übergreifen. (An der Isolierung Berlins in den Jahren bis zur Blockade hat die CDU im Westen nicht weniger aktiv mitgewirkt als die SPD in den Westzonen; am berlin-treuesten verhielt sich die LDP/FDP.) Zudem konnte das „Büro Schumacher" in Hannover de facto als „Reichsführung" der SPD fungieren und die oppositionelle Gruppe in Berlin (Curt Swolinsky, Franz Neumann u. a.) unterstützen. Wie bei der CDU ist auch bei der SPD die parteioffiziöse Bonner Geschichtsschreibung bemüht, das eigene Verhalten ausschließlich als Reaktion auf Handlungen des Gegners hinzustellen. (Die Ereignisse, die zur Gründung der SED geführt haben, fallen nicht mehr in den in diesem Bericht behandelten Zeitraum; die SED wurde im April 1946 gegründet.)

Die Kommunistische Partei Deutschlands

„Schaffendes Volk in Stadt und Land!
Männer und Frauen!
Deutsche Jugend!
Wohin wir blicken, Ruinen, Schutt und Asche . . . Die Welt ist erschüttert und zugleich von tiefstem Haß gegenüber Deutschland erfüllt angesichts dieser beispiellosen Verbrechen, dieses grauenerre-

genden Massenmordens, das von Hitlerdeutschland als System betrieben wurde. Wäre Gleiches mit Gleichem vergolten worden, deutsches Volk, was wäre mit dir geschehen?

Aber auf der Seite der Vereinten Nationen, mit der Sowjetunion, England und den Vereinigten Staaten an der Spitze, stand die Sache der Gerechtigkeit, der Freiheit und des Fortschritts . . .

Nach all dem Leid und Unglück, der Schmach und Schande, nach der dunkelsten Ära deutscher Geschichte, heute, am Ende des „Dritten Reichs", wird uns auch der sozialdemokratische Arbeiter recht geben, daß sich die faschistische Pest in Deutschland nur ausbreiten konnte, weil 1918 die Kriegsschuldigen und Kriegsverbrecher ungestraft blieben, weil nicht der Kampf um eine wirkliche Demokratie geführt wurde, weil die Weimarer Republik der Reaktion freies Spiel gewährte, weil die Antisowjethetze einiger demokratischer Führer Hitler den Weg ebnete und die Ablehnung der antifaschistischen Einheitsfront die Kraft des Volkes lähmte.

Daher fordern wir: Keine Wiederholung der Fehler von 1918! Schluß mit der Spaltung des schaffenden Volkes!

. . .

Die unmittelbarsten und dringsten Aufgaben auf diesem Wege sind gegenwärtig vor allem:

1. Vollständige Liquidierung der Überreste des Hitlerregimes und der Hitlerpartei . . .
2. Kampf gegen Hunger, Arbeitslosigkeit und Obdachlosigkeit . . .
3. Herstellung der demokratischen Rechte und Freiheiten des Volkes . . .
4. Wiederaufrichtung der auf demokratischer Grundlage beruhenden Selbstverwaltungsorgane . . .

. . .

6. Enteignung des gesamten Vermögens der Nazibonzen und Kriegsverbrecher . . .
7. Liquidierung des Großgrundbesitzes . . .
8. Übergabe aller jener Betriebe, die lebenswichtigen öffentlichen Bedürfnissen dienen . . ., in die Hände der Selbstverwaltungsorgane der Gemeinden oder Provinzen bzw. Länder.

. . .

Berlin, den 11. Juni 1945."

Für das Zentralkomitee der KPD unterschrieben sechzehn Funktionäre darunter Wilhelm Pieck, Walter Ulbricht, Franz Dahlem, Anton

Ackermann, Johannes R. Becher, Hans Jendretzky, Hermann Matern, Otto Winzer und Hans Mahlke.

Die neue KPD ging mit Schwung an ihre Arbeit. Hier waren Leute am Werk, die genau wußten, was sie wollten. Sie hatten einen bis ins Detail ausgearbeiteten, realisierbaren Plan, denn sie hatten sich jahrelang auf diesen Augenblick vorbereitet. „Zu jener Zeit war im Zentralkomitee der KPD der Zehnstundentag die Regel, eine offizielle Arbeitszeit von neun Uhr früh bis sieben Uhr abends – aber auch die wurde oft überschritten –, und selbst in den späten Abendstunden traf man noch viele Funktionäre im Parteihaus*."

Die Liberal-Demokratische Partei

„Nach zwölfjähriger Tyrannenherrschaft und nach fast sechsjährigem Krieg steht das deutsche Volk vor einem Trümmerfeld von grauenhaftem Umfang . . .

Angesichts dieser schicksalsschweren Aufgabe ist weder Zeit noch Raum für wortreiche, ins einzelne gehende Programme oder schillernde Zukunftsverheißungen. ‚Schwerer Dienste tägliche Bewahrung, sonst bedarf es keiner Offenbarung.' Als nächste Ziele dieser jahrelang zu leistenden schweren Arbeit erkennen wir folgendes:

1. Äußere und innere Befreiung des deutschen Volkes von den letzten Spuren der Schmach und Schande des Nationalsozialismus. Bestrafung aller derjenigen, die sich im Krieg und in der Vorkriegszeit gegen Gesetz und Menschlichkeit vergangen haben.

. . .

7. Schaffung wahrer sozialer Gesinnung.

8. Die Unterstellung von Unternehmungen unter die öffentliche Kontrolle ist nur gerechtfertigt, wenn die betreffenden Betriebe hierfür geeignet und reif sind und wenn ein überwiegendes Interesse des Gesamtwohls dies gebietet. Dies gilt auch für landwirtschaftliche Betriebe einer übertriebenen Größenordnung.

. . .

12. Erneuerung des Unterrichtswesens, insbesondere auch der Hochschulen, mit dem Ziele des ungehinderten Aufstiegs der Tüchtigen aus allen Schichten des Volkes.

. . .

* Wolfgang Leonhard, *Die Revolution entläßt ihre Kinder,* Taschenbuchausgabe S. 335.

16. Wir erstreben eine Volksvertretung auf der Grundlage des allgemeinen, gleichen und geheimen Wahlrechts.

...

Selbstverständlich ist uns die Notwendigkeit einer Zusammenarbeit mit den anderen antifaschistischen Parteien.

...

Berlin, den 5. Juli 1945."

Unterschrieben wurde der Aufruf vom „Vorstand" der Liberal-Demokratischen Partei Deutschlands: Dr. Waldemar Koch, Dr. Wilhelm Külz, Reichsminister a. D., und Franz Xaver Kappus, Schriftsteller; ferner vom „Hauptausschuß" mit neun Namen.

Während die CDU, obwohl durchaus eine neue Partei, doch auf gewisse Mitgliederstämme der ehemaligen katholischen Parteien zurückgreifen konnte, wurde die LDP gleichsam ins Leere hineingestellt, nachdem die beiden Ex-Reichsminister Külz und Schiffer am 10. Juli 1945 von der SMAD eine für das Gebiet der sowjetischen Besatzungszone gültige Lizenz erhielten. Dennoch war dieser Partei ein bedeutender Erfolg beschieden, weniger in Berlin selbst als in den damals noch bestehenden Ländern der Zone, vor allem in Sachsen und Thüringen. Länger als jede andere Partei (von der KPD abgesehen) hielten die Liberalen den „Reichszusammenschluß" unter der Berliner „Reichsleitung" aufrecht. Erst im Januar 1948 kam es zum endgültigen Bruch zwischen der LDP (Sowjetzone und Ostberlin) und der FDP (Westzonen); der Zusammenschluß der westdeutschen liberalen Parteien erfolgte im Dezember 1948.

Mehr als die anderen Parteien verdankt die FDP dem regionalen Ansehen ihrer hervorragenden Mitglieder sowohl ihre Zugkraft als auch die Unterschiedlichkeit ihrer Richtungen. In dieser inneren Flexibilität steckt jedoch auch ein Element des Beharrens und der Kontinuität, und man kann sagen, daß sich die LDP bzw. FDP unter allen noch bestehenden Parteien am wenigsten von ihren im Sommer 1945 in Berlin aufgestellten Grundsätzen entfernt hat – die KPD eingeschlossen.

Alle diese Dokumente zeigen: Ein nach den Programmen der Berliner Parteien von 1945 demokratisch aufgebautes „Deutsches Reich" hätte mit der heutigen DDR ebensowenig Ähnlichkeit gehabt wie mit der heutigen Bundesrepublik.

Die Vereinigten Staaten

Das letzte US-Konzept für ein einheitlich verwaltetes Deutschland: „Bei der bevorstehenden Zusammenkunft mit Churchill und Stalin (in Potsdam) gedachte ich eine zentrale (deutsche) Regierung unter alliierter Kontrolle zu fordern. Ich war entschieden dagegen, Deutschland in verschiedene alliierte Stücke zerschlagen*.'"

Das US-Konzept für Berlin ist mit den Namen zweier amerikanischer Generale verbunden: mit Eisenhower, der vom März bis Mai 1945 Berlin für die unwichtigste Stadt Deutschlands hielt, und mit Lucius D. Clay, der 1948 für Berlin den dritten Weltkrieg riskierte.

Frankreich

Französische Äußerungen zum Beschluß der Potsdamer Konferenz, Deutschland als Einheit zu behandeln:

„Manche der empfohlenen Maßnahmen schienen eine zukünftige politische Entwicklung Deutschlands zu präjudizieren, von der sich im gegenwärtigen Augenblick noch unmöglich erkennen läßt, ob sie den Interessen des europäischen Friedens und den Wünschen der jeweils interessierten Bevölkerung entspricht. Die französische Regierung denkt dabei insbesondere an die Wiederherstellung der politischen Parteien für ganz Deutschland, die Schaffung zentraler Verwaltungsstellen, die von Staatssekretären geleitet würden, deren Amtsbereich sich, wie es scheint, auf die Gesamtheit des deutschen Territoriums erstrecken würde, das jedoch noch gar nicht abgegrenzt ist . . ."

„. . . könnte die französische Regierung nicht a priori die Wiederherstellung einer Zentralregierung in Deutschland, die für einen unbestimmten Zeitpunkt in Aussicht genommen zu sein scheint, akzeptieren**."

Großbritannien

„Der Begriff ‚bedingungslose Kapitulation' besagt nicht, daß das

* Harry S. Truman, *Year of Decisions,* New York 1955, S. 306.

** Aus Schreiben des Außenministers der Provisorischen Regierung der Französischen Republik vom 7. 8. 1945 an die Botschafter der Großen Drei, Abdruck in *Europa-Archiv,* IX, 1954, S. 6744 ff.

deutsche Volk versklavt oder vernichtet werden soll. Er besagt jedoch, daß die Alliierten vom Augenblick der Kapitulation an durch keinerlei Pakt oder Verpflichtung gebunden sein werden. Zum Beispiel wird die Anwendung der Atlantik-Charta als Rechtsgrundlage auf Deutschland nicht in Frage kommen . . . ‚Bedingungslose Kapitulation' heißt freie Hand für die Sieger. Das bedeutet nicht, daß sie berechtigt seien, barbarisch vorzugehen, oder daß sie den Wunsch hätten, Deutschland als europäische Nation auszulöschen*."

Die Sowjetunion

Das endgültige und schließlich maßgebende sowjetische Konzept für die Zukunft Deutschlands wurde formuliert von – Ulbricht.

Auf der Tagung des Nationalrats der Nationalen Front vom 25. März 1962 führte er aus, die Absicht der UdSSR sei gewesen, „durch die Einigung der Arbeiterschaft und den Zusammenschluß aller Gegner des Nazismus und Militarismus und gestützt auf die Grundsätze des Potsdamer Abkommens den deutschen Imperialismus und Militarismus in einem einheitlichen Deutschland auf demokratischem Weg zu überwinden."

* Churchill in einer Rede vor dem englischen Unterhaus am 22. Februar 1944, zitiert nach Michael Balfour, *Viermächtekontrolle in Deutschland 1945–1946,* Düsseldorf 1959, S. 55.

Die Teilung beginnt

„Nach Eintreffen von Vorkommandos am 1., 2. und 3. Juli rücken, wie auf der Konferenz der Oberbefehlshaber der drei Besatzungsmächte vom 29. Juni vereinbart, (am 4. Juli) das Gros der amerikanischen und britischen Besatzungstruppen sowie ein französisches Detachement in die ihnen zugewiesenen Stadtgebiete von Berlin ein*."

Die Amerikaner beschlagnahmten in Dahlem die Hälfte aller bewohnbaren Häuser und forderten dic Bewohner auf, sie binnen zwei Stunden zu räumen. Auf Plakaten wurde der Berliner Bevölkerung mitgeteilt, daß eine „Fraternisierung" zwischen Amerikanern und Deutschen strengstens verboten sei. Die Fahnen der westlichen Alliierten, die, wie bereits erwähnt, auf Befehl der Kommandantur von Berlinerinnen seit Anfang Juni für eine große Siegesfeier aller Besatzungsmächte genäht worden waren, wurden nur vereinzelt aus den Fenstern gehängt.

„Die Engländer zogen mit weißen Gamaschen über den Kurfürstendamm ein, schwangen ihre Stöckchen und machten Musik. Wenn sie noch lange nicht gekommen wären, hätte ich mich umgebracht**."

* *Berlins Kampf um Freiheit und Selbstverwaltung 1945–1946*, Berlin 1961, S. 104.
** Aussage einer Berliner Malerin, vor 1933 Mitglied der KPD.

Arbeitsbericht

Obwohl seit zwanzig Jahren vorauszusehen war, daß die bedingungslose Kapitulation der Deutschen im April und Mai des Jahres 1965 ein Hauptgegenstand des publizistischen Interesses sein werde, besprach die „Spiegel"-Redaktion erst Anfang Dezember 1964 den Plan, sich des Themas in Form einer Serie über die Ereignisse in Berlin anzunehmen.

In der Regel sind die im „Spiegel" veröffentlichten Serien nicht hausgemacht.

Im Falle der „Berlin-Serie" – so lautete zunächst der Arbeitstitel in den Hausmitteilungen und Aktennotizen – wurde jedoch beschlossen, die Sache selbst in die Hand zu nehmen, und ich bekam den Auftrag dazu.

Als erstes erbat ich mir von der Dokumentations-Abteilung eine Liste der einschlägigen Literatur und fuhr mit einem Koffer voll Bücher ins Ötztal zu einem glücklicherweise durch allzu beharrlichen Schneefall beeinträchtigten Skiaufenthalt. Was ich zwischen Weihnachten 1964 und dem 5. Januar 1965 las, überraschte mich einerseits durch Widersprüchlichkeit im Faktischen, anderseits durch den pathetischen Tonfall, zu dem die Autoren sich offenbar durch die Thematik verpflichtet fühlten, ohne dadurch verbergen zu können, daß sie Dinge behaupteten, die von ihnen nicht bewiesen wurden. Besonders in einem wesentlichen Punkt entbehrten die schrillen Entsetzensschreie jeglicher Überzeugungskraft: nämlich hinsichtlich der grauenhaften Schlacht, die angeblich in den Straßen von Berlin ausgekämpft wurde. Die sechs Jahre einer sowohl an gänzlichem Mangel der Effizienz als auch an Fülle der Erfahrungen nicht zu überbietenden Soldaten- und Kriegszeit, auf die ich zurückblicken kann, haben für mich die Tätigkeit des Kämpfens mit ganz bestimmten Inhalten angereichert, von denen ich in jenen Erinnerungsbüchern und zeitgeschichtlichen Rückblicken so gut wie nichts zu finden vermochte, so daß ich entgegen meiner ersten Vorstellung, ein solcher Bericht nach zwanzig Jahren habe sich vor allem mit dem Keller- und

Leidensleben der Berliner zu beschäftigen, nun es für notwendig fand, sich auch die militärische Seite genau und neu anzuschauen.

Zudem wurden alte Fragen und Zweifel in mir wach: So, wie wir es lasen, konnte der Führer unmöglich zu Tode gekommen sein. Und warum war denn so gar nichts Zuverlässiges darüber bekannt, wo seine und seiner Frau Leichen geblieben waren, nachdem sie doch ganz offenbar nicht verbrannt worden waren? Daraus ergab sich die Notwendigkeit, in Moskau Erkundigungen einzuziehen, was Stalin, Schukow und seine Generale mit unserem toten Führer gemacht hatten: mag es auch für die Geschichte belanglos sein – wissen möchte man es eben doch gern. Ich wähnte, es müsse in irgendeinem sowjetischen Archivalienkeller, etwa im großen Staatsarchiv in Krasnogorsk, 40 Kilometer vor Moskau, eine große Kiste stehen, signiert AH XPZ Berl./45 oder ähnlich, und diese müsse einen Bleisarg oder einen Tank voll Alkohol enthalten mit dem, was von der verhängnisvollsten Gestalt unseres Jahrhunderts am 1. Mai 1945 noch übrig war. Man hat mir eine solche Kiste nicht gezeigt, aber da mir anderseits bis jetzt noch niemand schlüssig zu beweisen vermochte, daß und wo Hitler wie andere Tote zu Erde oder Asche wurde, halte ich nach wie vor die Vorstellung von der archivierten Kiste für weit weniger phantastisch als alles, was sonst über das Verschwinden des toten Führers im Umlauf ist.

Zu den Erkenntnissen oder Vermutungen, die ich in Obergurgl gewann, gehörte auch, daß Berlin in einem gleitenden, etwa 14 Tage dauernden Prozeß aus dem Endstadium des Dritten Reiches in das Anfangsstadium der Besetzung übergegangen war, ohne aufzuhören, im Verständnis aller, die sich an Ort und Stelle befanden – der Sowjets ebenso wie der Deutschen –, nach wie vor Reichshauptstadt zu sein – und zwar nicht in dem propagandistisch-demagogischen Sinn, in dem der Begriff heute etwa von der Springer-Presse (aber nicht nur von ihr) benutzt wird, sondern in durchaus realer Bedeutung. Dementsprechend durfte meines Erachtens der Bericht nicht mit der formellen Kapitulation des Berliner Kommandanten, General Weidling, enden, sondern mußte auch noch die beiden Monate bis Ende Juni 1945 wenigstens kursorisch umfassen, in denen vor dem Erscheinen der westlichen Alliierten in den Ruinen die Sowjets allein in Berlin waren.

Am 12. Januar 1965 flog ich von München nach Berlin. Am 13. und 14. Januar informierte ich mich über Westberliner Bibliotheken, die für unsere Zwecke in Frage kamen, und am 15. Januar war ich in Hamburg und legte der Chefredaktion mündlich einen ersten Arbeitsplan vor. Wir blätterten im Kalender, einem der am wenigsten überraschenden Werke der Weltliteratur, waren aber doch erstaunt, zu sehen, wie wenig Zeit uns noch zur Verfügung stand, wenn wir am Montag, dem 2. Mai 1965, mit dem ersten Teil der Serie beim Leser sein wollten. Dieser Termin bedeutete, daß das Manuskript spätestens am 26. April abgeliefert werden mußte. Ich wandte ein, es sei unmöglich, bis zu diesem Zeitpunkt die ganze Arbeit druckfertig vorzulegen. Schließlich einigten wir uns auf das Risiko, daß ich noch schreiben würde, während die Serie bereits anlief, und dachten an einen Autounfall oder eine Frühjahrsgrippe. Aber die Redaktion hegte offenbar ohnehin nur schlecht verhehlte Zweifel, die Serie zur gebotenen Jubiläumszeit drucken zu können, und ich hatte den Eindruck, als richtete man sich auf eine neuerliche Bestätigung der Erfahrung von fast zwei Jahrzehnten ein, daß solche Arbeiten besser fertig gekauft als in eigener Regie hergestellt werden. Desungeachtet konnte ich von diesem Augenblick an alles tun und veranlassen, was mir notwendig schien. Die erste Recherchen-Topographie sah folgendermaßen aus:

Es mußten ausgeschöpft werden:

- die öffentlichen Bibliotheken in Westberlin,
- die Bibliotheken wissenschaftlicher Institute in Westberlin,
- die entsprechenden Einrichtungen in Ostberlin,
- das Institut für Zeitgeschichte in München,
- die Staatsbibliothek in München,
- das militärgeschichtliche Forschungsamt in Freiburg i. Br.,
- die Weltkriegsbücherei in Stuttgart,
- das Staatsarchiv in Potsdam,
- das Bundesarchiv in Koblenz,
- und alle einschlägigen Einrichtungen, die wir zunächst nur vage mit dem Wort „Moskau“ bezeichnen konnten.

Es war klar, daß der Autor hier nicht allein recherchieren konnte, sondern daß für diesen besonderen Zweck eine Recherchen-Abteilung *ad hoc* geschaffen werden mußte. Von der Münchner Redaktion des „Spiegel“ wurde Fräulein Sophie von Behr gebeten, die Nachforschungen im Institut für Zeitgeschichte und der Staatsbibliothek zu übernehmen. Herr Dr. Wolfgang Malanowski, der Spezialist für Zeitgeschichte in der Zentralredaktion, wollte sich um Freiburg,

Stuttgart und Koblenz kümmern und wurde im Laufe der Arbeit zum Wünschelrutengänger in allen militärischen Fragen. In Berlin mußte eine von der dortigen Redaktion unabhängige Recherchenredaktion gegründet werden; zu diesem Zweck wurde in der Koblenzer Straße eine Wohnung gemietet. Das Verlagsbüro am Schöneberger Ufer in Berlin stellte seine äußerst leistungsfähigen Photokopiereinrichtungen und die entsprechenden Hilfskräfte zur Verfügung. In dem gedruckten und ungedruckten Material, das auf rund 60 000 Seiten anschwoll, befinden sich etwa 5700 Blatt Photokopien, die zwischen Moskau und Koblenz, in der Hauptsache aber in Hamburg und in Berlin hergestellt wurden.

Nachträglich läßt sich sagen, daß es zweckmäßig gewesen wäre, in der Koblenzer Straße einen Fernschreiber aufzustellen, aber ich war mir zunächst über den zu erwartenden Umfang des Telexverkehrs – übrigens die beste und schnellste Verbindung mit Ostberlin, Moskau und überhaupt mit Stellen in den Ostblockstaaten – nicht im klaren und benutzte den Fernschreiber meines Hotels, wo ich die Damen der Fernmeldezentrale zur Verzweiflung brachte. (Für Recherchen und den redaktionsinternen Verkehr haben wir etwa 10 000 Mark an Telefon- und Telexgebühren ausgegeben.)

Eigentlich hatte ich am 18. Januar für die Dauer der Arbeit nach Berlin übersiedeln wollen, aber der „Spiegel“ griff das Verjährungsproblem für Kriegsverbrechen mit einem Gespräch auf, das ich am 20. Januar mit dem damaligen Justizminister Bucher führte. So wurde der „Gefechtsstand Kuby“, wie die „Arbeitsgruppe Berlin“ vom Verlagsbüro am Schöneberger Ufer genannt wurde, erst am 25. Januar eröffnet.

Die Besetzung unseres Berliner Büros schwankte. Zwischen dem 25. Januar und dem 28. April hatte es – einschließlich Schreibkräften und Übersetzern – vierzehn Mitarbeiter. Am 28. April kehrte ich mit viereinhalb Zentnern bedrucktem und beschriebenem Papier nach Hamburg zurück. Es mußte als Luftfracht und „Umzugsgut“ transportiert werden, denn auf dem Landweg hätte es Hamburg nicht erreicht. Erstens hätten wir in wochenlanger Arbeit jedes Buch, jede Manuskriptseite für die Begleitpapiere katalogisieren müssen, und zweitens hätten die DDR-Kontrollen 90 Prozent des Materials nicht durchgelassen – einschließlich jenes Teiles, der aus der DDR selbst stammte.

Am 1. Februar besaßen wir einen sechs engbeschriebene Schreibmaschinenseiten umfassenden „ersten Entwurf“, der etwas voreilig in sechs Teile oder Folgen gegliedert war; es war geplant, die Serie sechs Wochen lang laufen zu lassen (und daran haben wir uns schließlich auch gehalten). Ihm folgte etwa eine Woche später die „zweite Fassung des ersten Entwurfs“. Am 15. Februar waren wir dann soweit, daß wir einen „Organisationsplan der Recherchen“ und zwei Tage darauf eine „Systematische Stoffgliederung der Hauptgruppen ‚Material‘ und ‚Hinweise‘“ schriftlich niederlegen konnten. Diese Anweisungen wurden vervielfältigt und allen Mitarbeitern zur Verfügung gestellt.

Während in Berlin die Recherchen noch bis Mitte Mai weiterliefen, mußten wir unsere Arbeit in Hamburg fortsetzen, weil für die Endfassung des Manuskripts eine enge Zusammenarbeit mit der für eine letzte Kontrolle der Fakten zuständigen Dokumentationsabteilung sowie mit der für den Umbruch verantwortlichen Redaktionsabteilung „Bild und Graphik“ notwendig war. Das Manuskript bzw. die Fahnenabzüge dieser Serie wurden außer von Herrn Karl-Heinz Schaper, dem für die Verifizierung der Fakten von der Dokumentationsabteilung namhaft gemachten Mitarbeiter, auch von den beiden militärischen Sachkennern der Zentralredaktion durchgesehen: von Herrn Oberst a. D. Karl-Gideon von Claer und von Herrn Robert Spiering. Um dem Leser eine Vorstellung vom Umfang der Vorarbeiten zu vermitteln, sei im folgenden ein Auszug aus den „Arbeitsunterlagen für die Serie ‚Berlin 1945‘“ gegeben.

Zweite Fassung des ersten Entwurfs von 1. 2.1965
als Arbeits- und Orientierungsgrundlage für die Recherchen

Die Recherchen haben sich zu erstrecken auf den Zeitraum vom 10. April 1945 bis Anfang Juli 1945.

Zustand Berlins zu Anfang dieses Zeitraumes: Schulverhältnisse, Bevölkerungszahl, Stadt als Etappe (Lazarette, Krankenhäuser usw.), Wetterverhältnisse (Tag um Tag), Verkehrsverhältnisse, Luftangriffe, Verwüstungen, auch als Folge aller bisherigen Luftangriffe, Presse, Propaganda, Radiosendungen mit lokalen Programmen . . . , Führerbunker (Sekundärliteratur darüber darf im wesentlichen als bekannt vorausgesetzt werden, aber: Grundriß der unterirdischen Führer-Stadt, wie viele Menschen und wer lebte dort, von wann an? Verproviantierung, Ernährungslage im Führerbunker). Ernährungslage der Bevölkerung, Rolle der „Wasserschlangen“ als Nachrichtenmarkt der Stadt. Was wußte die Bevölkerung über Hitlers Anwesenheit in Berlin und von seiner Umgebung? Psychologisches Verhalten, Defätismus, Durchhaltewillen.

Die allgemeine Kriegslage in kurzen Zügen (OKW-Tagebuch usw. darf als bekannt vorausgesetzt werden).

Die tatsächlichen Kräfte auf beiden Seiten.

Beginn des Angriffs auf Berlin: Wie reagierte die Bevölkerung? Verteidigungsanlagen: wann begonnen, wo, wie, von wem, Befehlsverhältnisse, Besetzung der Stellungen, Militärverkehr in der Stadt, Munitionslage usw. (Aktenmaterial muß durch Interviews mit deutschen und sowjetischen militärischen Führern ergänzt werden.)

Die Wirkung der Befehle aus dem Führerbunker, ihre Befolgung und Nichtbefolgung – aus welchen Gründen?

Wie wird das in Befehlsräume aufgesplitterte Reich von Berlin aus noch erreicht?

Die Hoffnungen der Führung und der Bevölkerung auf Entsatz, Heraushauen, Abwehr, diesbezügliche propagandistische Verlautbarungen und demgegenüber die tatsächlichen militärischen Möglichkeiten und Entwicklungen.

Der Leerlauf der deutschen Befehlsmaschinerie – nicht nur im Führerbunker, sondern auch bei den „Heeresgruppen", „Armeen" usw., die praktisch Divisionen, Regimenter oder Kompanien waren.

Das Irreale der militärischen und der NS-Welt.

Volkssturm, HJ, Werwolf in Berlin.

Wo, wann und wodurch wich der Glaube an den Endsieg in Berlin während der Berichtsperiode einer realistischen Einschätzung der Lage?

Die tatsächlichen Vorbereitungen der Stadt auf die Verteidigung, Infanteriestellungen, Panzerhindernisse, Barrikaden, Gräben, Stacheldrahtverhaue – wo? Wurden sie besetzt und von wem?

Wann war Berlin vollständig vom Feind eingeschlossen? Ist es überhaupt vor dem 2. 5. eingeschlossen worden?

Erste Wirkung der Artilleriebeschießung.

Der eigentliche Kampf in den Straßen und Häusern, Beginn, Verlauf, allmähliches Ende.

Die brennende Stadt – wo brannte sie, wie lange? Was bedeuteten die Brände für die Bevölkerung? Wurde es unter den Rauchwolken noch richtig Tag?

Die Flutung der S-Bahnschächte: Was wurde davon bekannt? Materielle und psychologische Konsequenzen.

Wo überschritten die Russen die Stadtgrenze zuerst? (Als „Berlin" ist das von der Großgemeinde Berlin tatsächlich verwaltete Gebiet anzusehen.) Ihr Vorrücken. Die Stadt wird allmählich besetzt. Welche Stadtviertel erlebten den Krieg am härtesten, welche gar nicht (das gab es!)?

Die Berliner in den zehn Tagen des Kampfes.

Die Russen in den zehn Tagen des Kampfes. Verteidigten deutsche Männer ihre Frauen gegen russische Vergewaltigungsversuche, oder waren sie feige?

Wurden in der Kampfzeit selbst noch Rettungsversuche für Kulturschätze (Museen) unternommen? . . .

Entwickelt sich – und wo – dolce vita im Untergang?

Versorgung der Verwundeten.

Beziehung der kämpfenden Truppe zur Zivilbevölkerung.

Kapitulationsverhandlungen vor/nach Hitlers Tod.

Wann und wodurch erfuhr die Bevölkerung von Hitlers Tod?

Was geschah mit und in den Berliner Gefängnissen, Gestapoquartieren, wie verhielt sich die lokale NS-Prominenz?

Der Augenblick: Der Krieg ist vorbei! (In den einzelnen Stadtteilen zu verschiedener Zeit erlebt.)

Weiße und rote Fahnen: Wo und ab wann?

Erste Ansätze der Wiederaufnahme des „friedlichen" Lebens in der Stadt. War es ein großes Aufatmen? Hatten die Menschen Angst, für die Verbrechen zur Rechenschaft gezogen zu werden? Wußten sie, was sie zu verantworten hatten?

Wie organisierten die Sieger in den ersten Tagen die Versorgung und Verwaltung?

Wie, wo und zwischen wem finden die ersten nicht anonymen Kontakte zwischen Deutschen und Russen statt?

Politische Hoffnungen, Pläne, Absichten, Ideen auf beiden Seiten. Hatten die Russen ein Konzept und welches? . . . Die ersten Deutschen, die in dieser Zeit an der Rampe erscheinen . . . Das Pajok-System, seine Struktur, seine Praxis. Erste Parteigliederungen . . .

Erste deutsche Stadtverwaltung. Organisation in Karlshorst (Militärverwaltung) und ihre Zusammenarbeit mit den deutschen Repräsentanten . . . Was stand noch! Hoffnung auf die Westmächte? Deren Einzug in Berlin . . . Potsdamer Konferenz: wer wußte etwas davon? . . .

Organisation der Recherchen

Die „Berliner Gruppe" recherchiert in Berlin-West, Berlin-Ost und der DDR.

Fräulein von Behr hat das Institut für Zeitgeschichte und die Staatsbibliothek in München übernommen.

Herr Malanowski, Hamburger Redaktion, wird seine Recherchen erstrekken auf:

Militärgeschichtliches Forschungsamt Freiburg,

Weltkriegsbücherei Stuttgart,

Militärarchiv Koblenz.

Die „Berliner Gruppe" arbeitet aus verständlichen sachlichen Gründen insofern mit Vorrang, als Materialien, die von ihr gefunden werden, nicht mehr von anderer Seite beschafft werden sollen . . . Zunächst sind Frl. von Behr und Herr Malanowski gebeten, einen Überblick über einschlägiges Material „ihrer" Archive zu geben. Diese Unterlagen werden mit dem Berliner Material verglichen, dann wird eine neue Arbeitsanweisung herausgegeben, aus der ersichtlich ist, was an Texten beschafft werden soll . . .

Es versteht sich von selbst, daß dem Material vor allem Aufmerksamkeit geschenkt werden soll, das die Standardwerke nicht enthalten. In der Regel interessieren Details . . . mehr als „großflächige" Darstellungen.

Jeder Hinweis, der zu bestimmten Personen führt, die Auskunft geben können oder private Aufzeichnungen bzw. Sammlungen besitzen, ist besonders wertvoll . . .

Da die Ergebnisse der verschiedenen Mitarbeiter schließlich zusammengefügt werden müssen, ist es notwendig, sich von vornherein an ein bestimmtes System zu halten.

Hierzu folgende Unterlagen:

1. Zweite Fassung des ersten Entwurfs vom 1. 2. 65, eine in etwa chronologische Inhaltsangabe dessen, was in der Serie stehen soll;

2. eine systematische Stichwortgliederung, nach der Materialhinweise, das Material selbst, Adressen und alles, was sonst bei der Arbeit anfallen kann, geordnet werden muß . . .

Hauptgruppe Arbeitsorganisation: Adressen – personelle Hinweise – sachliche Materialvermutungen – interne Aktennotizen – Hausmitteilungen – Berichte – Briefe – Briefkopien – Telefonprotokolle.

Hauptgruppe Inhaltliches Material: Texte (Auszüge) – Bücher – Artikel – Manuskripte – Tonbandaufnahmen . . . – Fotos – Faksimile – Photokopien. (Die Herkunft des Materials muß auf jedem Stück genau verzeichnet sein, dazu evtl. Überlassungsbedingungen, Rücksendetermine, Diskretionsvorschriften usw.)

Hauptgruppe Hinweise: Bibliotheken – Archive – Privatsammlungen – Signaturen – Literaturhinweise. (Es ist hier nur aufzuführen, was effektiv überprüft und greifbar ist, soweit es nicht bereits als Material vorliegt und dann in der Hauptgruppe „Material" erscheint . . .)

Die Hauptgruppen „Material" und „Hinweise" sind nach der in der Anlage beigefügten systematischen Stichwort-Gliederung zu ordnen . . . Telex-Verbindung sollte, wo immer möglich, den Vorrang vor dem Telefon haben . . .

Systematische Stoffgliederung der Hauptgruppen „Material" und „Hinweise"

Vorbemerkung zur Systematik:

A, B, C . . .	=	Sachgebiet
A I, II, III . . .	=	Sachgruppe
A I 1, A I 2, A I 3 . . .	=	Thema
A I 1 a, b, c . . .	=	Rubrik
A I 1 aa, bb, cc . . .	=	Frage

Innerhalb dieses Systems chronologische Ordnung . . .

Gliederung:

A) Geschichtlicher Hintergrund: Atlantik-Charta – Kommunismus – Jalta – NS – Direktiven der alliierten Oberkommandierenden – Kriegsziele – Kriegslage am 10. 4. (1. 4.) 1945 (Frontverlauf, Luftkrieg, eigene und Feindpropaganda, Soldatensender).

B) Situation Berlin 1945, 1. 4. bis Mitte August: Fakten

I. Natur, Wetter: tägliche Wetterberichte, Temperatur, Niederschläge, Zustand der Vegetation.

II. Militär

1. Wehrmacht 2. Rote Armee

a) Organisation, auch Sondereinheiten

b) Kampfhandlungen
  ab) Kriegführung: Behandlung der Verwundeten, Gefangenen, Geiseln, Erschießungen
  ac) Führerbunker, Grundriß, Versorgung, Insassen, Tageslauf
  ad) Das jüdische Krankenhaus in Berlin
  ae) Der Zoo
  af) Unmittelbare Kriegsziele . . .
  ag) Verhandlungen, Kapitulation

III. Politik
1. „Der Führer“: Wann nach Berlin, Tageslauf, Umgebung, Absichten
2. Leitbilder und Konzeptionen bezüglich Deutschland und dem Frieden in der Welt
   – der Nazis,
   – der Russen,
   – der „demokratischen“ Deutschen
3. Parteien und Organisationen . . .
4. Verwaltung, inklusive Potsdam . . .

IV. Wirtschaft, Soziales
1. Bevölkerungsbewegung: Flucht aus Berlin, Flucht nach Berlin, Durchzug der Flüchtlingstrecks, Anwanderung der Fremdarbeiter und dergleichen.
2. Produktion . . .
3. Demontagen, Wiederaufbau . . .
4. Handel, Preise, Geld . . .
5. Arbeit, Verdienst . . .
6. Dienstleistungen
   a) Versorgung . . .
   b) Verkehr . . .
7. Rechtspflege . . .
8. Gesundheitswesen . . .
9. Sozialfürsorge . . .
10. Schulwesen . . .
11. Entnazifizierung
12. Modellporträts:
   a) Die Frau: Arbeiterin, Trümmerfrau . . .
   b) Das Kind: Verwahrlosung, Bettelei . . .
   c) Der Bauer in der Umgebung; Hamsterer . . .
13. Ausländer . . .

V. Kultur
1. Organisationen . . ., die Museumsschätze . . .
2. Veranstaltungen . . .
3. Sowjetische Kulturpolitik in Berlin

VI. Kirchen
   1. evangelisch
   2. katholisch
   3. jüdische Gemeinde
   4. sonstige . . .

C) Gesinnungen
   I. Presse . . .
   II. Das Bild vom Eroberer . . .
   III. Deutschlandbild der Sieger . . .
   IV. Typische Erlebnisse . . . (Äußerste Präzision anstreben!)

D) Anhang
   I. Gesamtpersonenverzeichnis mit Querverweisen
   II. Statistische Unterlagen mit Querverweisen
   III. Kartenmaterial: Gebiet, Sache, Fundort, Quelle
   IV. Bildmaterial, Faksimiles: Name/Sache, Fundort, Quelle, evtl. Rechtsfragen bzgl. Abdruck.

Als wir einen gewissen Überblick erlangt hatten und sahen, daß wir in Gefahr waren, in der Überfülle des Materials zu ertrinken, opferten einige Mitarbeiter der „Arbeitsgruppe Berlin" ihre Nächte, um eine chronologische Systematik zu schaffen.

Für einen gewissen Teil des Manuskripts habe ich mich an diese Chronologie gehalten: als Grundlage für die gesamte Darstellung wäre sie jedoch nur brauchbar gewesen, wenn es uns obgelegen hätte, in jahrelanger Arbeit ein mehrbändiges Werk von mehreren tausend Seiten zu schaffen.

Sehr bald war uns klar geworden, daß uns das Material der Institute und Bibliotheken der DDR von größtem Nutzen sein würde. Allerdings waren zu der Zeit, als ich diesen Bericht vorbereitete, die Beziehungen des „Spiegels" zu den zuständigen Staatsorganen der DDR recht delikater Natur. Den Redaktionsmitgliedern war die Ausübung ihres Berufes auf dem Gebiet der DDR und damit auch in Ostberlin generell untersagt. Als ich in die „Spiegel"-Redaktion eintrat, lag mir deshalb daran, meinen journalistischen Status in Ostberlin zu klären. Nach zwei Gesprächen mit dem Leiter des Presseamtes beim Ministerpräsidenten der DDR hatte ich die Genugtuung, mich von diesem Verbot ausgenommen zu finden. So konnte ich am 2. Februar im Presseamt ein eingehendes Gespräch über die geplante Arbeit führen, in dessen Verlauf eine Liste der Bibliotheken und Institute festgelegt wurde, bei denen ich dann im Laufe der folgenden Woche in aller Form angemeldet wurde. Aus folgenden wissenschaftlichen Einrichtungen sollte ich Material für die Arbeit bekommen:

Dokumentationsstelle des Ministeriums des Inneren,
Institut für Gesellschaftswissenschaften beim ZK,
Institut für deutsche Geschichte,
Institut für Marxismus-Leninismus beim ZK,
Arbeitsgemeinschaft ehemaliger Offiziere,
Deutsches Institut für Zeitgeschichte,
DEFA-Dokumentationsstelle,
Institut für Militärgeschichte (Potsdam).

Über Fernschreiber erhielt ich einige Tage später den Bescheid, ich könne am 8. Februar meine Arbeit in Ostberlin aufnehmen. Schon um 10 Uhr dieses Tages hatte ich meine erste Unterredung im Institut für Gesellschaftswissenschaften beim ZK, wo sich alle in ihrer wissenschaftlichen Arbeit auch nur in etwa mit dem Thema meines Berichtes befaßten Herren, fünf oder sechs, versammelt hatten. Wir waren mitten in unseren Material-Recherchen, als mir ausgerichtet wurde, das Presseamt habe angerufen, und man erwarte mich dort nach dieser Besprechung. Am Thälmannplatz eröffnete man mir mit allen Zeichen der Bestürzung und nicht ohne eine gewisse Verlegenheit, daß der Plan leider nicht durchgeführt werden könne, vielmehr das für die „Spiegel"-Redaktion geltende Arbeitsverbot nunmehr auch auf mich ausgedehnt worden sei. Am Nachmittag war ich wieder in Westberlin. Die Tür war zu.

Es ist müßig, hier Betrachtungen über die Motive dieser widersprüchlichen Maßnahmen anzustellen – sie haben weder mit dieser Arbeit noch mit meiner Person etwas zu tun. Jedenfalls gelang es uns in der Folge nur mit Mühe und unvollständig, Material aus der DDR zu bekommen. Um so wichtiger wurden für uns die sowjetischen Quellen. Am 26. März hatten wir in Berlin eine ganztägige Sitzung aller wichtigen Mitarbeiter, nun bereits unter Einschluß des Leiters der Bildredaktion des „Spiegel" und eines jungen Mitgliedes des graphischen Ateliers, der die anschaulichen Darstellungen des Führerbunkers und das minuziöse Schaubild der zerstörten Innenstadt von Berlin zeichnete. Bei dieser Besprechung wurde die Aufstellung der „Chronologie" vereinbart, und ich gewann die ersten treffenden Vorstellungen davon, wie das endgültige Manuskript aussehen sollte.

Am 31. März flog ich nach Moskau, wo ich bis zum 8. April blieb. Bei der verabredeten Kontaktstelle, der Presseagentur Novosti, legte ich meine Fragebogen vor, worauf mir gesagt wurde, das sei reichlich Arbeit für ein paar Monate. Ich entgegnete, daß mir nur eine Woche zur Verfügung stünde. Wir improvisierten einen aus drei Personen bestehenden zweiten „Gefechtsstand“. Bei einer am 7. April im Haus der Agentur am Puschkinplatz stattfindenden abschließenden Besprechung eröffneten mir die Herren, daß sie nun erst einmal Urlaub machen müßten, denn das hielten sie nicht aus. Wer das Moskauer Tempo kennt, weiß, daß normalerweise eine Woche gerade ausreicht, um die ersten Begrüßungsbesuche zu absolvieren. In meinen Notizen ist jedoch bereits unter dem 1. April vermerkt: Erstes Interview. Für die Unterstützung, die uns gewährt wurde, bin ich außerordentlich dankbar. Sie vollzog sich in den freundlichsten Formen. Der Bericht läßt erkennen, inwieweit wir mit unseren Nachforschungen Erfolg hatten und was uns verschlossen blieb. Ich habe den Eindruck, daß die Sowjets die Geschichte ihres Sieges in Berlin noch gar nicht geschrieben haben – ungeachtet der jetzt in fünf dicken Bänden und in einer Auflage von 200 000 Exemplaren vorliegenden Geschichte des Großen Vaterländischen Krieges und vieler einschlägiger Memoirenwerke. Die Akten aber sind bislang nicht veröffentlicht worden, und es wird gewiß noch lange dauern, bis dies geschieht.

Am 12. Januar war mit den eigentlichen Recherchen in Berlin begonnen worden. Am 2. Juni habe ich die letzten Manuskriptseiten mit Angehörigen der Dokumentationsabteilung überprüft. In der dazwischenliegenden Zeit mußte ich 39 Flugreisen unternehmen, mit Ausnahme des Moskau-Fluges alle über der Bundesrepublik (München – Frankfurt – Hamburg – Berlin). Es gibt eben auch für solche Arbeiten keine hauptstädtischen Zentralen.

Jetzt weile ich an einem Ort, an dem es weder ein Telefon noch einen Flugplatz, eine Eisenbahn, elektrischen Strom oder fließendes Wasser gibt. Hier entsteht die Buchfassung von „Die Russen in Berlin 1945“.

Erich Kuby

Ausgewählte Literatur

Adler, Hans: *Berlin in jenen Tagen,* Berlin (Ost) 1959

Andreas-Friedrich, Ruth: *Schauplatz Berlin. Ein deutsches Tagebuch,* München 1962

Anonym: *Eine Frau in Berlin. Tagebuch-Aufzeichnungen.* Genf – Frankfurt a. Main 1959

Baur, Hans: *Ich flog Mächtige der Erde,* Kempten 1956

Bedell Smith, Walter: *General Eisenhowers sechs große Entscheidungen,* Bern 1956

Bergk, Hellmuth: *Der Bunker am Zoo,* Rastatt 1963

Bernadotte, Graf Folke: *Das Ende,* Zürich 1945

Bernhard, Henry: *Finis Germaniae,* Stuttgart 1948

Boldt, Gerhard: *Die letzten Tage der Reichskanzlei,* Hamburg 1964

Borée, Karl Friedrich: *Frühling 45. Chronik einer Berliner Familie,* Darmstadt 1954

Burke, James W.: *Frau komm. Berlin 1945,* Berlin 1953

David, Paul: *Am Königsplatz. Die letzten Tage der Schweizer Gesandtschaft in Berlin,* Zürich 1948

Deborin, G. A.: *Der Zweite Weltkrieg,* Berlin (Ost) 1960

Dokumente der Okkupationspolitik: *Verbrecherische Ziele – verbrecherische Mittel!,* Moskau 1963

Findahl, Theo: *Letzter Akt – Berlin 1939 bis 1945,* Hamburg 1946

Flechtheim, Ossip K.: *Die deutschen Parteien seit 1945,* Berlin – Köln 1955

Flechtheim, Ossip K.: *Dokumente zur parteipolitischen Entwicklung in Deutschland seit 1945,* Berlin 1962

Gablentz, O. M. von der: *Dokumente zur Berlin-Frage 1944 bis 1959,* München 1959

Haupt, Werner: *Berlin 1945 – Hitlers letzte Schlacht,* Rastatt 1963

Heiber, Helmut (Hrsg.): *Hitlers Lagebesprechungen,* Stuttgart 1962

Institut für Gesellschaftswissenschaften beim ZK der SED (Hrsg.): *Tag der Befreiung,* Berlin (Ost) 1960

Kardorff, Ursula von: *Berliner Aufzeichnungen,* München 1964

Koller, Karl: *Der letzte Monat. Tagebuch-Aufzeichnungen des ehemaligen Chefs des Generalstabs der deutschen Luftwaffe vom 14. April bis 27. Mai 1945,* Mannheim 1949

Kronika, Jacob: *Der Untergang Berlins,* Flensburg 1946

Leonhard, Wolfgang: *Die Revolution entläßt ihre Kinder,* Berlin – Frankfurt/M. 1959

Magistrat der Stadt Berlin (Hrsg.): *Ein halbes Jahr Berliner Magistrat,* Berlin 1949

Mahler, Karl: *Die Programme der politischen Parteien im neuen Deutschland,* Berlin 1945

Mednikow, A.: *Berlinskaja Tetrad,* Moskau

Müller, Johannes: *Sturz in den Abgrund,* Offenbach 1947

Murawski, Erich (Hrsg.): *Der deutsche Wehrmachtsbericht 1939 bis 1945*, 2. Aufl., Boppard 1962

Orlopp, Josef: *Zusammenbruch und Aufbau Berlins*, Berlin (Ost) 1947

Parth, Wolfgang W.: *Die letzten Tage*, Berlin (Ost) 1946

Pritzkoleit, Kurt: *Berlin – ein Kampf ums Leben*, Düsseldorf 1962

Reichardt, Fritz: *Andreas Hermes*, Neuwied 1953

Robichon, Jacques, u. a.: *L'affaire de Berlin 1945–1959*, Paris 1959

Rosanow, E.: *Die Vernichtung des faschistischen Deutschland*, Moskau 1964

Rudel, Hans-Ulrich: *Aus Krieg und Frieden*, Göttingen 1954

Scholz, Arno: *Berlin im Würgegriff*, Berlin 1953

Schramm, Percy Ernst: *Kriegstagebuch des Oberkommandos der Wehrmacht 1940 bis 1945*, Band IV, Frankfurt/M. 1961

Schützler, Horst: *Die Unterstützung und Hilfe der Sowjetunion für die antifaschistisch-demokratischen Kräfte Berlins in ihrem Kampf um eine demokratische und friedliche Stadt, April/Mai 1945 – Oktober 1946*, Phil. Diss., Humboldt-Universität, Berlin 1964

Schultz, Joachim: *Die letzten dreißig Tage*, Stuttgart 1951

Schwarz, Hanns: *Brennpunkt FHQ – Menschen und Maßstäbe im Führerhauptquartier*, Buenos Aires 1950

Senat von Berlin (Hrsg.): *Berlins Kampf um Freiheit und Selbstverwaltung 1945 – 1946*, Berlin 1961

Smith, Jean E.: *Der Weg ins Dilemma. Preisgabe und Verteidigung der Stadt Berlin*, Berlin 1963

Studnitz, Hans-Georg von: *Als Berlin brannte. Diarium der Jahre 1943 bis 1945*, Stuttgart 1963

Thorwald, Jürgen: *Die große Flucht*, Stuttgart o. J.

Trevor-Roper, H. R.: *The last days of Hitler*, London 1947

Tully, Andrew: *Berlin – Story of a Battle*, New York 1963

Winzer, Otto u. a.: *Ein Jahr Neubau des Berliner Schulwesens*, Berlin (Ost) 1946

Zeitschriften:

Volksarmee, Berlin (Ost) 1964/11 und 1965/1: Auszüge aus Tschuikows Memoiren

Wehrwissenschaftliche Rundschau, Potsdam 1962/1–3: H. Weidling, „Der Endkampf in Berlin – 23. 4. bis 2. 5. 1945", aus dem Russischen übersetzt und eingeleitet von W. Ahrens

Zeitschrift für Militärgeschichte, Berlin (Ost) 1965/2: Dreetz/Höhn, „Die Zerstörung Berlins war von der Wehrmachtsführung einkalkuliert"

Namenregister

(Nur einmal vorkommende Namen ohne weitere Bedeutung sind nicht aufgeführt)